HTML 4

R. Karl
1998.12

Dave Raggett
Jenny Lam
Ian Alexander
Michael Kmiec

HTML 4

Web-Publishing mit dem neuen HTML-Standard

ADDISON-WESLEY

An imprint of Addison Wesley Longman, Inc.
Bonn • Reading, Massachusetts • Menlo Park, California
New York • Harlow, England • Don Mills, Ontario
Sydney • Mexico City • Madrid • Amsterdam

Deutsche Bibliothek – CIP-Einheitsaufnahme

HTML 4: Web-Publishing mit dem neuen HTML-Standard /
Dave Raggett... – Bonn; Reading, Massachusetts [u.a.]:
Addison-Wesley-Longman, 1998
ISBN 3-8273-1307-4

1., unveränderter Nachdruck

Lektorat Ruth Wasserscheid, Fernando Pereira

Korrektorat Susanne Vater

Fachliche Beratung Stefan Mintert

Produktion & Layout G & U Technische Dokumentation, Flensburg

Übersetzung & Satz G & U, Flensburg. Gesetzt aus der Stone Serif 9 pt.

Belichtung, Druck & Bindung Bercker Graphischer Betrieb, Kevelaer

Umschlaggrafik Funck & Huber, Köln/Berlin

Titel der englischen Originalausgabe Raggett on HTML 4
© Addison Wesley Longman Limited 1998
This translation of Raggett on HTML 4, Second Edition
is published by arrangement with Addison Wesley
Longman Limited, Londen.

Das verwendete Papier ist aus chlorfrei gebleichten Rohstoffen hergestellt und alterungsbeständig. Die Produktion erfolgt mit Hilfe umweltschonender Technologien und unter strengsten Auflagen in einem geschlossenen Wasserkreislauf unter Wiederverwendung unbedruckter, zurückgeführter Papiere.

Inhaltsverzeichnis

Vorwort

Dieses Buch bietet eine detailreiche und lebendige Beschreibung *der* Sprache für Web-Publishing – HTML 4 – sowohl für Neulinge als auch für erfahrene Anwender. Wir hoffen, daß Sie es intelligent gestaltet finden und es mit Freude lesen werden.

HTML 4 ist die neueste Fassung der Layout-Sprache für das World Wide Web. Sie setzt auf HTML 3.2 – einer sehr viel simpleren Sprachspezifikation – auf. HTML 4 wurde vom World Wide Web Consortium („W3C") entwickelt, ein 1994 zur weiteren Entwicklung der World-Wide-Web-Technologie gegründetes internationales Gremium. Sowohl Netscape als auch Microsoft sind Mitglieder des W3C und haben den Einsatz von HTML 4 in ihren Browsern auf ihre Fahnen geschrieben. Seit Dezember 1997 ist HTML 4 als Industriestandard festgeschrieben und einer weitreichenden internationalen Benutzergemeinde zur Verfügung gestellt.

Neue Möglichkeiten in HTML 4

Zahlreiche vollkommen neue Eigenschaften von HTML 4 werden in diesem Buch erläutert:

- Tabellen sind sehr viel ausgefeilter.
- Formularmasken wurden erweitert, um Sehbehinderten, die die Sprachausgabe zum Lesen von Web-Angeboten verwenden, zu helfen.
- Style Sheets werden jetzt vollständig durch HTML 4 unterstützt. Ihre Anwendung ist nunmehr ein integraler Bestandteil im Designprozeß für Web-Angebote.
- Mit der Maxime, das Internet wirklich zu „internationalisieren", fördert HTML 4 Web-Veröffentlichungen in einer Vielzahl von Sprachen.
- Frames wurden nun formal in die Sprachfestlegung aufgenommen.
- Zu guter Letzt wird durch das Tag `Object` eine standardisierte Möglichkeit geschaffen, verschiedenste Arten multimedialer Anwendungen einzubinden.

Über die Autoren

Dave Raggett

Dave Raggett ist der leitende Schöpfer von HTML 4. Er arbeitet für das World Wide Web Consortium, in dem er auch weiterhin eine bedeutende Rolle bei der Weiterentwicklung von HTML 4 spielt.

Jenny Lam

Jenny Lam ist Autorin technischer Publikationen, die sich darauf spezialisiert hat, Wissenschaft und Technologie auch für Laien verständlich zu erklären. In den Zeiten von Cyberspace und virtueller Persönlichkeiten ist Jenny ganz bodenständig geblieben und vereint harmonisch ihre Schriftstellerkarriere mit der Tätigkeit als Vollzeithausfrau und Mutter.

Ian Alexander

Ian Alexander ist Systemingenieuer mit dem Spezialgebiet Bedarfsanalyse. Er teilt seine Zeit zwischen Autorentätigkeit, Schulung, Forschung und Beratung auf. Sofern er nicht anderweitig beschäftigt ist, sammelt er Naturmuster als Hintergründe für seine Web-Site.

Michael Kmiec

Michael Kmiec ist Anwendungsentwickler. Er verwendet C, C++, Java und manchmal ein bißchen Tao, um seine Anwendungen zum Laufen zu bewegen.

Der Aufbau des Buches

Das Buch beginnt mit einer Beschreibung der grundlegenden Konzepte des Internet für den Laien. Es folgt die interne Geschichte darüber, wie HTML entstanden ist; sie gipfelt in einen interessanten historischen Überblick über die Sprache. Im anschließenden Kapitel wird erklärt, wie Sie Ihr erstes HTML-Dokument zusammenstellen können. Außerdem werden die technischen Grundlagen und Konzepte erläutert, die zum Verständnis der weiteren eher technischen Kapitel in diesem Buch notwendig sind.

Im einzelnen betrachten wir:

- **Einfache Formatierung auf Absatzebene** und Überschriften, sowie Zuweisung von „Style Sheets" (Formatvorlagen), um Texten eine besondere Farbe, Schrift oder Größe zuzuweisen.
- **Zeichenformatierung** wie Tiefstellen, Hochstellen, fetter Text, betonter Text und andere Effekte.
- **Aufzählungen:** Aufzählungen mit Gliederungspunkten, numerierte Aufzählungen, Aufzählungen 2. Ebene, Aufzählungen mit benutzerdefinierten Gliederungspunkten (Bullets).
- **Hypertext-Verweise**, einschließlich einer für Laien verständlichen Beschreibung, worum es sich dabei handelt, wie sie funktionieren und wie man auf eine ganz bestimmte Stelle innerhalb eines Dokumentes verweisen kann, sowie die Erstellung anklickbarer Grafikelemente mittels Client-Side-Image-Maps.
- **Style Sheets:** Eine Einführung in die Anwendung der Sprache „Cascading Style Sheets" (CSS) zur Steuerung der Farben und Schriften, Hintergrundmuster und des Seitenlayouts. Die Sprache CSS ist recht einfach einzusetzen: Jeder, der ein wenig Erfahrung in Desktop-Publishing mitbringt, sollte keine allzu großen Probleme damit haben.
- **Grafiken:** Einsatz von Fotos, Zeichnungen und anderer Illustrationen in Web-Seiten. Die verschiedenen Grafikformate und ihr Einsatz unter verschiedenen Rahmenbedingungen werden diskutiert: GIF, JPEG und PNG.
- **Tabellen:** Designgrundlagen, Verbinden von Zellen, automatisches Ausrichten, ansprechende Rahmengestaltung und vieles mehr.
- **Frames:** Wie man ein Web-Angebot so strukturiert, daß die einzelnen Dokumente überschaubar bleiben und leicht zu pflegen sind, wie man vernünftige Navigationswerkzeuge bereithält, wie sich Text und Grafik kombinieren lassen und wie man auch ältere Browser unterstützen kann.
- **Multimedia im Web:** Die Anwendung des neuen Standard-Tags `OBJECT` zur Integration von Animationen, Musik und Klangfragmenten sowie vieles mehr.

- **Skripte** für den Einsatz einer Reihe einfacher Animationen und Navigationswerkzeuge. Wir behandeln HTML im Hinblick auf Client-Side-Scripting so tiefgehend, daß der Leser zumindest versteht, welche Möglichkeiten er besitzt, und wann es erforderlich ist, in die Programmierung auf Server-Seite einzusteigen.
- **Anhänge**, bestehend aus praktischen Nachschlageangeboten, einem unterhaltsamen und informativen Glossar und ein Blick hinter die Kulissen des Cyberia Cafés.

Vorstellung der Cartoon-Charaktere in diesem Buch

Adrian Anorak Adrian ist ein Kopfmensch, er lebt in der virtuellen Welt des Internets, bestehend aus der weltweiten Vernetzung diverser Knotenpunkte, hier durch einen Lilienteich dargestellt.

Prunella, Adrians Tante, behandelt ihn immer noch wie damals den kleinen Jungen, den sie einst kannte.

Lilienteich Virtueller Teich in Prunellas Garten. Er stellt die „Gewässer" des Cyberspace dar. Die Blätter der Wasserlilien sind Knotenpunkte des Web.

Fred Frosch Fred lebt in dem Teich. Er hüpft von Blatt zu Blatt, wenngleich er natürlich ein virtueller Frosch ist (ganz im Gegensatz zu Adrian, der lediglich glaubt, er sei virtuell – nun ja vielleicht...). In der Regel zeigt sich Fred eher spöttisch („BRREKK!").

Danksagung

Unser Dank gilt Fred Volans für die wunderbaren Cartoons, mit denen er unser Buch aufgepeppt hat.

Außerdem möchten wir Karen Mosman und Nicky McGregor für ihr Verhandlungsgeschick und wertvolle diplomatische Bemühungen danken, desweiteren auch Kathryn Esplin, die für das Copy-Editing verantwortlich war, und Louise Wilson, die die Buchproduktion koordiniert hat.

Ein Dankeschön auch an Großvater und Großmutter Lam, die Kinder, Meerschweinchen, Kaninchen und Vögel in kritischen Augenblicken abgelenkt haben – ein Dienst, den man nicht unterschätzen sollte. Dank auch an Sabrina für fortwährende Unterstützung und den besten Kaffee der Welt.

Die Icons in diesem Buch

Um Ihnen die Orientierung in diesem Buch zu erleichtern, haben wir den Text in bestimmte Funktionsabschnitte gegliedert und diese durch entsprechende Symbole oder Icons gekennzeichnet. Folgende Icons finden Verwendung:

Verweis auf Buchabschnitte und ins Internet

Hinweis, Besonderheit, Bemerkenswertes

Beispiele zur Verdeutlichung der Theorie

Tips & Tricks, Zeitersparnis

Warnung, Achtung

Wiederholung, Erinnerung, Zusammenfassung

Einführung in das World Wide Web

1

Dieses Kapitel enthält Informationen zu den Themen:

- Wie das World Wide Web funktioniert
- Worin sich das World Wide Web vom Internet unterscheidet
- Java, Scripting und SGML – Erklärung für Laien
- Wie das Web für weniger versierte Anwender zugänglich gemacht wurde
- Wie Style Sheets für Web-Dokumente genutzt werden können

Zusammenfassung

HTML ist eine Sprache für Veröffentlichungen im World Wide Web. Jedes Dokument, welches Sie im Web finden können, seien es Nachrichten, Informationen zu universitären Veranstaltungen, Buchangebote oder Informationen zu einer örtlichen Katzenausstellung, ist in HTML verfaßt. Aber warum ist HTML notwendig? Warum wird ein Browser benötigt, um HTML-Dokumente betrachten zu können, und welche Rolle spielt dabei der Server? Diese Fragen sowie eine einfache Beschreibung von Java, der Kodierung, Multimedia- und anderer Web-Techniken sind Gegenstand dieses Kapitels.

1.1 Das Web in der Anwendung

Sie wollen von zu Hause, der kleinen Stadt Chipping Sodbury in Großbritannien, aus herausfinden, welche Veranstaltungen in der bekannten, zwanzig Kilometer entfernten Stadt Bath stattfinden. Eine Firma bietet online *„Was ist los in Bath?"* an, und Sie haben gelesen, daß diese Informationen unter der Adresse http://www.bath.info.uk auf einer Reihe von Web-Seiten im Internet zur Verfügung stehen. Sie beschließen, einen Blick darauf zu werfen. Sie schalten Ihren Rechner wie gewöhnlich ein. Genauso wie Sie ein Symbol anklicken, um Ihr Textverarbeitungsprogramm zu starten, klicken Sie das Symbol Ihres Web-Browsers an, um diesen zu laden. Der Browser ist eine Software, die es Ihnen ermöglicht, bestimmte Informationen aus dem Internet zu betrachten.

Ihr Modem, welches Ihren Rechner über eine gewöhnliche Telefonanschlußdose mit dem Telefonnetz verbindet, erzeugt bei der Anwahl des nächsten Internet-Einwahlknotens eine Reihe von elektronischen Pieptönen und verbindet Sie mit dem Netz. Über die Benutzeroberfläche des Web-Browsers können Sie nun die Internet-Adresse der Datei mit der Titelseite von *„Was ist los in Bath?"* in Form eines URLs (Uniform Resource Locator) eingeben. Wie bei allen anderen Informationen im Web auch, beginnt die Adresse mit „http://". Ein Beispiel dafür ist:

bsp.

```
http://www.bath.avon.uk/
```

HTTP (HyperText Transfer Protocol) ist der Name des dem Web eigenen Übertragungsprotokolls. Web-Seiten werden über das Internet zu Ihrem Rechner mittels HTTP gesendet.

Der Unterschied zwischen Web und Internet

Begehen Sie nicht den weit verbreiteten Fehler, das Web mit dem Internet selbst zu verwechseln. Das Internet stellt lediglich das Medium für das Web zur Verfügung, ähnlich wie eine Telefonleitung das Medium für ein Telefongespräch bereitstellt. Das Web stellt Techniken für die Veröffentlichung, das Versenden und das Auffinden von Informationen über das Internet zur Verfügung. Wie das Internet tatsächlich funktioniert, mag interessant sein, es muß aber den Benutzer des Web nicht weiter interessieren.

Protokolle
Protokolle bestehen aus Signalen, die zwischen Rechnern ausgetauscht werden: „Guten Tag", „Ich bin mit dir im Takt", „Eine Datei kommt jetzt über die Leitung" usw. Jeder Internet-Dienst hat sein eigenes Protokoll: seine persönliche Art und Weise für das Versenden der Dateien im System. Das Protokoll für das Web ist HTTP. FTP (File Transfer Protocol) ist ein weiteres gebräuchliches Protokoll, von dem Sie vielleicht schon gehört haben.

Diese fiktive Homepage enthält vielleicht auf der ersten Seite ein Foto der bekannten römischen Bäder von Bath, zusammen mit einem kurzen, einführenden Artikel zur Stadt und ein Symbolmenü, mit dem bestimmte Informationen zu den Museen von Bath, den Gartenanlagen usw. angefordert werden können. Diese Symbole stellen Ihnen Hypertext-Verweise über „Knopfdruck" auf dem Bildschirm zur Verfügung, wodurch Sie in der Lage sind, die gewünschten Informationen aufzufinden. Hypertext-Verweise sind in vielerlei Hinsicht die wichtigste Eigenschaft des Web. Im Fall unserer imaginären Web-Seite führt das Anklicken der Schaltflächen zur Ausgabe von Informationen, die auf Rechnern irgendwo in Bath selbst gespeichert sind. Manchmal kann ein Hypertext-Verweis auch zu Dateien an einem ganz anderen Ort des Internet führen. Wenn Sie z.B. den Titel einer in Bath stattfindenden Theateraufführung anklicken, dann kann es sein, daß die Informationen über die Theatertruppe via Internet von einem Tausende von Kilometern entfernten Rechner in den USA geholt werden. Von hier aus sind Sie dann vielleicht in der Lage, Seiten aufzurufen, die Informationen zu weiteren Theaterstücken der Theatertruppe liefern. Sie können im Web jederzeit auf Ihre eigene Informationsreise zu einem bestimmten Thema gehen, wann immer es Ihnen beliebt. Das liegt an den Hypertext-Verweisen, die den gesamten Globus umspannen.

Sie können auch Waren und Dienstleistungen über das Web bezahlen. Sie könnten sich z.B. entscheiden, Eintrittskarten für eine Theateraufführung durch Ausfüllen eines Formulars auf der Seite des Online-Magazins zu bestellen. Sie entscheiden sich z.B. für „*Wie es euch gefällt*" im Theater von Bath für 30,– DM pro Platz und bezahlen dann über Kreditkarte. Dieses Beispiel gehört zu einer anderen Art von Web-Anwendungen. Betrachten wir nun, wie eine Web-Seite aussieht.

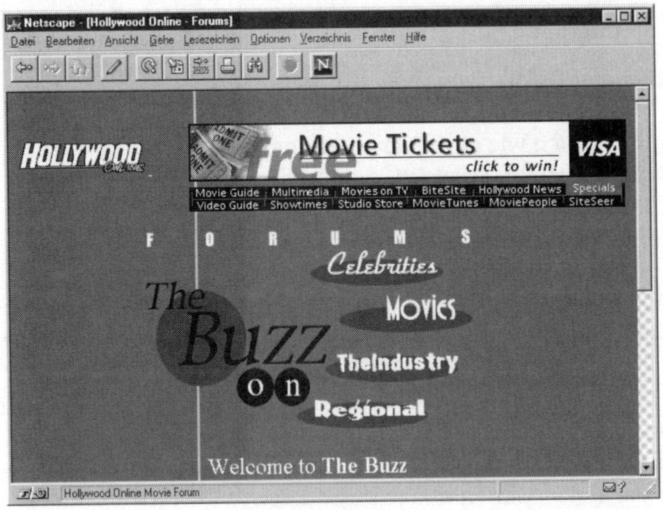

Der Bildschirm enthält Schaltflächen, die angeklickt werden können: Das sind die Hypertext-Verweise. Davon gibt es zwei Arten: unterstrichene Wörter und Bilder. Diese Schaltflächen dienen dazu, neue Informationen über das Internet einzuholen. Außerdem sehen Sie den Titel der Seite und am Fuß des Bildschirms einen URL, der anzeigt, woher die Informationen stammen.

Wenn Sie diesen Bildschirm oder andere Web-Seiten betrachten, dann erkennen Sie, daß das Web folgendes bietet:

- Eine Möglichkeit, Informationen online zu veröffentlichen. Sie können im Web Text und Bilder der Bildschirmseiten gestalten und Titel, Bilder, Überschriften usw. einfügen.
- Eine Möglichkeit, online per Knopfdruck Informationen über Hypertext-Verweise zu suchen. Sie können auch Suchprogramme für das Web einsetzen, um die gewünschten Informationen zu finden.
- Eine Benutzeroberfläche für die Betrachtung der gefundenen Informationen.

Eine Web-Seite kann auch Formulare für den Handel übers Internet oder weitere Anwendungen enthalten, z.B. Tabellenblätter, Videoclips usw.

Das Web bietet daher gleichzeitig die Möglichkeit, Informationen online zu veröffentlichen, auf sie zuzugreifen, sie zu speichern und zu suchen sowie Daten über das Internet zu versenden, anzufordern und zu suchen. Besonders wichtig ist hierbei, daß das Web es gestattet, Hypertext-Verweise zu verwenden, die Sie mit jedem Rechner im Internet verbinden können. All diese Eigenschaften funktionieren durch die Hardware: die Drähte, die Kabel, die Rechner, die Satellitenverbindungen, die eingesetzt werden, um Informationen mittels des Internet-Protokolls von Rechner zu Rechner zu übertragen.

Vor der Einführung des Web war das Internet eher die Domäne von EDV-Spezialisten und jenen, die eine Vorliebe für abstrakte und komplizierte Zusammenhänge hatten. Die Benutzeroberflächen der frühen Internet-Anwendungen erforderten mathematische Präzision, und Programme wie FTP oder Telnet wurden nur über die Befehlszeile gesteuert. Als dann Dateisuchdienste wie WAIS und Gopher im Internet populär wurden, boten diese die Vorteile einer Menüsteuerung, wenngleich auch in sehr beschränktem Umfang.

Auch wenn im Internet weiterhin Benutzeroberflächen für mehr technisch begabte Anwender eingesetzt wurden, so hatte sich die Software für den Heim- und Geschäftsbereich bereits lange zuvor von den befehlszeilenorientierten Anwendungen gelöst. Die Idee einer grafischen Benutzeroberfläche mit Fenstertechnik, die ihren Ursprung in den siebziger Jahren im Xerox PARC (Palo Alto Research Center) hatte, verbreitete sich in den frühen achtziger Jahren, hauptsächlich mit den Macintosh-Rechnern der Firma Apple. IBM Personalcomputer und kompatible Rechner anderer Hersteller folgten einige Jahre später mit der Einführung des Betriebssystems MS-Windows durch die Firma Microsoft. Zur gleichen Zeit wurde die Fenstertechnik auch im UNIX-Bereich eingeführt, wo jetzt die Benutzeroberfläche X-11 vorherrscht. Dennoch hat es bis Mitte der neunziger Jahre gedauert, bis eine einfache und geeignete Benutzeroberfläche für den Zugriff auf Informationen über das Internet eingeführt wurde. Die Popularität des Web rührt zweifellos auch daher, daß es eine einfache Benutzeroberfläche zum Auswählen und Anklicken bietet, die es sofort für einen breiteren Kreis von Anwendern zugänglich macht. Ein weiterer wichtiger Faktor ist E-Mail, mit deren Verbreitung das Versenden von Informationen über vernetzte Rechner breite Akzeptanz gefunden hat.

Was ist ein URL?

Hier eine vereinfachte Erklärung für den Neuling:

Angesichts der großen Anzahl von Web-Servern stellt sich die Frage, wie über HTTP genau auf die Datei zugegriffen wird, die Sie aus dem Internet benötigen. Die Antwort ist die Verwendung des URL (Uniform Resource Locator). Er ist vergleichbar mit der Telefonnummer eines Rechners im Internet, mit zusätzlichen Informationen zu der bestimmten Datei ausgestattet, die zu Ihrem Rechner gesendet werden soll. Wenn wir den URL unserer fiktiven Web-Seite in Bath etwas genauer betrachten, dann können wir das allgemeine Muster eines URL erkennen:

`http://www.bath.avon.uk`

`http` ist der Name des Web-Protokolls, das für den Datenzugriff über das Internet verwendet wird.

`www.bath.avon.uk` ist der Internet- oder Domain-Name des Rechners, auf dem die Informationen gespeichert sind. `www` zeigt an, daß es sich um einen World Wide Web-Server handelt. `uk` ist die Länderkodierung für Großbritannien.

Um genauere Angaben zu der Datei, die Sie von einem Server benötigen, zu machen, fügen Sie dem URL einen Pfad und einen Dateinamen hinzu. Die Angabe:

`http://www.bath.avon.uk/fahrplan/busse.html`

würde z.B. auf eine Datei mit dem Namen busse.html im Verzeichnis fahrplan verweisen. Man kann sich denken, daß die Datei busse.html Fahrpläne der Stadtbusse von Bath enthält, die Sie sich bei Bedarf auf dem Bildschirm anzeigen lassen können.

Über den URL können auch Dateien angegeben werden, auf die über ein anderes Protokoll als 'http' zugegriffen wird. Ein URL, der mit `ftp://` beginnt, verweist auf eine Datei, die mittels FTP (File Transfer Protocol) übertragen wird. Eine Datei, die mit `mailto://` beginnt, ist dagegen mit einer Anwendung verknüpft, die es gestattet, eine E-Mail-Nachricht an vordefinierte Adressen zu verschicken, und `news://` verweist auf eine USENET-Nachrichtengruppe und die Verwendung des Network News-Transfer-Protokolls für die Datenübertragung.

Für die URLs gibt es zahlreiche Übereinkünfte. Die Buchstaben `.com` stehen z.B. bei `http://www.microsoft.com` für „company".

Nicht gewerbliche Organisationen können `.org` verwenden, und Bildungseinrichtungen verwenden `.edu`. Ähnlich sind die Kodierungen für die Länder. Ein URL kann mit `.us` für USA, `.fr` für Frankreich, `.au` für Australien usw. enden. Einige der Konventionen für die URLs finden Sie in den Anhängen E und F.

Worin unterscheiden sich E-Mail-Adressen von URLs? E-Mail-Adressen haben ein anderes Format: name@name.name.domain, zum Beispiel: tiptoes@hawks.uni.edu.

Die Zeichenkette, die dem Zeichen @ folgt, benennt den Rechner, zu dem die E-Mail geschickt wird, wohingegen der Name des Empfängers direkt vor dem Zeichen @ angegeben wird. Da mehrere Anwender an dem Rechner zum Lesen vom E-Mail angemeldet sein können, ist der Name des Empfängers von Bedeutung.

1.1 Das Web in der Anwendung

1.2 Web und Internet

Das Internet ist ein riesiges Netzwerk miteinander verbundener Rechner. So wie AT&T, France Telecom, British Telecom und andere landesweite oder regionale Telefonnetzwerke jetzt zu einem globalen Telefonsystem zusammengeschlossen werden, so ist dies auch für das Internet der Fall. Die vielen Tausend Rechnernetzwerke, die das Internet ausmachen, sind im globalen Maßstab miteinander verbunden, so daß jeder Internet-Rechner mit jedem anderen kommunizieren kann.

Wie kann Ihr Rechner wissen, wie er einen anderen Rechner auf der anderen Seite der Welt finden kann? So wie jedes Telefon auf der Welt seine eigene, einmalige Telefonnummer besitzt, so hat jeder mit dem Internet verbundene Rechner seine eigene Rechnernummer. Diese wird als IP-Adresse (Internet Protocol-Adresse) bezeichnet. Da IP-Adressen aus vielen Zahlen bestehen, die schwer zu merken und einzugeben sind, begegnen wir ihnen im täglichen Umgang mit dem Internet selten, meist wird das parallele System der Namengebung vorgezogen. Dieses System der Internet Host-Namen wird auch manchmal Internet-Adresse oder auch Domain-Name genannt. Ein Rechner im Internet kann z.B. die IP-Adresse 17.254.0.63 und gleichzeitig den leichter handhabbaren Internet Host- oder Domain-Namen www.drizzle.org haben. Server verwenden ein global verbreitetes Verzeichnis, um jedem Host-Namen die entsprechende IP-Adresse zuzuordnen.

Sind Sie einmal mit dem Internet verbunden, dann können Sie theoretisch anwählen, wen Sie wollen. Das gibt Ihnen enorme Freiheiten. Die Kosten für den Zugriff im Internet bleiben die gleichen, gleichgültig, ob Sie mit einem Rechner in Australien, England, den USA oder in der nächsten Stadt verbunden sind. Das liegt daran, daß Sie nur für die Verbindungsdauer zum nächsten Internet-Einwahlknoten bezahlen. Und genauso wenig, wie Sie sich bei einem Auslandsgespräch darum kümmern müssen, daß Ihre Stimme über fremde Leitungen wandert, genauso wenig müssen Sie sich theoretisch darum im Internet kümmern. Wenn Daten von einem Rechner aus einem Netzwerk in einem Büro in Paris auf den Weg über die Netzwerke nach Los Angeles geschickt werden, dann muß sich der Anwender nicht um den Weg kümmern, den die Daten nehmen. Den einzigen Hinweis darauf, daß die angeforderten Informationen von weit her kommen, erhalten Sie, wenn ein Teil des Internet stark belastet ist und Sie warten müssen.

Das französische Minitel wird ähnlich verwendet wie das Web

Es ist interessant, daß die Franzosen seit einer Reihe von Jahren ein öffentliches System für den Informationszugriff einsetzen, welches die gleiche Lücke füllt wie das Web, wenngleich es auch nicht annähernd so ausgeklügelt und verwendbar ist. Das sogenannte Minitel-System besteht aus Hardware in Form eines Rechners, einer Tastatur und eines Modems, die ursprünglich kostenlos an die Kunden von France Telecom, der nationalen französischen Telefongesellschaft, abgegeben wurden. Minitel ist sehr einfach zu bedienen und äußerst beliebt, es findet sich in fast jedem Haushalt. Minitel als Haushaltsgegenstand existiert seit mehr als zehn Jahren. Wenn Minitel benutzt wird, dann wird der Online-Dienst von Minitel angewählt und dann über eine Reihe von Menüs eine Buchung für die Bahn vorgenommen, das letzte Rezept für Mousse au Chocolat à l'anglaise gelesen, der Kontostand überprüft, ein Hotelzimmer gebucht usw.

1.3 Grundbestandteile des Web

Die Grundbestandteile des Web sind in der folgenden Abbildung zu sehen. Es sind dies:

- **Web Server:** Dies sind Rechner, auf denen Informationen für die Verteilung über das Internet gespeichert sind. In der Beispielanwendung des Diagramms kann ein Web-Server den Text und die Bilder des Online-Magazins: *„Was ist los in Bath?“* speichern. Ein anderer Server kann Informationen über freie Plätze in einem bestimmten Konzert speichern. Das Magazin würde mit der dem Web eigenen Sprache HTML (HyperText Markup Language) formatiert werden. Die Daten über verfügbare Plätze und ihre Preise würden in einer Datenbank gespeichert, die mit bestimmten, mit HTML verfaßten, Formularen verknüpft sind.
- **Server:** Dies können PCs, Macintosh- oder UNIX-Rechner sein: Sie zeichnen sich mehr durch die Server-Software als durch die Hardware aus. So gesehen müssen Server gängige Rechner sein. Server bleiben die ganze Zeit eingeschaltet, so daß jeder zu jeder Zeit auf die Informationen zugreifen kann. Ein weiterer wichtiger Aspekt für die Server ist, daß sie schwer einzurichten sind. Wenn Sie ein technischer Laie sind und im Web publizieren wollen, dann sollten Sie lieber Speicher auf einem bestehenden Server mieten.
- **Web-Clients:** Dies können PCs, Macintosh- oder andere Rechner sein, die mit dem Internet verbunden sind und Informationen auf Web-Servern suchen können. Ein Web-Client ist der Rechner auf Ihrem Schreibtisch. Die Client-Software kann auf PCs, Macintosh-

und UNIX-Rechnern oder sogar auf einfachen Terminals laufen. Für die unterschiedlichen Plattformen gibt es unterschiedliche Client-Software auf dem Markt (auch kostenlos). Von Mosaic gibt es Implementationen für PCs und Macintosh-Rechner.

- **HTTP-Protokoll:** Dieses wird für die Übertragung der Dateien zwischen Servern und Clients verwendet. Wenn Sie einen Hypertext-Verweis anklicken oder ein Formular in einem Web-Dokument ausfüllen, dann müssen die Ergebnisse so schnell wie möglich über das Internet verschickt und von dem Server am anderen Ende verstanden werden. Anweisungen wie „Sende mir diese Datei" oder „Schick mir dieses Bild" werden von dem Web-Übertragungsprotokoll HTTP ausgeführt. Dieses Protokoll ist der „Bote", der, jedesmal wenn Sie einen Verweis anklicken, die Datei zum Server bringt, sie abholt und dann die Ergebnisse an Ihren Rechner liefert. HTTP hat seine Entsprechungen für die anderen Internet-Dienste: FTP (File Transfer Protocol) und Gopher sind Protokolle, die andere Arten von Informationen über das Internet anliefern.
- **Browser-Software:** Hierbei handelt es sich um Software, die vom Web-Client benötigt wird, um Texte, Bilder, Videoclips usw. auf dem Bildschirm auszugeben. Dies leisten die sogenannten Browser, von denen Mosaic, der Internet Explorer von Microsoft, der Navigator und der Communicator der Firma Netscape Communications wahrscheinlich die bekanntesten sind. Mit der Browser-Software können Sie auf Web-Servern gefundene Informationen sichten, so, als würden Sie ein Buch durchblättern. Außerdem haben Sie die Möglichkeit, im Web erhaltene Informationen zu speichern oder zu drucken.

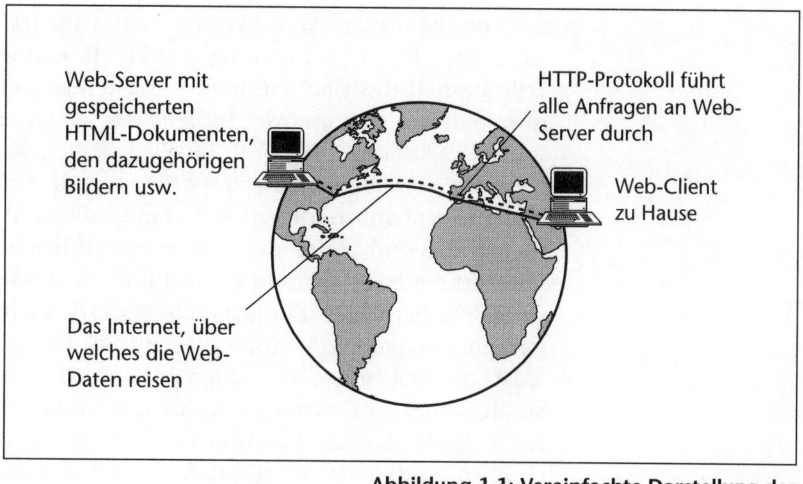

Abbildung 1.1: Vereinfachte Darstellung der Komponenten des Web

Ein wichtiger Grund für den Erfolg des Web ist die Plattformunabhängigkeit. D.h., es ist egal, was für einen Rechner Sie verwenden, Sie können trotzdem Informationen betrachten, die auf anderen, meist inkompatiblen Rechnern verfaßt wurden. Ein PC-Anwender kann auf die mit einem Macintosh verfaßten Informationen zugreifen, und ein Macintosh-Anwender kann auf die mit einem PC verfaßten Informationen zugreifen. UNIX-Anwender werden feststellen, daß sie zu allem kompatibel sind. Der Trick dabei ist, daß jeder Rechner HTML auf seine eigene Art und Weise umsetzen kann. Was mit einem HTML-Dokument am Zielort geschieht, liegt an dem Rechner auf der Empfängerseite. Wenn es ihm gefällt, kann er Absätze in Helvetica 20-Punkt-Schrift und die Überschriften in Times 14-Punkt-Fettdruck darstellen, wenn ihm die Schriftarten zur Verfügung stehen. Da die Dokumente in einem Standardformat von Rechner zu Rechner übertragen werden, können die einzelnen Browser sie sehr unterschiedlich darstellen, je nach den Fähigkeiten der Hard- und Software des empfangenden Rechners.

1.4 Eine universell einsetzbare Sprache für das Publishing: HTML

Um Informationen für die globale Verteilung über das World Wide Web zu veröffentlichen, benötigt man eine allgemein verständliche Sprache für das Publishing, eine Art Muttersprache, die alle Rechner im Web verstehen können. Außerdem benötigt man ein allgemein verständliches Protokoll für das Versenden der publizierten Informationen „über den Draht“ von einem Rechner zum anderen. Dadurch soll der Anwender in die Lage versetzt werden, Informationen per Knopfdruck auf seinen Rechner herunterzuladen und gleichfalls Informationen mit geringem Aufwand zurücksenden zu können (Ihre Adresse, eine Kreditkartennummer, eine Anfrage bei einer Datenbank usw.).

Die Sprache für das Publishing im Web heißt HTML (HyperText Markup Language). Unter Verwendung von HTML können Sie angeben, welche Teile Ihres Textes Überschriften, Absätze oder Aufzählungen mit Gliederungspunkten sind und welche Teile fett, kursiv usw. ausgegeben werden sollen. Sie können mit HTML Tabellen in die Dokumente einfügen, Gleichungen schreiben, Bilder importieren und Abfrageformulare für entfernte Datenbanken formatieren. (Einige dieser Möglichkeiten gelten nur für HTML 3 und höher und werden von früheren HTML-Versionen nicht unterstützt.) HTML ist sehr flexibel und nicht schwer anzuwenden, auch wenn, wie bei anderen Aufgaben in der EDV auch, Geduld für das Verfassen eines Hypertextes erforderlich ist. Ein Reiz des Web liegt darin, daß jeder, der über einen PC, einen Macintosh- oder einen UNIX-Rechner verfügt, Informationen ohne technische Vorkenntnisse publizieren kann. Nach der Vielfalt der Verfasser im Web zu urteilen, ist HTML für jeden einsetzbar. Ein einfaches HTML-Beispiel finden Sie am Anfang des dritten Kapitels.

1.5 Das HTTP-Protokoll

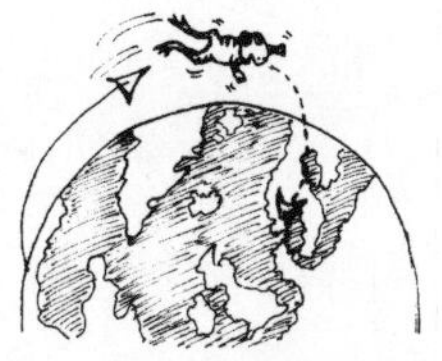

EIN LANGSTRECKENSPRUNG
<A HREF="http://www.norge.org/docs/norse.html">

Das ursprüngliche Protokoll des Web war extrem einfach. Der Client sendete die Anfrage „Schick diese Datei" und die Gegenstelle schickte die Datei und beendete die Verbindung. Das war alles. Es gab keine Möglichkeit, die Art der zu versendenden Datei mitzuteilen, keinen Statuscode, sondern nur die Datei. Der Client mußte daher erraten, was er erhalten hatte, und diese Fähigkeit wurde zu einer wahren Kunst entwickelt. Als erstes untersuchte der Browser die Dateinamenserweiterung, um festzustellen, ob etwas wie .GIF oder .HTML zu finden war. Danach wurden die ersten Bytes der Datei untersucht. Diese Methode ist alles in allem sehr unsicher.

Dann kam MIME auf, eine Art Multimedia-Erweiterung für E-Mail. HTTP hat MIME sehr bald übernommen, so daß Sie jetzt beim Empfang einer Datei einen Statuscode und die Dateiart erhalten. Die Dateiart sagt aus, ob es sich um text/HTML, video/MPEG, image/GIF usw. handelt, wodurch der Browser die Möglichkeit hat, die entsprechende Anwendung für die Darstellung der Datei aufzurufen. Die Aufgabe, herauszufinden, um welche Art von Datei es sich handelt, wurde auf den Server verschoben. UNIX- und DOS-Server spielen immer noch das Ratespiel, wohingegen Macintosh-Rechner die Dateiart als Bestandteil der Datei selbst speichern.

Das heutige HTTP ist das Produkt der Zusammenarbeit zwischen der CERN und einer Gruppe am National Center for Supercomputing Applications (NSCA) der Champaign-Urbana Universität von Illinois. Zu den Neuerungen gehören Sicherheitskriterien wie etwa der Secure Socket Layer (SSL) von Netscape und seit kurzem die Fähigkeit, Verbindungen zum Server offen zu lassen, so daß der Server mehrere Anfragen durchführen kann. Das Konsortium des World Wide Web sucht nach Möglichkeiten, das Protokoll zu verbessern, sowie nach Methoden, Texte zu komprimieren, damit Informationen im Web schneller ihr Ziel erreichen.

1.6 Das Web bietet mehr als nur Text und Bilder

Das Web dehnt sich nicht nur im Hinblick auf die Menge der gespeicherten Informationen aus, sondern auch im Hinblick auf die Vielfalt. Die Abbildung unten veranschaulicht diesen allgemeinen Trend. Auf der linken Seite sehen Sie das Web in seiner Anfangszeit, ein Medium, das überwiegend der Veröffentlichung von Informationen in Textform diente. Nach und nach kamen Bilder, Diagramme usw. hinzu. Auf der rechten Seite unseres Diagramms sehen Sie die neuesten Eigenschaften zum Zeitpunkt des Erscheinens dieses Buches: die Einführung der Plug-in-Module, die Programmiersprache Java, mit der kleine Anwendungen via Kabel verschickt und in Web-Anwendungen verwendet werden können.

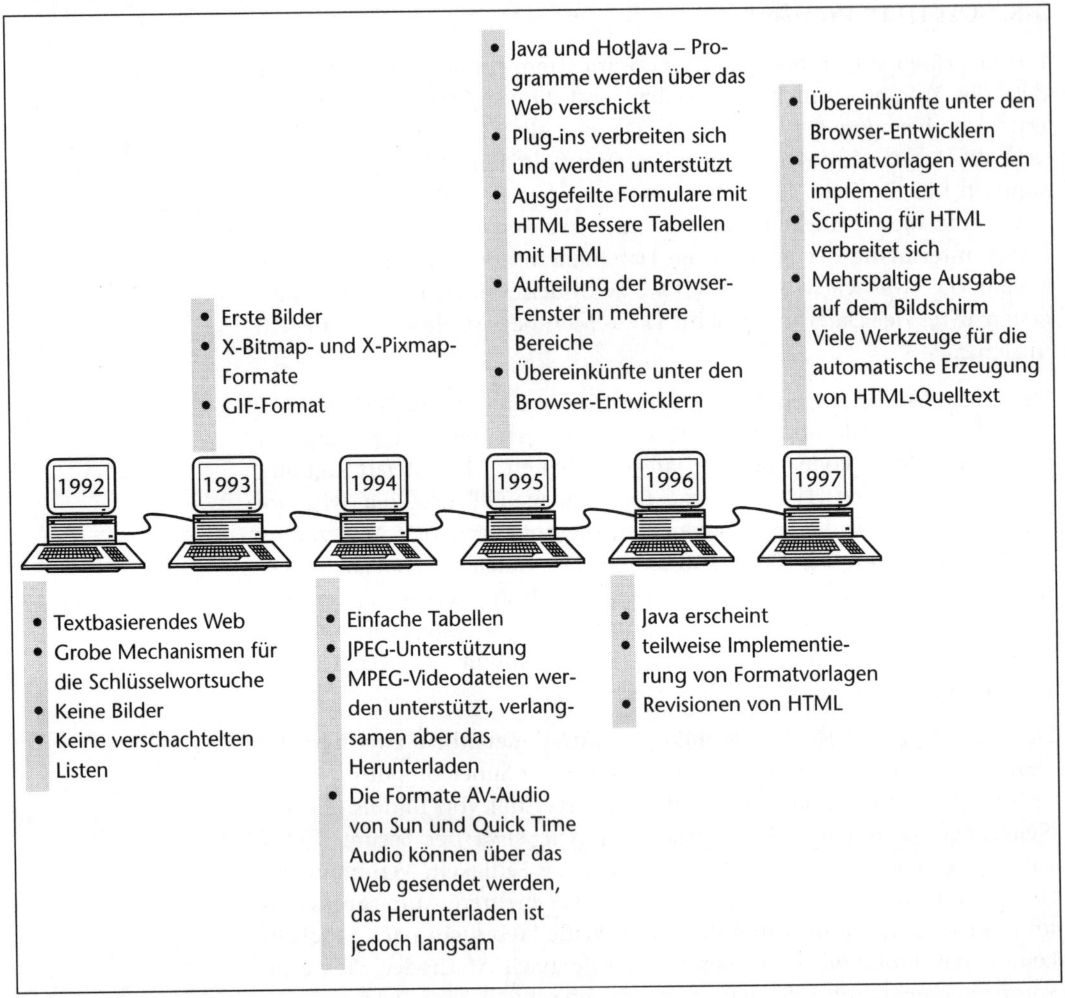

Abbildung 1.2: Mehr Vielfalt im Web. Das ursprünglich einfache, textorientierte System des Web unterstützt jetzt eine Vielzahl von Medien

Viele der neuen Eigenschaften des Web stehen im Zusammenhang mit der Loslösung von einfachen Dokumenten hin zu einem Web mit Texten, Bildern, Videos, Ton, Anwendungen wie Tabellenkalkulationen, Verbindungen zu Datenbanken, Anwendungen aus dem Bereich virtueller Realität und allen Arten anderer „Objekte".

1.6 Das Web bietet mehr als nur Text und Bilder

1.6.1 Java

Zum Zeitpunkt der Herausgabe dieses Buches war Java ein weitverbreites Modewort. Java ist eine Programmiersprache, die den Programmierer in die Lage versetzt, kleine Anwendungen zu schreiben, die über das Web geschickt und vom Client ausgeführt werden. Java ist eine objektorientierte Programmiersprache, vergleichbar mit C. Das Besondere an Java ist die Möglichkeit, Programme an jeden Rechner schicken zu können, der sie mit dem entsprechenden Browser verwenden kann. Der Quelltext wird sicher, ohne Risiko für den Client ausgeführt.

Aus der Sicht des Anwenders erscheinen Web-Dokumente plötzlich wesentlich intelligenter. Es ist, als ob der Browser automatisch neue Eigenschaften erzeugt, wie z.B. die Fähigkeit, eine Tabellenkalkulation durchzuführen oder eine Animation ablaufen zu lassen, direkt vor Ihren Augen, ohne eine besondere Software laden zu müssen. Der Quelltext für solche Effekte ist in ein besonderes binäres Format kompiliert worden und wird von einem Java-Interpreter auf Ihrem Rechner ausgeführt. Java-Anwendungen werden „Applets" genannt (was soviel heißt wie 'kleine Anwendungen'. Es wäre etwas ganz anderes, wenn vollständig ausgebaute Anwendungen über das Web geschickt werden müßten), und sie sind tatsächlich kleine Anwendungen, die sich auf die Bibliotheken der Java-Klassen des Browsers beziehen. Diese Bibliotheken weisen darauf hin, daß der Browser über eine gewisse Menge Prozeßwissen im Browser selbst verfügt: Der Browser weiß, wie ein Fenster erzeugt wird, er antwortet auf Ereignisse, malt Dinge in ein Fenster, schreibt Text in ein Fenster usw. Die Applets, die über das Web hinzukommen, vergrößern dieses

Wissen und verwenden Bibliotheksroutinen, um etwas Sinnvolles durchzuführen, wie z.B. die Ausgabe eines einfachen Tabellenblatts oder das Abspielen animierter Grafik.

Was aber passiert, wenn das Applet eine Klasse aufruft, die dem Client nicht zur Verfügung steht? In solchen Fällen muß diese Klasse über das Internet geholt werden, ein Vorgang, der in der Tat sehr langsam sein kann. Aus diesem Grund ist es sinnvoll, die Anzahl solcher zusätzlicher Klassen gering zu halten.

1.6.2 HTML-Skripte

Skripte sind kleine Programme, die für den Anwender durchschaubar sind und die gleichsam hinter den Kulissen eine Feinabstimmung der Web-Seiten auf die eine oder andere Art zulassen. Der Verfasser kann Skripte in einer der vielen verfügbaren Skriptsprachen verfassen. Skripte können eine von mehreren Funktionen erfüllen. Die klassische Funktion ist ein intelligentes Formular, welches Sie beim Ausfüllen anleitet. Sie können z.B. ein Skript dafür vorsehen, jeden Formulareintrag auf seine Richtigkeit zu prüfen und auf eventuell fehlende, wichtige Informationen hinzuweisen. VBSkript ist eine von Microsoft entwickelte, adaptierte Version von Visual Basic. JavaScript ist die Skriptsprache von Netscape, und Sun hat die Skriptsprache tcl.

In der Zukunft werden Skripte vielleicht eingesetzt, um Spezialeffekte zu erzielen, wie z.B. Animationen. In den späteren Kapiteln dieses Buches zum Thema Scripting werden einige aktuelle und neue Verwendungen des Scripting untersucht. Skripte können auch als maßgeschneiderte Komponenten eines bestimmten Anwendungsprogramms eingesetzt werden, z.B. für eine Tabellenkalkulation. In diesem Fall stellt der Entwickler der Anwendungssoftware vorgefertigte Komponenten für ein Programm zur Verfügung. Angenommen, es handele sich um Komponenten für eine Tabellenkalkulation, dann können diese Komponenten mit einem Skript leicht in die Anwendung eingebunden werden. Dies ist ein Vorgang, der früher sehr viel Programmierarbeit erforderte. Aber mit einem von Ihnen verfaßten Skript gelingt die Einbindung genauso nahtlos wie mit Visual Basic. Die Komponenten sind in einer Art Systemsprache geschrieben, und das Skript bindet dann die vorgefertigten Komponenten in die Anwendung selbst ein. Wenn die Skripte nur die Hälfte von dem halten, was sie versprechen leisten, zu können, dann können den Programmierern viele Kopfschmerzen erspart werden.

1.6.3 Die Idee des Internet-Medientyps

Da in HTML alle möglichen Dinge eingebettet werden können (z.B. Animationen, die vom Browser abgespielt werden, kleine Programme, die auf Ihrem Rechner ablaufen oder auch Musikstücke), muß der Browser irgendeine Vorstellung davon haben, was da gerade über die Leitung kommt. Ein Browser kann erfassen, um welche Art von Datei es sich gerade handelt und über den *Internet-Medientyp* weiß er, was damit zu tun ist. Der Internet-Medientyp ist eine Kodierung, die mit der Datei geschickt wird. Der Browser ermittelt anhand dieser Kodierung, welche Software für die Interpretation und Ausgabe der Daten benötigt wird. Hierzu einige Beispiele: Der Internet-Medientyp für ein HTML-Dokument heißt text/HTML, für ein JPEG-Bild heißt der Internet-Medientyp image/ JPEG.

Ist der Medientyp einmal erkannt und die richtige Software für den Umgang mit der Datei aufgerufen worden, dann können die Informationen der Datei im Dokument eingebettet ausgegeben werden, d.h., es wird derart in einem Bereich des Dokuments dargestellt, daß es als Teil desselben erscheint. Man nennt diese Art der Einbettung von Informationen in ein Dokument auch „Plug-in". Dieser Ausdruck wird allgemein für die Beschreibung des Herunterladens eingebetteter Dateien verwendet, die keine HTML-Dateien sind und die auf Seiten des Browsers den Einsatz bestimmter Software für ihre Darstellung benötigen.

Der Browser kann z.B. eine PDF-Datei (Portable Document Format) über die Leitung entgegennehmen. Er erkennt den Internet-Medientyp Application/PDF und ruft dann den Adobe Acrobat-Reader für die Ausgabe der PDF-Datei auf. Ist der Medientyp einmal erkannt, dann lädt der Browser das richtige Anwendungsprogramm und stellt die Datei dar.

1.7 HTML und seine Verwandtschaft mit SGML

Bei der früheren Arbeit zur Darstellung von Dokumenten konzentrierte man sich auf Druckanweisungen für ein Dokument. Mit GML (Generalized Markup Language) konzentrierte sich IBM auf eine alternative Herangehensweise, bei der die Standardstrukturen eines Dokuments, wie z.B. Überschriften, Absätze, Listen usw., durch eine in den Dokumententext eingefügte Markierung gekennzeichnet wurden. Das Setzen des Schwerpunkts auf die Strukturen eines Dokuments anstatt auf die Druckanweisungen erleichterte die Übergabe eines Dokuments von einem System zum anderen ganz erheblich, sei es für die einfache Ausgabe auf einem Terminal, einem Zeilendrucker oder einem hochentwickelten Belichter.

Diese Bemühungen führten zur Entstehung der Standard Generalized Markup Language (SGML), die der internationale Standard durch die ISO-Norm 8879:1986 wurde. Mit SGML können Sie eine Grammatik für ein Dokument festlegen, die die Art und Weise bestimmt, in der Markierungen in ein Dokument eingefügt werden können. Listenelemente sind z.B. nur im Zusammenhang mit Listen sinnvoll und Zellen nur im Zusammenhang mit Tabellen. Die formale Beschreibung der Grammatik trägt für SGML den Namen Document Type Definition.

Die globale Verbreitung von Hypertext erschwert das Verschieben der Dokumente von einem System zum anderen. Es gibt z.B. Macintosh-Systeme, PCs, eine Vielzahl von UNIX-Rechnern, einfache Terminals und Geräte für die Sprachein- und -ausgabe für Sehbehinderte. SGML erwies sich als ideal für diesen Zweck. Tim Berners-Lee wählte SGML für die Definition des Formats eines HTML-Dokuments für das World Wide Web. HTML ist formal betrachtet eine SGML-Anwendung. Die HTML Document Type Definition (DTD) legt formal die HTML-Markierungen und die Art und Weise, wie sie in ein Dokument eingefügt werden, fest.

Dem Ungeübten mögen DTDs abschreckend erscheinen. In diesem Buch wird versucht, die Sprache HTML und ihre Verwendung für die Veröffentlichung von Dokumenten im Web zu erklären. HTML ist kein statisches Dokumentformat, es hat sich seit seinen ersten Schritten unter Tim Berners-Lee rasch weiterentwickelt.

1.8 Web für Behinderte

Ein Bereich, für den das World Wide Web-Konsortium großes Interesse gezeigt hat, ist die Frage, wie das Web Blinden zugänglich gemacht werden kann. Für HTML hatte dies zwei konkrete Folgen, die im folgenden ausgeführt werden.

Als erstes muß der Tag `IMG` für das Einfügen von Bildern (siehe im Kapitel 8 „Grafik im WWW") durch ein völlig anderes Tag (`OBJECT`) ersetzt werden, welches den Browser in die Lage versetzt, Text anstelle eines visuellen Bildes auf dem Bildschirm auszugeben.

Angenommen, Sie haben eine Fotografie als Bestandteil eines Web-Dokuments. Normalerweise wird der Browser das Foto so darstellen, wie es vom Autor beabsichtigt ist. Der Browser eines Blinden oder eines Sehbehinderten hingegen ist so eingerichtet, daß er einen oder zwei Absätze beschreibenden Textes anstelle des Fotos ausgibt. Dieser Text muß vom Autor für den textorientierten Browser vorgesehen werden. Er kann Hypertext-Verweise, Listen und alle anderen Arten von Markierungen enthalten. Wenn der Browser auf einen solchen Text stößt, dann liest er dem Anwender die Wörter laut vor und verwendet dabei die entsprechenden Betonungen für fettgedruckten, betonten Text usw.

Durch textuelle Markierungen als Alternative zu den Bildern ist der blinde oder sehbehinderte Web-Anwender jetzt wesentlich besser gestellt. Das nach wie vor beliebte Tag `IMG` gestattet nur sehr eingeschränkt Text anstelle von Bildern und ist daher ungeeignet für jene, die auf Sprachausgabe hinzielen.

Zum zweiten ermutigt das W3-Konsortium die Autoren, die *strukturellen* Aspekte ihrer Dokumente von denen zu trennen, die eher das *Layout* betreffen. Ist dies einmal geschehen, dann ist es für die Software einfach, den Text für den blinden oder sehbehinderten Anwender laut vorzulesen. Beachten Sie: Wenn eine Seite lediglich im Hinblick auf die Überschriften, Absätze, Listen und andere strukturelle Merkmale gekennzeichnet ist, dann ist HTML wesentlich leichter zu verstehen und der Inhalt leichter in Sprache umzusetzen. Sind jedoch zusätzliche Informationen zur Schriftgröße, Unterstreichung, Breite, Farbe usw. beigegeben, dann wird die Übersetzung in gesprochene Sprache wesentlich schwieriger.

Ein begeisterter Protagonist für die Verfügbarkeit des Web für Blinde ist Dr. T.V. Raman. Als klarer und origineller Denker hat Raman, der selbst blind ist, viel zu den Diskussionen und Verhandlungen mit den Browser-Herstellern über das Thema Web-Zugang für Behinderte beigetragen, und er ist auch ein aktiver Teilnehmer der Mathematik-Arbeitsgruppe. Von ihm stammt auch die Emacspeak Sprach-Schnittstelle, ein voll ausgestattetes Sprachausgabesystem, welches Blinden und Sehbehinderten mit einem zeilenorientierten Browser in UNIX-Umgebung Zugang zum Web bietet.

1.9 Mathematik und HTML

Wie Sie bemerken werden, wird in diesem Buch die Auszeichnung von Formeln im Web nicht behandelt. In der vorhergehenden Ausgabe dieses Buchs wurde den Formeln ein eigenes Kapitel gewidmet, mit dem hoffnungsvollen Hinweis, daß diese demnächst Bestandteil des HTML-Standards werden. Unglücklicherweise ist dies nicht geschehen, und obwohl einige Browser Formeln nach der derzeitigen Spezifikation implementiert haben, liegt Formelsatz im Web noch in weiter Ferne, da ein Ende der Unstimmigkeiten noch nicht absehbar ist.

Plug-in für Mathematik
Ein neues Plug-in für Mathe soll in Kürze fertig sein. Es handelt sich dabei um ein leicht einzusetzendes Programm, welches die einfache Veröffentlichung mathematischer und wissenschaftlicher Ausdrücke im Web erlaubt. Es wird von Dave Raggett unter der Leitung des World Wide Web-Konsortiums geschrieben. Informationen hierzu finden Sie unter http://www.w3.org

Genau wie für HTML gibt es auch für Mathematik eine eigene Arbeitsgruppe. Die Mathematik-Arbeitsgruppe für HTML vereinigt die Vertreter der Firmen, die spezielle Software für das Schreiben und Bearbeiten mathematischer Formeln am Rechner herstellen. Beispiele sind die Programme Waterloo Maple und Wolfram. Es sind auch Vertreter wissenschaftlicher Verlage wie z.B. Reed-Elsevier Ltd. oder der American Mathematical Society vertreten. Jeder hat seine eigenen Ansichten von der richtigen Behandlung des Themas, und auch Dave Raggett vom World Wide Web-Konsortium, der den ursprünglichen Entwurf für Mathe-HTML vorlegte, hat seine eigenen Vorstellungen.

Angesichts der weit auseinandergehenden Ansichten der Gruppenmitglieder ist die Entwicklung eines Auszeichnungsstandards für Formeln im Web tatsächlich eine Herausforderung. Trotzdem hofft die Gruppe, eventuell einen Vorschlag für die genaue Notation von Mathe-HTML auf der Basis von Plug-ins vorlegen zu können, die aus einer ergänzenden Software bestehen, die die Browser befähigt, mit der mathematischen Notation umzugehen. In der Zwischenzeit fällt es den Mathematikern, Physikern, Chemikern und anderen Wissenschaftlern sehr schwer, mathematische Formeln und wissenschaftliche Ausdrücke mit gewöhnlichem HTML darzustellen.

Das ist eigenartig, wenn man bedenkt, daß das Web ursprünglich zum Zwecke des Austauschs von Ideen und Papieren unter Physikern entwickelt wurde.

1.10 HTML und Style Sheets

Sowohl Netscape als auch Microsoft haben Style Sheets für Web-Seiten implementiert.

In Kapitel 9 dieses Buches wird erklärt, wie Style Sheets verwendet werden, und im weiteren Verlauf werden Sie Hinweise erhalten, wie die Sprache CSS (Cascading Style Sheets) für die gewünschten Layouteffekte eingesetzt wird.

Mit CSS hat der Anwender fast die gleichen Möglichkeiten, das Aussehen und die Gestaltung seines Materials zu beeinflussen, wie bei einem herkömmlichen Desktop Publishing-Programm auch. Es hält HTML frei von der Last nicht standardisierter Erweiterungen und macht eine saubere Strukturierung der Informationen mit HTML möglich. Die Mitglieder des World Wide Web-Consortiums Håkon Lie und Bert Bos haben unter Mitwirkung von Chris Lilley, Dave Raggett u.a. CSS entwickelt. Microsoft und Netscape implementieren CSS für ihre Browser Internet Explorer und Netscape Navigator.

Die Geschichte von HTML

2

Dieses Kapitel enthält Informationen zu folgenden Themen:

- Wie das World Wide Web entstand
- Die Ereignisse und Umstände, die zu der derzeitigen Popularität des World Wide Web führten
- Wie sich HTML seit seinen Anfängen in den frühen neunziger Jahren entwickelt hat

Zusammenfassung

HTML gibt es seit circa sieben Jahren. In dieser Zeit hat es sich von einer einfachen Sprache mit wenigen Tags zu einem komplexen Auszeichnungssystem entwickelt, welches dem Autor erlaubt, umfassende Web-Seiten mit animierten Bildern, Ton und allen Arten von Effekten zu verfassen. In diesem Kapitel erfahren Sie etwas über die frühen Tage des Web, über HTML und über die Menschen, Firmen und Organisationen, die etwas zu der Entwicklung von HTML+, HTML 2, HTML 3.2 und schließlich zu HTML 4 beigetragen haben.

Dieses Kapitel enthält eine kurze Geschichte von HTML. Ziel ist es, dem Leser eine Vorstellung davon zugeben, wie sich das heutige HTML aus dem von Tim Berners-Lee 1992 geschriebenen Prototyp entwickelt hat. Der Verlauf ist nicht zuletzt deshalb interessant, weil HTML eine holprige Strecke auf dem Weg zur Standardisierung zurückgelegt hat, begleitet von Software-Ingenieuren, Akademikern und Browser-Herstellern in ständiger Auseinandersetzung miteinander, so, wie viele Abgeordnete im Parlament miteinander debattieren.

1989: Tim Berners-Lee erfindet das Web mit HTML als Sprache für das Publishing

Das World Wide Web begann seine Laufbahn dort, wo man es am wenigsten erwarten würde: bei der CERN, dem europäischen Forschungsinstitut für Kernphysik in Genf. Die CERN ist ein Treffpunkt für Physiker aus aller Welt, an dem sich höchst abstrakt und konzeptionell Denkende in Betrachtungen komplexer atomarer Phänomene aus den kleinsten Bereichen von Raum und Zeit ergehen. Dieser Platz als Entstehungsort für die Anfänge einer Technik für die Belieferung Ihres Rechners mit Informationen aus allen Bereichen, vom Tourismus über Online-Shopping und Unterhaltung bis hin zu Finanztips, Wetterberichten und vielem anderen mehr, ist erstaunlich.

Tim Berners-Lee ist der Erfinder des Web. Als er im Jahre 1989 das Konzept entwickelte, arbeitete er in der EDV-Abteilung der CERN. Zu jenem Zeitpunkt hatte er noch keine Ahnung davon, daß es eine so große Verbreitung finden würde. Kernphysikalische Forschungen erfordern oft die Zusammenarbeit zwischen den einzelnen Forschungsstätten in der ganzen Welt. Berners-Lee hatte die Idee, für die Forscher an den entfernten Orten dieser Welt einen Informationspool zu entwickeln. Sein Ziel ging über das einfache Verfügbarmachen einer großen Zahl von Forschungsunterlagen in Form von Dateien für das Herunterladen auf den eigenen Rechner hinaus. Der Text sollte mit den Dateien selbst verknüpft werden. Mit anderen Worten sollte es Querverweise von einem Forschungsbericht zu anderen geben. Das bedeutete, daß beim Lesen eines Forschungsberichts ganz schnell Teile eines anderen Berichtes mit diesbezüglichen Texten und Diagrammen angezeigt werden könnten. Dokumentationen wissenschaftlicher oder mathematischer Art würden so als ein „Gewebe" von Informationen elektronischer Art auf den Rechnern der Welt dargestellt. Berners-Lee wollte dies mittels einer Form von Hypertext realisieren, durch die Verknüpfung der Dokumente untereinander, so daß durch einfaches Anklicken von Schaltflächen auf dem Bildschirm von einem Dokument zum anderen gewechselt werden kann. Bevor Berners-Lee zu CERN kam, hatte er bereits Erfahrung in der Dokumenterstellung und der Textverarbeitung. Für seinen persönlichen Gebrauch hatte er bereits 1980 sein erstes Hypertext-System mit Namen „Enquire" entwickelt.

Der Prototyp seines Web-Browsers für einen NeXT-Rechner war 1990 fertig.

1990: Die Zeit war reif die Erfindung von Tim Berners-Lee

Daß das Web in den frühen Neunzigern erfunden wurde, war kein Zufall. Die Entwicklungen im Bereich der Kommunikationstechniken in jener Zeit hätten früher oder später etwas dem Web Ähnliches hervorgebracht. *Hypertext* kam in Mode und wurde auf Rechnern eingesetzt. Auch der Anteil der Internet-Benutzer im System nahm zu: Es gab ein steigendes Verlangen nach verteilten Informationen. Und außerdem wurde die Adressierung von Rechnern im Internet durch das neue System der Domain-Namen wesentlich vereinfacht.

Hypertext

Ein Konzept für Hypertext wurde bereits in den vierziger Jahren von Wissenschaftlern entwickelt, es wurde jedoch erst mit dem Aufkommen des Personalcomputers wieder aus der Schreibtischschublade hervorgeholt. Bill Atkinson, ein außergewöhnlich begabter Programmierer der Firma Apple Computer Inc., entwickelte in den frühen achtziger Jahren eine Anwendung mit Namen *Hypercard* für Macintosh-Rechner. Mit Hypercard konnte auf dem Bildschirm eine Reihe von „Karteikarten" erstellt werden, die Texte und graphische Informationen enthielten. Die Anwender konnten sich durch Anklicken von Schaltflächen auf dem Bildschirm durch die Informationen bewegen und sich so auf eine Informationsreise begeben. Hypercard gab den Anstoß für weitere Anwendungen auf der Basis der Idee der Karteikarten. In den frühen neunziger Jahren wurde Toolbook für PC für den Aufbau von Hypertext-Trainingskursen verwendet, die „Seiten" mit Schaltflächen besaßen, mit denen man sich vorwärts oder rückwärts zu einem neuen Thema bewegen konnte. Unter der Oberfläche lösten die Schaltflächen kleine Programme aus, sogenannte Skripte. Diese Skripte steuerten, welche Seite als nächstes angezeigt wurde. Es war sogar möglich, kleinere Animationen ablaufen zu lassen. Das Programm Guide war eine ähnliche Anwendung für UNIX und PC.

Hypercard und seine Imitationen wurden begeistert aufgenommen. Diese Softwarepakete litten aber noch unter einer wesentlichen Einschränkung: Hypertext-Sprünge konnten nur zu Dateien auf dem gleichen Rechner durchgeführt werden. Sprünge zu Rechnern auf der anderen Seite der Erde lagen noch außerhalb des Möglichen. Noch hatte niemand ein System für Hypertext-Verweise in globalem Maßstab implementiert.

Das System der Domain-Namen

Mitte der achtziger Jahre bekam das Internet ein neues, leicht zu verwendendes System für die Benennung der Rechner. Dies geschah unter Verwendung der Idee des Domain-Namens. Ein Domain-Name besteht aus einer Reihe von Buchstaben, getrennt durch Punkte, zum Beispiel: „www.bo.com" oder „www.erb.org.uk". Diese Namen sind eine leicht zu verwendende Alternative zu den weniger handlichen IP-Adreßnummern.

Ein Programm mit Namen Distributed Domain-Name Service (DNS) ordnet Domain-Namen IP-Adressen zu, wobei die IP-Adressen „versteckt" bleiben. DNS war ein absoluter Durchbruch für die Verfügbarkeit des Internet für diejenigen, die keine Computerspezialisten sind. Als Ergebnis dieser Neuerung wurden die E-Mail-Adressen vereinfacht. Vor der Einführung von DNS hatten E-Mail-Adressen eine Reihe absonderlicher Zeichen wie etwa Ausrufungszeichen, Prozentzeichen und andere eigenartige Informationen, um den Weg zu einem anderen Rechner zu beschreiben.

Die Auswahl der richtigen Herangehensweise für die Schaffung eines globalen Hypertext-Systems

Die Notwendigkeit globaler Hypertext-Verweise lag für Tim Berners-Lee auf der Hand, aber es war notwendig, die richtige Herangehensweise für ihre Implementierung zu finden. Ein bestehendes Hypertext-System zu verwenden, wäre eine verlockende Möglichkeit gewesen, war aber aus einer Reihe von praktischen Gründen nicht möglich. Als erstes hätte ein Hypertext-Werkzeug für den weltweiten Einsatz die unterschiedlichen Typen der im Internet verknüpften Rechner berücksichtigen müssen: Personalcomputer, Macintosh-Rechner, UNIX-Workstations und einfache Terminals. Außerdem waren verschiedene Desktop Publishing-Systeme in Mode: unter anderem SGML, Interleaf, LaTeX, Microsoft Word und Troff. Kommerzielle Hypertext-Systeme waren maschinenabhängig und konnten nicht einfach Texte aus anderen Quellen übernehmen. Außerdem waren sie viel zu kompliziert und erforderten umfangreiche Umwandlungen von Texten in eigene Formate, um das endgültige Hypertext-System zu erzeugen.

Was benötigt wurde, war etwas sehr Einfaches, zumindest für die Anfangsphase. Berners-Lee zeigte einen grundlegenden und attraktiven Weg für das Publishing von Texten, indem er eigene Software und auch ein eigenes, einfaches Protokoll (nämlich HTTP) für das Auffinden anderer Dokumente über Hypertext-Verweise entwickelte. Das eigene Protokoll von Berners-Lee, HTTP, steht für HyperText Transfer Protocol. Das Textformat für HTTP wurde HTML genannt, was für HyperText Markup Language steht. Die Hypertext-Implementation von Berners-Lee wurde auf einer NeXT-Workstation vorgeführt, die viele Werkzeuge zur Verfügung stellte, die er für die Entwicklung seines ersten Prototyps benötigte. Weil er die Dinge einfach gehalten hatte, ermutigte Berners-Lee andere, auf diesen Ideen aufzubauen und weitere Software für die HTML-Ausgabe zu entwerfen und auch eigene HTML-Dokumente für den Zugriff bereitzustellen.

Tim Berners-Lee stützte seine HTML auf eine bestehende, international anerkannte Methode der Textauszeichnung

Die HTML-Sprache, die Berners-Lee entwickelt hat, basiert sehr stark auf SGML (Standard Generalized Markup Language), einer international anerkannten Methode zur Textmarkierung in Form struktureller Einheiten, wie etwa Absätze, Überschriften, Listenelemente, usw. SGML konnte auf jedem Rechner implementiert werden. Dem liegt der Gedanke zugrunde, den Formatierenden (den Browsern oder anderen Ausgabeprogrammen), die den Text auf dem Bildschirm ausgeben, unabhängig zu lassen. Die Verwendung von Tags wie `<TITLE>` oder `</TITLE>` wurde direkt von SGML übernommen, wo sie genau das gleiche bewirken. Zu den SGML-Elementen in HTML von Berners-Lee gehören `P` (Absatz), `H1` bis `H6` (Überschriften Ebene 1 bis 6), `OL` (geordnete Listen), `UL` (ungeordnete Listen), `LI` (Listenelemente) und viele andere mehr. SGML beinhaltet selbstverständlich keine Hypertext-Verweise: Die Idee, einen Anker mit dem Attribut `HREF` zu verwenden, war eine originäre Einführung von Berners-Lee, genauso wie das inzwischen berühmte Format „www.name.name" für die Adressierung der Rechner im Web.

Der Aufbau von HTML auf der Basis von SGML war eine glänzende Idee: Andere hätten eine von Grund auf eigene Sprache entwickelt, was nicht angebracht gewesen und auch für den Rest der Internet-Gemeinde nicht akzeptabel gewesen wäre. Es waren sicherlich die Einfachheit von HTML sowie die Verwendung des Ankers `A` für einen Hypertext-Verweis, die die Erfindung von Berners-Lee so nützlich gemacht haben.

September 1991: Es beginnt eine öffentliche Diskussion über HTML im Internet

Berners-Lee lag es fern, seine Ideen für sich zu behalten. Er unternahm jeden möglichen Versuch, sie offen und online im Internet zu diskutieren. Da er aus dem Forschungsbereich kam, lag dieser Schritt nah. Im September 1991 wurde die WWW-Talk Mailing List eingerichtet, eine Art elektronische Diskussionsgruppe, in der Enthusiasten ihre Ideen und Einfälle austauschen konnten. Um 1992 zeigten einige weitere Forscher und Rechnerspezialisten Interesse. Einer der ersten Begeisterten war Dave Raggett von den Hewlett Packard Labs im englischen Bristol, der die elektronische Diskussion verfolgte und Berners-Lee 1993 besuchte. In dem kleinen Büro von Berners-Lee in CERN stellten die beiden Ingenieure weitere Überlegungen an, wie HTML von seinen derzeitigen Anfängen in etwas für einen massenhaften Einsatz Geeignetes verwandelt werden könnte. Um herauszufinden, welche Möglichkeiten die Anwender tatsächlich benötigten, blätterte Dave Raggett Zeitungen, Zeitschriften und andere Printmedien durch, um so die HTML-Eigenschaften zu finden, die wichtig wären, wenn die gleichen Informationen online publiziert werden sollten. Nach seiner Rückkehr nach England setzte er sich an seinen Rechner und entwickelte zielstrebig HTML+, eine umfangreichere Version des ursprünglichen `HTML`.

Ende 1992: Das NCSA wird von der Idee des Web erfaßt

Mittlerweile hatten die Ideen von Berners-Lee auf der anderen Seite der Erde das Interesse von Joseph Hardin und Dave Thompson, beide vom National Center for Supercomputing Applications, einem Forschungsinstitut der Champaign-Urbana Universität in Illinois, geweckt. Sie stellten eine Verbindung zu dem Rechner der CERN her und luden die Kopien zweier freier Web-Browser herunter. Als ihnen die Bedeutung dessen klar wurde, was sie sahen, beschloß das NCSA einen eigenen Browser mit Namen *Mosaic* zu entwickeln. Unter den Programmierern des NCSA-Teams befanden sich Marc Andreessen, der später Millionen mit dem Verkauf von Web-Produkten verdiente, und der hervorragende Programmierer Eric Bina, der ebenfalls durch das Web reich wurde. Eric Bina war eines der Software-Genies, die drei Nächte in Folge ihre Rechner wie in Trance mit Eingaben traktieren können.

Dezember 1992: Marc Andreessen hat einen kurzen Auftritt bei WWW-talk

Die frühen Protagonisten des Web tauschten ihre Ideen und Einfälle über eine elektronische Diskussionsgruppe mit dem Namen WWW-talk aus. Dort debattierten Dave Raggett, Tim Berners-Lee, Dan Connolly und andere darüber, wie Bilder (Fotografien, Diagramme, Illustrationen usw.) in ein HTML-Dokument eingefügt werden sollten. Nicht alle stimmten darin überein, daß das notwendige Tag implementiert oder auch nur wie es benannt werden sollte. Plötzlich erschien Marc Andreessen bei WWW-talk und führte ohne weiteres Drumherum die Idee für das Tag `IMG` des Mosaic-Teams ein. Es versteht sich von selbst, daß nicht alle von dem Entwurf des `IMG` begeistert waren, aber Marc Andreessen war nicht leicht zurückzuweisen. Das Tag `IMG` wurde so implementiert, wie es vom Mosaic-Team für den eigenen Browser vorgeschlagen wurde, und ist bis heute fester Bestandteil von HTML geblieben. Dies geschah mehr zum Kummer der akademischen Kreise, die in den folgenden Jahren mehrere Alternativen zu `IMG` entwickelten. Nun, einige Jahre später, ist es mit HTML 4 möglich, daß das Tag `OBJECT` `IMG` ersetzt.

März 1993: Lou Montulli gibt den Browser Lynx in der Version 2.0a heraus

Lou Montulli war einer der ersten, die einen textbasierten Browser entwickelten, nämlich den Browser Lynx. Lynx war ein textbasierter Browser für Terminals und DOS-Rechner ohne Windows. Lou Montulli arbeitete später bei Netscape Communications Corp., verhielt sich aber der Idee gegenüber loyal, HTML als offenen Standard zu entwickeln, und leistete in den folgenden Jahren einen wirklichen Beitrag zur HTML-Arbeitsgruppe und zum HTML Editorial Board. Montullis Begeisterung für guten, teuren Wein und sein Wissen um hervorragende Restaurants im Silicon Valley machten die Standardisierung von HTML zu einem vergnüglicheren Vorgang.

Anfang 1993: Dave Raggett beginnt, einen eigenen Browser zu entwickeln

Während Eric Bina und die Mosaic-Mannschaft von NCSA in langen Nächten ihren Browser entwickelten, arbeitete Dave Raggett von den Hewlett Packard Labs in Bristol nebenbei an seinem Arena-Browser, mit dem er hoffte, alle neueren HTML-Eigenschaften demonstrieren zu können.

April 1993: Der Mosaic-Browser wird herausgegeben

Im April 1993 wurde die Version 1 des Mosaic-Browsers für die Workstation von Sun Microsystems herausgegeben, einem Rechner, der für die Software-Entwicklung für das Betriebssystem UNIX eingesetzt wurde. Mosaic erweiterte die von Tim Berners-Lee festgelegten Eigenschaften. Er enthielt zum Beispiel Bilder, verschachtelte Listen und Dialogformulare. Später beurteilten viele Wissenschaftler und Software-Ingenieure diese Erweiterungen als zu spontan und nicht sauber ausgearbeitet.

Ende 1993: Große Unternehmen unterschätzen die Bedeutung des Web

Dave Raggetts Arbeit an dem Arena-Browser ging langsam voran, weil er ihn eigenhändig entwickeln mußte: Es war kein Geld für ein Entwicklungsteam vorhanden. Das war deshalb so, weil Hewlett Packard und mit ihm viele andere große Unternehmen nicht an den Erfolg des Internet glaubten. Sie haben tatsächlich nicht das Bedürfnis nach einem globalen Hypertext-System erkannt. Für viele große Unternehmen war es zweifelhaft, ob Geld für das Web bereitgestellt werden sollte. Es gab auch das Mißverständnis, daß das Web nur für Akademiker gedacht sei. In vielen Firmen gingen die Geschäftsleitungen davon aus, daß die Telefongesellschaften in jedem Fall die Technologien für ein globales Kommunikationssystem bereitstellen würden. Als Ergebnis hiervon waren die in den Forschungseinrichtungen des kommerziellen Sektors Beschäftigten nicht in der Lage, viel Zeit der Entwicklung des Web zu widmen. Das war für einige Forscher eine bittere Enttäuschung. Sie hätten sich gerne für die Überwindung der Schwächen engagiert, um das zu schaffen, was für sie die Vision *des* zukünftigen Kommunikationssystems war.

Dave Raggett setzte die Arbeit an seinem Browser zu Hause fort, als ihm klar wurde, daß ihm für diese enorm wichtige Aufgabe nicht genug Arbeitszeit zur Verfügung stand. Dort saß er an einem großen Rechner, der einen guten Teil des Eßzimmertischs beanspruchte und dessen klebrige Oberfläche mit Papieren, Bleistiften, Legobausteinen und Keksresten von seinen Kindern bedeckt war. Auf der ersten WWW-Konferenz in Genf im Jahre 1994 benutzte Dave Raggett den Browser auch, um den Textaufbau um Bilder herum, Formulare und andere Aspekte von HTML zu zeigen. Der Arena-Browser wurde später für die Entwicklungsarbeit bei der CERN eingesetzt.

Mai 1994: NCSA verkauft die kommerziellen Rechte am Mosaic-Browser an die Firma Spyglass

Im Mai 1994 unterzeichneten die Firma Spyglass und das NCSA einen Lizenzvertrag über mehrere Millionen Dollar für den kommerziellen Vertrieb einer erweiterten Version des Mosaic-Browsers. Im August des gleichen Jahres übertrug die Universität Champaign-Urbana in Illinois, der Sitz des NCSA, alle zukünftigen kommerziellen Rechte für den Mosaic-Browser an Spyglass.

Mai 1994: Die erste World Wide Web-Konferenz wird mit der Vorstellung von HTML+ in Genf abgehalten

Auch wenn für Marc Andreessen und Jim Clark kommerzielle Interessen im Vordergrund standen, so hatte die übrige World Wide Web-Gemeinde doch eine andere Einstellung: Sie sahen sich selbst als vereinte Schöpfer einer wunderbaren neuen Technik, von der die Welt mit Gewißheit profitieren würde. Sie zitterten vor Aufregung. Selbst ruhige und zurückhaltende Akademiker gerieten in erregte Diskussionen und viele traten wie die Evangelisten des neu entdeckten Gottes Web auf.

Alle 380 Vertreter auf der ersten von der CERN organisierten World Wide Web-Konferenz im Mai 1994 waren glücklich. Die meisten von ihnen kamen aus Europa, es gab aber auch viele Vertreter aus den USA. Sie werden sicher annehmen, daß auch Marc Andreessen, Jim Clark und Eric

Bina zu ihnen gehörten, aber das war nicht der Fall. Zum größten Teil stammten die Teilnehmer aus akademischen Kreisen, z.B. aus Institutionen wie der World Meteorological Organization, dem International Center for Theoretical Physics, der Universität von Island usw. Spätere Konferenzen hatten einen eher kommerziellen Anstrich, doch dies war eine für Technikbegeisterte, die instinktiv spürten, daß dies der Anfang einer ganz großen Sache war.

Abbildung 2.1: Auf der World Wide Web-Konferenz in Genf. Von links nach rechts: Joseph Hardin vom NCSA, Robert Cailliau von CERN, Tim Berners-Lee von CERN und Dan Connolly, der später für Hal-Software arbeitete

Abbildung 2.2: Eine Podiumsdiskussion auf der Genfer Konferenz. Kevin Altis von Intel, Dave Raggett von HP Labs, Rick „Channing" Rodgers von der National Library of Medicine

Im Verlauf der Woche wurden Auszeichnungen für besondere Leistungen für das Web vergeben. Diese Auszeichnungen erhielten Marc Andreessen, Lou Montulli, Eric Bina, Rob Hartill und Kevin Hughes. Dan Connolly, der mit der Definition von HTML 2 voranschritt, hielt einen Diavortrag zum Thema *Die Fähigkeit zur Zusammenarbeit: Warum jeder gewinnt*, in dem er erklärte, warum es so wichtig ist, daß im Web eine klare HTML-Spezifikation eingesetzt wird. Es ist sonderbar zu beobachten, daß wenigstens drei der auf der Konferenz Ausgezeichneten sich später gegen die Idee von Connolly wandten, die einen firmenübergreifenden einheitlichen HTML-Standard zum Wesentlichen erklärte.

Dave Raggett hatte einige neue Gedanken zu HTML ausgearbeitet, die er HTML+ nannte. Auf der Konferenz kam man überein, daß HTML+ weiter zum HTML 3-Standard entwickelt werden sollte. Dave Raggett entwickelte gemeinsam mit der CERN den Arena-Browser für die Konzeptüberprüfung seiner Arbeit weiter. Mit dem Arena-Browser demonstrierten Dave Raggett, Henrik Frystyk Nielsen, Håkon Lie und andere den Textaufbau um eine Abbildung herum mit Überschriften, größenveränderbaren Tabellen, Bildhintergründen, mathematischen Ausdrücken und anderen Merkmalen.

Die Konferenz endete glorreich mit einer Dampferrundfahrt auf dem Genfer See, begleitet von der Jazzband *Wolfgang und die Werwölfe*.

September 1994: Die Internet Engineering Task Force (IETF) bildet eine HTML-Arbeitsgruppe

Anfang 1994 wurde eine Internet Engineering Task Force-Arbeitsgruppe für HTML gebildet.

Die Internet Engineering Task Force ist der Träger der internationalen Standards und der Entwicklung des Internet. Sie ist eine große, offene Gemeinschaft von Netzwerkentwicklern und -betreibern, von Herstellern und Forschern, die sich mit der Entwicklung und Lauffähigkeit der Internet-Architektur befassen. Die technische Arbeit der IETF wird von Arbeitsgruppen durchgeführt, die thematisch in verschiedene Bereiche gegliedert sind, wie z.B. Sicherheit, Netzwerk-Routing und Anwendungen. Das IETF teilt im allgemeinen die Auffassung, daß das Internet allen gehört. Diese Einstellung war in den frühen Tagen des Web noch stärker verbreitet.

Die Gefühle der guten alten Tage zu Beginn der Web-Entwicklung werden in dem Lied „*The Net Flag*" ausgedrückt, welches Sie irgendwo im Internet finden können. Die ersten Strophen lauten wie folgt:

The people's web is deepest red,
And often it's killed our routers dead.
But ere the bug grew ten days old,
The patches fixed the broken code.

Chorus:

So raise the open standard high
Within its codes we'll live or die
Though cowards flinch and Bill Gates sneers
We'll keep the net flag flying here.

Im Einklang mit der üblichen Praxis der IETF war die HTML-Arbeitsgruppe für jeden der Ingenieurgemeinschaft offen: Jeder interessierte EDV-Wissenschaftler konnte Mitglied werden und, wenn er einmal in die Mailing-Liste aufgenommen war, an den Debatten teilnehmen. Die HTML-Arbeitsgruppe traf sich ungefähr dreimal pro Jahr, wobei dann in zwangloser Form bei Kaffee und Bier aktuelle und zukünftige Merkmale von HTML diskutiert wurden.

Juli 1994: Die HTML-Spezifikation für HTML 2 wird verabschiedet

Das Jahr 1993 hindurch bis zum Anfang des Jahres 1994 hat eine Reihe von Browsern ihren Teil zu HTML beigetragen. Die Sprache wurde langsam „krank"-definiert. Um des Chaos Herr zu werden, unternahmen Dan Connolly und seine Kollegen den Versuch, einen Dokumententwurf zu erstellen, der alle HTML-Tags enthielt, die verbreitet waren, und definierten so das, was Tim Berners-Lee HTML 2 nannte. Dieser Entwurf wurde in der Internet-Gemeinschaft zur Stellungnahme herumgereicht. Mit Engelsgeduld berücksichtigte Dan Connolly die zahlreichen Vorschläge der HTML-Begeisterten aus nah und fern, damit alle mit der eventuellen HTML 2-Definition zufrieden sein konnten. Er verfaßte auch eine Document Type Definition für HTML 2, die eine Art mathematisch-präziser Beschreibung der Sprache bot.

November 1994: Netscape entsteht

Marc Andreessen fühlte sich im Verlauf des Jahres 1993 sehr irritiert, weil er lediglich einer der am Mosaic-Projekt Beteiligten war. Nach seiner Graduierung verließ er das NCSA und traf in Kalifornien mit Jim Clark zusammen, der bereits einen Namen im Silicon Valley besaß und Geld zum Investieren hatte. Zusammen gründeten sie die Firma Mosaic Communications, aus der dann im November 1994 die Netscape Communications Corp. wurde. Sie wollten ihren eigenen Browser entwickeln und vermarkten.

Der von ihnen entwickelte Browser war äußerst erfolgreich, was sogar dazu führen sollte, daß viele Anwender irrtümlich annahmen, Netscape sei der Erfinder des Web. Netscape setzte alles daran, daß auch diejenigen mit Verbindungen geringer Bandbreite (d.h. Heimcomputer mit einer Modemverbindung) effektiven Zugriff auf das Web bekamen. Das war für die Firma von großem Nutzen.

Einem vorhersehbaren Weg folgend, begann Netscape nach eigenem Gutdünken HTML-Tags zu entwickeln, ohne sie vorher mit der Web-Gemeinschaft zu diskutieren. Netscape trat auf den großen internationalen World Wide Web-Konferenzen selten in Erscheinung und schien dennoch die HTML-Standards zu bestimmen. Das war eine sonderbare Situation, die der harte Kern der HTML-Gemeinschaft verändern wollte.

Ende 1994: Das World Wide Web-Consortium wird gegründet

Das World Wide Web-Consortium wurde Ende 1994 gegründet, mit der Maßgabe, die Möglichkeiten des Web durch die Entwicklung offener Standards zu entfalten. Man hatte ein starkes Interesse an HTML. So wie ein Orchester aus guten Musikern gebildet wird, so wurden für das Consortium viele der bekanntesten Namen aus der Web-Gemeinschaft geworben. Unter der Führung von Tim Berners-Lee seien hier nur einige von ihnen genannt (Stand: 1997):

- Dave Raggett für HTML, Großbritannien
- Arnaud le Hors für HTML, Frankreich
- Dan Connolly für HTML, USA
- Henrik Frystyk Nielsen für HTTP und die Beschleunigung des Web, Dänemark
- Håkon Lie für Formatvorlagen, Norwegen. Er wohnt in Frankreich und arbeitet bei INRIA
- Bert Bos für Formatvorlagen und Layout, Niederlande
- Jim Miller für Ermittlungstechniken der Zugriffsquoten auf den Inhalt von Web-Seiten, USA
- Chris Lilley für Formatvorlagen und die Unterstützung von Schriftarten, Großbritannien

Ein Teil des W3-Consortiums befindet sich beim *Laboratory of Computer Science des Massachusetts Institute of Technology* in Cambridge in den USA, ein anderer Teil beim INRIA, dem *Institut National de Recherche en Informatique et en Automatique*, einer staatlichen französischen Forschungseinrichtung. Ein weiterer Teil des W3-Consortiums befindet sich auch an der Keio Universität in Japan. Die Web-Seiten des Consortiums finden Sie unter „www.w3.org“.

Das Consortium wird von einer Reihe von Unternehmen gesponsort, die direkt von der Arbeit an der Standardisierung und an anderen Web-Techniken profitieren. Zu den Mitgliedsfirmen gehören u.a. Digital Equipment, Hewlett Packard, IBM, Microsoft, Netscape Communications und Sun Microsystems.

Abbildung 2.3: Mitglieder des World Wide Web-Consortiums im MIT. Von links nach rechts: Henrick Frystyk Nielsen, Anselm Baird-Smith, Jay Sekora, Rohit Khare, Dan Connolly, Jim Gettys, Tim Berners-Lee, Susan Hardy, Jim Miller, Dave Raggett, Tom Greene, Arthur Secret, Karen MacArthur

1995: HTML wird um viele neue Tags erweitert

Während des Jahres 1995 kamen viele Arten von neuen Tags auf. So fanden sich zum Beispiel das Attribut `BGCOLOR` des Elements `BODY` und `FONT FACE`, womit stilistische Aspekte eines Dokuments bestimmt werden können, auf den schwarzen Listen der akademischen Ingenieurgemeinschaft. „Solche Dinge sollten nicht mit HTML geregelt werden", so lautete ihr Protest. Nach ihrer Auffassung lagen solche Dinge wie die Textfarbe, die Gestaltung des Hintergrunds, die Schriftgröße und die Schriftarten definitiv außerhalb des Bereichs einer Sprache, deren Gegenstand lediglich die Spezifikation der Organisation eines Dokuments sein sollte.

März 1995: HTML 3 wird als Entwurf für das Internet veröffentlicht

Dave Raggett hatte einige Zeit an seinen neuen Ideen für HTML gearbeitet und sie dann in einem Dokument formalisiert, welches im März 1995 als Entwurf für das Internet veröffentlicht wurde. Es behandelte alle

Arten von HTML-Eigenschaften. Es wurde ein neues Tag FIG für das Einfügen von Bildern eingeführt, mit dem Dave Raggett IMG ablösen wollte, ebenso wie eine Reihe von Merkmalen für die Markierung mathematischer und wissenschaftlicher Dokumente. Dave Raggett behandelte HTML-Tabellen und Tabulatoren, Fußnoten und Formulare. Durch Einführung des Tags STYLE und des Attributs CLASS wurde die Unterstützung von Formatvorlagen eingeführt. Das letztere sollte für jedes Element zur Verfügung stehen, um die Autoren zu ermutigen, HTML-Formatvorlagen zu entwerfen, so wie dies für den Bereich des Desktop Publishing auch geschieht.

Wenngleich der HTML 3-Entwurf auch sehr wohlwollend aufgenommen wurde, so gestaltete sich seine Ratifizierung durch die IETF doch etwas schwierig. Man war der Auffassung, der Entwurf sei zu umfangreich und enthalte zu viele neue Vorschläge. Der Versuch, Übereinstimmung über einen 150 Seiten starken Entwurf zu erzielen, zu dem jeder seine Meinung hinzufügen wollte, war, gelinde gesagt, sehr optimistisch. Am Ende haben Dave Raggett und der innere Kreis der HTML-Gemeinde ihn zurückgenommen.

Die Entwickler von Browsern waren natürlich zumindest theoretisch sehr stark daran interessiert, HTML 3 zu unterstützen. Jeder Entwickler wählte, entsprechend seinen Neigungen, Untermengen aus den HTML 3-Merkmalen für die Implementation aus und behauptete dann stolz, den Standard zu unterstützen. Die Verwirrung war komplett, als Browser mit HTML 3-*Erweiterungen* auf den Markt kamen, was zu weiteren Verwicklungen über das führte, was das *normale* HTML bereits unterstützte. Gab es überhaupt jemals einen offiziellen HTML 3-Standard? In Wahrheit gab es ihn nicht, was Ihnen jedoch bei der Lektüre der Presseverlautbarungen nicht klar geworden wäre.

März 1995: Aufruhr über die Tabellenspezifikationen von HTML

Dave Raggetts HTML 3-Entwurf behandelte die tabellarische Organisation von Informationen mit HTML. Über diesen Aspekt der Sprache wurde bereits seit einiger Zeit diskutiert, und es war nun an der Zeit, ihn anzugehen. Auf dem zweiunddreißigsten Treffen des IETF in Danvers in Massachusetts stand Dave Raggett einer SGML-Bruderschaft gegenüber, die Teile der Tabellenspezifikationen angriffen, weil sie dem CALS-Tabellenmodell widersprachen. Gruppen wie die US-Marine verwenden das CALS-Tabellenmodell für umfangreiche Dokumentationen. Nach langen Verhandlungen gelang es Raggett, die CALS-Fraktion zu beschwichtigen, und er änderte seinen Entwurf entsprechend diesen Bedürfnissen. HTML-Tabellen, die ursprünglich kein HTML-Bestandteil waren und im HTML 3-Entwurf auftauchten, erschienen dann in HTML 3.2. Sie werden weiterhin intensiv verwendet, um ein Layoutgitter für die Gestaltung von Bildern und Texten auf dem Bildschirm zu bieten.

August 1995: Microsoft bringt seinen Internet Explorer heraus

Die Version 1.0 des Browsers Internet Explorer von der Firma Microsoft wurde angekündigt. Dieser Browser sollte gegen den Browser von Netscape antreten und enthielt eigene neue HTML-Merkmale. In gewisser Weise baut Microsoft bei seinen Web-Aktivitäten auf eine Erweiterung der HTML-Eigenschaften. Das ActiveX-Merkmal des Microsoft Browsers machte ihn einzigartig, so daß Netscape ein Plug-in mit Namen Ncompass entwickelte, um ActiveX handhaben zu können. Dieses Spiel, bei dem ein Browser nur deshalb mit neuen HTML-Erweiterungen aufwartet, damit andere gleichziehen müssen, dauert bis heute an.

Im November 1995 erschien der Internet Explorer von Microsoft in der Version 2.0 für die Betriebssysteme Windows NT und Windows 95.

September 1995: Netscape unterbreitet einen Vorschlag für Frames

Zu dieser Zeit unterbreitete Netscape einen Vorschlag für Frames, wodurch der Bildschirm in voneinander unabhängige, scrollbare Bereiche aufgeteilt wird. Der Vorschlag wurde für den Browser Navigator von Netscape implementiert, bevor irgend jemand dazu Stellung nehmen konnte, aber dennoch war niemand überrascht.

November 1995: Die HTML-Arbeitsgruppe bekommt Probleme

Die HTML-Arbeitsgruppe war theoretisch eine glänzende Idee, in der Praxis entwickelten sich die Dinge jedoch nicht so wie erwartet. Mit der steigenden Beliebtheit des Web wurde die HTML-Arbeitsgruppe immer größer, und die Menge der damit verbundenen E-Mails stieg exponentiell an. Stellen Sie sich hundert Leute vor, die ein Haus bauen wollen. „Ich möchte Fenster mit Doppelverglasung", sagt der eine. „Ja, aber wenn wir schon dabei sind, sollten wir sie kleiner machen", fügt ein anderer hinzu. Andere werfen ein: „Welches Material soll für die Rahmen verwendet werden? Ich möchte auf gar keinen Fall Plastik." Oder: „Ich möchte überhaupt keine Fenster, sondern kleine, runde Bullaugen auf der Südseite..." usw.

Dies soll Ihnen eine Vorstellung von der Situation geben. Die HTML-Arbeitsgruppe versorgte sich gegenseitig in hektischem Treiben mit E-Mails. Am Ende war man so mit der E-Mail beschäftigt, daß keine Zeit mehr zum Programmieren blieb. Für Software-Ingenieure war das in der Tat ein unbefriedigender Zustand: „Als ich nach drei Tagen zurück kam, fand ich über 2000 E-Mail-Nachrichten vor", so lauteten die Klagen der HTML-Begeisterten.

Außerdem verlor die HTML-Arbeitsgruppe noch Boden an die Browser-Hersteller. Die Arbeitsgruppe war bemerkenswert langsam in der Herstellung von Übereinstimmung für ein HTML-Merkmal, wobei kommerzielle Unternehmen keine Zeit dazu haben, Ergebnisse auf Kaffeekränzchen zu debattieren, was sie dann auch nicht getan haben.

November 1995: Die Hersteller schließen sich zusammen, um eine neue Arbeitsgruppe für die Entwicklung des HTML-Standards zu bilden

Im November 1995 rief Dave Raggett die Browser-Hersteller auf, eine kleine Arbeitsgruppe für die Entwicklung des HTML-Standards zu bilden. Stellen Sie sich seine Überraschung vor, als er sah, daß das funktionierte. Lou Montulli von der Firma Netscape, Charlie Kindel von Microsoft, Eric Sink von Spyglass, Wayne Gramlich von Sun Microsystems, Dave Raggett, Tim Berners-Lee und Dan Connolly vom W3-Consortium sowie Jonathan Hirsch von Pathfinder kamen in der Nähe von Chicago zusammen und fällten schnelle und effektive Entscheidungen über HTML.

November 1995: Die Formatvorlagen für HTML-Dokumente nehmen Form an

Bert Bos, Håkon Lie, Dave Raggett, Chris Lilley und andere Mitglieder des World Wide Web-Consortiums trafen sich mit anderen in Versailles bei Paris, um die Entwicklung von Cascading Style Sheets (CSS) zu diskutieren. Der Name Cascading Style Sheets deutet an, daß mehr als eine Formatvorlage als Grundlage für das endgültige Aussehen eines Dokuments dienen kann. Mit einer besonderen Sprache trat die CSS-Gruppe dafür ein, daß bald jeder in der Lage sein würde, einfache Vorlagen für HTML zu schreiben, so wie man es mit Word von Microsoft oder anderen Software-Paketen für das Desktop Publishing tun würde. Die SGML-Fraktion, die eine LISP-orientierte Sprache mit Namen DSSSL favorisierte, schien aus dem Rennen geschlagen zu sein, als Microsoft ankündigte, daß CSS für den Internet Explorer implementiert würde.

November 1995: Internationalisierung des HTML-Entwurfs für das Internet

Gavin Nicol, Gavin Adams und andere legten ein umfangreiches Papier zur Internationalisierung des Web vor. Sie hatten die Idee, die Fähigkeiten von HTML 2 primär dadurch zu erweitern, daß die Einschränkungen zu dem verwendeten Zeichensatz zurückgenommen wurden. Das würde bedeuten, daß HTML auch für andere Sprachen benutzt werden könnte, die einen anderen als den Latin-1-Zeichensatz verwenden, um dadurch eine größere Zahl von Alphabeten und Zeichensätzen zuzulassen, als nur die, die von links nach rechts gelesen werden.

Dezember 1995: Die HTML-Arbeitsgruppe fällt auseinander

Als die HTML-Arbeitsgruppe des IETF Schwierigkeiten bekam, schnell genug Übereinkünfte für den sich rasch entwickelnden Standard zu erzeugen, wurde sie aufgelöst.

Februar 1996: Das HTML-ERB wird gebildet

Aufgrund des Erfolges des Treffens im November 1995 bildete das World Wide Web-Consortium das HTML Editorial Review Board, um so den Standardisierungsprozeß voran zu bringen. Diese Gruppe bestand aus Vertretern der Firmen IBM, Microsoft, Netscape, Novell Softquad und dem W3-Consortium. Sie wickelte ihre Geschäfte per Telefonkonferenz und E-Mail ab und traf ungefähr einmal alle drei Monate zusammen. Ziel war die Zusammenarbeit und Übereinkunft für einen allgemeinen HTML-Standard, um so der Zeit ein Ende zu setzen, in der für jeden einzelnen Browser unterschiedliche Untermengen des Sprachumfangs implementiert wurden. Der Makel der Inkompatibilität sollte ein für allemal verbannt werden, so hoffte man zumindest.

Dan Connolly vom W3-Consortium, der auch der Verfasser von HTML 2 war, verstand es äußerst geschickt, alle friedlich an einem Tisch zu vereinen und ein Aufeinanderprallen der einzelnen Fraktionen zu vermeiden. Er ließ alle Vertreter zu Wort kommen und hatte offene Ohren für jeden abweichenden Standpunkt. Eine deutliche Federführung bei diesen Treffen war äußerst wichtig.

Zur Vorbereitung eines ERB-Treffens wurden die geplanten Spezifikationen für neue HTML-Eigenschaften allen Mitgliedern der ERB-Gruppe elektronisch zur Kenntnisnahme gebracht. Auf den Treffen selbst trug der Vorschlagende dann seine Gründe für die Spezifikation vor, in der Hoffnung, daß alle Anwesenden mit den zugrundliegenden Ideen übereinstimmten. Es wurden Fragen erörtert, wie zum Beispiel, ob eine bestimmte Eigenschaft beibehalten oder verworfen werden sollte. Jeder Vertreter tat seinen Standpunkt dazu kund. Wenn alles gut ging, konnte die Spezifikation verabschiedet werden und wurde Bestandteil des Standards. Der neue HTML-Standard mit dem Kodenamen *Cougar* begann damit seinen langen Weg.

Auf einem Treffen des HTML-ERB wurde das Tag `BLINK` verworfen. Netscape wollte die Abschaffung nur zulassen, wenn Microsoft sich von `MARQUEE` trennen würde. Auf diese Weise verschwanden beide Tags. Allen Beteiligten erschienen diese Erweiterungen wenig sinnvoll. Viele Entscheidungen wurden auch für die Spezifikation von `OBJECT` getroffen. Aus dem Durcheinander vieler unterschiedlicher Tags (`EMBED`, `APP`, `APPLET`, `DYNSRC` usw.), die alle der Einbettung unterschiedlicher Informationen in ein HTML-Dokument dienten, wurde im April 1996 ein einziges Tag mit dem Namen `OBJECT` gebildet. Dieses Tag `OBJECT` wird jedoch erst im Jahre 1997 HTML-Standard.

April 1996: Das W3-Consortium legt ein Arbeitspapier für das Scripting vor

Basierend auf dem auslösenden Entwurf von Charlie Kindel und in Ableitung der JavaScript-Erweiterungen von Netscape schrieb Dave Raggett ein Arbeitspapier zum Thema Scripting für das W3-Consortium. In der einen oder anderen Form sollte dieser Entwurf zum HTML-Standard werden.

Juli 1996: Microsoft scheint stärker als ursprünglich angenommen an offenen Standards interessiert zu sein

Im April 1996 erschien der Internet Explorer von Microsoft für Macintosh- und Windows 3.1-Systeme.

Anläßlich der zweiten WWW-Konferenz in Darmstadt 1995 war Thomas Reardon begeistert vom Web. Ein Jahr später zeigte er sich sehr interessiert am Standardisierunsprozeß und verlangte von Microsoft offensichtlich, die Entwicklung auf dem gleichen Wege durchzuführen, wie das W3-Consortium und die IETF. Traditionell wird Microsoft von den Entwicklern eher geringschätzig beurteilt, so daß dies eine interessante Wende der Ereignisse bedeutete. Es muß erwähnt werden, daß Microsoft selbstverständlich genauso wie Netscape eigene Tags entwickelt hat. Dazu gehörte auch das erwähnenswerte Tag `MARQUEE`, welches Heiterkeit in der eher akademischen HTML-Gemeinschaft auslöste. Mit dem Tag `MARQUEE` ließ man Text über den gesamten Bildschirm tanzen, was sicherlich keine ernstzunehmende Eigenschaft für eine seriöse Sprache ist, die der strukturellen Gliederung in Absätze, Überschriften und Listen dienen soll.

Die Sorge, daß die breite Einführung eigenständiger Produkte das Web zerstören könnte, blieb bestehen. Netscape vertrat den Standpunkt, daß die Hersteller den Standardisierungsprozeß aufgeben und Innovationen vorantreiben sollten. Sie stellten fest, daß bei der Akzeptanz einer bestimmten Erneuerung von Netscape durch den Anwender, diese zu einem De-facto-Standard würde. Zu jener Zeit schien das zu stimmen, und Netscape hat tatsächlich auf der Grundlage des Standards Neuerungen eingeführt. Genau diesen Ablauf der Ereignisse wollten Dave Raggett und das World Wide Web-Consortium vermeiden.

Dezember 1996: Die Arbeit an „Cougar" beginnt

Aus der Gruppe HTML ERB wurde die HTML-Arbeitsgruppe, die mit der Arbeit an „Cougar" begann, der nächsten Version von HTML, die nach ihrer Vervollständigung im Frühjahr 1997 vielleicht zu HTML 4 wird. HTML 4 wird mit allen Neuerungen – der Unterstützung internationaler Sprachen, der Unterstützung von Formatvorlagen, Erweiterungen für Formulare, Scripting und vielem anderen mehr – die Einfachheit und den Charme des HTML der frühen Jahre ablösen.

Abbildung 2.4: Dave Raggett, Mitverfasser der HTML 4-Spezifikation, bei der Arbeit am Bildschirm zu Hause in Boston

Januar 1997: HTML 3.2 ist fertiggestellt

Der Durchbruch! Im Januar 1997 verabschiedet das W3-Consortium offiziell HTML 3.2 als firmenübergreifenden HTML-Standard. HTML 3.2 wurde unter Mitwirkung aller Organisationsmitglieder, einschließlich der Hauptproduzenten für Browser wie z.B. Netscape und Microsoft, erarbeitet. Das bedeutet, daß die Spezifikation nun stabil und von allen Web-Mitspielern anerkannt ist. Durch das neutrale Forum ist es dem W3-Consortium gelungen, Übereinstimmung für einen HTML-Standard zu erzielen, was in der Tat ein Grund zum Jubeln ist. HTML 3.2 löst den bestehenden HTML 2-Standard des IETF ab und vereinigt in sich Eigenschaften von HTML+ und HTML 3. HTML 3.2 umfaßt Tabellen, Applets, Textgestaltung um Bilder herum und Tief- und Hochstellungen.

Man kann sich fragen, warum es HTML 3.2 genannt wurde und nicht HTML 3.1 oder HTML 3.5. Die Versionsnummer steht genauso offen zur Diskussion, wie jeder andere Aspekt von HTML auch. Sie ist oft eine der letzten Einzelheiten, die festgelegt wird.

Juli 1997: Der HTML 4-Entwurf wird angekündigt

Das World Wide Web Consortium kündigt im Juli 1997 eine neue Version von HTML 4 an, die besonders im Hinblick auf Internationalisierungen eine Weiterentwicklung darstellen soll. Die Entwickler beschäftigen sich außerdem mit verbesserten Mitteln für eingebettete Objekte, erweiterten Tabellen und weiterentwickelten Formularen. Skriptings für dynamische Seiten und intelligente Formulare werden geplant, ebenso eine Weiterentwicklung von Frames und eine bessere Unterstützung der Style Sheets.

Das Augenmerk der Entwickler richtet sich zudem auf eine bessere Zugänglichkeit des World Wide Web für Menschen mit Behinderungen, darunter z. B. die Möglichkeit, Tabellen effektiv in Sprache oder Braille auszugeben.

November 1997:

Zur Zeit der Drucklegung dieses Buches zeichnete sich ab, daß der HTML 4-Entwurf vorraussichtlich im Dezember 1997 durch das W3-Consortium offiziell zum firmenübergreifenden HTML-Standard erklärt werden wird.

Übung und Einführung in HTML

3

Dieses Kapitel enthält Informationen zu folgenden Themen:

- Wie Sie ein eigenes HTML-Dokument erstellen
- Grundlagen der HTML-Terminologie
- Die formale Struktur eines HTML 4-Dokuments

Zusammenfassung

HTML wurde ursprünglich von Tim Berners-Lee entwickelt, als er das Web entwarf. Das Ziel von Berners-Lee war es, mit dieser Anwendung, die auf der Grundlage der Standardmethoden der Textauszeichnungssprache SGML entwickelt worden war, ein ganz einfaches Werkzeug für die Textauszeichnung zu schaffen. Die erste HTML-Version hatte nicht mehr als ein Dutzend Tags und war sicherlich einfach einzusetzen. Die Einfachheit von HTML war eine wichtige Voraussetzung für die weitreichende Entwicklung des World Wide Web.

Wenngleich auch viele andere Formate (z.B. RTF von MS-Word oder MIF von Framemaker) sowohl den Informationsaustausch für das Layout und die Seitengestaltung als auch eine strukturelle Beschreibung des Dokuments zuließen, so konzentrierte sich HTML ausschließlich auf letzteres. Auch wenn neue Tags zur Schriftart und -farbe HTML verwässert haben, so bleibt es dennoch vorrangig eine Auszeichnungssprache für die Beschreibung eines Dokuments im Hinblick auf seine strukturellen Bestandteile.

In diesem Kapitel wird HTML als eine Sprache für die Auszeichnung der Strukturen vorgestellt und gezeigt, wie Formatvorlagen für die Gestaltung der Schriftart, der Farbe und anderer stilistischer Erfordernisse eingesetzt werden können.

3.1 Einführung

Was ist ein Editor? Der Editor ist eine Software, die Programmierer verwenden, um ihren Quelltext zu bearbeiten. Er unterscheidet sich von einer Textverarbeitung oder einem Desktop Publishing-System dadurch, daß er keine – normalerweise unsichtbaren – Formatierungsanweisungen in den Text einfügt, um ihn in Absätze, Listen, Tabellen usw. zu gliedern. Der Text, den Sie mit einem Editor eingeben, wird ohne weitere Zusätze gespeichert.

Sie haben im ersten Kapitel erfahren, daß HTML die Sprache des Web für das Publishing ist. Um HTML-Beispiele betrachten zu können, müssen Sie die Ausgabe einer beliebigen Web-Seite nur auf `Quelltext` umstellen (die meisten Browser haben die Option `Quelltext` im Menü `Ansicht`), um den Quelltext der entsprechenden Seite betrachten zu können. HTML besteht aus einer Reihe von Codes oder „Tags", die der Autor verwendet hat, um die verschiedenen Komponenten eines Textes auszuzeichnen: die Absätze, die Überschriften, die Tabellen usw. sowie für eingefügte Bilder und Hypertext-Verweise. Verbreitete Tags, die Sie im Quelltext einer Web-Seite finden können, sind z.B. `<P>` für Absätze, `<H1>` für Überschriften der erster Ordnung und `<UL>` für ungeordnete Listen.

Nur wenn ein Dokument mit einem Browser geöffnet wird, erwacht der Quelltext zum Leben und löst verschiedene Formatierungsroutinen durch den Browser aus, die wiederum zu einem ordentlich formatierten Dokument führen. Der Browser weiß, daß die Markierung `<P>` den Anfang eines neuen Absatzes bedeutet, daß `<B>` Fettdruck signalisiert und gibt die fett gesetzten Wörter entsprechend aus. HTML ist nicht vergleichbar mit einem gewöhnlichen WYSIWYG-Editor, mit dem Sie das

Layout und das Druckformat genau steuern können. Mit HTML zeigen unterschiedliche Browser das Dokument unterschiedlich an. So unterscheidet sich zum Beispiel die Ausgabe eines reinen Text-Browsers von der eines graphikfähigen Browsers. Die Browser von Netscape und Microsoft stellen die Dokumente leicht unterschiedlich dar.

3.2 Schritt für Schritt: Text eingeben und mit einem Browser anzeigen

Nachdem Sie nun verstanden haben, was HTML ist, sind Sie auch in der Lage, ein erstes, eigenes HTML-Dokument zu erstellen. In diesem Abschnitt sehen Sie, wie zwei einfache HTML-Dokumente erstellt werden können, wie sie getestet werden und wie man mit ihnen spielen kann, um eigene Effekte auf dem Bildschirm zu erzeugen. Die Anweisungen funktionieren mit den derzeitigen Versionen des Browsers Internet Explorer von Microsoft und des Browsers Navigator von Netscape unter dem Betriebssystem Windows oder auf einem Macintosh-Rechner. Leser, die über einen anderen Browser oder eine unterschiedliche Konfiguration verfügen, bekommen eine allgemeine Vorstellung davon, wie man vorgehen muß, auch wenn sich Einzelheiten unterscheiden können.

3.2.1 Ein wirklich einfaches HTML-Dokument

Für das erste Beispiel benötigen Sie einen Editor, um eine Datei zu schreiben, die Sie dann in den Browser laden, um die Ergebnisse zu überprüfen. Sie benötigen folgendes:

- Einen Browser wie den Internet Explorer von Microsoft oder den Navigator oder den Communicator von Netscape
- Einen Editor

Wenn Sie über keinen Texteditor verfügen, dann können Sie auch ein Desktop Publishing-Programm verwenden. Sie müssen dann jedoch die Datei mit der Option *nur Text* speichern, im Gegensatz zum üblichen Format des Programms.

Gehen Sie wie folgt vor:

- Starten Sie den Editor.
- Öffnen Sie eine neue Datei.

HTML-Generatoren
Wie steht es mit Programmen, die HTML generieren können? Sie können diese verwenden, um zu verstehen, wie HTML funktioniert und dann die Ergebnisse dieser Programme verfeinern, um das volle Potential von HTML, von Formatvorlagen und allem auszunutzen. Es gibt eine Reihe hervorragender HTML-Editoren. Einige von ihnen werden am Ende des Kapitels erwähnt.

- In diese neue Datei geben Sie das folgende kleine HTML-Dokument ein:

```
<TITLE>Kleines Dokument</TITLE>
<P> Dies ist ein sehr kleines HTML-Dokument mit nur einem
Absatz.
```

- Speichern Sie die Datei. Verwenden Sie dabei die Dateiendung `.htm` (am PC) oder `.html` (am Macintosh oder unter UNIX). Merken Sie sich, wo Sie die Datei speichern, damit Sie sie das nächste Mal gleich finden. Schließen Sie die Datei noch nicht, sondern belassen Sie sie auf dem Bildschirm.
- Verkleinern Sie das Fenster des Editors auf ungefähr halbe Bildschirmgröße oder kleiner.
- Laden Sie Ihren Browser.
- Verkleinern Sie das Fenster des Browsers, so daß es die halbe Bildschirmfläche oder weniger einnimmt, so wie in der folgenden Abbildung zu sehen ist:

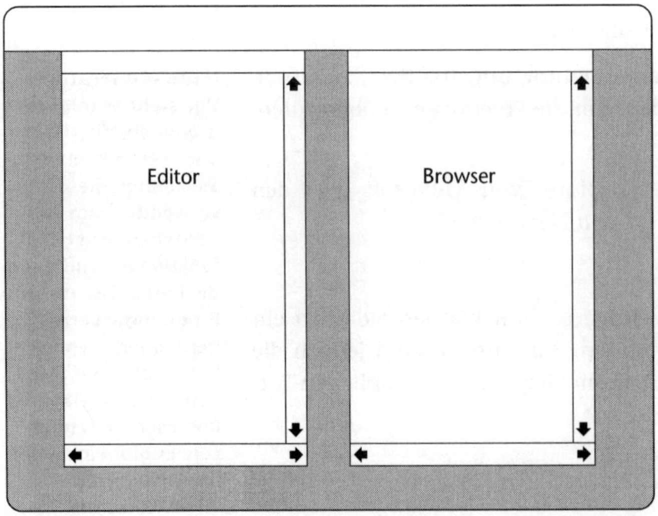

- Aktivieren Sie das Fenster des Browsers durch Anklicken.
  - Mit Netscape wählen Sie im Menü DATEI den Eintrag DATEI IM BROWSER ÖFFNEN.
  - Beim Internet Explorer wählen Sie ANSICHT und dann QUELLTEXT im Menü des Browsers.

- Bewegen Sie sich durch die Verzeichnisse oder Ordner, bis Sie Ihre HTML-Datei gefunden haben.
- Klicken Sie die HTML-Datei an, um sie zu öffnen. Der Browser sollte jetzt Ihr HTML-Dokument interpretieren und die entsprechenden Ergebnisse im Fenster des Browsers anzeigen.

3.2.2 Mit der HTML-Datei spielen und die Ergebnisse betrachten

Befindet sich der Quelltext des HTML-Dokuments in dem einen und die entsprechende Ausgabe in dem anderen Fenster, dann können Sie einiges ausprobieren.

- Klicken Sie irgendwo ins Editorfenster, um es zu aktivieren.
- Bearbeiten Sie den Quelltext, um den Text zu verändern: Versuchen Sie Text hinzuzufügen oder in Fettdruck zu setzen. Dies geschieht, indem Sie `<B>` dort einfügen, wo der Fettdruck beginnen soll und `</B>`, wo er enden soll.
- Speichern Sie die bearbeitete HTML-Datei.
- Aktivieren Sie den Browser, indem Sie irgendwo in das Fenster klicken.
- Um den Quelltext neu zu laden, klicken Sie ERNEUERN im Menü ANSICHT an. Das Dokument sollte jetzt mit dem zusätzlichen Text und den Änderungen angezeigt werden.

3.2.3 Ein umfangreicheres HTML-Dokument mit Formatvorlage

Dieses Beispiel[1] wurde entworfen, um Sie mit weiteren Aspekten der Markierung und mit Formatvorlagen bekannt zu machen. Wenn Sie dieses Beispiel aufgebaut haben, dann können Sie mit den Farben, den Schriftarten und den Unterstreichungen frei experimentieren. Der Rest des Style Sheets ist mit einem Kästchen umrahmt, damit er vom Rest des Markups zu unterscheiden ist.

1 Es handelt sich hier um die erste Strophe einer Ballade von Ralph Waldo Emerson über seine Geburtsstadt Boston in Massachusetts

```
<TITLE>Boston </TITLE>

<STYLE>
P
{font-size: 12pt;
color: red;
font-family: Times;
align: center}

H1
{font-size: 16pt;
color: olive;
font-family: Arial;
align: center}

</STYLE>
<H1> Boston</H1>
<P> The rocky nook with hilltops three<BR>
Look Eastward from the farms<BR>
And twice each day the flowing sea<BR>
Took Boston in its arms;<BR>
The men of yore were stout and poor,<BR>
And sailed for bread to every shore.
```

- Titel des Dokuments (zu `<TITLE>Boston </TITLE>`)
- Start-Tag `Style` zur Markierung des Anfangs des Style Sheets (zu `<STYLE>`)
- `P` markiert einen Absatz. Es folgen vier Zeilen Quelltext, die den Stil von `P` definieren.
- Stil für `H1`, eine Überschrift der ersten Ebene.
- End-Tag `STYLE`, für das Ende des Style Sheets (zu `</STYLE>`)
- Die Tags `<H1>` und `</H1>` begrenzen den Text der Überschrift „Boston", der mit dem Attribut `ALIGN` und dem Wert `center` zentriert wird.
- Textabsatz. Bei der Ausgabe erscheint der Absatz wie mit dem Style Sheet angegeben: in Times und rot.
- Das Element `BR` führt zu einem Zeilenumbruch bei der Ausgabe des Absatzes durch den Browser.

Das Ergebnis sollte wie folgt aussehen:

Boston

The rocky nook with hilltops three
Look Eastward from the farms
And twice each day the flowing sea
Took Boston in its arms;
The men of yore were stout and poor,
And sailed for bread to every shore.

Mit dem Microsoft Internet Explorer sehen Sie den farbigen Text und die richtige Schriftart und -größe. Gemäß der Formatvorlage sollte der Netscape Browser jetzt ebenfalls die korrekte Schriftart anzeigen.

Es folgen genauere Erklärungen zu den Markierungen:

- `<TITLE>` und `</TITLE>` sind die Start- und End-Tags des Elements `TITLE`, die den Titel des Textes markieren. Jedes HTML-Dokument muß einen Titel haben. Dies ist nicht das gleiche wie die Überschrift, die auf dem Bildschirm erscheint, er dient dem internen Gebrauch.
- `<H1>` und `</H1>` dienen dazu, dem Gedicht eine Überschrift zu geben, die auf dem Bildschirm ausgegeben wird. Das Attribut `ALIGN` wurde verwendet, um die Position der Überschrift auf der Seite anzugeben. Der Wert des Attributs `ALIGN` ist in diesem Fall `center` (Bitte beachten Sie die amerikanische Schreibweise).
- Der Text zwischen den Grenzen der Tags `<STYLE>` und `</STYLE>` enthält eine kleine Web-Formatvorlage. Sie können erkennen, daß der Überschrift eine 16-Punkt Arial-Schrift zugeordnet wird, zentriert und in der Farbe Oliv. Die Kodierungsvorschriften für Style Sheets werden in Kapitel 9 erklärt.
- Das Tag `<P>` steht für einen Absatz. In der Formatvorlage sehen Sie, daß die Absätze in Times 12-Punkt-Schrift, in rot und zentriert gesetzt sind.

Sie können mit HTML experimentieren und die Farbe des Textes ändern. Sie können auch die Größe und den Stil der Vorlage verändern. Bearbeiten Sie den Quelltext, speichern Sie ihn, erneuern Sie das Fenster des Browsers, und beobachten Sie die Ergebnisse.

3.3 Mehr über die Syntax von HTML

In diesem Abschnitt wird erklärt, was HTML-Tags und Attribute sind und wie sie geschrieben werden. Gleichfalls wird erklärt, wie Leerzeichen in die Syntax eingefügt werden können und unter welchen Umständen Sie Großbuchstaben anstelle von Kleinbuchstaben verwenden sollten.

3.3.1 Start- und End-Tags

Sie werden bemerkt haben, daß die Tags `<TITLE>` und `</TITLE>` genauso wie `<H1>` und `</H1>` bzw. `<STYLE>` und `</STYLE>` paarweise auftreten. Dies ist üblich in HTML. Diese Tags markieren die strukturellen Bestandteile eines Dokuments. Im allgemeinen markiert ein *Start-Tag* den Beginn eines solchen Teiles, wohingegen ein *End-Tag* den Schluß markiert. Der Unterschied zwischen beiden ist der Schrägstrich „/“ beim End-Tag. Die Klammern „<“, „>“ und „</“ werden Begrenzungen genannt, da sie wesentliche Parameter sind, die Ihre Markierungen definieren oder begrenzen.

Einige Tags, wie zum Beispiel <P> für den Absatz, benötigen keine entsprechenden End-Tags, auch wenn sie gesetzt werden können. Das End-Tag kann weggelassen werden, weil der Browser es sich logisch erschließt. Andere Tags, wie zum Beispiel IMG, dürfen kein End-Tag haben. Die gebräuchlicheren Elemente, die kein End-Tag benötigen, sind in Tabelle 3.1 aufgeführt. Die gebräuchlicheren Elemente, die kein End-Tag haben *dürfen*, sind in Tabelle 3.2 aufgeführt.

Elementname
P (Absatz)
LI (Listenelement)
OPTION
DT, DD
HEAD
BODY
HTML

Tabelle 3.1: Einige der gebräuchlichen HTML-Elemente, die kein End-Tag benötigen

Elementname
HR (horizontale Linie)
IMG (eingefügtes Bild)
BR (Zeilenumbruch)
COL (Tabellenspalte)
META (im HTML-Korpus)
LINK
BASE
ISINDEX

Tabelle 3.2: Einige der gebräuchlichen HTML 3-Elemente, die kein End-Tag haben *dürfen*

3.3.2 Leerzeichen zwischen Spitzen Klammern (bzw. Begrenzungen)

Können zwischen Spitzen Klammern Leerzeichen stehen? Die Anwort ist von Fall zu Fall unterschiedlich. In folgenden Fällen ist *kein* Leerzeichen erlaubt:

1. < TITLE > Es darf kein Leerzeichen zwischen der spitzen Klammer und dem Elementnamen oder hinter dem Elementnamen und vor der spitzen Klammer eingefügt werden.
2. < TITLE> Es darf kein Leerzeichen zwischen der spitzen Klammer und dem Elementnamen eingefügt werden, auch wenn kein Leerzeichen zwischen dem Elementnamen und der spitzen Klammer steht.

Erlaubt ist dagegen:

3. <TITLE> Beachten Sie, daß sich kein Leerzeichen zwischen der spitzen Klammer und dem Elementnamen sowie zwischen dem Elementnamen und der spitzen Klammer befindet.
4. <TITLE > Beachten Sie, daß sich kein Leerzeichen zwischen der spitzen Klammer und dem Elementnamen befindet, daß jedoch zwischen dem Elementnamen und der spitzen Klammmer eines steht.

Generell können Sie ein Leerzeichen nach dem Elementnamen einfügen (wie in Beispiel 4), der Browser wird jedoch ein Tag mit einem Leerzeichen davor nicht bearbeiten (Beispiel 1 und 2). Vereinfachen Sie das Ganze, indem Sie überhaupt keine Leerzeichen einfügen.

3.3.3 Groß- und Kleinschreibung für Tags

Sie können für die Tags Groß- und Kleinbuchstaben oder eine Kombination von beidem verwenden. Aus Gründen der Einheitlichkeit werden in diesem Buch Großbuchstaben verwendet.

3.3.4 Die Syntax für HTML-Attribute

Die allgemeine Syntax für HTML-Attribute folgt immer dem folgenden Muster:

```
<TAGNAME ATTRIBUTE=Wert>
```

Oder in leichter Abwandlung:

```
<TAGNAME ATTRIBUTE="Wert">
```

Besteht der Wert des Attributs ausschließlich aus Buchstaben, Zeichen, Punkten oder Bindestrichen, dann muß der Wert nicht in Anführungszeichen gesetzt werden. Enthält er jedoch andere als die erwähnten Zeichen, dann ist das Setzen der Anführungsstriche notwendig.

Es ist zulässig, ein Leerzeichen vor oder nach einem Gleichheitszeichen „=“ wegzulassen.

```
<H1 ALIGN=center>
```

Sie können vor und nach dem Gleichheitszeichen ein Leerzeichen einfügen, es stört den Browser nicht weiter:

```
<H1 ALIGN = center>
```

Es ist auch möglich, ein Leerzeichen vor dem Gleichheitszeichen, jedoch keines danach (oder umgekehrt) einzufügen:

```
<H1 ALIGN= center>
<H1 ALIGN =center>
```

Mehrere Leerzeichen sind jedoch in keinem Fall erlaubt:

```
<H1 ALIGN  =  center>
```

3.3.5 Implizite Attributwerte

In HTML können z.B. folgende Tags verwendet werden:

```
<UL COMPACT>
<UL PLAIN>
<TABLE BORDER>
```

Es können auch zahlreiche andere Formulierungen verwendet werden, die anders aussehen als gewöhnliche Attributformate. In der DTD oder Document Type Definition (eine enge HTML-Definition, die die Regeln der Sprache betrifft) stehen sie als Kurzform für eine Langform wie z.B. der Art <UL COMPACT=compact>. Es ist ratsam, nicht die Langform zu verwenden, weil dadurch der Browser irritiert werden kann. Der SGML-Mechanismus, der dem zugrunde liegt, ist zu technisch, um ihn an dieser Stelle vorzustellen.

3.3.6 Mehr als ein Attribut für ein Tag

URLs
Beachten Sie, daß bei URLs Groß- und Kleinschreibung unterschieden wird. Achten Sie darauf, daß sie korrekt eingegeben werden, wenn sie in Hypertext-Verweisen benötigt werden.

Sie können mehr als einen Attributwert an ein Tag übergeben, dies ist erlaubt. Hier ein Beispiel:

```
<IMG SRC=„owl.gif“ ALT=„Er spielte auf seiner Gitarre“>
```

Das Attribut SRC hat einen Wert, der dem Bild entspricht, das angezeigt werden soll. Soviel ist ersichtlich. Was aber geschieht, wenn der Browser keine Bilder anzeigen kann? Ist dies der Fall, dann bietet das Attribut ALT eine alternative Bildbeschreibung in Textform an. Diese Möglichkeit ist insbesondere für Sehbehinderte nützlich, die über einen Rechner verfügen, der die Bildbeschreibung laut vorliest oder sie in Blindenschrift ausdruckt, anstatt das Bild anzuzeigen.

Beachten Sie: Einige Attributwerte (z.B. SRC, HREF, ALT) können Sonderzeichen enthalten. Zum Beispiel ALT=„Voulez vous du café?“.

3.3.7 Groß- und Kleinbuchstaben für Attribute und ihre Werte

Es ist egal, wofür Sie sich entscheiden. Auch wenn Sie beides benutzen wollen, ist das möglich. Die Rechtschreibung ist allerdings sehr wichtig, denn „centre" anstelle von „center" funktioniert nicht.

3.4 Eine formale Erklärung der HTML-Begriffe

HTML ist eine Anwendung von SGML (Standard Generalized Markup Language). Sie ist ein ISO-Standard für die Beschreibung von Dokumenten und wurde für den Austausch von Texten entworfen. Viele der Begriffe für HTML sind direkt von SGML übernommen worden. Als Einführung zu diesem Thema empfehlen wir Ihnen das Buch *Practical SGML* von Eric Herwijnen.

3.4.1 Tags enthalten Elementnamen

Wenn Sie ein HTML-Dokument verfassen, dann strukturieren Sie es im wesentlichen in eine Anzahl von *Elementen*. Absätze, Tabellen, Formulare, Listen und Bilder sind Elemente. Wenn Sie ein Element einfügen wollen, setzen Sie ein Start-Tag, um den Beginn anzuzeigen, und ein End-Tag, um den Schluß anzuzeigen. Für jedes dieser Elemente verwendet der Browser in der Regel eine andere Routine für die Ausgabe auf dem Bildschirm.

Jedes Element hat einen *Elementnamen*. Der Elementname für das Element Absatz ist `P`, der für ein Listenelement `LI`, der für eine Überschrift auf oberster Ebene `H1`. Bei Elementnamen werden Groß- und Kleinschreibung nicht unterschieden, wenngleich wir uns in diesem Buch an die Regelung halten, Elementnamen groß zu schreiben. Sie können auch die Kleinschreibung verwenden oder beide Schreibweisen mischen, ganz wie es Ihnen beliebt.

3.4.2 Regeln für die Reihenfolge der Elemente in einem Dokument

Die HTML-Kodierung ist nicht beliebig und muß den Regeln der Dokumentgrammatik von HTML folgen. Diese Grammatik beschreibt die verwendbaren Tags und die richtige Reihenfolge, in der sie in ein Dokument eingefügt werden. Dieses Konzept wurde bereits in Kapitel 1 kurz ausgeführt, als die Beziehung zwischen SGML und HTML erörtert wurde.

3.4.3 Das Inhaltsmodell

Das Inhaltsmodell bezieht sich auf die Elemente, die ein gegebenes Element in einem Dokument beinhalten kann. Wenn Sie z.B. eine Tabelle `TH` (Tabellenkopfzeile) einfügen, dann hat dieses Element ein Inhaltsmodell, welches Text, Listen, mathematische Symbole und Ausdrücke, Formeln usw. enthält. Das bedeutet, daß in jedem Element vom Typ `TH` Texte, Listen, die oben beschriebenen mathematischen Ausdrücke, Bilder und viele andere Elemente enthalten sein können. Das Inhaltsmodell legt fest, daß all diese Dinge in der Zelle einer Tabelle enthalten sein können.

3.4.4 Der zulässige Kontext

Der zulässige Kontext dagegen bezieht sich auf den Kontext in dem Dokument, in dem das Element verwendet werden kann. Die Elemente `TH` (Tabellenkopfzellen) z.B. können nur im Kontext mit einer Tabellenzeile `TR` verwendet werden. Das ist äußert sinnvoll, denn eine Tabellenzelle z.B. in einem Titel oder einer Überschrift oder auch in einem gewöhnlichen Absatz wäre wenig sinnvoll. Der Kontext für Elemente vom Typ `TH` ist niemals ein Absatz, eine Überschrift oder eine Liste. Es ist immer eine Tabellenzeile.

3.4.5 Elemente auf Blockebene und Elemente auf Zeichenebene

Es gibt zwei Gruppen von Elementen: Elemente auf Blockebene und Elemente auf Zeichenebene. Sie können wie folgt definiert werden: Ein Element auf Blockebene ist eines, welches beim Einfügen in ein Dokument automatisch den vorhergehenden Absatz beendet und zu einem Absatzumbruch führt. Wenn Sie z.B. mit dem Element `OBJECT` auf Blockebene ein Bild in einen Absatz einfügen, dann wird der Absatz vor dem Beginn des `OBJECT` beendet. Tabellen, Formulare und Listen sind solche Elemente, die auf Blockebene in ein Dokument eingefügt werden.

Elemente auf Zeichenebene verhalten sich anders als die auf Blockebene. Elemente auf Zeichenebene enthalten selbst Text, Zeicheneinheiten, unterschiedliche Schriftarten und Hervorhebungen von Zeichen sowie das vorgeschlagene Element `MATH` (für das Einfügen einer Gleichung in eine Textzeile). Sie enthalten außerdem Hypertext-Verweise und eingefügte Bilder des Elements `IMG`. All diese Dinge sind Bestandteil des Textflusses in einem Absatz.

Einige Elemente auf Blockebene bringen weitere Strukturen mit sich. So enthält z.B. eine Definitionsliste mehrere Begriffe und die dazugehörigen Definitionen, eine Tabelle beginnt mit einer Überschrift gefolgt von einer Reihe von Zeilen, ein Bild beginnt mit einer Überschrift gefolgt von einer Bildbeschreibung und einer Bildreferenz oder Quelle. In diesem Buch verwenden wir die Begriffe Blockebene und Zeichenebene, um anzuzeigen, wo ein gegebenes Element auftreten kann, oder um zu beschreiben, was es enthalten kann. Das Modell der Elemente auf Block- oder Zeichenebene wird dort verwendet, wo die Inhaltsmodelle und der zulässige Kontext beschrieben werden. Einige der gebräuchlichen Elemente der Block- und Zeichenebene finden Sie in den Tabellen 3.3 und 3.4.

P	Absatz
TABLE	Tabelle
FORM	Formular
H1..H6	Überschriften
ADDRESS	Adresse
DIV	Divison
PRE	vorformatierter Text
BLOCKQUOTE	längere wörtliche Rede im Text
NOTE	Anmerkung
BR	Zeilenumbruch
UL	ungeordnete Liste
DL	Definitionsliste
CAPTION	Überschrift
OL	geordnete Liste
HR	horizontale Linie

Tabelle 3.3: : Einige gebräuchliche Elemente auf Blockebene.

Hinweis: Sie können den Status jedes der aufgeführten Elemente im Referenzteil am Ende dieses Buches nachschlagen. Beachten Sie, daß verschiedene Elemente für verschiedene Browser implementiert sind und einige der Elemente zum Zeitpunkt der Herausgabe für HTML 4 nur vorgeschlagen sind.

ABBR	Abkürzungen im Text
CITE	Zitate, üblicherweise kursiv
CODE	Beispiele für Quelltexte, die z.B. in Online-Handbüchern enthalten sein können
DEL	gelöschter Text für juristische Dokumente. Durchgestrichen dargestellt
DFN	Begriffsdefinition
EM	Betonung, die von den meisten Browsern kursiv gesetzt wird

Tabelle 3.4: Einige gebräuchliche Elemente auf Zeichenebene

INS	Eingefügter Text, für juristische Dokumente
KBD	Text, der über die Tastatur eingegeben werden muß (für Rechnerhandbücher)
Q	Kurze Abschnitte in wörtlicher Rede. Die entsprechenden Anführungszeichen werden gewöhnlich vom Browser in der Interpunktion der jeweiligen Sprache gesetzt. (Für HTML 3 noch nicht in vollem Umfang implementiert.)
STRONG	starke Betonung
VAR	Variable (für die Verwendung in Online-Handbüchern)
TT	Telex-Schrift: eine feste Punktschrift
U	unterstrichen
S (STRIKE)	Durchstreichung. Der Text soll waagerecht durchgestrichen dargestellt werden, um Veränderungen im Text zu verdeutlichen oder für die Verwendung in juristischen Dokumenten
BIG	Der Text soll, wenn möglich, in größerer Schrift angezeigt werden
SMALL	Der Text soll, wenn möglich, in kleinerer Schrift angezeigt werden.
SUB	tiefgestellt
B	fett
I	kursiv
BLINK	Die Zeichen blinken auf dem Bildschirm
SUP	hochgestellt
A	Ankerelement (für Hypertext-Verweise)
IMG	Bild (für eingepaßte Bilder im Gegensatz zu Bildern auf Blockebene, die mit FIG eingefügt werden)

Tabelle 3.4: Einige gebräuchliche Elemente auf Zeichenebene (Fortsetzung)

3.4.6 Der Zeichensatz eines Dokuments

Es stellt sich die Frage, ob ein Dokument in Englisch, Deutsch, Schwedisch, Portugiesisch oder einer anderen romanischen Sprache verfaßt werden soll. Möglich sind auch Arabisch, Russisch, Hindi oder irgendeine andere Sprache, die einen vollständig anderen Zeichensatz benutzt. In jedem Fall muß der Browser mit dem entsprechenden Zeichensatz für die Darstellung auf dem Bildschirm umgehen können. Kapitel 17 enthält einige Informationen zu diesem Thema.

3.5 Dokumente mit Symbolen und Buchstaben mit Akzenten

Wenn Sie ein HTML-Dokument verfassen, dann konzentrieren Sie sich für gewöhnlich auf die Eingabe des Textes und das Einfügen zahlreicher Tags und Attribute. Einige Symbole können jedoch nicht direkt mit der Tastatur erzeugt werden (weil sie entweder nicht vorhanden sind oder mit Symbolen für die Markierung verwechselt würden). Sie müssen daher von Hand eingefügt werden. Nehmen wir an, Sie wollten das Zeichen å in ein HTML-Dokument einfügen. Sie können dies über die entsprechende Kodierung tun. Eine Zeichenkodierung ist eine bestimmte Folge von Zeichen, die ein bestimmtes Symbol darstellt. `Ê` steht zum Beispiel für ein großes „E" mit Zirkumflex (Ê), `é` für ein kleines „e" mit Akut (é). Der Browser löst die Kodierung auf, und das entsprechende Symbol, wie in unserem Beispiel: `<P>Voulez vous du café?` die Ausgabe: „Voulez vous du café?", erscheint. Die Zeichenkodierung für HTML 4 finden Sie im Anhang B.

Numerische Kodierung
Es gibt außerdem ein numerisches System zur Kodierung. Hierbei werden Zahlen und keine Zeichen verwendet, die die Symbole darstellen. Den Zahlen geht immer ein Doppelkreuz „#" voraus. * gibt z.B. einen Stern „*" und $ ein Dollarzeichen „$" aus. Für HTML 4 sollten keine numerischen Kodierungen verwendet werden.

Kodierungsnamen
Alle Kodierungsnamen werden mit einem Semikolon „;" abgeschlossen, auch wenn dies theoretisch nicht erforderlich ist. In der Praxis benötigt der Browser das Semikolon für die richtige Darstellung.

3.6 Feste Leerzeichen, Bindestriche und Leerzeichen

Bestimmte Zeichen haben im Kontext eines HTML-Dokuments eine besondere Bedeutung. Insbesondere zwei Zeichen können vom Browser hinsichtlich ihrer besonderen Bedeutung für die Textformatierung interpretiert werden. Dies sind die unten beschriebenen Zeichen:

- **Das Leerzeichen**: Das Leerzeichen wird als Zwischenraum zwischen Wörtern interpretiert, außer im Zusammenhang mit dem Element `PRE` für vorformatierten Text, wo es als festes Leerzeichen (d.h., nicht für den Zeilenumbruch zu verwenden) behandelt wird.

  Die Zeichenkodierungen ` ` und ` ` unterscheiden einen „en"- und einen „em"-Weißraum. Ein „en"-Leerzeichen hat die halbe Punktgröße der aktuellen Schriftart, ein „em"-Weißraum die volle Punktgröße der aktuellen Schriftart. Für Schriftarten mit fester Breite kann der Browser ein „en"-Weißraum als einzelnes Leerzeichen und ein „em"-Weißraum als doppeltes Leerzeichen interpretieren. Sie werden jedoch nicht häufig verwendet.

- **Ein festes Leerzeichen** (` `) (non breaking space). Es wird genauso behandelt wie ein Weißraum, mit der Ausnahme, daß der Browser an dieser Stelle niemals einen Zeilenumbruch vornimmt. Durch Verwendung von ` ` stellen Sie sicher, daß zwei Wörter nebeneinander stehen bleiben und nicht über zwei aufeinanderfolgende Zeilen verteilt werden.

Zeichenkodierungen
Zeichenkodierungen unterscheiden Groß- und Kleinschreibung. Begehen Sie nicht den Fehler, beide Schreibweisen zu vermischen. `Â` steht für „Å" und `â` steht für „å". Eine Liste der Zeichenkodierungen finden Sie am Ende des Buches.

Beachten Sie auch die Elemente `NOBR` und `WBR`, die eine Erweiterung von Netscape sind und beide in Kapitel 4 beschrieben werden.

Ein Bindestrich wird in jedem Fall wie ein Strichsymbol dargestellt, und der Browser kann die Zeile umbrechen, wie bei einem normalen Wortabstand auch. Ein Wort mit Bindestrich kann daher in Silben getrennt werden.

Es gibt für HTML 4 weitere besondere Zeichenkodierungen. Es sind dies: `©` für das Copyright-Symbol, `®` für das eingetragene Warenzeichen, `&tm;` (Trademark) für das Warenzeichen, `` (soft hyphen) für einen weichen Trennstrich und `&cbsp;` (conditional breaking space) für ein Leerzeichen mit bedingtem Umbruch. Die Erweiterungen von Netscape für HTML 2 schließen `®` und `©` ein.

3.7 Formaler Aufbau eines HTML 4-Dokuments

Unser Beispiel für ein Dokument zu Beginn des Kapitels war recht einfach gehalten. Es hätte noch einfacher sein können, denn das einfachste zulässige HTML-Dokument besteht aus nichts als einem Element `TITLE`. In diesem Abschnitt betrachten wir den formalen Aufbau eines HTML-Dokuments und stellen dem Leser damit verbundene Begriffe vor.

Formal beginnt jedes HTML-Dokument mit einem Element, welches ein Element `HEAD`, gefolgt von dem Element `BODY`, enthält. Der HTML-Quelltext unten zeigt ein Dokument nach diesen Regeln. Der Kopf des Dokuments bezieht sich auf Informationen über das Dokument als ganzem und legt allgemeine Verknüpfungen vom Dokument zu anderen fest. Der Dokumentkopf ist wie die Überschrift einer Aktennotiz. Sie sagt uns z.B., worum es in dem Dokument geht, wer es verfaßt hat, wie lange es gültig ist, auf welche anderen Dokumente es sich bezieht und bietet alle weiteren Arten von Meta-Informationen.

Der Korpus des Dokuments hingegen enthält Elemente, die Text, Bilder, Hypertext-Verweise, Tabellen, Listen usw. sind. Er ist eigentlich der Hauptteil des Dokuments.

3.8 Ein HTML 4-konformes Dokument

Jedes mit HTML 4 konforme Dokument muß mit der Deklaration `<!DOCTYPE>` beginnen, die benötigt wird, um HTML 4-Dokumente von anderen HTML-Versionen zu unterscheiden. Dokumente sollten mit der Deklaration `<!DOCTYPE>` beginnen, und ihnen sollte ein HTML-Element mit einem `HEAD`- und einem `BODY`-Element folgen. Ein minimales HTML-Dokument sieht daher wie folgt aus:

```
<!DOCTYPE HTML PUBLIC "-//W3C//DTD HTML 4.0//EN">
<HTML>
<HEAD>
<TITLE>Der Titel des Dokuments </TITLE>
.. weitere Kopfelemente
</HEAD>
<BODY>
.. Dokumentkorpus
```

In der Praxis werden die Tags <HTML>, <HEAD> und <BODY> sowie ihre entsprechenden End-Tags in der Regel weggelassen. Der Browser ist in der Lage, die Kopf- und Korpuselemente auch bei fehlenden Tags zu erkennen. Das Geheimnis liegt darin, daß der Browser beim Erkennen der Elemente weiß, welche nicht im Dokumentkopf stehen dürfen und daraus schlußfolgert, wann er endet und wo der Korpus beginnt. Daraus folgt, daß die Reihenfolge der Elemente im Dokument nicht durcheinander gebracht werden darf. Alle Elemente, die in Verbindung mit dem Dokumentkopf stehen, müssen am Anfang des Dokuments stehen und dürfen nicht irgendwo im Korpus des Dokuments eingefügt werden.

Dennoch wird bei der augenblicklichen Verwendung von HTML diese Regel häufig verletzt, weil Text vor dem Dokumentkopf auftaucht. Auch wenn die Browser ihr Bestes versuchen, sollten Sie dieses Problem möglichst vermeiden. Um Ihr Dokument zu testen, können Sie zu bestimmten Testseiten im Internet gehen. Dort klicken Sie die HTML-Version an, die Sie zu testen wünschen, und übergeben den URL Ihres Dokuments. Sie bekommen die Fehlermeldungen in der einen oder anderen Form zugeschickt.

Absätze und Überschriften

4

Dieses Kapitel enthält Informationen zu folgenden Themen:

- Die einfache Markierung von Absätzen und anderen Elementen auf Blockebene
- Die Steuerung von Zeilenumbrüchen und Bindestrichsetzungen
- Anführungszeichen im Text

Zusammenfassung

HTML 4 umfaßt einfache Elemente auf Blockebene, die Sie für die Markierung von Absätzen und Überschriften verwenden können. In diesem Kapitel werden die folgenden behandelt:

- P für Absätze
- H1 bis H6 für Überschriften
- PRE für vorformatierten Text
- DIV für die Unterteilung von Text mit ähnlichem Layout
- BLOCKQUOTE für die wörtliche Rede

WBR und NOBR sind kein Bestandteil von HTML 4. Sie sind spezielle Tags, auch wenn sie von vielen Browsern unterstützt werden. Die Zeichenkodierung   ist allerdings ein HTML 4-Standard.

Sie werden feststellen, daß das für alle oben erwähnten Elemente verwendbare Attribut STYLE jetzt für die Festlegung eines Stiles der Elemente im Hinblick auf die Schriftart, die Farbe, den Hintergrund usw. verwendet werden kann.

Tabulatorstops und Fußnoten sind noch nicht in den Standard eingeschlossen. Die CSS-Gruppe für Formatvorlagen des World Wide Web-Konsortiums wird sich wahrscheinlich im nächsten Jahr um diese Eigenschaften kümmern.

4.1 Einführung

In Kapitel 3 haben Sie gesehen, wie ein einfaches HTML-Dokument geschrieben und in den Browser geladen wird. Dieses Kapitel geht weiter und beschreibt detailliert die Markierung umfangreicher Absätze, der wörtlichen Rede und der Überschriften mit HTML. Es behandelt auch das Element DIV, mit dem Ihr Dokument in Abschnitte gleicher Art gegliedert werden kann. Es ist z.B. möglich, daß Sie einleitende Absätze eines Dokuments immer mit großer Schrift und einer eigenen Farbe formatieren können.

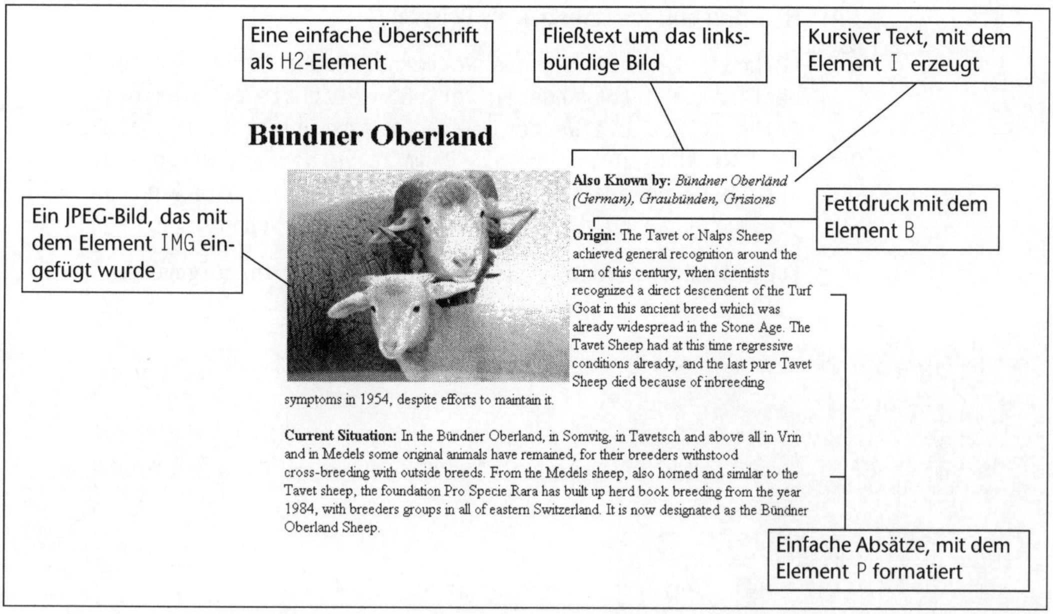

Abbildung 4.1: Sie können mit einfachen HTML-Anweisungen sehr viel erreichen. Auf dieser Seite wurde z.B. auf perfekte Weise Fließtext um ein Bild herum gestaltet

4.2 Absatzmarken

Der Absatz ist eine grundlegende Struktureinheit eines HTML-Dokuments. Absätze sind Elemente der Blockebene, was bedeutet, daß sie jedes der ca. 20 Elemente der Zeichenebene enthalten können, die im nächsten Kapitel beschrieben werden. Innerhalb eines Absatzes kann der Text fett oder kursiv, größer oder kleiner als gewöhnlich, tiefgestellt oder hochgestellt usw. gesetzt werden. Die Möglichkeiten sind unbegrenzt.

Jeder Absatz muß mit dem bekannten Start-Tag <P> beginnen. Der gesamte folgende Text wird dann vom Browser als dem gleichen Absatz zugehörig interpretiert, und Sie können fortlaufend die folgenden Absätze eingeben. Sie müssen selbst keinen Zeilenumbruch zwischen den Absätzen einfügen, das tut der Browser für Sie. Absätze benötigen kein End-Tag, was einigen HTML-Autoren noch nicht bewußt ist. Wenn Sie wollen, dann können Sie selbstverständlich ein End-Tag einfügen, aber es ist wirklich nicht notwendig. Sie können das End-Tag immer weglassen, da der Browser schlau genug ist, das Absatzende aus dem Kontext heraus zu erkennen.

Haben Sie Probleme mit Lücken zwischen den Absätzen?
Der Browser von Netscape setzt keine Lücken zwischen aufeinanderfolgenden Absätzen. Setzen Sie das End-Tag </P>, um dem abzuhelfen. Es handelt sich hierbei um einen sogenannten Bug (Fehler) des Browsers, der verschiedentlich auftritt. In den meisten Fällen muß </P> nicht eingefügt werden.

Hier drei einfache Absätze als Beispiel:

```
<P>Gedichte bestehen aus Wörtern. <P>Der Dichter zieht
bestimmte Wörter anderen vor und setzt sie in eine bestimmte
Reihenfolge. Die Wörter werden zusammengefügt, um beim Leser
eine Wirkung zu erzielen. <P>Um zu verstehen, wie die Dichtung
ihre Wirkung erzielt, ist es daher wichtig, die Wortwahl und
die Wortsetzung eines Dichters zu untersuchen.
```

Diese Absätze werden wie folgt auf dem Bildschirm ausgegeben:

> Gedichte bestehen aus Wörtern.
>
> Der Dichter zieht bestimmte Wörter anderen vor und setzt sie in eine bestimmte Reihenfolge. Die Wörter werden zusammengefügt, um beim Leser eine Wirkung zu erzielen.
>
> Um zu verstehen, wie die Dichtung ihre Wirkung erzielt, ist es daher wichtig, die Wortwahl und die Wortsetzung eines Dichters zu untersuchen.

Es ist nicht möglich, zusätzliche Abstände durch Einfügen eines „leeren" Absatz-Tags zwischen den Zeilen zu erzeugen, auch wenn dies immer wieder versucht wird. Wenn Sie es dennoch versuchen, um dem Absatz folgendes Aussehen zu geben:

```
Erste Zeile
Zweite Zeile
```

dann wird der Browser die zusätzlichen Tags einfach überlesen. Wenn Sie mehr oder weniger Abstand zwischen den Absätzen haben wollen, dann kann dies am besten über die Zuordnung eines Stils für den Absatz geschehen. Dieser Vorgang wird später noch genauer erklärt.

4.2.1 Zeilenumbruch

Normalerweise werden die Zeilen eines Absatzes automatisch in der Folgezeile fortgesetzt, so wie bei den meisten Textverarbeitungsprogrammen auch. Wird das Fenster, in dem der Text angezeigt wird, schmaler, dann werden die Zeilen häufiger umgebrochen, um sie einzupassen. Wird das Fenster vergrößert, dann werden die Zeilen nicht so häufig umgebrochen.

4.2.2 Die Steuerung der Zeilenumbrüche

HTML bietet viele Möglichkeiten zur Steuerung des Zeilenumbruchs. Eine der einfachsten ist das Element <BR>, um Absätze mit kurzen Zeilen zu gestalten. Es eignet sich für die Gestaltung von Gedichten für das Web. Zum Beispiel:

```
I sing of a maiden<BR>That is makeless;<BR>
King of kings<BR>To her son she ches.<BR>
He came all so still,<BR>There his mother was,<BR>
As dew in April<BR>That falleth on the grass
```

Dieser HTML-Text wird wie folgt ausgegeben:

I sing of a maiden
That is makeless;
King of kings
To her son she ches.
He came all so still,
There his mother was,
As dew in April
That falleth on the grass

NOBR und WBR
Weder NOBR noch WBR gehören zum HTML 4-Standard.

Netscape verwendet in der Version 2.0 das Element NOBR, um Textabschnitte zu markieren, die nicht umgebrochen werden sollen. Der Browser führt zwischen dem Start-Tag NOBR und dem End-Tag </NOBR> keinen Zeilenumbruch durch, weil der Zeilenumbruch außer Kraft gesetzt wurde.

Wenn Sie Text in einer Zeile belassen möchten, dann können Sie folgendes tun:

Wo sind die Lieder des Frühlings hin entschwunden? Wie sind sie so schnell verklungen?

In diesem Beispiel wurde das Element <NOBR> verwendet. Das Ergebnis ist eine lange, nicht umgebrochene Zeile, die auch bei einer Verkleinerung des Fensters nicht umgebrochen wird. Wenn Sie die Zeile jedoch an einer bestimmten Stelle umbrechen *möchten*, dann können Sie dies mit dem Element WBR (WordBReak) von Netscape erreichen. So veranlassen wir den Browser, die Zeile nötigenfalls nach „entschwunden" umzubrechen:

```
<NOBR> Wo sind die Lieder des Frühlings hin
entschwunden? <WBR>Wie sind sie so schnell
verklungen?</NOBR><BR>
Sie sind dahin wie das Rauschen des Windes
```

Die Ausgabe auf dem Bildschirm sieht dann so aus:

Wo sind die Lieder des Frühlings hin entschwunden? Wie sind sie so schnell verklungen?
Sie sind dahin wie das Rauschen des Windes

Oder, weniger angepaßt, in dem unteren Bildausschnitt:

Wo sind die Lieder des Frühlings hin entschwunden?
Wie sind sie so schnell verklungen?
Sie sind dahin wie das Rauschen des Windes

`WBR` entspricht einem bedingten Leerzeichen. Bedingte Leerzeichen verhalten sich wie gewöhnliche Leerzeichen, weisen aber auf eine geeignete Stelle für den Zeilenumbruch hin.

4.2.3 Wie die Trennung zweier Wörter vermieden wird

HTML 4 hat ein Kodierungszeichen ` `, um zu verhindern, daß eine Zeile an einer kritischen Stelle des Textes umgebrochen wird. Sie müssen dieses Zeichen an der Stelle einfügen, wo das nicht umzubrechende Leerzeichen steht. Zum Beispiel:

```
Im Lauf der Dinge und in der Welten Lauf
```

Die Wörter „Welten“ und „Lauf“ stehen am Ende einer Zeile und werden nicht voneinander getrennt. Sowohl Netscape als auch Microsoft haben ` ` implementiert. Beachten Sie, daß es für HTML-Dokumente immer verwendet werden sollte, auch wenn dies für den SGML-Standard nicht notwendig ist.

4.2.4 Worttrennung

**Das Kodierungszeichen ``** Das Kodierungszeichen `` ist Bestandteil von HTML 4. Da es sich aber nicht leicht implementieren läßt, wird es einige Zeit dauern, bis es von den Browsern unterstützt wird.

Dieses HTML-Kodierungszeichen `` definiert einen weichen Trennstrich. Ein weicher Trennstrich ist in der Regel unsichtbar und markiert eine geeignete Stelle für eine eventuell notwendige Trennung des Wortes. Zum Beispiel:

```
Trenn&shy;strich
```

Die Ausgabe auf dem Bildschirm sieht wie folgt aus:

Trennstrich

Am Ende einer Zeile kann es getrennt werden:

Trenn-
strich

Ein harter Trennstrich dagegen ist ein sichtbarer Bindestrich, der zwei Teile eines Wortes verbindet. Bei englischen Texten wertet der Browser einen harten Trennstrich als geeignete Stelle für eine Trennung, egal, ob die Trennung aktiviert ist oder nicht.

4.2.5 Festlegung der Schriftart und der Farbe eines Absatzes

Früher wählte der Browser die Schriftart aus, was eine nicht immer befriedigende Lösung war. Dann wurde die beliebte, aber nicht standardisierte Methode `FONT FACE` entwickelt, mit der der Autor des Dokuments die Farbe und Schriftart für die Ausgabe auf dem Bildschirm festlegen konnte.

In der Welt der Datenverarbeitung ist nichts von langem Bestand. Es überrascht daher nicht, daß `FONT FACE` jetzt durch etwas vollständig anderes ersetzt wurde, nämlich durch die Schriftfamilie, die Schriftgröße, die Schriftstärke und andere Eigenschaften, die neuerdings mit den Formatvorlagen für das Web zur Verfügung stehen. In Abschnitt 9.5 erfahren Sie, wie einfach eine Formatvorlage für bestimmte Absätze, für einen einzelnen Absatz oder für ein ganzes Dokument entworfen werden kann. Auf diese Art kann die Schriftart und Farbe eines Textes leicht festgelegt werden:

`FONT FACE`
Der HTML 4-Standard enthält `FONT FACE`. Es ist jedoch ratsam, möglichst eine Formatvorlage zu verwenden, um die Schriftart festzulegen.

```
<P STYLE= {font-family : OldCentury, Sherwood, serif; font-
size: 10 pt}> Das Kirchenschiff und die Kanzel wurden im
frühen 12. Jahrhundert gebaut und sind ein beeindruckendes
Beispiel für die Baukunst jener Zeit... Die Fenster mit ihren
Spitzbögen und den gewölbten Scheiben sind ungewöhnlich für
diese Epoche, genauso wie die reich verzierten Steinbänder,
die den gesamten Innenraum des Kirchenschiffs ausschmücken.
```

Die Ausgabe auf dem Bildschirm sollte wie folgt aussehen:

> **Das Kirchenschiff und die Kanzel wurden im frühen 12. Jahrhundert gebaut und sind ein beeindruckendes Beispiel für die Baukunst jener Zeit... Die Fenster mit ihren Spitzbögen und den gewölbten Scheiben sind ungewöhnlich für diese Epoche, genauso wie die reich verzierten Steinbänder, die den gesamten Innenraum des Kirchenschiffs ausschmücken.**

Wenn für den Browser, mit dem das Dokument betrachtet wird, die Schriftart OldCentury nicht installiert ist, dann ist das kein Problem. Mit der Sprache CSS für Formatvorlagen können Sie mehrere Alternativen für die Schriftart angeben, in der Hoffnung, daß wenigstens eine vorhanden ist. Mehr dazu finden Sie in Kapitel 9.

4.2.6 Absatzausrichtung

Blocksatz
Die Frage, warum unserer Kenntnis nach für keinen Browser Blocksatz implementiert ist, wurde von Web-Entwicklern lapidar mit dem Hinweis beantwortet, dies sei zu aufwendig.

Die Absätze können mit dem Attribut `ALIGN` oder der Eigenschaft `align` der Web-Style Sheets formatiert werden, wodurch die horizontale Ausrichtung des Textes festgelegt wird. Das Attribut `ALIGN` wird von den Browsern im allgemeinen richtig interpretiert.

- `<P ALIGN=left>` formatiert den Absatz linksbündig. Das ist die Standardeinstellung, die verwendet wird, wenn die Eigenschaft `ALIGN` nicht angegeben wird.
- `<P ALIGN=center>` formatiert den Absatz zentriert.
- `<P ALIGN=right>` formatiert den Absatz rechtsbündig.

Das endgültige Aussehen des Absatzes auf dem Bildschirm ist auch eine Frage der Fenstergröße.

4.2.7 Absätze in Verbindung mit Bildern: Steuerung des Textflusses

Sie kennen das Thema Fließtext vielleicht aus dem Umgang mit Desktop Publishing-Programmen. Viele dieser Programme bieten Möglichkeiten für die Steuerung des Textflusses innerhalb eines Rahmens, wobei der Text ein Bild umfließen oder unter diesem stehen kann. Mit dem Attribut `CLEAR` können in HTML ähnliche Effekte erzielt werden, wie die Abbildung auf der nächsten Seite zeigt. Der Text fließt um das erste Bild herum, jedoch nicht um das zweite.

Angenommen, Sie wollten das Bild wie unten gezeigt in der rechten Fensterseite anzeigen lassen, und der folgende Absatz soll immer unterhalb des Bildes beginnen, dann können Sie das Attribut `BR CLEAR=right` verwenden:

...sein organischer, fast elektrisierender Stil erfaßt diese innere Verwirrung und Aufregung, die für seine frühen Werke so kennzeichnend war und die auch heute noch in diesen einzigartigen Werken lebendig ist.

Diese einzigartige Verbindung strenger Farbgebung mit der Schönheit der Linien drückt das Unerwartete, die Andeutung und das Musikalische aus. Wir empfehlen Ihnen den Besuch der Ausstellung „Marmelade zum Tee“, die zur Zeit in der Roxborough Galerie zu sehen ist und die Ende des Monats

```
<IMG SRC=painting.gif ALIGN=right>..sein
organischer, fast elektrisierender Stil erfaßt diese
innere Verwirrung und Aufregung, die für seine
frühen Werke so kennzeichnend war und die auch heute
noch in diesen einzigartigen Werken lebendig ist.
<BR CLEAR=right>
<P>Diese einzigartige Verbindung strenger Farbgebung
mit der Schönheit der Linien drückt das Unerwartete,
die Andeutung und das Musikalische aus. Wir empfehlen
Ihnen den Besuch der Ausstellung „Marmelade zum Tee“,
die zur Zeit in der Roxborough Galerie zu sehen ist
und die Ende des Monats geschlossen wird.
```

Das Element `BR` verschiebt die Absatzposition bis zum Ende des rechtsbündigen Bildes. Sollte das Bild linksbündig gesetzt werden, dann würde `BR CLEAR=left` verwendet werden. Sollten rechts und links Bilder eingefügt werden, würde die Anweisung `BR CLEAR=all` verwendet.

4.2.8 Eingerückte Absätze

Absätze können eingerückt werden. Dafür wird eine Absatzformatvorlage mit der sehr nützlichen Eigenschaft `indent` eingesetzt, die von der neuen Formatvorlagensprache des Web bereitgestellt wird. Mehr dazu finden Sie in Kapitel 9, ab Seite 201.

4.2.9 Überschriften

Überschriften sind mit HTML leicht einzufügen. Für HTML sind sechs Ebenen von Überschriften definiert, von denen Sie wahrscheinlich nur drei benötigen werden. Ein Element vom Typ Überschrift zeigt dem Browser die Art der Überschrift an, die Sie wünschen: Der Browser sorgt selbständig für alle Anpassungen von Schriftarten, Umbrüchen vorher und nachher sowie für den auf dem Bildschirm benötigten Platz.

Die Elemente vom Typ Überschrift sind `H1`, `H2`, `H3`, `H4`, `H5` und `H6`, wobei `H1` die oberste (oder wichtigste) und `H6` die unterste Ebene darstellen.

Für die Elemente vom Typ Überschrift gelten die gleichen Inhaltsmodelle wie für Absätze, d.h. sie können Text und Markierungen auf Zeichenebene enthalten, wie z.B. Zeichenbetonungen und eingebettete Bilder. Sie können also ein Bild in einer Überschrift unterbringen.

4.2.10 Beispiele für die sechs Überschriftsebenen

Diese sechs Überschriften wurden mit dem Netscape-Browser erzeugt. Sie wurden auf folgende einfache Art markiert:

```
<H1>Admiral Winfried</H1>
<H2>Kapitän Kreuzhoff</H2>
<H3>Fähnrich Müller</H3>
<H4>Bootsmann Meyer</H4>
<H5>Maat Schmidt</H5>
<H6>Matrose Weber</H6>
```

Admiral Winfried

Kapitän Kreuzhoff

Fähnrich Müller

Bootsmann Meyer

Maat Schmidt

Matrose Weber

4.2.11 Schriftart und Farbe für Überschriften

Die Schriftart und Farbe der Überschriften kann jetzt gesteuert werden. Extravaganzen wie blaue Arial oder purpurfarbene OldCentury-Schrift sind jetzt realisierbar, ohne auf die hervorragenden Farbeigenschaften eines Bildes im GIF-Format zurückgreifen zu müssen. Wenn Sie etwas

Ausgefallenes wünschen, können Sie mit den Formatvorlagen Phantasieüberschriften ohne den Import einer Grafik gestalten. Als Ergebnis werden die Überschriften wesentlich schneller geladen. Mit einer kleinen Formatvorlage können verblüffende Ergebnisse erzielt werden. (Beachten Sie hierzu das Beispiel in Kapitel 3 und die ausführlichen Hinweise in Kapitel 9).

4.2.12 Ausrichtung der Überschriften

Normalerweise sind Überschriften linksbündig ausgerichtet. Mit dem Attribut `ALIGN` kann die horizontale Ausrichtung bestimmt werden:

- `ALIGN=left` richtet die Überschrift linksbündig aus (Standardvorgabe).
- `ALIGN=center` richtet die Überschrift, wie zu erwarten war, zentriert aus.
- `ALIGN=right` richtet die Überschrift rechtsbündig aus.

4.2.13 Numerierung der Überschriften

Die Numerierung der Überschriften ist zwar notwendig, aber noch nicht implementiert. Dies wird geschehen, jedoch nicht in naher Zukunft.

Fußnoten
Sie waren Bestandteil des Vorschlages für HTML 3, wurden jedoch noch nicht implementiert. Bis sie Bestandteil des Standards werden, wird es noch eine Weile dauern.

Von Dave Raggett stammen einige Vorschläge zur Numerierung der Überschriften in Verbindung mit Formatvorlagen, für die Hersteller der Browser waren sie jedoch von geringer Priorität. Es ist unwahrscheinlich, daß die Numerierung der Überschriften mit HTML vor 1998 möglich ist.

4.2.14 Andere Attribute in Verbindung mit Überschriften

Zu diesen Attributen gehören:

- `NOWRAP`, welches verwendet wird, wenn Sie keinen automatischen Zeilenumbruch durch den Browser wünschen.
- `CLEAR`, womit Sie festlegen können, ob eine Überschrift seitlich oder unterhalb eines Bildes oder einer Tabelle stehen soll.

4.3 Vorformatierter Text

Vorformatierter Text wird durch die Tags `<PRE>` und `</PRE>` gekennzeichnet und wird nicht in Proportionalschrift formatiert. Nicht sichtbare Zeichen (hauptsächlich die Zeichen für die Leerstelle, den Zeilenvorschub und die Absatzmarkierung) und die `BR`-Tags werden in vorformatierten Texten wie Buchstaben behandelt. D.h., sie werden beim Verfassen des Textes bildlich, so wie eingegeben, auf dem Bildschirm ausgegeben. Dies ist ein Unterschied zu anderen Tags, bei denen wiederholte Leerzeichen zu einem einzigen Leerzeichen zusammengefaßt werden. Der Browser führt die Zeilenumbrüche automatisch durch.

Im Web finden sich auch Gedichte und Lieder. Diese sind fast immer vorformatierte Texte. Vorformatierte Texte sind eine gute Möglichkeit, um sicherzustellen, daß Einzüge und Zeilenumbrüche sich an der richtigen Stelle befinden. Der Text und die Leerzeichen des Elements PRE erscheinen mehr oder weniger so auf dem Bildschirm, wie sie eingegeben wurden. Daß sie in einer Schrift mit festem Abstand, wie z.B. Courier, formatiert werden, ist eine Zugabe, die nicht weiter von Bedeutung ist, wenn es lediglich darum geht, Liedertexte wiederzugeben und sie nicht gleichzeitig besonders schön dargeboten werden müssen. Im folgenden Beispiel sehen Sie die erste Strophe aus Carl Orffs *Carmina Burana*, die zweifellos irgendwo im Web zu finden ist:

```
<PRE>
O fortuna
velut luna
stratu variabilis
semper crescis
aut decrescis
vita detestabilis
nunc obdurat
et tunc curat
ludo mentis aciem
egestatem,
potestatem
dissolvit ut glaciem.
</PRE>
```

Die Ausgabe auf dem Bildschirm erscheint so, wie sie eingegeben wurde:

```
O fortuna
velut luna
stratu variabilis
semper crescis
aut decrescis
vita detestabilis
nunc obdurat
et tunc curat
ludo mentis aciem
egestatem,
potestatem
dissolvit ut glaciem.
```

In vorformatiertem Text werden Absatzmarke und Zeilenvorschub als Bewegung zum Anfang der nächsten Zeile interpretiert, mit Ausnahme der Zeilenvorschübe unmittelbar nach oder vor den Tags <PRE> und </PRE>.

Das Tag <P> sollte in vorformatiertem Text nicht verwendet werden, auch wenn die Browser es in der Regel als Zeilenvorschub interpretieren. Auch Elemente auf Blockebene, wie z.B. Überschriften, Listen oder Tabellen sollten in vorformatiertem Text vermieden werden.

Ankerelemente für Hypertext-Verweise können in vorformatierten Text genauso eingeschlossen werden, wie Elemente der Zeichenebene oder Elemente vom Typ `FORM`.

Die mit dem Element `PRE` verwendeten Attribute sind `ID`, `LANG`, `CLEAR` und `CLASS`. Das Attribut `LANG` wird in Kapitel 17 „Internationalisierung des Web" erklärt, `CLASS` in Kapitel 9 und `ID` in Kapitel 7.

Auch wenn Farbe und Größe der Schrift verändert werden, so sollte doch eine Schriftart mit festem Abstand beibehalten werden. Versuchen Sie nicht, das Element `PRE` in Helvetica, Times oder anderen beliebten Schriftarten zu setzen. `PRE` sollte mit einer Schriftart wie Courier formatiert werden.

4.4 Zitate mit den Elementen Q oder BLOCKQUOTE

HTML muß zwei Arten von Zitaten handhaben: kurze, eingebettete Zitate, die wenige Wörter lang sind und längere Zitate, die sich über mehrere Zeilen erstrecken.

Tabulatoren mit HTML?
Zur Zeit ist das noch nicht möglich. Tabulatorensprünge werden über Formatvorlagen verwendet. Es ist vorgeschlagen worden, das ASCII-Zeichen TAB zu verwenden und dem Anwender die Definition von Tabulatorsprüngen zu erlauben.

Kurze, eingebettete Zitate können mit dem Element der Zeichenebene `Q` eingeschlossen werden, das Bestandteil von HTML 4 ist (siehe auch Kapitel 4). Mit `Q` kann mehr als eine einfache Setzung von Anführungszeichen erreicht werden. Als erstes sollte der Browser die Anführungszeichen der jeweiligen Sprache auswählen. Wird der Browser von einem Sehbehinderten verwendet, dann sollte das Zitat vorgelesen und zur besseren akustischen Gestaltung durch Betonung hervorgehoben werden. HTML 4 umfaßt das Attribut `HREF` für `Q`, welches einen Hypertext-Verweis auf die Quelle des Zitats möglich macht.

Das Element `BLOCKQUOTE` dient zur Markierung längerer Zitate, die der Browser wie Elemente behandelt, die einem Block ähnlich sind. Die Browser sollten Texte des Elements `BLOCKQUOTE` kursiv und mit leicht eingerückten Rändern darstellen. Zum Beispiel so:

> *"The only way to boil eggs is to rapidly lower them into fast-boiling water and then to cook for exactly nine minutes"*
>
> *Cecil Chou de Gratin*

4.5 Dem Abschnitt oder Kapitel mit dem Element DIV ein einheitliches Aussehen geben

DIV war ein Vorschlag für HTML 3.0, der jetzt für HTML 4 übernommen wurde. DIV ist ein Wort, das von der Text Encoding Initiative (TEI) übernommen wurde, einem Projekt von Geisteswissenschaftlern und Informatikern zur Markierung einer Reihe von literarischen Texten. Das Element DIV dient der Strukturierung eines Dokuments. Es wird verwendet, um Einheiten wie z.B. Kapiteln, Abschnitten, Anhängen, Zusammenfassungen oder ähnlichem verschiedene Stile zuordnen zu können. DIV hat einen Inhalt allgemeiner Art, d.h., es kann eine Reihe von Elementen enthalten: Absätze, Tabellen, Listen oder Überschriften. Vom stilistischen Standpunkt aus kann der Browser sie dann als Einheiten behandeln. Die Absätze und Tabellen einer „Zusammenfassung" können dann in anderer Schriftart gesetzt werden als in den übrigen Kapiteln. Ein Einschub kann umrandete Absätze erhalten usw.

Eine häufige Verwendung von DIV dient der Ausrichtung einer Reihe von Absätzen, Überschriften oder anderen Elementen als linksbündig, rechtsbündig oder zentriert. Zum Beispiel:

```
<DIV ALIGN=right>
..
..
</DIV>
```

Hier werden alle Elemente zwischen den DIV-Tags rechtsbündig gesetzt. Die Absätze, Listen, Tabellen usw. zwischen den Tags werden rechtsbündig gesetzt.

Beispiele zu DIV finden Sie in Kapitel 9 „Style Sheets für Web-Dokumente".

4.6 Das Element ADDRESS

Dies ist ein älteres Element, dessen Verwendung nicht sehr genau definiert ist. Das Element ADDRESS soll Informationen zum Autor des Dokuments enthalten, z.B. Name und Anschrift. Es kann auch für Email-Verknüpfungen verwendet werden, die ein Email-Programm auf irgendeinem Server starten, so daß der Anwender eine Email-Nachricht an den Eigentümer der Web-Seite schicken kann. Eine Email-Adresse kann über das Element ADDRESS allgemein zur Verfügung gestellt werden. Ein Beispiel:

```
<ADDRESS>
Verfasser<BR>
Musterstr. 40<BR>
D-24937 Flensburg<BR>
Tel: +49 461 456 789
</ADDRESS>
```

4.6.1 Die Zentrierung von Text mit CENTER

Mit dem Element `CENTER` können Textteile auf der Seite zentriert werden. Anders als das Attribut `ALIGN` des Absatzes (z.B. `<P ALIGN=center>`) gilt das Attribut `<CENTER>..</CENTER>` für den gesamten Text, einschließlich der Überschriften und aller eingeschlossenen Markierungen. Formal betrachtet handelt es sich um eine Kurzfassung von `<DIV ALIGN=center>... </DIV>`, dem herkömmlichen Äquivalent zur Zentrierung von Text. Ein Beispiel:

```
<CENTER>Madam,<BR>I'<BR>m Adam&quot</CENTER>
```

Das führt zu folgender Ausgabe auf dem Bildschirm:

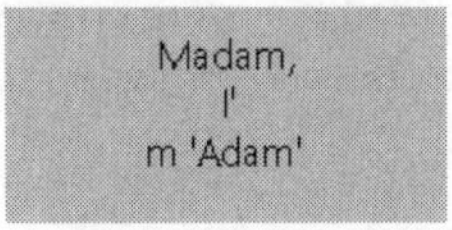

Die herkömmliche Art, HTML-Text zu zentrieren, ist die Verwendung von `<DIV ALIGN=center>..</DIV>` oder des Attributes ALIGN in Überschriften oder Absätzen (`<H3 ALIGN= center>`).

Ein eigenes, nicht HTML 4-konformes Tag: das Element MARQUEE für animierten Text

Der Internet Explorer von Microsoft unterstützt das Tag `MARQUEE` als Erweiterung zu HTML. Die Beliebtheit von Java für animierte Texte wird die Begeisterung für die Realisierung animierter Texte mit HTML vielleicht abschwächen.

`MARQUEE`-animierte Texte gleichen von Flugzeugen geschleppten Spruchbändern. `MARQUEE` ist eine sehr beschwingte Eigenschaft, für die seine Entwickler wirklich ihr Bestes gegeben haben, zumindest im Hinblick auf die vielen Attribute, die es für `MARQUEE` gibt und die einzig für dieses Element verwendbar sind.

Wir versuchen, sie kurz zu beschreiben, um zu zeigen, wie dringend es eines streng geregelten Standards bedarf.

`<MARQUEE ALIGN=top>` richtet den Lauftext auf den Anfang des Spruchbandes aus. Andere Werte sind `middle` und `bottom`.

`BEHAVIOR=scroll` ist der Vorgabewert. Der Text läuft von links nach rechts über den Bildschirm und verschwindet dann.

`BEHAVIOR=slide` läßt den Text ins Bild laufen und dort verharren.

`BEHAVIOR=alternate` läßt den Text hin und her laufen.

`BGCOLOR=Fuchsia` legt die Hintergrundfarbe fest. Hinweise zu den Namen der Farben finden Sie im Anhang D.

`DIRECTION=right` läßt den Text von rechts nach links laufen, anstatt von links nach rechts.

`HEIGHT` und `WIDTH` geben Höhe und Breite des Spruchbandes in Pixel oder prozentualem Bildschirmanteil an. Zum Beispiel:

```
<MARQUEE HEIGHT=50% WIDTH=80%>
```

Ein Beispiel:

`SCROLLAMOUNT` legt die Schrittweite in Pixel für das erneute Zeichnen des Spruchbandes fest. Wird sie weit eingestellt, dann scheint der Text sich tatsächlich schneller zu bewegen, allerdings auch sehr ruckartig.

`SCROLLDELAY` legt die Spanne für den nächsten Zyklus in Millisekunden fest.

`HSPACE` und `VSPACE` legen den linken/rechten und den oberen/unteren Rand in Pixel fest. Zum Beispiel `HSPACE=5`.

```
<MARQUEE BGCOLOR=lime
BEHAVIOR=alternate
SCROLLAMOUNT=3
SCROLLDELAY=50
HEIGHT=40%
VSPACE=20
LOOP=666>
Die Herangehensweise eines Programmierers an HTML.
</MARQUEE>
```

Hervorheben von Zeichen

5

Dieses Kapitel enthält Informationen zu folgenden Themen:

- Die Verwendung der Elemente FONT-STYLE für die Darstellung auf dem Bildschirm, z.B. fett, kursiv, unterstrichen, durchgestrichen.
- Die Verwendung der ähnlichen Elemente PHRASE-STYLE, die mit besonderen Funktionen ausgestattet sind. Elemente vom Typ phrase-style umfassen z.B. KBD-Elemente für Text, den der Anwender zu einem bestimmten Zeitpunkt eingibt. Das CODE-Element markiert Text als Quelltext.
- Die Verwendung besonderer TEXT-LEVEL-Elemente zur Steuerung der Schriftgröße, der Farbe und des Schriftbildes.

Zusammenfassung

HTML 4 enthält eine Vielzahl von Elementen auf Zeichenebene:

Zeichenelement	
TT	Telex-Schrift mit fester Breite
I	Kursivschrift
B	Fettschrift
U	unterstrichener Text (kürzlich zurückgenommen)
STRIKE (S)	durchgestrichener Text (kürzlich zurückgenommen)
BIG	große Schrift
SMALL	kleine Schrift
SUP	hochgestellt
SUB	tiefgestellt
Betonungen	
EM	betonter Text
STRONG	stark betonter Text
DFN	Begriffserklärung
CODE	Quelltext
SAMP	Ausgabe wie eingegeben
KBD	über Tastatur einzugebender Text (in EDV-Handbüchern)
VAR	Variablennamen (in EDV-Handbüchern)
CITE	Literaturangaben
Besondere Elemente auf Zeichenebene	
BASEFONT	die Hauptschriftart eines Dokuments (zurückgenommen, aber weit verbreitet)
BR	Zeilenumbruch
FONT	Schriftart, -größe und -farbe (zurückgenommen, aber weit verbreitet)
Q	eingebettete Zitate
SPAN	Zuordnung eines Stils für einen Satz oder einen kurzen Textabschnitt

5.1 Einführung

In Kapitel 3 wurde erklärt, daß es zwei Arten von HTML-Elementen gibt: Elemente auf Block- und auf Zeichenebene. Elemente auf Blockebene sind Absätze, Überschriften, vorformatierter Text und viele weitere Elemente, die gewöhnlich mit einem Absatz enden. Der Browser führt nach jedem Blockelement einen Zeilenumbruch durch.

Elemente auf Zeichenebene dagegen werden verwendet, um Text *innerhalb* von Elementen auf Blockebene zu markieren. Sie werden im allgemeinen verwendet, um einzelne Buchstaben, Wörter, Sätze oder Satzfolgen zu markieren.

Dieses Kapitel befaßt sich mit allen Elementen auf Zeichenebene. Es behandelt die Markierung von fett, kursiv, hochgestellt und tiefgestellt gesetztem Text innerhalb der Hauptelemente einer Seite.

5.2 Schriftstil-Elemente

Schriftstil-Elemente betreffen unmittelbar das Aussehen eines Textes, ob er z.B. fett oder unterstrichen ist. Betonungen dagegen sind bestimmte logische oder funktionale Markierungen.

5.2.1 Das Element `B` für fett gesetzten Text

Die Fettsetzung ist weitverbreitet und dient der Hervorhebung bestimmter Dinge und für viele Arten der Betonung. Da HTML besondere Tags für Überschriften (wie z.B. `<H3>...</H3>`) und viele andere Dokumentstrukturen bietet, sollten Sie überlegen, wann Sie das Tag `B` tatsächlich benötigen. Das Beispiel:

```
Das <B>fette Schwein</B> fraß und grunzte.
```

wird wie folgt auf dem Bildschirm ausgegeben:

Das **fette Schwein** fraß
und grunzte.

5.2.2 Das Element `BIG` für größere Schrift

Das Tag `<BIG>` legt fest, daß der eingeschlossene Text größer als gewöhnlich ausgegeben werden soll. Das Tag `<SMALL>` hat die umgekehrte Funktion. Das Beispiel:

```
<BIG>E</BIG>s war einmal...
```

wird wie folgt auf dem Bildschirm ausgegeben:

Es war einmal...

5.2.3 Das Element `I` für kursiv gesetzten Text

Eine Kursivschrift ist für viele Zwecke nützlich. Gewöhnlich wird sie verwendet, um die Aufmerksamkeit des Lesers auf ein Wort oder eine kurze Formulierung zu lenken, die anders zu verstehen ist, als der Leser erwarten würde. Das Beispiel:

```
...aber es war zur Zeit der <I>italienischen Renaissance</I>,
als...
```

wird wie folgt auf dem Bildschirm ausgegeben:

...aber es war zur Zeit der *italienischen Renaissance*, als...

5.2.4 Das Element STRIKE oder S für durchgestrichene Zeichen

STRIKE wurde zurückgenommen Dieses und andere Schriftstil-Elemente wurden zu Gunsten der Steuerung von Schriftmerkmalen über Formatvorlagen zurückgenommen.

Das Zeichen-Tag <STRIKE> ist besonders für juristische Texte nützlich, in denen deutlich gemacht werden muß, daß Teile des Textes gestrichen wurden. Das Beispiel:

```
<STRIKE>falscher</STRIKE> Alarm
```

wird wie folgt auf dem Bildschirm ausgegeben:

~~falscher~~ Alarm

Wenn Sie STRIKE nicht verwenden wollen, dann können Sie auch SPAN nehmen, welches zur Markierung bestimmter Ausdrücke dient. Sie können dann dem mit SPAN markierten Text einen bestimmten Stil zuordnen, z.B. grau dargestellt, gestrichen oder ähnliches. Für grauen Text muß einfach die Schriftfarbe auf grau eingestellt werden, und die Sprache für die Formatvorlagen (CSS) bietet die Eigenschaft strikeout. Mehr hierzu finden Sie in Kapitel 9.

5.2.5 Das Element SMALL für kleine Schrift

Das Zeichen-Tag SMALL legt fest, daß der eingeschlossene Text kleiner als der übrige Text gesetzt wird. Beachten Sie in diesem Zusammenhang auch das oben erwähnte Zeichen-Tag <BIG>. Das Beispiel:

```
Wo viel <SMALL>geflüstert</SMALL> wird, wird viel gelogen.
```

wird wie folgt auf dem Bildschirm ausgegeben:

Wo viel geflüstert wird, wird viel gelogen.

5.2.6 Das Element SUB für tiefgestellte Zeichen

Das Tag SUB findet im mathematischen und naturwissenschaftlichen Bereich viel Verwendung. Das Beispiel:

```
pH = -Log<SUB>10</SUB>[H]<SUP>+</SUP>
```

wird wie folgt auf dem Bildschirm ausgegeben:

$pH = -Log_{10}[H]^{+}$

5.2.7 Das Element SUP für hochgestellte Zeichen

Das Tag SUP wird für viele wissenschaftliche Ausdrücke benötigt. Das Beispiel:

```
e=mc<SUP>2</SUP>
```

wird wie folgt auf dem Bildschirm ausgegeben:

$e=mc^2$

5.2.8 Das Element TT für Schreibmaschinenschrift mit fester Breite

Mit der Schreibmaschinenschrift kann dem Leser angedeutet werden, daß es sich um getippten Text handelt. Da es sich um eine Schrift mit fester Breite handelt, können mit dem Tag TT einfache Zeichenformatierungen durchgeführt werden. Hier ein Beispiel für seine Anwendung:

```
<P>Helga tippte:<TT> Ich lerne Schreibmaschine schreiben</TT>
auf der Erika von Opa.
```

Die Ausgabe auf dem Bildschirm sieht so aus:

Helga tippte: Ich `lerne Schreibmaschine`
`schreiben` auf der Erika von Opa.

5.2.9 Das Element U für unterstrichenen Text

Unterstreichungen wurden früher dort eingesetzt, wo heute Fett- oder Kursivschrift bevorzugt werden. Mechanische Schreibmaschinen und Zeilendrucker konnten Text unterstreichen, indem sie den Text mit einem Unterstrich überschrieben. Da unterstrichener Text bei Zeichen mit Unterlängen wie p, g, q usw. schwer zu lesen ist, ist die Unterstreichung eine eher seltene Form der Hervorhebung.

U wurde zurückgenommen
Dieses Element wurde jetzt (Juli 1997) aus dem HTML-Standard entfernt.

Sie können Unterstreichungen mit dem Tag U durchführen, das von den Browsern von Netscape und Microsoft unterstützt wird. Es ist möglich, daß dieses Tag von einigen Browsern nicht unterstützt wird, weil man Verwechslungen mit dem Anker-Element für Verweise befürchtet. Das Beispiel:

```
<U>Potamogeton fluitans</U>
```

wird wie folgt auf dem Bildschirm ausgegeben:

Potamogeton fluitans

Die Linnéschen Artenbezeichnungen aus unserem Beispiel werden heutzutage normalerweise kursiv geschrieben, so daß die Verwendung des Tag `<I>..</I>` vielleicht angemessener und im Hinblick auf die Unterstützung durch den Browser des Lesers günstiger wäre, als das Tag für die Unterstreichung.

5.3 Tags zur Betonung

In diesem Abschnitt werden Tags für die Betonung vorgestellt. Sie sollen keine bestimmte Ausgabe auf dem Bildschirm bewirken, sondern zielen auf einen besonderen Zweck.

5.3.1 Die Tags EM und STRONG für Betonungen

Die Tags `<EM>` und `<STRONG>` dienen der Betonung von Textteilen. Zum Beispiel:

```
Besonders <EM>gerne</EM> esse ich
<STRONG>Mozartkugeln</STRONG>.
```

wird von den meisten Browsern wie folgt auf dem Bildschirm ausgegeben:

Besonders *gerne* esse ich **Mozartkugeln**.

Üblicherweise wird mit `<EM>` markierter Text kursiv gesetzt, auch wenn das nicht immer der Fall sein muß. `<STRONG>` bewirkt normalerweise, daß der Text in Fettschrift erscheint, aber auch das muß nicht immer der Fall sein. Ein einfacher Browser mit nur einer Schriftart kann statt dessen zu folgender Ausgabe führen:

Besonders _gerne_ esse ich "Mozartkugeln".

Lynx, einer der bekanntesten reinen Text-Browser, ignoriert sowohl `<EM>` als auch `<STRONG>`.

5.3.2 Das Element CITE für Literaturangaben

Literaturangaben dienen normalerweise dazu, dem Leser adäquate Informationen zu Büchern, Zeitschriften und Aufsätzen zu liefern, so daß er sie in einer Bibliothek auffinden kann. Das Attribut <CITE> unterscheidet sich von dem Attribut <HREF=...> dadurch, daß es keinen Hypertext-Verweis erzeugt (was gemäß der Web-Philosophie dazu führen würde, daß der Leser das Dokument durch einfaches Anklicken des Verweisankers finden würde). Literaturangaben sind sinnvoll, weil sie Programme befähigen, Verweise auf Dokumente zu sammeln, auch wenn sie nicht online zur Verfügung stehen. Das Beispiel zeigt eine HTML-Literaturangabe für ein gedrucktes Buch:

```
<CITE>Patanjali, Yoga Sutras, No. 2, India </CITE>
```

Die Ausgabe auf dem Bildschirm sieht meistens so aus:

Patanjali, Yoga Sutras, No. 2, India

Sie können <CITE> und <HREF=...> miteinander kombinieren, um zu zeigen, daß ein Verweis auch ein formeller oder wissenschaftlicher Beleg ist. Das Beispiel zeigt den HTML-Quelltext für eine Literaturangabe mit einem Hypertext-Verweis:

```
<CITE>
  <A HREF="patanj.html">
    <IMG SRC="yogafrog.gif">
    Patanjali, Yoga Sutras, No. 2, India
  </A>
</CITE>
```

5.3.3 Das Element <CODE> für die Markierung von Quelltexten

Dieses Tag markiert Quelltext einer Programmiersprache, der besprochen oder über den etwas ausgesagt werden soll. Mit dem Tag TT, <PRE> oder mit <KBD> wird er normalerweise in einer Schrift fester Breite formatiert, der eigentliche Zweck ist jedoch ein anderer. Mit der Verwendung des Tags <CODE> können Filter eingesetzt werden, die Quelltext aus dem Dokument für die weitere Verwendung extrahieren. Ein Beispiel:

```
<CODE>For i=0 To MaxChars Do ProcessChar(i) </CODE>
```

Das kann zu folgender Ausgabe auf dem Bildschirm führen:

For i=0 To MaxChars Do
ProcessChar(i)

5.3.4 Das Element DFN für Definitionen

Dieses Tag dient für Begriffsbestimmungen in einem Dokument. Der HTML-Text:

```
<DFN>ad hoc bedeutet etwas <I>spontan</I> tun</DFN>
```

wird wie folgt auf dem Bildschirm ausgegeben:

ad hoc bedeutet etwas *spontan* tun

5.3.5 Das Element KBD zur Verwendung in Online-Handbüchern

Das KDB-Tag markiert Text, den der Anwender über die Tastatur eingeben kann. Es ist in seiner Bedeutung spezieller als <TT>, und es sollte diesem vorgezogen werden, wenn Sie darauf hinweisen wollen, daß jetzt der Leser „an der Reihe ist", anstatt lediglich zu sagen: „Dies ist Text". Es dient hauptsächlich für die Formulierung von Anweisungen in Handbüchern. Es folgt ein einfaches Beispiel:

```
<P> Starten Sie jetzt das Installationsprogramm mit
der Eingabe: <KBD>a:\Setup </KBD>
<P> Das Setup-Programm führt jetzt die Installation
automatisch durch.
```

Die Ausgabe auf dem Bildschirm sieht dann so aus:

Starten Sie jetzt das Installationsprogramm mit der Eingabe:

a:\Setup

Das Setup-Programm führt jetzt die Installation automatisch durch.

5.3.6 Das Tag SAMP für die Ausgabe der Zeichen, so wie sie eingeben wurden

Das Tag SAMP übergibt jedes eingeschlossene Zeichen an den Bildschirm. Das kann in den Fällen sinnvoll sein, wo ein Zeichen beim Browser andere Aktionen auslösen kann. SAMP eignet sich für die Ausgabe von Sonder- oder Steuerzeichen in Skripten oder Programmtexten.

```
Dann sagte er: <SAMP>$@%$#</SAMP>, worauf sie in schallendes
Gelächter ausbrach.
```

Die Ausgabe auf dem Bildschirm sieht dann so aus:

Dann sagte er: $@%$#, worauf sie in schallendes Gelächter ausbrach.

5.3.7 Das Element VAR für Variablennamen in Online-Handbüchern

Das Element VAR markiert den Namen einer Variablen oder eines Platzhalters in einem eingebetteten Quelltext oder Skript (meist in Verbindung mit dem Element CODE). Ein Beispiel für die HTML-Codierung:

```
<VAR>Kontostand_Mai</VAR>
```

die meistens zu folgender Ausgabe auf dem Bildschirm führt:

Kontostand_Mai

5.4 Besondere Elemente auf Textebene

In diesem Abschnitt werden zwei Tags vorgestellt, die jetzt noch Bestandteil von HTML 4 sind. Beachten Sie, daß die Formatvorlagen jetzt eine bessere und zufriedenstellendere Möglichkeit sind, Schriftarten festzulegen. Mehr hierzu finden Sie in Kapitel 9.

5.4.1 Das Element BASEFONT für die Einstellung der Schriftgröße, -farbe und -art

BASEFONT wurde für HTML 4 offiziell gestrichen
Tatsächlich wird BASEFONT von vielen weiterhin verwendet werden. Das Ziel war es, die Verfasser von HTML-Dokumenten zu veranlassen, Formatvorlagen für die Festlegung der Schriftarten, -größen und -farben zu benutzen. Da Formatvorlagen jetzt für die Browser weithin implementiert sind, wird sich dieser Trend verstärken.

Dieses Element dient dazu, die zugrundeliegende Schriftgröße des Textes festzulegen. Die Größe kann unter Verwendung von FONT verändert werden. BASEFONT ist ein leeres Element, was bedeutet, daß ein End-Tag verboten ist. Sie dürfen kein Tag </BASEFONT> setzen, dies ist nicht gestattet.

BASEFONT hat ein Attribut SIZE, dessen Wert eine ganze Zahl von 1 bis 7 sein kann. Der Wert von BASEFONT gilt für normalen und vorformatierten Text, nicht aber für Überschriften, es sei denn, diese werden über eine relative Schriftgröße mit dem Element FONT verändert.

Die Voreinstellung für die Größe ist 3.

Wann wird BASEFONT verwendet? Ein typisches Beispiel ist die Verwendung in einem Element DIV am Anfang eines Dokuments:

FONT FACE

FONT FACE **wurde für HTML 4 abgeschafft. Wie im Kapitel 9 beschrieben wird, kann die Schriftart besser über Formatvorlagen eingestellt werden.** FONT FACE **akzeptiert eine durch Kommata getrennte Liste von Schriftarten, die in der Reihenfolge ihrer vorzugsweisen Verwendung stehen. Dies wird für die Suche nach einer installierten Schriftart gleichen Namens verwendet.**

```
<P> Ein üblicher Absatz in einer üblichen Größe.

<DIV> <BASEFONT SIZE=2> <P> Von hier an hat der Text
eine etwas größere Schriftart. Alle Absätze haben
jetzt diese Schriftgröße, bis Sie dies durch Einfügen
des End-Tag DIV beenden.
<P> Auch dieser Absatz hat die mit BASEFONT festgelegte
Schriftgröße.
```

Die Ausgabe auf dem Bildschirm sieht wie folgt aus:

> Ein üblicher Absatz in einer üblichen Größe.
>
> Von hier an hat der Text eine etwas größere Schriftart. Alle Absätze haben jetzt diese Schriftgröße, bis Sie dies durch Einfügen des End-Tag DIV beenden.
>
> Auch dieser Absatz hat die mit BASEFONT festgelegte Schriftgröße.

Die mehrfache Verwendung von BASEFONT in einem Dokument kann zu Verwirrung führen.

5.4.2 Das Element FONT für einen punktuellen Wechsel der Schriftart

Dieses Element mit einem Start-Tag und einem End-Tag verändert die Schriftgröße, -farbe und -art für den eingeschlossenen Text.

Die Größe der Schrift kann mit dem Attribut SIZE festgelegt werden, wobei ganze Werte von 1 bis 7 zulässig sind. Der Wert 1 bedeutet, daß der Browser die kleinste verfügbare Schriftart verwendet, der Wert 7 bedeutet, daß der Browser die größte verfügbare Schriftart verwenden soll. Die tatsächliche Größe der vom Browser verwendeten Schriftart hängt von der Konfiguration des Browsers ab. Über <FONT SIZE=2> wird der Browser veranlaßt, die zweitkleinste Schriftart zu wählen, ob es sich dabei jedoch um eine 8-Punkt, eine 10-Punkt oder irgendeine andere Größe handelt, bleibt offen.

Wird der Wert des Attributes SIZE mit dem Präfix „+" oder „-" versehen, dann wird die Schriftgröße im Verhältnis zum Element BASEFONT des Dokuments berechnet. Angenommen, Sie legen die Größe <FONT SIZE=+2> fest, dann würde der Browser die Schriftgröße um zwei Werte vergrößern. Wenn mit BASEFONT der Wert 3 definiert wäre, dann wäre das Resultat jetzt eine Schrift der Größe 5.

Zum Beispiel:

```
Kleine Finger brauchen <FONT SIZE=+3>große Bauklötze.</FONT>
```

Die Ausgabe auf dem Bildschirm sieht so aus:

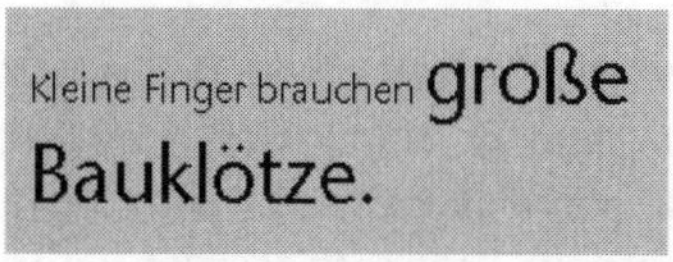

Das folgende Beispiele zeigt die Auswirkungen der absoluten Größe:

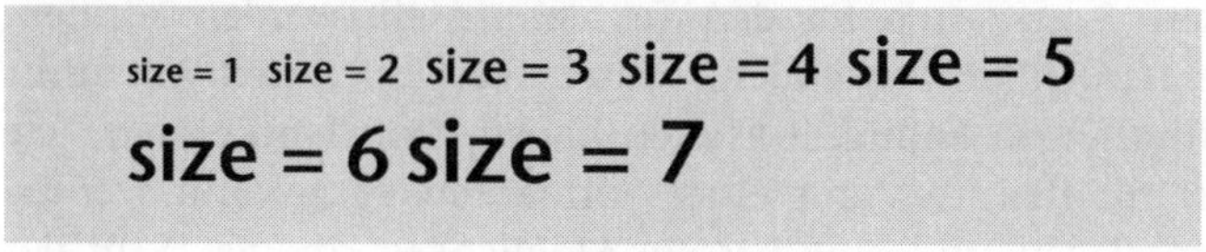

Size=7 ist die größtmögliche.

Das nächste Beispiel zeigt die Veränderungen der relativen Größe bei BASEFONT mit dem Wert 3:

```
<BASEFONT size=3>
```

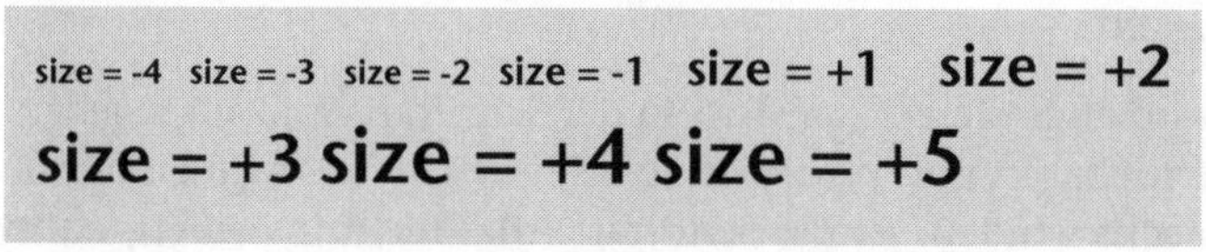

Size 3 + 4 = 7 und 3 + 5 ergibt auch die Größe 7, so daß +4 und +5 hier das gleiche ergeben.

Das gleiche bei einer Ausgangsgröße von 6:

```
<BASEFONT size=6>
```

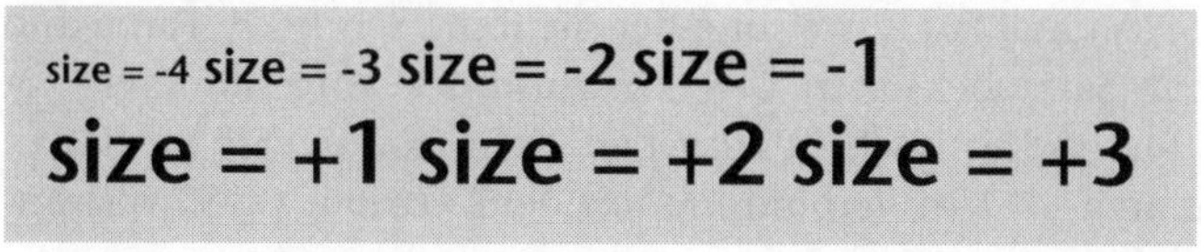

Size 6 + 1 = 7, so daß +1, +2 und +3 hier das gleiche ergeben

Das Attribut COLOR von FONT wird zur Veränderung der Farben verwendet, auch für die Überschriften. Man kann COLOR=Red oder COLOR=#c00000 im RGB-Format angeben. Einzelheiten zu den Farbnamen finden Sie im Anhang D.

Betrachten Sie die folgenden Zeilen:

```
<H3> <FONT COLOR = red> ROTE SONNE </FONT> </H3>
<P> Schwarz auf weiß
```

Im Browser erscheint dies so:

ROTE SONNE
Schwarz auf weiß

Die ROTE SONNE sollte rot und der Rest des Textes in der Farbe der Grundeinstellung (gewöhnlich schwarz) gesetzt sein. Das End-Tag </FONT> ist hierbei obligatorisch. Wenn es weggelassen wird, dann kann das zu verwirrenden Fehlern führen. Bei einigen Browsern werden dann die Schriftgrößen der Absätze und Überschriften vertauscht.

Das Element FONT hat ein Attribut FACE, mit dem Helvetica, Times, Courier und andere Schriftarten für den Text eingestellt werden können. Bevor Sie dieses Attribut verwenden, sollten Sie jedoch den Abschnitt über die Schriftarten in Kapitel 9 gelesen haben. Dort wird erklärt, wie eine Schriftart für den Text mit einer Formatvorlage gewählt werden kann. Formatvorlagen sind eine bessere Möglichkeit für die Wahl der Schriftart, die allerdings nur von den neueren Versionen der Browser unterstützt werden.

Hier ein Beispiel:

```
<FONT FACE=Arial>Die Maus duschte ihren Freund, den
Elefanten.</FONT>
```

Der Browser wird angewiesen, den Text in der Schriftart Arial auszugeben, wenn diese verfügbar ist und keine benutzerspezifischen Vorgaben für die Schriftart gemacht wurden. Ist die Schriftart Arial nicht installiert, dann wird die Schriftart der Voreinstellung verwendet.

5.4.3 Das Element SPAN für Stilzuweisungen für einen längeren Ausdruck

Das Element SPAN dient zur Zuweisung der Attribute Schriftart, Farbe und Größe für einen Satz oder einen längeren Ausdruck. Angenommen, Sie wollen einen Text in Kursivschrift ausgeben, dann können Sie zu diesem Zweck das Element SPAN in Verbindung mit dem Attribut CLASS verwenden. Ein Beispiel:

```
<P> Wenn Ihr Modem mit dem Rechner am anderen Ende
kommuniziert, dann hören Sie eine Reihe
ungewöhnlicher Geräusche, unter anderem ein lautes
Klirren. Das ist ganz normal.<SPAN CLASS=note>
Teilnehmer, die einen Piepton von einer längeren Dauer
als 15 Sekunden hören, wenn ihr Rechner die
Verbindung zum Server aufbaut, verwenden vielleicht
eine Einheit vom Typ M3567-666t, die nicht mehr
unterstützt wird. </SPAN>
```

Je nachdem, wie `note` in der Formatvorlage definiert wurde, wird der Text dann entsprechend kursiv und in einer bestimmten Farbe ausgegeben:

> Wenn Ihr Modem mit dem Rechner am anderen Ende kommuniziert, dann hören Sie eine Reihe ungewöhnlicher Geräusche, unter anderem ein lautes Klirren. Das ist ganz normal. *Teilnehmer, die einen Piepton von einer längeren Dauer als 15 Sekunden hören, wenn ihr Rechner die Verbindung zum Server aufbaut, verwenden vielleicht eine Einheit vom Typ M3567-666t, die nicht mehr unterstützt wird.*

Der gesamte Text zwischen den Markierungen `<SPAN CLASS=note>` und `</SPAN>` erscheint in dem Stil, der in der Formatvorlage für `note` definiert wurde. Das kann rot und kursiv sein oder was immer Ihnen gefällt. Die Festlegung eines Stils, wie die des Stils `note` aus unserem Beispiel, wird im Kapitel 9 „Style Sheets für Web-Dokumente“ erklärt.

5.4.4 Das Element Q für die Markierung eingebetteter Zitate (anstelle der Verwendung von Anführungszeichen)

Eingefügte Zitate eignen sich für das Einbetten zitierten Textes, den Sie nicht durch die Verwendung von `BLOCKQUOTE` als eigenen Absatz markieren möchten. Die Schreibweise kann auch zur Einführung neuer Begriffe oder Begriffsdefinitionen verwendet werden. (Dadurch wird die Suche nach solchen Textstellen erleichtert, z.B. für die Erstellung von Querverweislisten.) Der Text zwischen den Tags `<Q>` und `</Q>` wird bei englischsprachigen Browsern üblicherweise in doppelte Anführungszeichen ("...") gesetzt, die sich bei mehrfachen Verschachtelungen der Zitate mit einfachen Anführungszeichen ('...') abwechseln.

Für andere Sprachen können andere Symbole verwendet werden, z.B. doppelte spitze Klammern: «...». Innerhalb des Tags `<Q>` kann die Sprache über das Attribut `LANG` festgelegt werden. Sie kann auch über die gesonderten Tags `<LANG>`...`</LANG>` bestimmt werden.

Ein Beispiel für die Verwendung von `Q`:

```
<Q lang = "en.uk">  <Q>Yoga is the stilling of the
thought-waves of the mind </Q>, recited Peter. </Q>
```

Die Ausgabe auf dem Bildschirm sieht dann wie folgt aus:

> " 'Yoga is the stilling of the thought-waves of the mind', recited Peter."

5.5 Tags kombinieren

Wie im folgenden Beispiel zu sehen ist, können Tags in einem Satz kombiniert werden:

```
<P>Dies ist eine <B><I><U>sehr außergewöhnliche
SCHREIBWEISE.</B></I></U>
```

Wenn möglich wird der Browser den Text wie folgt ausgeben:

Dies ist eine ***<u>sehr außergewöhnliche Schreibweise</u>***

Tags unterschiedlicher Art können zur Erzeugung gewünschter Effekte frei vermischt werden. Wenn diese Freiheit auch sehr nützlich sein kann, so kann das Ergebnis dennoch ein sehr verwirrend ausgezeichneter Text sein. Am besten werden die Dinge einfach und bescheiden gehalten.

5.6 Selten eingesetzte Elemente, die noch immer in der HTML 4-Spezifikation enthalten sind

Das Element ABBR **für Abkürzungen**

Auch hier kann das Tag für die Suche und zur Überprüfung der korrekten Verwendung eingesetzt werden. Ein Beispiel:

```
<P>Es gab Sandwiches mit Gurken, hart gekochten
Eiern, Käse und Gewürzgurken <ABBR>usw.</ABBR>
von der Firma Feinkost Käfer <ABBR>GmbH</ABBR>.
```

Als Ausgabe erscheint auf dem Bildschirm:

Es gab Sandwiches mit Gurken, hart gekochten Eiern, Käse und Gewürzgurken usw. von der Firma Feinkost Käfer GmbH.

Dieses Tag wird voraussichtlich für HTML 4 übernommen.

DEL für gelöschten Text

Das Tag für gelöschten Text zeigt an, daß der markierte Text in dem Dokument gelöscht wurde. Browser können den gelöschten Text mittels des Attributs <S> durchgestrichen ausgeben, was aber nicht immer der Fall sein muß. Das Beispiel:

```
Als Kläger trat <DEL>Frau</DEL> Herr Müller auf.
```

wird so auf dem Bildschirm ausgegeben:

Als Kläger trat ~~Frau~~ Herr Müller auf.

Das Element INS für eingefügten Text

Die Tags für eingefügten Text markieren den eingeschlossenen Text als offiziell hinzugefügt, zum Beispiel bei juristischen Dokumenten (ähnlich dem Tag <DEL> für gelöschten Text). Die Browser können Unterstreichung als Hinweis auf die Einfügung verwenden. Das Beispiel:

```
Als Kläger trat<INS>en Frau und</INS> Herr Müller auf.
```

wird so auf dem Bildschirm ausgegeben:

Als Kläger traten Frau und Herr Müller auf.

Aufzählungen

6

Dieses Kapitel enthält Informationen zu folgenden Themen:

- Aufzählungen mit Gliederungspunkten
- Numerierte Aufzählungen
- Definitionsliste

COMPACT **wird gestrichen.** **Nach den Diskussionen unter den Entwicklern während des Frühjahres 1997 ist** COMPACT **nicht mehr länger Bestandteil des HTML 4-Standards.**

Zusammenfassung

HTML 4 enthält eine Reihe von Aufzählungselementen, die mit denen früherer HTML-Versionen verwandt sind. Der Hauptunterschied besteht darin, daß Sie jetzt Formatvorlagen für die Festlegung der Aufzählungsart und ihre Positionierung im Text verwenden können. Formatvorlagen können auch für die Einstellung der Farbgebung, der Schriftart und des Zeilenabstands benutzt werden. Die Aufzählungselemente des HTML 4-Standards sind folgende:

- OL eine geordnete (numerierte) Aufzählung (ordered list)
- UL eine Aufzählung mit Gliederungspunkten (unordered list)
- LI ein Aufzählungselement (list item)
- DL eine Definitionsliste
- DT ein Definitionsbegriff
- DD die Begriffsdefinition

Das Element OL definiert eine numerierte Aufzählung. Die Attribute für OL sind TYPE, START und COMPACT sowie die globalen Attribute ID, LANG, CLASS und DIR. Das Element START wird verwendet, um eine Nummernfolge zu initialisieren, und TYPE legt das Numerierungssystem fest. COMPACT legt ein komprimierteres Layout fest, damit weniger Platz auf dem Bildschirm benötigt wird. Jedes Aufzählungselement einer numerierten Aufzählung wird mit LI markiert. Mit dem Attribut VALUE kann der Wert explizit gesetzt werden. Es gibt keine Möglichkeit, die Numerierung einer früheren Aufzählung fortzusetzen oder fehlende Elemente auf eine sinnvolle Art auszulassen. Um dies zu erreichen, muß VALUE explizit verwendet werden.

Mit UL wird eine ungeordnete, einfache Gliederungspunktaufzählung markiert. Als Attribute können TYPE für die Festlegung des Gliederungspunkts und COMPACT für den bereits beschriebenen Zweck verwendet werden. Die globalen Attribute ID, LANG, CLASS und DIR können ebenfalls für UL verwendet werden.

Das Element LI hat die Attribute TYPE, ID, LANG, CLASS und DIR. Das Attribut TYPE kann verwendet werden, um die Gliederungspunktart eines einzelnen Aufzählungselements zu bestimmen.

> Das Element `DL` definiert eine Begriffsaufzählung. Es kann eine Reihe der Paare `DT` und `DD` enthalten, die jeweils einen Begriff und seine Definition markieren. `DD`-Elemente können Elemente auf Blockebene enthalten (mit Ausnahme der Überschriften `H1` bis `H6` und des Elements `ADDRESS`). Das Element `DL` hat das Attribut `COMPACT` sowie die globalen Attribute `ID`, `LANG`, `CLASS` und `DIR`.
>
> `LI`, `DT` und `DD` benötigen kein End-Tag. `OL`, `UL` und `DL` müssen ein Start-Tag und ein End-Tag haben.

6.1 Einführung

Dieses Kapitel befaßt sich mit den Aufzählungen in HTML: Einkaufslisten, Aufzählung der Vögel vorm Küchenfenster, Produktaufzählungen und numerierte Aufzählungen von Anweisungen, Glossare und Aufzählungen von Hypertext-Verweisen. All dies und mehr kann mit HTML 4 leicht durchgeführt werden.

Es gibt drei Arten von Aufzählungen:

1. Die Aufzählung mit Gliederungspunkten:

```
<UL>
  <LI>ein Gliederungspunkt
  <LI>der nächste Gliederungspunkt
</UL>
```

liefert zum Beispiel folgende Ausgabe:

> • ein Gliederungspunkt
> • der nächste Gliederungspunkt

2. Die numerische Aufzählung

```
<OL>
  <LI>erstes Element
  <LI>zweites Element
</OL>
```

liefert zum Beispiel folgende Ausgabe:

> 1. Erstes Element
> 2. Zweites Element

3. Begriffsaufzählungen, die für Glossare verwendet werden, bei denen auf der linken Seite jeweils ein Wort oder ein Ausdruck und auf der rechten Seite jeweils eine Definition steht.

```
<DL>
<DT> Glockenblume<DD> Blauviolette, glockenförmige Blüte
<DT> Fingerhut <DD> Blaue, fingerhutförmige Blüte
</DL>
```

liefert zum Beispiel folgende Ausgabe:

Glockenblume	Blauviolette, glockenförmige Blüte
Fingerhut	Blaue, fingerhutförmige Blüte

6.2 Aufzählungen mit Gliederungspunkten

End-Tags
Das Element UL benötigt immer ein Start- und ein End-Tag, für das Element LI gilt dies nicht.

Die globalen Attribute für Aufzählungen sind ID, in Kapitel 7 beschrieben, LANG, in Kapitel 17 beschrieben, sowie CLASS und STYLE, in Kapitel 9 beschrieben.

Das Element UL erzeugt eine Aufzählung mit Gliederungspunkten. Es ist wichtig darauf hinzuweisen, daß der Gliederungspunkt *nicht* unterdrückt werden kann. Die HTML-Entwickler haben diese Möglichkeit für Aufzählungen mit UL sicherlich vorgesehen. Die Browser-Hersteller zeigen sich in diesem Punkt jedoch wenig einsichtig.

Mit der Verwendung von Formatvorlagen kann dieses Problem umgangen werden. Die in Kapitel 9 beschriebene Eigenschaft `list-style` gestattet die Gestaltung von Aufzählungen ohne oder mit phantasievollen Gliederungspunkten.

Wenn Sie ein Element UL einfügen, dann erhält der Browser die Anweisung: „Ich möchte eine Aufzählung mit Gliederungspunkten". Das Element UL selbst sagt noch nichts über die einzelnen Aufzählungselemente. Diese werden mit dem Element LI erzeugt, deren Anzahl unbegrenzt ist.

Das Element UL hat zwei Attribute: TYPE und COMPACT.

- Das Attribut TYPE teilt dem Browser die Art des Gliederungspunkts mit. Er kann die Werte `disc`, `circle` und `square` haben.
- Das Attribut COMPACT verweist darauf, daß die Aufzählung in komprimierter Form auf dem Bildschirm erscheinen soll.

Da das Element LI andere Elemente enthalten kann, gibt es keinen Grund, warum nicht auch Fettschrift, Anker oder Bilder in Aufzählungen enthalten sein können. Die Einrichtung von Hypertext-Verweisen in Aufzählungen ist eine weit verbreitete Praxis.

6.2.1 Erstellen einer einfachen Gliederungspunktaufzählung

Dies ist ein Beispiel für eine einfache Gliederungspunktaufzählung:

```
<UL><B>Gewürze</B>
<LI>Anis
<LI>Kardamom
<LI>Lorbeer
</UL>
```

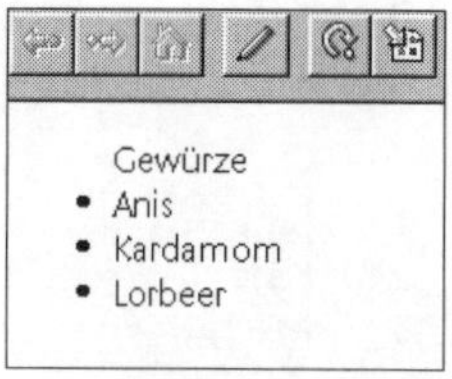

6.2.2 Die Festlegung eines Gliederungspunkts

In HTML kann eine begrenzte Anzahl von Gliederungspunkten festgelegt werden, z.B. Quadrate, Kreislinien und Kreisflächen:

```
<UL TYPE=square>
  <LI>cube
  <LI TYPE=disc>spheroid
</UL>
```

Die Werte für Gliederungspunkte
HTML 4 bietet folgende Werte für das Attribut Type:
● Kreisfläche
■ Quadrat
○ Kreislinie

6.2.3 Änderung des Gliederungspunkt innerhalb einer Aufzählung

Sie können den Gliederungspunkt auch innerhalb einer Aufzählung ändern. Dies geschieht einfach durch die Verwendung des Attributs `TYPE` für das in Frage stehende Element der Aufzählung, so wie in dem obigen Beispiel. Wenn jedes Aufzählungselement den gleichen Gliederungspunkt erhalten soll, dann muß das Attribut `TYPE` nur einmal im Kopf des Elements `UL` der Aufzählung angegeben werden.

Entwerfen Sie eigene Gliederungspunkte
Wenn Sie einen eigenen Gliederungspunkt einfügen wollen, dann können Sie dies über die Style Sheets tun. Phantasievolle, eigene Gliederungspunkte können mit der Eigenschaft `list-style-image` eingefügt werden, die im Kapitel 9 erklärt wird. Diese Eigenschaft erhält als Wert einen URL, der auf eine Bilddatei mit dem Gliederungspunkt im GIF-Format verweist.

6.2.4 Platzsparende Aufzählungen

Das Attribut `COMPACT` veranlaßt den Browser, die Aufzählung in komprimierter Form anzuzeigen, so daß sie weniger Platz auf dem Bildschirm beansprucht. Das Attribut ist allerdings nicht mehr offizieller Bestandteil des HTML 4-Standards.

6.3 Numerierte Aufzählungen

Mit dem Element `OL` wird eine numerierte Aufzählung erstellt. Eine numerierte Aufzählung besteht aus einem oder mehreren Elementen, die einzeln mit dem Element `LI` markiert werden müssen. Der Browser numeriert die Liste automatisch.

Eine numerische Aufzählung beginnt normalerweise mit 1. Das Attribut `START` kann für die Angabe eines alternativen Wertes verwendet werden, so daß die Aufzählung nötigenfalls z.B. mit 5 beginnen kann.

Der vorgegebene Numerierungsstil lautet 1, 2, 3 usw. Wenn Sie etwas anderes wollen, dann können Sie ihn ändern. Man kann zum Beispiel römische Ziffern oder Buchstaben wählen. Innerhalb desselben Dokuments können selbstverständlich verschiedene Stile verwendet werden. So ist das folgende Beispiel durchaus in einem einzigen Dokument möglich:

1	Brot
2	Käse
3	Milch
A	Apfel
B	Birne
C	Zitrone
I	Aal
II	Barsch
III	Karausche

Numerierte Aufzählungen können auch verschachtelt sein, wie es in technischen Handbüchern häufig zu finden ist. Eine solche Aufzählung kann ungefähr so aussehen:

1	Auswahl eines geeigneten Standorts
2	Pflanzung eines Maulbeerbaums
2.1	Ausheben eines Loches
2.2	Hinzufügen vom Kompost
2.2.1	Wässern

Beachten Sie, daß die Behandlung von Aufzählungen mit zweiter oder dritter Numerierungsebene vom verwendeten Browser abhängt. Wenn Sie eine vollständige Steuerung der Aufzählungen anstreben, empfiehlt sich die Verwendung einer Formatvorlage.

Als nächstes sehen Sie ein Beispiel für eine geschachtelte Aufzählung und ihre Ausgabe auf dem Bildschirm:

```
<OL><B>Bibliotheksgliederung </B>
<LI>Agrarwissenschaft
  <OL>- eine geschachtelte Aufzählung
    <LI>Agarbotanik-einige Browser geben 2.1 oder 2:a aus
    <LI>Agarökonomie-kann als 2.2 oder 2:b ausgegeben werden.
    <LI>Agronomie
  </OL>
<LI>Astronomie
</OL>
```

6.3 Numerierte Aufzählungen

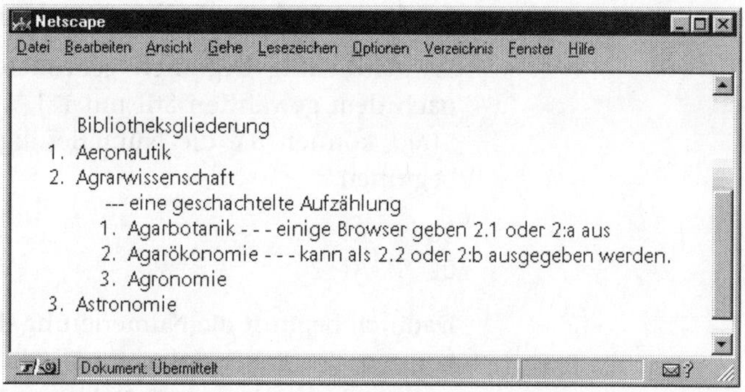

6.3.5 Der Stil der Numerierung

HTML 4 erlaubt mit dem Attribut `TYPE` die Auswahl eines Numerierungsstils für die geordnete Aufzählung. Beachten Sie, daß das gleiche Attribut unglücklicherweise auch für die Gliederungspunktaufzählung verwendet wird. Bei der ungeordneten Aufzählung wird damit die Art des Gliederungspunkts und nicht die Anzahl der Gliederungspunkte jedes Aufzählungselements verändert. Im Zusammenhang mit einer geordneten Aufzählung kann das Attribut `TYPE` folgende Werte annehmen:

Wert	Beschreibung	Auswirkung
1	arabische Zahlen (Standard)	1, 2, 3
A	GROSSBUCHSTABEN	A, B, C
a	Kleinbuchstaben	a, b, c
I	GROSSE RÖMISCHE ZIFFERN	I, II, III, IV, V
i	kleine römische Ziffern	i, ii, iii, iv, v

Es folgt ein einfaches Beispiel für eine numerierte Aufzählung, die mit 5 beginnt und kleine, römische Ziffern verwendet:

```
<OL TYPE=i START=5>
  <LI>Fünfte Kolonne
  <LI>Sechster Sinn
  <LI>Siebentes Siegel
  <LI>Achte Armee
</OL>
```

v	Fünfte Kolonne
vi	Sechster Sinn
vii	Siebentes Siegel
viii	Achte Armee

6.3.6 Verändern der Nummernfolge

Standardmäßig beginnen geordnete Aufzählungen von 1 an (oder je nach dem gewählten Stil mit i, I, a oder A) aufwärts. Mit dem Attribut START können Sie die Numerierung aber auch mit einer anderen Zahl beginnen.

```
OL START=3
OL START=2
```

Dadurch beginnt die Numerierung des Elements LI mit 3, bzw. mit 2. Sie können die Reihenfolge innerhalb einer geordneten Aufzählung aber auch unterbrechen, indem Sie gesonderte LI-Tags verändern. Mit dem Attribut VALUE kann eine gewünschte Zahl als Wert übergeben werden. Zum Beispiel:

```
<OL START=3>
<LI> Drei für Dreierbande
<LI> Vier für Vierkant
<LI VALUE=10> Zehn kleine Negerlein
</OL>
```

In Abhängigkeit vom verwendeten Browser kann die Ausgabe auf dem Bildschirm so aussehen:

3	Drei für Dreierbande
4	Vier für Vierkant
10	Zehn kleine Negerlein

Sie hätten auch <LI VALUE=3> für das erste Element schreiben können. Die Formulierung mit dem Attribut START ist jedoch vorzuziehen.

Definitionslisten
Begriffsaufzählungen können für viele Zwecke verwendet werden: Sie können mit dem Element DL Warenlisten zur Veranschaulichung aufführen oder Einzelheiten aus einem Mitteilungsblatt erläutern. Sie können aber auch Dialoge aufbauen, wobei jedes Element DT einen Sprecher und jedes Element DD die Rede kennzeichnet.Ein Beispiel hierfür finden Sie im Anhang A.

6.4 Definitionslisten

Begriffsaufzählungen werden für die Erzeugung von Glossaren und anderen Aufzählungen mit einer Überschrift für jedes Element verwendet. Die Begriffsaufzählung wird mit dem Element DL definiert. Innerhalb der Tags <DL> und </DL> befinden sich Paare der Elemente DT und DD, die folgendes markieren:

- den zu definierenden Begriff mittels des Elements DT
- die Begriffserklärung mittels des Elements DD

So sieht die Struktur einer Begriffsaufzählung aus:

```
<DL>
  <DT>Begriff
  <DD>Begriffserklärung
  ...
</DL>
```

Begriffsaufzählungen müssen von den Tags <DL> und </DL> eingeschlossen sein. Weitere Tags </DT> und </DD> innerhalb dieser Tags sind nicht notwendig, da die Definitionen durch das nächste Element und das End-Tag </DL> hinreichend eingegrenzt sind. Die Tags </DT> und </DD> sollten niemals verwendet werden.

Eine Aufzählung, die nur die Elemente DL und DT enthält, kann dazu verwendet werden, die Wirkung einer insgesamt eingerückten Aufzählung zu erzielen. (Eine bessere Lösung wäre allerdings, den eingerückten linken Rand mit einer Formatvorlage zu definieren.) Hier ein Beispiel für eine einfache Begriffsauszählung:

```
<DL><B> Einige bekannte englische Bezeichnungen für „Netizens“
</B>
<DT>Dweeb<DD> Junger, erregbarer Mensch, der zu einem
<EM>Nerd</EM> oder <EM>Geek</EM> reifen kann.
<DT>Cracker<DD>Ein Hacker im Internet
<DT>Nerds<DD> sind so ins Internet vertieft, daß sie den
Geburtstag ihrer Frau vergessen.
</DL>
```

Bei entsprechender Konfiguration des Browsers kann die Ausgabe so aussehen:

Einige bekannte englische Bezeichnungen für „Netizens"
Dweeb
    Junger, erregbarer Mensch, der zu einem *Nerd* oder *Geek* reifen kann.
Cracker
    Ein Hacker im Internet
Nerds
    sind so ins Internet vertieft, daß sie den Geburtstag ihrer Frau vergessen.

Sie können sehen, daß Fettschrift und Hervorhebungen in einer Begriffsaufzählung verwendet werden können, da das Element DT, genau wie das Element LI auch, eine Reihe weiterer Markierungen enthalten kann. Auch Hypertext-Verweise und sogar Bilder können in einem Element DT enthalten sein.

6.4.1 Komprimierung einer Definitionsliste

Für das Element DL und andere Aufzählungen kann das Attribut COMPACT verwendet werden. Es veranlaßt den Browser, Bildschirmfläche zu sparen, indem die Begriffe und ihre Definitionen näher als gewöhnlich beieinander gesetzt werden. Die allgemeine Verwendung von <DL COMPACT> kann nicht empfohlen werden, da die Auswirkungen bei den einzelnen Browsern unterschiedlich und die vorgenommenen Formatierungen nicht immer gelungen sind.

Das Beispiel zeigt die Auswirkungen von `<DL COMPACT>` mit dem Netscape-Browser. Anstatt jedes `DD`-Element mit einer neuen Zeile zu beginnen, wird nur ein kurzer Tabulatorsprung in der gleichen Zeile mit dem Element `DT` eingefügt. Diese Ausgabe ist zwar korrekt und typisch für einen HTML-Browser, sie ist jedoch nicht besonders leserlich. Bei einigen Browsern wird das Element `DT` in anderer Schriftart gesetzt als das Element `DD`, z.B. in Fettschrift.

```
<DL COMPACT>
  <B>Shortlist</B>
  <DT>kurz<DD>und bündig
  <DT>süß<DD>und saftig
</DL>
```

Die Ausgabe auf dem Bildschirm sieht ungefähr so aus:

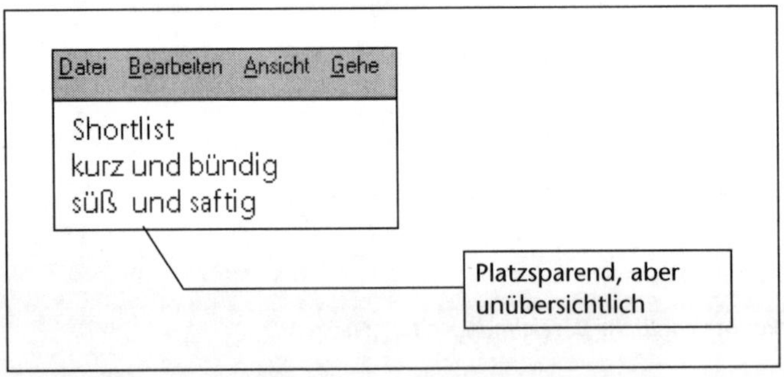

Abbildung 6.1: Andere Browser können andere Schriftarten für `DT` und `DD` verwenden

6.4 Definitionslisten

Hypertext-Verweise

7

Dieses Kapitel enthält Informationen zu den Themen:

- Wie Hypertext-Verweise funktionieren
- Wie Hypertext-Verweise zu Dateien irgendwo im Internet erzeugt werden
- Wie Hypertext-Verweise zu bestimmten Stellen eines Dokuments mit den Elementen `NAME` und `ID` erzeugt werden
- Die Verwendung von URLs: die Grundlagen und technische Informationen zu ihrem Format
- Die Verwendung der Attribute `TITLE`, `REV` und `REL`

Zusammenfassung

Hypertext-Verweise werden in HTML mit dem bekannten Element `A` (Anker) vorgenommen. Dieses Element kann eine Anzahl eigener und die globalen Attribute `ID`, `CLASS`, `STYLE`, `LANG` und `DIR` haben. Ankerelemente können nicht verschachtelt sein (ein Ankerelement kann kein anderes Ankerelement enthalten). Sie benötigen immer ein Start-Tag und ein End-Tag.

Dies sind die Attribute für das Ankerelement `A`:

- `NAME` – hiermit kann dem Verweis eine eindeutige Zeichenkette zugewiesen werden, so daß er später von anderen Hypertext-Verweisen angesprochen werden kann.
- `HREF` – dies gibt eine Datei mittels des URLs an. Die Datei ist in der Regel ein anderes HTML-Dokument .
- `REL` – hiermit können Beziehungen zu anderen Quellen festgelegt werden. Wenn z.B. mehrere Dokumente zusammen ein Kapitel bilden, dann können Sie mit `REL` die Beziehungen angeben, die benötigt werden, um das gesamte Dokument in der richtigen Reihenfolge auszudrucken.
- `REV` – hiermit wird ein Rückbezug angegeben. `REV=made` wird z.B. verwendet, um den Verfasser eines Dokuments, seine Email-Adresse, einen `mailto-URL` oder einen Verweis zur Homepage des Verfassers anzugeben.
- `TITLE` – hierüber kann der Browser angeben, wohin der Hypertext-Verweis führt.
- `AccessKey` – dies ist ein einzelner Buchstabe, der als Tastenkürzel dazu dient, um das damit verbundene Element zu aktivieren oder zu fokussieren (mehr hierzu finden Sie im Kapitel 11, „Formulare").
- `SHAPE` – dies wird im Zusammenhang mit `OBJECT` verwendet (mehr hierzu finden Sie im Kapitel 15, „Das Element OBJECT").
- `COORDS` – dies wird im Zusammenhang mit `OBJECT SHAPES` verwendet (mehr hierzu finden Sie im Kapitel 15, „Das Element OBJECT").
- `TABINDEX` – dies dient zur Positionierung in der Registerordnung (mehr hierzu finden Sie im Kapitel 11, „Formulare").

- ▼ `onClick` – dies wird beim Scripting verwendet (mehr hierzu finden Sie im Kapitel 16, „Scripting auf Client-Seite").
- ▼ `onMouseOver` – dies wird beim Scripting verwendet (mehr hierzu finden Sie im Kapitel 16, „Scripting auf Client-Seite").

7.1 Einführung

Eine der wichtigsten Eigenschaften von HTML ist die Fähigkeit, Hypertext-Verweise zu anderen Dokumenten herstellen zu können. Das zugrundeliegende Konzept für Querverweise ist Jahrhunderte alt, älter sogar als der Buchdruck. In diesem Sinne sind Hypertext-Verweise bereits seit langem verbreitet. Die Computertechnik gestattet es nun dem Leser, den Verweisen mühelos zu folgen, buchstäblich auf Knopfdruck.

Die Hypertext-Verweise haben aus dem Web mehr als nur eine lose Sammlung voneinander unabhängiger Dateien gemacht. Die Fähigkeit, durch einfachen Mausklick auf einen Hypertext-Verweis eine Datei im Web, auf einem anderen Rechner, in einer anderen Firma, in einem andern Land oder auch auf Ihrem eigenen Rechner zu finden, macht das Web so erfolgreich. Es hat die Entwicklung verschiedener Bereiche verändert: der Software und der Datenverarbeitung, der Telekommunikation, des Kabelfernsehens und der Verlage, seit neuerem auch das Bank- und Finanzwesen. Auch Kreditkartenunternehmen versuchen auf Grund der Einführung weltweiter Hypertext-Verweise, die Bedeutung des Web zu erfassen.

7.1.1 Hinweis für Einsteiger

Selbst wenn Sie nur einfache Hypertext-Verweise erzeugen wollen, dann müssen Sie die folgenden Grundlagen verstanden haben:

- ▼ Die Verwendung der Datei- und Verzeichnisnamen (Ordnernamen) zur Organisation der Dateien auf der Festplatte. Sie müssen diese Konventionen verstanden haben, weil sich Hypertext-Verweise auf Informationen über die Datei- und Verzeichnisnamen beziehen, in denen sich diese befinden.
- ▼ Die Prinzipien für das Zusammenfügen einer Reihe verknüpfter Web-Seiten. In Kapitel 17 finden Sie nicht nur Hinweise zu diesem Thema, sondern auch einige Beispiele dafür, wie andere dieses Problem gelöst haben.

7.2 Einfache Beispiele für Hypertext-Verweise

Beispiel 1: Online Touristeninformationen

Wir beginnen unsere Erklärungen zu Hypertext-Verweisen im Web mit einem sehr einfachen Beispiel. Dieses basiert auf einer fiktiven Online-Touristeninformation für Dessau. Die Idee dabei ist folgende: Die Leser sollen die Möglichkeit haben, das Wort „Bauhaus“ anzuklicken, wodurch sie zu weiteren Informationen über Dessau geführt werden sollen. Dies geschieht folgendermaßen: Es existieren zwei Dateien, die sich der Einfachheit halber auf einem Rechner im gleichen Verzeichnis befinden. Die eine Datei heißt `dessau.html`. Sie enthält allgemeine Informationen zu Dessau und ist mit HTML-Tags markiert. Die zweite Datei heißt `bauhaus.html` und enthält Informationen zum Bauhaus. So sehen die beiden Dateien aus:

```
D="Twt">Spat
```

<u>`dessau.html`</u>

```
<P> Erst als im Jahre 1925 die Kunstschule
<A HREF="bauhaus.html">"Bauhaus"</A>von Weimar nach
Dessau verlegt wurde, erlangte die Stadt wieder
Bedeutung für die Entwicklung der zeitgenössischen
Kunst.
```

<u>`bauhaus.html`</u>

```
Das Gebäude des "Bauhauses" von Walter Gropius ist
eines der bedeutendsten Bauwerke moderner
Architektur, ein Meisterwerk aus Glas und Beton.
```

Da Browser HTML-Code stilistisch unterschiedlich ausgeben, läßt sich nicht pauschal sagen, wie dieser Text auf dem Bildschirm des Lesers erscheinen wird. Allgemein wird ein Hypertext-Verweis unterstrichen, so daß die folgende Ausgabe denkbar ist:

> Erst als im Jahre 1925 die Kunstschule <u>„Bauhaus“</u> von Weimar nach Dessau verlegt wurde, erlangte die Stadt wieder Bedeutung für die Entwicklung der zeitgenössischen Kunst.

Wenn Sie „Bauhaus“ anklicken, erscheint die Datei `bauhaus.html` auf dem Bildschirm:

> Das Gebäude des „Bauhauses“ von Walter Gropius ist eines der bedeutendsten Bauwerke moderner Architektur, ein Meisterwerk aus Glas und Beton.

Die Formulierung für den Hypertext-Verweis lautet:

```
<A HREF="bauhaus.html">"Bauhaus"</A>
```

- Das Tag `<A>` ist das Start-Tag des Ankerlements. `</A>` ist das dazugehörige End-Tag. Diese Tags definieren einen Hypertext-Verweis.
- `HREF` ist ein Attribut des Ankerelements. Es enthält als Wert das Ziel des Verweises, in diesem Fall `bauhaus.html`.
- „Bauhaus“ ist die Bezeichnung des Verweises: das Wort, welches im Text angeklickt werden kann.

Beispiel 2: Ein Verweis zur *New York Times*

Im ersten Beispiel haben wir einen Verweis auf eine Datei im gleichen Verzeichnis, auf demselben Rechner verwendet, ein Verweis, der nicht schwer zu erzeugen ist. Häufiger werden Verweise zu einem anderen Rechner im Internet verwendet, was etwas komplizierter ist. Hierbei muß der Wert des Attributs `HREF` Informationen zur genauen Ortsangabe auf einem der vielen Internet-Rechner enthalten.

Im zweiten Beispiel erzeugen wir eine imaginäre Verknüpfung (Link) vom aktuellen Dokument zu einer anderen Datei, nämlich der Homepage der *New York Times*:

```
<P>Meine Lieblingszeitung ist die <A HREF="http://
www.nytimes.com/">New York Times</A>.
```

Bei den meisten Browsern erscheint folgende Ausgabe:

> Meine Lieblingszeitung ist die New York Times.

Es wird wiederum das Ankerelement verwendet, bei dem Sie drei Teile erkennen können:

- Die **Bezeichnung** für den Hypertext-Verweis. In diesem Fall lautet die Bezeichnung für den Hypertext-Verweis *New York Times*, den der Browser unterstrichen anzeigt.
- Das Attribut `HREF`, um das Ziel des Hypertext-Verweises anzugeben.
- Der Wert des Attributs `HREF`. Diese lange Zeichenkette, die mit 'http:' beginnt, ist der URL, der Uniform Resource Locator. Er sagt dem Computer, von welchem Rechner im Internet die Datei geholt werden soll und in welchem Verzeichnis sie dort zu finden ist. Ein URL ist eine Art globaler Netzwerkadresse, so wie es in Kapitel 1 erklärt wurde. Wenn Sie mit den URLs noch nicht vertraut sind, sollten Sie in Kapitel 1 nachlesen.

Weitere Informationen zu den URLs

Das Kapitel 1 enthält eine Einführung zum Thema URLs. Hier sollen Sie einige weitere Informationen zu den URLs erhalten. Betrachten Sie die folgenden Beispiele:

```
http://www.lcs.mit.edu/
```

gibt die Adresse des Laboratory for Computer Science am MIT in Cambridge, Massachusetts, an.

```
http://www.hp.com/
```

ist die Adresse der Homepage der Firma Hewlett-Packard.

```
http://www.bath.ac.uk/
```

ist die Adresse der University of Bath in Großbritannien.

```
http://www.sunday-times.co.uk/
```

Adresse der Ausgabe The Sunday Times der Zeitung Times in London in Großbritannien.

Alle Beispiele verwenden das Protokoll HTTP (HyperText Transfer Protocol) für die Suche im Internet, daher das Präfix „http:" zu Beginn des URL. Der Teil, der dem „//" folgt, steht für den Host-Namen des Rechners, der der Server für diesen URL ist. Es ist gebräuchlich, daß die Host-Namen der Web-Server mit „www" beginnen, das muß aber nicht unbedingt der Fall sein. Der letzte Teil des Host-Namens gibt Ihnen einen Hinweis darauf, was für eine Einrichtung den Server unterhält. In den USA z.B. enden die Host-Namen der Universitäten auf „.edu" und die für Firmen auf „.com". Nichtkommerzielle Organisationen verwenden üblicherweise „.org". Außerhalb der USA findet sich in der Regel eine Abkürzung für das Land, z.B. „.ca" für Kanada, „.it" für Italien und „.uk" für Großbritannien. Multinationale Einrichtungen verwenden in der Regel „.com", da sie zumeist in mehreren Ländern vertreten sind. Die Suffixe und Länderabkürzungen werden im Anhang erklärt. Gelegentlich finden Sie auch URLs für andere Protokolle. Zum Beispiel:

```
ftp://ftp.nestcape.com
```

Dies ist die Adresse des FTP-Servers der Firma Netscape Communications. Wie im Kapitel 1 erklärt, wird das FTP-Protokoll häufig für Software verwendet, z.B. für kostenlose Versionen eines Web-Browsers. Die Namen von FTP-Servern beginnen in der Regel mit „ftp".

Beispiel 3: Eine Web-Seite für einen Katzenklub

Auch das dritte Beispiel verwendet URLs. Diesmal sind sie detaillierter und führen zu bestimmten Dateien in bestimmten Verzeichnissen auf Internet-Rechnern. Das Beispiel zeigt auch, wie eine Aufzählung mit Gliederungspunkten mit Hypertext-Verweisen erzeugt werden kann, eine sehr beliebte Methode, um Anwendern mehrere Entscheidungsmöglichkeiten anzubieten. In unserem Beispiel verwenden wir die ungeordnete Aufzählung `UL` und das Aufzählungselement `LI`. Das Element `UL` veranlaßt den Browser, automatisch einen Aufzählungspunkt vor jedem Element einzufügen. `H2` ist eine Überschrift auf der zweiten Ebene und `A` das Ankerelement. Es soll folgende Ausgabe erzeugt werden:

> **Klub der Katzenfreunde**
> Diese Web-Seite bietet Informationen zu den Ereignissen im August und September, zu den Ausstellungen, Gesprächsrunden und Treffen. Für weitere Informationen klicken Sie eines der unten genannten Themen an:
> - Termine für die nächsten Monate
> - Katzenausstellungen im August und September
> - Geben Sie die Daten Ihrer Katze ein
> - Parkmöglichkeiten bei den Ausstellungen
> - Anfahrtsskizzen und nützliche Rufnummern

- Termine für die nächsten Monate
- Katzenausstellungen im August und September
- Geben Sie die Daten Ihrer Katze ein
- Parkmöglichkeiten bei den Ausstellungen
- Anfahrtsskizzen und nützliche Rufnummern

Hierzu gehört der folgende HTML-Quelltext:

```
<H2>Klub der Katzenfreunde</H2>
<P>Diese Web-Seite bietet Informationen zu den
Ereignissen im August und September, zu den
Ausstellungen, Gesprächsrunden und Treffen. Für
weitere Informationen klicken Sie eines der unten
genannten Themen an:
<UL>
<LI><A HREF="http://kitten.rs.kenton.edu/cats/
meet.html">Termine für die nächsten Monate</A>
<LI><A HREF="http://kitten.rs.kenton.edu/cats/
shows.html">Katzenausstellungen im August und September</A>
<LI><A HREF="http://kitten.rs.kenton.edu/cats/
entering.html">Geben Sie die Daten Ihrer Katze ein</A>
```

```
<LI><A HREF="http://kitten.rs.kenton.edu/kitten/
parking.html">Parkmöglichkeiten bei den Ausstellungen</A>
<LI><A HREF="http://kitten.rs.kenton.edu/kitten/maps.html">
Anfahrtsskizzen und nützliche Rufnummern</A>
</UL>
```

Vorsicht bei der Verwendung von Anführungszeichen! Zu den Werten von `HREF` **gehören auch die Zeichen** `//`, `/` **und** `:`**. Diese Zeichen, sowie alle Zeichen, die keine Buchstaben, Ziffern, Punkte oder Bindestriche sind, machen die Setzung von doppelten Anführungsstrichen notwendig.**

Beachten Sie hierbei die Verwendung der URLs für die Hypertext-Verweise.

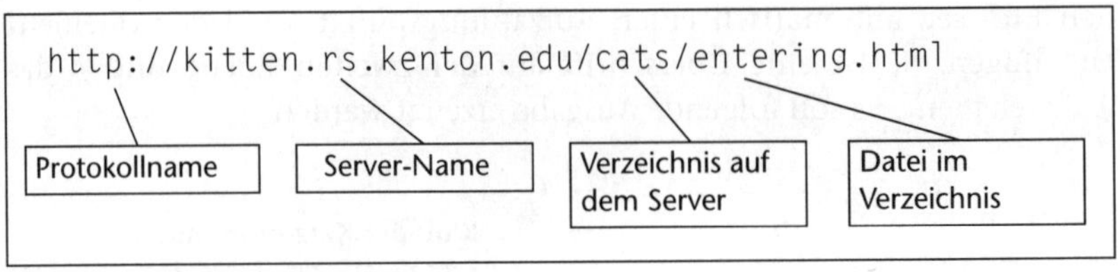

Der Verfasser hat die Hypertext-Verweise legitimerweise als Aufzählungselemente angegeben. Sie können genauso gut als Überschriften, Titel, Tabellenzellen usw. angegeben werden. Fast alle Elemente können Hypertext-Verweise enthalten (mathematische Formeln allerdings nicht). Sie können als hervorgehobene Zeichen eingefügt werden oder selbst hervorgehobene Zeichen enthalten. Im folgenden Beispiel ist der Hypertext-Verweis kursiv gesetzt:

```
<LI><A HREF="http://kitten.rs.kenton.edu/cats/meet.html">
<I>Termine des nächsten Monats</I></A>
```

Dieser Verweis wird entsprechend auf dem Bildschirm angezeigt. Die allgemeine Intention von HTML ist es, dem Verfasser so wenige Restriktionen wie möglich aufzuerlegen. Aufgrund dieser liberalen Handhabung ist es leicht möglich, mit Textverarbeitungsprogrammen erzeugte Dokumente in HTML-Dokumente zu verwandeln. Berücksichtigen Sie aber, daß Hypertext-Verweise selbst keine Überschriften, Aufzählungen, Absätze und Blockelemente enthalten dürfen.

Relative URLs

Programme, die HTTP und FTP beherrschen, unterstützen eine verkürzte Schreibweise für URLs, die die Netzwerkadresse mit Bezug auf das aktuelle Dokument ausdrückt. Das ist besonders nützlich, wenn Sie sich auf ein Dokument im gleichen Verzeichnis oder Ordner beziehen wollen. Sie können den URL abkürzen, indem Sie nur den Namen der Zieldatei angeben. Es muß nicht jedesmal der vollständige URL angegeben werden.

Angenommen, in einem Verzeichnis befinden sich die beiden Dateien `gesamt.html` und `produkte.html`. Wenn Sie nun von der Datei `gesamt.html` auf die Datei `produkte.html` verweisen wollen, dann müssen Sie nicht den vollständigen URL anführen, da dieser aus dem Kontext abgeleitet werden kann.

Das Beispiel unten soll dies illustrieren. Es zeigt einen Verzeichnisbaum. Die Dateien enthalten Informationen zu Hunden und Katzen, die als Unterverzeichnisse der Kategorie `Tiere` dargestellt sind und die die einfachen Namen `Hunde` und `Katzen` tragen. Wenn Sie etwas über den Hund Lassie in die Datei `Lassie.html` schreiben (siehe Abbildung) und darin auf das Foto `Bild1.gif` verweisen wollen, dann benötigen Sie nicht den vollständigen URL, sondern Sie können ihn relativ zur Ausgangsdatei formulieren:

```
HREF="Hundebilder/Bild1.gif"
```

Das wäre so zu lesen: „Gehe in das tiefer gelegene Verzeichnis `Hundebilder` und dort zu der Datei `Bild1.gif`".

Der URL für ein Katzenbild vom Dokument `Lassie.html` aus lautet:

```
HREF="../Katzen/Katzenfotos/Bild2.gif"
```

Mit anderen Worten ausgedrückt: „Gehe in das darüberliegende Verzeichnis, dann in das Unterverzeichnis `Katzen`, von dort in das Verzeichnis `Katzenfotos` und zu der Datei `Bild2.gif`". Um von der Datei `Abbie.html` auf das Hundefoto `Lassie.gif` zu verweisen, müßten Sie folgenden URL benutzen:

```
HREF="../Hunde/Hundefotos/Lassie.gif"
```

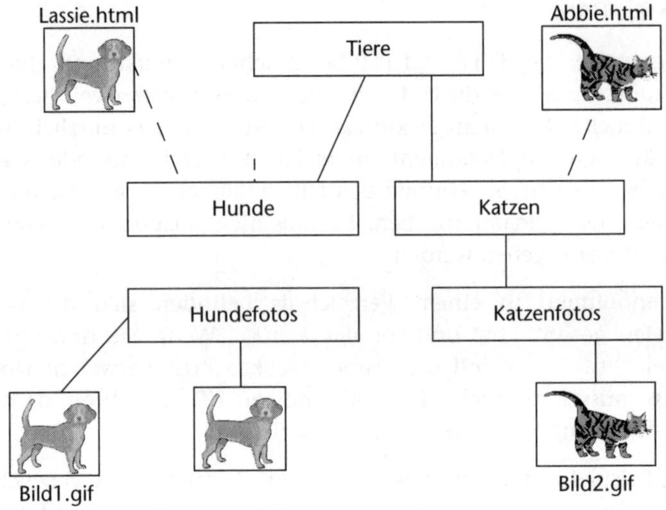

Zwei Punkte .. bezeichnen das darüberliegende Verzeichnis und ein Schrägstrich / das Unterverzeichnis. Dies ist eine UNIX-Schreibweise, die Sie in UNIX-Handbüchern genauer erklärt finden. Beachten Sie, daß DOS im Gegensatz zu UNIX einen Backslash \ anstelle des Schrägstrichs / verwendet. Das mag verwirrend sein, aber so ist die Computerei nun einmal.

Für URLs gilt die UNIX-Schreibweise für Verzeichnis- und Pfadnamen

Die Schreibweise / von UNIX trennt Verzeichnisebenen, egal, ob es sich um UNIX-, DOS-, Windows- oder Macintosh-Rechner handelt. D.h., die DOS- und Macintosch-Schreibweise muß UNIX angeglichen werden, wenn Sie einen Dateipfad in einem URL schreiben wollen. Für DOS heißt das, daß der Backslash \ und auf einem Macintosh-Rechner der Doppelpunkt : zum Schrägstrich / wird. Diese kleine Umstellung ist notwendig, damit der Browser Standardregeln für die Interpretation der URLs anwenden kann.

Auch Leerzeichen sind für Dateinamen nicht erlaubt.

Dies ist ungünstig für Anwender mit Macintosh-Rechnern, denn diese verwenden häufig Leerzeichen in den Dateinamen, was für URLs nicht zulässig ist. Sie können dies umgehen, wenn Sie anstelle des Leerzeichens den Kode `%20` schreiben. Schreiben Sie zum Beispiel anstelle von „Kapitel 7“:

`Kapitel%207.`

7.3 Links zu besonderen Stellen im Dokument: NAME und ID

HTML 4 verfügt über zwei Attribute mit Namen `NAME` und `ID`, die in Verbindung mit fast allen Elementen stehen können. Mit diesen Elementen können Sie Hypertext-Verweise zu besonderen Stellen in einem Dokument vornehmen, anstatt sich nur auf den Anfang des Dokuments zu beziehen. Wird ein gewöhnlicher Hypertext-Verweis aktiviert, dann wird das neue Dokument von der ersten Zeile an ausgegeben, d.h., Sie sehen die erste Seite des Dokuments. Über `NAME` und `ID` kann der Leser an einen bestimmten Punkt gelenkt werden, etwa in die Mitte des Dokuments, eines Absatzes, zu einer Überschrift oder einem anderen Element. Das Attribut `NAME` ist älter, es war eines der ersten HTML-Elemente. Das Attribut `ID` stammt von der HTML 3-Spezifikation. Sie sollten nur `ID` verwenden, weil es leichter in die Dokumente zu integrieren ist. Andererseits ist `ID` noch nicht für alle Browser implementiert. Der Internet Explorer von Microsoft unterstützt es, Netscape wird es in Zukunft unterstützen. Die Entscheidung liegt also bei Ihnen.

7.3.1 Ein Beispiel für das Attribut NAME

Die Überlegung, bestimmte Stellen in einem Dokument anzuspringen, stammt bereits aus der Anfangszeit von HTML. Tim Berners-Lee entschied sich für die Verwendung des Attributs `NAME`, das auch heute noch in Gebrauch ist. Wir zeigen Ihnen, wie `NAME` funktioniert.

Stellen Sie sich eine Web-Seite über Gartenvögel vor, mit einem Hypertext-Verweis auf „Weitere Finkenarten". Nach dem Anklicken wird ein weiteres Dokument genau an der Stelle geöffnet, wo die Finken vorgestellt werden. Dort können Sie weiteres zu Grünfinken, Buntfinken und anderen europäischen Gartenvögeln lesen. Wie dies zu machen ist, wird im folgenden Beispiel erklärt.

Die aktuelle Datei enthält den Verweis:

```
<A HREF="voegel.htm#Finken">Weitere Finkenarten</A>
```

Dies ist ein einfacher Hypertext-Verweis, der auf die Datei `voegel.htm` verweist, jedoch mit dem Zusatz `#Finken`.

In der Datei springen Sie zu:

```
<A NAME="Finken"><H2> Finken, Spatzen und Mistfinken </H2><A>
```

Es handelt sich hierbei um langes Dokument über Vögel im allgemeinen. Jede Überschrift in dieser Datei wurde im Hinblick auf spätere Verweise mit einer eindeutigen Marke versehen. Die Überschrift „Finken, Spatzen und Mistfinken" hat hier die Marke `Finken`.

Wenn Sie den Hypertext-Verweis `Weitere Finkenarten` in der Ausgangsdatei anklicken, dann öffnet der Browser die Datei `voegel.htm` genau an der Stelle mit der Marke `Finken` und gibt folgendes aus:

Finken, Spatzen und Buntspechte
Eine große Gruppe körnerfressender Vögel, die weltweit anzutreffen sind. Einige sind sehr zahm und zudringlich, insbesondere der Haussperling und der Grünfink, die beide in unseren Gärten zu finden sind. Mistfinken tauchen auf Tischen in Biergärten auf, wo sie Krümel vom Tisch picken.

Hinweis: Anker mit Marken sollten als Namen eine Zeichenkette haben, die mit einem Buchstaben zwischen A und Z beginnt, sie sollten nie ausschließlich numerisch sein. Der Wert 12 für das Attribut `NAME` ist z.B. nicht erlaubt, die Wert Vogel33 ist hingegen zulässig. Bei den Werten für `NAME` werden Groß- und Kleinschreibung unterschieden. Vor dem Zeichen # sind keine Leerzeichen erlaubt.

7.3.2 Ein Beispiel mit Fischen

Es folgt ein weiteres Beispiel für das Attribut `NAME` aus dem Reich der Fische. Dem Leser soll hierbei eine Aufzählung von geeigneten Ködern für die Seebarbe angezeigt werden, wenn er `Fischköder` anklickt. So sieht der Quelltext aus:

```
<H3><A HREF=koeder>Fischköder</A></H3>
<P>Die Seebarbe ist sehr freundlich, und
kommt sofort, um einen Köder zu inspizieren.
Beobachten und bewundern Sie den Fisch, aber
versuchen Sie nicht, ihn zu fangen, denn er ist
giftig und hat eine Schwäche für Zehen.
```

In der Zieldatei steht folgender Quelltext:

```
<LI><A NAME="#Koeder"> Hackfleisch, Lammhack, Fischstäbchen,
Corned Beef. Hamburger und Hot Dogs sind <EM>nicht</EM>
geeignet.</A>
```

Steht das Zeichen # nach einem URL, dann folgt ein Namensfragment. Für einen externen Verweis, einen Verweis auf eine andere Datei also, kann z.B. folgendes stehen:

```
<LI><A HREF="../angeln/fisch.html#koeder"> Hackfleisch,
Lammhack, Fischstäbchen</A>
```

7.3.3 ID als geeignetere Alternative zu NAME

NAME ist in der Verwendung recht unhandlich, und das Einfügen eines Ankerelements in die Zieldatei ist sehr aufwendig. HTML benötigt einen einfacheren Weg, um Überschriften, Absätze und Aufzählungselemente als mögliche Ziele für einen Hypertext-Verweis zu bestimmen.

Mit HTML 4 kann fast jedem Element ein Attribut ID zugeordnet werden. Ist dies einmal geschehen, dann reicht die Angabe von ID in einem Hypertext-Verweis, damit der Browser an die richtige Stelle springt. In der Zieldatei muß kein Ankerelement eingefügt werden.

7.3.4 Mit ID zu einer Datei auf einem anderen Server springen

Kann man zu der ID einer Datei auf einem anderen Server springen? Ja, das ist möglich. Die Schreibweise des URL gestattet für das Ziel eines Hypertext-Verweises die Angabe von Namen von Dokumenten, ihres Dateinamens, des Server-Namens und des Zeichens # zur Angabe der ID. D.h., es ist möglich, zu einem bestimmten Absatz in einem Dokument auf einem ganz anderen Server, oder zur Überschrift eines wissenschaftlichen Aufsatzes auf einem ganz anderen Rechner des Web in tausend Kilometern Entfernung zu springen.

7.3.5 Ein Beispiel für das Attribut ID

In dem folgenden Beispiel findet der Leser ein eigenartiges Wort hervorgehoben, für das er erfreulicherweise eine Definition in einem Glossar findet. Durch Anklicken wird die Datei mit dem Glossar unmittelbar angezeigt. Dies wird dadurch erreicht, daß jeder Eintrag in dem Glossar zuerst ein eindeutiges Attribut ID erhält:

```
<P ID=ruessel> Ein Rüssel ist ein längliches nasenähnliches
Gebilde, das sich vom Kopf eines Elefanten bis zum Boden
erstreckt, und als gelenkiges Greifwerkzeug verwendet wird.
```

Der Text des Dokuments sieht so aus:

```
<P>Der Elefant setzte sich neben die Maus und hob seinen
<A HREF="glossary.html#ruessel">Rüssel<A>, um ihr eine Guten
Tag zu wünschen.
```

Durch Anklicken des Wortes „Rüssel" gelangen Sie direkt zu der Definition des Wortes im Glossar.

Es könnte auch auf Glossardateien auf anderen Servern zugegriffen werden. Dazu müßte lediglich der URL mit einem Verweis auf das Attribut ID aufgenommen werden:

```
<A HREF="http://www.bump.com/tiere/elefant/
glossary.html#ruessel">
```

ID eignet sich gut, um ein bestimmtes HTML-Element beim Scripting und für Formatvorlagen mit Eigenschaften zu verbinden.

7.3.6 Vogelbeobachtung online zur Demonstration der Verwendung von ID

Handelt es sich um eine Lerche oder um eine Nachtigall?

Das folgende Beispiel stammt aus dem Bereich der Ornithologie. Sie können in einem Online-Buch durch Anklicken der Namen von einer Art zur anderen springen. Mit einer *fragmentarischen Marke* (das ist die Bezeichnung für HTML-Code, der ein bestimmtes Stück markierten Textes herausgreift) wird ein Hypertext-Verweis zu einem Punkt in einem Dokument vorgenommen. Mit der fragmentarischen Marke kann auf eine Stelle im Text gezielt werden, so daß der Hypertext-Verweis bei zukünftigen Gelegenheiten direkt dorthin springen kann.

Für dieses Beispiel wird die in der Realität unwahrscheinliche Situation angenommen, daß das gesamte Material zum Thema „Vögel" in einer einzigen Datei auf einem Server gespeichert ist. Tatsächlich wäre eine solche Datei viel zu groß, um sie auf einem einzigen Server zu speichern. Sie wollen lediglich dafür sorgen, daß der Leser durch Anklicken eines Vogelnamens zu einer anderen Stelle in der Datei springen kann. Wenn der Berghänfling angeklickt wird, dann wird der entsprechende Abschnitt automatisch ausgegeben. Wird der Birkenzeisig angeklickt, dann wird der Abschnitt über Birkenzeisige ausgegeben. Im folgenden sehen Sie den dazugehörigen HTML-Quelltext:

```
<H4 ID="Bhflg">Berghänfling</H4>
Geschlechtsreifes Männchen und Weibchen oben mattbraun,
mit dunklem Streifen; Bauchseite heller als beim
<A HREF="#Hflg">Hänfling.</A>, mit dem er leicht verwechselt
werden kann. Im Sommer hat das Männchen oft einen rosa Bürzel.
<H4 ID="Hflg">Hänfling</H4>
Der Hänfling ist ein geselliger Vogel, der auf offenem
Ackerland zu finden ist. Seine Bauchseite ist schmutziggelb.
Man darf ihn nicht mit dem <A HREF="#Bhflg">Berghänfling</A>
verwechseln, der im Gegensatz zum dunklen Schnabel des
Hänflings einen hellen Schnabel hat.
<H4 ID="Bkzg">Birkenzeisig</H4>
Kleiner, dunkler Fink. Geschlechtsreifes Männchen und Weibchen
oben dunkel, mit schwärzlichem Streifen. Kleiner schwarzer
Kehlfleck; kleiner, charakteristischer roter Fleck auf der
Stirn. Siehe auch <A HREF="#Pbkzg">Polarbirkenzeisig</A>.
<H4 ID="Pbkzg">Polarbirkenzeisig</H4>.
Kleiner, blasser Fink. Bauchseite oft weiß, Bürzel strahlend
weiß. Kleiner schwarzer Kehlfleck; roter Fleck auf der Stirn.
Brütet in der arktischen Tundra und in Weidengebüsch. Siehe
auch <A HREF="#Bkzg">Birkenzeisig</A>.
```

Beachten Sie, daß jeder Vogelname aus einem eigenen Element `H4` mit eigener `ID` besteht. Berghänfling hat die `ID Bhflg`, Birkenzeisig die `ID Bkzg` usw. Wenn Sie die Attribute `ID` gut gegliedert haben, dann können sie je nach Bedarf verwendet werden. Wenn Sie zum Beispiel einen Hypertext-Verweis zu Informationen über Berghänflinge hinzufügen wollen, muß lediglich folgender Quelltext an der entsprechenden Stelle eingefügt werden:

```
<A HREF="#Bhflg">Berghänfling</A>
```

Für einen Hypertext-Verweis auf Birkenzeisig muß

```
<A HREF="#Bkzg">Birkenzeisig</A>
```

eingefügt werden.

Das Doppelkreuz # verweist auf eine Stelle in der Datei. Die Formulierung `#Bhflg` besagt, daß sich der Verweis auf ein `ID`-Attribut mit dem Wert `Bhflg` bezieht. Wenn der Verweis ausgelöst wird, findet der Browser das Element mit dem entsprechenden Attribut und gibt die Datei an dieser Stelle aus. Die meisten Elemente können mit dem Attribut `ID` versehen werden, am sinnvollsten ist dies jedoch bei Überschriften von Tabellen und Bildern, damit Sie auf diese von anderen Dokumenten aus ggf. zugreifen können. Erzeugen Sie das Dokument selbst, dann ist es sicher sinnvoll, die Namen unmißverständlich zu formulieren. Beachten Sie, daß die Groß- und Kleinschreibung beachtet werden muß (`sec3` und `SEC3` werden unterschieden). Jedes Attribut `ID` in einem Dokument muß vom Namen her eindeutig sein.

Technische Anmerkungen zu den URLs

URLs sind zwar sehr effektiv, sie haben aber auch einige erwähnenswerte Nachteile. So müssen sie zur Zeit im ASCII-Code verfaßt sein, wodurch es für Sprachen wie Arabisch und Japanisch unpraktisch ist, URLs zu erzeugen.

URLs für mit Akzent versehene Buchstaben

Mit einer Escape-Sequenz können akzentuierte Zeichen westeuropäischer Sprachen des Zeichensatzes Latin-1 verwendet werden. Zum Beispiel:

```
http://www.intermarche.fr/r%E9clame
```

für die Datei „réclame". Das Prozentzeichen `%` funktioniert als Escape-Code, und ihm folgen zwei hexadezimale Zahlen, in unserem Fall E9 für den Akut des Kleinbuchstabens e des Zeichensatzes Latin-1. Beachten Sie, daß dies nicht für Host-Namen gilt, so daß z.B. die Bezeichnung „Intermarché" für einen Firmennamen nicht möglich wäre.

Die Escape-Codes

Einige der gebräuchlicheren Escape-Codes sind:

%09	horizontaler Tabulatorsprung
%20	Leerzeichen (ASCII-Code 32)
%25	%-Zeichen (ASCII-Code 37)
%26	&-Zeichen
%2B	Plus-Zeichen
%3F	Fragezeichen
%40	@-Zeichen

Abfragen in URLs

Auf einen URL kann eine Anfrage folgen. Sie wird durch ein Fragezeichen `?` eingeleitet:

```
http://www.acme.com/searchindex?special%20offers
```

In der Regel werden solche Anfragen vom Server durch besondere Programme, meist durch CGI-Skripte (Common Gateway Interface), behandelt. Als Überbleibsel von früher wird das Pluszeichen `+` in Anfragen als Leerstelle interpretiert. Wenn Sie es verwenden wollen, dann müssen Sie den Escape-Code `%2B` verwenden. Manchmal werden Sie komplexe Abfragen in folgender Form sehen:

```
http://guidep.infoseek.com/WW/NS/
Titles?qt=fly+fishing col=NN
```

Dies ist ein einfaches Beispiel für Daten aus einem HTML-Formular, die an den Anfrage-URL angehängt wurden. Die Abfrage hat die Form mehrerer Paare von Attributzuweisungen, die durch `&` getrennt sind. Dieses Beispiel ist für eine Infoseek Guide-Anfrage mit dem Text „fly fishing“ (qt=fly+fishing) in einer Datenbank mit Netzwerknachrichten (col=NN) gedacht. Beachten Sie die Verwendung des Pluszeichens für das Leerzeichen zwischen „Fly“ und „fishing“. Glücklicherweise ist es selten notwendig, solch umfangreiche URLs für Hypertext-Verweise in einem aktuellen Dokument zu verwenden.

7.4 Hypertext-Verweise durch anklickbare Grafiken statt durch Text

Wie bereits früher in diesem Kapitel ausgeführt wurde, enthält ein Hypertext-Verweis eine Schaltfläche. Bei Textverweisen ist dies das Wort oder der Ausdruck, den Sie auf dem Bildschirm anklicken können. In HTML kann diese Marke neben Text aber auch eine Grafik sein. Sie klicken die Grafik an, und der Verweis wird ausgelöst.

7.4.1 Einfaches Beispiel für eine Grafik, die angeklickt einen Hypertext-Verweis auslöst

Der Quelltext unten zeigt, wie eine anklickbare Grafik erzeugt wird. Wird der Mauszeiger über das Bild bewegt, dann erkennt der Browser, daß er sich über einem anklickbaren Bild befindet und ändert dementsprechend sein Aussehen. Durch Klicken der Maustaste gelangen Sie nun direkt zu der Datei, die mit dem Attribut `HREF` angeben wird. Der Quelltext lautet:

```
<A HREF="/bug.html"><IMG SRC="/webfiles/images/bug.gif">Find
out about Joe the beetle</A>
```

Das Ergebnis sieht so aus:

Der Verweis beginnt mit dem Start-Tag eines Ankerelements, welches das Attribut `HREF` mit dem Verweis auf die beim Anklicken zu holende Datei enthält. In diesem Fall heißt die Datei `bug.html`. Innerhalb der Grenzen des Ankerelements befindet sich eine `IMG`-Anweisung, welche die Grafik einbettet, die die Schaltfläche für den Link darstellt. Um zu kennzeichnen, daß es sich hierbei um einen Hypertext-Verweis handelt, wird sie von den meisten Browsern mit einer roten Linie umrandet.

7.4.2 Ausschalten der Umrandung

Im nächsten Abschnitt wird das Bild der Katze angeklickt, um weitere Informationen über sie anzuzeigen. Durch seine Erscheinung verleitet das Bild bereits dazu, es anzuklicken. Die rote Umrandung ist überflüssig und stört das Design.

Durch das Attribut `BORDER=0` kann die Umrandung ausgeschaltet werden. Zum Beispiel:

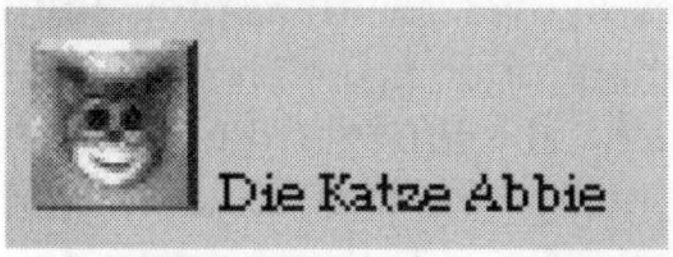

Der Quelltext hierfür sieht so aus:

```
<P><A HREF="/katze.html"><IMG SRC= "katze.gif" BORDER=0>Die
Katze Abbie</A>
```

7.4.1 Die Verwendung einer kleinen anklickbaren Grafik als Marke für einen Verweis auf eine größere

Dem nächsten Beispiel liegt das gleiche Konzept zugrunde, allerdings zielt der Hypertext-Verweis auf ein großes Bild. Im Web findet dies häufig bei großen Bildern oder Fotografien Verwendung, die viel Zeit zum Herunterladen benötigen. Zum Beispiel:

```
<A HREF=bluejay.jpeg><IMG href=bluejay.gif>
Bluejay (500k Jpeg)</A>
```

Wenn Sie das kleine Bild anklicken, dann wird das große Bild langsam eingeblendet.

7.4.2 Einstellung der Farbe für die Marken des Hypertext-Verweises

Mit dem Attribut `LINK` des Elements `BODY` können Sie die Farbe der Schaltfläche des Hypertext-Verweises bestimmen. Dies sind die Anweisungen hierfür:

```
<BODY BGCOLOR="#000015" TEXT="#000020" LINK="#000050"
VLINK="#000050" ALINK="#000050">
```

Diese Zeilen enthalten folgende Informationen:

- `BGCOLOR` legt die Hintergrundfarbe fest.
- `TEXT` legt die Hauptfarbe des Textes fest. Es kann nur ein Wert angegeben werden.
- `INK` legt die Farbe des Hypertext-Verweises vor dem Anklicken fest.
- `VLINK` gibt die Farbe des Hypertext-Verweises nach dem Anklicken an.
- `ALINK` gibt die Farbe eines aktiven, gerade angeklickten Hypertext-Verweises an.

Sie müssen diese Angaben nicht machen, alle fünf Attribute sind optional. Was sind das für Kodierungen für die Farben? Was bedeuten sie, und woher weiß man, welche zu wählen ist? Es handelt sich um die hexadezimale Kodierung der RGB-Werte. Sie kennen von Bildverarbeitungsprogrammen sicher die Möglichkeit, mittels der Rot-, Grün- und Blauanteile eine eigene Farbe zu bestimmen. Wenn Sie eine Farbe nach Wunsch erzeugt haben, dann können Sie mit dem Bildverarbeitungsprogramm den hexadezimalen Wert dieser Farbe ermitteln und an der entsprechenden Stelle eintragen. Beachten Sie, daß nicht alle Browser die gleichen Farben erzeugen, weil die Gamma-Werte nicht korrigiert sind. Es gibt Farbtabellen, denen Sie die Codes für die einzelnen Farben entnehmen können. Suchen Sie unter „HTML" und „color", um eine solche Tabelle zu finden. Beachten Sie auch die Hinweise in Kapitel 9 zu den Eigenschaften der Formatvorlagen für die Festlegung der Farbe und der Schriftart von Hypertext-Verweisen.

7.5 Link-Semantik: REL und REV

Ursprünglich wurden Hypertext-Verweise im Web in recht einfacher Art und Weise verwendet. Sie haben sich in der Regel auf einfache Sprünge von einem Ort zum anderen beschränkt. Es gibt jetzt Bestrebungen, die Verweise zwischen den Dokumenten intelligenter zu gestalten. Mit dem Programm Framemaker der Firma Adobe und mit anderen Desktop Publishing-Programmen können einzelne Dokumente zu größeren Einheiten wie z.B. Büchern verbunden werden. Diese können dann indiziert und gedruckt werden. Obwohl sie aus unterschiedlichen Teilen bestehen, die an verschiedenen Orten auf der Festplatte gespeichert sind, kann auf sie als ein Ganzes zugegriffen werden. Das gleiche kann auch mit Web-Dokumenten getan werden. Es werden Eigenschaften entwickelt, die es erlauben, Sammlungen verknüpfter Materialien mit nahtlosen Übergängen auszudrucken, oder mehrere thematisch verwandte Dokumente zu indizieren. Solche Verweise zwischen den Informationen, die etwas *über* die Art der Verknüpfung zweier Elemente aussagen, werden *semantische Links* genannt. Die beiden Attribute `REV` und `REL` des Ankerelements spielen eine Rolle bei den semantischen Links.

Stellen wir uns zwei Dokumente vor: das Quelldokument (dasjenige, welches gerade gelesen wird) und das Zieldokument (dasjenige, auf das verwiesen wird):

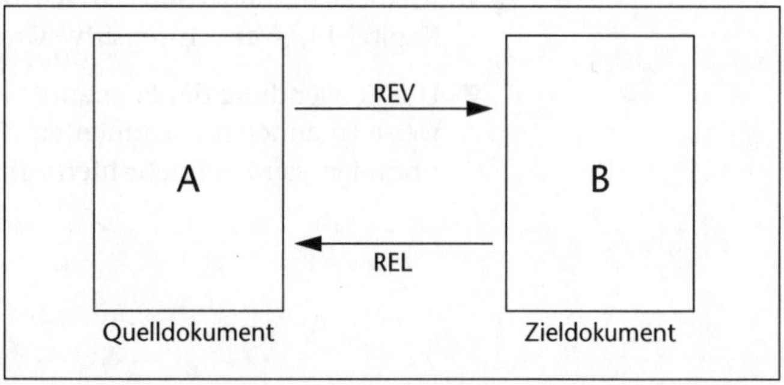

Das Attribut `REL` beschreibt die Rolle des Zieldokuments in Bezug auf das Quelldokument. Es kann z.B. aussagen: „Das Zieldokument ist ein Glossar des aktuellen Dokuments" oder: „Das Zieldokument ist ein Abschnitt des aktuellen Kapitels".

Das Attribut `REV` beschreibt die umgekehrte Beziehung. Es könnte aussagen: „Das Zieldokument ist das Dokument, zu welchem dieses Glossar gehört" oder: „Das Zieldokument ist das Kapitel, zu dem dieser Abschnitt gehört.". Der Verweis von Dokument A zu Dokument B (siehe Zeichnung) mit `REV=Beziehung` drückt die gleiche Beziehung aus, wie der Verweis von B zu A mit `REL=Beziehung`.

Zum Beispiel:

```
Siehe auch unter <A HREF=buch.html
REL="Glossar">Begriffserklärungen</A>für weitere Hinweise

Dies ist das Kapitel 4 von <A REL='Buch'> Das Eismeer lebt </A>
```

Gemäß der Festlegung von HTML 2 können `REV` und `REL` eine durch Leerzeichen getrennte Liste der Relationen enthalten. Beachten Sie, daß `REL` und `REV` auch in Verbindung mit dem Element `LINK` verwendet werden. Groß- und Kleinschreibung werden unterschieden.

7.6 Verwendung des Attributs TITLE

Das Ankerelement hat das Attribut `TITLE`, mit dem Browsern vor Auslösung des Verweises etwas mitgeteilt werden kann. Wenn Sie den Mauszeiger über den Verweis bewegen, dann öffnet sich ein Fenster mit einem Hinweis auf das Ziel des Verweises. Die Wörter, die dort erscheinen, sind die dem Attribut `TITLE` übergebenen Werte.

7.7 So geht's weiter

Dieses Kapitel befaßte sich mit einfachen Hypertext-Verweisen. Damit in Zusammenhang stehen folgende Themen:

- Anklickbare Bilder mit aktiven Bereichen (mehr hierzu finden Sie in Kapitel 14, „Verweis-sensitive Grafiken“)
- Die Verwendung des Elements `LINK` in HTML 4. Hiermit können Verweise zu anderen Dokumenten, Formatvorlagen, Autoren usw. vorgenommen werden (mehr hierzu finden Sie in Kapitel 13, „Frames“)

Grafik im WWW

8

Dieses Kapitel enthält Informationen zu folgenden Themen:

- Das Einfügen von Grafiken mit dem Element `IMG`
- Rahmen, Hintergrundfarben und horizontale Linien
- Die Verwendung der Grafikformate `GIF`, `JPE`, `JPEG` und `PNG`
- Wie Sie Ihre Web-Seiten für Behinderte verfügbar machen

Zusammenfassung

Einfache Grafiken werden mit dem Element IMG der Zeichenebene eingefügt. Das Element OBJECT hingegen sollte für das Einfügen anderer Medien in ein Dokument verwendet werden (Siehe Kapitel 15). Es kann auch für den Aufbau von anklickbaren Bildern verwendet werden. Die am weitesten unterstützten Grafikformate sind GIF und JPEG. Das Format PNG wird immer mehr unterstützt.

Bildbeschriftungen, auf die mit IMG verwiesen wird, gehören nicht zum HTML 4-Standard, obwohl sie mit HTML 3 vorgeschlagen wurden. Leider haben sich die meisten Browser-Hersteller geweigert, Beschriftungen zu implementieren, vielleicht unter dem Druck, die Produkte schnell auf den Markt bringen zu wollen. An dieser Stelle müssen die Verfasser von HTML-Dokumenten daher improvisieren.

Die HTML 4-Spezifikation enthält folgende Attribute für das Element IMG:

- SRC – ein URL mit der Adresse des Bildes. Dieses Attribut ist obligatorisch, das Element IMG muß die Quelle des Bildes beinhalten.
- ALT – eine Zeichenkette mit einer Bildbeschreibung für diejenigen, die keine Grafik auf dem Bildschirm ausgeben können oder für Sehbehinderte, denen ein Programm vorlesen muß, was auf dem Bildschirm zu sehen ist.
- ALIGN – mit den Werten top, middle, bottom, left und right für die Beschreibung der Lage des Bildes in Bezug auf die aktuelle Grundlinie. Die Grundeinstellung ist bottom.
- HEIGHT und WIDTH – numerische Werte für die Angabe der Höhe und der Breite des Bildes in Pixel.
- BORDER – eine Zahl, die die Breite der Umrahmung in Pixel angibt. Dieses Attribut wird nur verwendet, wenn das Element IMG als Schaltfläche für einen Hypertext-Verweis dient. Der Wert BORDER=0 unterdrückt den Rahmen.
- HSPACE – ein Zahlenwert für die Breite des Zwischenraums unmittelbar rechts und links des Bildes. Die Angabe erfolgt in Pixel, und die Grundeinstellung entspricht der Breite einer schmalen Linie.
- VSPACE – genau wie HSPACE, jedoch ein Zahlenwert für den vertikalen Raum ober- und unterhalb des Bildes.
- USEMAP – ein Attribut für die Behandlung des Bildes auf Seiten des Clients (siehe Kapitel 14).

- ISMAP – dieses Attribut zeigt an, daß es sich um ein anklickbares Bild handelt. Wenn der Anwender das Bild anklickt, dann wird die Position des Mauszeigers an den Server weitergegeben.
- STYLE – kann für die Festlegung eines Stils verwendet werden. Das Attribut betrifft den Raum um das Bild herum (ähnlich wie VSPACE und HSPACE), den Hintergrund und die Umrahmung.
- ID – hiermit kann dem Bild eine eindeutige Bezeichnung zugewiesen werden, die als Marke für einen Hypertext-Verweis dienen kann (siehe Kapitel 7).
- LANG – damit kann die Sprache für das Attribut ALT eingestellt werden (siehe Kapitel 17).
- CLASS – für die Festlegung eines Stils für das Bild (siehe Kapitel 9).

8.1 Einführung

Dieses Kapitel beschäftigt sich damit, wie alle möglichen Arten von Abbildungen mit HTML in eine Web-Seite eingefügt werden können: Fotos, Bilder, Diagramme, Gliederungspunkte, dekorative Hintergründe usw. Dies kann auf erstaunlich einfache Art auch von denjenigen durchgeführt werden, die keine besondere Neigung zum Programmieren haben. Es wird nicht auf die Einzelheiten für die Erstellung der Bilddateien selbst eingegangen, sondern ein Überblick über die wesentlichen Grundzüge für eigene Entwürfe und die Vorbereitung eigener Publikationen gegeben.

- Wenn Sie Java-Applets, Video-Clips oder andere Multimedia-Objekte in Ihr Dokument einbinden möchten, dann lesen Sie bitte hierzu Kapitel 15.
- Zum Thema Bilder mit aktiven Bereichen (sog. „Hotzones") lesen Sie bitte Kapitel 14, „Verweis-sensitive Grafiken". Dies sind Bilder, die in bestimmten Bereichen angeklickt werden können, um verschiedene Antworten zu liefern. Angenommen, der Bildschirm zeigt eine Europakarte. Wenn Sie auf dieser Karte ein Land anklicken, dann erhalten Sie die dazugehörigen Informationen. Jedes Land ist als aktiver Bereich konfiguriert, deren Anklicken einen Hypertext-Verweis auslöst.

Allgemein werden Bilder, Fotos und Kunstwerke mit dem Tag IMG in Web-Seiten eingefügt. Das Tag IMG ist bereits seit einiger Zeit Bestandteil von HTML, eigentlich seit der Zeit des Mosaic-Browsers. Bereits bei seiner Einführung war das Element IMG Gegenstand heftiger Diskussionen innerhalb der Internet-Gemeinde. Viele Entwickler hielten IMG für schlecht entworfen und wenig durchdacht.

Am Anfang gab es `IMG` zum Einfügen von Bildern ins Web. Als Animationen, Sound-Chips und andere Anwendungen im Web auftauchten, entstand eine Unzahl neuer Tags. Es war ein Problem, daß die Browser jeweils unterschiedliche Tags implementiert hatten, was zu Inkompatibilitäten führte. HTML 4 kennt nur die Elemente `IMG` und `OBJECT`.

Zwar wurde eine Reihe von Alternativen vorgeschlagen, wie z.B. das Element `FIG` für HTML 3 oder die Browser-bezogenen Tags `DYNSCR`, `EMBED` und `LOWRES`, aber `IMG` existiert nach wie vor. Mit HTML 4 können die Autoren nun von dem Element `OBJECT` profitieren, welches primär zum Einfügen von Java-Applets, Multimedia- und anderen Kleinanwendungen in Dokumente gedacht ist. Das Element `OBJECT` kann auch auf gewöhnliche Abbildungen verweisen, und es ist sehr wahrscheinlich, daß es auf lange Sicht `IMG` verdrängen wird.

Wodurch ruft IMG Kritik hervor?

`IMG` ist ein *leeres Element*, was bedeutet, daß es keine weiteren Markierungen enthalten kann. Wird mit `IMG` eine Abbildung eingefügt, dann gibt es außer einiger weniger Worte der Beschreibung für Anwender ohne grafische Benutzeroberfläche oder Sehbehinderte keine Möglichkeit, den Browser zur Ausgabe gesprochener Beschreibungen der dargestellten Bilder zu benutzen. Ein besser entwickeltes Element `IMG` böte die Möglichkeit, ganze Absätze und andere markierte Texte auszugeben, wenn, und nur wenn, der Browser die Abbildungen nicht ausgeben kann, wie dies bei einem textorientierten Browser der Fall ist.

8.1 Einführung

IMG bietet dem Verfasser keine alternativen Medien an. Sie möchten z.B. die Möglichkeit haben, zu bestimmen: „Wenn der Browser MPEG-Dateien unterstützt, dann soll ein Video ausgegeben werden, andernfalls ein Bild in hoher Auflösung." Es ist ein großer Nachteil von IMG, daß dieses und die Darstellung vieler anderer neuer Medien des Web nicht möglich ist.

8.2 So funktioniert IMG

Dieser Abschnitt erklärt an Hand einer Reihe von Beispielen, wie IMG funktioniert. Es werden die zahlreichen Attribute von IMG in Verbindung mit dem Layout behandelt, z.B. ALIGN, VSPACE und HSPACE, BORDER usw. Ein Abschnitt befaßt sich auch mit dem Attribut ALT, mit welchem der Verfasser eine kleine Beschreibung oder anderen Text anstelle des Bildes ausgeben lassen kann, wenn es sich um einen textorientierten Browser handelt.

8.2.1 Ein einfaches Beispiel

Wir beginnen mit einem Beispiel, bei dem ein Bild mit dem Tag IMG auf die einfachst mögliche Art und Weise eingefügt wird.

```
<P> Die World Wide Web-Witwen beklagen, daß ihre
Ehemänner soviel Zeit im Web verbringen, daß sie
bereits eine Art virtueller Existenz im Internet
angenommen haben. Die WWWW (World Wide Web Witwe(n))
suchen ständig nach Möglichkeiten, um die sonderbare
Leidenschaft ihrer Ehemänner zu sabotieren. Eine Dame
hat z.B. das Zwergkaninchen ihrer Kinder
darauf angesetzt, das Tastaturkabel durchzunagen, was
zur großen Freude auch gelang. <IMG SCR="schwarzeWitwe.gif"
ALT="Die Witwenspinne des Web">
Eine andere Ehegattin schickte ein kleines Kind
ins Zimmer und ließ es nur wenige Zentimeter vom Ohr
ihres Mannes entfernt ein schrilles Lied auf der
Blockflöte spielen. Wie zu erwarten, zwang der Lärm
den Ehemann, die virtuelle Welt des Cyberspace zu
verlassen, allerdings nur für kurze Zeit. Nachdem er
das Gerät des Übeltäters konfisziert hatte, war er
binnen Sekunden wieder am Computer, um ein Programm
herunterzuladen, mit dem Blockflöte über
Tastatureingaben gespielt werden kann. "Ich glaube
nicht, daß die Musiklehrerin damit einverstanden
ist," sagte die Ehefrau. "Bestimmt nicht," pflichtete
der Sohn bei.
```

Speichern der Bilder mit dem Rest des Dokuments
Kann ein Dokument mit eingefügten Bildern so gespeichert werden, daß beides später gemeinsam gedruckt werden kann? Bis zum Zeitpunkt der Entstehung dieses Buches haben die Browser-Hersteller das nicht vorgesehen. Man kann nur hoffen.

Dieser Quelltext erscheint so auf dem Bildschirm:

Die World Wide Web-Witwen beklagen, daß ihre Ehemänner soviel Zeit im Web verbringen, daß sie bereits eine Art virtueller Existenz im Internet angenommen haben. Die WWWW (World Wide Web Witwe(n)) suchen ständig nach Möglichkeiten, um die sonderbare Leidenschaft ihrer Ehemänner zu sabotieren. Eine Dame hat z.B. das Zwergkaninchen ihrer Kinder darauf angesetzt, das Tastaturkabel durchzunagen, was zur großen Freude auch gelang.

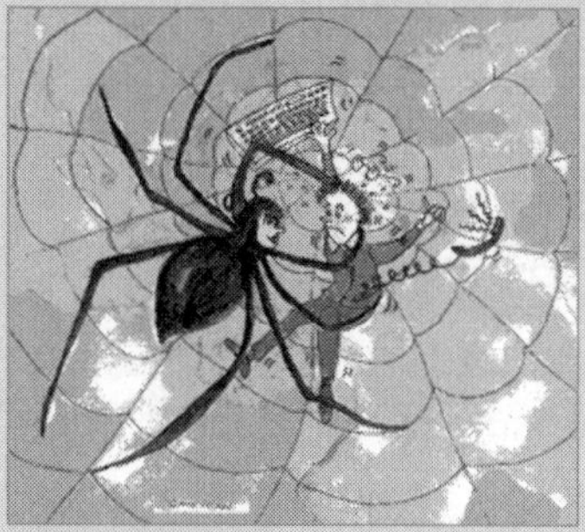

Eine andere Ehegattin schickte ein kleines Kind ins Zimmer und ließ es nur wenige Zentimeter vom Ohr ihres Mannes entfernt ein schrilles Lied auf der Blockflöte spielen. Wie zu erwarten, zwang der Lärm den Ehemann, die virtuelle Welt des Cyberspace zu verlassen, allerdings nur für kurze Zeit. Nachdem er das Gerät des Übeltäters konfisziert hatte, war er binnen Sekunden wieder am Computer, um ein Programm herunterzuladen, mit dem Blockflöte über Tastatureingaben gespielt werden kann. „Ich glaube nicht, daß die Musiklehrerin damit einverstanden ist," sagte die Ehefrau. „Bestimmt nicht," pflichtete der Sohn bei.

In diesem Beispiel wurde das Bild `schwarzeWitwe.gif` nicht beliebig zwischen den Absätzen eingefügt. Der Browser hat versucht, es auf der gleichen Zeile einzufügen, was allerdings nicht gelang. Aus diesem Grund wurde das Bild in die nächste Zeile geschoben, wodurch der Abstand zur vorhergehenden Zeile vergrößert wurde, um Platz für die aktuelle Zeile zu schaffen. Diese Vorgehensweise des Browsers beim Einfügen des Bildes erklärt sich daraus, daß das Element `IMG` ein Element auf *Zeichenebene* ist.

Auch wenn Sie mit Word oder einem anderen Programm einen Absatz in 10-Punkt Helvetica formatiert haben, wird beim Einfügen eines Zeichens in 20-Punkt-Größe der Zeilenabstand vergrößert. Die größere Schriftart beansprucht mehr Höhe, d.h. mehr Zwischenraum zwischen den Zeilen.

Betrachten Sie das folgende Beispiel:

> Ein Element auf Zeichenebene wird auf der Grundlinie des Textes positioniert, so wie jedes andere Zeichen auch. Ist das Element außergewöhnlich groß, dann Schiebt es die Zeilenabstände auseinander und fügt zusätzliche Höhe oder Leerraum zwischen den Zeilen ein, so wie oben zu sehen ist. Wird ein Zeichen eingefügt, das kleiner als die es umgebenden Zeichen ist, dann verändert sich der Text nicht.

Das gleiche passiert, wenn Sie ein Bild mit `IMG` einfügen. Die Abbildung wird innerhalb der Textzeile positioniert. Ist das Bild nicht extrem schmal, dann wird der Text auseinander geschoben, um Platz zu schaffen. Wie die nächsten Beispiele zeigen werden, gibt es glücklicherweise eine Reihe von Möglichkeiten, um das Verhalten von `IMG` zu steuern.

Das Konzept der eingebetteten Bilder

Für den Neuling ist es interessant, einige Überlegungen und Begriffe etwas näher auszuführen. Es ist sicher bekannt, daß man bei Bildern die mit `IMG` in ein HTML-Dokument einfügt worden sind, von *eingebettet* oder *inline* eingefügt spricht. Das bedeutet, daß die Bilder als Teil eines Dokuments eingefügt wurden und nicht in einem separaten Fenster, als externe Bilder dargestellt werden.

Inline-Bilder werden automatisch zusammen mit dem Dokument geholt, wenn das Dokument über das Internet heruntergeladen wird. *Externe Bilder* dagegen werden mit einem eigenen Viewer vom Browser angezeigt. Sie müssen gesondert angefordert werden, wenn der Hypertext-Verweis ausgelöst wird. Wird ein Web-Dokument in einer Datei gespeichert, dann werden die mit `IMG` eingebundenen Inline-Bilder nicht mitgespeichert: Es wird nur der Text gespeichert, nicht die entsprechenden Bilder.

Wie gestaltet der Browser das Layout für eine Seite mit einem Inline-Bild? Inline-Bilder werden ähnlich behandelt, wie ein Wort im Absatz. Das liegt daran, daß das Element `IMG` selbst ein Element auf Zeichenebene ist, wie es in Kapitel 3 erklärt wurde. Auf Grund seines Zeichencharakters kann ein mit `IMG` eingebundenes Bild in der Mitte eines Absatzes erscheinen, so wie ein Wort auch. Wenn Sie ausdrücklich möchten, daß ein Bild allein steht, dann müssen Sie seine Position mit anderen Elementen beeinflussen, wie z.B. mit `BR` (welches die Zeile umbricht, so daß das Bild auf einer neuen Zeile beginnt). Diese Methode wird in diesem Kapitel noch beschrieben.

`IMG` hat ein leeres Inhaltsmodell. Es kann daher keine anderen Elemente innerhalb seiner Grenzen enthalten. Innerhalb eines Elements `IMG` kann weder ein Hypertext-Verweis, noch eine Aufzählung, ein Absatz oder irgend ein anderes HTML-Element enthalten sein. Das schließt allerdings nicht aus, daß ein Element `IMG` in anderen HTML-Elementen enthalten sein kann. Ein `IMG`-Element kann z.B. in einem Aufzählungselement (leider wird der Gliederungspunkt des Aufzählungselements ebenfalls angezeigt, weil es keine Möglichkeit gibt, für das Element `UL` den Gliederungspunkt auszuschalten) oder einer Tabellenzelle enthalten sein.

8.2.2 Wie die Position des Bildes relativ zum Text gesteuert wird

`ALIGN` wird abgelöst Mit dem Aufkommen der Style Sheets wird das Attribut `ALIGN` überflüssig: Formatvorlagen enthalten Eigenschaften, die diese Funktion übernehmen. Bis sich die Formatvorlagen für das Web flächendeckend etabliert haben, bleibt `ALIGN` dennoch äußerst nützlich.

Die nächste Folge von Beispielen zeigt, wie Bilder mit HTML positioniert und wie die Leerflächen um das Bild herum beeinflußt werden. Der beste Weg, um ein Bild zu positionieren, ist die Verwendung einer Tabelle als Layout-Gitter. Diese Vorgehensweise wird weiter hinten in diesem Kapitel und ebenfalls im Kapitel 10, „Tabellen" behandelt. An dieser Stelle befassen wir uns mit dem einfachen Gebrauch der Attribute des Elements `IMG`, um Layout-Effekte zu erzielen.

Als erstes kann die vertikale Lage des Textes in Bezug auf das Bild verändert werden. Soll der Text auf gleicher Höhe mit der Unterkante, auf der Mitte oder auf Höhe der Oberkante des Bildes stehen? Wie dies mit dem Attribut `ALIGN` gesteuert wird, können Sie unten sehen. Um ein Bild auf diese drei Arten zu positionieren, müssen Sie die Zuweisungen `ALIGN=bottom`, `ALIGN=middle` und `ALIGN=top` verwenden. HTML 4 bietet außerdem die Zuweisungen `ALIGN=left` und `ALIGN=right`, die im weiteren Verlauf noch erklärt werden.

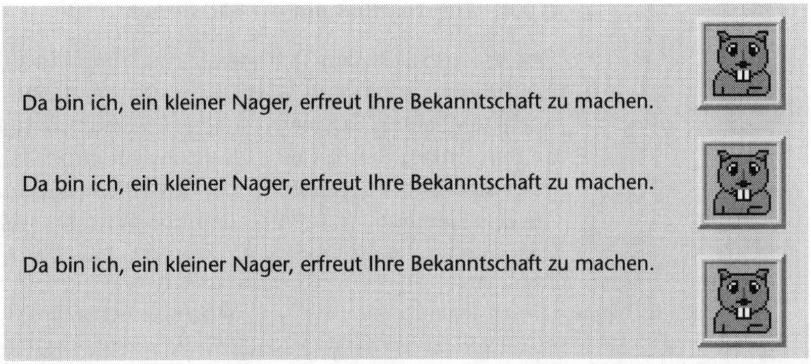

Im ersten Fall wird der Biber mit `<IMG SRC=biber.gif ALIGN=bottom>` positioniert. Dann erscheint der Text auf einer Zeilenhöhe mit dem Biber. Im zweiten Fall befindet sich die Textzeile auf der mittleren Höhe (`ALIGN=middle`) und im letzten Fall auf Höhe der Oberkante des Bildes (`ALIGN=top`).

8.2.3 Einen Zeilenumbruch vor einem Bild einfügen

Das in Kapitel 4, „Absätze und Überschriften", erklärte Tag `<BR>` kann dazu verwendet werden, einen Zeilenumbruch so einzufügen, daß das Bild auf die nächste Zeile geschoben wird:

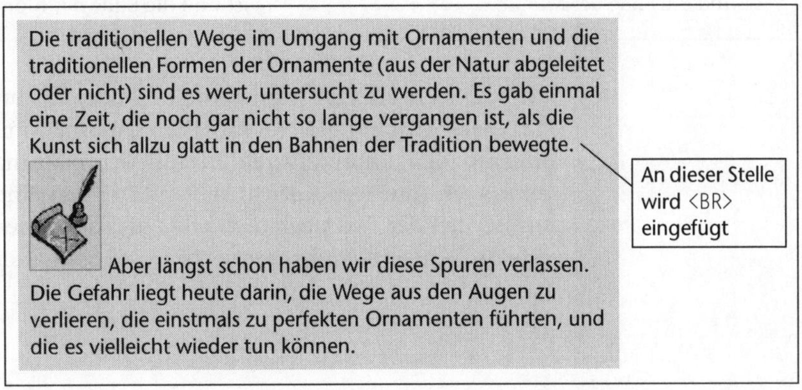

8.2.4 Der Textfluß um ein Bild herum

Der Browser läßt den Text automatisch um ein Bild herumfließen, wenn das Attribut `ALIGN` den Wert `left` oder `right` hat. Das können Sie in den nächsten beiden Beispielen sehen. Im ersten Beispiel schiebt sich das Bild an den linken Rand, weil es links ausgerichtet ist. Im zweiten Beispiel ist das Bild rechts ausgerichtet. Der Text fließt automatisch rechts oder links um das Element `IMG` herum. Sie müssen nichts weiter veranlassen.

...sein organischer, fast elektrisierender Stil erfaßt diese innere Verwirrung und Aufregung, die für seine frühen Werke so kennzeichnend

war und die auch heute noch in diesen einzigartigen Werken lebendig ist. Diese einzigartige Verbindung strenger Farbgebung mit der Schönheit der Linien drückt das Unerwartete, die Andeutung und das Musikalische aus. Wir empfehlen Ihnen den Besuch der Ausstellung 'Marmelade zum Tee', die zur Zeit in der Roxborough Galerie zu sehen ist und die Ende des Monats

...sein organischer, fast elektrisierender Stil erfaßt diese innere Verwirrung und Aufregung, die für seine frühen Werke so kennzeichnend war und die auch heute noch in diesen einzigartigen Werken lebendig ist. Diese einzigartige Verbindung strenger Farbgebung mit der Schönheit der Linien drückt

das Unerwartete, die Andeutung und das Musikalische aus. Wir empfehlen Ihnen den Besuch der Ausstellung 'Marmelade zum Tee', die zur Zeit in der Roxborough Galerie zu sehen ist und die Ende des Monats

Im nächsten Beispiel wurde eine besondere Kombination des Tags `<BR>` mit dem Attribut `CLEAR` (a) für einen Umbruch im Absatz verwendet und (b), um den unmittelbaren Beginn der Zeile nach dem Umbruch zu erzwingen (nur wenn der linke Rand frei von einem Bild ist). Das Ergebnis ist, daß der Text nach dem Bild auf einer neuen Zeile fortgesetzt wird. Ein ähnlicher Effekt kann mit `<BR CLEAR=right>` erreicht werden.

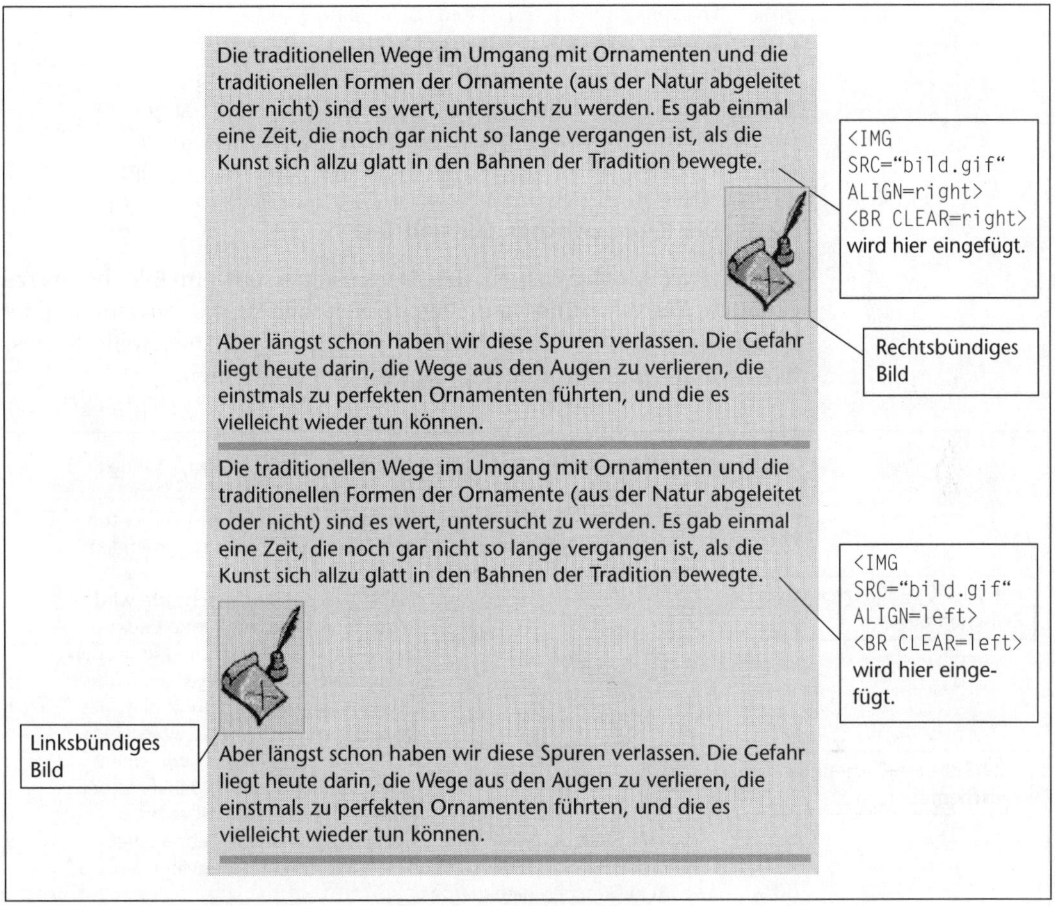


```
<P>Die traditionellen Wege im Umgang mit Ornamenten
und die traditionellen Formen der Ornamente (aus der
Natur abgeleitet oder nicht) sind es wert, untersucht
zu werden. Es gab einmal eine Zeit, die noch gar
nicht so lange vergangen ist, als die Kunst sich allzu
glatt in den Bahnen der Tradition bewegte.
<IMG SRC="bild.gif" ALIGN=right><BR CLEAR=right>
Aber längst schon haben wir diese Spuren verlassen.
Die Gefahr liegt heute darin, die Wege aus den Augen
zu verlieren, die einstmals zu perfekten Ornamenten
führten, und die es vielleicht wieder tun können.<HR>

<P>Die traditionellen Wege im Umgang mit Ornamenten
und die traditionellen Formen der Ornamente (aus der
Natur abgeleitet oder nicht) sind es wert, untersucht
zu werden. Es gab einmal eine Zeit, die noch gar
nicht so lange vergangen ist, als die Kunst sich allzu
```

```
glatt in den Bahnen der Tradition bewegte.
<IMG SRC="bild.gif" ALIGN=left><BR CLEAR=left>
Aber längst schon haben wir diese Spuren verlassen.
Die Gefahr liegt heute darin, die Wege aus den Augen
zu verlieren, die einstmals zu perfekten Ornamenten
führten, und die es vielleicht wieder tun können.<HR>
```

8.2.5 Der Raum zwischen Bild und Text

Es gibt zwei Möglichkeiten, den leeren Raum um ein Bild herum zu gestalten. Die erste und verbreiteteste Methode ist die Verwendung der beiden Attribute VSPACE und HSPACE des Elements IMG, die jeweils den vertikalen und den horizontalen Zwischenraum bestimmen.

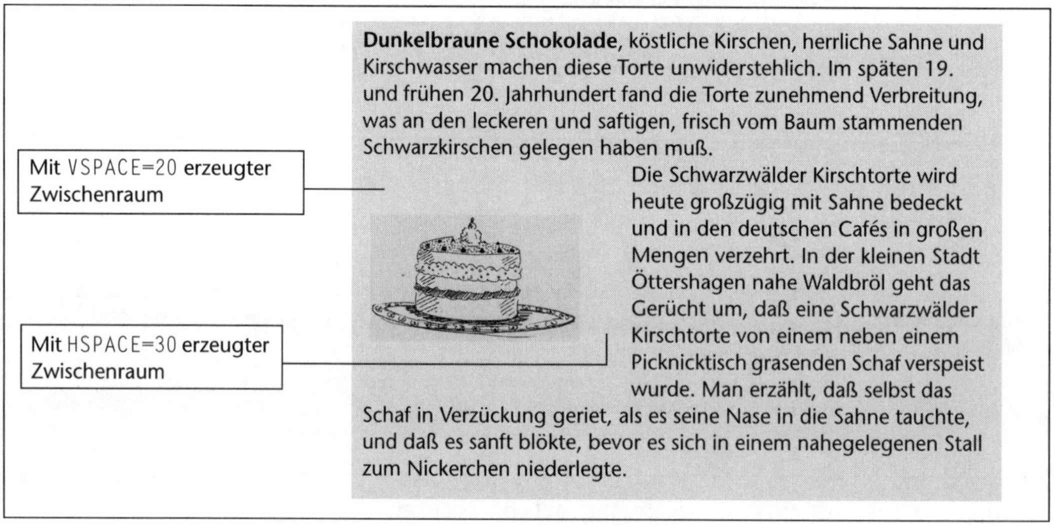


```
<P><B> Dunkelbraune Schokolade</B>, köstliche
Kirschen, herrliche Sahne und Kirschwasser machen
diese Torte unwiderstehlich. Im späten 19. und frühen
20. Jahrhundert fand die Torte zunehmend Verbreitung,
was an den leckeren und saftigen, frisch vom Baum
stammenden Schwarzkirschen gelegen haben muß.
<IMG SRC="torte.gif" ALIGN=left WIDTH=50 HEIGHT=50
VSPACE=20 HSPACE=30> Die Schwarzwälder Kirschtorte
wird heute großzügig mit Sahne bedeckt und in den
deutschen Cafés in großen Mengen verzehrt. In der
kleinen Stadt Öttershagen nahe Waldbröl geht das
Gerücht um, daß eine Schwarzwälder Kirschtorte von
einem neben einem Picknicktisch grasenden Schaf
verspeist wurde. Man erzählt, daß selbst das Schaf in
Verzückung geriet, als es seine Nase in die Sahne
```

```
tauchte, und daß es sanft blökte, bevor es sich in
einem nahegelegenen Stall zum Nickerchen
niederlegte.
```

Der Web-Designer David Siegel verwendet ein kleines, leeres Bild im Gif-Format, das mit `HSPACE` und `VSPACE` austariert wird, um Leerraum in Web-Seiten einzufügen. Dieser schlaue Trick ist auf den Web-Seiten der Firma Verso unter www.verso.com zu sehen.

8.2.6 Das Attribut ALT für Text als Alternative zum Bild

Das Attribut `ALT` wird mit HTML 4 verwendet, um eine kleine Menge Text anstelle des Bildes für rein textorientierte Browser zur Verfügung zu stellen. Erläuterungen in Form von Text zu einem Bild sind immer wichtig und sollten möglichst zur Verfügung gestellt werden, es sei denn, es handelt sich um Aufzählungspunkte oder rein dekorative Bilder. Der Text für das Attribut `ALT` muß in Anführungszeichen stehen, da es sich um einen Attributwert mit Leerzeichen handelt und jeder Wert dieser Art in der Form eingegeben werden muß:

```
<IMG SRC="guinea.gif" ALT="Bild eines Warzenschweins">
```

Der Text kann sich über mehrere Zeilen erstrecken, seine Ausgabe auf dem Bildschirm ist jedoch sehr einfach gehalten. Es dürfen keine Markierungen (d.h. keine anderen HTML-Tags) enthalten sein.

8.3 Schnelleres Bildladen, wenn der Browser die Größe kennt

Für das Element `IMG` stehen die Attribute `WIDTH` und `HEIGHT` zur Verfügung, die die Größe eines Bildes in Pixel angeben. Dem liegt der Gedanke zugrunde, daß der Browser eine Vorwarnung bezüglich der Größe des zu ladenden Bildes erhalten soll. Auf diese Weise ist er vorbereitet und kann das Layout für den Moment der Ausgabe entsprechend gestalten. Bedenken Sie, daß `WIDTH` und `HEIGHT` HTML-Bestandteile sind und daher relativ schnell über das Internet kommen. Die Bilder dagegen werden gesondert gesendet. Bei größeren Dateien kann es daher zu Verzögerungen kommen. Wenn sie dann ankommen, ist die Seite bereits aufgebaut, und die Dateien müssen nur noch an der richtigen Position eingefügt werden.

Eine schlaue Idee von David Siegel
Wenn Sie eine lineare Abfolge von Web-Seiten mit umfangreichen Bildern haben, dann gibt es einen einfachen Trick dafür, daß die Bilder sehr schnell erscheinen. Plazieren Sie alle Bilder auf der ersten Seite, wobei jedes Bild nur die Größe eines Pixels hat.

Wenn Sie die Attribute `WIDTH` und `HEIGHT` nicht benutzen, dann muß der Browser das Layout beim Erscheinen der Bilder gestalten, was eine längere Zeit in Anspruch nimmt.

Das geschieht dadurch, daß `IMG` mit den Attributen `WIDTH` und `HEIGHT` mit dem Wert 1 verwendet wird. Ein Bild in der Größe eines Pixels ist nicht einmal stecknadelkopfgroß und daher fast unsichtbar. Wechselt der Anwender nun auf die folgenden Seiten, dann erscheinen die bereits heruntergeladenen Bilder sofort. Die Bilder werden nun mit den korrekten Angaben für `WIDTH` und `HEIGHT` mit dem Element `IMG` ausgegeben. Da sich die Bilder bereits auf der ersten Seite befanden, sind sie im Cache-Speicher des Browsers und erscheinen deshalb augenblicklich auf dem Bildschirm.

Sie können über diese Attribute auch die aktuelle Größe des Bildes auf dem Bildschirm steuern, was allerdings keinen Einfluß darauf hat, wie ein sehr großes Bild in der Verkleinerung wirkt. Die Farben können dabei sehr sonderbar wirken, insbesondere dann, wenn nur 16 Farben dargestellt werden. Bei True-Color-Einstellung ist dies weniger auffällig.

Beim Vergrößern eines Bildes über diese Attribute kommt es zu ähnlichen Problemen. Sind die Farben Bestandteil einer festen Farbpalette, dann können durch Glättung Zwischentöne erzeugt werden, was hilfreich für die Darstellung sein kann.

8.4 Bild-Umrandungen

8.4.1 Einführung

Ist ein Bild anklickbar – dann und nur dann –, können Sie mit dem Attribut `BORDER` eine Umrandung festlegen. Dies gilt ausschließlich für anklickbare Bilder. Das Attribut `BORDER` war ursprünglich eine Eigenschaft des Mosaic-Browsers, die von Netscape übernommen wurde. Denjenigen unter den Lesern, die etwas von Software-Engineering verstehen, wird sofort klar sein, daß das Attribut `BORDER` sowie eine Reihe weiterer HTML-Erweiterungen nicht notwendig gewesen wären, wenn Netscape *zum richtigen Zeitpunkt* Formatvorlagen implementiert hätte.

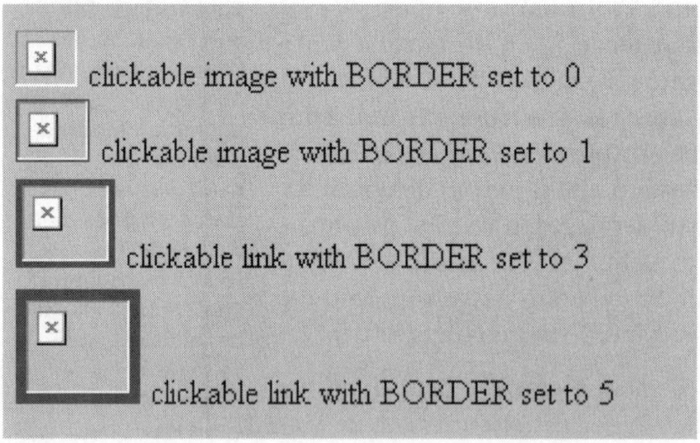

Abbildung 8.1: Einige Beispiele für Umrandungen. Diese wurden mit dem Browser von Netscape erzeugt.

Wenn Sie eine Umrandung um ein Element `IMG`, welches nicht anklickbar ist, einfügen wollen, so können Sie dies auch über eine der vielen Eigenschaften der Cascading Style Sheets tun. Wie in Kapitel 9 beschrieben wird, stehen die Möglichkeiten `border-width`, `border-style` und `border-color` zur Verfügung. Als Vorgabe besitzen Bilder keine Umrandungen.

Erstellen eines anklickbaren Bildes

Wenn Sie erfahren wollen, wie ein Bild zu einem einfachen Hypertext-Verweis gemacht wird, dann lesen Sie bitte das Kapitel 7, „Hypertext-Verweise". Im gleichen Kapitel wird auch die Auswahl eines großen Web-Bildes durch Anklicken sogenannter Miniaturen („thumbnails") erklärt.

8.4.2 Die Implementation von BORDER in HTML 4

Eine Umrandung um ein anklickbares Bild wird mit dem Attribut `BORDER` erzeugt. Es übernimmt einen numerischen Wert in Pixel für die Breite der zu zeichnenden Linie, z.B. `BORDER=5`. Der Wert kann zwischen 0 (keine Umrandung) und 10 (dicke Umrandung) liegen.

Eine Umrandung wird ausgeschaltet, indem Sie den Wert für `BORDER` auf 0 setzen. Umrandungen sind stilistische Elemente und werden daher besser durch Formatvorlagen festgelegt, mit denen Sie nicht nur die Stärke, sondern auch die Art und die Farbe bestimmen können (mehr hierzu finden Sie in Kapitel 9, „Style Sheets für Web-Dokumente").

8.5 Hintergrundmuster für Web-Seiten

Mit einem Bild im GIF- oder JPEG-Format läßt sich sehr leicht ein Hintergrund für eine Web-Seite erzeugen. Der Hintergrund ist ein prägendes Element eines Entwurfs. Er muß geschmackvoll und farblich dezent gestaltet sein. Ein wunderschöner Hintergrund mit einem mehrfach wiederholten viktorianischen Muster und smaragdgrünem Text mag prächtig aussehen, aber ist er auch lesbar? Außerdem sollte auch beachtet werden, daß Farbenblindheit weit verbreitet ist.

Normalerweise wird ein Hintergrund für eine Web-Seite mit dem Attribut `BACKGROUND` des Elements `BODY` eingefügt, was bemerkenswert einfach geht. Sie müssen lediglich eine Anweisung in folgender Art schreiben:

```
BODY BACKGROUND=marble.gif
```

Diese Anweisung steht im Kopf des Dokuments (bei vielen Web-Dokumenten ist `BODY BACKGROUND` die erste Zeile nach `TITLE`). Wie durch Zauberhand wird die GIF-Datei vom Browser wiederholt auf dem Bildschirm ausgegeben und bietet so, ohne Ihr Zutun, eine raffinierte und ergänzende Unterlage für den Text. Je kleiner das Bild ist, um so häufiger wird es wiederholt.

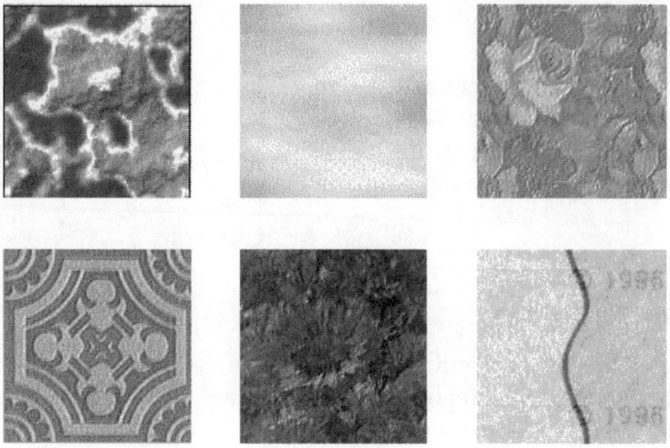

Abbildung 8.2: Hintergrundmuster. Es gibt viele Hintergründe kostenlos oder zu geringem Preis als Web Clip Art. Sie können sich Ihr bevorzugtes Hintergrundmuster herunterladen und es in Ihre Web-Seite einbinden

Es gibt im Web eine Vielzahl von Hintergrundvorlagen. Eine Suche mit den Stichworten „graphics" und „backgrounds" wird Ihnen eine Reihe von Verweisen auf diese GIF-Bibliotheken liefern. Jedes Muster ist verfügbar: Marmor, Wolken, Pergament, Teppich, virtuell recyceltes Papier (sieht meist merkwürdig aus), Sandpapier, Baumrinde, Karton usw. Die Aufzählung ist so umfangreich, wie der Geschmack es zuläßt. Achten Sie darauf, daß das Laden Ihres Hintergrunds nicht zuviel Zeit in Anspruch nimmt. Je kleiner das Bild, desto mehr Wiederholungen sind erforderlich. Kleine Bilder werden schneller übertragen als große, d.h., das Herunterladen eines großen Bildes dauert länger. Geeignet sind große Bilder, die sich leicht komprimieren lassen, vor allem ungemusterte, einfarbige Flächen.

Mit einfachen Farben können dreidimensionale Effekte erzielt werden, z.B. durch drei Grautöne für ein Firmenlogo als Hintergrundmuster. Bedenken Sie, daß der Browser die Bildelemente beschneidet, wenn Sie die Fenstergröße verändern. Erzeugen Sie Ihre eigenen Hintergrundeffekte, das Material dafür können Sie selbst erstellen. Scannen Sie ein Stück Papier oder ein Muster ein, und schneiden Sie es quadratisch zu, auf ca. 2 cm Größe. Wandeln Sie es in das geeignete GIF- oder JPEG-Format um. Sie können auch quadratische Vorlagen einscannen, allerdings ist die richtige Ausrichtung im Gerät nicht einfach.

Mit der Anweisung:

```
<BODY BGCOLOR="oliv“>
```

können Sie auch eine einfache Farbe als Hintergrund einstellen. Es stehen 16 Farben zur Verfügung, benannt nach den aktuellen Modefarben. Nähere Informationen zur Farbangabe finden Sie im Anhang D.

8.6 Muster oder Farbe hinter ein Bild legen

Das geschieht am besten mit Hilfe der Style Sheets. Einem einzelnen Bild kann mit der Eigenschaft `BACKGROUND` z.B. die Farbe Rot zugeordnet werden, so wie es in Kapitel 9 auch für ein Muster beschrieben wird.

Abbildung 8.3: Steuerung des Layouts eines Bildes mit der Eigenschaft `padding` der Formatvorlage. Das Padding wurde in diesem Fall zur Erzeugung einer farbigen Fläche um das Bild herum verwendet. Es gibt noch viele andere Möglichkeiten

Sind Teile des Bildes durchsichtig (siehe auch den Abschnitt über Durchsichtigkeit in diesem Kapitel), dann schimmert an diesen Stellen die Hintergrundfarbe oder das Muster durch. Mit der Eigenschaft `padding` können Sie ein Bild auf einem farbigen Rechteck positionieren, das größer als das Bild selbst ist. Das Bild erhält dadurch einen farbigen Rahmen. Das gleiche kann mit einem Hintergrundmuster getan werden.

Mit Style Sheets kann der Textfluß um ein Bild herum, die Ränder um das Bild herum und anderes mehr gesteuert werden. Lesen Sie in Kapitel 9, „Style Sheets für Web-Dokumente“ mehr zu diesem Thema.

8.7 Waagerechte Linien mittels HR

Mit dem Element HR werden waagerechte Linien auf einer Seite erzeugt. Dieses Element hat keinen Inhalt, d.h., es kann keine anderen Elemente enthalten und kommt ohne End-Tag aus. Im Einklang mit der aktuellen Vorliebe für das Dreidimensionale bietet Netscape skulpturartige Linien an, wie sie unten zu sehen sind. Andere Browser zeichnen die horizontalen Linien anders. Als Verfasser haben Sie Einfluß auf die Breite und die Stärke der horizontalen Linien.

Die Breite wird mit dem Attribut WIDTH gesteuert, die Größe mit dem Attribut SIZE.

Der Wert für WIDTH wird prozentual eingegeben:

```
<HR WIDTH=50%>
```

Die horizontale Ausrichtung wird mit rechts, links oder Mitte angegeben:

```
<HR ALIGN=left>
<HR WIDTH=30% ALIGN=right>
<HR ALIGN=center>
```

Die Größe wird in Pixel angegeben:

```
<HR SIZE=2>
<HR SIZE=4>
```

Nach der Grundeinstellung ist eine horizontale Linie immer so breit wie die Seite. Mit dem Attribut WIDTH kann die Breite in Pixel oder prozentual in bezug auf die Breite der Seite angegeben werden.

```
<HR NOSHADE>
```

Wenn Sie einen einfachen Balken möchten, dann können Sie mit dem Attribut NOSHADE festlegen, daß Sie keinen dreidimensionalen Schatten wünschen.

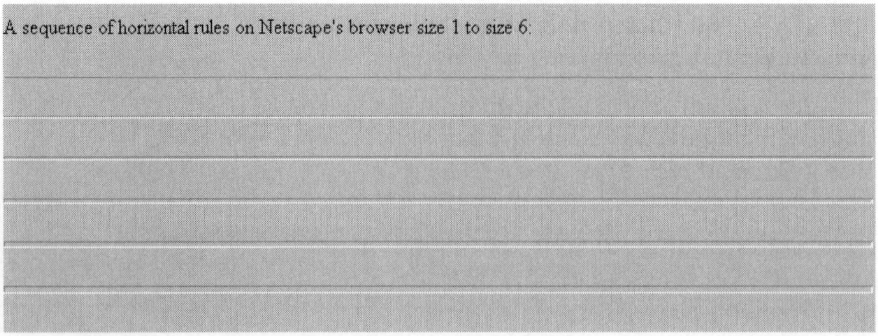

Abbildung 8.4: Horizontale Linien. Die Abbildung zeigt verschiedene horizontale Linien, die mit HR erzeugt wurden

8.8 Abbildungen für das WWW vorbereiten

8.8.1 Die Auswahl einer Grafikquelle

Es gibt folgende Auswahlmöglichkeiten:

- Die Verwendung eines vorhandenen Bildes. Beachten Sie, daß es im Web eine riesige Bibliothek mit Clip Art-Dateien gibt.
- Ein Diagramm mit einem Programm für Vektorgrafik zeichnen (einfache Linien, Polygonzüge und Füllungen).
- Ein Bild mit dem Malprogramm Ihres Rechners malen.
- Ein Bild scannen.
- Ein Bild mit einer digitalen Kamera aufnehmen.

8.8.2 Clip Art für das Web

Selbst wenn Sie ein eigenes Bild erstellen möchten, kann es möglich sein, daß Sie vorhandene Symbole, Hintergründe oder andere dekorative Elemente verwenden möchten, die im Web zu finden sind. Fleißige Menschen auf der ganzen Erde haben seitenweise GIF-Bilder gesammelt. Sie müssen sie nur suchen, dann können Sie sie kopieren und einfügen. Es scheint alle nur möglichen Symbole, jeden denkbaren Gliederungspunkt und jede Art von Hintergrundentwurf zu geben, die nur darauf warten, daß sie kopiert und eingefügt werden. Im Internet steht eine enorme Bibliothek mit Clip Art zur Verfügung: Sie müssen nur finden, was Sie suchen. Dies können Sie mit einem Suchprogramm für das Internet unter Angabe der Schlüsselwörter „graphics" und „icons" oder „graphics" und „backgrounds" oder mit ähnlichen Kombinationen tun. Sie werden Verweise auf alle Arten von Grafiken erhalten. Bei der Suche nach Symbolbibliotheken sind wir schon an einer einzigen Stelle im Web auf buchstäblich Hunderte von Symbolen gestoßen, angefangen vom Hotdog, einem Hula-Mädchen, Herzen bis hin zu einer Dame mit Mixbecher.

Um eine Abbildung von einer Web-Seite zu kopieren, klicken Sie sie üblicherweise bei gedrückter Umschalt-Taste an und wählen im Menü „Speichern unter...". Wählen Sie einen Namen und ein Verzeichnis, und schon wird sie auf Ihre Festplatte kopiert. Überprüfen Sie, ob es Urheberrechtseinschränkungen gibt oder ob eine Bezahlung erforderlich ist. In der Regel ist das nicht der Fall, denn die Verwendung der Abbildungen ist meist erwünscht. Beachten Sie die Kommentare zu dem Bild.

Was ist zu tun, wenn jemand Ihre Grafiken benutzen möchte? Sie werden es kaum glauben, aber die Formate GIF, JPEG und PNG bieten die Möglichkeit, Nachrichten als Teil der Bilddaten zu speichern. Benutzen Sie diese Möglichkeit, um einen Urheberrechtsvermerk und Ihre E-Mail-Adresse für eventuelle Interessenten einzufügen.

8.8.3 Verwendung eigener Kunstwerke

Es gibt keinen Grund, warum Sie nicht Ihre eigenen Kunstwerke für eine Web-Seite verwenden sollten. Sie benötigen dafür einen Flachbettscanner, der nicht billig ist. Sie können das Bild aber auch in einem Copy-Shop scannen lassen.

Es kann auch eine Reihe natürlicher Objekte eingescannt werden, es muß nicht unbedingt ein eigenes Kunstwerk sein. Ein Verfasser eines HTML-Dokuments hat z.B. seinen Fuß gescannt, um ihn als Symbol für „Folgen Sie mir!" auf seiner Web-Seite zu verwenden.

Ist ein Bild gescannt, oder steht es aus anderer Quelle zur Verfügung, so muß es in das richtige Bildformat gebracht werden. Die gebräuchlichsten Bildformate im Web sind GIF und JPEG. Ein neues Format mit dem Namen Portable Network Graphics (PNG) wird vom Internet Explorer 4.0 unterstützt. Es ist möglich, daß dieses Format GIF und JPEG ablöst.

8.8.4 Anmerkungen zur Verwendung von Fotografien

Um eine Fotografie auf einer Web-Seite verwenden zu können, muß sie zuerst mit einer digitalen Kamera aufgenommen werden. Danach muß sie mit einem Bildverarbeitungsprogramm auf Ihrem Rechner in das Format GIF oder JPEG umgewandelt werden. Das kann mit fast allen bekannten Programmen geschehen (siehe Kapitel 18). Es gibt bereits viele günstige und leistungsfähige Scanner. Gute Flachbettscanner, wie etwa die von der Firma Hewlett Packard, kosten etwas mehr. Handscanner sind billig und funktionieren zum Teil hervorragend, wenngleich sie doch nicht die Genauigkeit und die Farbqualität von Flachbettscannern erreichen können. Digitale Scanner sind teurer als Flachbettscanner und haben zur Zeit eine erheblich geringere Auflösung. Wenn Sie gute Ergebnisse erzielen wollen, dann verwenden Sie eine herkömmliche Kamera (35 mm oder besser), machen Sie einen Hochglanzabzug und scannen Sie diesen mit hoher Auflösung. Dabei entsteht eine Datei mit alarmierender Größe (häufig mehrere Megabyte große Bilddateien).

Speichern Sie die Datei auf Ihrer Festplatte, und laden Sie sie in das Bildverarbeitungsprogramm. Für einfache Zwecke reicht ein preisgünstiges Programm wie Paint Shop Pro, das auch als Shareware erhältlich ist, aus. Ausgefeiltere Ergebnisse können mit Programmen wie CorelDraw oder Adobe PhotoShop erzielt werden. Meist müssen folgende Dinge beachtet werden:

- Korrigieren Sie die Helligkeit und den Kontrast so, daß das Bild sich für den Bildschirm eignet.
- Glätten Sie die Körnung und ähnliches.
- Bessern Sie Schäden, wie z.B. Staubflusen, aus.

- Beschneiden Sie das Bild dergestalt, daß es nur die interessanten Dinge enthält.
- Machen Sie das Bild so klein, wie es optisch noch akzeptabel ist.
- Speichern Sie es im JPEG-Format, mit der angemessen Komprimierungsstufe.

Zusätzlich können selbstverständlich alle möglichen Spezialeffekte zum Einsatz kommen.

8.8.5 Hinweise zur Reduzierung des Speicherbedarfs

Die Bilddateien klein halten

Die meisten Anwender greifen noch mit langsamen Modems auf das Web zu, häufig über überlastete internationale Knoten. Für diese Anwender ist die Dateigröße äußerst wichtig. Sind die Bilder zu groß, dann werden sie vom potentiellen Betrachter gar nicht erst geladen. Was ist zu tun?

Es folgen einige Hinweise in lockerer Folge:

- Verändern Sie die Größe des Bildes.
- Schneiden Sie das Bild zu.
- Erhöhen Sie die JPEG-Kompressionsrate.
- Vereinfachen Sie den Hintergrund (machen Sie ihn schwarz, oder glätten Sie ihn).
- Verwenden Sie Filter zum Hartzeichnen oder ähnlichem, um das Bild zu straffen, damit es verkleinert werden kann, aber dennoch erkennbar bleibt.
- Verringern Sie die Farbtiefe.

8.8.6 Das GIF-Format

Animierte GIF-Dateien

Das Bildformat GIF 89 erlaubt es, zusätzliche Informationen zu einem Bild in der Bilddatei selbst zu speichern. Außerdem kann mehr als ein Bild in einer Datei gespeichert werden.

GIF ist ein kompaktes Format für Bilder oder einfache Zeichnungen, die mit Computerprogrammen erstellt werden. Für das Web ist es wichtig, daß die Bilder in bezug auf die Bytes so klein wie möglich gehalten werden, damit sie schnell über das Netz verschickt werden können. Beim GIF-Format werden Flächen gleicher Farbe komprimiert, so daß z.B. Diagramme über die Verkaufszahlen einer Ausstellung auf fast nichts zusammenschmelzen. Die Kompression ist verlustfrei, d.h. die Qualität der Daten bleibt die gleiche. Es kann für Fotografien verwendet werden, leistet aber im allgemeinen schlechtere Dienste als JPEG, welches das bessere von beiden Formaten ist.

Netscape nutzt diese Möglichkeiten von GIF 89, um Steuerinformationen für eine Bildabfolge zu speichern. Durch die Steuerinformationen können mehrere Bilder nacheinander ausgegeben werden, um so einen Animationseffekt zu erzielen. Animierte GIFs sind sehr beliebt geworden und lassen selbst Java-Applets in den Hintergrund treten, die für diesen Zweck geschrieben wurden. Browser, die den Code für die Ausgabe animierter GIFs nicht verstehen, geben jeweils nur das erste Bild aus.

Es gibt verschiedene Arten von GIF-Dateien. Zwei wichtige Einstellungen können ausgewählt werden:

- Ob das Bild einen transparenten Hintergrund hat
- Ob das Bild im Interlaced-Modus dargestellt wird

Die Farbpalette für ein GIF-Bild ist auf 256 Farben beschränkt. Einer dieser Paletteneinträge kann als „transparent" definiert werden. Bei einem transparenten Bild hat eine Farbe den Wert für transparent, so daß der Hintergrund durchscheint. Angenommen, Sie haben eine gelbe Blüte vor einem Hintergrund grüner Blätter. Wenn Sie sich entscheiden, grün transparent erscheinen zu lassen, dann wird jeder Volltonhintergrund, auf den Sie die gelbe Blume plazieren, durchschimmern. Sie können die Blume also sehr schön vor einem hellblauen oder grauen Hintergrund darstellen. Viele Bildverarbeitungsprogramme bieten diese Möglichkeit, Teile eines Bildes transparent zu machen. Auf diese Art können Pixel für Pixel Löcher in ein GIF-Bild geschnitten werden.

Bis zur weiten Verbreitung von PNG bleibt GIF das bevorzugte Format, wenn ein Bild transparente Bereiche haben soll oder wenn es sich nicht für die Umwandlung in JPEG eignet. Ein Problem beim GIF-Format ist, daß das Bild von Plattform zu Plattform unterschiedlich erscheinen kann. Das liegt an der unterschiedlichen Zuordnung der Rot-, Grün- und Blauwerte zu den Signalen für die Ausgabesteuerung. Diese Zuordnung hängt von einem Parameter ab, der als Gamma-Wert bekannt ist. Ein Macintosh-Rechner kompensiert das teilweise mit einem angenommenen Gamma-Wert, ein PC tut dies nicht. Für eine Korrektur muß dem Browser der zugrundeliegende Gamma-Wert eines Bildes mitgeteilt werden. Leider wurde dies bei der Spezifikation des GIF-Formats vergessen. C'est la vie!

Wie ist das GIF-Format entstanden?

GIF (Graphics Interchange Format) wurde von der Firma CompuServe entwickelt, um den Anwendern im eigenen Netz ein effektives Herunterladen von Bildern zu ermöglichen. Später wurde es dann zu dem Grafikformat für das Web. Im Jahre 1994 gab CompuServe dann bekannt, daß die LZW-Kompressionsroutine für GIF ein Unisys-Patent verletzt. Daraufhin beanspruchte Unisys die Hoheit über all die Software, die GIF unterstützt. Eine Gruppe von Entwicklern hat sich dann zusammengesetzt, um eine neues Bilddateiformat ohne urheberrechtlichen Schutz zu entwickeln. PNG (Portable Network Graphics) wird in einem späteren Abschnitt beschrieben.

8.8 Abbildungen für das WWW vorbereiten

8.8.7 GIF im Interlaced-Modus

Der Begriff Interlaced hört sich mysteriös an, der Gedanke, der dahintersteht, ist jedoch recht einfach: Die Pixelreihen eines Bildes müssen nicht in strenger Reihenfolge zum Browser geschickt werden. Irgend jemand kam auf die äußerst gescheite Idee, nur jede soundsovielte Reihe so schnell als möglich zu schicken und den Rest dann aufzufüllen. Auf diese Weise können Bilder sehr schnell zuerst grob dargestellt werden (jede Zeile wird n-mal wiederholt, um ein grobes Bild zu erzeugen), und dann, nach Ankunft der restlichen Zeilen, vervollständigt werden. Wenn Sie möchten, daß Ihre Anwender in der Lage sind, während des Herunterladens bereits eine sinnvolle Darstellung zu erhalten, dann sorgen Sie dafür, daß die Option für den Interlaced-Modus aktiviert ist.

Für den Betrachter scheint es, als ob GIF-Bilddateien im Interlaced-Modus schneller heruntergeladen werden. Das Bild wird zuerst in geringer Auflösung angezeigt und mit dem schrittweisen Ankommen weiterer Zeilen immer detaillierter in der Darstellung.

8.8.8 JPEG

JPEG (ausgesprochen „jay-peg") steht für Joint Photographic Experts Group, der Name eines Komitees, von dem dieser Standard verfaßt wurde. JPEG ist ein einzigartig kompaktes Format für Fotografien, Gemälde und komplexe Bilder, die gescannt oder digitalisiert werden. Es verwendet mehrere Kompressionsverfahren, um die Bilder so klein zu machen, wie Sie es wünschen. Erreicht wird dieses Wunder über den mit steigender Kompression zunehmenden Verlust der ursprünglichen Bildqualität. Der Umgang mit hohen Kompressionsraten ist nicht angebracht: Bei Raten von 1:15 erscheint das Bild noch unbeschädigt, bei Raten über 1:30 sind Unschärfen an Kanten festzustellen. Bei noch höheren Raten verschlechtert sich das Bild ganz markant.

Wie beim GIF-Format gibt es auch für JPEG verschiedene Versionen. Der wichtigste Unterschied ist der zwischen dem alten JPG-Format und dem neuen Senkrechtstarter JPE, einer Weiterentwicklung von JPEG („progressive JPEG"). Die neue Version funktioniert nicht mit alten Browsern, führt aber auf neuen Systemen zu besseren Ergebnissen. Das wichtigste, was Sie bei JPEG auswählen können, ist die Kompressionsrate. Eine Rate von 1:30 eignet sich gut für eine Vielzahl von Fotografien. Ein Verhältnis von 1:15 liefert bessere Qualität mit dem Nachteil größeren Umfangs. Für weichgezeichnete Hintergründe, die ein bißchen unklar erscheinen sollen, sind Kompressionsraten von 1:50 und höher machbar.

JPEG hat Probleme mit besonders scharfen Kanten, die meist etwas verwischt erscheinen. Glücklicherweise sind solche Kanten in gescannten Fotos selten. Für reine schwarz/weiß Bilder sollte niemals JPEG verwendet werden. GIF und PNG eignen sich für Grafiken besser. JPEG kann eine hohe Komprimierung nicht vornehmen, ohne an scharfen Kanten sichtbare Mängel zu hinterlassen.

Es sind bereits kostengünstige Hilfsprogramme für die Konvertierung in das zukunftsträchtige Format erhältlich, z.B. der JPEG Transmogrifier für Macintosh-Systeme von der Firma inTouch Technologies, den es als eigenständiges Programm oder als Plug-in für das Programm PhotoShop gibt. Ein weiteres Shareware-Programm ist das Plug-in ProJPEG für PhotoShop von Aris. Kostenlosen Quelltext für JPEG-Programme gibt es von Independent JPEG Group.

8.8.9 Das Portable Network Graphics-Format (PNG)

PNG (ausgesprochen „Ping") ist ein neues Public Domain-Bildformat, welches im Jahre 1995 von einer Gruppe von Grafikentwicklern geschaffen wurde, die über das Internet zusammengearbeitet haben. PNG ist eine große Verbesserung von GIF. Für Software, die dieses Format unterstützt, werden keine Lizenzen benötigt, anders als bei GIF. Es ist zu erwarten, daß GIF immer mehr in den Hintergrund tritt, je mehr Firmen die Unterstützung von PNG aufnehmen. Seit 1996 unterstützen die meisten Browser PNG für Inline-Bilder. Kostenloser Quelltext für PNG-Programme ist bei der PNG Developers Group erhältlich.

PNG ist ein verlustfreies Kompressionsformat, das alle Pixel getreu beibehält, anders als JPEG. PNG hat die Kompression von GIF verbessert. Für Bilder mit Farbverläufen funktioniert es besser als GIF. Neben Bildern mit fester Farbpalette unterstützt PNG auch Truecolor-Bilder mit 48 Bit pro Pixel und Graustufenbilder mit bis zu 16 Bit pro Pixel. Dadurch eignet sich PNG sehr gut für die künstlerische Gestaltung am PC. Anders als beim GIF-Format ist gewährleistet, daß die Bilder aufgrund der Berücksichtigung der Gamma-Werte auf Windows-Systemen genauso gut aussehen wie auf Macintosh-Systemen oder auf Systemen anderer Plattformen, da die Browser plattformunabhängige Korrekturen der Farbe und der Helligkeit vornehmen können. PNG verfügt auch über einen wesentlich schnelleren Interlaced-Modus, so daß die Anwender bei langsameren Verbindungen die Bilder schneller sehen können.

8.8.10 Vermeidung ausgefranster Kanten bei Text und Grafik

Um ausgefranste Kanten bei Texten und Bildern zu vermeiden, verwenden die Entwickler eine Anti-Aliasing genannte Technik. Dabei werden rauhe Kanten dadurch geglättet, daß die Pixel an den Grenzen eine Mischung aus Vorder- und Hintergrundfarbe erhalten. Das geht solange gut, wie die Hintergrundfarbe nicht verändert wird, was natürlich immer dann geschieht, wenn der Hintergrund transparent ist. Netscape sieht aus diesem Grund einen grauen Hintergrund als Grundeinstellung vor, was auch die anderen Entwickler meist tun, wenn sie diese Technik anwenden. Verwendet Ihr Browser einen anderen Hintergrund, dann sehen Sie um die Bilder herum einen grauen Hof, der durch die Mischung der Grenzpixel mit dem Grau des Hintergrunds von Netscape entsteht.

Um hier Abhilfe zu schaffen, können Sie die Hintergrundfarbe mit dem Attribut BGCOLOR des Elements BODY einstellen. PNG bietet eine wirkungsvollere Möglichkeit, bei der auch Hintergrundmuster richtig funktionieren. Für Bilder mit fester Farbpalette bietet PNG, genau wie GIF, die Möglichkeit der Transparenz an. Einer der Einträge der Farbpalette kann den Wert transparent erhalten. Für Bilder im Echtfarbenmodus bietet PNG eine veränderbare Lichtdurchlässigkeit. Dadurch kann ein Effekt des Verblassens erzielt werden, der zum Verschmelzen eines Bildes mit dem Hintergrund führt, wenn Sie sich von der einen Seite eines Bildes zur anderen bewegen. Dies geschieht durch die Angabe eines Mischungsfaktors für die Vermischung des Bildes mit dem Hintergrund, die Pixel für Pixel durchgeführt wird. Spezialisten nennen das den „Alpha-Kanal". Diese Technik eignet sich sowohl für die Bearbeitung der Ränder als auch für eine Reihe weiterer, neuer Effekte bei sanftem Ausblenden und Schatten.

Bildumwandlung, Farbreduktion, Filterung usw.

Neben dem einfachen Shareware-Programm Clip2GIF für Macintosh-Rechner gibt es die vorzuziehenden Programme GraphicConverter oder GifConverter. Das Programm DeBabelizer Lite limited edition steht im Web kostenlos zur Verfügung. Es kann dafür verwendet werden, eine Serie von Bildern auf eine gemeinsame Farbpalette einzustellen, damit sie vom Browser so ausgegeben werden, wie der Verfasser es beabsichtigt hat. Auch Miniaturen von großen Bildern können damit erzeugt werden. Die käuflich zu erwerbende Version führt Umwandlungen zwischen einer Vielzahl von Formaten durch, darunter die Verwandlung in Interlaced-GIF, JPEG, das weiterentwickelte JPEG und PNG. Das Programm JPEG Transmogrifier wird für die Umwandlung einfacher JPEG-Bilder in das weiterentwickelte Format verwendet. Nützliche Programme für Windows sind Lview Pro, PaintShopPro und HiJaak'95. Für UNIX-Anwender gibt es die Programme xv, xpaint, ImageMagik und die Programmsammlung pbm plus.

8.9 Denken Sie an Blinde oder Sehbehinderte

Rechner sind schon seit langem in der Lage, Textdateien laut vorzulesen. Es handelt sich dabei um ein einfaches Verfahren, bei dem Gruppen von Buchstaben in Phoneme übersetzt werden, die dann über einen Verstärker mit dem Lautsprecher ausgegeben werden. Bei diesem Verfahren hat der Blinde oder Sehbehinderte wenig mehr Einflußmöglichkeiten auf den Text, als die Ausgabe zu starten oder zu stoppen.

HTML bietet weit darüber hinausgehende Möglichkeiten. Da die Markierungen die Strukturen eines Dokuments widerspiegeln, kann die vertonte Ausgabe des Dokuments Hypertext-Verweise, unterschiedliche Überschriftenebenen, Aufzählungen mit Gliederungspunkten usw. hervorheben.

T.V. Raman, der bei der Adobe Systems' Advanced Technology Group in San Jose in Kalifornien arbeitet und selbst blind ist, hat EMACSPEAK entwickelt, einen kostenlosen HTML-Browser, der die HTML-Strukturen und den Stil ausnutzt, um leicht verständliche Vertonungen zu erzeugen. Bei diesen Vertonungen werden bestimmte Klänge und Stimmen für die verschiedenen Elemente verwendet. Der Hörer kann sich zum Beispiel nur Überschriften vorlesen lassen, die Aufzählung unterbrechen und sich dann einen bestimmten Abschnitt ganz anhören. Die Vorgehensweise ist vergleichbar mit der einer sehenden Person, die eine Aufzählung überfliegt und dann ein bestimmtes Element anklickt.

Eine Arbeitssitzung mit EMACSPEAK kann ungefähr so ablaufen:

Eine lebendige Stimme: „Zurück, hoch, abwärts, nächstes"

Eine tiefe Baritonstimme: „1.1 Vorgehensweise"
„1.2 Zusammenfassung"
„1.3 Voraussetzungen"
„1.4 Verweise"

Hörer: Tastendruck für eine Unterbrechung, die den Rechner veranlaßt, den Abschnitt vorzulesen.

Ein kurzer Ton: „Piep"

Eine Sopranstimme: „Veröffentlichungen des Verfassers."

Eine normale Stimme: „Wie Dokumente für das Web strukturiert werden, WWW News, Seite 37-45, Juni 1997"

Hörer: Ein Tastendruck, der anzeigt, daß der Rechner dieses vorlesen soll.

Mit diesem sehr befriedigenden Ergebnis können viele Probleme, denen Blinde bisher gegenüberstanden, gelöst werden. Leider gibt es zwei Eigenschaften des Web, die weiterhin problematisch sind. Zum einen sind tatsächlich wichtige Informationen im Web unter den werbeträchtigen und eitlen Veröffentlichungen weit gestreut. Das ist für den Sehenden schon schlimm genug. Für den Blinden ist dies sehr zeitraubend.

Zum anderen sind immer mehr Web-Seiten für denjenigen absolut unbrauchbar, der die attraktiven, farbigen Bilder, die einen immer größer werdenden Anteil im Web ausmachen, nicht sehen kann. HTML bietet die Anweisung `ALT="Text"` für Menschen, die ein Bild nicht sehen können, aber viele Entwickler ignorieren dies und entwerfen ausschließlich visuell ausgerichtete Seiten. Browser wie EMACSPEAK basieren auf der Dekodierung der Struktur eines Dokuments, die von einer wirren Vermischung von Tags für das Layout und die Struktur immer verhindert wird. Diese unterschiedlichen Elemente sollten möglichst auseinandergehalten werden.

Es gibt einige absurd komplex und trickreich gestaltete Web-Entwürfe und auch kunstvoll gefertigte Buchsimulationen. Den Entwicklern solcher Seiten würde man die Zurückhaltung eines Blindenhunds wünschen, denn ihnen ist sicherlich nicht bewußt, daß ihr Verhalten im Web die Situation für blinde Leser äußerst schwierig macht. Es ist die Grundlage für guten HTML-Stil, daß auf die wichtigsten Seiten mit allen Browsern zugegriffen werden kann.

Style Sheets für Web-Dokumente

9

Dieses Kapitel enthält Informationen über:

- Das Verbinden eines Style Sheets mit einem Dokument.
- Das Erstellen einer Formatvorlage für ein HTML-Element unter Verwendung der Sprache CSS.
- Das Einstellen der Farbe von Schrift und Hintergrund.
- Das Angeben der Textur des Hintergrunds für einzelne Elemente.
- Das Verändern der Randabstände und der Textausrichtung.
- Das Einstellen des Weißraums um Texte und Grafiken in einem Dokument.

Zusammenfassung

Am Ende dieses Kapitels können Sie Formatvorlagen für Web-Dokumente schreiben, um deren Erscheinungsweise auf dem Bildschirm festzulegen. Für den Nicht-Programmierer wurde eine spezielle Sprache namens Cascading Style Sheets (CSS) für Formatvorlagen geschrieben. Mit ihr können Sie Formatvorlagen für Absätze oder Zeichen schreiben. Diese Vorlagen dienen dazu, alles von der Schriftart über die Farbe bis hin zum Randabstand und Umrandungen einzurichten. Sie können eine Web-Formatvorlage separat erstellen und bei Bedarf mit einem Dokument verbinden, oder Sie können die Formatvorlage in den Kopf des Dokuments einfügen. Eine weitere Möglichkeit besteht darin, lokale Styles unter Verwendung des Attributs `STYLE` zu schreiben, das in HTML 4 für nahezu jedes Element verfügbar ist.

9.1 Einführung

Dieses Kapitel ist eine *Einführung* zur Erstellung von Formatvorlagen für Web-Dokumente in der Sprache CSS (Cascading Style Sheets). Darin finden Sie alles über einige relativ einfach anzuwendende Eigenschaften von Formatvorlagen, mit denen Sie die Farbe und das Bildschirmlayout erstellen können.

- Falls Sie zu den Personen mit einem Faible für präzise technische Informationen gehören, ziehen Sie es eventuell vor, einen direkten Einblick in die „CSS Style Sheet"-Spezifikation zu nehmen, die im Web unter www.w3.org. frei zugänglich ist.
- Falls Sie einige weitere Kniffe zur Verwendung der Style Sheets lernen wollen, die in diesem Kapitel nicht behandelt werden, sei Ihnen diesbezüglich ein ausführliches Buch empfohlen. Es handelt sich um eine auch technische Aspekte berücksichtigende Beschreibung von Håkon Lie und Bert Bos, den Entwicklern der CSS-Sprache für Formatvorlagen mit dem Titel: *Cascading Style Sheets: Layouts für das Web Publishing*, herausgegeben von Addison Wesley Longman, Bonn, 1997.

9.1.1 Zeiten ohne Formatvorlagen – keine beneidenswerte Situation

Genau genommen konzentriert sich HTML auf die strukturellen Aspekte eines Dokuments, die es Autoren ermöglichen, in relativ einfacher Weise zu bestimmen, welche Teile welche Funktionen übernehmen, ganz egal, ob es sich um Absätze, Überschriften, Listen, Tabellen oder anderes handelt. Nuancen in der Darbietung hingegen sind nicht das Metier von HTML. Die minutiösen Details des Layouts sind ebenfalls nicht Sache der HTML-Sprache sind. Dies mag Autoren überraschen, die mit einem `ALIGN`-Attribut vertraut sind, das bis zu neun verschiedene Werte zur Ausrichtung von Bildern auf einer Seite umfaßt oder `FONT`-Attribute kennen, mit denen die genaue Größe und Farbe des Textes bestimmt werden kann. Bitte nehmen Sie zur Kenntnis, daß diese Eigenschaften im großen und ganzen Teile von HTML sind, die sich dank Netscape, Microsoft und anderen Browser-Herstellern eingeschlichen haben. 1996 zählten wir ca. 20 nicht-standardisierte HTML-Elemente und -Attribute, die von verschiedenen Browsern unterstützt wurden. Kein einziger Browser war jedoch in der Lage, alle zu unterstützen.

Der Grundgedanke der Cascading Style Sheets (CSS)
Der Grundgedanke ist, daß mehr als eine Formatvorlage in Benutzung sein und mit anderen verschachtelt werden kann, um dem Dokument ein abgerundetes Erscheinungsbild zu verleihen. Beispielsweise kann der Hintergrund eines Dokuments in einer Formatvorlage erstellt werden und die Schriften in einer anderen Formatvorlage. Für Schriftarten kann es mehr als eine Formatvorlage geben. Denkbar wäre eine Vorlage für offizielle Dokumente und eine andere für inoffizielle Notizen. Bei beiden Vorlagen würden jedoch sowohl die gleiche standardmäßige Hintergrundtextur als auch das gleiche Bild verwendet werden. Die Farbe des Textes kann ebenfalls in eigenständigen Formatvorlagen bestimmt werden, und das endgültige Aussehen eines Dokuments wird durch das Zusammenwirken aller dieser miteinander kombinierter Mini-Formatvorlagen durch Auswahl und Anpassung bestimmt.

9.1.2 Die Rettung – HTML-Formatvorlagen

Formatvorlagen für HTML-Dokumente benötigen eine eigene spezielle Sprache, um das Layout eines Dokuments zu gestalten. Sie wird CSS (Cascading Style Sheet) genannt. Dieser Name wurde gewählt, da die Entwickler annahmen, daß mehrere Formatvorlagen kaskadenartig zusammenkommen würden, um ein bestimmtes Layout am Bildschirm zu erhalten. CSS-Formatvorlagen haben nahezu das gleiche Potential, auf das Erscheinungsbild von Materialien einzuwirken, wie dies ein konventionelles Desktop Publishing System bietet. CSS-Formatvorlagen befreien HTML von der Last nicht-standardisierter Erweiterungen, so daß es seiner Rolle, Informationen zu strukturieren, voll gerecht werden kann.

CSS wurde von den Mitgliedern des World Wide Web Consortiums, Håkon Lie und Bert Bos, unter Mitarbeit von Chris Lilley, Dave Raggett und anderen entwickelt. Lie und Bos entwickelten CSS im französischen regierungseigenen Forschungszentrum INRIA (Institut National de Recherche en Informatique et en Atomique) im schönen Antibes, im sonnigen Süden des Landes gelegen. Groß war ihre Freude dann 1996, als Microsoft sich dazu entschloß, CSS in ihrem Browser zu implementieren. Kurz darauf folgte Netscape mit der Implementierung von CSS in ihrem Netscape Communicator.

Håkon Lie

Chris Lilley

Bert Bos

9.1.3 Beispiele für Formatvorlagen

Um Ihnen in dieser frühen Phase Appetit zu machen, präsentieren wir Ihnen einige Beispiele von Web-Seiten, die mit CSS erstellt sind (siehe Abb. 9.1).

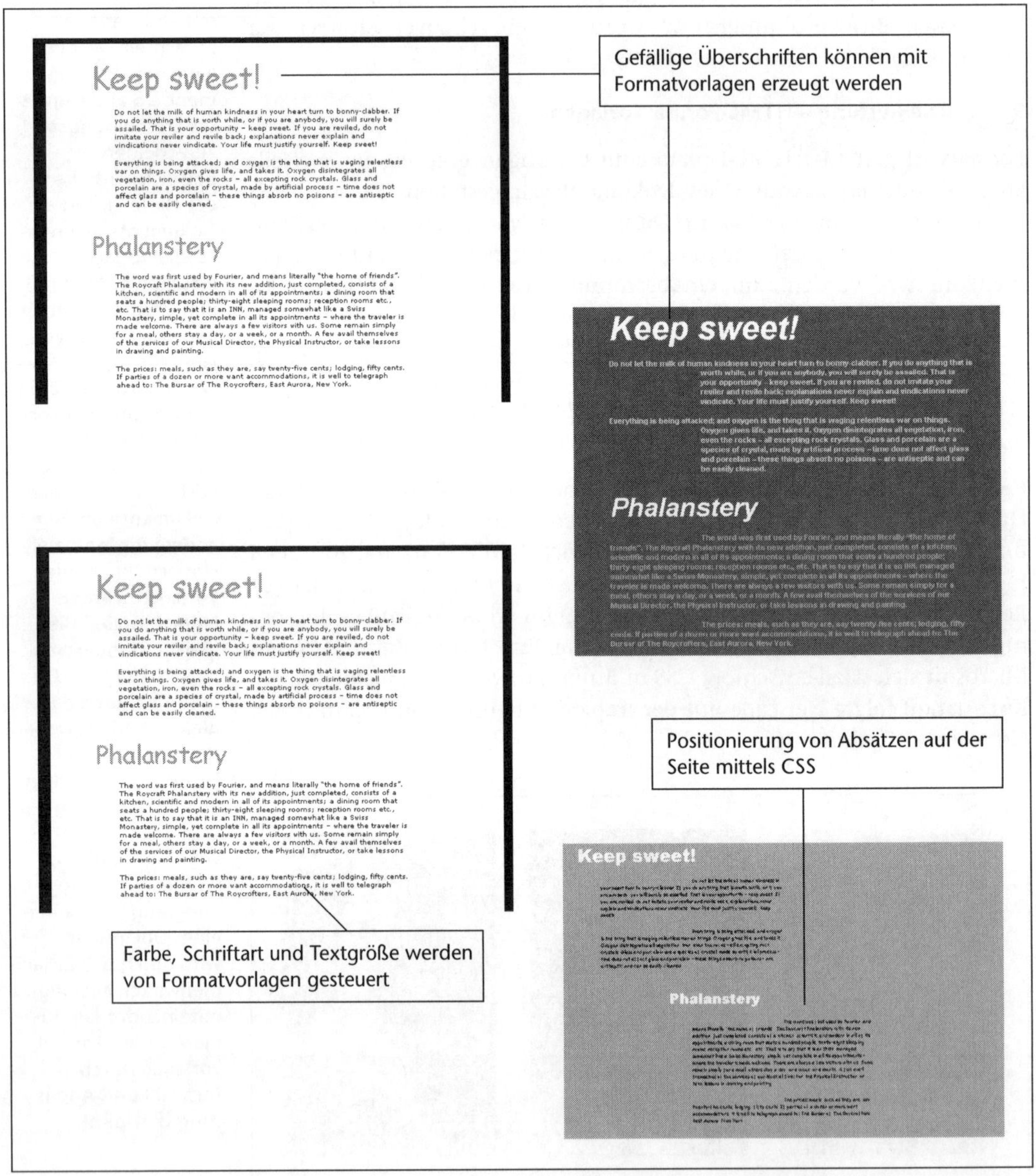

Abbildung 9.1: Vier Layouts, die durch CSS-Formatvorlagen erzeugt wurden. Der Text ist jeweils der gleiche. Die Änderungen werden allein durch die Formatvorlagen erreicht

9.2 Funktionsweise von CSS

Falls Sie Ihren Rechner für Desktop Publishing einsetzen, sind Sie ohnehin mit dem Konzept der Formatvorlagen oder Templates vertraut. In ihrer einfachsten Form besteht eine Formatvorlage aus einer Reihe von Formaten wie Standard, Einzug, Überschrift 1, Überschrift 2, Überschrift 3, Fußnote und so weiter. Beim Eingeben eines Textes können Sie dem Text eines der verfügbaren Formate zuweisen, die Sie vorher in einem Menü ausgewählt haben. Falls Sie einem Absatz ein Format zuweisen, nimmt dieser eine Reihe von Eigenschaften an. Diese bestimmen dann alles, von der Schriftgröße über den Randabstand bis zu Umrandungen und dem Zeilenabstand. Bei HTML ist ein ähnliches, jedoch nicht identisches Konzept umgesetzt worden.

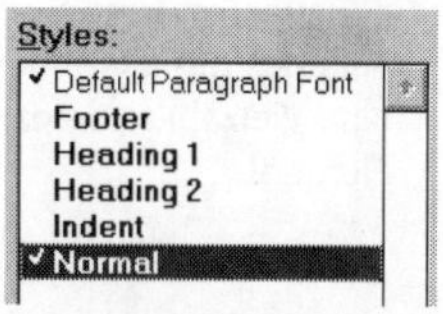

Abbildung 9.2: Ein typisches Format-Menü eines Desktop Publishing Systems. Die Sprache CSS ermöglicht es Ihnen, *Formate* für HTML-Elemente zu erstellen.

Wie bereits in Kapitel 3 erläutert, besteht ein HTML-Dokument aus einer Reihe von Absätzen, Überschriften, Listen, Tabellen und anderen Elementen. Eine Formatvorlage, die zusammen mit einem HTML-Dokument benutzt wird, bezieht sich auf diese Elemente und ermöglicht es, vereinfacht gesagt, diesen Elementen Formate zuzuweisen. Ein Element, wie beispielsweise `H1` (Überschrift 1), kann also das Format „Times fett, roter Text" oder `P` (Absatz) das Format „Times 12-Punkt, blauer Hintergrund und schwarzer Text" haben. Das Prinzip ist im Grunde sehr einfach.

9.2.1 Das Konzept einer Eigenschaftenliste zur Bestimmung eines Formats

Formate für ein HTML-Element werden beschrieben, indem das Element mit einer Eigenschaftenliste verbunden wird. Die gesamte Eigenschaftenliste bestimmt das Format des Elements. Dies ist also das gleiche Konzept, wie es bei Desktop Publishing Systemen verwendet wird. Als Beispiel sehen Sie hier eine Eigenschaftenliste für ein Element `H1` (Überschrift 1).

```
H1 {font-size: 12pt; line-height: 14pt; font family:
Helvetica; font-weight: bold;}
```

Sie merken, daß die Syntax relativ einfach und schlüssig ist: Am Anfang steht das Element, dem Formate zugewiesen werden, dann folgt die Eigenschaftenliste. Diese Liste wird von geschweiften Klammern eingefaßt. Die jeweiligen Eigenschaften werden per Semikolon „;" getrennt. Die Eigenschaften bestehen ihrerseits aus einer Eigenschaftenbezeichnung und einem Wert, die ebenfalls durch ein Semikolon „;" voneinander getrennt werden.

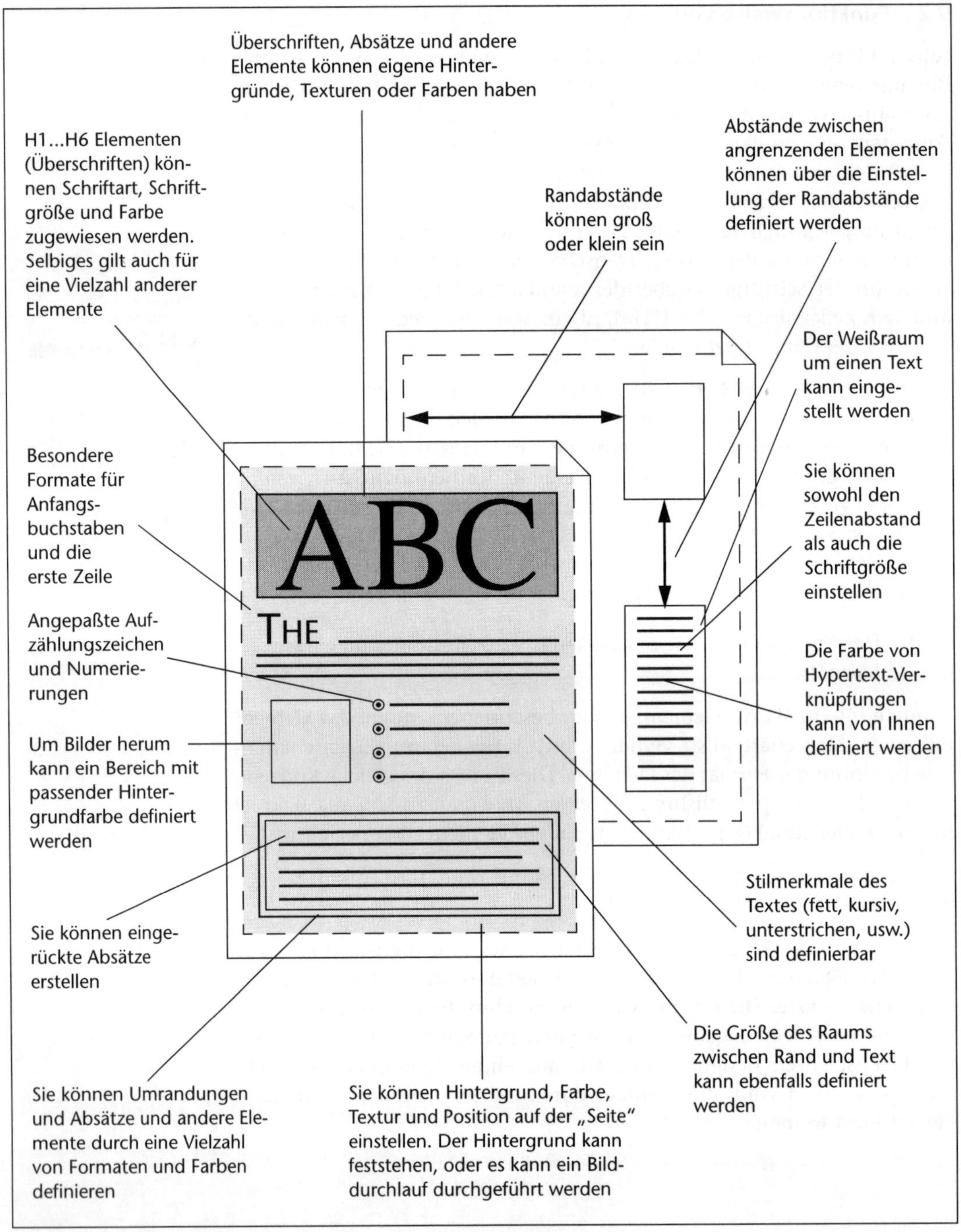

Abbildung 9.3: Die Abbildung illustriert ein paar Layoutaspekte, die mit CSS erzielt werden können

9.2 Funktionsweise von CSS

Falls Sie mehreren Elementen das gleiche Format zuweisen wollen, gehen Sie folgendermaßen vor:

```
H1, H2, H3 { font-family: Helvetica }
```

In diesem Beispiel bekommen alle drei Elemente die gleiche Eigenschaftenliste. Sie sehen, daß Kommata die Elemente voneinander trennen.

9.2.2 Welche Eigenschaften sind verfügbar?

Alle denkbaren Eigenschaften wie Farbe, Schriftart, Hintergrund, Positionierung des Texts usw. sind für die Formatzuweisung verfügbar (siehe die vorhergehende Abbildung). In diesem Buch behandeln wir die gängigen und leichter handhabbaren Eigenschaften. Um in Details vorzudringen oder weitergehende Eigenschaften kennenzulernen, empfehlen wir *Cascading Style Sheets: Layouts für das Web Publishing*, Addison Wesley Longman, Bonn, 1997. Dort wird das CSS-Konzept grundlegend behandelt.

9.3 Stilinformationen mit einem Dokument verknüpfen

Sie haben vier Möglichkeiten, um Stilinformationen mit einem Dokument zu verknüpfen:

- Positionieren einer Formatvorlage am Anfang eines HTML-Dokuments
- Gegebenenfalls die Verwendung eines lokalen Styles
- Verbinden einer gesondert gespeicherten Formatvorlage mit einem HTML-Dokument
- Verwendung von `@import`, um eine Formatvorlage zu importieren

9.3.1 Positionieren einer Formatvorlage am Anfang eines HTML-Dokuments

Sie können eine Formatvorlage am Anfang eines HTML-Dokuments positionieren, indem Sie ein Element `STYLE` verwenden. (Dies unterscheidet sich wesentlich vom *Attribut* `STYLE`, das wir später kennenlernen werden). Das Element `STYLE` gehört in den Dokumentenkopf. Dieses STYLE-Element ist einfacher zu handhaben, als Sie vielleicht glauben, und am besten durch ein Beispiel zu erläutern:

```
<TITLE>Mein kleines Dokument mit einer Formatvorlage</TITLE>
<STYLE TYPE="text/css">
P {color: black; font-family: helvetica; font-size: 12 pt}
H1 {color: green; font-family: helvetica; font-size: 20 pt}
B {color: white; font-family: helvetica; font-size: 12 pt}
</STYLE>
<BODY background=black>
```

```
<H1>Marie besaß ein kleines Lamm</H1>
<P>Marie besaß ein kleines Lamm
<P>Sein Fell war <B>weiß</B> wie Schnee
<P>Wohin Marie sich wendete, das Lamm war in der Näh
```

Sie können nachvollziehen, was passiert. Zunächst betrachtet der Browser den Inhalt des Elements STYLE, und dann, nach Verarbeiten des Inhalts, weist er dem Dokumentenkörper bestimmte Formatierungen zu. In unserem kleinen Beispiel erscheint die Überschrift H1 grün, als 20-Punkt Helvetica, die Absätze des Texts werden in 12-Punkt Helvetica, schwarz erscheinen, und das Wort „weiß" wird genau wie vorgeschrieben in weißer Farbe erscheinen.

Beachten Sie, daß der Text des Dokuments *nach* dem Element STYLE folgt, weil das Element STYLE Bestandteil des Dokumenten*kopfs* ist. Im allgemeinen beinhaltet der Dokumentenkopf Informationen *über* das Dokument und steht damit im Gegensatz zum Text selbst. Beachten Sie, daß ältere Browser den tatsächlichen Inhalt des Elements STYLE anzeigen – der Text der Formatvorlage erscheint „aus Versehen" auf dem Bildschirm – aber es ist festzustellen, daß zunehmend mehr Browser die Formatvorlage nicht mehr anzeigen und den Inhalt wie beabsichtigt umsetzen.

Eine aktuelle Liste mit Browsern, die CSS Formatvorlagen unterstützen, finden Sie auf der Web-Site unter http://www.awl.com/css/

Implementierung von CSS

Netscape Navigator 2.0	Nein
Netscape Navigator 3.0	Nein
Netscape 4.0 (Communicator)	Implementierung der grundlegenden Bestandteile von CSS1[1]
Microsoft Internet Explorer 3.0	Teilweise Implementierung von CSS
Microsoft Internet Explorer 4.0	Komplette Implementierung von CSS1

Spyglass hat angekündigt, daß Ihre Mosaic-Browser CSS ebenfalls unterstützen werden.

Zum Zeitpunkt der Bucherstellung haben sich sowohl Netscape als auch Microsoft auf CSS festgelegt.

1 Netscape hat seine Implementierung komplett in die JavaScript-Engine eingebunden. Ein Nebeneffekt ist, daß es für Netscape dadurch schwierig war, die vollständigen CSS1-Regeln zu implementieren.

9.3.2 Lokale Formatvorlagen für Elemente unter Verwendung des Attributs STYLE

Im vorangegangenen Abschnitt haben wir Ihnen auf einfache Weise demonstriert, wie das Element STYLE verwendet wird, damit ein Web-Dokument eine Mini-Formatvorlage enthalten kann. Jetzt gehen wir noch einen Schritt weiter.

Von Word, Framemaker oder anderen DTP-Programmen sind Sie möglicherweise damit vertraut, wie Formatvorlagen für ein Dokument lokal überschrieben werden können. Nehmen wir an, Sie möchten einen bestimmten Abschnitt von der normalen Helvetica 10-Punkt-Schrift in eine 12-Punkt-Schrift umändern, oder Sie möchten einem Abschnitt, der normalerweise keine Umrandung hat, mit einer solchen versehen. Web-Formatvorlagen können ebenfalls lokal in dieser Weise überschrieben werden. Für diesen Trick wird das *Attribut* STYLE verwendet.

```
<TITLE>Mein kleines Dokument mit einer
Formatvorlage</TITLE>
<STYLE>
P {color: black; font-family: helvetica;
font-size 12 pt}
H1 {color: green; font-family: helvetica;
font-size 20 pt}
B {color: white; font-family: helvetica;
font-size 12 pt}
</STYLE>
<BODY background=black>
<H1>Marie besaß ein kleines Lamm</H1>
<P>Marie besaß ein kleines Lamm
<P>Sein Fell war <B>weiß</B> wie Schnee
<P>Wohin Marie sich wendete, das Lamm war in der Näh
<P>Es folgt ihr bis zur Schule nach
<P>Dort lachten alle Kinder
<P STYLE={color: red; font-size: 14pt} Denn immer wenn
der Lehrer sprach, die Ohren <B>wackelten</B> nicht
minder!
```

Lokale Formatierung

Hier wurde das Attribut STYLE verwendet werden, um die normale Auslegung des letzten Absatzes zu überschreiben. Sie können das Attribut STYLE tatsächlich auf diese Weise verwenden, selbst wenn das Dokument keine Formatvorlage an erster Stelle besitzt. Ungeachtet dessen, ob ein Element STYLE vorhanden ist, kann das Attribut STYLE benutzt werden, um nahezu jedes in einem Format vorkommende Element sofort zuzuweisen, sofern dies nötig sein sollte. Browser, die das Attribut STYLE nicht verstehen können, werden das Element einfach ohne Durchführung von

Namensvergabe für eine Formatvorlage-Datei
Eine Formatvorlage, die in der Sprache CSS geschrieben ist, sollte die Endung „css" haben.

Formatänderungen ausgeben. Ein Netscape 2.0-Browser beispielsweise zeigt den letzten Abschnitt in der gewohnten Weise an, jedoch nicht in rot oder in der 14-Punkt-Schrift.

Das Attribut `STYLE` ist für die meisten Elemente wie Absätze, Überschriften, Tabellen und deren Felder, Zeichenhervorhebungen usw. verfügbar.

9.3.3 Verbinden einer eigenständigen, externen Formatvorlage mit Ihrem Dokument

Wenn Sie eine einzige Formatvorlage für eine Reihe von Dokumenten verwenden wollen, warum verbinden Sie die Vorlage nicht mit jedem in Frage kommenden Dokument über das Element `LINK`? Ein Beispiel für die Verwendung in diesem Zusammenhang wäre:

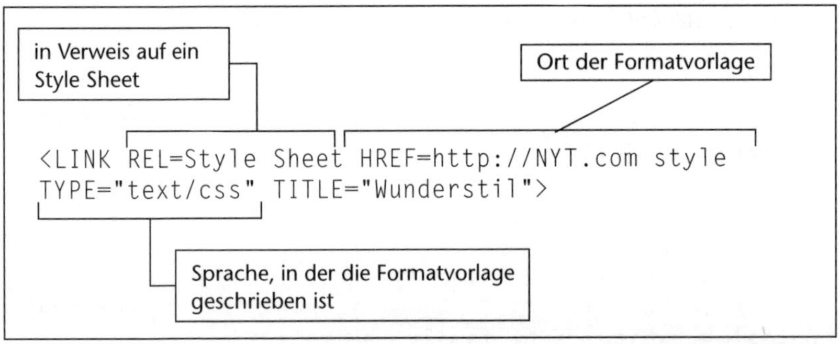

`LINK REL=Style Sheet` ist eine spezielle Konstruktion, um auf Style Sheets zu verweisen.

Verwendung von `REL=alternate` **Damit ist es Autoren möglich, den Lesern ein Menü mit benannten Formatvorlagen anzubieten. Falls das Attribut** `REL` **von dem Element** `LINK` **nicht in dieser Weise verwendet wird und nur das Element** `TITLE` **für eine gegebene Formatvorlage zugewiesen wurde, dann wird diese Formatvorlage als die standardmäßige Vorlage für das Dokument angenommen.**

Die Verwendung von `LINK` ermöglicht es, die passende Formatvorlage im voraus oder gleichzeitig mit dem HTML-Dokument aufzufinden. Autoren können die Elemente `LINK` verwenden, um Lesern alternative Formatvorlagen anzubieten. Hier ein Beispiel:

```
<LINK TITLE="Alt" REL="alternate Style-Sheet"
HREF="alt.Format"
TYPE="application/dsssl">
<LINK TITLE="Neu" REL="alternate Style-Sheet"
HREF="neu.Format"
  TYPE="text/css">
<LINK TITLE="Verschroben" REL="alternate Style-Sheet"
HREF="verschroben.Format"
  TYPE="text/css">
<TITLE>Kleines Dokument mit Formatvorlagen</TITLE>
<H1>ACME Widgets Corp</H1>
<P>Falls Ihr Browser Formatvorlagen unterstützt, versuchen
Sie, unsere neue Fassung in den Formatierungen neu, alt und
verschroben anzeigen zu lassen.
```

Die HTML4-Spezifikation für das Element `LINK` beinhaltet ein Attribut `TITLE`, das im vorigen Beispiel verwendet wurde. Falls Sie eine Auswahl aus verschiedenen Formatierugen treffen können und jeder seinen eigenen URL hat, wird das Attribut `TITLE` sehr nützlich. Sie machen aus `TITLE` eine Beschreibung der Formatvorlage („Alte Formatvorlage“, „Neue Formatvorlage“, „Besondere Formatvorlage“, usw.), da Sie im voraus wissen, daß der Browser ein Menü anzeigt, aus dem der Benutzer auswählen soll:

Formatvorlage Neu
Formatvorlage Alt
Formatvorlage Besondere

Beachten Sie, daß die Reihenfolge, in der alternative Formatvorlagen mittels `LINK` aufgelistet sind, nichts über die Reihenfolge aussagt, in der sie angewendet werden.

Das Element `LINK`
Dieser wichtige Teil von HTML ist ausführlich in Kapitel 12 erläutert, das sich mit Elementen des Dokumentenkopfs befaßt.

Mit dem Attribut `TYPE` können Sie sowohl die Art des Internet-Medien-Typs bestimmen als auch die zugehörigen Parameter für die verbundene Formatvorlagen. Dadurch ist der Browser in der Lage zu entscheiden, ob die Formatvorlage in einer Notation geschrieben ist, die er unterstützt. Obwohl sich dieses Buch hauptsächlich mit CSS beschäftigt, gibt es für Formatvorlagen noch andere Sprachen, wie beispielsweise DSSSL, für die es eine Reihe von Verfechtern gibt. Das Attribut `TYPE` besagt also möglicherweise: „Diese Formatvorlage ist in DSSSL geschrieben“ und ermöglicht so dem Browser die entsprechende Verarbeitung.

9.3.4 Verwendung von `@import`

Sie können am Anfang eines Dokuments auch `@import` benutzen, um eine Formatvorlage von einer bestimmten Adresse zu importieren. Ein Beispiel:

```
@import "http://www.format.blau.css"
```

9.4 Wie die Eigenschaften der Formatvorlagen miteinander interagieren

Angenommen, Sie setzen die Eigenschaften von `BODY` für das Dokument auf 12-Punkt, hellblau, Helvetica Light mit schwarzem Hintergrund. Wird das gesamte Dokument diese Schrift „erben“? CSS ist so aufgebaut, daß Eigenschaften eines Elements oftmals an andere Elemente durchgereicht werden, die dieses Element enthalten. So wird beispielsweise Textfarbe und Schrift von `BODY` an Absätze durchgereicht. Im Gegenzug werden solche Eigenschaften durch Elemente auf Zeichenebene innerhalb dieser Absätze geerbt. Das bedeutet, daß kursiver und fetter Text, sofern vorhanden, an die Absätze angepaßt wird.

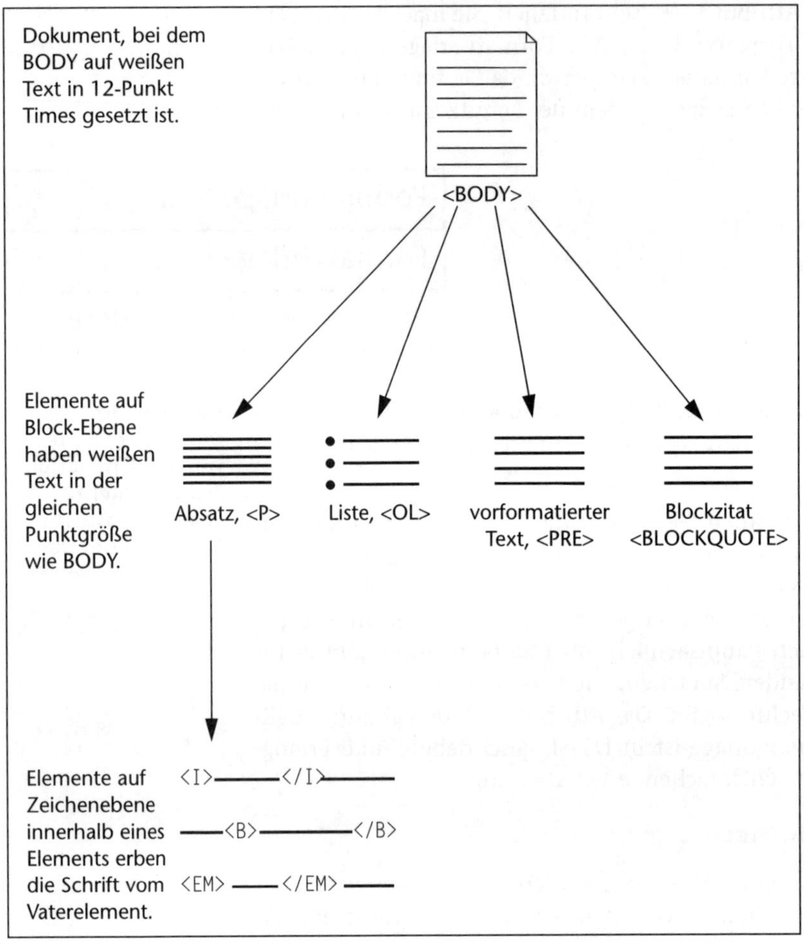

Abbildung 9.4: Vererbung von Eigenschaften

Die Abbildung illustriert in sehr einfacher Weise das Prinzip der Vererbung. Grundsätzlich können Formatvorlagen von einem Element zum nächsten vererbt werden. So kann also beispielsweise die Schriftart für das Dokument BODY an dessen Tochterelemente durchgereicht werden, damit diese dann in entsprechender Schrift angezeigt werden. Es sei denn, die Tochterelemente haben ihre eigenen überschreibenden Formate definiert. Grundsätzlich gilt: Ein Format innerhalb der Formatvorlage des Dokuments hat Vorrang vor einem Format, das von einer verknüpften Formatvorlage importiert wurde. Ein lokales Format hat Vorrang vor beiden.

9.4 Wie die Eigenschaften der Formatvorlagen miteinander interagieren

9.4.1 Eine Eigenschaft mit Bezug zu einem anderen Element ausdrücken

Manchmal erlaubt Ihnen CSS, die Eigenschaft eines Elements mit Bezug auf ein anderes auszudrücken. Nehmen Sie beispielsweise an, Sie setzen die Schriftgröße für das ganze Dokument auf 10-Punkt:

```
BODY { font-size: 10pt }
```

Für einen einzelnen Absatz können Sie dann eine proportional größere Schrift folgendermaßen einstellen:

```
P { font-size: 200% }
```

Die zweite Zeile setzt den Text auf 20-Punkt, entsprechend 200 Prozent von der 10-Punkt Schrift. Wäre die Schrift in BODY eine 14-Punkt Schrift, erschiene dieser Absatz in 28-Punkt. Die Zuweisung der Schriftgröße von Elementen auf Zeichenebene innerhalb eines Absatzes erfolgt in der gleichen Weise.

9.5 Einrichten von benannten Formaten für HTML-Elemente

Die bisherigen Beispiele haben Ihnen gezeigt, daß es möglich ist, Formatzuweisungen für das eine oder andere HTML-Element durchzuführen. Sie können beispielsweise definieren, daß P-Elemente (Absätze) in hellrosa auf einem grünen Hintergrund erscheinen oder daß H1-Überschriften in einer 20-Punkt Schrift in Times und fettgedruckt schillern. Dies ist alles recht einfach, und Sie sollten, mit dem Grundlagenwissen des bisher Gesagten ausgerüstet, in der Lage sein, eine Palette überraschender Layout-Effekte zu erzielen.

Nachdem Sie Grundlegendes über die Erstellung von Formatvorlagen wissen, sind Sie sicher daran interessiert, Ihre Fertigkeiten weiter auszubauen. Die nächste Stufe ist die Erzeugung ihrer eigenen *benannten Formate*; eine Beschäftigung, die viele freudige Stunden des Herumtüftelns auch für diejenigen beschert, die nicht zu den geborenen Hackern zählen.

Hier einige Beispiele für benannte Formate, die wir erstellt haben. Um sie zu verwenden, können Sie sie in eine Formatvorlage einfügen, indem Sie das Element STYLE wie im folgenden Beispiel benutzen. Die Namen unserer Formate sind lediglich zur besseren Lesbarkeit für Sie fett gedruckt.

```
<STYLE>
.notiz {background:white; color:black}
.spezial {background:blue; color:black}
.anmerkung {background:red; color:black}
</STYLE>
```

Die drei benannten Formatvorlagen heißen *notiz*, *spezial* und *anmerkung*. Beachten Sie den Punkt „.“, der allen dreien vorangeht. Haben Sie die Formate erst einmal in die Formatvorlage eingefügt, können die Formate nahezu jedem beliebigen Element zugewiesen werden. Diese Art der benannten Formatvorlagen können also Absätzen, einem Listenbestandteil, Text innerhalb eines Tabellenfelds oder einer beliebigen Anzahl von andereren Elementen zugewiesen werden.

9.5.1 Zuweisung benannter Formate zu einem Element

Um ein benanntes Format einem Element zuzuweisen, wird das Attribut `CLASS` verwendet. (Der Grund für diese etwas eigentümlich anmutende Namensgebung wird später deutlich werden). Die Einfachheit des Prinzips wird an folgendem Teildokument ersichtlich. Das Attribut `CLASS` ist für die meisten HTML-Elemente verfügbar.

Weist diesem Absatz das benannte Format „spezial“ zu.

```
<P CLASS=spezial>Als es um das Schreiben von HTML
ging, gab uns unser neuer Entwickler mit dem
Pferdeschwanz einen wertvollen Ratschlag:
<P CLASS=notiz>Es ist von entscheidender Wichtigkeit,
daß HTML in einer gut geplanten und organisierten Art
und Weise geschrieben wird. Das Resultat sollte vor
Eleganz im Design strotzen, die Einfachheit in Person
darstellen und nicht gerade aussehen, wie ein
durcheinandergewürfelter Programmtext, der von einem
dahergelaufenen Papagei durchgekaut wurde.
```

Weist diesem Absatz das benannte Format „anmerkung“ zu.

```
<P CLASS=anmerkung>Behalten Sie stets im Auge, Web-
Seiten so zu gestalten, daß auch diejenigen etwas
vernünftiges auf ihrem Bildschirm erkennen können,
die keine Formatvorlagen verwenden.
```

Dadurch wird eine Reihe von Absätzen erzeugt, die alle eine andere Hintergrundfarbe aufweisen:

> Als es um das Schreiben von HTML ging, gab uns unser neuer Entwickler mit dem Pferdeschwanz einen wertvollen Ratschlag:
> Es ist von entscheidender Wichtigkeit, daß HTML in einer gut geplanten und organisierten Art und Weise geschrieben wird. Das Resultat sollte vor Eleganz im Design strotzen, die Einfachheit in Person darstellen und nicht gerade aussehen, wie ein durcheinandergewürfelter Programmtext, der von einem dahergelaufenen Papagei durchgekaut wurde.
> Behalten Sie stets im Auge, Web-Seiten so zu gestalten, daß auch diejenigen etwas vernünftiges auf ihrem Bildschirm erkennen können, die keine Formatvorlagen verwenden.

Diese Formate können Sie innerhalb des gesamten Dokuments nach Belieben immer wieder für alle Elemente (nicht nur Absätze) verwenden. Wenn Sie das Aussehen der Elemente verändern wollen, denen Sie ein bestimmtes Format zugewiesen haben, müssen Sie lediglich das Format anders definieren. Im Handstreich werden alle Absätze mit rotem Hintergrund gelb. Sie definieren das Format innerhalb der Formatvorlage und, wie wir Deutschen sagen, fertig ist die Laube.

9.5.2 Benannte Styles für eine bestimmte Elementenart

Im vorangegangenen Abschnitt zeigten wir, wie Sie Ihre eigenen benannten Formate erzeugen können, die Sie einer Reihe von verschiedenen HTML-Elementen zuweisen können. Dies waren auf eine Art *allgemeine* Formate, also Formate, die innerhalb des gesamten Dokuments zugewiesen werden können.

Jetzt verschieben wir den Fokus ein wenig. Wir zeigen Ihnen, wie Sie benannte Styles erzeugen, die nur ganz bestimmten Elementen zugewiesen werden können. Diese Methode weist den Vorteil auf, daß die Formatvorlage viel ordentlicher und organisierter aussieht und so einem strukturierteren Design näher kommt. Angenommen, Sie denken sich 20 Styles für die verschiedensten Elementklassen aus. Ihr Ziel wird es sein, jedes Format mit irgendeiner Funktion des Elements zu verknüpfen.

Im folgenden Beispiel wurden benannte Styles für drei verschiedene Arten von Absätzen erdacht. Offiziell werden sie *Klassen* eines Absatzes genannt.

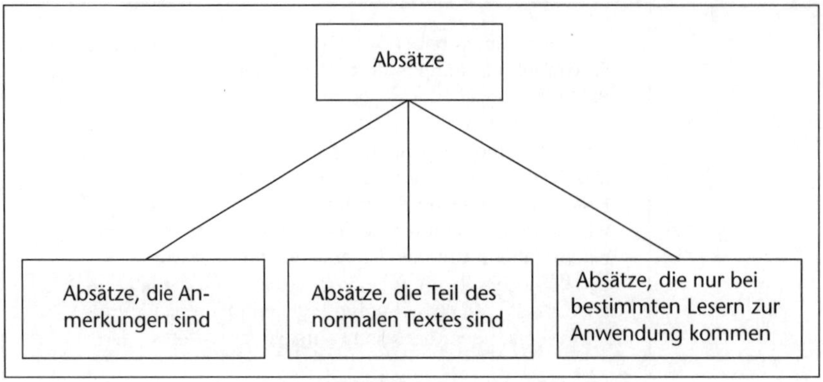

Sie werden feststellen, daß die jeweiligen Bezeichnungen gemäß der Art der Hervorhebung gewählt worden sind. Eine Vorgehensweise, die sich sicherlich auszahlt. Der grundlegend erzielte Effekt ist, daß gut strukturierte Formatvorlagen sogar für diejenigen leicht verständlich sind, die nicht Schöpfer des Dokuments sind. Zudem können Abänderungen auf relativ unkomplizierte Weise erfolgen. Formatvorlagen, die von begeisterten Programmierern des Nachts ersonnen werden, können traumhafte Layout-Effekte vermitteln, die jenseits der Vorstellungen eines durchschnittlichen Autors liegen. Andererseits ist ihre Codierung (und um eine Codierung im besten Sinne des Wortes handelt es sich) dann normalerweise sehr schwer nachzuvollziehen. Zielen Sie auf Eleganz, Einfachheit, Lesbarkeit und Wartungsfreundlichkeit ab, soweit dies möglich ist.

Hier sehen Sie nun die oben beschriebenen Absatzklassen, die als Formatvorlagen geschrieben sind:

```
<HTML>
   <HEAD>
      <TITLE>Besonderer Hinweis für alle Benutzer</TITLE>
      <STYLE TYPE=text/css>
          P.notiz { color: red }
          P.standard { color: green }
          P.spezial { color: black; font-weight: extra-bold }
      </STYLE>
   </HEAD>
<BODY>
```

```
<P CLASS=standard>Als ersten Schritt erwärmen Sie die Einheit
auf genau 750° C. Die Flüssigkeit sollte sichtbar brodeln und
ein purpurfarbener Dampf sollte auf dem Glas kondensieren.
Fahren Sie fort, bis die Flüssigkeit grün geworden ist, um
dann die Hitze vorsichtig auf 500° C zu senken. Das Kondensat
sollte sich im Auffangbehälter 'W' sammeln, der am unteren
Teil des Apparats befestigt ist.
<P CLASS=notiz>Falls sich das Kondensat zu irgendeinem
Zeitpunkt des Prozesses grün färben sollte, stellen Sie die
Hitzezufuhr ein und verlassen zügig den Raum.
<P CLASS=spezial>Falls Sie im Besitz des Models P540 sind,
beachten Sie, Ihre Apparatur auf das Modell P679 aufzustocken,
indem Sie einen Tummyometer und ein Gerät zur Befestigung des
Kobaltchlorids installieren. Falls Sie dies versäumen, kommt
es zur Erzeugung von Amonium-Komplexen, die die Flüssigkeit
verunreinigen und eine Gelbfärbung verursachen.
<P CLASS=standard>Schrauben Sie Ventil 'B' auf, und schütten
Sie das Kondensat in einen konischen Kolben. Titrieren Sie
gegen Schwefelsäure, um die Molarität zu bestimmen, die im
Bereich von 0,05M liegen sollte. Mischen Sie es mit 0,6M
Ananassaft (wir empfehlen Beckers' Besten), und erwärmen ihn
für sechs Stunden vorsichtig auf 40° C. Das Färbemittel ist
sofort nach Abkühlen gebrauchsfähig.
```

Dies entsteht dabei
Aus diesen HTML-Zeilen entsteht zunächst ein „standard"-Absatz mit grünem Text, gefolgt von einer „notiz" in rot und schließlich einem „spezial"-Absatz in fetter Schwarzschrift, der am Ende steht.

9.5.3 Einem Element mit einer bestimmten ID ein Format zuweisen

Elementen mit einer bestimmten `ID` kann in einer Formatvorlage ein Format zugewiesen werden. Dies erreichen Sie, indem Sie die `ID` zum Ziel des Formats machen:

```
#xyz CODE { font-size: xx-large }
```

Einem Element mit der `ID #xyz` wird eine extra große Schrift zugewiesen.

9.6 Integrierte Formatvorlagen für Initialen und besonders gestaltete Anfangszeilen

In bestimmten Zeitschriften wird oftmals der Buchstabe des ersten Absatzes mit einer Initiale gestaltet, und in einigen Fällen steht der Rest der ersten Zeile in Kapitälchen, d.h. in Großbuchstaben, die in einer kleineren Schriftart gedruckt sind. CSS erlaubt es Ihnen, diese Dinge mit Hilfe der besonderen Schreibweise für die eingebauten Klassen-Namen `first-letter` und `first-line` zu definieren, wie es im folgenden gezeigt wird:

```
P: { color: black; font-size: 12pt }
P:first-letter { color: green; font-size: 200% }
P:first-line { color: blue; font-size: 10pt; text-transform:
uppercase }
```

Bei diesem Beispiel würde das Format des ersten Buchstabens von jedem Element P grün und in einer Schriftgröße 24-Punkt erscheinen. Der Rest der ersten Zeile (wie auf dem Bildschirm formatiert) wäre in blauen Großbuchstaben sichtbar. Der verbleibende Absatz erschiene in schwarz.

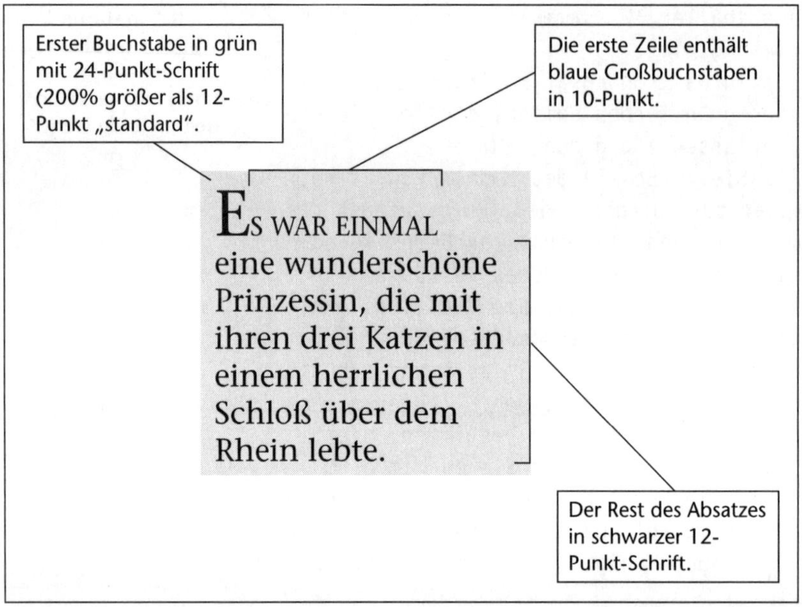

Abbildung 9.5: Zum Zeitpunkt des Schreibens ist uns nicht bekannt, inwieweit Browser diese eingebauten Namen unterstützen

Hier ein weiteres Beispiel für eingebaute Klassennamen, bei dem zusätzlich noch die wunderbaren Vorteile des Elements SPAN genutzt werden.

```
<HTML>
<HEAD>
<TITLE>Die lilafarbene Prinzessin</TITLE>
<STYLE TYPE=text/css>
P { font-size: 12pt; line-height=14pt }
P:first-letter { font-size: 200%; float: left }
SPAN { text-transform: uppercase }
</STYLE>
</HEAD>
<BODY>
<P><SPAN>Es war einmal</SPAN> eine wunderschöne Prinzessin,
die mit ihren drei Katzen in einem herrlichen Schloß über dem
Rhein lebte.
</BODY>
</HTML>
```

9.6 Integrierte Formatvorlagen für Initialen und besonders gestaltete Anfangszeilen

Der Autor hat zunächst eine kleine Formatvorlage erstellt, die folgendes umfaßt:

- Ein Format für Absätze
- Ein Format für den ersten Buchstaben eines Absatzs
- Ein Format für SPAN (alle Zeichen in SPAN sind als Großbuchstaben definiert). SPAN kann dazu benutzt werden, um einen Satz oder ein Wort zu markieren, dem dadurch dann ein eigenes Format innerhalb eines Textblocks zugewiesen wird.

9.6.1 Eingebaute Klassennamen, um verschiedene Hyperlinks zu unterscheiden

Seit Mosaic stellen Browser den Text des Links anders dar, je nachdem, ob der Link bereits besucht wurde oder nicht. Dieser Benutzerkomfort ist Ihnen jetzt auch auf Ebene der Formatvorlage zugänglich. Sie verwenden einfach die eingebauten Klassennamen `link`, `visited` und `active`, die nur auf das Anker-Element `A` anwendbar sind. Sie haben die Wahl, welche Eigenschaften Sie den drei Klassen zuweisen wollen. Warum nicht:

```
A:link { color: red }
A:visited { color: dark-red }
A:active { color: orange }
```

9.7 Bemerkenswert: SPAN und DIV in Verbindung mit Formatvorlagen

Um Teilen eines Dokuments einfacher ein Format zuweisen zu können, werden zwei neue Elemente definiert, die im Textkörper eines HTML-Dokuments verwendet werden: `DIV` und `SPAN`.

`DIV` wird verwendet, um einen zusammenhängenden Teil des Dokuments (wie beispielsweise ein Kapitel, einen Abschnitt usw.) zu umschließen, um es so zu ermöglichen, in einem Abschnitt ein bestimmtes Format anzuwenden. `DIV` ist ein Element auf Blockebene.

`SPAN` wird benutzt, um ein Format in einem Satz, einem Ausdruck oder sogar bei ein paar Zeichen anzuwenden. `SPAN` ist ein Element auf Zeichenebene.

In der Praxis ist es üblich, `DIV` und `SPAN` ein benanntes Format zuzuweisen und dann die Stile mit `CLASS` anzuwenden.

Eine andere Möglichkeit besteht darin, ein einziges Format für `DIV` und `SPAN` zu erzeugen, das dann alle Instanzen dieser Elemente im Text annehmen.

```
DIV {font:Times; color: red; margin: 5em; padding: 10em}
SPAN {text-decoration: italic; color: black}
```

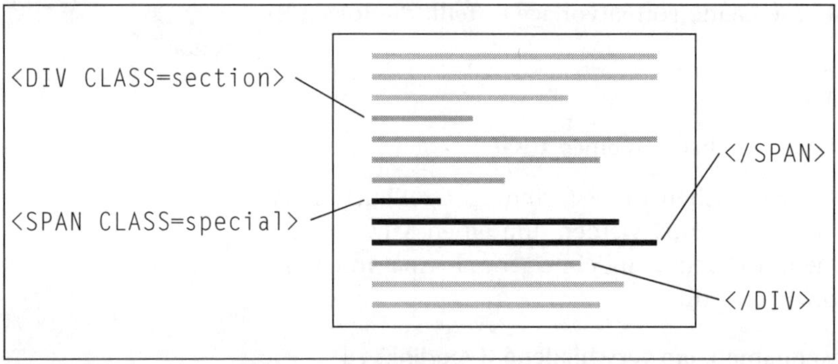

Abbildung 9.6: DIV und SPAN
`DIV` kann verwendet werden, um einer Reihe von Paragraphen, Überschriften und weiteren Elementen ein übliches Format zuzuweisen. SPAN kann benutzt werden, damit einem Wort oder einem Ausdruck ein Format zugewiesen wird

Hier wird jede Folge von Elementen in rot mit dem entsprechenden Randabstand und Zwischenraum angezeigt, wenn sie von `<DIV>` und `</DIV>` umschlossen sind. Innerhalb eines Absatzes oder eines anderen Elements auf Blockebene können Sie dann `<SPAN>` und `</SPAN>` benutzen, um den Text kursiv und in schwarz erscheinen zu lassen.

9.8 Schriftarten für das Web

Es gibt eine Reihe von Charakteristika für Formatvorlagen, die es Ihnen erlauben, die Schriftart zu wählen. Die sinnvollste Eigenschaft für den Anfänger ist `font-family` mit einem halben Dutzend anderen zugehörigen Eigenschaften, die festlegen, ob Sie fett oder dünn, kursiv oder normal, Groß- oder Kleinbuchstaben erhalten. Mit `font-family` können Sie entweder eine bestimmte Schrift festlegen wie „Helvetica“ oder eine allgemeinere Schriftartenkategorie wie „sans serif“. Die Größe der Schrift wird durch die Eigenschaft `font-size` bestimmt.

9.8.1 Welches sind die gebräuchlichsten Schriftarten?

Die gebräuchlichsten Schriften auf einem Macintosh sind Helvetica, Courier und Times. Auf dem PC verfügen Sie normalerweise über Arial, Times New Roman und Courier New. Inzwischen sind viele davon höchstwahrscheinlich auf den Rechnern der Leser installiert, so daß Sie diese Schriften in Ihrem Style Sheet benutzen können. Berücksichtigen Sie aber auch Schriften des Macintosh oder von UNIX.

Sie könnten zu recht fragen, was wohl passieren würde, falls Sie eine Schriftart wählen, über die der Rechner, der Ihr Dokument am anderen Ende anzeigen soll, gar nicht verfügt. Nun, dies ist ein Problem, welches das CSS-Entwicklungsteam nicht nur vorhergesehen, sondern worüber es sich auch den Kopf zerbrochen hat. Die Lösung wiederum ist denkbar einfach: CSS ermöglicht es, daß Autoren die Vorsichtsmaßnahme durchführen, eine Reihe von bevorzugten alternativen Schriftarten in ihre Formatvorlage einzubeziehen, so daß der Browser auf der Empfängerseite den Vorteil der Auswahl hat. Das hieße also: „Wenn Sie nicht über Ukrainian lite verfügen, nehmen Sie Helvetica, und wenn Sie die nicht haben, nun, dann eben irgendeine serifenlose Schrift.“ Wenn keine der Alternativen mit einer verfügbaren Schrift übereinstimmen, wählt der Browser einfach seine Standard-Schrift an.

Die Feinheiten der internen Abläufe von Browsern zur Zuordnung der passenden Schriften sind komplex und ausgeklügelt und finden in diesem Buch keinen Platz. Falls Sie interessiert sind, lesen Sie die Spezifikation von Håkon Lie und Bert Bos, um sich tiefer in das Thema einzuarbeiten (zugänglich unter www.w3.org).

9.8.2 Schriftarten extra für den Bildschirm

Jüngst hat Microsoft eine Reihe neuer Schriften extra für Bildschirme herausgebracht. Verdana, Trebuchet und Georgia sind drei neue von Microsoft entworfene Schriften, die speziell für Bildschirminformationen gedacht sind. Comic Sans war die erste Schrift, die Microsoft seinen Browsern hinzugab; sie wird von Microsoft beschrieben als ein „spielerisches Design, das an Schriften in Comics erinnert“. Eine Version dieser Schrift in Fettdruck findet sich im Internet Explorer. Trebuchet wird beschrieben als „vollständig serifenlose Schrift mit einer eigenen Ausstrahlung und echter Kursivschrift“.

9.8.3 Die Wahl der Schrift hängt von der Schriftgröße ab

Bei einer 7-Punkt-Schrift ist es am sinnvollsten, eine Schrift zu wählen, die speziell für Computerbildschirme gedacht ist, wie oben beschrieben. Bei 8-Punkt gibt es mehr Wahlmöglichkeiten. Times New Roman, Century Schoolbook, Theatre Antoine, Old English, Nadianne und Bookman Old Style sehen gut aus, eine Reihe von ihnen macht sich jedoch nicht sonderlich gut auf einem kleinen Bildschirmen. Schriften, die Handschriften nachahmen, funktionieren erst ab einer 12-Punkt-Größe und aufwärts gut, wie beispielsweise Signet Round Hand und Lucida Calligraphy. Einige dekorative Schriften sind nur für große Schriften gedacht und eignen sich besonders für Überschriften. In dieser Kategorie finden sich eine Vielzahl von Stilen, wie beispielsweise Stencil Sans, Snowdrift, Pioneer ITC, Gallery, Glow Worm und Braggadocio. Gegen Ende des Jahres 1997 sollen Browser verfügbar sein, die Web-Seiten mit ihrer eigenen heruntergeladenen Schriftart unterstützen. Dies wird die Möglichkeiten für Designer wesentlich verbessern. Die meisten der heutigen Schriften sind für Druckzwecke entworfen worden und sehen auf einem Bildschirm nicht gerade überragend aus. Es ist zu erwarten, daß es künftig Schriften geben wird, die sowohl gedruckt als auch auf dem Bildschirm gut aussehen.

Schriftarten einer Punktgröße variieren enorm bezüglich ihrer Kompaktheit. Trebuchet ist beispielsweise kompakter als Verdana und in etwa so groß wie Comic Sans. Georgia bei 8-Punkt ist größer als Times New Roman bei 10-Punkt.

Die Punktgröße bestimmt nur grob die Höhe eines Großbuchstabens.

Der Wert für die Schriftgröße `font-size` kann in einer Reihe von Einheiten bestimmt werden. Siehe Abschnitt 9.9.3.

9.8.4 Einige Beispiele für Schriftarten

Avantgarde (11 Punkt)	The quick brown fox jumps over the lazy dog. 1234567890
Baskerville (11 Punkt)	The quick brown fox jumps over the lazy dog. 1234567890
Berkley (9 Punkt)	The quick brown fox jumps over the lazy dog. 1234567890
Bookman (10 Punkt)	The quick brown fox jumps over the lazy dog. 1234567890
Candida (9 Punkt)	The quick brown fox jumps over the lazy dog. 1234567890
Courier (9 Punkt)	The quick brown fox jumps over the lazy dog. 1234567890
EuropeanPI2 (10 Punkt)	×Ωμ Ω×ΔγΣ β+≤±∘ π≤∅ ∇×≤∼− ≤÷μ+ =Ωμ <α#∞ δ≤ω| ①②③④⑤⑥⑦⑧⑨⓪
Frutiger (8 Punkt)	The quick brown fox jumps over the lazy dog. 1234567890
Futura Medium (8 Punkt)	The quick brown fox jumps over the lazy dog. 1234567890
Gill Sans (14 Punkt)	The quick brown fox jumps over the lazy dog.

Helvetica (10 Punkt)	The quick brown fox jumps over the lazy dog. 1234567890
Letter Gothic (10 Punkt)	The quick brown fox jumps over the lazy dog. 1234567890
MamboMediumInitials (10 Punkt)	
MetaPlusRoman (10 Punkt)	The quick brown fox jumps over the lazy dog. 1234567890
Minion (8 Punkt)	The quick brown fox jumps over the lazy dog. 1234567890
Myriad Bold (10 Punkt)	**The quick brown fox jumps over the lazy dog. 1234567890**
New Century Schoolbook Italic (11 Punkt)	*The quick brown fox jumps over the lazy dog. 1234567890*
Palatino Italic (11 Punkt)	*The quick brown fox jumps over the lazy dog. 1234567890*
Sabon Bold (15 Punkt)	**The quick brown fox jumps over the lazy dog.**
StoneSansSemibold (12 Punkt)	**The quick brown fox jumps over the lazy dog. 1234567890**
StoneSerif Italic (10 Punkt)	*The quick brown fox jumps over the lazy dog. 1234567890*
Swift (11 Punkt)	The quick brown fox jumps over the lazy dog. 1234567890
Tekton (10 Punkt)	The quick brown fox jumps over the lazy dog. 1234567890
Times (5 Punkt)	The quick brown fox jumps over the lazy dog. 1234567890
Willow (20 Punkt)	The quick brown fox jumps over the lazy dog. 1234567890
Woodtype Ornaments (8,5 Punkt)	
Zapf Chancery (14 Punkt)	*The quick brown fox jumps over the lazy dog. 1234567890*
Zapf Dingbats (8 Punkt)	

9.9 Eigenschaften von Formatvorlagen zur Steuerung von Schriften

In diesem Abschnitt beschreiben wir die nützlichsten CSS-Eigenschaften, die zur Steuerung der Schriftart verwendet werden können. Dies beinhaltet auch, ob der Text kursiv, fett oder unterstrichen erscheint oder nicht sowie weitere Funktionen. Eine ausführliche Liste und komplette Beschreibung der Eigenschaften finden Sie in der CSS-Spezifikation über www.w3.org.

9.9.1 Bestimmung der Schrift

Um eine Schrift auszuwählen, sei es nun Helvetica, Times, Caesar, Chaucer oder jede andere, die Ihnen gerade in den Sinn kommt, verwenden Sie am einfachsten die Eigenschaft `font-family`. `Font-family` nimmt als Wert einen oder mehrere *Bezeichnungen* an. Diese Bezeichnungen gehören zwei Kategorien an. Entweder enthalten sie die Bezeichnung einer Schriftfamilie oder eine der vorgegebenen Schriftkategorien. Zu den Schriftkategorien gehören:

- serif (zum Beispiel Times)
- sans-serif (zum Beispiel Helvetica)
- kursive (zum Beispiel Zapf-Chancery)
- fantasy (wie Western)
- monospace (zum Beispiel Courier)

Bezeichnungen für Schriftfamilien bestimmen lediglich die gewünschte Schriftart, wie beispielsweise:

- Arial
- Helvetica
- Times
- Univers
- Courier

Wie Sie sehen, ist die Schriftkategorie viel allgemeiner als die Schriftfamilie. Die Idee der Schriftkategorie besteht darin, dem Browser die *Art* der zu verwendenden Schrift zu vermitteln, sofern die als Schriftfamilie angegebene Schrift nicht auf dem lokalen Rechner installiert ist.

Hier einige Beispiele für Eigenschaften von `font-family`:

```
BODY {font-family: Gill, Helvetica, sans-serif}
```

Der Browser wird als erste Wahl „Gill" benutzen oder „sans serif" als drittbeste Schriftart.

```
P {font-family: Preston, Impact, Arial, Helvetica, sans-serif}
```

Der Browser wird die Schriften in der Reihenfolge von der weniger gängigen „Preston" über „Impact" und „Arial" durchprobieren, bis er einen Schriftnamen findet, der mit einer lokal installierten Schrift übereinstimmt. Bitte denken Sie daran, Anführungszeichen zu verwenden, wenn im Schriftnamen ein Leerzeichen vorkommt:

```
P {font-family: New Century Schoolbook}
```

9.9.2 Einstellen der Eigenschaft font-weight

Schrift-**Stärke**

Sie können die Stärke der Schrift über die Eigenschaft `font-weight` einstellen. Dadurch bekommt der Browser den Befehl, wunschgemäß eine dünnere oder fettere Schrift zu verwenden. Die Stärke kann entweder über Schlüsselwörter oder über Zahlen eingegeben werden. Schlüsselwörter sind `bold`, `bolder`, `lighter` und `normal`. Hier ein Beispiel:

```
P{font-weight: bolder}
H1{font-weight: light}
H2{font-weight: bolder}
```

Sie können auch eine Zahl verwenden, um festzulegen, wie dunkel die Schrift werden soll. Sie können von 100 (hell) über 200, 300, 400, usw. bis 900 (dunkel) wählen.

9.9.3 Einstellung der Eigenschaft font-size

Schrift-**Größe**

Sie können die Schriftgröße über die Eigenschaft `font-size` einstellen. `Font-size` kann entweder auf einen absoluten Wert gesetzt werden oder einen relativen Wert in bezug auf eine bereits vorhandene Schriftgröße haben.

Ein absoluter Wert wird eingestellt, indem Sie eines der folgenden Schlüsselwörter verwenden: `xx-small`, `x-small`, `small`, `medium`, `large`, `x-large` oder `xx-large`. Der Browser selbst entscheidet darüber, in welcher Größe die Schrift dann in der Praxis erscheint. Er verfügt über eine interne Tabelle, mit der er jedem Schlüsselwort eine bestimmte Schriftgröße zuweist. Im allgemeinen gilt: Wenn `medium` einer 10-Punkt-Schrift entspricht, dann bedeutet `large` eine 15-Punkt-Schrift (d.h. 10*1,5). In diesem Beispiel entspräche x-large einer 22,5-Punkt-Schrift (15*1,5), usw. Um einen Relativwert zu bestimmen, verwenden Sie die Schlüsselworte `smaller` und `larger`.

Um die Schriftgröße für ein beliebiges Element zu bestimmen, können Sie dies auch einfach durch Angaben in Punkten (pt), Inch (in), Zentimetern (cm) oder Pixeln (px) erreichen.

```
SPAN{font-size: smaller}
P{font-size: x-large}
```

Akustische Formatvorlagen
Was passiert, wenn Sie auf Sprachausgabe-Software angewiesen sind, um Web-Seiten zu lesen? Welche Formatvorlagen sind bereits benutzt worden? Gibt es Möglichkeiten, Informationen akustisch zu präsentieren, wobei stilistische Anforderungen berücksichtigt werden? Es gibt sie! Sie können Lautstärke, Pausen, zusätzliche Geräusche und Töne sowie Stereoeffekte verwenden.

Bei Formatvorlagen verwendete Einheiten

Folgende *relative* Einheiten werden unterstützt:

- em – die Höhe der Schrift des Elements
- ex – die Höhe des Buchstabens „x"
- px – Pixel sind relativ zur Auflösung des Bildschirms, das heißt, je höher die Auflösung, desto mehr Pixel gibt es.

Es sollten vorzugsweise relative Einheiten benutzt werden, da sie sich gut an die verschiedenen Bildschirme anpassen, auf denen Ihr Dokument angezeigt wird.

Einheiten für *absolute Längen*, die Sie verwenden können sind:

- in – Zoll (inch)
- cm – Zentimeter
- mm – Millimeter
- pt – Punkt (1pt = 1/72 Zoll)
- pc – Pica (1pc =12pt)

Sie können außerdem Prozentwerte verwenden, die relativ zu anderen Werten bestimmt werden. Prozentwerte zu verwenden kann tükkisch sein und wird von daher in diesem Buch nicht beschrieben. Interessierte Leser seien auf weiterführende Literatur verwiesen, wie beispielsweise die CSS-Spezifikation selbst, die unter www.w3.org zugänglich ist.

9.9.4 Großbuchstaben oder Kleinbuchstaben?

kleinbuchstaben oder GROSSBUCHSTABEN

Mit der Eigenschaft `text-transform` steuern Sie die Einstellung der Groß- und Kleinschrift. Erlaubt Werte sind `capitalize`, `uppercase`, `lowercase` oder gar kein Wert.

- `capitalize` – dieser Wert wandelt das erste Zeichen eines Worts in einen Großbuchstaben um
- `uppercase` – dieser Wert wandelt alle Zeichen in Großbuchstaben um
- `lowercase` – dieser Wert wandelt alle Zeichen in Kleinbuchstaben um
- `none` – dies ist der ursprüngliche Wert

Diese Eigenschaft ist auf alle Elemente anwendbar. Die Umwandlung ist in jedem Fall sprachabhängig, so daß sie in jeder Fremdsprache in anderer Weise vollzogen wird.

```
H1 {text-transform: uppercase}
```

Eine weitere verwandte Eigenschaft ist `font-variant`. Diese Eigenschaft erlaubt es Ihnen, zwischen `normal` Text und `small-caps` (Kapitälchen) zu wählen.

```
H2 {font-variant: Small-caps}
```

9.10 Die Textfarbe festlegen

Die Eigenschaft `color` legt die Farbe des Vordergrunds für ein bestimmtes Element fest. So wird die Textfarbe eingestellt. Diese Eigenschaft kann nahezu jedem beliebigen Element zugewiesen werden, so daß vollständige Dokumente, Absätze oder einzelnen Zeichen, Worte und Ausdrücke in einer anderen Farbe erscheinen können. Wird mit dem Dokument `BODY` eine Farbe zugewiesen, kann dem gesamten Dokument eine Textfarbe Ihrer Wahl zugewiesen werden.

Die folgende Einstellung läßt den gesamten Text Ihres Dokuments in „blau" erscheinen:

```
BODY {color=blue}
```

Anschließend können Sie dann einzelnen Elementen wie Absätzen eine andere Farbe zuweisen. Das Ergebnis ist eine Reihe von Absätzen, die eine andere Farbe als der Hauptteil aufweisen. Zum Beispiel läßt

```
P {color=orange}
```

den Text eines Abschnitts orangefarben erscheinen.

Das gleiche Prinzip ist auf alle Elemente anwendbar. Sie könnten beispielsweise ein Format erstellen, mit dem fettgedruckter Text purpurfarben erscheint. Achten Sie lediglich darauf, daß die Farbe des Textes auf dem Hintergrund des Dokuments gut lesbar ist. Bei entsprechender Berücksichtigung werden Sie gute Ergebnisse erzielen.

Einstellung der Farbe in einer Formatvorlage

Für Anfänger besteht die einfachste Art, eine Farbe einzustellen, in der Benutzung der standardmäßigen Farbennamen. Die 16 Farben stammen aus der Windows VGA-Palette: `Aqua`, `black`, `blue`, `fuchsia`, `grey`, `green`, `lime`, `maroon`, `navy`, `olive`, `purple`, `red`, `teal`, `silver`, `white` und `yellow`. Das folgendes Beispiel ist also einwandfrei zulässig:

```
BODY {color: black; background: white }
H1 { color: maroon }
H2 { color: olive }
```

Farben über Zahlen zu bestimmen ist weitaus schwieriger. Eine recht gängige Praxis im Web ist eine Folge von hexadezimalen Ziffern zur Farbbestimmung. Sie verwenden ein „#", dem sofort entweder drei oder sechs Hexadezimalzeichen folgen. Für eine uneingeweihte Person sehen diese Zeichen reichlich sonderbar aus, aber glücklicherweise müssen Sie keinen eigenen Code ersinnen. Es gibt eine Vielzahl von Werkzeugen, um den passenden Code für die Farbe Ihrer Wahl zu finden. Werfen Sie auch einen Blick auf die Farben und Codes in Anhang D auf Seite 466 dieses Buchs.

Im Anhang I auf Seite 477 finden Sie eine Reihe nützlicher Informationen zur Verwendung von Farbe im Web.

9.11 Die Hintergrundfarbe festlegen

Hintergrundfarbe

Hintergrundfarbe (und Textur) werden nicht vererbt. Der Grund, warum Abschnitte und andere Elemente normalerweise in der gleichen Farbe wie der `BODY` erscheinen, rührt daher, daß sie aufgrund von Voreinstellungen einen transparenten Hintergrund haben. Die Farbe des `BODY` scheint deshalb durch. Ein Textabschnitt nimmt diese Hintergrundfarbe an, bis ihm eine eigene Farbe zugewiesen wird.

Die Hintergrundfarbe kann über die Eigenschaft `background-color` festgelegt werden. Diese Farbe kann den meisten Elementen zugewiesen werden, so daß Sie die Hintergrundfarbe des gesamten Dokumentenkörpers (`BODY`), einzelner Abschnitte, bestimmter Zeichen usw. festlegen können. Wir zeigen Ihnen anhand eines einfachen Beispiels, wie der gesamte Hintergrund des Dokuments einfarbig gestaltet wird.

```
BODY {background-color: red}
```

Im zweiten Beispiel soll die Hintergrundfarbe des Absatzes auf blau festgelegt werden und weißer Text darauf erscheinen.

```
P {background-color: blue; font: 14 pt sans serif; color:
white}
```

Einem Absatz seine eigene Farbe zuweisen. Das Ergebnis folgender Zeilen ist in der nebenstehenden Abbildung zu sehen:

```
BODY {background-color:
    red}

P { background-color:
    blue; color: white}
```

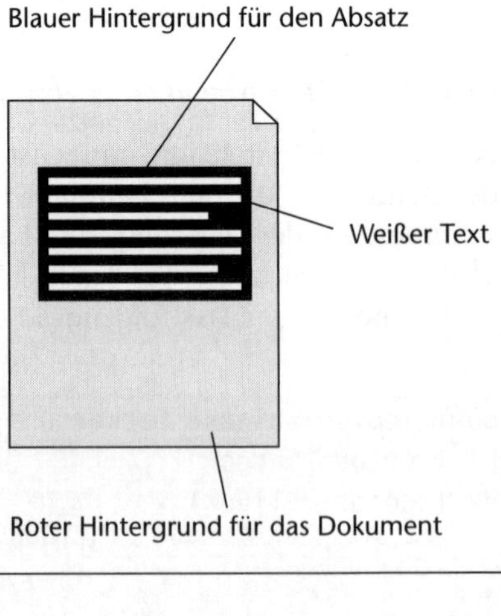

9.12 Einem Element ein Hintergrundbild zuweisen

Die Eigenschaft `background-image` bestimmt das Hintergrundbild eines Elements. Sie bestimmen die Adresse eines Bilds, das Sie anzeigen lassen wollen, indem Sie den URL wie im folgenden Beispiel benutzen:

```
P {background-image: /patterns/stone.gif}
```

Die Eigenschaft `background-repeat` steuert die Art und Weise, in welcher ein GIF- oder JPEG-Bild als Hintergrund wiederholt wird, um ein Bild zu erzeugen. Zulässige Werte sind: `repeat` (der Standardwert), `repeat-x`, `repeat-y`, `no-repeat`.

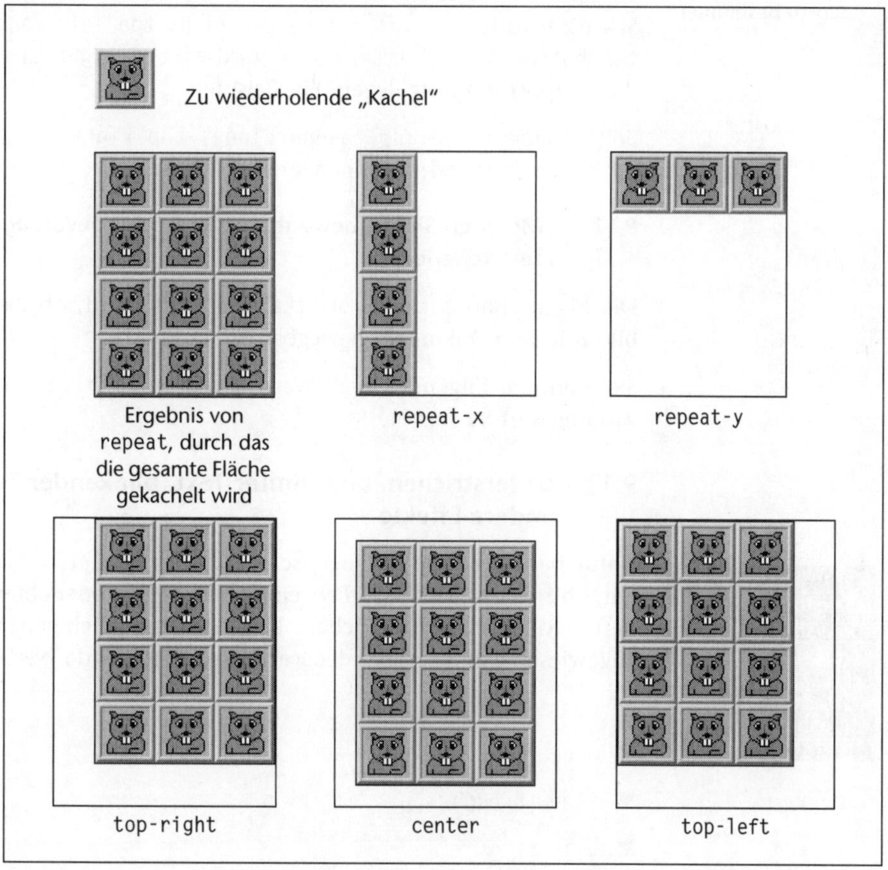

Je kleiner das Bild ist, umso mehr Wiederholungen werden benötigt. Wenn Sie `repeat-x` verwenden, erzeugen Sie eine horizontale Bildwiederholung; der Bilderstreifen verläuft dann von einer zur anderen Seite. Mit `repeat-y` erzeugen Sie einen vertikalen Bilderstreifen.

9.12.1 Positionierung des Hintergrundbilds

Verwandte Eigenschaften
Zu CSS gibt es eine umfassende Eigenschaft `background`, **die es Ihnen ermöglicht,** `background-color`, `background-image`, `background-repeat`, `background-attachment` **und** `background-position` **in einem Zug zu bestimmen.**

Mit der Eigenschaft `background-position` können Sie die Position des Hintergrundbilds bestimmen. Dieses Vorgehen wirkt jedoch ausschließlich bei Elementen auf Blockebene und ist sehr nützlich, um einen über die Seite verlaufenden Balken zu positionieren. Mit der Eigenschaft `background-attachment` können Sie den Balken fixieren, damit er nicht innerhalb des Dokuments scrollt.

Die Eigenschaft `background-position` legt die Anfangsposition des Hintergrunds fest. Der Wert `right top` plaziert den Hintergrund in der rechten oberen Ecke des Kastens, der den Inhalt umrandet (siehe Diagramm auf Seite 199). Der Wert `center` zentriert das Bild. Es ist auch möglich, die Schlüsselworte `top left`, `top center`, `right top`, `left center`, `right center`, `bottom left`, `bottom center` und `bottom right` zu verwenden, um die Bildposition festzulegen. Ein Beispiel:

```
BODY {background: url(banner.jpeg) top right}
BODY {background: url(banner.jpeg) center}
```

9.12.2 Möchten Sie ein bewegbares Bild, oder bevorzugen Sie ein feststehendes?

Die Eigenschaft `background-attachment` bestimmt, ob das Hintergrundbild mit dem Dokument bewegbar ist oder nicht.

Sie können folgende zwei Werte einstellen: `fixed` und `scroll`. Der Anfangswert ist `scroll`.

9.13 Unterstrichen, umrahmter Text, blinkender Text und andere Effekte

Überstrichen
Unterstrichen
~~Durchgestrichen~~
Blinkend !
Umrahmter Text

Dafür benötigen Sie die Eigenschaft `text-decoration`. Sie können wählen, ob Sie ein *einziges Zeichen*, einen *ganzen Satz* oder einen *Absatz* verändern wollen. Die Eigenschaft kann jedem beliebigen HTML-Element zugewiesen werden. `Text-decoration` kann folgende Werte annehmen:

- `overline`
- `underline`
- `line-through`
- `blink`
- `box`

Die Verwendung dieser Eigenschaften ist sehr einfach:

```
P{text-decoration: none}
B{text-decoration: underline}
LI{text-decoration: blink}
```

```
P{text-decoration: line-through}
EM{text-decoration: box}
P{text-decoration: overline}
```

9.13.3 Schräggestellter und kursiver Text

Um diese Effekte zu erzeugen, verwenden Sie die Eigenschaft `font-style`. Zulässige Werte sind:

Kursiver Text

- `oblique` (geneigt)
- `italic` (kursiv)
- `normal`

Hier ein einfaches Beispiel:

```
P {font-style: italic}
```

9.14 Zeilenabstand, Einzüge und Ausrichtung von Text

9.14.1 Zeilenabstand

Die CSS-Eigenschaft

`line-high`

Umrahmter Text kann nicht allen Elementen zugewiesen werden. Sie legt fest, wie groß der Abstand zwischen den

Grundlinien

sein soll

Der Zeilenabstand wird mit der Eigenschaft `line-height` eingestellt. Sie variieren damit den Abstand zwischen zwei angrenzenden *Grundlinien*. Grundlinien sind die Linien, auf die der Text „gesetzt" ist. Der Browser vergrößert den Abstand zwischen Grundlinien, indem zusätzlicher Durchschuß (der typographische Fachausdruck) hinzugefügt wird. Hier einige diesbezügliche Beispiele für CSS:

```
P {line-height:150%}
P {line-height:10pt}
```

Im ersten Beispiel wird die Zeilenhöhe um 150 Prozent erhöht. Mit anderen Worten wurde die Höhe um das eineinhalbfache des Originals vergrößert. Im zweiten Beispiel ist die Zeilenhöhe 10-Punkt.

Die Zeilenhöhe kann in den üblichen CSS-Einheiten ausgedrückt werden: pt, in, cm, px und Prozent (%). Negative Werte zur Bestimmung der Zeilenhöhe sind nicht zulässig. Der Wert von `normal` setzt die Zeilenhöhe bei gegebener Schriftgröße auf einen vernünftigen Wert.

9.14.2 Der Raum zwischen Wörtern

Mit der Eigenschaft `word-spacing` bestimmen Sie den zusätzlichen Raum, der zwischen zwei Wörter gesetzt werden soll. Diese Eigenschaft `word-spacing` kann jedem beliebigen Element zugewiesen werden. Sie können beispielsweise den Abstand zwischen Worten innerhalb eines bestimmten Satzes vergrößern, oder die Eigenschaft einem `SPAN`-Element zuweisen. Den Wert von `word-spacing` geben Sie als Länge in einer der standardmäßigen CSS-Einheiten an. Negative Werte sind zulässig, um die Wörter zusammenzustauchen.

Der Anfangswert für diese Eigenschaft ist `normal`. Wenn Sie zum normalen Abstand zurückkehren wollen, nachdem Sie in bestimmten Teilen den Wortabstand verändert haben, ist `normal` das zu verwendende Schlüsselwort.

```
SPAN {word-spacing: 14 cm}
P.note {word-spacing: -2 em}
```

Um zum normalen Abstand zurückzukehren, wählen Sie:

```
P {word-spacing: normal}
```

9.14.3 Gestauchte oder gesperrte Buchstaben

Die Laufweite bestimmt die Größe des Raums, der zwischen Buchstaben innerhalb eines Absatzes oder eines anderen beliebigen Elements hinzugefügt oder abgezogen werden soll.

Diese Eigenschaft funktioniert sehr ähnlich wie die oben beschriebene Eigenschaft `word-spacing` und wirkt auf jedes beliebige Element. Negative Werte sind zulässig und ermöglichen Ihnen, Text gestaucht erscheinen zu lassen.

```
P {letter-spacing: -0.5 em}
P {letter-spacing: normal}
```

9.14.4 Einzug für die erste Zeile

Negative Einzüge
Ein negativer Einzug wie beispielsweise `P {text-indent: -3 em}`, bewirkt ein Herausragen einer Zeile aus dem Abschnitt.

Mit der Eigenschaft `text-indent` können Sie die erste Zeile eines Abschnitts oder jedes anderen beliebigen Elements auf Blockebene mit einem Einzug versehen.

```
P {text-indent: 10%}
P {text-indent: 3 em}
```

9.14.5 Textausrichtung

Mit der Eigenschaft `text-align` können Sie den Text links, rechts, zentriert oder als Blocksatz ausrichten.

```
P {text-align: center}
```

9.15 Ränder und Weißraum um Text und Bilder

CSS unterscheidet zwischen *Inhalten* (der Text selbst oder das Bild innerhalb der HTML-Tags), *Füllung* (padding) um den Inhalt (siehe unten), *Umrandungen* (border) (falls vorhanden) und *Rand* (margin).

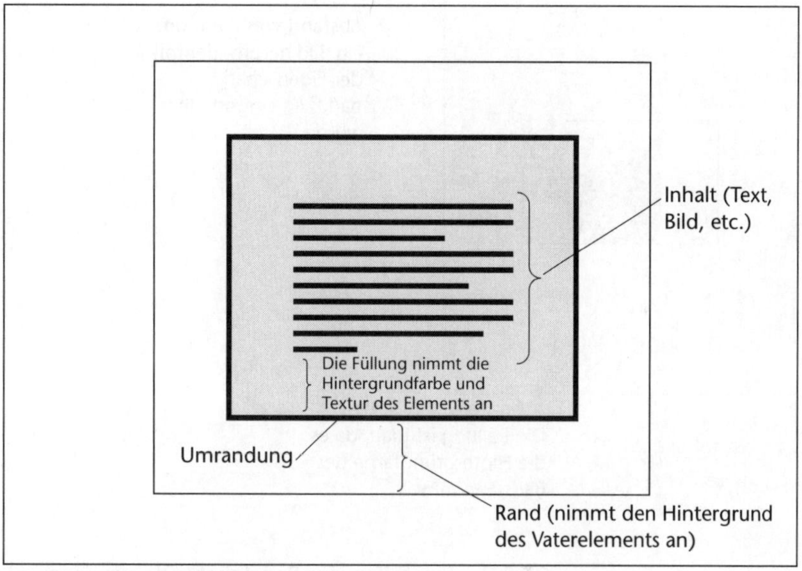

9.15.1 Vergrößern der Fläche um den Text oder die Grafik-Steuerung der Füllung

Als Füllung (*Padding*) bezeichnet man den Bereich zwischen Inhalt und Umrandung. Die Fülleigenschaften erlauben es Ihnen, die Breite der Füllung zu bestimmen. Das hat zum Ergebnis, daß Sie die Fläche um einen Absatz, eine Überschrift, ein Zitat oder ähnliches herum vergrößern können. Die Füllung übernimmt die Farbe des Hintergrunds eines Elements. Ein Element mit Füllung wird eine Fläche mit gleicher Farbe um sich herum haben.

Die verwendbaren Eigenschaften heißen `padding`, `padding-top`, `padding-right`, `padding-bottom` und `padding left`. Sie können die Füllung entweder individuell einstellen oder die allgemeinere Eigenschaft `padding` verwenden.

Wenn nur ein gegebener Füllwert vorliegt, nimmt der Browser diesen für alle Seiten an. Sofern zwei oder drei Werte vorhanden sind, werden die fehlende Werte aus den vorhandenen abgeleitet. Im folgenden Beispiel werden Füllwerte zuerst für oben und unten und dann für die beiden Seiten festgelegt.

```
IMG {padding: 5em 7em; color: red; background: blue}
```

Die oberen und unteren Randabstände sind dann 5 em, rechts und links beträgt der Abstand 7 em. Die Einheiten sind die gleichen wie bei Randeinstellungen.

9.15.2 Einstellen der Randabstände um Elemente herum

Der Randabstand ist der Bereich außerhalb einer Umrandung. Wenn Sie den Randabstand einstellen, können Sie die Fläche um Absätze, einzelne Zeichen, `IMG`-Tags usw. herum vergrößern. Beachten Sie die „Transparenz" des Randabstands; mit anderen Worten, der Hintergrund des vorhandenen Elements scheint durch. Ein Absatz in einem Body, der ein Hintergrundbild besitzt, hat einen Rand, durch den das Bild sichtbar ist. Den Randabstand können Sie mit folgenden Ausdrücken einstellen:

- Punkt (pt)
- Zoll (in)
- Zentimeter (cm)
- Pixel (px)
- Prozent (%)

Zugehörige Eigenschaften sind: `margin` (`margin-top`, `margin-right`, `margin-bottom` und `margin-left`). Sie können die Randabstände einzeln einstellen oder mit der einzigen Eigenschaft `margin`.

Die vier Längenwerte beziehen sich auf oben, rechts, unten und links. Wenn nur ein Wert vorhanden ist, bezieht er sich auf alle Seiten. Falls zwei oder drei Werte angegeben sind, werden fehlende Werte von den gegenüberliegenden Seiten genommen. Horizontale Randabstände können negative Werte annehmen.

Hier einige Beispiele für die Eigenschaft margin:

```
BODY {margin: 3 em}
```

Damit werden alle Randabstände auf 3 em-Einheiten gesetzt. Alle Absätze und andere Elemente des Dokuments beginnen und enden in entsprechender Entfernung vom Rand des Dokuments.

```
BODY {margin: 3 em 5 em;}
P{margin: 2 em; color: red}
```

Hiermit werden die obere und untere Kante auf eine Entfernung von 3 em-Einheiten eingestellt und die linken Randabstände auf 5 em-Einheiten. Der Absatz hat einen zusätzlichen Randabstand.

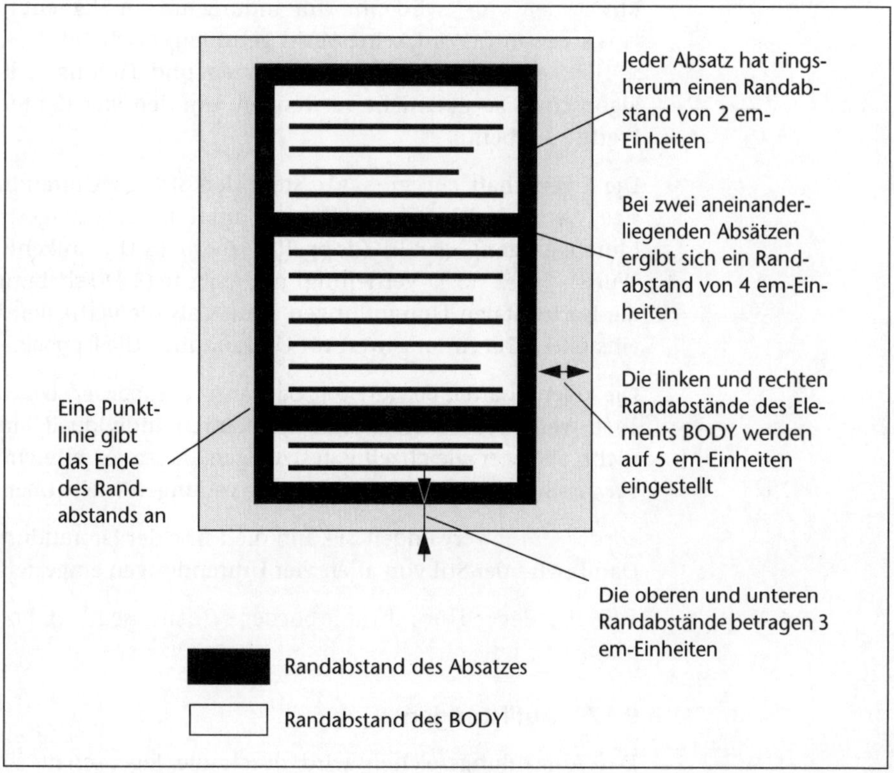

9.16 Umrandungen um Elemente

CSS ermöglichen eine unbegrenzte Vielfalt, Umrandungen für Elemente zu erzeugen. Um den eigentlichen Inhalt können Sie nach Belieben dicke, dünne, dunkle, helle oder sonstwie gefällige Rahmen setzen. Theoretisch können Sie um jedes beliebige Element eine Umrandung setzen, in der Praxis jedoch verhält es sich nicht ganz so einfach. Insbesondere gilt dies für Umrandungen von Tabellen, die aus Sicht des Designs nach wie vor schwierig sind.

Die Eigenschaft `border` wirkt auf alle vier Umrandungen in bezug auf Breite, Farbe und Stil. Jede Kante kann jedoch auch individuell über `border-top`, `border-right`, `border-bottom` und `border-left` eingerichtet werden. Die Eigenschaft `border` kann bis zu drei Werte annehmen, die aus Breite der Umrandung, dem Stil der Umrandung und einer Farbe bestehen können. Ein Element weist solange keine Umrandung auf, bis eine solche eingestellt wird.

Mit `border-width` wird eine Umrandung um ein Element in `thin`, `medium`, `thick` gewählt. Wird keine Wahl getroffen, erscheint die Umrandung in `medium`. Anders als bei Randabständen und Füllungen können Sie die Eigenschaft `border` nicht verwenden, um den vier Kanten verschiedene Werte zu geben.

Die Eigenschaft `border-style` stellt den Stil der Umrandung ein. Zulässige Werte sind `none`, `dotted` (gepunktet), `dashed` (gestrichelt), `solid` (durchgezogen), `double` (doppelt), `groove` (3 D-Hohlkehle), `ridge` (3 D-Wulst), `inset` (3 D-Vertiefung) und `outset` (3 D-Erhebung). Sie können die horizontalen Umrandungen anders als die vertikalen Umrandungen einstellen. Der Anfangswert für Umrandungsstile ist `none`.

Die Eigenschaften `border-top`, `border-right`, `border-bottom` und `border-left` werden verwendet, um die Kanten individuell einzustellen und nicht alle vier gleichzeitig festzulegen. Letzteres erreichen Sie mit der `border`-Eigenschaft für einzelne Umrandungen (siehe oben).

`Border-color` verwenden Sie, um die Farbe der Umrandung einzustellen. Damit wird der Stil von allen vier Umrandungen eingestellt. Ein Beispiel:

```
IMG {border-color: blue; border-width: medium; border-style:
ridge}
```

9.17 Auflistungen

Das Aufzählungszeichen wird durch die Eigenschaft `list-style-type` bestimmt. Der einfache Einsatz von `list-style-type` sieht folgendermaßen aus: Sie konstruieren eine Reihe von Styles (Formaten), die verschiedene Arten von Aufzählungszeichen verwenden. In unserem Beispiel haben wir drei Formate namens „kaestchen“, „kringel“ und „großbuchstaben" erzeugt. Diese Formate können im Dokument jederzeit und wo auch immer sie gebraucht werden zur Anwendung kommen. Damit wird sichergestellt, daß eine Liste mit dem Aufzählungszeichen ihrer Wahl angezeigt wird. Sie weisen das Format zu, indem Sie das Element `CLASS` verwenden, wie dies in Abschnitt 9.5.1 beschrieben ist.

Hier sehen Sie die Styles:

```
LI.kaestchen {list-style-type: square}
LI.kringel {list-style-type: circle}
LI.großbuchstaben {list-style-type: upper-alpha}
```

Hier ein paar Zeilen eines Dokuments, das diese Stile verwendet:

```
<LI CLASS=kaestchen> Dies ist ein Listenelement, das ich mit
einem quadratischen Aufzählungszeichen versehen möchte.
<LI CLASS=kringel> Hier soll das Aufzählungszeichen ein Kreis
sein.
```

Eine weitere Möglichkeit ist, Ihr gewünschtes Aufzählungszeichen zu importieren. Eine Katzenliebhaberin möchte möglicherweise kleine Kätzchen als Zeichen am Beginn ihrer Liste stehen haben (siehe unten). Gängigere Möglichkeiten sind farbige Kugeln, Pfeile oder Sternchen. Um gefällige Aufzählungszeichen zu erzeugen, kann die Eigenschaft `list-style-image` genutzt werden. Diese Eigenschaft nimmt als Wert einen URL auf. Das heißt, Sie können die Lokation des (GIF)-Bilds in Form eines Dateinamens, Verzeichnisses und sogar eines Rechners im Internet angeben.

```
UL.kaetzchen {list-style-image: url (/LI-bullets/
kaetzchen.gif)}
UL.stern {list-style-image: url (/LI-bullets/stern.gif)}
```

Als ob das nicht genug wäre, existiert zusätzlich eine Eigenschaft `list-style-position`, mit der Sie festlegen können, wo genau Sie das Aufzählungszeichen plazieren möchten. Zur Wahl stehen:

- `inside`. Dies ist eine Liste mit Aufzählungszeichen, um die der Text herumfließt.
- `outside`. Dies ist eine Liste mit Aufzählungszeichen, in der die Zeilen so angeordnet sind, daß alle Zeilen einen gleichmäßigen Einzug besitzen.

Tabellen

10

Dieses Kapitel enthält Informationen über:

- ▼ Das Erzeugen einfacher, aber wirkungsvoller Tabellen.
- ▼ Das Ausrichten von Text innerhalb eines Feldes.
- ▼ Das Benutzen einer Zeile von Kopffeldern als Spaltenüberschriften.
- ▼ Das Anlegen einer Tabelle als Ganzes und die Vergabe eines Tabellentitels.
- ▼ Wie einzelne Felder mehrere Zeilen oder Spalten umfassen.
- ▼ Das Entwerfen von Tabellentiteln und Gruppen von Zeilen.
- ▼ Das Ausrichten von Text in Gruppen von Tabellenfeldern.
- ▼ Die Vererbung von Attributen zum Ausrichten.
- ▼ Das Zeichnen von Tabellenumrandungen in verschiedenen Stilen.
- ▼ Die Plazierung anderer Elemente, wie z.B. Bilder, in Tabellen.
- ▼ Die Beschleunigung der Anzeige von Tabellen.

Abwärtskompatibilität
HTML 4-Tabellen sind abwärtskompatibel zur weit verbreiteten Tabellen-Implementierung von Netscape. Das Attribut `ALIGN` ist jetzt kompatibel zu den letzten Browsern von Netscape und Microsoft.

Zusammenfassung

Tabellen beginnen mit einem optionalen Titel, dem eine oder mehrere Zeilen folgen. Jede Zeile setzt sich aus einem oder mehreren Feldern zusammen, die sich in Kopf- und Datenfelder unterteilen. Felder können zeilen- oder spaltenübergreifend zusammengefaßt werden und verfügen über Attribute, die dabei behilflich sind, die Inhalte in Sprache oder Blindenschrift zu übersetzen sowie Tabellendaten in Datenbanken zu exportieren. Das bestehende Modell bietet begrenzte Unterstützung für die Steuerung des Erscheinungsbildes, wie z.B. horizontale und vertikale Ausrichtung von Feldinhalten, Umrandungsstile sowie Randabstände für Felder. Sie können es weiterhin beeinflussen, indem Sie Zeilen und Spalten gruppieren. Tabellen können eine Vielzahl von Inhalten beherbergen, wie beispielsweise Überschriften, Listen, Absätze, Formulare, Abbildungen, vorformatierten Text und sogar eingebettete Tabellen.

Als HTML-Bestandteil wird hierfür das Element `COLGROUP` zum Gruppieren von Spalten und Festlegen der Standardausrichtung verwendet. `TBODY`-Elemente werden zum Gruppieren von Zeilen eingesetzt. Die Attribute `FRAME` und `RULES` dienen der Auswahl der zu verwendenden Umrandungen.

Zusammenfassung der Verbesserungen gegenüber HTML 3.2

HTML 4-Tabellen wurden so entworfen, daß sie gut mit Web-Style Sheets zusammen funktionieren, obwohl sie *an sich* kein Style Sheet benötigen. Das Attribut `STYLE` wird Sie schnell in die Lage versetzen, die Eigenschaften der Kanten und des Inneren von Feldgruppierungen zu steuern. Dieses Attribut stellt beispielsweise die Linienarten gepunktet, doppelt und dünn/dick, die Farb-/Musterfüllung für das Feldinnere sowie Feldränder und Schriftinformationen bereit. Dies wird Thema eines Ratgebers für Style Sheets sein.

HTML 4-Tabellen unterstützen die Übersetzung in gesprochene Sprache oder Blindenschrift, ebenso den Austausch von Tabellendaten mit Datenbanken und Tabellenkalkulationen. Tabellen unter HTML 4 weisen verschiedene Aspekte des CALS[1]-Tabellenmodells auf, unter anderem die Möglichkeit, Tabellenzeilen einer von drei verschiedenen Kategorien zuzuordnen, von denen jede (unter Verwendung der Elemente THEAD, TBODY und TFOOT) unterschiedlich dargestellt wird. Entsprechend dem CALS-Tabellenmodell können Sie weiterhin die Ausrichtung für Gruppen von Feldern in Abhängigkeit vom Kontext festlegen.

HTML 4 enthält einige Verbesserungen gegenüber HTML 3.2:

- Eine Ausrichtung kann jetzt an dazu bestimmten Zeichen erfolgen; beispielsweise können Sie eine Spalte von Zahlen am Dezimalpunkt ausrichten.
- Die Ausrichtung von Zellinhalten kann für jede Zelle einzeln festgelegt werden, oder kann von umgebenden Elementen vererbt werden. Dazu zählen Zeilen, Spalten und das Tabellen-Element selbst.
- Es gibt jetzt eine größere Flexibilität in bezug auf die Vergabe von Tabellenrahmen und -regeln.
- Die sukzessive Darstellung von großen Tabellen noch während des Ladens der Tabelle wird unterstützt.
- Es gibt jetzt das neue Element COLGROUP, mit dem es möglich ist, Gruppen von Spalten gemeinsam zu handhaben und mit unterschiedlichen Werten für die Eigenschaften Breite und Ausrichtung zu versehen, wie sie von einem oder mehreren COL-Elementen vorgegeben wurden. Die genaue Bedeutung von COLGROUP wurde geklärt und RULES=basic wurde durch RULES=groups ersetzt.
- Es werden jetzt scrollbare Tabellen mit festem Tabellenkopf unterstützt.
- Es gibt nun eine bessere Unterstützung des Seitenumbruchs von Tabellen für den Ausdruck von Web-Seiten.
- Die Attribute FRAME und RULES wurden modifiziert, um Kollisionen mit SGML-Namen, den Attributen ALIGN und VALIGN sowie möglichen zukünftigen Verwendungen der Attribute FRAME und RULES mit anderen Tabellenelementen zu vermeiden.

1 CALS steht für Continuous Acquisition and Life-cycle Support (=laufende Neuanschaffung und lebenszykluslange Unterstützung). Es handelt sich dabei um eine bestimmte Herangehensweise an den Umgang mit Daten, die von der US-Amerikanischen Kriegsmarine angewendet wird. Ein untergeordnetes Ziel war das vereinfachte Importieren von Tabellen nach dem SGML-CALS-Modell.

Hintergrundinformation: der Entwurf der HTML-Tabellen
Das HTML-Tabellenmodell gründet sich auf bestehende SGML-Tabellenmodelle (einschließlich CALS) und der Behandlung von Tabellen bei üblichen Anwendungen in Textverarbeitungsprogrammen und Büchern.

Wir haben uns bemüht, die schwierigeren, weniger wichtigen Attribute an das Ende dieses Kapitels zu stellen, so daß die Abschnitte grob in eine Reihenfolge eingeteilt wurden, die für Ihre Betrachtungen geeignet ist. Die eindrucksvolle Menge von Tabellenmerkmalen unter HTML 4 sollte für jedermann ausreichen. Mit ihnen wird es erfahrenen HTML-Anwendern möglich sein, für nahezu jeden denkbaren Zweck eine Tabelle zu entwerfen.

Die gute Nachricht für Neulinge ist, daß bereits mit den einfachsten Tabellenelementen ziemlich brauchbare Tabellen erstellt werden können, zu denen nach und nach weitere Elemente hinzugefügt werden können, sobald Sie weitere Erfahrungen gesammelt haben. In einigen Fällen ermöglichen die fortgeschritteneren Fähigkeiten es, Zeit zu sparen, indem mit Gruppen von Tabellenfeldern gearbeitet wird, anstatt auf jedes einzelne Feld gesondert zuzugreifen.

10.1 Einführung

HTML 4 wird häufig für die Darbietung von wirtschaftlichen, wissenschaftlichen und technischen Daten eingesetzt, die sich leicht in Tabellenform darstellen lassen. Denken Sie nur an Abfahrtspläne von Bussen und Bahnen, Trigonometrie-Tabellen aus Schulzeiten, Spielpläne von Theatern oder auch nur an einen Vergleich der relativen Wirksamkeit eines Markenwaschmittels gegenüber einer andern Marke[1]. Um solche Daten wirkungsvoll darzustellen, sollten sie in Tabellenform präsentiert werden. Leider ist keine Übereinstimmung darüber zu erzielen, wie Tabellen aussehen sollen. Einige Leute versehen Tabellen gerne mit Umrandungen, wohingegen andere gelegentliche horizontale Linien und wieder andere einfach freie Zwischenräume bevorzugen. Um diese Unterschiede zu berücksichtigen, unterstützt HTML 4 einen schlichten, bewährten Mechanismus für einfache Tabellen, der von einer Menge zunehmend anspruchsvoller werdender Fähigkeiten für raffiniertere Formatierungen begleitet wird, wenn diese notwendig werden sollten.

In diesem Kapitel bemühen wir uns, jeden Abschnitt auf die früheren Kapitel aufzubauen, so daß Sie gleich damit anfangen können, einfache Tabellen zu erstellen. Da Sie einige der attraktiveren Merkmale, zu denen Umrandungen, Betitelung und zusammengefaßte Felder gehören, vermutlich möglichst schnell einsetzen wollen, stellen wir diese zuerst allgemein vor, um dann später genauer auf sie einzugehen.

1 Vergleichende Werbung ist in den USA erlaubt, nicht aber in Deutschland

10.2 Einfache Tabellen

Es ist leichter, als Sie vielleicht denken, einfache Tabellen einzusetzen.

10.2.1 Ein reales Beispiel

Die folgende direkt dem World Wide Web entnommene Abbildung zeigt eine einfache, aber wirkungsvolle Anwendung einer HTML-Tabelle zum Auflisten von Aktienkursen und Firmen:

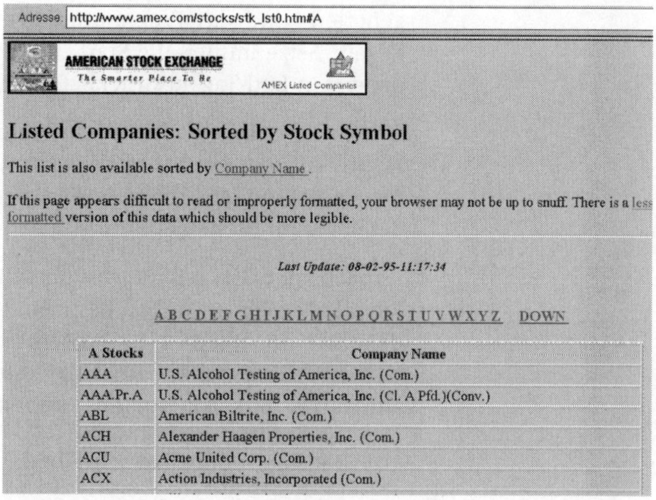

Die Abbildung zeigt die Standardformatierung für Tabellen in einem Netscape-Browser. Das reliefartige Erscheinungsbild ist konsistent zum Standard, wenn auch nicht von ihm gefordert.

Die American Express-Seite, von der die Abbildung stammt (*http://www.amex.com*), enthält folgende Zeilen, die wir für eine deutlichere Darstellung leicht angepaßt haben:

```
<TABLE BORDER=2>
  <TR><TH><B> A Aktien </B></TH><TH><B> Firmenname </B></TH></TR>
  <TR><TD> AAA </TD><TD> U.S. Alcohol Testing of America, Inc. (Com.)
  <BR></TD></TR>
  <TR><TD> ABL </TD><TD> American Biltrite, Inc. (Com.)<BR></TD></TR>
  <TR><TD> ACH </TD><TD> Alexander Haagen Properties, Inc. (Com.)
  <BR></TD></TR>
  <TR><TD> ACU </TD><TD> Acme United Corp. (Com.)<BR></TD></TR>
  <TR><TD> ACX </TD><TD> Action Industries, Incorporated (Com.)
  <BR></TD></TR>
        <!-- und viele weitere Zeilen mit Daten ...-->
</TABLE>
```

Die Tabelle wird durch das Element TABLE erzeugt und mit dem Attribut BORDER angewiesen, eine dicke Umrandung zu zeichnen.

Die erste Zeile der Tabelle wird als eine Tabellenzeile per <TR> festgelegt, der die Definition zweier Tabellenköpfe (*eng. table headers*) per <TH> folgt.

American Express ist hier ausgesprochen vorsichtig vorgegangen, was nicht das schlechteste ist, und hat jedes <TR> und <TH> mit einem zugehörigen </TR> und </TH> beendet. Sehr wahrscheinlich wurden die Zeilen mit einem Übersetzungsprogramm aus einer Datenbank oder Textdatei generiert, und das Programm folgte in bester Paarbildungsmanier der Regel: „Setze immer alle Start- und End-Tags“. Es gibt natürlich Fälle, in denen ein End-Tag ausdrücklich nicht gewünscht ist.

Der Text des Tabellenkopfs wurde mit <B>...</B> hervorgehoben. Unter HTML 4 ist das eigentlich nicht notwendig, da Browser und Style Sheets für eine besondere Behandlung sorgen, um Tabellenköpfe von Tabellendaten zu unterscheiden.

Danach geht alles reibungslos über die Bühne, da die übrigen Tabellenzeilen alle denselben Aufbau besitzen. Wie schon die Tabellenkopfzeile werden sie von einem <TR> eingeführt. Jeder Eintrag wird als ein <TD>-Element (für Tabellendaten) dargestellt. Wie Sie sehen, hat der Browser alle Aktien und Firmennamen korrekt in zwei Spalten ausgerichtet.

10.2.2 Eigene Tabellen schreiben

Wenn Sie HTML-Dokumente per Hand schreiben, können Sie die abschließenden Tags </TR>, </TH> und </TD> getrost weglassen, da Browser direkt aus den nachfolgenden Tags schließen, daß die Tabellenzeile oder das Element abgeschlossen ist. Daher können wir die AMEX-Tabelle auch wie folgt schreiben:

```
<TABLE FRAME=box RULES=all> <!--Attribute des neuen Formats-->
  <TR><TH> A Aktien <TH>Firmenname
  <TR><TD> AAA <TD> Alcohol Testing of America, Inc. (Com.)
  <TR><TD> ABL <TD> American Biltrite, Inc. (Com.)
  <TR><TD> ACH <TD> Alexander Haagen Properties, Inc. (Com.)
  <TR><TD> ACU <TD> Acme United Corp. (Com.)
  <TR><TD> ACX <TD> Action Industries, Incorporated (Com.)
                <!-- und viele weitere Zeilen mit Daten ...-->
</TABLE>
```

Wie Sie sehen, ist diese Schreibweise merklich kürzer und einfacher als die Implementierung durch American Express.

Wenn Sie weiterhin keine Tabellenköpfe über Ihren Tabellenspalten haben wollen, reicht folgende Struktur für die Erzeugung von HTML-Tabellen aus:

```
<TABLE FRAME=box RULES=all>
  <TR><TD>Ente    <TD>E.     <TD>Am Teich 1, Schwerin
  <TR><TD>Maus    <TD>M.     <TD>Im Loch 78, Celle
  <TR><TD>Seemann <TD>S.     <TD>ohne festen Wohnsitz
</TABLE>
```

Damit erhalten Sie ein Ergebnis, das an Einfachheit nicht zu überbieten ist.

Ente	E.	Am Teich 1, Schwerin
Maus	M.	Im Loch 78, Celle
Seemann	S.	ohne festen Wohnsitz

10.2.3 Elemente neben Tabellen plazieren

Tabellen sind als Standard häufig auf der Seite zentriert und haben, wie die vorhergehenden einfachen Beispiele, weder Text noch andere HTML-Strukturen neben sich plaziert. Sie sind in der Tat Elemente auf Blockebene, vergleichbar mit Absätzen oder Listen. Wenn Sie aber eine an den linken oder rechten Rand anschließende Tabelle haben wollen, neben der Text dargestellt werden soll, können Sie das mit dem Attribut `ALIGN` erreichen: Schreiben Sie einfach `<TABLE ALIGN=left>` bzw. `=right`. Wenn eine Tabelle am linken bzw. rechten Rand anschließt, wird diese von nachfolgenden HTML-Elementen, wie beispielsweise Text und Bildern, umflossen, sofern dort genug Platz vorhanden ist. `ALIGN=center` schließt dieses „Umfließen" aus.

Damit wissen Sie bereits alles Notwendige, um einfache, aber nützliche Tabellen für Ihre Web-Seiten zu entwerfen. Der Rest dieses Kapitels baut auf diesem Wissen auf, indem eine große Vielzahl von pfiffigen und leistungsfähigen Eigenschaften hinzugefügt wird.

10.3 Text in einzelnen Tabellenfeldern ausrichten

Die einfachste Möglichkeit, die Textausrichtung in einem `TH`- oder `TD`-Feld (Kopf- und Datenfelder funktionieren auf dieselbe Weise) zu beeinflussen, besteht darin, sie gesondert anzugeben. Auf diese Weise wird Ihnen zwar eine ausgezeichnete Einflußnahme auf das Erscheinungsbild der Tabelle an die Hand gegeben, aber das Ausrichten jedes einzelnen

Felds ist ein sich wiederholender Vorgang, der Ihren HTML-Quelltext unförmig macht und die Darstellung verlangsamt. Wir werden später auf geeignetere Herangehensweisen zu sprechen kommen.

10.3.1 Das horizontale Ausrichten von Feldinhalten

HTML-Tabellen und sehbehinderte Menschen
Für sehbehinderte Menschen bietet HTML die Hoffnung, die von der Einführung der fensterbasierten graphischen Benutzerschnittstellen verursachten Ungerechtigkeiten zu beheben. Das HTML-Tabellenmodell enthält Attribute für die Bezeichnung jedes Felds zur Unterstützung einer qualitativ hochwertigen Umwandlung von Text in Sprache. Dieselben Attribute können auch verwendet werden, um ein automatisches Importieren bzw. Exportieren von Tabellendaten aus bzw. in Datenbanken oder Tabellenkalkulationen zu unterstützen.

Diese Herangehensweise ist sehr direkt. Sie erweitern das Tag des gewünschten Felds um das Attribut `ALIGN`. Dieses kann den Wert `left` (der Standard), `center`, `right`, `justify` oder `char` annehmen. Ein Beispiel:

```
<TABLE FRAME=box RULES=none ID=just>
<TBODY ALIGN=center>  <!--von Align auf niedrigerer Ebene
                          überschrieben-->
  <TR><TD ALIGN=justify>  <!--Blocksatz-->
  Wir würden gerne genau erläutern, warum wir keine andere Wahl
  hatten, als uns für die getroffene Maßnahme zu entscheiden,
  da es so scheint, als ob einige Mitglieder sie für
  unangemessen erachteten.
  <TR><TD ALIGN=right>
  Unter diesen Umständen meinen wir, daß ein ausgefranster
  linker Rand besser ist als überhaupt kein Rand.
</TABLE>
```

Text im Blocksatz (außer der letzten Zeile) wird so ausgerichtet, daß er sowohl bis an den linken als auch den rechten Rand des Felds herangeführt wird. Das Beispiel erzeugt folgende Tabelle:

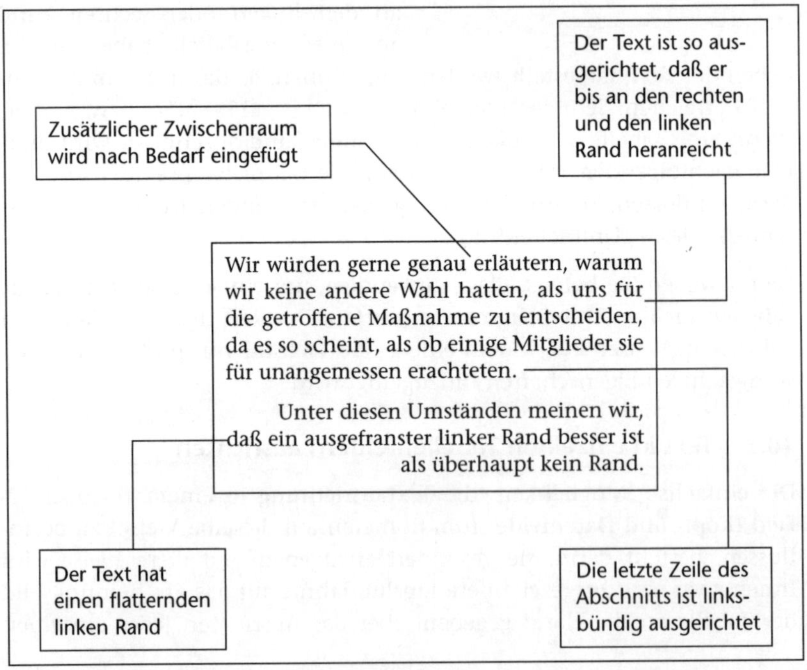

Übrigens verwendet dieses Beispiel eine Umrandung mit einer Rahmenart, die keine Linien zwischen den Feldern zeichnet.

10.3.2 Das vertikale Ausrichten von Feldinhalten

Entsprechend können Sie mit dem Attribut `VALIGN` die vertikale Ausrichtung der Inhalte in jedem Tabellenfeld steuern. Es kann die Werte `top`, `middle` (der Standard), `bottom` oder `baseline` annehmen. Diese haben alle ihre üblichen Bedeutungen, wobei `baseline` aber einer weiteren Erklärung bedarf. Alle Felder in einer `baseline`-Zeile sollen ihre erste Textzeile auf einer gemeinsamen Grundlinie haben; nachfolgende Textzeilen sind frei von erzwungenen Ausrichtungen.

Ein Beispiel:

```
<TABLE FRAME=hsides>
  <TR><TD VALIGN=top>Sopran<TD>ein zwei-<BR>zeiliges Feld
</TABLE>
```

Dabei wird der Inhalt „Sopran“ oben in dem Feld angeordnet, obwohl sich darunter noch freier Platz befindet:

Sopran	ein zwei- zeiliges Feld

10.3.3 Verwendung eines Zeichens zur horizontalen Ausrichtung

Eine sehr nützliche Methode für den Aufbau von Formularen (siehe Kapitel 11) besteht darin, die Ausrichtung an einem bestimmten Zeichen erfolgen zu lassen, für dessen Erscheinen Sie in allen Textzeilen (üblicherweise durch Zeilenumbrüche per `<BR>` voneinander getrennt) innerhalb eines `TD`-Felds sorgen müssen. Sie können beispielsweise die Ausrichtung am Doppelpunkt (:) erfolgen lassen, so daß jede Beschreibung der Art „Flügelspannweite:“ oder „Gewicht:“ ordentlich mit den Doppelpunkten rechtsbündig ausgerichtet wird, wodurch die Doppelpunkte in einer perfekten Spalte erscheinen.

Zeilen, die kein Ausrichtungszeichen enthalten, werden vom Browser so verschoben, daß sie an der Ausrichtungsposition enden.

Ein Feld, das mehrere Zeilen oder Spalten umfaßt, übernimmt die Ausrichtung seiner ersten Zeile oder Spalte.

Das für diese Anordnung benötigte Paar von HTML-Attributen ist folgendes:

```
<TD ALIGN=char CHAR=":">
```

Sie können dabei jedes Zeichen verwenden, das Ihnen geeignet erscheint. Beachten Sie die Wiederholung des Wortes „CHAR“ (für *character*=Zeichen). Da Sie das Zeichen für die Ausrichtung reservieren müssen, können in der Regel keine Buchstaben oder Ziffern verwendet werden.

Zu den günstigen Zeichen gehören:

- der Doppelpunkt „:“, der sich gut für das Ausrichten von Bezeichnungen eignet,
- der Punkt „.“, der ideal ist, wenn Sie eine Spalte mit Dezimalzahlen haben, da diese so am Dezimalpunkt ausgerichtet werden können[1],
- der Spiegelstrich „–“, wenn Sie Bemerkungen auflisten wollen, da der Spiegelstrich nicht allzu merkwürdig vor oder hinter einem Textstück aussieht.

Ornithologen könnten zum Beispiel eine Anwendung benutzen, die auf folgendem Formular innerhalb einer Tabelle beruht:

```
<TABLE>
  <TBODY>              <!--diese Zeile ist eigentlich optional-->
  <TR><TD ALIGN=char CHAR=":">
    <FORM>
       Flügelspannweite : <INPUT NAME="flügel"  SIZE="5" ><BR>
                Gewicht : <INPUT NAME="gewicht" SIZE="5" ><BR>
               Ring Nr. : <INPUT NAME="rnum"    SIZE="12"><BR>
       <INPUT TYPE=reset>                  <INPUT TYPE=submit>
    </FORM>
</TABLE>
```

Dieser bemerkenswert kurze HTML-Quelltext erzeugt für die Vogelberinger ein sauber ausgerichtetes Formular, das folgendermaßen erscheint:

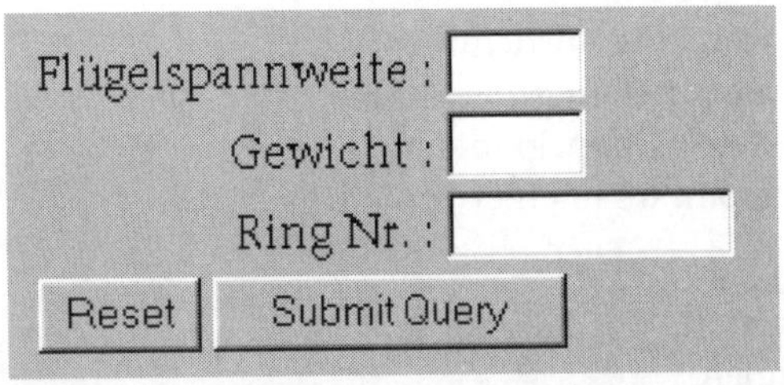

Es sollte vermieden werden, die Feldinhalte mit weiteren Ausrichtungsattributen zu behandeln (beispielsweise durch das Einfügen von <P ALIGN=center> in ein Tabellenfeld), da solche Attribute Priorität gegenüber der Ausrichtung auf Feldebene besäßen und das Erscheinungsbild

1 Im Deutschen trennt ein Komma den ganzzahligen Anteil vom gebrochenen Anteil

der Tabelle verderben würden. Spezifikationen auf niedriger Ebene besitzen Priorität über jene auf höheren Ebenen.

10.3.4 Einen Offset für das Ausrichtungszeichen angeben

Wenn Sie CHAR wie bislang beschrieben einsetzen, passen Browser den Text einfach in Tabellenfelder ein, indem er am angegebenen Zeichen ausgerichtet wird. Sie können dieses Vorgehen noch verfeinern, indem Sie dem Browser mitteilen, an welcher Stelle Sie das Zeichen in Relation zur Breite des Tabellenfelds plaziert wissen wollen.

Das HTML-Attribut dafür ist:

```
CHAROFF=50%
```

Dabei steht es Ihnen frei, einen beliebigen Wert zwischen 0 und 100 Prozent anzugeben. Das Prozentzeichen muß angegeben werden.

Ein Beispiel:

```
CHAR="-" CHAROFF=70%
```

Dieses Beispiel richtet die Feldinhalte so aus, daß sich die enthaltenen „-“Zeichen alle bei 70 Prozent der Feldbreite befinden (gemessen von links nach rechts). Abhängig davon, wieviel Text sich auf jeder Seite des Zeichens befindet, muß der Browser eventuell einen zusätzlichen Zwischenraum auf einer der beiden Seiten einfügen.

10.4 Tabellenköpfe

Der Tabellenkopf verhält sich wie eine Überschrift in einem gedruckten Buch, außer daß er gegebenenfalls beim Ausdrucken einer langen Tabelle automatisch auf jeder Seite wiederholt werden kann, bzw. daß er auf dem Bildschirm eine feste Position beibehält, während der Anwender die Tabellendaten durchblättert.

Ein Tabellenkopf besteht aus einem einzelnen Element (THEAD), das eine Gruppe normaler Tabellenzeilen (TR) enthält, die wiederum Tabellenkopffelder (TH) enthalten. Sie können die allgemeinen Attribute ID, LANG, STYLE und CLASS verwenden, um die gesamte Gruppe anzusprechen oder zu steuern. Es kann nur eine einzige Kopfgruppe pro Tabelle angegeben werden; wenn eine solche vorhanden ist, muß sie direkt hinter dem Tabellentitel und den Spaltenangaben (sofern vorhanden) und vor dem Tabellenkörper erscheinen. Gruppen werden später in diesem Kapitel behandelt.

10.4.1 Tabellenkopfzeilen erzeugen

Tabellenkopfzeilen werden unter HTML praktisch genauso wie normale Tabellenzeilen erzeugt, lediglich das Tag <TD> wird durch das Tag <TH> ersetzt. Standardmäßig werden die Inhalte von Kopffeldern zentriert, wohingegen sie in Datenfeldern linksbündig angeordnet werden. Häufig versuchen Browser, Kopffelder von Datenfeldern unterschieden darzustellen, indem sie beispielsweise Kopfdaten mit fetter Schrift versehen.

Um eine Kopfzeile zu erzeugen, geben Sie das Element <TR> gefolgt von <TH>-Tags an, mit denen jeder Spalte eine Spaltenüberschrift verliehen wird:

```
<TABLE FRAME=box RULES=all>
  <THEAD>
     <TR><TH>Dorisch<TH>Ionisch<TH>Korinthisch
     <TBODY>
     <TR><TD>schlicht<TD>grazil<TD>reichverziert
</TABLE>
```

Diese HTML-Zeilen erzeugen eine Tabelle mit sechs Feldern, von denen drei Kopffelder und drei Datenfelder sind:

Dorisch	Ionisch	Korinthisch
schlicht	grazil	reichverziert

Es liegt an Ihnen, ob Sie diese Tabelle als aus drei Spalten bestehend (wie es die Feldinhalte nahelegen) oder aus zwei Zeilen bestehend betrachten. In der HTML-Notation werden Zeilen als die übergeordneten Einheiten behandelt und Spalten als untergeordnet bzw. implizit angesehen.

10.4.2 Tabellenkopffelder kontrollieren

Sie können die allgemeinen Attribute ID, LANG, STYLE und CLASS genauso in <TH>-Kopffeldern einsetzen wie in den <TD>-Datenfeldern. Sie können also deren Verhalten wie gewohnt in einem Style Sheet festlegen. Weiterhin können Sie sowohl die vertikale als auch die horizontale Ausrichtung genauso wie bei <TD>-Feldern festlegen. Allerdings wird die standardmäßige Vorgabe in der Regel Ihrem Wunsch entsprechen.

10.5 Tabellentitel

Der Tabellentitel ist optional. Es ist üblich, normalen Text zu verwenden, aber zum einen können die verwendeten Zeichen zum Zwecke der Betonung hervorgehoben werden und zum anderen können auch die besonderen in HTML definierten Zeichengebilde eingesetzt werden. Weiterhin können die allgemeinen Attribute ID, LANG, STYLE und CLASS verwendet werden.

Überraschender mag es erscheinen, daß auch Bilder (<IMG SRC=...>) und Hyperlink-Anker (<A HREF=...>) im Tabellentitel benutzt werden können. Damit wird es Ihnen ermöglicht, Ihre Tabellen direkt auf zugehöriges Material verweisen zu lassen und Symbole aufzunehmen.

Als Standardvorgabe erscheint der Tabellentitel oberhalb der Tabelle. Dieses Verhalten können Sie mit `ALIGN=top`, `=bottom`, `=left` und `=right` steuern.

Ein Beispiel:

```
<TABLE FRAME=box RULES=all>
<CAPTION ALIGN=bottom>Dieser Titel erscheint unterhalb seiner
                      Tabelle
  <TR><TD>Chippendale<TD>Beistelltisch<TD>Mahagoni
</TABLE>
```

Diese HTML-Zeilen erzeugen eine Tabelle mit einem darunter erscheinenden Titel:

Chippendale	Beistelltisch	Mahagoni

Dieser Titel erscheint unterhalb seiner Tabelle

Der Netscape Navigator 3.0 verwendet eine standardmäßige Einstellung, die den Titel über der Tabelle zentriert. Wenn dieser länger sein sollte, als die Tabelle breit ist, wird er notfalls auf zwei oder mehr Zeilen umgebrochen.

10.6 Kontrolle der Tabelle als Ganzes

Sie können für Tabellen, wie für die meisten anderen HTML-Elemente, die allgemeinen Attribute `ID`, `LANG` und `CLASS` einsetzen. Daneben können Tabellen noch mittels einiger weiterer bestimmter Attribute, namentlich `WIDTH` und `FLOAT`, beeinflußt werden. Diese werden in den folgenden Abschnitten erläutert.

Tabellenmodell
Eine wesentliche Rolle spielt im HTML-Tabellenmodell die Tatsache, daß sich die Größen von Schrift und Fenstern bei der Verwendung von Browsern nicht unter dem Einfluß des Autors befinden. Das macht es riskant, sich auf Spaltenbreiten zu beziehen, die als Ausdrücke von absoluten Einheiten oder Pixeln angegeben sind. ▶▶

10.6.1 Kontrolle der Tabellenbreite

Standardmäßig werden Tabellen in der Größe gemäß der Breite ihrer Inhalte und des auf dem Bildschirm oder im Fenster zur Verfügung stehenden Platzes dargestellt. Das ist für Browser nicht ganz einfach, weil dabei einige widerstreitende Kräfte berücksichtigt werden müssen. Sie können die für Ihre Tabelle (und für einzelne Spalten) beabsichtigte Breite festlegen, aber es kann sein, daß Browser dieser Einstellung nicht nachkommen können: Wenn Feldinhalte eine breitere Tabelle erfordern, werden Browser die von Ihnen vorgeschlagene Breite ignorieren.

▸▸ Statt dessen können Tabellen dynamisch an die aktuellen Schriften und in der Größe an die aktuelle Fenstergröße angepaßt werden. Einerseits können Autoren sich an der relativen Breite von Spalten orientieren, andererseits sollen Browser aber den Erwartungen entsprechend sicherstellen, daß Spalten breit genug sind, um auch das jeweils größte Element der Feldinhalte aufnehmen zu können. Wenn die Angabe des Autors übergangen werden muß, sollten sich die relativen Breiten einzelner Spalten nicht drastisch verändern.

Die Breite kann in Pixeln oder mittels „*" in relativen Maßeinheiten angegeben werden. Die Einstellung der Breite kann gleichermaßen für einzelne Spalten, Spaltengruppen oder Tabellen als Ganzes durchgeführt werden. Ein Beispiel:

```
<TABLE WIDTH=400>
```

Die entsprechende Breite in Pixeln hängt sowohl von der Bildschirmgröße als auch von der aktuellen Auflösung (z.B. 640 × 480 Pixel) ab und kann nicht vorhergesagt werden. Pixelmaße sollten daher soweit wie möglich vermieden werden. Jedenfalls sollten Sie beim Einstellen der Breite daran denken, daß Anwender womöglich nicht dieselben Schrifteinstellungen verwenden wie Sie. Solche Angelegenheiten werden am besten mit Style Sheets geregelt.

Zu guter Letzt können Sie die Tabellenbreite unter Verwendung des Zeichens „%" als prozentualen Wert in bezug auf den Platz zwischen dem aktuellen linken und rechten Rand angeben. Ein Beispiel:

```
<TABLE WIDTH=75%>
```

Zwischen der Zahl und der Einheit ist kein Zwischenraum zugelassen.

10.6.2 Tabellen mitfließen lassen

Tabellen werden üblicherweise als Bestandteil des normalen Textflusses behandelt. Wenn Sie wollen, können Sie festlegen, daß eine Tabelle an den linken oder rechten Rand verlegt wird und der übrige Text sie dann kontinuierlich umfließt. Es ist keine Standardeinstellung vorgegeben. Ein Beispiel:

```
<TABLE ALIGN=right>
```

10.7 Felder, die mehrere Zeilen oder Spalten umfassen

Die bisher behandelte unkomplizierte Herangehensweise eignet sich hervorragend für einfache Datenmengen. Dennoch werden Sie die Daten sehr oft besser hervorheben wollen, indem Sie diese nach Merkmalen gruppieren, die für mehr als eine Zeile oder Spalte gelten. Unter HTML ist genau diese Herangehensweise sowohl für <TH>- als auch für <TD>-Felder möglich.

Um ein Feld zwei oder mehr Zeilen umfassen zu lassen, verwenden Sie das Attribut ROWSPAN:

```
<TH ROWSPAN=2>     <--Ein Kopffeld umfaßt 2 Zeilen-->
```

Der Wert gibt erwartungsgemäß an, wieviele <TH>- oder <TD>-Felder dieses bestimmte Feld umfassen soll. Entsprechend wird das Attribut COLSPAN eingesetzt, damit ein Feld zwei oder mehr Spalten umfaßt:

```
<TH COLSPAN=3>       <!--Ein Kopffeld umfaßt 3 Spalten -->
<TD COLSPAN=2>       <!--Ein Datenfeld umfaßt 2 Spalten-->
```

Ein Beispiel:

```
<TABLE BORDER>
  <CAPTION>Tabelle mit zusammengefaßten Feldern</CAPTION>
  <TR><TH ROWSPAN=2><TH COLSPAN=3>Länge [mm]
  <TR><TH>Körper<TH>Schwanz<TH>Ohren
  <TR><TH ALIGN=left>Männchen<TD>31.4<TD>23.7<TD>3.8
  <TR><TH ALIGN=left>Weibchen<TD>29.6<TD>20.8<TD>3.4
</TABLE>
```

Hiermit wird eine Tabelle erzeugt, deren Titel sich wie folgt über die drei Datenspalten erstreckt:

Tabelle mit zusammengefaßten Feldern

	Länge [mm]		
	Körper	**Schwanz**	**Ohren**
Männchen	31.4	23.7	3.8
Weibchen	29.6	20.8	3.4

Dabei besteht die Gefahr, daß, wenn Sie die Attribute ROWSPAN und COLSPAN auf verschiedene Felder der Tabelle anwenden, diese Felder sich überschneiden können.

Im folgenden Beispiel finden Sie die HTML-Definition einer Tabelle, in der sich die Felder „Sechs" und „Sieben" überschneiden:

```
<TABLE BORDER>
  <CAPTION ALIGN=bottom>eine SCHLECHTE Tabelle mit
                       Überschneidungen</CAPTION>
  <TR><TD ROWSPAN=2>Eins<TD>Zwei<TD>Drei<TD>Vier<TD>Fünf
  <TR><TD ROWSPAN=2>Sechs              <!--schlecht!-->
  <TR><TD COLSPAN=2>Sieben<TD>Acht <!--tunlichst vermeiden!-->
</TABLE>
```

Die Auswirkung dieser HTML-Zeilen hängt vom verwendeten Browser ab. Netscape stellt die Tabelle eigentlich genauso dar, wie sie definiert wurde – mit verheerenden Folgen:

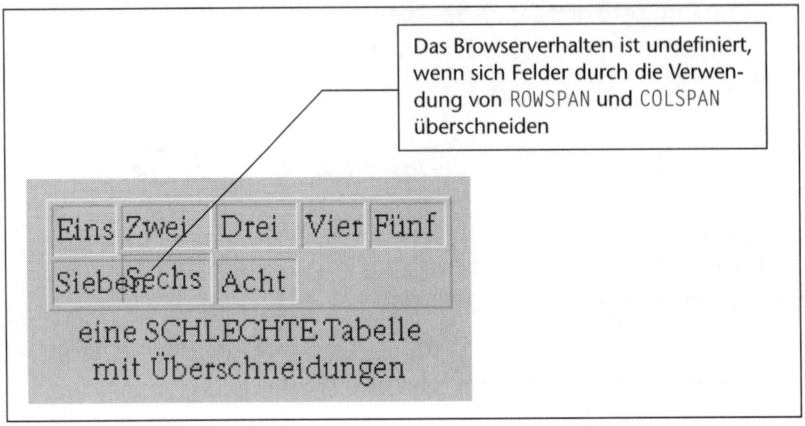

Andere Browser könnten ein ordentlicheres, aber garantiert weniger genaues Ergebnis liefern, indem sie die sich überschneidenden Feldinhalte weglassen würden. Sie sollten auf jeden Fall darauf achten, Überschneidungen zu vermeiden.

10.8 Festlegen von Tabellenkopf, -körper und -fuß

Entsprechend dem CALS-Tabellenmodell erlaubt HTML es Ihnen, die Tabellenzeilen nach Bedarf in Kopf-, Körper- und Fußgruppen zu organisieren. Standardmäßig werden alle Zeilen als Tabellenkörper angesehen. Sie können höchstens eine Kopfgruppe und eine Fußgruppe definieren. Browser stellen den Tabellenkopf und -fuß üblicherweise an festen Positionen am oberen bzw. unteren Ende der Anzeigefläche dar: Wenn der Tabellenkörper durchblättert wird, bleiben sie an ihren Positionen stehen.

Sie können jeder Gruppe beliebig viele Zeilen hinzufügen. Da die Anzahl der vom Browser gleichzeitig darstellbaren Textzeilen begrenzt ist, sollten Sie nur wenige Zeilen für den Tabellenkopf oder -fuß vorsehen. Es gibt Leute, die sagen würden, daß eine Zeile mehr als genug sei.

Für jede Gruppe können Sie die allgemeinen Attribute `ID`, `LANG`, `STYLE` und `CLASS` sowie die Ausrichtungsattribute (`ALIGN`, `CHAR`, `CHAROFF` oder `VALIGN`) verwenden, mit denen Ihnen die Möglichkeit an die Hand gegeben wird, Gruppen von Zeilen anstatt einzelne Zeilen oder die gesamte Tabelle zu regulieren.

10.8.1 Die Tabellenkopfgruppe

Wenn Sie eine Tabellenkopfgruppe verwenden wollen, stellen Sie das Tag `<THEAD>` an den Anfang. Das End-Tag `</THEAD>` ist nicht zwingend vorgeschrieben, da das nachfolgende `<TBODY>` das Ende der Gruppe impliziert. Allerdings sollte das schließende Tag dennoch verwendet werden, um für eine Kompatibilität mit älteren Browsern zu sorgen.

Eine Tabellenkopfgruppe muß mindestens eine Tabellenzeile (<TR>) enthalten. Weiterhin bietet Ihnen der davon unabhängige Tabellentitel die Gelegenheit, die Tabelle als Ganzes zu beschreiben.

10.8.2 Die Tabellenkörpergruppe

Tabellen müssen über mindestens einen Tabellenkörper verfügen. Sie brauchen dennoch nur die Start-Tags für TBODY-Gruppen ergänzen, wenn Sie eine Tabellenkopfgruppe angegeben haben oder wenn Sie Linien zwischen den Tabellenkörpergruppen plazieren möchten (unter Verwendung von <TABLE RULES=groups>). Das Tag <TBODY> grenzt dann Gruppen voneinander ab. Das ist insbesondere deswegen nützlich, weil Sie so in die Lage versetzt werden, die Ausrichtung für den Tabellenkopf getrennt von der für den Tabellenkörper vornehmen zu können. So können Sie beispielsweise die Inhalte im Tabellenkopf zentrieren, während die Inhalte im Tabellenkörper linksbündig ausgerichtet sind. Jedes TBODY-Element muß mindestens ein Element TR (Tabellenzeile) enthalten.

Dieses durchdachte Modell bietet sowohl eine hervorragende Abwärtskompatibilität als auch verschiedene neue und nützliche Merkmale. Ein Beispiel:

```
<TABLE FRAME=box RULES=groups>
     <TR><TD>1<TD>Beginn einer Tabellenkörpergruppe
     <TR><TD>2<TD>Ende einer Tabellenkörpergruppe
  <TBODY>
     <TR><TD>3<TD>Eine weitere Tabellenkörpergruppe...
     <TR><TD>4<TD>die ein Start-Tag TBODY erfordert
</TABLE>
```

Das Ergebnis sieht folgendermaßen aus:

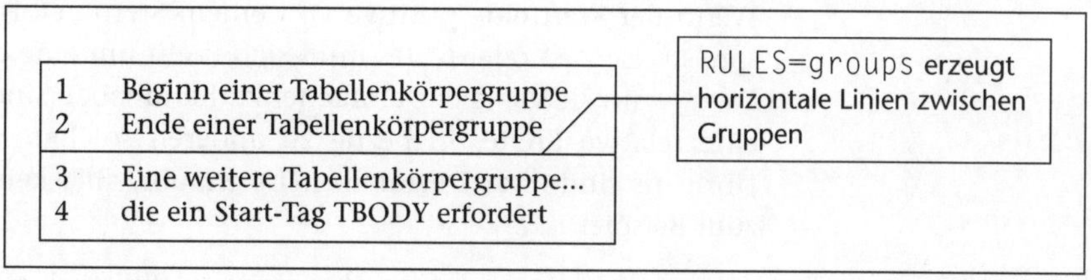

Diese kleine Tabelle besteht aus zwei TBODY-Elementen, die beide ohne End-Tag auskommen; beim ersten ist sogar das Start-Tag weggelassen worden.

10.9 Spaltenweise organisieren

Bisher wurden Ihnen HTML-Tabellen als Ansammlungen von Zeilen vorgestellt, die möglicherweise gruppiert waren. Es ist genauso gut möglich und nützlich, das Tabellenverhalten per Spalten festzulegen, beispielsweise um einer ganzen Spalte von Feldern eine bestimmte Breite zuzuweisen oder um die Inhalte einer solchen Spalte vertikal oder horizontal auszurichten. Letztendlich können Sie auch Spalten in Gruppen zusammenfassen, um deren Verhalten als eine Einheit festzulegen, wie Sie es bereits für Gruppen von Tabellenzeilen kennen.

10.9.1 Spaltenbreiten

Standardmäßig stellen Browser die Breiten von Spalten automatisch so ein, daß sie sowohl zu deren Inhalten als auch zur Breite des Bildschirms bzw. Fensters passen. Sie erreichen dies, indem sie zuerst alle Daten innerhalb der Tabelle durchsehen, dann die Spaltenbreite für Felder erhöhen, deren Inhalte mehr Platz erfordern und anschließend Feldinhalte umbrechen, wenn die verfügbare Breite aufgebraucht ist. Sie können diesen Vorgang vereinfachen, möglicherweise sogar die Tabellendarstellung beschleunigen und ein größeres Maß an Einflußnahme auf das letztendliche Erscheinungsbild der Tabelle gewinnen, indem Sie absolute oder relative Breiten der Spalten mit dem Element `COL` angeben. `COL` kann nur innerhalb einer Tabelle verwendet werden.

Das Attribut `WIDTH` ermöglicht es Ihnen, die Spaltenbreite in jeder der standardmäßigen Einheiten für Breite anzugeben; beispielsweise in Pica, Punkt oder Inch.

```
<COL WIDTH=30mm>  <--Spalte möglichst auf 30 Millimeter
                     setzen-->
```

Standardmäßig geben ganzzahlige Werte ohne Angabe einer Einheit die absolute Breite in Pixeln an. Ein Beispiel:

```
<COL WIDTH=64> <--schlichte ganzzahlige Breite heißt: Pixel-->
```

Wenn der Wert eine positive von einem Stern gefolgte Zahl ist, wie beispielsweise 2.5* oder 6* (es muß sich nicht um eine ganze Zahl handeln, auch wenn sie vielleicht einfacher zu handhaben sind), dann wird damit eine relative Breite (in bezug zu anderen solchen Spalten) angegeben. Übrigens sind zwar Dezimalbrüche erlaubt, aber keine Exponenten, wie zum Beispiel 1.2^2.

Als Beispiel sei angenommen, folgendes Teilstück stamme aus einer sieben-spaltigen Tabelle:

```
<COL WIDTH=4*  >   <!--CALS-Anwender werden den Stern *
                       wiedererkennen.-->
<COL WIDTH=2.5*>   <!--Er ist vorhanden, um den Import von
                       CALS- -->
<COL WIDTH=1*  >   <!--Tabellen zu vereinfachen. -->
<COL WIDTH=2*  >
```

Diese Spezifikation teilt dem Browser mit, die verfügbare Breite (die im Quelltext zuvor auf 80 Prozent der Fensterbreite festgelegt wurde) in relative Maße von 4, 2.5, 1, 2, 2, 2 und 2 (die sich zu 15.5 addieren) aufzuteilen. Daher umfaßt beispielsweise die erste Spalte

$4 \times 80 / 15{,}5 = 20{,}6\%$ (der verfügbaren Breite des Fensters).

Das mag der Anfang für bei Ihnen aufkommende Kopfschmerzen sein, da Sie sich an das Berechnen von Verhältnissen im Matheunterricht erinnern. Glücklicherweise sind diese Kompliziertheiten dem Browser vorbehalten. Alles, was Sie zu tun haben, ist, die relativen Spaltenbreiten in einer beliebigen geeigneten Einheit anzugeben: HTML ist Ihr Diener, nicht Ihr Meister. In unserem Beispiel können Sie die Zuweisung von Bruchangaben für die Breiten umgehen, indem Sie alle relativen Breiten auf 8, 5, 2, 4, 4, 4 und 4 verdoppeln. Die Verhältnisse beziehen sich dann also auf den Gesamtwert 31.

Beachten Sie, daß keine Notwendigkeit für das End-Tag `</COL>` besteht, da `COL` keine weiteren Elemente umfaßt, sondern nur für das Modifizieren der Spezifikation der Tabelle als Ganzes eingesetzt wird.

Wenn der Browser feststellt, daß eine oder mehrere der Spalten nicht mit den ihnen zugewiesenen Breiten eingepaßt werden können, versucht er, die Tabelle so auszurichten, daß alles paßt. Es kann sein, daß dies nicht gelingt (insbesondere dann, wenn das Fenster schmal ist und einige Spalten lange Wörter oder breite Bilder enthalten), so daß Ihre Spaltenangaben für den Browser nur Vorschläge sind, allerdings Vorschläge, denen er immer zu gehorchen versucht.

10.9.2 Spaltengruppen

Spalten können mittels des Elements `COLGROUP` gruppiert werden. Standardmäßig ist nur eine Gruppe vorhanden. Mit `COLGROUP` können Sie beispielsweise Linien zwischen Spaltengruppen ziehen lassen oder dieselbe Eigenschaft für alle Felder einer Spaltengruppe setzen. Eine siebenspaltige Tabelle kann beispielsweise mit nur zwei zusätzlichen HTML-Zeilen in Gruppen organisiert werden:

```
<TABLE ID=verstrebung>
<CAPTION>Tabelle mit Spaltengruppen</CAPTION>
        <!--die ersten 5 Spalten mit gleicher Breite-->
<COLGROUP COLSPAN=5 WIDTH=1*>
        <!--die nächsten 2 Spalten halb so breit-->
<COLGROUP COLSPAN=2 WIDTH=0.5*>
```

Das Attribut `COLSPAN` kann zusammen mit jedem anderen Attribut für `COL` eingesetzt werden, als da wären: die allgemeinen Attribute `ID`, `LANG`, `STYLE` und `CLASS`, das im Beispiel verwendete Attribut `WIDTH` sowie die Attribute zur horizontalen und vertikalen Ausrichtung `HALIGN` und `VALIGN`. Wenn

Sie sich dazu entscheiden, Spaltengruppen festzulegen, müssen Sie das hinter dem Tabellentitel (CAPTION) und vor dem Tabellenkopf oder den Tabellenkörpergruppen tun.

10.9.3 Spaltenausrichtung

Die Spaltenausrichtung erfolgt mit denselben Attributen wie die Ausrichtung einzelner Zeilen oder (per THEAD oder TBODY erzeugter) Gruppen von Zeilen. Beachten Sie, daß andererseits einzelne TH- und TD-Felder per COLSPAN und ROWSPAN ausgerichtet werden. In solchen Fällen können Sie sich aussuchen, ob die Ausrichtung für alle Feldinhalte einer Spalte oder einer Spaltengruppe vertikal, horizontal oder sowohl als auch erfolgen soll. Ein Beispiel:

```
<COL SPAN=3 VALIGN=top ALIGN=right>
<!--alle Felder dieser 3 Spalten ausrichten-->
```

10.10 Vererbung

Strukturelle Auszeichnung
HTML beschäftigt sich mit struktureller Auszeichnung. Die Absicht ist die, strukturelle Aspekte des Dokuments von der Darstellung des Dokuments auf dem Bildschirm zu trennen. Bei Tabellen stellen Ausrichtungen von Text in den Tabellenfeldern und Umrandungen von Feldern Informationen dar, die der visuellen Aufbereitung dienen. In der Praxis erweist es sich als sinnvoll, diese Merkmale mit den strukturellen Informationen zu kombinieren, da sich letztere in hohem Maße zwischen den Anwendungen übertragen lassen. ▶▶

Wie in diesem Kapitel bereits erläutert, können Sie die Ausrichtungseigenschaften der meisten Tabellenelemente (COL, THEAD, TBODY, TR, TH und TD, aber nicht TABLE selbst) beeinflussen. Manchmal geraten diese Ausrichtungen in Konflikt miteinander, so daß Sie die Regeln verstehen müssen, nach denen Browser entscheiden, welche von eventuell mehreren vorhandenen Spezifikationen angewendet werden soll:

- Für die horizontale Ausrichtung gilt: Spalten haben Priorität gegenüber Zeilen.
- Für die vertikale Ausrichtung gilt: Zeilen haben Priorität gegenüber Spalten.
- Eigenschaften von Feldern haben Vorrang vor von höheren Strukturen (z.B. Zeilen oder Tabellenkörper) geerbten Eigenschaften.
- Eigenschaften von in Feldern enthaltenen Elementen (beispielsweise in Feldern plazierte Absätze der Art <P ALIGN=right>...) haben Vorrang vor Feldeigenschaften.

Hin und wieder müssen Sie die genaue Rangfolge für jedes Attribut kennen. Da sich auch der Sprachkontext auf die Ausrichtung auswirkt (in arabisch und anderen von rechts nach links zu lesenden Sprachen wird beispielsweise die horizontale Ausrichtung standardmäßig als ALIGN=right angenommen), wird auch das Attribut LANG aufgeführt.

Dies sind die Regeln für die Rangfolge:

	Höchste Priorität					**Niedrigste Priorität**
ALIGN:	(TH|TD)	> COL	> TR	> (THEAD|TBODY)		> Standard
VALIGN:	(TH|TD)	> TR	> (THEAD|TBODY)	> COL		> Standard
LANG:	(TH|TD)	> TR	> (THEAD|TBODY)	> COL	> TABLE	> Standard

So werden beispielsweise bei der Angabe `<TR ALIGN=center>` `<TD ALIGN =left>` die Feldinhalte linksbündig ausgerichtet. Zwischen TH und TD kann es nicht zu Konflikten kommen, da ein Feld nur Tabellenkopffeld oder Tabellendatenfeld, aber niemals beides sein kann. Dasselbe gilt für THEAD, TBODY und TFOOT.

▶▶ Damit wird die Absicht verfolgt, die meisten der Informationen zur Darstellung an verknüpfte Style Sheets zu übergeben. Das Modell wurde speziell dafür entwickelt, die Vorteile solcher Style Sheets zu nutzen, ohne daß sie unbedingt erforderlich wären.

10.11 Rahmen, Umrandungen und Linien

Anstelle der früheren Definition des Attributs BORDER, das tatsächlich mehrere Funktionen übernommen hatte, gibt es in HTML jetzt nicht weniger als fünf TABLE-Attribute, um das Gitter einer Tabelle zu bestimmen:

- ▼ BORDER – bestimmt die Breite der Umrandungen
- ▼ FRAME – bestimmt die vier Linien, aus denen sich die äußere Umrandung der gesamten Tabelle zusammensetzt
- ▼ RULES – bestimmt die Linien, die Zeilen oder Spalten von Tabellenfeldern trennen.
- ▼ CELLPADDING – bestimmt den Platz zwischen Feldrand und Feldinhalt
- ▼ CELLSPACING – bestimmt den Abstand zwischen einzelnen Feldern.

Technische Zusammenfassung
Das Attribut FRAME steuert das Erscheinungsbild des die Tabelle begrenzenden Rahmens, wohingegen das Attribut RULES die ausgewählte Linierung innerhalb der Tabelle festlegt. Eine feinere Kontrolle wird durch Ergänzung von zusätzlichen Informationen, die die Darstellung betreffen, erzielt. Das Attribut STYLE kann verwendet werden, solche Informationen zu einzelnen Elementen hinzuzufügen. Weitere Darstellungsformen kann das STYLE-Element im Dokumentekopf oder einem externen Style Sheet enthalten.

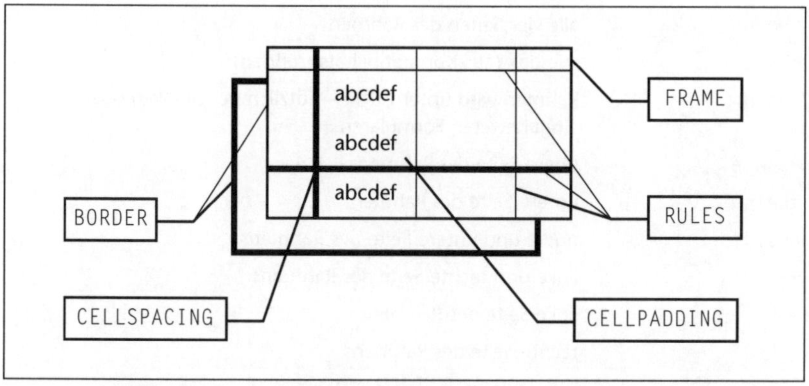

Zusätzlich gibt es noch das Angebot, die Farben der Linien einzustellen. Das ist ziemlich einfach zu verwirklichen, wenn man einmal davon absieht, daß BORDER aus Kompatibilitätsgründen zu früheren Versionen zwei Bedeutungen hat. Wir geben den eindringlichen Rat, die Umstellung auf die neue Syntax mit einem Mal durchzuführen, da das neue Modell weitaus weniger verwirrend ist als eine Kombination von Altem und Neuem.

> Viele vorhandene Browser verwenden `<TABLE BORDER>`, um vollständig umrandete Tabellen zu erzeugen. Neue Browser behandeln diesen Befehl als Synonym für `FRAME=all` zusammen mit `RULES=all`, womit der gleiche Effekt erzielt wird – soviel zur Kompliziertheit, die einem die Abwärtskompatibilität beschert. Ähnlich werden `BORDER=1` (oder höhere Zahlen) behandelt, wohingegen `BORDER=0` vernünftigerweise als Synonym für `FRAME=void` ausgelegt wird.

10.11.1 Tabellenrahmen

Als Tabellenrahmen wird der Kasten um das Äußere einer Tabelle bezeichnet. HTML unterstützt eine Menge von Werten für das Rahmenattribut. Wenn Sie beispielsweise einen ganzen Rahmen wünschen, geben Sie folgendes an:

```
<TABLE FRAME=box>      <!--oder =BORDER-->
  ...
</TABLE>
```

Als Standard wird gar kein Rahmen gezeichnet. Wenn Sie wollen, können Sie die Rahmeneffekte auch nur auf Teile des Rahmens (obere, rechte, untere oder linke Kante) anwenden.

Hintergrundinformation: mit Tabellenlinien verbundene Entwurfsfragen Bei der Entwicklung der HTML 4-Tabellenspezifikation wurde eine Reihe von Wegen verfolgt, um die Linienmuster für Tabellen festzulegen. Ein Kernpunkt waren die Arten der zulässigen Anweisungen. Dazu gehört sowohl die Unterstützung für Kantensubtraktion als auch für Kantenaddition, was zu verhältnismäßig komplizierten Algorithmen führte. ▶▶

Hier nun die vollständige Auflistung der eingebauten `FRAME`-Attribute:

`=box`	alle vier Seiten des Rahmens
`=border`	wie `box` (aus Kompatibilitätsgründen)
`=void`	Rahmen wird unterdrückt – nützlich bei Grafiken oder eingebetteten Formularen
`=above`	obere Seite des Rahmens
`=below`	untere Seite des Rahmens
`=hsides`	obere und untere Seite des Rahmens
`=vsides`	linke und rechte Seite des Rahmens
`=lhs`	linke Seite des Rahmens
`=rhs`	rechte Seite des Rahmens

10.11.2 Tabellenlinien

Das Attribut RULES zeichnet die angegebenen Linien zwischen Feldzeilen oder -spalten. Als Standardwert wird none verwendet (für die Abwärtskompatibilität), es sei denn, die Anweisung lautet BORDER=1 (oder ein beliebiger anderer Wert ungleich Null), dann wird all als Standardwert verwendet.

Ein übliches Strukturmittel besteht in horizontalen Linien zwischen Zeilengruppen. Wenn Sie mehrere TBODY-Gruppen erzeugen und das Attribut RULES=groups verwenden, dann werden die Gruppen durch Linien voneinander getrennt. RULES=rows oder =cols trennt die Gruppen auf die gleiche Weise; viele Browser verwenden stärkere Linien für Gruppentrennlinien, um diese von Trennlinien für Zeilen und Spalten zu unterscheiden.

Hier nun die vollständige Auflistung der eingebauten RULES-Attribute (dargestellt als Tabelle mit dem Stil RULES=none):

=none	Linien werden unterdrückt – nützlich bei Grafiken oder eingebetteten Formularen
=groups	horizontale Linien zwischen Gruppen (THEAD, TBODY, TFOOT)
=rows	Grundsituation zusätzlich Trennlinien für Zeilen
=cols	Grundsituation zusätzlich Trennlinien für Spalten
=all	Umrandungen um alle Felder zeichnen

Es folgt ein einfaches Beispiel für RULES=groups unter Verwendung von THEAD, TBODY und TFOOT:

```
<TITLE>THEAD und TFOOT</TITLE>
<TABLE BORDER=3 RULES=groups>
  <CAPTION>Tabellenkopf-/Tabellenfußgruppen</CAPTION>
  <THEAD>
    <TR><TD>Scheitel
  <TBODY>
    <TR><TD>Schulterstücke betonen den Effekt
    <TR><TD>Thorax
    <TR><TD>Abdomen
  <TFOOT>
    <TR><TD>Fußabdruck
</TABLE>
```

In der Abbildung ist zu sehen, wie die Linien im vorliegenden Fall die Tabellenkopf-, Tabellenkörper- und Tabellenfußgruppe voneinander trennen.

▶▶ So führte beispielsweise die Arbeit daran, die Attribute FRAME und RULES für alle Tabellenelemente zuzulassen, zu einem Algorithmus, der 24 Schritte benötigt, um zu bestimmen, ob eine bestimmte Kante eines Feldes mit einer Linie versehen werden soll oder nicht. Selbst diese zusätzliche Komplexität sorgt nicht für genügend Steuerungsmöglichkeiten, um allen Bedürfnissen für Tabellen Rechnung zu tragen. Die aktuelle Spezifikation hält sich bewußt an ein einfaches, intuitives Modell, das für die meisten Zwecke ausreicht. Bevor eine komplexere Herangehensweise standardisiert wird, ist noch weitere experimentelle Arbeit notwendig.

bsp

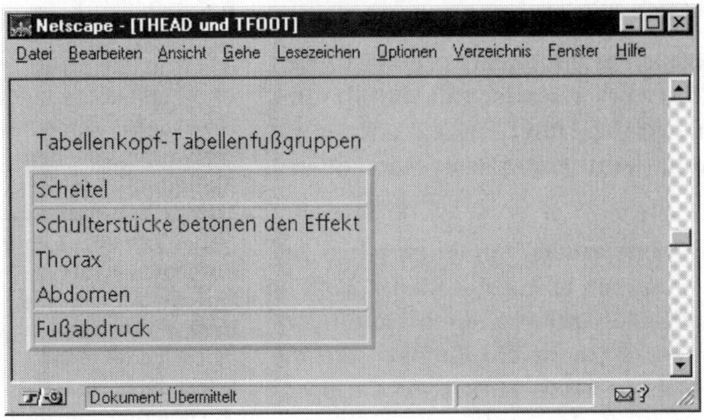

10.11.3 Cellpadding, Cellspacing und Border

Netscape 1.1 führte einige attraktive Ergänzungen zum standardmäßig recht spartanisch ausgefallenen Stilumfang zu HTML 3 ein, die alle erreicht werden können, indem dünne schwarze Linien an den benötigten Stellen gezeichnet werden. Da diese von Microsoft aufgenommen wurden, sind sie ein De-facto-Bestandteil von Standard-HTML. Tabellen im neuen Stil neigen zu einem charakteristischen Erscheinungsbild, da sie in der Regel reliefartig und häufig mit breiteren Umrandungen als üblich dargestellt werden.

Im folgenden Beispiel wird in einer Tabelle das Attribut CELLPADDING auf 10 Pixel gesetzt:

```
<TABLE BORDER CELLPADDING=10 CELLSPACING=0>
  <TR><TD>Ein<TD>Ausgepolstertes<TD>Feld
  <TR><TD>Kann<TD>Mollig<TD>Wirken
</TABLE>
```

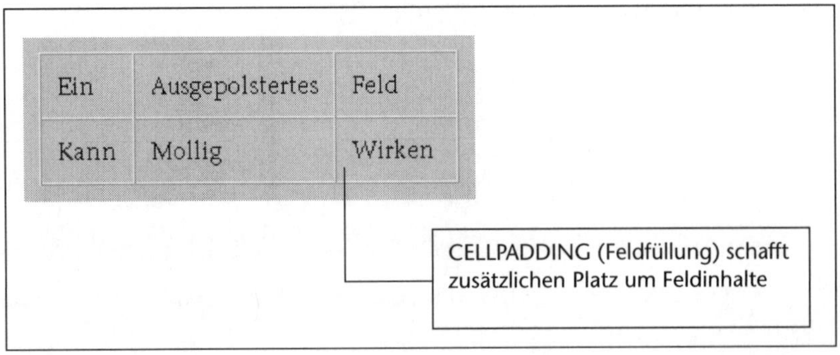

Vielleicht wären †`CELLMARGIN` oder †`CELLSPACE`[1] passendere Bezeichnungen gewesen, da dieses Attribut sich auf den Platz (*eng. space*), den der Rand (*eng. margin*) um den Feldinhalt herum einnimmt, auswirkt und nicht, wie man vielleicht erwartet hätte, auf die sichtbare Dicke der Feldumrandung. Der Wert für `CELLPADDING` kann in jeder der Standardeinheiten (von Inch bis Zentimeter) angegeben werden. Dieses Attribut läßt sich sinnvollerweise anwenden, um sicherzustellen, daß die Tabelleninhalte visuell voneinander und von den Feldumrandungen getrennt sind.

Als Gegensatz dazu nun dieses Beispiel für eine Tabelle, für die das Attribut `CELLSPACING` auf 10 Pixel gesetzt wird:

```
<TABLE FRAME=box CELLPADDING=0 CELLSPACING=10>
  <TR><TD>Diese<TD>Tabellenfelder<TD>verfügen
  <TR><TD>über <TD>größeren      <TD>Abstand
</TABLE>
```

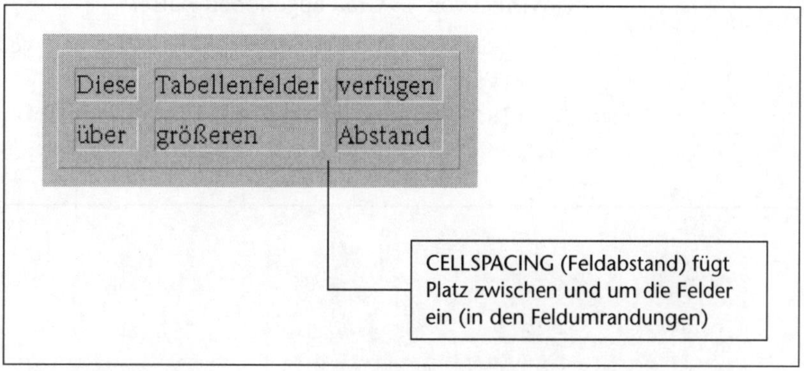

Dieser Effekt hätte gut †`PADDING` genannt werden können, mit diesem dicken, massiven Erscheinungsbild der Feldumrandungen, aber Netscape ist von der Feldperspektive ausgegangen und dieses Attribut `CELLSPACING` schafft tatsächlich Platz (in Pixeln angegeben) zwischen ihnen.

`CELLPADDING` und `CELLSPACING` können auch zusammen verwendet werden:

```
<TABLE BORDER CELLPADDING=10 CELLSPACING=10>
  <TR><TD>Lautlose <TD>Gefüllte<TD>Geräumige
  <TR><TD>Umrandete<TD>Felder  <TD>- Erschrocken?
</TABLE>
<!--beachten Sie das Attribut BORDER nach altem Stil-->
```

---

1 † Das Kreuz zeigt an, daß es diese Attribute nicht mit dieser Bedeutung gibt.

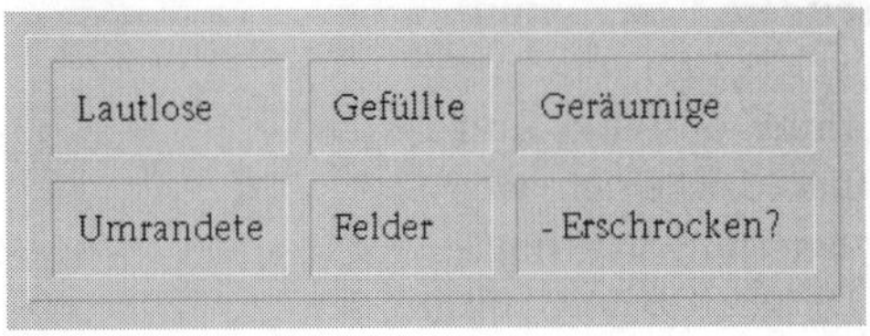

Die Kombination dieser beiden Attribute gibt einer Tabelle eine kräftige Betonung, die für viele Darstellungszwecke sinnvoll sein kann. Allerdings sollten Sie den Einsatz nicht übertreiben.

Zu guter Letzt können Sie eine Tabelle auch mit einer breiten Umrandung versehen (die nun aber wirklich †FRAMEWIDTH hätte genannt werden sollen), die ebenfalls in Pixeln angegeben wird. Dieses Attribut ist speziell dafür entworfen worden, um für ein gefastes oder abgeschrägtes Erscheinungsbild zu sorgen, so als ob ein Tischler die Kanten sorgfältig in einem Winkel von 45 Grad abgehobelt hätte.

```
<TABLE BORDER=5 CELLPADDING=10 CELLSPACING=10>
  <TR><TD>Füllung=10 <TD>Abstand=10
  <TR><TD>zusammen mit     <TD>einer dicken Umrandung
</TABLE>
```

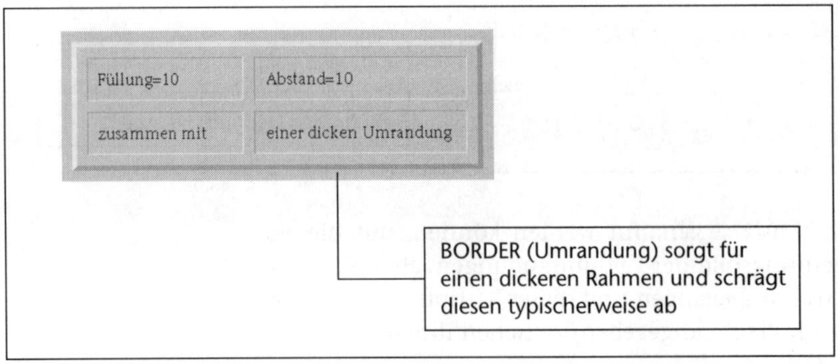

Diese Attribute für Tabellenumrandungen bieten getrennt oder gemeinsam und mit der Ausrichtung von Feldinhalten kombiniert eine ungewöhnlich große Vielfalt an Wirkungsweisen für die Darstellung von Daten.

Sie können in Ihren Tabellen weiterhin auf Zeichenebene die Schriftgröße bestimmen, um für zusätzliche Betonungen zu sorgen; bedenken Sie dabei aber, daß nicht alle Leser Ihrer Seiten die von Ihnen erzeugten Effekte erfahren können.

10.11.4 Umrandungsfarbe

Der Microsoft Internet Explorer 3.0 führte drei weitere Tabellenattribute ein, um die Umrandungsfarbe zu bestimmen: BORDERCOLOR, BORDERCOLORDARK und BORDERCOLORLIGHT. Diese können alle zusammen mit den Elementen TABLE, TR, TH und TD eingesetzt werden. Allen diesen Attributen wird eine Farbbezeichnung oder die Bezeichnung eines (hexadezimalen) RGB-Farbwerts zugewiesen (siehe Anhang D). Eingedenk der wachsenden Beliebtheit farbiger Effekte im Web, ist es sehr wahrscheinlich, daß diese Attribute zu Standardmerkmalen von HTML werden.

Alle drei Attribute für Umrandungsfarben müssen zusammen mit BORDER=Pixelbreite verwendet werden, da Sie Ihre hübschen Farben nicht zu sehen bekommen, solange die Tabelle keine sichtbaren Umrandungen besitzt. Es gibt zwei mögliche Herangehensweisen:

- Die Angabe einer einzigen Farbe für die gesamte Umrandung per BORDERCOLOR läßt diese flach, zweidimensional erscheinen.
- Die Angabe zweier unabhängiger Farben für helle und dunkle Bestandteile der Umrandung per BORDERCOLORDARK und BORDERCOLORLIGHT läßt diese dreidimensional erscheinen, sofern Sie geeignete Farbtöne auswählen.

Die folgende Beispieltabelle besitzt eine dreidimensionale gelb/grüne äußere Umrandung und enthält unter anderem ein Feld mit einer zweidimensionalen, blauen Umrandung:

```
<TITLE>Umrandungsfarben</TITLE>
<TABLE BORDER=10 BORDERCOLORLIGHT=yellow BORDERCOLORDARK=green
CELLSPACING=5>
  <CAPTION>Eigene Umrandungsfarben</CAPTION>
  <TR><TD BGCOLOR=navy><FONT COLOR=white>
        Meerjungfrauen in tiefblauer See</FONT>
  <TR><TD BGCOLOR=red>
        Die Sonne für sie nie untergeht
  <TR><TD BORDERCOLOR=blue; ALIGN=center>
        Arzt - heile dich selbst!
  <TR><TD BGCOLOR=cyan ALIGN=center>
        "Nichts im Übermaß"
</TABLE>
```

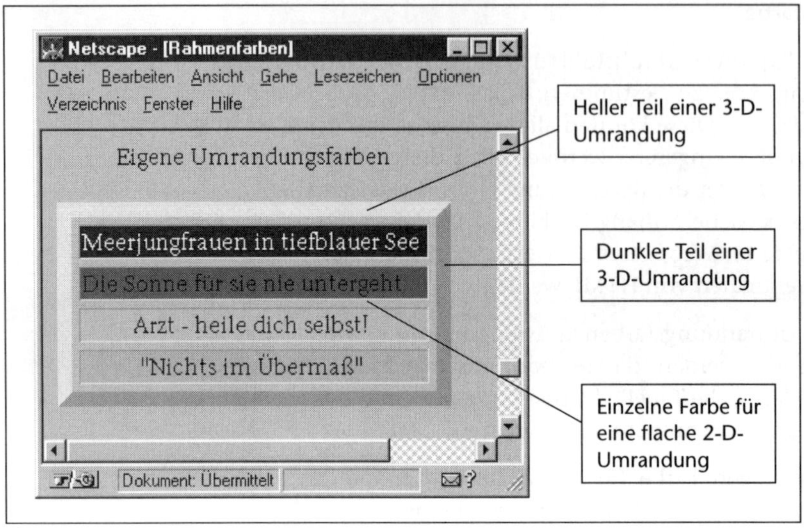

Die Abbildung zeigt auch die Verwendung von CELLSPACING, um farbige Felder von den Umrandungen abzutrennen. Da gelb eine helle und grün eine dunkle Farbe ist, behält die Tabelle ihr dreidimensionales Erscheinungsbild. Der Effekt wird abgeschwächt oder geht vollständig verloren, wenn ungeeignete Farben ausgewählt werden (beispielsweise bei einem Austausch der Farben gelb und grün):

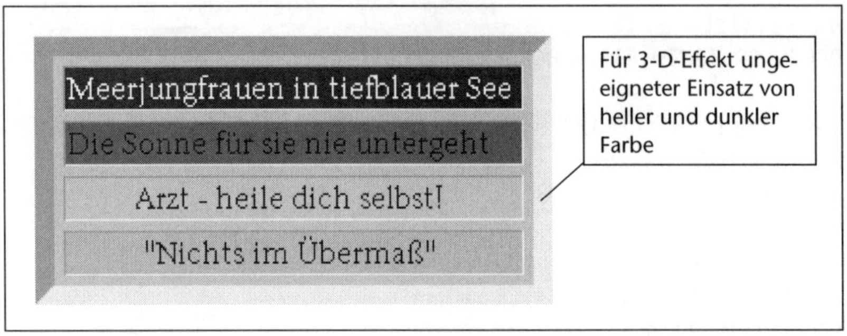

Sie können nicht davon ausgehen, daß andere Browser Ihre Farbeinstellungen für Umrandungen einhalten. Aber vorausgesetzt, Sie verlassen sich nicht auf eine bedeutungstiftende Farbcodierung, sollte es nicht zu schwerwiegenden Kompatibilitätsproblemen kommen.

10.11.5 Bildhintergründe für Tabellen

Der Microsoft Internet Explorer 3.0 hat die ursprüngliche Verwendung des Attributs BACKGROUND für den Textkörper (BODY) des gesamten Dokuments um den Einsatz innerhalb einer einzelnen Tabelle oder eines einzelnen Felds erweitert. Diese Ergänzung bedeutet, daß Sie BACKGROUND nun mit den Elementen TABLE, TH und TD einsetzen können. Betrachtet man die Beliebtheit von Hintergrundfarben, so ist es sehr wahrscheinlich, daß auch Bildhintergründe zu einem Standardmerkmal von HTML werden. Ein einfaches Beispiel:

```
<TABLE BORDER RULES=groups BACKGROUND=vogel.gif>
```

Damit wird die Tabelle mit dem angegebenen Bild gekachelt, genauso, wie Sie es bereits von <BODY BACKGROUND=ihr_bild> kennen:

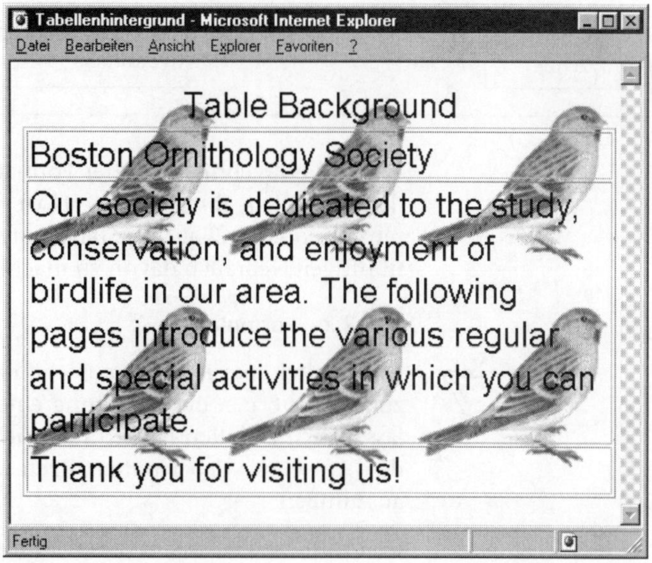

10.12 Andere Elemente in Tabellen plazieren

Es gibt einige Beschränkungen in Hinblick darauf, welche Elemente in Tabellenfeldern plaziert werden können. Im wesentlichen können Sie alle Elemente einbeziehen, die für normalen und hervorgehobenen Text zulässig sind, als da wären Überschriften (<H3> usw.), Absätze (<P>), Listen (<UL>) usw., Formularelemente (siehe weiter unten), Bilder, Hypertext-Anker und sogar beliebige eingebettete Tabellen.

10.12.1 Ausgezeichneter Text

Text kann in Tabellenfeldern wie gewohnt ausgezeichnet werden. Ein Beispiel:

```
<TABLE FRAME=all>
  <TR><TD COLSPAN=3>Nicht-Periodische Tabelle der Chemiker
  <TR><TD>K&eacute;kul&eacute;<TD><B>Faraday</B><TD>Haber
</TABLE>
```

Diese Beispiele werden ganz normal mit Akzenten und als fettgedruckter Text (sofern der Browser damit umgehen kann) dargestellt, genau so, wie Sie es erhoffen:

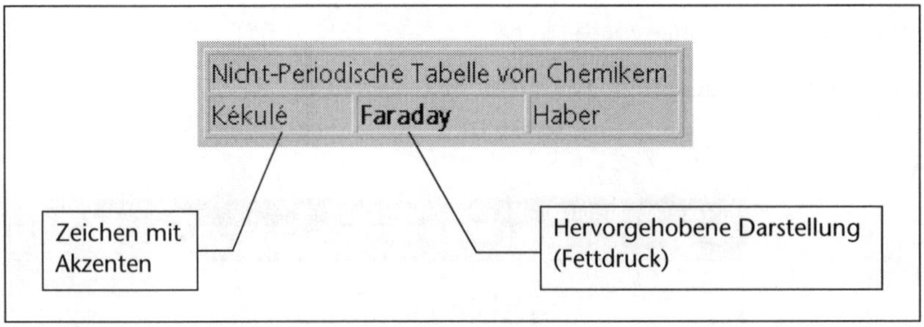

Wenn die Ergebnisse solcher Formatierungen merkwürdig anmuten, ist das ganz allein Ihr Problem. HTML ermöglicht Ihnen zwar diesen differenzierten Einfluß auf den Tabellentext, aber es liegt an Ihnen, einen vernünftigen Gebrauch davon zu machen.

10.12.2 Formulare

Das Kapitel über Formulare (siehe Kapitel 11) enthält etliche Vorschläge zum Layout, u.a. die Plazierung eines Formulars in einer Tabelle. Damit lassen sich ziemlich leicht ordentliche, wirksame Layouts erreichen, die den Anwender dabei unterstützen, Ihre Formulare schnell und korrekt auszufüllen.

Hier nun ein klassisches Beispiel für ein Formular/eine Tabelle, wie es/sie von Netscape angezeigt wird:

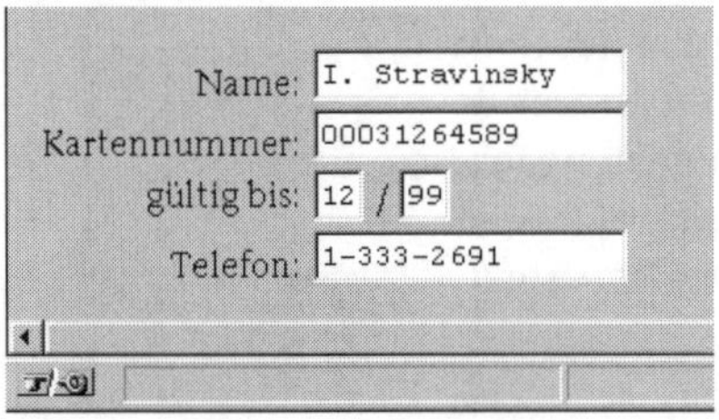

Die zugehörigen HTML-Zeilen mit der rahmenlosen Tabelle, die für die Anordnung der Textbezeichnungen und des Formulars verwendet wurde, sehen folgendermaßen aus:

```
<TABLE FRAME=none>
<TR><TD ALIGN=right>
        Name:<BR>
        Kartennummer:<BR>
        gültig bis:<BR>
        Telefon:<BR>
    <TD ALIGN=left><BR>
      <FORM>
         <INPUT NAME="name" SIZE=18><BR>
         <INPUT NAME="karte" SIZE=18><BR>
         <INPUT NAME="verfall-monat" SIZE= 2> /
         <INPUT NAME="verfall-jahr" SIZE= 2><BR>
         <INPUT NAME="tel" SIZE=18>
      </FORM
</TABLE>
```

Ein ganzes in eine Tabelle eingebettetes Formular

10.12.3 Verschachtelte Tabellen

Manchmal erweist es sich als nützlich, Tabellen in Tabellenfeldern zu plazieren. Vielleicht denken Sie jetzt, daß darunter die Geschwindigkeit der Darstellung gnadenlos zu leiden hat; dem ist aber nicht so. Der Entwicklerstab von HTML hat gezeigt, daß die für die Darstellung großer oder verschachtelter Tabellen benötigte Zeit nur linear mit ihrer Größe anwächst, so daß eine doppelt so große Tabelle auch bloß doppelt so viel Zeit für die Darstellung benötigt – eine eindrucksvolle Leistung. Wie bei dem visuellen Erscheinungsbild werden Sie sich daran erinnern, daß Sie Tabellen ohne Umrandung darstellen können. Wenn Sie die äußere Tabelle ohne Umrandung darstellen, können die verschiedenen Felder Formulare, andere Tabellen oder einfach nur Text enthalten. Das Endergebnis wird in der Erscheinung etwa so ausfallen wie das Layout einer Zeitungsseite mit Zeilen und Spalten, die verschiedene Elemente enthalten. Das Layout und die Inhalte liegen letztendlich an Ihnen.

10.12.4 Die Verwendung von Tabellen für das Layout

Reizvolle Beispiele für den Einsatz von Tabellen für das Layout gibt es im Web zur Genüge. Eine Site, die wir sehr bewundern, die des Paläontologischen Museums der Universität von Kalifornien (UCMP) in Berkeley (in Kapitel 18 zum Design von Web-Projekten wird die Struktur ihrer Hypertexte betrachtet), enthält sowohl einfache als auch komplexere Anwendungen von Tabellen.

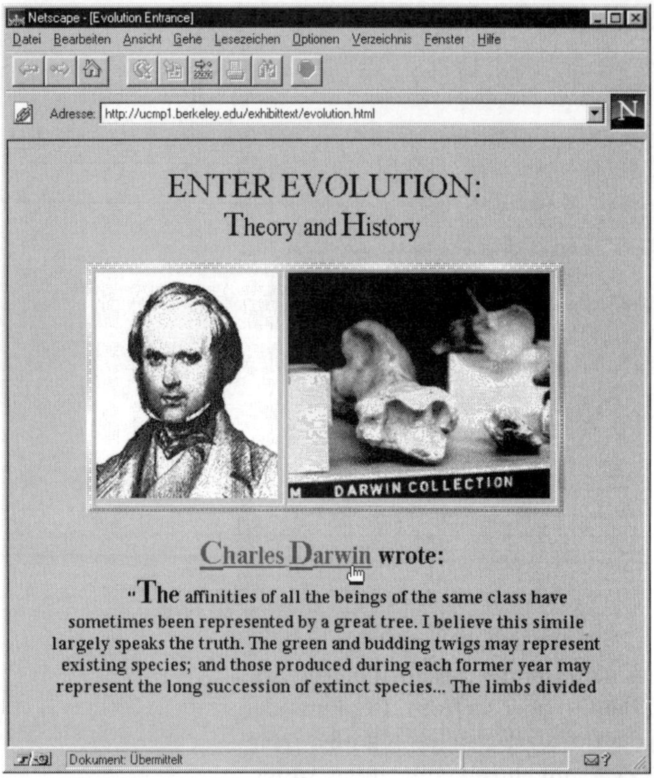

Die Seite über den Evolutionsgedanken enthält beispielsweise zwei zusammengerahmte Bilder zu Darwin. Dieses elegante Erscheinungsbild wird im Quelltext durch folgende einfache HTML-Tabellen erreicht:

```
<TABLE BORDER=5>
   <TR>
      <TD ALIGN=center>
         <IMG SRC=http://ucmpl.berkeley.edu/images/exhibit/
                         darsmall.gif>
      <TD ALIGN=center>
         <IMG SRC=http://ucmpl.berkeley.edu/images/exhibit/
                         darwincol.gif>
</TABLE>
```

Die Tabelle besteht lediglich aus einer Zeile, die zwei Felder enthält, in denen jeweils ein GIF-Bild zentriert dargestellt wird. Beachten Sie die Verwendung von `ALIGN=center` in jeder Zeile; diese etwas lästigen Wiederholungen lassen sich durch einen Tabellenstil oder eine einzelne Ausrichtung für den gesamten Tabellenkörper ersetzen.

Die Seite wurde hier in der Größe angepaßt, um die Bilder mit der besten Ausnutzung darstellen zu können. Die Tabelle paßt sich automatisch in der Größe an, um zu den GIF-Bildern zu passen, die in diesem Fall viel schmaler sind als ein hochauflösender Bildschirm. Wenn die Seite breiter gemacht wird, bleiben die Bilder klein, und mehr Grauraum (wenn das dann das passende Wort ist) wird auf beiden Seiten von ihnen angezeigt, da sowohl die Tabelle als auch der Text von <CENTER>...</CENTER>-Tags umgeben sind.

Ein raffinierteres Beispiel finden wir in der als Bestandteil der Hypertext-Struktur in unserem Design-Kapitel besprochenen „Museum"-Seite des UCMP. Die folgende Abbildung zeigt die sie dominierende große Tabelle. Die Seite bezieht eigentlich zwei weitere Verwendungen von Tabellen ein, auch wenn diese weniger spektakulär sind. Sie setzt sich aus zwei Arten von Zeilen zusammen, die erste Zeile, die das in der Tabelle zentrierte Bild mit dem Wolf enthält, unterscheidet sich sichtbar vom Rest.

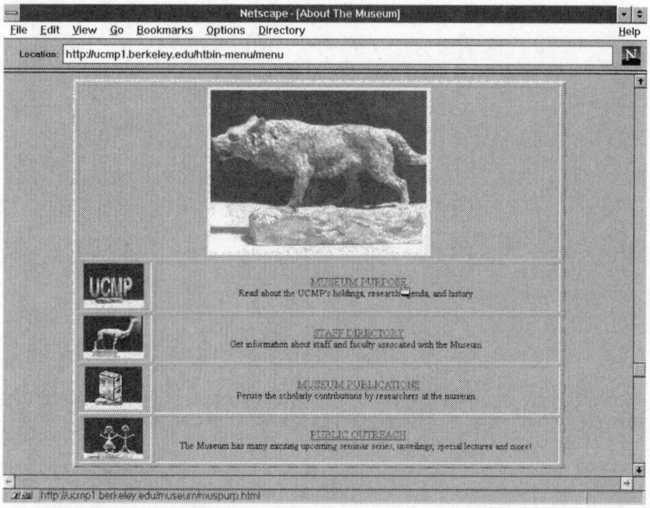

Der entscheidende Teil des HTML-Quelltextes dieser Seite setzt sich – leicht umformatiert, um die Strukturierung hervorzuheben – folgendermaßen zusammen. Wir haben die </TD>- und </TR>-Tags der Übersichtlichkeit halber weggelassen und die Texte eingedeutscht.

Zuerst erfolgt die Deklaration der Tabelle mit einer dicken Umrandung, reichlich Abstand und einer Füllung. Die gesamte Struktur wird auf der Seite zentriert.

```
<TABLE WIDTH="80%" BORDER=4 CELLPADDING=1 CELLSPACING=5>
```

Dann erscheint das Wolfsbild, zentriert, in einem zwei Spalten umfassenden Feld. Ohne das Attribut COLSPAN=2 würde das Feld in der ersten Spalte zentriert erscheinen. Beachten Sie, daß Browser davon ausgehen, daß Felder (so wie hier das <TD>-Feld) Teil einer Zeile (<TR>) sein müssen. Das erste Zeilen-Tag kann eigentlich weggelassen werden, wie in unserem Fall.

```
<TD ALIGN=center COLSPAN=2>
   <IMG SRC=http://ucmp1.berkeley.edu/images/direwolf5.gif>
```

Dann folgen vier Zeilen mit identischem Aufbau. Jede enthält ein in der Spalte 1 zentriertes Bild und eine in der Spalte 2 zentrierte Textbezeichnung. Letztere besteht aus einem Hypertext-Anker in einer um eins größeren Schrift als üblich (<FONT SIZE=+1>) sowie einer kurzen Beschreibung des Elements in der darunter gelegenen Zeile (dafür ist das <BR> vorhanden). Die Tags der zweiten Zeile sind durch Textkästen an Hinweispfeilen (sogenannte Callouts) hervorgehoben.

```
<TR>
<TD ALIGN=center>
   <IMG SRC=http://ucmp1.berkeley.edu/images/
muspurpico.gif>
<TD ALIGN=center><FONT SIZE="+1">
<A HREF=http://ucmp1.berkeley.edu/museum
   muspurp.html>ZWECK DES MUSEUMS</A></FONT>
<BR>Informationen zu: UCMP-Bestand, Forschungsauftrag
   und Geschichte.<BR>
```

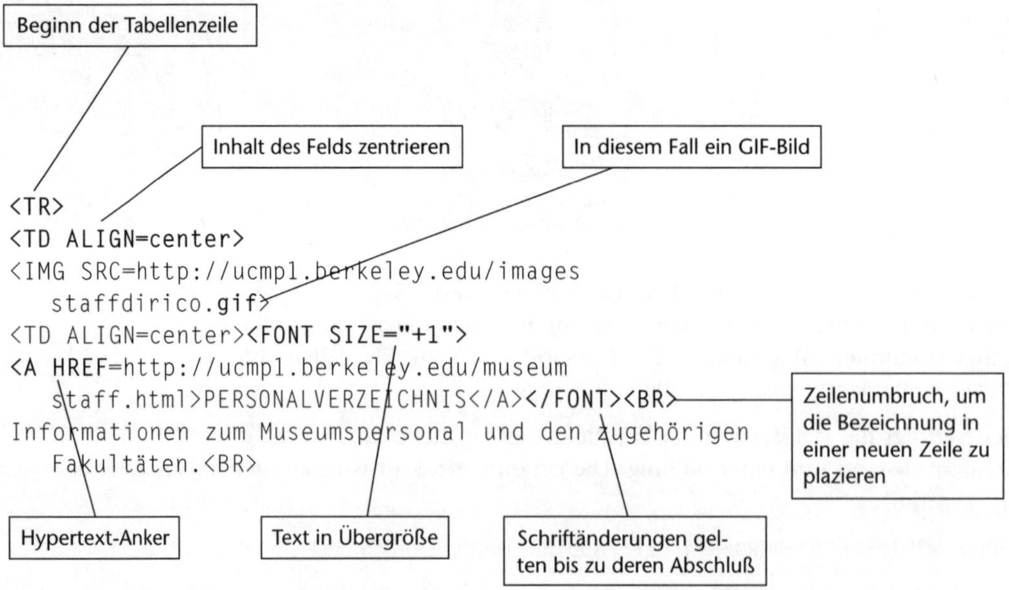

10.12 Andere Elemente in Tabellen plazieren

Die übrigen Zeilen folgen dem gleichen Schema:

```
<TR>
<TD ALIGN=center><IMG SRC=http://ucmpl.berkeley.edu/images/
muspubico.gif>
<TD ALIGN=center><FONT SIZE="+1">
<A HREF=http://ucmpl.berkeley.edu/museum/
muspub.html>VERÖFFENTLICHUNGEN
           DES MUSEUMS</A></FONT>
<BR>Lesen Sie sich die wissenschaftlichen Beiträge von
Forschern des Museums durch.<BR>
```

Wäre HTML 4 bereits beim Entwerfen der UCMP-Seiten verfügbar gewesen, wären die Wiederholungen bei diesen Formatierungsanweisungen vermeidbar gewesen. Das Museum hätte sich dafür entscheiden können, Style Sheets zu benutzen oder Spaltenformatierungen nur einmal zu Beginn der Tabelle festzulegen.

```
<TR>
<TD ALIGN=center><IMG SRC=http://ucmpl.berkeley.edu/images/
puboutico.gif>
<TD ALIGN=center><FONT SIZE="+1">
<A HREF=http://ucmpl.berkeley.edu/museum/
pubout.html>ÖFFENTLICHKEITSARBEIT</A></FONT>
<BR>Das Museum bietet viele spannende Vortragsreihen an.
```

Zu guter Letzt wird die Tabelle beendet.

```
</TABLE>
```

Die Tabellendefinition führt in diesem Fall nicht zu einem Aufblähen des HTML-Quelltextes; sie ermöglicht die leichtere Kombination von Text und Bildern, als es mit Befehlen für den Textfluß möglich wäre und stellt den einzigen vernünftigen Weg dar, Umrandungen zu erhalten. Die Einfachheit und Regelmäßigkeit im Quelltext der UCMP steht im starken Kontrast zu den vielen Verrenkungen in HTML-Texten, die geschrieben wurden, als Grafiken (GIF- und JPEG-Bilder) als einzige Möglichkeit angesehen wurde, reizvolle Effekte zu erzielen.

10.13 Die Darstellung beschleunigen

Sie können dem Browser das Leben erleichtern und die Gemüter Ihrer Leser besänftigen, indem Sie dem Browser die angestrebte Breite der Tabelle in Relation zum Fenster mitteilen, in dem sie dargestellt werden soll. Damit wird der Browser in die Lage versetzt, mit der Darstellung der Tabelle zu beginnen, bevor er alle Tabellendaten erhalten hat. Sonst müßte der Browser erst alle Daten einlesen, um die Mindestbreite aller Felder, mit dieser die Breite aller Spalten und damit die der Tabelle selbst festzustellen. Sollte das zuviel sein, muß er einige Feldinhalte abschneiden. Dieser ganze Vorgang könnte für einige Sekunden zu einem leeren Bildschirm führen.

Sie können die Tabellenbreite direkt angeben, indem Sie, wie im folgenden Beispiel, einen Prozentwert für das Attribut WIDTH verwenden:

```
<TABLE WIDTH="80%">
```

Sie können eine beliebige Anzahl von Spalten mit dem Attribut COLS festlegen:

```
<TABLE WIDTH="80%" COLS=6>
```

Wenn Sie allerdings von fünf bis zehn Zeichen pro Spalte ausgehen, können Sie nicht mit mehr als etwa einem Dutzend Spalten auf einem Bildschirm rechnen, der 80 Zeichen pro Zeile darstellen kann. (Die Verwendung von Blindenschrift schränkt die Tabellenbreite noch stärker ein.) Standardmäßig verfügen auf diese Weise im voraus eingestellte Tabellen über Spalten gleicher Breite, die Sie allerdings beeinflussen können, indem Sie die Breite für einzelne Spalten oder Spaltengruppen in COL angeben.

Anmerkungen zum Design von schrittweise dargestellten Tabellen

Bei großen Tabellen oder langsamen Netzwerkverbindungen ist es nützlich, wenn mit der Darstellung der Tabelle begonnen werden kann, bevor alle Daten vorhanden sind.

Die übliche Fensterbreite für die meisten Browser umfaßt etwa 80 Zeichen, und für viele HTML-Seiten sind die Grafiken mit dem Wissen um diese Vorgabe entworfen worden. Autoren können Browsern Hinweise geben, damit diese die Tabelleninhalte schrittweise darstellen. Dazu muß der Autor die Spaltenanzahl festlegen und Vorkehrungen für die Steuerung der Tabellenbreite und der Breiten der verschiedenen Spalten mit relativen oder absoluten Angaben treffen.

Für die schrittweise Darstellung benötigt der Browser die Anzahl der Spalten und deren Breiten. Die Standardbreite der Tabelle entspricht der aktuellen Fensterbreite (WIDTH=100%). Mit einem im Start-Tag TABLE eingesetzten Attribut WIDTH läßt sich das ändern. Standardmäßig haben alle Spalten dieselbe Breite, aber Sie können die Spaltenbreiten mit einem oder mehreren COL-Elementen vor den ersten Tabellendaten einstellen.

10.13 Die Darstellung beschleunigen

Bleibt noch die Spaltenanzahl. Einige Leute schlugen vor, solange zu warten, bis die erste Tabellenzeile vollständig vorliegt, aber das könnte viel Zeit in Anspruch nehmen, wenn die Felder mit umfangreichen Inhalten versehen wären. Insgesamt ergibt es mehr Sinn, wenn der Autor die Spaltenanzahl explizit im Start-Tag `TABLE` angibt, sobald eine schrittweise Darstellung gewünscht wird.

Autoren benötigen weiterhin eine Möglichkeit, den Browser darüber zu informieren, ob eine schrittweise Darstellung erfolgen soll oder ob die Größe der Tabelle automatisch an die Feldinhalte angepaßt werden soll. Im zweistufigen Automatikmodus wird im ersten Durchlauf die Spaltenanzahl festgestellt, wohingegen im schrittweisen Modus die Spaltenanzahl von vornherein angegeben sein muß. Daher scheint `COLS=nn` für diesen Zweck durchaus angemessener zu sein als ein Attribut `LAYOUT`, das in Form von `LAYOUT=FIXED` oder `LAYOUT=AUTO` Verwendung fände.

Diese Informationen ersparen Ihnen einen Haufen Arbeit und ermöglichen dem Browser, die grundlegende Struktur aufzubauen. Der Browser könnte dennoch außerstande sein, Ihren Angaben exakt nachzukommen, da die Darstellung immer noch davon abhängt, was sich in den Tabellenfeldern befindet; aber er wird sein Bestes geben.

Ein Beispiel:

```
<TABLE WIDTH="80%" COLS=7 BORDER=none>        <!--alle Spalten gleich-->
    ...
</TABLE>
```

Muß mit tatsächlicher Spaltenanzahl übereinstimmen

10.14 Zusammenfassung

Tabellen bieten ein raffiniertes, aber einfach anwendbares Vorgehen zum Formatieren von Daten in Zeilen und Spalten. Die Verwendung von eingebauten Vorgaben, Vererbung von Attributen und automatischer Größenanpassung an Tabelleninhalte ermöglicht es Autoren, Tabellen mit sehr wenigen HTML-Anweisungen zu erstellen. Komplexere Tabellen können mit Titeln und Tabellenköpfen versehen werden, und ihre Inhalte können horizontal und vertikal ausgerichtet werden. Es ist möglich, die Ausrichtungen für Feldgruppen, wie beispielsweise alle Felder des Tabellenkopfs oder des Tabellenkörpers, anzugeben und Spalten von Feldern als Einheiten zu behandeln. Felder können auch mehrere Zeilen oder Spalten umfassen, und sie können andere HTML-Elemente enthalten, wie beispielsweise Überschriften, Absätze, Listen, Formulare, Bilder, Hypertext-Anker und selbst eingebettete Tabellen.

Tabellen sind nützlich für das Layout von Formularen und für die Simulation von Frames auf Browsern, die Frames nicht unterstützen. Sie werden zunehmend eingesetzt, um eine reizvolle Anordnung von Text und Grafik zu erzielen, manchmal mit kontrastierenden Farben oder gemusterten Hintergründen.

10.14 Zusammenfassung

Formulare

11

Dieses Kapitel enthält Informationen über:

- Den Umgang mit Formularen in HTML
- Die Verwendung des Elements FORM
- Das Abschicken von Formularen zum Server
- Das Entwerfen von Formularen mit praktischen Hinweisen

Zusammenfassung

Um Abhilfe gegen verschiedene Mängel von HTML 3.2 zu schaffen, wurden folgende neue Merkmale in HTML 4-Formulare einbezogen:

- Das Attribut `TABINDEX` wurde eingeführt, um genaue Angaben zur Reihenfolge machen zu können, wenn per Tabulatortaste von einem Steuerelement des Formulars auf ein anderes gewechselt wird.
- Das Attribut `ACCESSKEY` ermöglicht Angaben für den direkten Zugriff auf ein Formularfeld per Tastatur.
- Das neue Attribut `DISABLED` ermöglicht es Ihnen, eine Formularsteuerung anfänglich zu deaktivieren.
- Das Attribut `TITLE` ist zu den meisten bestehenden Elementen hinzugefügt worden, um als Platzhalter für zusätzliche Informationen zu dienen, die zum Zuge kommen, wenn der Anwender um Hilfe bittet.
- Das Element `LABEL` verknüpft einen Bezeichner mit einem bestimmten Steuerfeld des Formulars.
- Das Element `FIELDSET` gruppiert zusammengehörige Felder und kann diese Gruppe im Zusammenspiel mit `LEGEND` benennen.

Diese beiden neuen Elemente ermöglichen eine bessere Darstellung und Interaktivität. Browser mit Sprachausgabe können Formulare besser beschreiben.

- Das Attribut `ONCHANGE` ermöglicht es Formular-Anbietern im Zusammenspiel mit Skriptsprachen, Programmtext für die Überprüfung der eingegebenen Daten mit einzubeziehen.
- Das Element `INPUT` besitzt ein neues Attribut `ACCEPT`, das es Ihnen ermöglicht, eine Auflistung von Medientypen oder Modellmustern für die Eingabe festzulegen.
- Das neue Attribut `ACCEPT-CHARSET` des Elements `FORM` basiert auf dem HTTP-Kopf Accept-Charset (siehe Kapitel 18) und kann verwendet werden, um eine Reihe von Zeichensätzen zu bestimmen, die für den Server annehmbar sind.

11.1 Einführung

Serverseitige Skripte
In diesem Kapitel wird nicht näher auf die Erzeugung serverseitiger Skripte eingegangen, welche die ankommenden Daten für HTML-Formulare handhaben, auch wenn deren Einsatz kurz erläutert wird.

Ein Formular besteht aus einer Gruppe von auszufüllenden Feldern, die auf dem Bildschirm erscheinen, wenn der Anwender das fragliche HTML-Dokument lädt. Anders als andere HTML-Elemente, wie beispielsweise Überschriften und Absätze, sind Formulare so entworfen worden, daß Sie es Anwendern ermöglichen, Informationen *zurück* an den Server zu schicken, anstatt wie üblich nur Informationen zu erhalten. Wenn Sie ein Formular mit Inhalten füllen, wird es an den Server geschickt, damit es dort von spezieller Software verarbeitet werden kann. Wenn Sie kein Programmierer sind, müssen Sie sich jemanden suchen, der Ihre Formulare auf Ihrem Server für Sie zum Laufen bringt. Der serverseitige Bereich liegt jenseits der Zuständigkeit von HTML und dieses Buchs.

Ein papierenes Formular enthält einen Titel, einige gedruckte Anweisungen und verschiedene auszufüllende Kästchen. Manchmal müssen Sie Ihren Namen oder diverse Zahlen in diese Kästchen schreiben, manchmal brauchen Sie nur einen einzigen Buchstaben in einem Formularfeld anzugeben (wie „w" für weiblich), und manchmal brauchen Sie das Kästchen bloß anzukreuzen, um anzuzeigen, daß Sie jenen Eintrag ausgewählt haben. Alle diese Mechanismen sind für HTML-Formulare in Form von Feldern, Kontrollkästchen, Optionsfeldern, Auswahlmenüs usw. verfügbar.

Ein Vorteil, den Bildschirm-Formulare gegenüber ihren papierenen Pendants haben, ist der, daß sie garantiert lesbar sind, da alle Wörter per Tastatur eingegeben wurden, statt handgeschrieben zu sein.

Ein weiterer und wesentlicher Vorteil ist die Geschwindigkeit: Sobald Ihre Leser die Formulare ausgefüllt haben, können sie eine Schaltfläche betätigen, um die Formulardaten direkt an Sie bzw. Ihren Server zu senden. Alle in das Formular eingegebenen Daten werden zum Bearbeiten an Ihren Server übermittelt.

11.1.1 Ein Blick hinter die Kulissen der Verarbeitung von Formularen

Wie bereits angesprochen, muß der Server ein bestimmtes Programm starten, das alle ankommenden Benutzerinformationen verarbeiten kann, die beim Abschicken des Formulars erzeugt werden. Beispielsweise könnte der Server die ankommenden Daten in eine bestimmte Datei oder Datenbank speichern. Oder Sie richten einen automatischen Beantwortungsdienst ein, der es Ihren Kunden ermöglicht, bestimmte Funktionen auszuführen, wie beispielsweise das Buchen von Karten für ein bevorstehendes Konzert. Das Programm auf Ihrem Server könnte dann die Buchungen bestätigen, indem es Ihren Kunden einzigartige Buchungsnummern übermittelt und anschließend die Karten druckt, die ihnen dann bald per Post zugeschickt würden. Wie Sie sehen, sind viele verschiedene Stufen an Raffinesse – und Kosten – möglich.

Das folgende Diagramm zeigt ein Beispiel dafür, was hinter den Kulissen abläuft, wenn ein Anwender ein Formular vervollständigt.

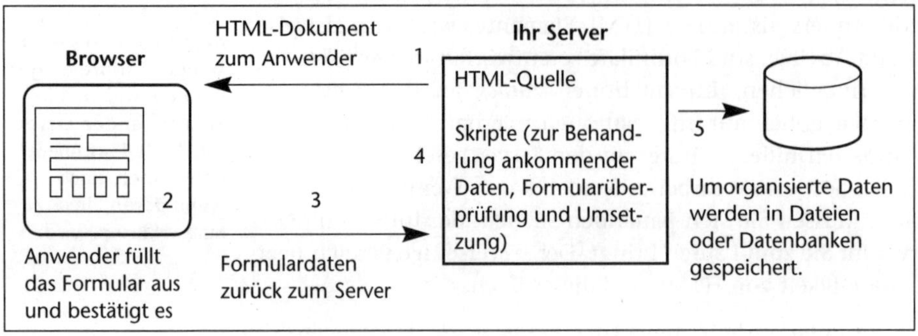

In unserem Beispiel tritt üblicherweise folgender Ablauf von Ereignissen ein, sobald die Daten gespeichert sind:

1. Es wird sofort eine Bestätigung an den Anwender zurückgeschickt, und ein Änderungsprotokoll wird aufgezeichnet.
2. Das System reserviert die Sitze, druckt und verschickt die Karten und nimmt anschließend die Adresse des Anwenders in den Postverteiler auf.

Wie an diesem alltäglichen Beispiel für ein interaktives Formular zu erkennen ist, stellt HTML im Web eigentlich bloß eine freundliche Fassade dar, hinter der sich viele Aktivitäten anderer Systeme verbergen.

11.2 Warum Informationen von Anwendern haben wollen?

Nun, HTML-Formulare gestalten Dokumente im Zusammenspiel mit Server-Skripten wirklich interaktiv: Site-Besucher können antworten. Es gibt viele Gründe, warum das wünschenswert sein könnte:

- Damit Anwender Kommentare und Feedback zu Ihren Dokumenten oder den in diesen beschriebenen Produkten loswerden können.
- Damit Anwender mehr über Ihre Produkte oder Dienstleistungen erfahren können.
- Damit potentielle Kunden praktische Fragen direkt mit Ihnen diskutieren können.
- Damit tatsächliche Kunden Produkte oder Dienstleistungen von Ihnen bestellen können.
- Damit Sie herausfinden, wer Interesse an Ihren Dokumenten, Ideen, Produkten oder Dienstleistungen bekundet.

▼ Damit Anwender in anderen Suchmaschinen nach Informationen suchen können.

11.2.1 Fortschrittliches Informations-Sharing

Das Internet wurde entwickelt, um primär für Regierungszwecke und akademische Zwecke von unterschiedlichen Rechnern aus gleichzeitigen Zugriff auf Informationen zu haben. Es gibt viele Datenbanken voller technischer Informationen in relativ schwer zugänglichen Formaten. HTML-Formulare machen es Organisationen, die über solche Datenbestände verfügen, ziemlich leicht, Web-Seiten anzuzeigen. Diese Formulare können genauso bestimmte und hilfreiche Erklärungen darüber enthalten, was überhaupt zugänglich ist, wie auch einfach zu verwendende Formulare, die es dem Anwender ermöglichen, Suchen durchführen zu lassen und dann die benötigten Informationen abzufragen.

Der Vorgang des gleichzeitigen Benutzens von Informationen einer bestehenden Datenbank ähnelt sehr dem üblichen Einsatz von HTML-Formularen. Der einzige bedeutende Unterschied besteht darin, daß Ihr Server eine Schnittstelle zur Datenbank benötigt. Auch wenn dazu einiger Programmieraufwand benötigt wird, ist es doch nicht schwer durchzuführen.

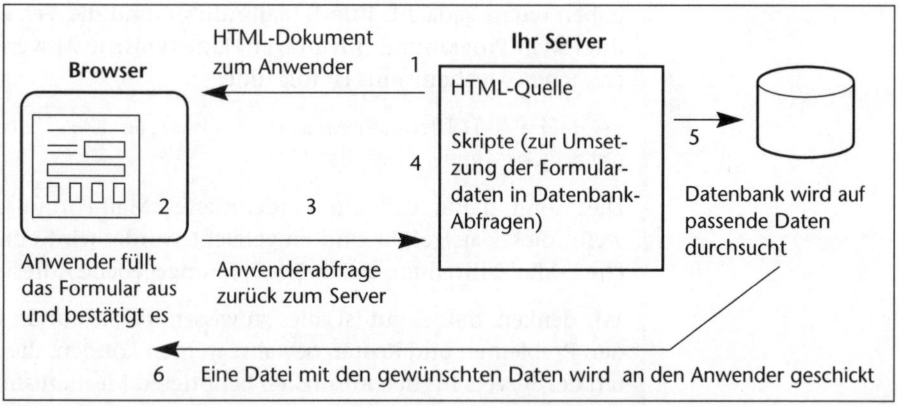

Mehrere verschiedene Behörden könnten beispielsweise Daten über Fischbestände im Atlantik bereithalten. Ein vollständiges Bild ist nur möglich, wenn viele Informationsquellen ausführlich betrachtet werden. Geeignete Abfragen der vorhandenen Datenbanken unter Verwendung von HTML-Formularen könnten für ein besseres Verständnis der Probleme sorgen und dabei helfen, internationale Abkommen zum Schutz der übriggebliebenen Fischbestände zu sichern. Natürlich müssen die verschiedenen Behörden ihre eigenen Formulare anbieten. HTML bietet einen einheitlichen und international anerkannten Mechanismus für diese Zwecke, wodurch das Ganze für jedermann leichter handhabbar werden sollte.

MAILTO: Verwendung von HTML ohne Formulare

Der Einsatz von Formularen, um mit Lesern in einen Dialog zu treten, ist ein verhältnismäßig fortschrittliches Vorgehen und es lassen sich für viele Zwecke wirkungsvolle HTML-Dokumente erzeugen, ohne jemals auf Formulare zurückzugreifen. Wir schlagen vor, daß Sie Ihre Web-Seiten ohne Formulare ansetzen und dann sorgfältig herausfinden, ob Sie tatsächlich die anspruchsvollere Interaktion benötigen, die Formulare Ihnen bieten. Wenn Sie Lesern lediglich die Möglichkeit an die Hand geben wollen, Kommentare an Sie zu senden, dann müssen nicht unbedingt Formulare dafür herhalten. Statt dessen können Sie einen der folgenden Wege einschlagen:

- Geben Sie Ihre E-Mail-Adresse an, bevorzugterweise mit einem Alias, wie beispielsweise „Webmaster“ (damit Leser Ihnen oder Ihrem Nachfolger im HTML-Erstellungs-Job unabhängig vom Dokument schreiben können).
- Verwenden Sie das Schlüsselwort „`MAILTO:`“, um die Browser von Lesern direkt mit ihren Mail-Programmen zu verbinden.

Die meisten heutigen Browser kommen mit dem den „`MAILTO:`“-Mechanismus zurecht, vorausgesetzt, deren menschliche Anwender haben daran gedacht, ihre E-Mail-Adresse und die Verzeichnispfade ihrer Mail-Programme einzutragen. Eine typische Anwendung dieses einfachen Mechanismus ist folgende:

```
<A HREF="MAILTO:peter@www.ihre-firma.de">Mail an
peter@www.ihre-firma.de</A>
```

Dies sorgt dafür, daß ein vordefiniertes Mail-Formular erscheint; wenn dieses ausgefüllt und eingereicht wurde, wird eine gewöhnliche E-Mail-Mitteilung an die per `HREF` angegebene Adresse geschickt.

Wir denken, daß es gut ist, dies zu wissen, da Sie auf diese Weise vor den Problemen und Kosten bewahrt werden können, die das Einrichten des Servers für den ansonsten benötigten Mechanismus zum Verarbeiten von Formularen mit sich brächte. E-Mail ist also kein Ersatz für ein ausgeklügeltes Formularsystem.

11.3 Das erste Formular

Wenn wir auf die Behandlung von Formularen zu sprechen kommen, erweist sich HTML als recht anspruchsvoll. Glücklicherweise können Sie dennoch ein Formular in ein oder zwei Zeilen schreiben. Kümmern Sie sich fürs erste nicht um die Details. Das angeführte Beispiel dient lediglich zur Verdeutlichung, daß sich wenige HTML-Zeilen als äußerst praktisch erweisen können. Das folgende Bruchstück teilt dem Server mit, ein

Skript namens „plz_speichern" auszuführen, sobald er die Formulardaten erhält, die in diesem Fall aus einer deutschen Postleitzahl bestehen. Es könnte beispielsweise bei einer anonymen Untersuchung seinen Wert unter Beweis stellen.

```
<FORM ACTION="plz_speichern">
  <P>Postleitzahl: <INPUT NAME="postleitzahl" SIZE="5">
  <P> <INPUT TYPE=submit>
</FORM>
```

Plz_speichern
Der HTML-Anteil dieses Beispiels wird später in diesem Kapitel vollständig erläutert. Auf dem Server befindliche Programme, wie beispielsweise „plz_speichern", sind nicht Teil von HTML.

Dieses kleine HTML-Beispiel zeigt ein Eingabefeld mit einer standardmäßig vorgegebenen Schaltfläche mit der Aufschrift „Submit Query" (=„Anfrage absenden") an:

Die meisten der weiteren Formularkonstruktionen sind nicht viel komplizierter als dieses, allerdings gibt es häufig mehrere Wege, um das erwünschte Ergebnis zu erzielen. Beispielsweise können Sie Listen oder Tabellen oder eine Ausrichtung nach dem Dezimalpunkt verwenden, um Eingabefelder spaltenweise zu formatieren: Jede Methode hat ihre Vor- und Nachteile.

11.3.1 Anspruchsvollere Formulare

Andere Konstrukte beinhalten ein Element für FILE-Attachments, Bilder auf SUBMIT- oder RESET-Schaltflächen und graphische Auswahlmenüs mittels des SELECT-Elements (unter Verwendung von SHAPE-Elementen innerhalb von OPTIONen).

Es ist zulässig, mehr als ein Formular in einem Dokument unterzubringen, obwohl dies bei Autoren und Lesern zu Verwirrung führen könnte. Allerdings dürfen Formulare, anders als Tabellen, nicht verschachtelt sein.

Dieses Kapitel führt nach und nach die verschiedenen Formularelemente anhand erprobter Beispiele nützlicher Formulararten ein. Andere Elemente (wie beispielsweise TABLE und UL- oder DL-Listen), die häufig für den Aufbau von Formularen benötigt werden, tauchen zwar in den Beispielen auf, werden aber in ihren eigenen Kapiteln erläutert. Sobald die grundlegenden Elemente erklärt sind, schließt das Kapitel mit einer Darstellung darüber ab, wie diese beim Formularentwurf kombiniert werden können, um praktikable Formulare zu erhalten, die nur noch auf fertig geschriebene Skripte warten.

11.4 Formularelemente in HTML

Über das Element FORM selbst läßt sich wenig schreiben. Der Aufbau sieht immer folgendermaßen aus:

```
<FORM ACTION = "http://meinserver.cobweb.com./formular">
  ... hier kommen die Felder ...
  ... gemischt mit allen möglichen erwünschten Inhalten für...
  ... den Textkörper und Tabellen ...
  <P> <INPUT TYPE=submit> <INPUT TYPE=reset>
</FORM>
```

Das Formular-Tag selbst kann um das HTTP-Attribut METHOD (=post oder =get) ergänzt werden, um dem Browser mitzuteilen, welche HTTP-Methode der Server unterstützt. get ist dabei der Standard. Zum Beispiel:

```
<FORM METHOD=post ACTION="http://www.acme.co.uk/formulare/
anmeldung">
```

Das Attribut ACTION teilt dem Browser, wie oben dargestellt, mit, an welche Adresse das Formular geschickt werden soll. Die standardmäßige Vorgabe ist der URL des Dokuments selbst, was üblicherweise nicht erwünscht ist.

Das Attribut ENCTYPE teilt dem Browser mit, welcher MIME-Inhaltstyp zum Kodieren von Formulardaten verwendet werden soll. Der Standard, den Sie hoffentlich niemals ändern müssen, ist „application/x-www-form-urlencoded“.

Das Attribut SCRIPT ermöglicht das Einfügen eines URL für ein Skript, das der Browser sich zum Interpretieren abholen kann. Skripte werden in Kapitel 16 eingeführt.

Im weiteren Verlauf dieses Abschnitts werden die Formularelemente eines nach dem anderen vorgeführt.

11.4.1 Einfache Textfelder

Das allgemeinste Formularelement ist INPUT. Der einfachste Einsatzzweck ist ein einfaches Textfeld. Wie auch die anderen Formularelemente ist es nur innerhalb der FORM-Tags zugelassen. Da Text der standardmäßige Typ ist, braucht nur die Bezeichnung und die Größe für das Feld angegeben zu werden. Beachten Sie dabei die übliche Anordnung des Textfeldes:

```
<H3> Füllen Sie bitte folgendes Feld für Ihre Anfrage aus:
</H3>
<P> Nachname : <INPUT NAME="Nachname" SIZE="20">
```

Dabei handelt es sich um die einfachste Art der Anordnung, nämlich direkt neben dem Eingabezeichen des Feldes (:) links ausgerichtet. Das ist nicht gerade ideal, wenn mehrere Felder zu beachten sind.

Sobald der Anwender das Formular geschickt hat (er betätigt die „Submit“-Schaltfläche – siehe dazu den später folgenden Abschnitt), liefert der Browser die Bezeichnung jedes Feldes mit dessen aktuellem Eingabewert an den Server.

Ein Punkt, der beim Entwurf von Formularen beachtet werden muß, ist die wahrscheinliche Breite des Browserfensters. Es ist nett, zusammengehörige Felder in einer Reihe zu gruppieren (beispielsweise Nachname, Initialen, Anrede usw.), aber Sie müssen bedenken, daß Anwender diese nicht notwendigerweise genauso zu sehen bekommen.

Textfeldern (wie auch Bereichsfeldern und verborgenen Feldern) können Vorgabewerte zugeordnet werden:

```
<INPUT NAME="Nachname" SIZE="20" VALUE="Ihr Nachname">
```

Diese erscheinen in dem Feld, wenn es zum ersten Mal dargestellt oder die „Reset“-Schaltfläche angeklickt wird – siehe weiter unten. Zwei weitere Attribute sind für die meisten Einsatzzwecke von Text- und Paßwortfeldern notwendig:

`SIZE`	Bei nicht proportionalen Schriften (der Standard) die Anzahl anzuzeigender Zeichen. Bei proportionalen Schriften die Anzahl der im Feld sichtbaren en-Einheiten (als halbe Breite des breitesten Zeichens der Schrift definiert).
`MAXLENGTH`	Die maximale Anzahl zulässiger Zeichen.

11.4.2 Allgemeine Attribute für FORM-Elemente

Sie können jedes `INPUT`- und `TEXT`-Element mit verschiedenen allgemeinen Attributen ergänzen. Sie werden im folgenden aufgelistet:

`ID`	Eindeutiger Identifikator in diesem Dokument. Er ermöglicht es Hyperlinks, auf dieses Feld zu verweisen, indem der Identifikator als Referenz angegeben wird (dieser Vorgang ist in Kapitel 7 beschrieben)
`LANG`	Identifikator für die Sprache
`CLASS`	Um dem Element ein Format zuzuweisen
`TYPE`	`TEXT` (der Standard); andere Typen wären `RADIO`, `CHECKBOX`, `PASSWORD` usw.
`NAME`	Feldbezeichnung, wird beim Einreichen zusammen mit dem eingegebenen Wert zurückgeliefert
`VALUE`	Anfangswert für das Feld

11.4.3 Mehrzeilige Textfelder

Mehrzeiliger Text wurde früher mit TEXT behandelt, aber damit ist die Eingabe unbeabsichtigt auf 1024 Zeichen beschränkt. Der Einsatz von TEXTAREA hilft über diese Hürde hinweg, damit Sie mehrzeilige Felder so groß machen können, wie Sie wollen. Natürlich heißt das auch, daß Ihr Server, sollte er mit Antworten bombardiert werden, mehrere Megabytes freien Speicherplatz bereithalten sollte. Die Syntax ist erfreulich direkt:

```
<TEXTAREA NAME="Ersuchen" ROWS=2 COLS=64>
   Bitte überschreiben Sie dies mit Ihrem Ersuchen.
</TEXTAREA>
```

Die HTML-Zeilen können folgendermaßen interpretiert werden:

Erzeuge einen formatfreien Bereich für Texteingaben namens „Ersuchen" mit einem auf dem Browser dargestellten Sichtfenster von 2 Zeilen á 64 Zeichen. Besetze den Textbereich mit den Worten: „Bitte überschreiben Sie dies mit Ihrem Ersuchen."

Bei diesem Beispiel ist es wichtig, zu verstehen, daß der Eingabetext nicht auf 2 × 64 Zeichen begrenzt ist. Wenn der Anwender nicht aufhört zu tippen, rollt der Text einfach aus dem sichtbaren Bereich heraus. Die angegebenen Zeilen und Spalten definieren lediglich das Sichtfenster auf den Textbereich: Als Auswirkung haben Sie einen Einblick durch ein kleines Fenster in einen sehr viel größeren „Raum", der soviel Text enthalten kann, wie Sie wollen.

Das Ergebnis ist ein formatfreies Eingabefeld wie dieses:

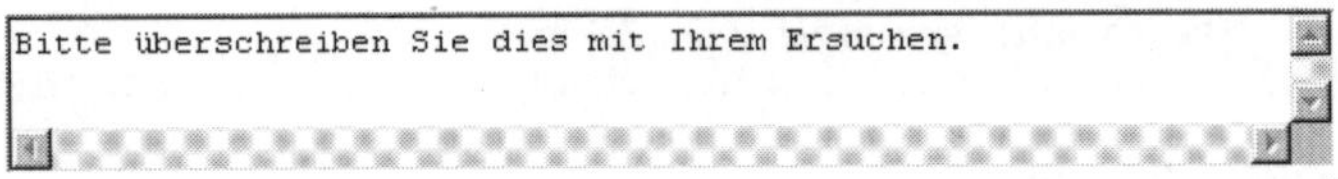

Hier ist zu sehen, daß der Text innerhalb der TEXTAREA-Tags verwendet wird, um das Feld zu initialisieren (vergleichbar dem Attribut VALUE in der Anweisung INPUT TYPE=TEXT). Die Rollbalken verdeutlichen, daß der Text über die engen Grenzen des sichtbaren Bereichs hinausgehen kann.

Der Einfachheit halber wird in Eingabebereichen üblicherweise eine nicht proportionale Schrift, wie beispielsweise Courier, verwendet. Aber eigentlich können Browser auch mit Proportionalschriften, wie beispielsweise Times oder Arial, umgehen, solange diese den Text vernünftig umbrechen. Natürlich ergibt die als Anzahl von Zeichen angegebene Breite bei Proportionalschriften keinen eindeutigen Sinn.

Die Bedeutung der per „COLS=64" deklarierten Größe hängt daher von der verwendeten Schriftart ab:

- **Schrift mit fester Zeichenbreite:**
  deklarierte Spaltenanzahl = **Breite in Zeichen**
- **Proportionalschrift:**
  deklarierte Spaltenanzahl = **Breite in en-Einheiten**

Wie im vorangehenden Beispiel gezeigt, werden horizontale und vertikale Rollbalken üblicherweise auf Computern unterstützt, die mit einer Fensterumgebung arbeiten. Textbasierte Browser können das Durchlaufen des Texts mittels der Cursortasten ermöglichen.

Wie bei INPUT-Elementen sollten Sie auch hier immer das Attribut NAME einbinden. Die allgemeinen Attribute haben ihre üblichen Auswirkungen.

Hier nun ein Beispiel für ein Formular aus dem Web, das im wesentlichen aus einem mehrzeiligen Textbereich besteht:

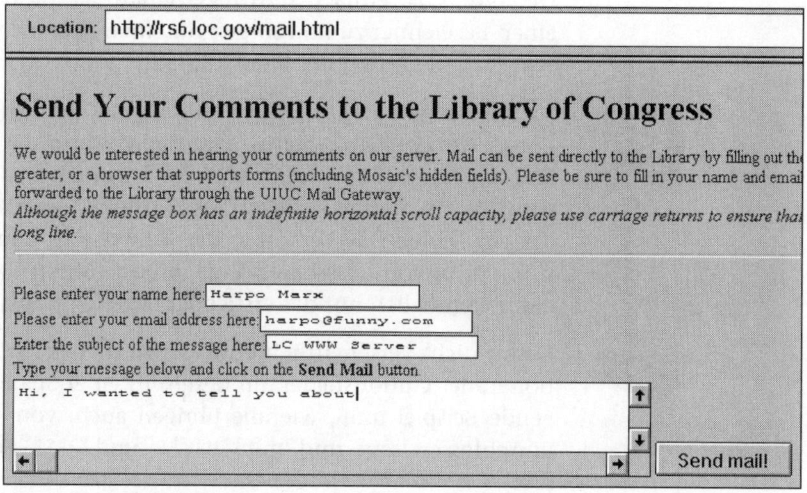

Die Struktur ist so einfach zu erraten, daß wir die zugrundeliegenden HTML-Zeilen nicht aufführen werden. Beachten Sie, daß bei diesem Beispiel nicht versucht wurde, die Felder auszurichten und daß deswegen die Eingabezeichen für die Felder und die Anweisungen für den Textbereich visuell ineinander überzugehen scheinen, statt als getrennte Elemente zu erscheinen. Weiterhin ist die Plazierung der „Submit"-Schaltfläche, in diesem Fall „Send Mail" benannt, auf der rechten Seite unüblich, und die „Reset"-Schaltfläche (die gedrückt wird, wenn keine Meldung abgeschickt werden soll) ist gänzlich weggelassen worden. Wir kommen später in diesem Kapitel auf die wirkungsvolle Gestaltung von Formularen zu sprechen.

11.4.4 Optionsfelder

Unter HTML erhalten Sie Optionsfelder (*engl.= Radio Buttons*), indem Sie ein INPUT-Feld mit TYPE=RADIO deklarieren. Sowohl NAME als auch VALUE sind vorgeschriebene Attribute.

Optionsfelder stellen die Ausnahme zu der Regel dar, daß Eingabefelder über eindeutige Bezeichner verfügen müssen, um deren Inhalt auszuweisen. Denn dem Browser teilen Sie die Zusammengehörigkeit dieser Optionsfelder mit, indem Sie diesen dieselbe Bezeichnung zuordnen. Das Verhalten der Optionsfelder ähnelt dem der mechanischen Knöpfe an einem alten Radio: Wenn einer eingedrückt wird, springt der zuvor eingedrückte wieder hervor. Eine Reihe von Optionsfeldern in einem Formular liefert also nur einen Wert: den des angewählten Optionsfeldes. Sie werden erleichtert sein, zu hören, daß nur die Daten des ausgewählten Optionsfeldes an den Server übermittelt werden.

Die Syntax ist einfach und regelgemäß. Sie ordnen jedem Optionsfeld einen Bezeichner zu und sorgen für einen neben dem Feld erscheinenden Text, den die Anwender lesen können.

Sie **müssen genau ein** Optionsfeld als markiert (*eng.=checked*) definieren. Dieses wird im „An"-Status dargestellt, wenn das Formular zum ersten Mal angezeigt wird (und wenn das Formular per „Reset" zurückgesetzt wird). Wenn Sie mehr als ein Optionsfeld oder gar keines markieren, ist das ein Fehler. Das Verhalten des Browsers ist dann nicht definiert und kann zu unvorhersehbaren Ergebnissen führen. Beispielsweise läßt sich dann womöglich nur das erste oder letzte Optionsfeld markieren.

Damit nicht versehentlich etwas wesentliches fehlt, werden die Deklarationen der Optionsfelder am besten in einer Spalte eingerichtet (das folgende Beispiel muß, wie alle übrigen auch, von <FORM>...</FORM>-Tags umschlossen sein und mit SUBMIT- und RESET-Schaltflächen versehen sein):

```
<P><B>Welche Bohne bevorzugen Sie?</B><P>
<INPUT TYPE=radio NAME=kaffee VALUE="Java">Old Brown Java
<INPUT TYPE=radio NAME=kaffee VALUE="Liberia">Liberiakaffee
<INPUT TYPE=radio NAME=kaffee VALUE="Mokka" CHECKED>Mokka
<INPUT TYPE=radio NAME=kaffee VALUE="Arabica">Coffea arabica
<INPUT TYPE=radio NAME=kaffee VALUE="Nica">Nicaragua Hochland<P>
```

Diese Einstellungen ergeben folgende wunderschöne Reihe mit Optionsfeldern:

Beachten Sie, daß das Attribut `CHECKED` für den von uns bevorzugten Mokkakaffee vergeben wurde: Wir bieten ihn als Voreinstellung an, also beim Erstaufruf und beim Betätigen der „Reset"-Schaltfläche. Um es noch einmal zu wiederholen: Sie müssen genau ein Optionsfeld als markiert vorgeben.

11.4.5 Kontrollkästchen

Kontrollkästchen (*eng.=checkboxes*) sind vielseitiger als Optionsfelder, da von diesen beliebig viele gleichzeitig markiert sein können. Wenn es also Sinn ergibt, zwei oder mehr Elemente zu markieren, sind Kontrollkästchen, nicht Optionsfelder die Elemente Ihrer Wahl. Alternativ dazu kann auch ein `SELECT`-Menü für eine mehrfache Auswahlmöglichkeit verwendet werden. Jedes Kontrollkästchen kann in zwei Zuständen vorkommen: markiert oder nicht markiert. Die meisten Browser verwenden ein X, um anzuzeigen, daß ein Kontrollkästchen markiert ist.

11.4.6 Kontrollkästchen für getrennte Einträge

Die Syntax ist nahezu identisch mit der für Optionsfelder:

```
<P><B>Wählen Sie Ihr Frühstück aus:</B>
<P>
<INPUT TYPE=checkbox NAME="schinken" CHECKED >Schinken
<INPUT TYPE=checkbox NAME="eier" CHECKED >Eier
<INPUT TYPE=checkbox NAME="pilze" >Pilze
<INPUT TYPE=checkbox NAME="toast" >Toast
<INPUT TYPE=checkbox NAME="saft" >Saft
<INPUT TYPE=checkbox NAME="müsli" >
```

Fehler können vermieden werden, indem die Auswahlmöglichkeiten in eine Linie gebracht werden

Ihr Browser wird das obenstehende etwa wie folgt darstellen:

Dem Anwender steht es dann frei, beliebig viele oder keines der Kästchen zu markieren.

Ein wesentlicher Unterschied zwischen Optionsfeldern und Kontrollkästchen läßt sich beim genauen Betrachten der Beispiele erkennen. Bei dem Beispiel für Kontrollkästchen können Sie so viele Kästchen markieren, wie Sie wollen. Im dargestellten Fall haben wir vorausgesetzt, daß jeder Schinken und Eier zum Frühstück haben möchte. Im Beispiel mit den Optionsfeldern haben wir dem Anwender die Gelegenheit gegeben, sich eine Kaffeesorte auszusuchen. Es ist nur möglich, genau eine Auswahl zu treffen.

11.4.7 Kontrollkästchen für Variationen zu einem Thema

Im vorangehenden Beispiel hat jedes Kontrollkästchen einen eigenen Bezeichner, so daß das Frühstücksmenü aus getrennten Einträgen besteht. Ein anderes Einsatzgebiet von Kontrollkästchen sind die Variationen zu einem einzigen Thema. Sie könnten Ihren Kunden beispielsweise eine große Auswahl an Eissorten anbieten, statt nur einer einzigen. Die Leute könnten je eine Portion von jeder Sorte bekommen.

Ihre Eis-Kontrollkästchen würden wie folgt deklariert werden:

```
<FORM>
<H4>Bitte wählen Sie die gewünschten Portionen dieses frisch
zubereiteten Eises aus:</H4>
  <INPUT TYPE=checkbox NAME="eis" VALUE="Vanille"
                                              CHECKED>Vanille
  <INPUT TYPE=checkbox NAME="eis" VALUE="Straciatella"
                                              CHECKED>Straciatella
  <INPUT TYPE=checkbox NAME="eis" VALUE="Pistazie"
                                                     >Pistazie
  <INPUT TYPE=checkbox NAME="eis" VALUE="Walnuß"     >Walnuß
  <INPUT TYPE=checkbox NAME="eis" VALUE="Sahne-Kirsch"
                                              CHECKED>Sahne-Kirsch
  <P><INPUT TYPE=submit>  <INPUT TYPE=reset>
</FORM>
```

Als Ergebnis erscheint etwa folgende Darstellung:

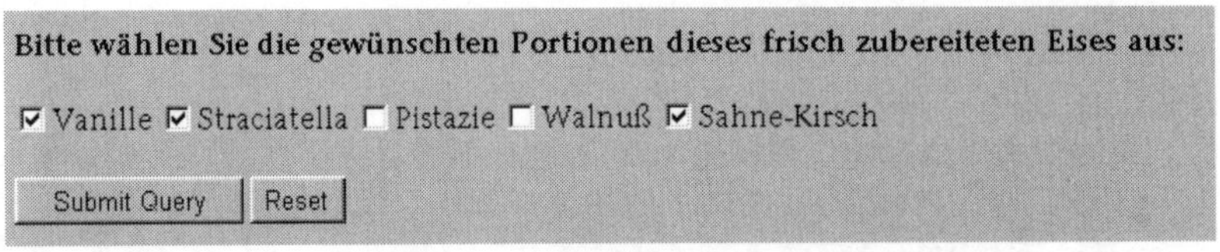

Wie Sie sehen, sind bereits drei Portionen ausgewählt, um Ihre Kunden zum Kauf anzuregen. Die Kunden können diese Markierungen auch entfernen und nur eine Portion auswählen, wenn sie das möchten.

Die „Submit"-Schaltfläche schickt nur die Bezeichnungen und Werte der markierten Kästchen an den Server (wie bei Optionsfeldern), wohingegen die „Reset"-Schaltfläche die Kontrollkästchen erwartungsgemäß auf ihre Anfangswerte zurücksetzt – in diesem Fall also auf den in der Abbildung zu sehenden Status.

Die Eis-Anforderung enthält für jedes beim Anklicken der „Submit"-Schaltfläche markierte Kästchen die Bezeichnung des Eingabefeldes („Eis") zusammen mit der Bezeichnung der Eissorte. Die zurückgesendeten Daten sehen also beispielsweise folgendermaßen aus:

```
"Eis=Vanille+Eis=Stracciatella+Eis=Sahne-Kirsch".
```

Ein Programm auf dem Server trennt diese Angabe nun wieder in ihre Bestandteile auf, damit die Bestellung bearbeitet werden kann.

11.4.8 Menüs (Einfach- und Mehrfach-Auswahl)

Menüs bieten eine bevorzugte Alternative zu Eingabefeldern, wenn potentielle Auswahlmöglichkeiten im voraus bekannt sind. Sie verbrauchen weniger Platz auf dem Bildschirm als Optionsfelder (für einfache Auswahlmöglichkeiten) und Kontrollkästchen (für mehrfache Auswahlmöglichkeiten), so daß sie insbesondere für Fälle geeignet sind, in denen eine Vielzahl von Daten per Formular erfaßt werden soll.

11.4.9 Textmenüs

Die grundlegende Syntax besteht aus einem Element `SELECT`, das mehrere Elemente `OPTION` enthält:

```
<P><B>Bitte wählen Sie Ihre Lieblingsmusik:</B><P>
<SELECT MULTIPLE NAME="musik">
  <OPTION SELECTED>Jazz
  <OPTION>Rock
  <OPTION>Blues
  <OPTION>Folk
  <OPTION>Gamelan
</SELECT>
```

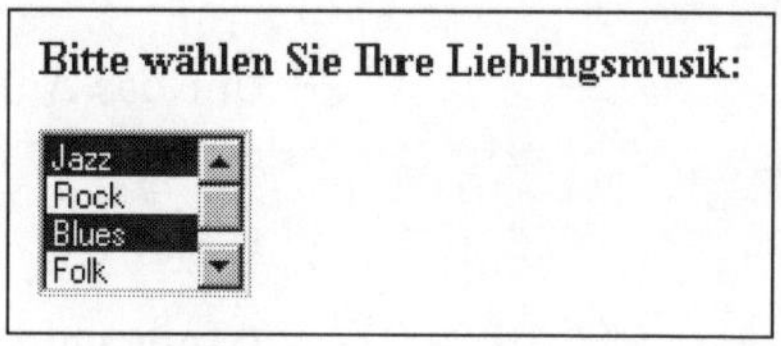

Das Beispiel zeigt drei gleichzeitig vom Anwender ausgewählte Optionen. Wenn die Angabe `MULTIPLE` im Element `SELECT` weggelassen wird, kann nur eine einzige Option ausgewählt werden. Das Menü simuliert also das Verhalten von Optionsfeldern. Einzelne Optionen können per `SELECTED` als ausgewählt markiert werden. Es ist offensichtlich, daß nur eine Option mit `SELECTED` markiert sein darf, wenn Sie ein Menü zur Einfach-Auswahl angegeben haben.

Beim Anklicken der „Submit"-Schaltfläche wird die Bezeichnung („musik") zusammen mit *jeder* ausgewählten Option an den Server zurückgeschickt.

11.4.10 Dateien anhängen

Der Mechanismus zum Anhängen von Dateien ermöglicht es Anwendern, Dateien als Anlage zu einem Formular einzureichen. Zum Beispiel:

```
<INPUT TYPE=file>
```

Grafische Browser verwenden üblicherweise ein Feld, begleitet von einer Schaltfläche, die den Dateidialog aufruft, um den Anwender seine Verzeichnisse durchsuchen zu lassen:

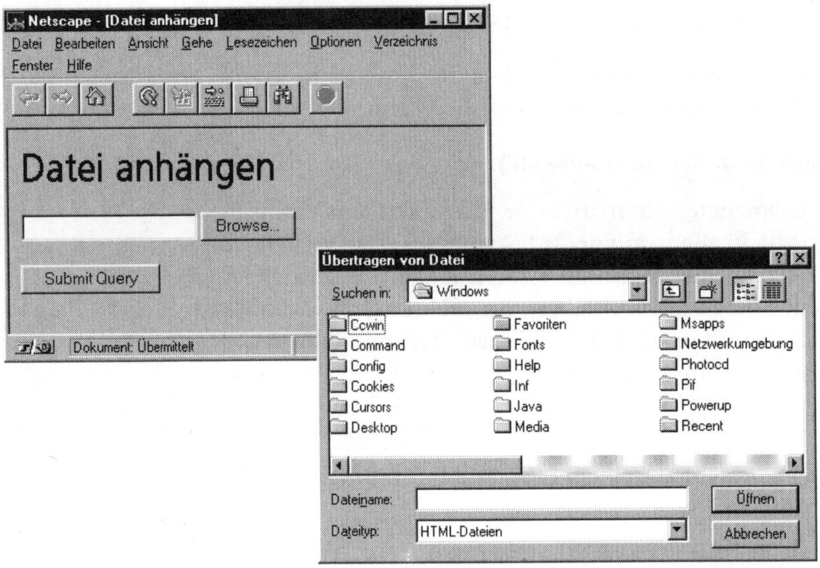

Um das Anhängen einer Datei zu ermöglichen, muß auch das Attribut ENCTYPE im FORM-Tag plaziert werden:

```
<FORM ENCTYPE="multipart/form-data"...>
```

Damit wird der Browser darauf vorbereitet, sowohl Daten in Form von Dateien als auch Dateien in der üblichen Codierung zu übertragen.

11.4.11 Die „Submit"-Schaltfläche

Die zugrundeliegende Struktur für die „Submit"-Schaltfläche sieht folgendermaßen aus:

```
<INPUT TYPE=submit>
```

Der vorgegebene Schaltflächentext hängt vom Browser ab. Netscape verwendet folgende typische Bezeichnung:

Es gibt folgende Möglichkeiten, mit denen Sie für Abwechslung sorgen können:

- `VALUE`, um den vorgegebenen Bezeichner zu ändern

  ```
  <INPUT VALUE="Anfrage jetzt einreichen" TYPE=submit>
  ```

  Hin und wieder kann sich das als nützlich erweisen, aber meistens führt das nur zu Konfusion.

- `NAME`, um festzustellen, welche „Submit"-Schaltfläche angeklickt wurde

  ```
  <INPUT NAME="unverbindlich" VALUE="Unverbindliche
                                   Nachfrage" TYPE=submit>
  <INPUT NAME="dringend" VALUE="Bestellung" TYPE=submit>
  ```

  Damit sähe das Postleitzahlenbeispiel folgendermaßen aus:

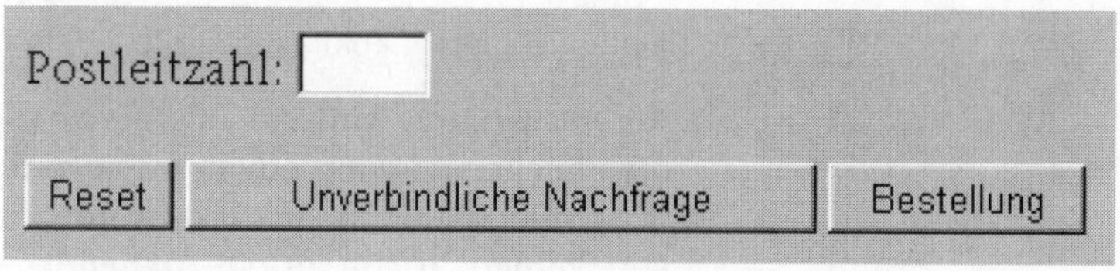

  Dieses Beispiel legt einen Zusammenhang nahe, in dem Sie versucht sein *könnten*, mehr als eine „Submit"-Schaltfläche anzubieten. Im allgemeinen sollte es genau eine geben – der Anwender reicht die Daten ein, oder er tut es nicht, und die serverseitigen Skripte (zum Verarbeiten der zurückgeschickten Daten) sind so einfach gehalten wie möglich. Das Setzen von Schwerpunkten ist bekanntlich verzwickt, aber zu guter Letzt können sich die Leute in Fällen, in denen sie sich entscheiden müssen, ob sie Geld ausgeben wollen oder nicht, üblicherweise durchringen und die rechte Schaltfläche drücken.

  Es liegt nun am Server, mit den per „Submit"-Schaltfläche zurückgelieferten Bezeichnungen und Werten etwas Vernünftiges anzufangen.

- `SRC`, um eine „Submit"-Schaltfläche mit einem Bild zu versehen

  ```
  <INPUT SRC="start.gif" ALIGN=left TYPE=submit>
  ```

  Das angegebene Bild wird anstelle des standardmäßigen Textes verwendet. `ALIGN` hat seine übliche Bedeutung (wie bei `IMG` und `TABLE`). Mit `ALIGN=left` wird das Bild beispielsweise am linken Rand ausgerichtet, und dessen rechte Seite kann von Text umgeben sein.

  Wenn Sie eine bebilderte „Submit"-Schaltfläche benutzen wollen, suchen Sie sich etwas Aussagekräftiges aus. Zum Beispiel die Taufe eines Kreuzfahrtschiffs mit einer am Bug zerschellenden Champagnerflasche, den Start einer Ariane-Rakete oder einen in den Blöcken auf den Startschuß wartenden Läufer.

▼ `TYPE=image` und `SRC=bild_url`, um den Aufenthaltsort eines übermittelten Bildes zu übergeben

Dieses etwas bizarre Überbleibsel aus HTML 2.0 besteht aus einem Bild, das sich wie eine „Submit"-Schaltfläche verhält, obwohl der Typ nicht `submit` ist. An den Server werden die x- und y-Koordinaten der angeklickten Stelle, (gemessen von der oberen, linken Bildecke) übermittelt. Das Attribut `NAME` bestimmt wie üblich das für die Eingabe verantwortliche Feld. Das Attribut `VALUE` kann für Text-Browser zum Einsatz kommen (ähnlich dem Attribut `ALT` bei `IMG`-Elementen) und wird von grafikfähigen Browsern ignoriert. Netscape verwendet das Attribut `NAME` für diesen Zweck. Ein Attribut `ALIGN` funktioniert genauso wie für „Submit"-Schaltflächen. Ein Beispiel:

```
<INPUT TYPE=image NAME="b" SRC="vogel.gif"
 VALUE="anklickbares Bild">
```

Als Auswirkung wird das Bild als anklickbare Schaltfläche angezeigt, die üblicherweise mit einem farbigen Rahmen versehen ist. Wenn der Anwender diese nun anklickt, werden die Daten der x- und y-Position URL-kodiert (siehe unten stehendes Beispiel) in folgender Form zurückgesendet:

```
?name.x=x_Wert&name.y=y_Wert
```

Zum Beispiel:

```
?b.x=23&b.y=114
```

Der Server kann diese Daten verwenden, um – in diesem Beispiel – festzustellen, daß der Schwanz des Vogels angeklickt wurde und kann entsprechende Informationen anbieten.

▼ `TYPE=button`

Zu guter Letzt gibt es noch den Typ `BUTTON` für den Einsatz in Skripten, wie beispielsweise Java Script. Programmierer können Skripte erstellen, die auf Klicks reagieren, indem sie das eingebaute Ereignis onClick verwenden, um beispielsweise eine Konsistenzprüfung durchzuführen oder um abhängige Felder auszufüllen (z.B.: „Geschlecht" muß männlich sein, wenn „Anrede=Herr" ist).

11.4.12 Die „Reset"-Schaltfläche

Die grundlegende Struktur der „Reset"-Schaltfläche sieht folgendermaßen aus:

```
<INPUT TYPE=reset>
```

Die Aufgabe der Schaltfläche ist es, alle Formularfelder auf ihre Anfangswerte zurückzusetzen (was bedeuten kann, daß sie hinterher leer sind).

Es verfügt über genau dieselben Variationen mit `VALUE` und `SRC` wie die „Submit"-Schaltfläche. Es gibt sicherlich keinen Grund, mehr als eine „Reset"-Schaltfläche in einem Formular anzuzeigen. Wir legen es Ihnen nicht nahe, die standardmäßige Erscheinungsweise der „Reset"-Schaltfläche zu verändern, sofern nicht ein triftiger Grund dafür vorhanden ist wie z.B. die deutsche Sprache. Ein den standardmäßigen „Submit"- und „Reset"-Schaltflächen eigener Vorteil besteht darin, daß für sie keine Bildübertragungen zwischen dem Server und dem Client stattfinden. Außerdem besitzen sie in ihrer vorgegebenen Form einen hohen Wiedererkennungsgrad.

11.4.13 Verborgene Felder

Wenn Sie irgendwelche Statusinformationen zusammen mit den Formulardaten erhalten müssen, beispielsweise einen Identifikator für die Transaktion, ist ein verborgenes Feld genau das richtige. HTTP-Server merken sich solche Informationen in der Regel nicht, da dafür eine Menge Bearbeitungsaufwand geleistet werden müßte und sich für alle Anwender die Antworten des Servers verzögerten.

Der Anwender sieht nichts Besonderes, aber die Inhalte verborgener Felder werden zusammen mit den übrigen Formulardaten übermittelt. Es liegt am Server, etwas Vernünftiges mit den Informationen anzustellen – und natürlich auch, sicherzustellen, daß sich anfangs etwas Vernünftiges im Feld befindet. Wenn Sie irgendwelche besonderen Anforderungen haben, müssen Sie diese mit Ihrem Server-Provider besprechen.

```
<INPUT TYPE=hidden NAME=transakt VALUE="501">
```

11.4.14 Paßwort-Felder

Sie können Anwender mit einem Formular nach einem Paßwort fragen:

```
<P>Ihr Paßwort : <INPUT TYPE=password NAME=pwd>
```

Damit wird folgendes Eingabefeld erzeugt:

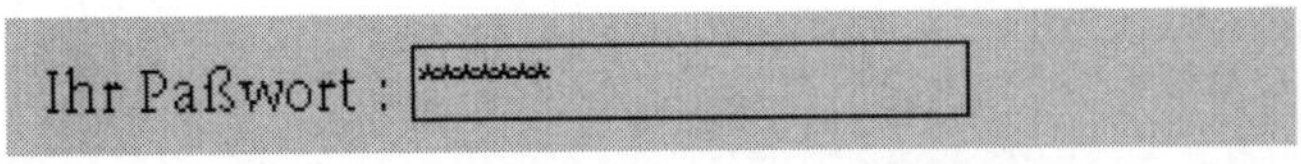

Der Typ `password` verhält sich genauso wie eine einzeilige Texteingabe, außer daß auf dem Bildschirm Sterne anstelle der eingegebenen Zeichen für das Paßwort angezeigt werden. Die derzeit bestehenden HTTP-Verbindungen übermitteln diese Daten in Klartext! Die Paßwörter der Anwender sind also keineswegs gegen sogenannte Sniffer-Programme geschützt. In dieser Hinsicht wird beispielsweise bei Secure HTTP einiges getan werden.

11.5 Formulare übermitteln

Der Anwender füllt Ihr elegantes Meisterwerk aus und klickt die „Submit"-Schaltfläche an. Dadurch werden sämtliche Eingaben mittels der im Attribut `METHOD` angegebenen Methode an den URL geschickt, der durch das Attribut `ACTION` festgelegt wurde. Die beiden möglichen Methoden sind `get` und `post`. `get` hängt die zurückzuliefernden Daten einfach an den URL an, während `post` die Daten separat sendet.

```
<!--Aufruf eines selbst geschriebenen Programms-->
<FORM ACTION="http://www.mammon.de/programme/plz_speichern"
METHOD=post>
```

Das heißt nichts anderes, als daß das Programm `plz_speichern` auf Ihrem Server die separat geschickten, kodierten Formulardaten zu verarbeiten hat. Hierfür müssen Sie HTTP einsetzen.

Wenn Sie keinen Empfänger per `ACTION=...` angeben, sendet HTML die Daten einfach an den Dokumenten-URL, der in der Regel nicht die gewünschte Adresse ist. Wie mit den zurückgesandten Daten zu verfahren ist, müssen Sie mit Ihrem Server-Provider aushandeln (vorzugsweise bevor Sie mit dem Entwerfen der Formulare beginnen); es ist ziemlich wahrscheinlich, daß er über Standardsoftware verfügt, die diesen Job erledigt. Naheliegend ist es, die anfallenden Daten in eine Datei zu packen, die Sie per FTP erhalten, oder die Ihnen wer weiß wie oft zugeschickt wird.

Es ist nicht Aufgabe dieses Buches, zu beschreiben, wie ein Server vollständig zur Behandlung von Formularen eingerichtet wird. Ein recht aktuelles Buch, das diese Thematik gut und verständlich behandelt, ist

Spinning the Web: How to Provide Information on the Internet von Andrew Ford, erschienen bei International Thomson Publishing, 1996. Fords Beschreibung des Vorgehens bei der Behandlung von Formulardaten fällt notwendigerweise etwas technischer aus als die meisten unserer Erläuterungen und erfordert zudem einige Vertrautheit sowohl mit dem Programmieren als auch mit dem Betriebssystem UNIX.

11.6 Formulardesign

11.6.1 Grundlagen des Designs

Es ist schon eine Menge zum Thema Formulardesign geschrieben worden; nicht nur in bezug auf Benutzerschnittstellen, insbesondere mit der Anbindung an Datenbanken, sondern auch vom Berufsbeamtentum in aller Welt. Wir wollen den Papierberg zu diesem Thema nicht unnütz erhöhen. Deswegen nur einige nützliche Grundlagen, die zu merken sich lohnen:

- Regelmäßig gestaltete Formulare sind leichter verständlich und werden eher vervollständigt.
- Formatierungen in einer einzigen Spalte sind leicht durchzuführen und zudem wirkungsvoll.
- Eingabezeichen lassen sich leicht ausrichten, wenn sie alle auf „:" oder ein anderes gemeinsames Zeichen enden.
- Zusammengehörige Felder (z.B. Anrede, Vorname und Nachname) sollten zusammen gruppiert sein, beispielsweise in einer Zeile.
- Trennlinien (<HR>, Tabellenrahmen) und Hintergrundfarben können zusammengehörige Felder optisch gruppieren.

11.6.2 Gestaltungsfreiheit

HTML ermöglicht Ihnen die freie Wahl bei der Formulargestaltung, indem Sie jedes beliebige in diesem Buch behandelte Element zum Hervorheben von Inhalten verwenden können. Der folgende Abschnitt geht darauf ein, wie Listen und Tabellen eingesetzt werden können, um Formulare zu organisieren. Sie könnten andere Wege einschlagen: Zum Beispiel lassen sich Formulare innerhalb von <PRE>...</PRE>-Tags sehr leicht mit Leerzeichen und Zeilenumbrüchen gestalten. Der Preis, der dafür zu zahlen ist, ist der, daß Formulare innerhalb von PRE-Tags nur in einer Schrift mit gleicher Zeichenbreite dargestellt werden, nicht in einer der üblicheren und attraktiveren Proportionalschriften.

11.6.3 Plattformunabhängigkeit

Üblicherweise geben andere Formularsprachen eine bestimmte Sprache vor, die für den Einsatz auf einer Computerplattform gedacht ist, die mit einem einzigen Hilfsprogramm, wie beispielsweise einer Datenbank, daherkommt. Im Gegensatz dazu ist HTML plattformunabhängig. Es ist vollständig portierbar, seine Browser und Server sind für eine Vielzahl von Rechnern und Betriebssystemen verfügbar, und es läßt sich bereitwillig mit jeder beliebigen Datenbank oder jedem beliebigen Hilfsprogramm verbinden.

Diese „Plattformunabhängigkeit" ist eine sehr wünschenswerte Eigenschaft. Wenn Sie Ihre Formulare für einen auf einem PC laufenden Microsoft Windows NT-Server entwickeln, können Sie auf einen schnellen UNIX-Boliden überwechseln, ohne Ihre HTML-Dateien ändern zu müssen. Natürlich müssen Sie diejenigen Skripte anpassen, die vom Betriebssystem abhängig sind.

Entsprechend können sich Besucher Ihre Formulare mit Browsern auf UNIX Workstations, Apple Macintoshes, PCs oder sogar auf herkömmlichen textbasierten ASCII-Terminals ansehen. Vorausgesetzt, ihre Browser interpretieren den HTML-Text korrekt, ist das genaue Erscheinungsbild auf ihren Bildschirmen nicht so entscheidend. Sie können Ihre Formulare ausfüllen und sie übermitteln, als ob sie alle identische Rechner verwendeten.

11.6.4 Einspaltige Formulare

Viele einfache Formularanwendungen können genauso gut unter Verwendung einer einzelnen Spalte von Eingabeelementen (wie Textfelder, Optionsfelder usw.) gehandhabt werden. Es gibt mindestens drei Möglichkeiten, zu passabel aussehenden, einspaltigen Formularen zu gelangen:

- Mit der Verwendung von Listen
- Mit einer Tabelle, in der Feldbezeichnungen rechtsbündig und Felder linksbündig ausgerichtet werden
- Mit einer einzelnen Tabellenzelle, in der eine dezimale Ausrichtung erfolgt, um alle Eingabezeichen zu zentrieren

Wir werden jede dieser Herangehensweisen der Reihe nach vorführen.

11.6.5 Listen

Sowohl einfache Listen (`<UL PLAIN>`) als auch Definitionslisten (`<DL>`) bieten Möglichkeiten zum Anordnen von Eingabefeldern. Hier nun ein einfaches Beispiel für Definitionslisten:

```
<FORM>
   <DL>
     <DT>Initialen:     <DD><INPUT NAME="initialen"     SIZE="5" >
     <DT>Nachname:      <DD><INPUT NAME="nachname"      SIZE="20">
     <DT>Postleitzahl: <DD><INPUT NAME="postleitzahl" SIZE="5" >
   </DL>
     <INPUT TYPE=reset> <INPUT TYPE=submit>
</FORM>
```

In einem üblichen Browser würde das Ergebnis (ohne die „Reset"- und „Submit"-Schaltflächen) folgendermaßen aussehen:

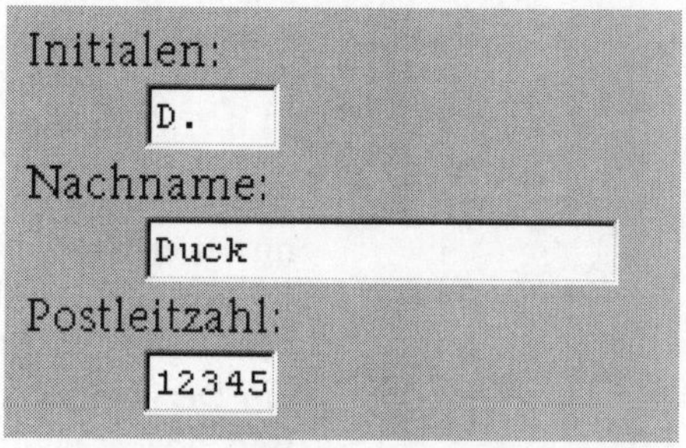

Die Ergebnis ist nicht unangenehm, aber erstens verbraucht es mehr Platz auf dem Bildschirm als es sollte und zweitens haben Sie keinen Einfluß auf die Positionierung der Felder. Bei diesem Browser ist der Einzug wohl zu gering für unsere Zwecke. Mit einem Style Sheet können Sie eine bessere Anpassung erreichen.

11.6.6 Rechts- und linksbündige Datenzellen in einer Tabelle

Eine leistungsfähigere, aber mühseligere Herangehensweise besteht darin, eine Tabelle mit zwei Datenzellen (<TD>) für jede Reihe zu verwenden; die linke für rechtsbündige Feldbezeichnungen, die rechte für linksbündige Felder.

```
<FORM>
   <TABLE>
      <TR> <TD ALIGN=right>Initialen    :
            <TD ALIGN=left ><INPUT NAME="initialen"     SIZE="5" >
      <TR> <TD ALIGN=right>Nachname     :
            <TD ALIGN=left ><INPUT NAME="nachname"      SIZE="20">
      <TR> <TD ALIGN=right>Postleitzahl:
            <TD ALIGN=left ><INPUT NAME="postleitzahl" SIZE="5" >
  </TABLE>
  <INPUT TYPE=reset> <INPUT TYPE=submit>
</FORM>
```

Das Ergebnis sieht etwa folgendermaßen aus:

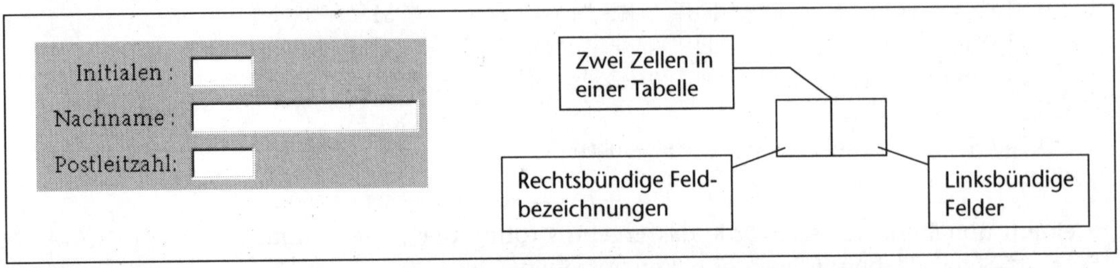

Das entspricht schon eher den Erwartungen von Datenbankanwendern an ein Formular.

11.6.7 Eine einzelne dezimal ausgerichtete Datenzelle in einer Tabelle

Eine kompaktere und wohl auch elegantere Möglichkeit, dasselbe Ergebnis zu erzielen, besteht darin, alle Felder in einer einzigen Zelle vertikal auszurichten, indem ein sich anbietendes Zeichen festgelegt wird, an dem die Ausrichtung erfolgen soll. Dieses Verfahren wurde entwickelt, um Dezimalpunkte mit Ziffern auf beiden Seiten untereinander aufzulisten, aber es eignet sich genauso gut zum Ausrichten von Doppelpunkten als Eingabezeichen mit Text auf der einen und Feldern auf der anderen Seite – das ist ein gutes Beispiel für die Allgemeingültigkeit von HTML. Sie geben „ALIGN=char" an und legen als Zeichen, an dem die Ausrichtung erfolgen soll, den Doppelpunkt fest (CHAR=":"). Denken Sie an die Zeilenumbrüche (<BR>), damit der Browser die Felder in einer Spalte anordnet.

Zum Beispiel:

```
<FORM>
   <TABLE><TR ALIGN=char CHAR=":">
      <TD>
         Initialen    :<INPUT NAME="initialen"    SIZE="5" ><BR>
         Nachname     :<INPUT NAME="nachname"     SIZE="20"><BR>
         Postleitzahl:<INPUT NAME="postleitzahl" SIZE="5" ><BR>
   </TABLE>
      <INPUT TYPE=reset> <INPUT TYPE=submit>
</FORM>
```

Das Ergebnis ist das gleiche.

11.6.8 Mehrspaltige Formulare

Im allgemeinen ist ein Formular natürlich zu komplex, um von einer einspaltigen Version erfaßt zu werden, auch wenn diese so verzerrt würde, daß sie „Doppelfelder" (wie beispielsweise für Monat und Jahr) in einer Zeile zuließe. Das wesentliche Problem besteht darin, Felder so auszurichten, daß sie eine gewisse Regelmäßigkeit ausstrahlen, obwohl sie verschieden groß ausfallen. Es müssen schon einige Annahmen darüber gemacht werden, wieviel Platz in einem typischen Browserfenster vermutlich zur Verfügung steht.

Die Tabelle ist das einzige HTML-Konstrukt, das der geforderten Präzision für die Ausrichtung und Positionierung gerecht wird. Um ein optisch zufriedenstellendes Ergebnis zu erzielen, können viele Zellen und Reihen mit einem sorgfältigen Design benötigt werden.

Tabellen können verschachtelt werden, so daß Sie eine große Tabelle einrichten können, die in einer oder mehreren ihrer Datenzellen eine der zuvor beschriebenen Tabellen mit einer Spalte von Feldern enthält. Zusätzlich können Sie Platz sparen, indem Sie zwei oder mehr Spalten nebeneinander plazieren. Bedenken Sie aber, daß einige Anwender dadurch dazu gezwungen sein könnten, die Anzeige zur Seite zu rollen, um einige der Felder zu Gesicht zu bekommen. Es ist ratsam, die Tatsache im Hinterkopf zu behalten, daß viele Anwender vor Bildschirmen sitzen werden, die nicht mehr als 80 Zeichen pro Zeile darstellen können.

11.7 HTML 4-Erweiterungen für Formulare

In diesem Abschnitt geht es um die vorgeschlagenen Verbesserungen für HTML 4:

- Warum leistungsfähigere Formulare benötigt werden
- Bereitstellung von Zugriffstasten
- Das gezielte Wechseln der Felder per Tabulator ermöglichen
- Hinzufügen von Tooltip-/Ballonhilfen
- Hinzufügen anklickbarer Bezeichnungen zu Steuerelementen
- Gruppierung von Feldern in leicht zugänglichen Bereichen

11.7.1 Warum leistungsfähigere Formulare benötigt werden

Frühere HTML-Versionen unterstützten einfache Formulare, denen es an Fähigkeiten mangelte, die von Benutzern erwartet wurden. Zum Beispiel:

- Die Reihenfolge von Feldern oder Links war für die Anwahl per Tabulator nicht definiert.
- Weder für bestimmte Handlungen, noch für Zugriffstasten zum Bedienen von Menüs waren Tastaturkürzel vorgesehen.
- Die Bezeichnung von Optionsfeldern und Kontrollkästchen war nicht aktiv; d.h. das Anklicken der Bezeichnung sorgte nicht automatisch für eine entsprechende Reaktion des Feldes.

- Es gab kein Mittel, um Gruppierungen von zusammengehörigen Formularfeldern hervorzuheben, damit sprachbasierte Browser für diejenigen Menschen unterstützt würden, deren Fähigkeiten zur Texteingabe beeinträchtigt ist.
- Es war nicht vorgesehen, daß Werte nach der Eingabe in die Formularfelder überprüft wurden. Alle Überprüfungen wurden vom Server vorgenommen, sobald der Inhalt des Formulars übermittelt wurde.
- Verglichen mit modernen Benutzerschnittstellen war die Vielfalt von Typen für Formularfelder ziemlich begrenzt. Zum Beispiel gab es weder Tabellen für Dateneingaben noch Schieberegler für Zahleneingaben, und Formulare selbst waren auf einzelne Seiten beschränkt.
- Server konnten keine einzelnen Felder von übermittelten Formularen auffrischen. Statt dessen mußten sie immer vollständige HTML-Dokumente an den Client zurückschicken, was dazu führte, daß die Bildschirme bei dem Bemühen der Browser, immer wieder die ganze Anzeige neu zu zeichnen, flackerten.

Es wurde vorgeschlagen, verschiedene Elemente und Attribute in HTML 4 einzuführen, um einige dieser Probleme zu beseitigen. Dadurch sollen Formulare einfacher und schneller zu bedienen sein. Die Neulinge sind:

- ACCESSKEY=Buchstabe
- TABINDEX=Nummer *und* NOTABSTOP
- TITLE=„Zusätzliche Hilfeinformation"
- <LABEL>
- <FIELDSET> *und* CAPTION=„Bezeichnung der Feldergruppe"
- Unterstützung für den Einsatz von OBJECT-Elementen als Formularfelder

Einige davon sind abwärtskompatibel zu HTML 3, andere können es nicht sein, entweder weil sie Skripte erfordern oder weil alte Browser nicht in der Lage sind, sie vernünftig anzuzeigen. Weitere Ergänzungen sind bereits vorauszusehen, wie beispielsweise: bessere Arten von Steuerelementen, erweiterte Menüs, mehrseitige Layouts und servergesteuerte Updates. Diese spannenden Möglichkeiten werden an dieser Stelle aber nicht weiter behandelt.

11.7.2 Bereitstellung von Zugriffstasten

ACCESSKEY (=Zugriffstaste) wurde als Attribut für die Tags LABEL, CAPTION und A (Anker) vorgeschlagen, mit dem ein Buchstabe festgelegt werden soll. Damit soll der Zugriff auf Formulare auch von mauslosen Systemen aus ermöglicht werden, insbesondere von Systemen, die für Menschen mit Behinderungen entworfen wurden. Weiterhin wird damit erfahrenen Anwendern eine schnelle Zugriffsmöglichkeit geboten.

Mit ACCESSKEY wird ein Tastaturkürzel (ohne Berücksichtigung der Groß-/Kleinschreibung) für das Anklicken einer Bezeichnung oder eines Ankers angeboten. Wenn die Zugriffstaste beispielsweise als „U" deklariert wurde, ist es egal, ob der Anwender die Taste „U" als Groß- oder Kleinbuchstaben drückt. Unter Windows wird das erste Auftreten des Buchstabens für die Zugriffstaste in einer Bezeichnung oder einem Anker Unterstrichen. Jede beliebige einbuchstabige Taste kann für einen Zugriff eingesetzt werden. Spezielle Tasten, wie beispielsweise die Eingabetaste (Enter) und die Steuerungstaste (Strg) können nicht verwendet werden. Auch ist es nicht klug, Tasten auszuwählen, die nicht auf allen Tastaturen vorkommen, wie beispielsweise £ oder Ü. Jede Taste kann nur ein einziges mal pro HTML-Seite eingesetzt werden. Die Tastenkombination für die Auswahl der Zugriffstaste besteht aus der (gedrückt zu haltenden) ALT-Taste zusammen mit dem gewünschten Buchstaben. Ein Beispiel:

```
<LABEL ACCESSKEY> ="U">Uhrzeit
  <INPUT TYPE="input" NAME="Uhrzeit">
</LABEL>
```

Um dieses Beispiel zu beenden: Wenn ein Windows-Anwender ALT-U drückt (durch das U in der Feldbezeichnung angezeigt), wird der Fokus auf das Eingabefeld namens „Uhrzeit" gerichtet, so als ob der Anwender das Feld mit der Maus angeklickt hätte. (Das Foto zeigt eine englische Tastatur.) Die Anwesenheit des Fokus in einem Textfeld wird durch einen horizontalen Strich angezeigt, der als Textcursor fungiert.

ACCESSKEY läßt sich bei Hypertext-Ankern fast genauso einsetzen:

```
<A HREF="iv.html" ACCESSKEY="I">Inhaltsverzeichnis</A>
```

Dieser wird folgendermaßen dargestellt und per ALT-I ausgewählt:

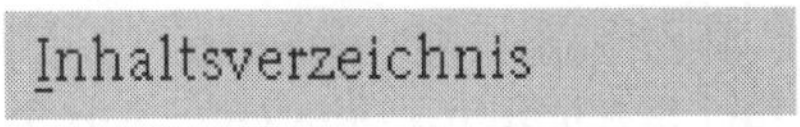

Anwender, die Zugriffstasten benutzen wollen, um Links zu aktivieren, müssen ihre Browser so konfigurieren, daß sie Anker durch Farbe, statt durch Unterstreichung hervorheben.

Zu guter Letzt sollten wir noch darauf hinweisen, daß nicht alle zulässigen Tasten wirklich zur freien Verfügung stehen, zumindest nicht auf oberster Ebene. Windows-Browser ordnen üblicherweise unter anderem ALT-D dem Datei-Menü, ALT-B dem Bearbeiten-Menü, ALT-A dem Ansicht-Menü und ALT-H dem Hilfe-Menü zu. Sie werden weniger Bewegungsspielraum vorfinden, als sie glauben.

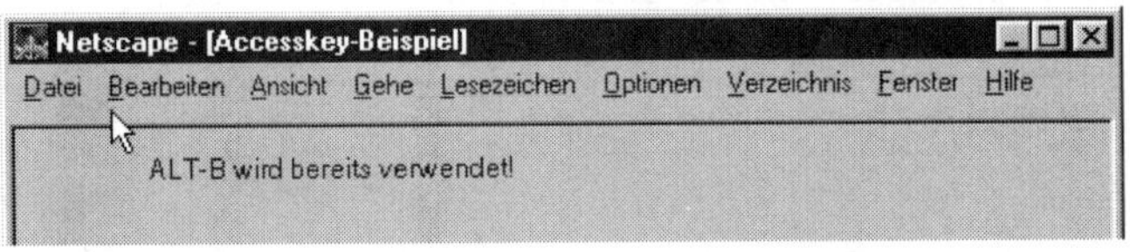

11.7.3 Das gezielte Wechseln der Felder per Tabulator ermöglichen

Wenn Sie auf dem Bildschirm mehrere Fenster geöffnet haben und beispielsweise die Taste „E" drücken, könnten Sie „Effekte" auswählen, wenn der Fokus gerade auf einen Grafikeditor gerichtet ist, aber in anderen Hilfsprogrammen könnten Sie mit dem gleichen Tastendruck die Aktionen „Einfügen" oder „Extrahieren" auswählen. Die Auswirkung eines Befehls hängt vom aktuellen Fokus ab.

Ähnliches gilt für Dokumente, in denen sich der Fokus auf jeder beliebigen der möglichen Stellen befinden kann. Er kann entweder per Maus oder durch eine Cursorsteuerung (üblicherweise mit Tabulator und rückwärtsgerichtetem Tabulator) per Tastatur bewegt werden. Der „Tastatur-Fokus" legt fest, welche Objekte eines HTML-Dokuments Tastaturereignisse solcher Art erhalten.

Bisher haben die meisten Browser eine Maus benötigt, um den Fokus zu verändern, und daneben die Tastatur völlig ignoriert. Damit wurde vor allem Menschen mit Behinderungen das Leben schwerer gemacht, als es ohnehin schon war. Andere Browser haben das Wechseln per Tabulator zugelassen, wobei die Reihenfolge verwendet wurde, in der die Formularelemente, wie beispielsweise `INPUT`, im HTML-Quelletext erschienen. Die vorgeschlagenen HTML 4-Attribute `TABINDEX` und `NOTABSTOP` identifizieren nun diejenigen Elemente, die der Anwender per Tabulatortaste erreichen kann.

Sowohl TABINDEX als auch NOTABSTOP können mit jedem Element eingesetzt werden, das den Tastatur-Fokus annehmen kann. Dazu gehören: Formularfelder, Hyperlinks, eingebettete Objekte und clientseitige Bildbereiche.

11.7.4 Das Attribut TABINDEX

Das Attribut TABINDEX legt einen ganzzahligen Wert für ein bestimmtes Tag fest, womit es sich in die Reihenfolge einreiht, in der das Dokument per Tabulatortaste durchlaufen wird. Ein Beispiel:

```
<A HREF=start.html TABINDEX=4>Startseite</A>
```

Wenn der Fokus sich auf dem Element mit TABINDEX=3 befindet, führt das Drücken der Tabulatortaste dazu, daß der Fokus auf den Link „Startseite" wechselt. Entsprechend führt ein rückwärtsgerichteter Tabulator (SHIFT-Tab) auf dem Element mit TABINDEX=5 den Fokus ebenfalls auf diesen Link zurück. (Das Foto zeigt eine englische Tastatur.)

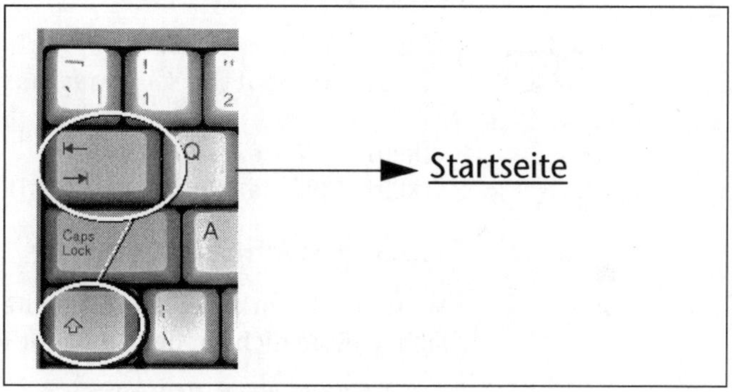

Beachten Sie, daß das Anwählen eines Tags per Tabulator dieses *nicht* aktiviert. Sobald der Anwender das gewünschte Objekt – egal, ob per Tabulator oder per Maus – erreicht hat (es erhielt den Fokus), kann es mit der Eingabetaste (Enter) aktiviert werden. Aktivieren heißt: Bei Hyperlinks wird den Verweisen nachgegangen, das angesteuerte Optionsfeld wird markiert (und die Markierungen aller anderen Optionsfelder derselben Gruppierung entfernt), das Kontrollkästchen wird markiert bzw. die Markierung aufgehoben usw.

Die Tabulator-Reihenfolge entspricht normalerweise der Reihenfolge, in der die Elemente in dem Dokument erscheinen, es sei denn, sie wird durch die Attribute TABINDEX oder NOTABSTOP überschrieben. Die Lage ist komplizierter, wenn Sie eingebettete Objekte in Ihrem HTML-Dokument benutzen. Eingebettete Objekte (und in diesen enthaltene Objekte) können einen zusätzlichen Teil der Tabulator-Reihenfolge bilden. Zum Beispiel lassen sich clientseitige Bildbereiche so definieren, daß Anwender per Tabulator die aktiven Bereiche durchlaufen. Wegen dieser Komplexität gibt es keinen Grund, warum das Wechseln der Felder per Tabulator korrekt funktionieren sollte, solange nicht das vollständige Formular geladen wurde. Es erscheint angebracht, einen Hinweis am Anfang eines komplizierten Formulars zu geben, damit der Anwender sich in Geduld übt.

Jedes Drücken der Tabulatortaste bringt den Cursor auf das Eingabeelement mit dem nächsthöheren Wert für den Tabulatorindex. Wenn das Element mit dem höchsten Tabulatorindex angesteuert ist, bringt das Drücken der Tabulatortaste den Anwender auf das Anfangselement zurück. Das Drücken von Umschalt-Tab bewegt den Fokus in der umgekehrten Reihenfolge.

Die Werte für TABINDEX müssen nicht notwendigerweise aufeinander folgen, und sie müssen nicht bei 1 beginnen, aber sie müssen alle unterschiedlich sein. Die Tabulatorindex-Reihen 2, 4, 6, 8 und 8, 4, 6, 2 sind also in Ordnung; aber 2, 3, 2, 4 ist nicht zulässig, weil die erste Tabulatorposition mehrdeutig ist.

Ein Beispiel:

```
<INPUT TYPE=text   NAME=a TABINDEX=1>
<INPUT TYPE=button NAME=auslassen NOTABSTOP>
                                    <!--Nicht per Tabulator anwählbar-->
<INPUT TYPE=text   NAME=b>              <!--Impliziter Tabstop!-->
<INPUT TYPE=text   NAME=c TABINDEX=2>   <!--DRITTER Tabstop-->
```

11.7.5 Das Attribut NOTABSTOP

NOTABSTOP bewirkt bei den Elementen, die dieses Attribut enthalten, einfach, daß sie nicht in der Tabulator-Reihenfolge auftauchen. Ein Beispiel:

```
<INPUT TYPE=text NAME=überspringen NOTABSTOP>
```

11.7.6 Verwendung von TITLE für Tooltip-/Ballonhilfen

Anwender von PCs oder Macintoshes sind mit den Kurzbeschreibungen vertraut, die erscheinen, sobald der Mauscursor kurze Zeit über einem Steuerelement verharrt: Tooltip- und Ballonhilfen oder, bei Microsoftprodukten, QuickInfo. Diese Hinweise sorgen für eine leichtere Bedienbarkeit des Systems, greifen dabei aber in keiner Weise in normale Vorgänge ein. Es wurde vorgeschlagen, daß mit HTML 4 auch diese Art der Anwenderunterstützung angeboten werden sollte. Wenn Sie beispielsweise eine Reihe von Index-Schaltflächen in Form von mit Bildern versehenen Link-Ankern erzeugen, können Sie zu jeder Schaltfläche einen Hinweis hinzufügen, um klar zu machen, was für Vorgänge diese auslöst.

Diese Hinweise werden mittels des Attributs TITEL angeboten. (Nicht zu verwechseln mit dem *Element* TITLE, mit dem das gesamte Dokument betitelt wird.) Sie können folgende Elemente mit Hinweisen versehen: Anker, Links, Bilder, Steuerelemente, Objekte, Applets, Areas und das neue Element FIELDSET, das ebenfalls in diesem Kapitel beschrieben wird. Die Hinweise werden von verschiedenen Browsern unterschiedlich dargestellt: Tooltips und Ballonhilfen sind naheliegende Möglichkeiten, aber andere Betriebssysteme könnten die Hinweistexte in einer Statuszeile anzeigen.

Ein Beispiel:

```
<A HREF=details.html TITLE="Weitere Details zu
HTML 4">Details</A>
```

Unter Windows werden Hinweise als mit einem gelben Kasten hinterlegter Text dargestellt, wie die folgende Abbildung zeigt. Andere Systeme verwenden unterschiedliche Darstellungsmethoden.

11.7.7 Hinzufügen anklickbarer Bezeichnungen zu Steuerelementen

Bezeichnungen für Optionsfelder und Kontrollkästchen fehlten in früheren HTML-Versionen. Es konnten zwar kurze Texte neben den Formularfeldern plaziert werden, aber wenn diese Bezeichnungen von Anwendern angeklickt wurden, hatte das keine Auswirkungen. Für die meisten Menschen war dies nur ein kleines Ärgernis, aber für diejenigen, deren Fähigkeiten zur Texteingabe beeinträchtigt sind, war das eine schwerwiegende Einschränkung. Sprachbasierte Browser waren gezwungen, sich voll auf die Attribute NAME und VALUE zu verlassen, um auf Formularfelder zugreifen zu können.

LABEL verknüpft eine als Text vorliegende Beschreibung mit einem Steuerelement für Eingaben und macht dieses anklickbar. Im speziellen Fall eines Optionsfeldes oder Kontrollkästchens verändert das Anklicken der Bezeichnung den bisherigen Wert (an oder aus). Bezeichnungen können entweder implizit oder explizit verknüpft werden.

11.7.8 Implizite Bezeichnungen

Implizite Bezeichnung heißt nichts anderes, als daß ein Steuerelement, wie beispielsweise ein Formularfeld, von den LABEL-Tags umschlossen wird. Die Implikation besteht dabei darin, daß das, was auch immer sich innerhalb der Tags befindet, als mit dem Text der Bezeichnung verknüpft angesehen wird. Implizite Bezeichnungen per LABEL können nur ein einziges Objekt oder Steuerelement beinhalten. Der Text der Bezeichnung kann vor oder hinter dem Steuerelement erscheinen. Bezeichnungen lassen sich nicht verschachteln. Die folgende Abbildung verdeutlicht diesen Mechanismus.

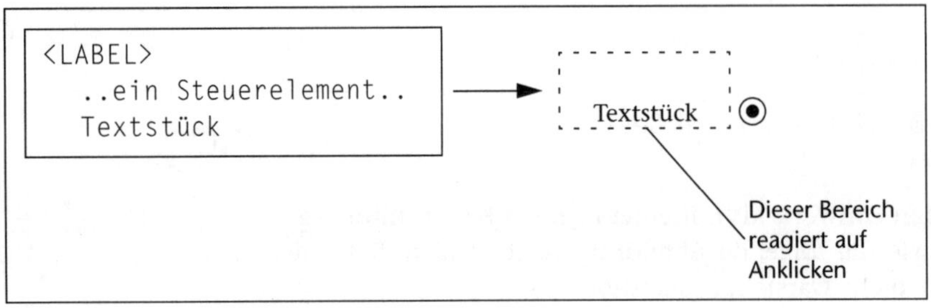

Zum Beispiel:

```
<LABEL ACCESSKEY=U>Uhrzeit
<INPUT TYPE="text" NAME=uhrzeit ID=uhrzeit>
</LABEL>
```

11.7.9 Explizite Bezeichnungen

Es kann Situationen geben, in denen Sie die Bezeichnungen unabhängig von den zugehörigen Steuerelementen plazieren wollen. Dies wird durch explizite Bezeichnungen ermöglicht. Nehmen wir an, Sie wollen die Bezeichnungen in der ersten Spalte und die Steuerelemente in einer zweiten Spalte einer Tabelle haben. Dafür verknüpfen Sie jede Bezeichnung explizit mittels des Attributs `FOR` mit dem zugehörigen Steuerelement. Das Attribut `FOR` verweist auf die `ID` des Steuerelements, das sich auf derselben HTML-Seite befinden muß. Sie können mehrere Bezeichnungen für ein Steuerelement anbieten, indem Sie verschiedene mit `FOR` angegebene Verweise erzeugen. Die folgende Abbildung verdeutlicht diesen Mechanismus. Die Auswirkungen sind für den Anwender dieselben wie bei impliziten Bezeichnungen.

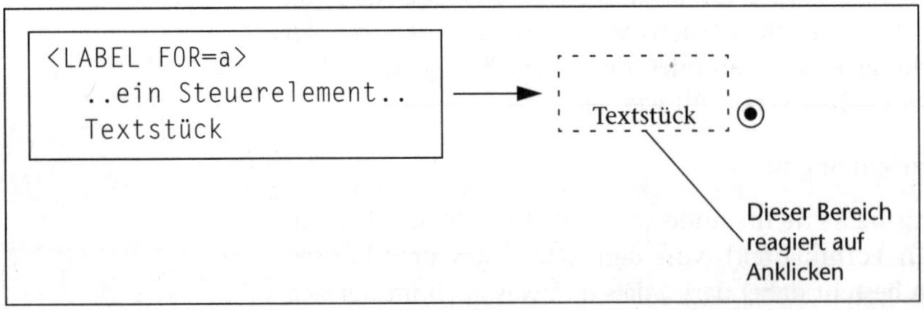

Ein Beispiel:

```
<TABLE><TR>
  <TD><LABEL FOR=uhrzeit ACCESSKEY=U>Uhrzeit</LABEL>
  <TD><INPUT TYPE=text NAME=uhrzeit ID=uhrzeit>
</TABLE>
```

11.7.10 Gruppierung von Feldern zu leicht zugänglichen Bereichen

Mit den Elementen FIELDSET und LEGEND wird die Absicht verfolgt, den Zugriff auf HTML-Formulare auch für Menschen mit Behinderungen zu verbessern. In einem Sprache ausgebenden Browser wird es einem blinden Anwender damit beispielsweise ermöglicht, sich durch gesprochene Befehle von Gruppierung zu Gruppierung zu bewegen.

FIELDSET ist ein verschachtelbarer Container (von Feldern und Feldgruppen). Optional kann er ein einzelnes Element LEGEND enthalten, mit dem FIELDSET ein Titel zugewiesen wird.

Das Element LEGEND benennt lediglich die enthaltene Gruppe von Feldern. Wenn es vorhanden ist, muß es direkt auf das FIELDSET-Tag folgen.

Um jede FIELDSET-Gruppierung wird ein Kasten gezeichnet. Der Gruppentitel kann, sofern gewünscht, per ALIGN mit TOP bzw. BOTTOM oberhalb bzw. unterhalb der Feldgruppierung angezeigt werden. Der Vorgabewert ist TOP. Die enthaltenen Felder können mittels <P> oder <BR> in einer Spalte angeordnet werden oder innerhalb einer Tabelle (<TABLE>) für komplexere Effekte sorgen. Solche Tabellen sollten ohne Umrandungen gezeichnet werden, damit diese nicht mit den Kästen der Feldgruppierungen zusammen für Verwirrung sorgen.

Das folgende Beispiel stellt ein aus zwei Spalten von Optionsfeldern bestehendes Formular dar. Jede von diesen ist als FIELDSET innerhalb einer Tabellenzelle erstellt worden; komplett mit Titel, Zugriffstaste und Tabulatorindex. Jedem Optionsfeld ist eine eigene Zugriffstaste zugeordnet, die gedrückt werden kann, sobald die zugehörige Feldgruppierung den Fokus hat. Die HTML-Quelle mag auf den ersten Blick etwas kompliziert erscheinen; bei näherer Betrachtung stellt sich aber heraus, daß jedes Element auf die gleiche Weise erstellt wird, so daß so ein Dokument leicht zu erfassen ist.

```
<FORM>
<TABLE><TR>

<TD><FIELDSET>
<LEGEND ACCESSKEY=F TABINDEX=1>Fahrzeug</LEGEND>
<P><LABEL ACCESSKEY=L>
<INPUT TYPE=radio NAME=Fahrzeug VALUE=Limo>Limousine</LABEL>
```

```
<P><LABEL ACCESSKEY=K>
<INPUT TYPE=radio NAME=Fahrzeug VALUE=Kombi>Kombi</LABEL>
<P><LABEL ACCESSKEY=P>
<INPUT TYPE=radio NAME=Fahrzeug VALUE=Pickup>Pickup</LABEL>
<P><LABEL ACCESSKEY=J>
<INPUT TYPE=radio NAME=Fahrzeug VALUE=Jeep >Jeep</LABEL>
</FIELDSET>
<TD><FIELDSET>
<LEGEND ACCESSKEY=H TABINDEX=2>Hubraum</LEGEND>
<P><LABEL ACCESSKEY=K>
<INPUT TYPE=radio NAME=Motor VALUE=K>Kompakt: &lt; 1000ccm</LABEL>
<P><LABEL ACCESSKEY=M>
<INPUT TYPE=radio NAME=Motor VALUE=M>Medium:  1000-1999ccm</LABEL>
<P><LABEL ACCESSKEY=G>
<INPUT TYPE=radio NAME=Motor VALUE=G>Groß:    2000-2999ccm</LABEL>
<P><LABEL ACCESSKEY=E>
<INPUT TYPE=radio NAME=Motor VALUE=E>Extra:   &gt; 3000ccm</LABEL>
</FIELDSET>

</TABLE>
<P><LABEL TABINDEX=3><INPUT TYPE=submit></LABEL>
<LABEL TABINDEX=4><INPUT TYPE=reset></LABEL>
</FORM>
```

Dieses Beispiel für ein Formular mit Feldgruppierungen würde auf einem HTML 4-Browser etwa folgendermaßen erscheinen:

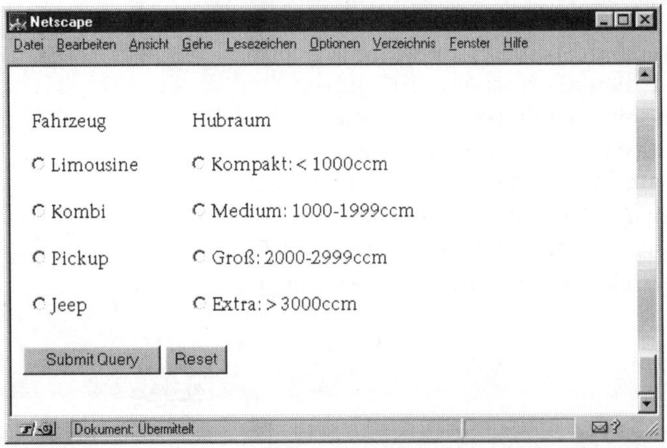

Wenn das Beispiel-Formular zum ersten Mal angezeigt wird, hat die Feldgruppierung „Fahrzeug“ den Fokus, da sie über den niedrigsten Tabulatorindex verfügt (in diesem Fall 1). Der Anwender kann sofort den Kombi auswählen, indem er ALT-K (d.h. Fahrzeug, Kombi) drückt. Diese Tasten können per Sprache oder mit Hilfe eines anderen besonderen Mittels ausgelöst werden.

Die Feldgruppierung „Hubraum“ kann anschließend durch Drücken der Tabulatortaste angesteuert werden. Beachten Sie, daß auch die „Submit“- und „Reset“-Schaltflächen des Formulars per Tastatur erreichbar sein sollten; im Beispiel werden auch ihnen Tabulatorindizes zugeordnet. Wiederholtes Drücken der Tabulatortaste führt dazu, daß die Tabulator-Reihenfolge (vorwärts oder rückwärts) durchlaufen wird:

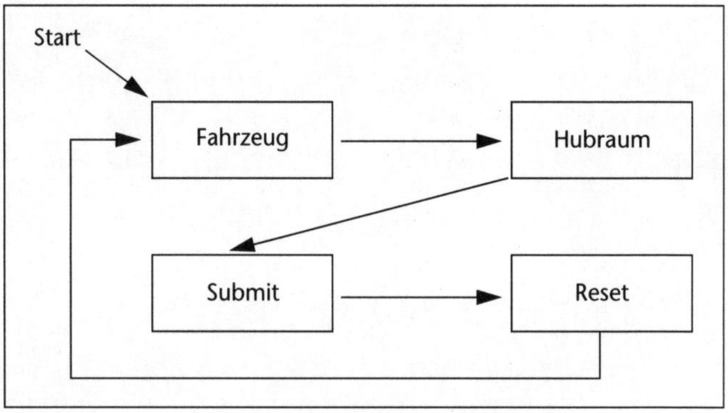

Wir gehen davon aus, daß die Kombination der in diesem Beispiel verwendeten HTML-Elemente und -Attribute – Formular, Tabelle, Feldgruppierungen mit Titel, Zugriffstasten und Tabulatorindizes – in der Praxis die übliche Methode werden wird, in der HTML-Formulare verwirklicht werden.

Sprachbasierte Browser erlauben es, Feldgruppierungen direkt anzuwählen: Der Anwender spricht einfach die als Titel auftauchende Bezeichnung der gewünschten Feldgruppierung aus. (Feldwerte, wie beispielsweise „Jeep“, waren bereits unter HTML 3 für sprachbasierte Browser zugänglich.) Ein Anwender könnte beispielsweise „Hubraum“ und anschließend „Medium“ sagen, um die Feldgruppierung auszuwählen und das gewünschte Optionsfeld zu markieren.

11.8 Zusammenfassung

In diesem Kapitel wurden die Verwendung von Formularen und die für Bildschirmdialoge verfügbaren HTML-Konstrukte behandelt. Dazu gehörten Eingabeelemente, sowohl textbasierte als auch grafische, sowie Standardschaltflächen zum Übermitteln oder Zurücksetzen des Formulars.

Formulare sind an sich nicht schwer zu schreiben, auch wenn ein gutes optisches Design eine Kunst für sich ist. Für (von Browsern ausgeführte)

HTML-Formulare wird die Unterstützung von Skripten benötigt, die speziell für den Server geschrieben wurden. Weitere Informationen zu Skripten sind in Kapitel 16 zu finden.

HTML ermöglicht eine unbegrenzte Vielfalt ausgeklügelter Formulare. Auf diese Weise wird das World Wide Web – mit geeigneten Skripten und abgesicherten Netzwerken – für betriebliche Angelegenheiten und den Warenverkehr geöffnet.

11.8 Zusammenfassung

Der Dokumentenkopf

12

Dieses Kapitel enthält Informationen über:

- ▼ Die Vergabe eines Titels, die der Browser als Lesezeichen für Ihr Dokument verwenden kann.
- ▼ Die Vorbereitung Ihres Dokuments auf die Indizierung durch eine Suchmaschine.
- ▼ Das Verbinden Ihres Dokuments mit anderen Dokumenten, um solche Dinge zu ermöglichen, wie beispielsweise die Ausgabe einer Dokumentensammlung oder das Erstellen von Werkzeugleisten zum Navigieren durch eine Reihe von Dokumenten.
- ▼ Das Verbinden Ihres Dokuments mit einem Style Sheet: das Element STYLE.
- ▼ Die Verwendung des Elements SCRIPT.
- ▼ Die Verwendung des Elements BASE.
- ▼ Die Verwendung von NEXTID.

Zusammenfassung

In diesem Kapitel wird eine Vielzahl von Elementen behandelt:

- TITLE definiert den Dokumententitel und wird immer benötigt.
- ISINDEX wird für einfache Schlüsselwort-Suchen verwendet. Das Attribut PROMPT gehört zum Standard.
- BASE definiert einen Basis-URL zum Auflösen von relativen URLs. Es verfügt über die Attribute HREF und TARGET.
- STYLE wird zum Einfügen von Style Sheets in ein Dokument verwendet. Es verfügt über die Attribute TYPE, MEDIA und TITLE.
- SCRIPT wird beim skriptgesteuerten Umgang mit HTML-Dokumenten verwendet. Auf dieses Element wird in Kapitel 16 genauer eingegangen.
- META wird zum Bereitstellen von Informationen über das Dokument verwendet: die Sprache, in der das Dokument verfaßt ist, Informationen für Indizierungs-Roboter usw. Es verfügt über die Attribute LANG, SCHEME und HTTP-EQUIV.
- LINK wird zum Definieren typisierter Beziehungsverhältnisse zu anderen Dokumenten verwendet. LINK ist nützlich für das Drukken von Dokumentensammlungen aus dem Web, für das Erstellen von Werkzeugleisten, für das Verweisen auf Style Sheets usw. Es verfügt über die Attribute HREF, REL, REV, TYPE und TITLE.

Bei TITLE, SCRIPT und STYLE handelt es sich um Container, und sie benötigen jeweils ein Start- und ein End-Tag. Die anderen Elemente sind keine Container, und End-Tags sind untersagt. Beachten Sie, daß Browser den Inhalt der Elemente SCRIPT und STYLE nicht darstellen sollten.

12.1 Einführung

Wenn Sie ein Memo oder eine E-Mail bekommen, sind ihm/ihr in der Regel weitere vom eigentlichen Text unterschiedene Informationen beigefügt: Wer ist der Autor, worum geht es, wer bekommt eine Kopie, das Erstellungsdatum usw. Softwareentwickler nennen dies manchmal *Meta-Information*.

Der Kopf eines HTML-Dokuments enthält Meta-Informationen dieser Art. Dafür gibt es eine Reihe von Elementen, wie LINK, TITLE, META, SCRIPT, STYLE, ISINDEX und BASE. Genaugenommen sollten diese Elemente in den Dokumentenkopf eingefügt werden, der von den Tags <HEAD> und </HEAD> umgeben ist. In der Praxis braucht das Element HEAD allerdings nicht ausdrücklich vom Autor angegeben zu werden, da der Browser sich als schlau erweist und sich die geplante Position denken wird. In der Tat ist in den meisten Dokumenten TITLE das erste erscheinende Element. Der Browser wird ein impliziertes Element HEAD erkennen, auch wenn es nicht wirklich vorhanden ist, sofern das Element TITLE vorkommt und von Ihnen korrekt am Anfang des Dokuments plaziert wurde.

Nachdem wir das dem Dokumentenkopf zugrundeliegende Konzept erläutert haben, führen wir nun die Elemente des Dokumentenkopfs, eines nach dem anderen, ein. Wir erklären weiterhin, was genau sie tun und wie sie zu verwenden sind.

12.2 Das Element TITLE

Das Element TITLE ist zwar sehr unkompliziert, aber dennoch für jedes Dokument zwingend: Jedes HTML-Dokument muß ein Element TITLE enthalten. Der Titel sollte den Dokumenteninhalt so eindeutig wie möglich widerspiegeln und kann in einer History-Liste (eine Liste der von Ihnen besuchten Web-Sites) und als Fenstertitel für das darstellende Fenster verwendet werden.

Das kleinste Dokument
Das Element TITLE ist immer notwendig. Das kleinstmögliche HTML-Dokument besteht sogar aus einem für sich stehenden Element TITLE.

Das Element TITLE kann keine Anker, Absatz-Tags oder sonstige Elemente enthalten. Für die Bezeichnung sind zulässig: Text und Kodierungszeichen, die für akzentuierte Buchstaben oder für Symbole benötigt werden.

Die Länge für einen Titel ist unbegrenzt. Allerdings kann es vorkommen, daß lange Titel von einigen Anwendungen abgeschnitten werden. Um diese Gefahr gering zu halten, sollten Sie Titel nicht aus mehr als 64 Zeichen zusammensetzen. Bedenken Sie weiterhin, daß kurze Titel, wie beispielsweise „Einführung", ohne den Zusammenhang schwer zu deuten sein können. Ein Beispiel für einen bedeutungsvollen Titel könnte sein:

```
<TITLE>Der Botanische Garten von Wembley</TITLE>
```

12.3 Das Element ISINDEX

Dieses Element teilt dem Browser mit, daß es sich bei dem aktuellen Dokument um einen Index handelt, den Anwender durchsuchen können. Das Element ISINDEX informiert den Browser lediglich über diesen Sachverhalt, es sorgt nicht auf magische Weise dafür, daß das Dokument durchsuchbar wird.

ISINDEX
Dieses Element ist mittlerweile in Mißkredit gefallen.

Der ISINDEX-Mechanismus ging den Formularen voraus. Die Idee war damals die, daß Anwender bei Vorhandensein von ISINDEX eine Textzeile als Anfrage eingeben konnten, die an denselben URL zurückgeschickt wurde, von dem das Dokument kam. Die Anfrage bestand aus einer einfachen Zeichenkette, die eine Suche nach Schlüsselwörtern anstieß. Diese Zeichenkette wurde gebildet, indem ein Fragezeichen (?) an das Ende des

Dokumenten-URL angehängt wurde, dem dann eine Liste mit durch Pluszeichen (+) voneinander getrennten Schlüsselwörtern folgte. Anfangs wurde dieser Mechanismus verwendet, um Leuten im Web das Nachschlagen von Telefonnummern in einem Telefonverzeichnis des CERN zu ermöglichen.

Auch wenn ISINDEX eigentlich im Dokumentenkopf erscheinen sollte, erlauben viele Browser eine Plazierung an beliebiger Stelle im Dokument.

In den Kindertagen des Web war ISINDEX nicht für die Erfordernisse des Web geeignet, und die Leute wollten es durch eine mächtigere Sprache ergänzt wissen, damit Autoren mit einer Auswahl von Formularelementen arbeiten konnten. Zu diesen Formularelementen gehörten beispielsweise Optionsfelder, Kontrollkästchen, Menüs und Eingabefelder. Dem Mosaic Team vom NCSA war für diese Idee zu begeistern und erledigte die ganze harte Arbeit für die Implementierung von Formularen.

12.3.1 Das Attribut PROMPT

Zu den Erweiterungen zu HTML 2.0 trug Netscape unter anderem das Attribut PROMPT für den Einsatz unter ISINDEX bei. Dieses Attribut gehört nun zu HTML 4. Sie können das Attribut PROMPT verwenden, um das standardmäßig vom Browser angebotene Eingabezeichen zu ersetzen. Zum Beispiel:

```
<ISINDEX HREF="telefon.db" PROMPT="Nachnamen eingeben:">
```

12.4 Das Element LINK

In früheren Kapiteln werden Sie gesehen haben, wie das Anker-Element A Hyperlinks aus den im Web angebotenen Informationen hervorhebt. Sie klicken auf die Bezeichnung des Hyperlinks, und neues Material wird heruntergeladen und anschließend auf dem Bildschirm angezeigt. Das Element LINK befaßt sich ebenfalls mit Verbindungen zwischen Informationen, aber diese Verbindungen sind von etwas anderer Natur. Anstatt Sprünge von einem Dokument in ein anderes zu definieren, dient LINK dazu, einfach ein gegebenes Dokument an verschiedene andere Elemente zu binden, die mit ihm verknüpft sind. Klassische Beispiele sind Style Sheets, die an das Dokument gebunden sind, eine gebundene Farbpalette für die Anzeige eines Dokuments, ein Inhaltsverzeichnis für den Text und ein Online-Glossar für Fachbegriffe. Alle diese Dinge können per LINK mit einem Dokument verbunden werden.

12.4.1 Die Attribute REL und REV

Zu LINK gibt es eine Reihe von Attributen, zu denen u.a. REL und REV zählen. Mit den Attributen REL und/oder REV können Sie den Charakter der von LINK hergestellten Verbindung beschreiben. Das Attribut REL beschreibt eine vorwärtsgerichtete Beziehung, REV dagegen eine rückwärtsgerichtete Beziehung. Wir werden uns bemühen, dies im folgenden deutlicher zu machen.

Angenommen, Sie haben ein umfangreiches Online-Buch vor sich, das in mehrere Kapitel aufgeteilt ist. Die Kapitel wiederum sind in Abschnitte aufgeteilt, von denen jeder aus einem HTML-Dokument besteht. `REL` und `REV` können hierbei verwendet werden, um die Bestandteile des Buchs miteinander zu verknüpfen.

Das Attribut `REL` ermöglicht Ihnen beispielsweise eine Angabe wie „dieses Dokument gehört zu jenem Kapitel" oder „dieses Kapitel gehört zu jenem Buch". Wenn Sie nun daran gehen, ein Kapitel auszudrucken oder auf dem Bildschirm anzuzeigen, kann der Browser aufgrund der definierten Beziehungen entscheiden, welcher Abschnitt oder welches Kapitel als nächstes behandelt werden soll.

Im folgenden Diagramm wird die Art von Struktur dargestellt, die Sie mit `LINK` verwirklichen können. Sie können sehen, daß dok1.html, dok2.html usw. über die Beziehung *section-of* (Abschnitt-von) mit kap2.html verbunden sind. Der Index ist über die Beziehung *index-of* (Index-von) und das Inhaltsverzeichnis über die Beziehung *contents-of* (Inhalt-von) mit kap2.html verbunden. Die Bezeichnungen für Beziehungsverhältnisse können aus Buchstaben, Bindestrichen, Punkten und den Ziffern 0 bis 9 bestehen.

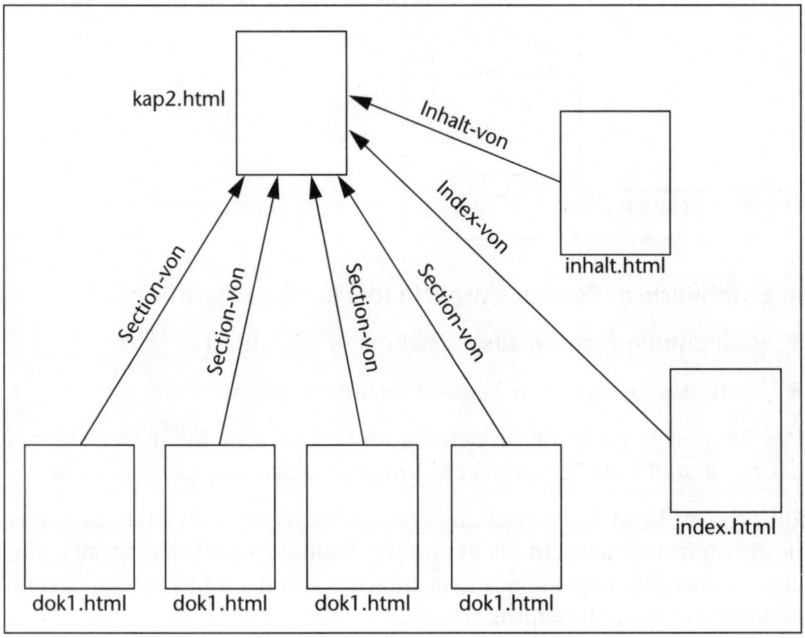

Wie werden nun LINK REL-Anweisungen in HTML ausgedrückt? Der Dokumentenkopf für dok1.html könnte folgende Zeilen enthalten:

```
<HEAD>
<TITLE> Dokument 1</TITLE>
<LINK REL=section-of HREF="kap2.html">
</HEAD>
```

Sie sehen, wie Ihnen mit dem Attribut HREF der Name der Datei mitgeteilt wird, auf die REL verweist. LINK kann das Attribut HREF verwenden, um einen URL anzugeben, wie es dem Anker-Element möglich ist.

12.4.2 Rückwärtsgerichtete Links

Die Überlegung, die hinter dem Attribut REV steht, ist vermutlich schwieriger nachzuvollziehen. REV steht für „reverse" (rückwärts[-gerichtet]). Sehen Sie sich folgende Zeile an, die sich in inhalt.html befinden könnten:

```
<LINK REV=contents-of HREF=buch.html>
```

Was hat das zu bedeuten? Als Diagramm ausgedrückt besagt es folgendes:

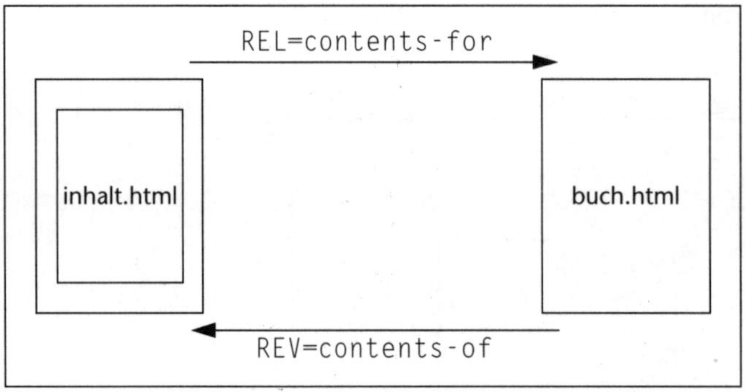

Zusammenfassung von REV und REL aus technischer Sichtweise
Ein Link per REV=Beziehung von Dokument A nach Dokument B drückt das gleiche Beziehungsverhältnis aus wie ein Link per REL=Beziehung von B nach A. ▶▶

In gewöhnlichem Deutsch entspricht dies in etwa folgendem:

- ▼ inhalt.html ist das Inhaltsverzeichnis zu buch.html
- ▼ buch.html besitzt ein Inhaltsverzeichnis inhalt.html

Das Attribut REV gibt die Beziehung des Buchs zum Inhaltsverzeichnis, das Attribut REL die Beziehung des Inhaltsverzeichnisses zum Buch an.

Ein Browser kann die Vorstellung von REV=contents verwerten, indem er sie als Indiz dafür ansieht, daß es für das Kapitel 2 eine Inhalts-Datei gibt, die er konsequenterweise aus dem Internet abruft und in einem eigenen Rahmen auf dem Bildschirm plaziert.

12.4.3 Unterstützung von REV und REL

Auch wenn HTML 4 die Verwendung von LINK REV und REL in dieser Art und Weise bestimmt einschließt, ist die Unterstützung durch Browser nach wie vor minimal.

Es war eine klassische Huhn- oder Ei-Frage. Da es nur wenig Software gab, die typisierte Links verwertete, waren die Anwender wenig motiviert, diese einzusetzen. Aber die Lage könnte sich schnell ändern, wie wir gleich darlegen werden.

> Der Autor macht bereits beim Drucken der HTML 4-Spezifikation Gebrauch von LINK REL und REV, da sie – natürlich – als eine Reihe von HTML-Dokumenten verwirklicht wurde. Damit es sich mit der Spezifikation einfach arbeiten läßt, wurde jede einzelne Datei schön klein gehalten. Dann wurde LINK verwendet, um die Beziehungen zwischen den Einzelteilen in der oben geschilderten Weise zu definieren. Ein paar eigene Programmzeilen sorgen dann für eine effektive Verfolgung der Links und die lineare Anordnung der Dateien, damit sie für den Ausdruck in der richtigen Reihenfolge vorbereitet sind.

Das Licht am Horizont scheint darin zu bestehen, daß Microsoft, bei seinem Streben nach Vereinigung des Desktop Explorers mit dem Internet Explorer nach Wegen sucht, Web-Sites in einer hierarchischen Baumdarstellung anzuzeigen; und das scheint in die von uns gewünschte Richtung zu weisen. Jeder Knoten in der Hierarchie von Web-Dateien wäre ein Symbol auf dem Bildschirm, das entfaltet bzw. zusammengefaltet werden könnte, um untergeordnete Elemente zu enthüllen bzw. zu verbergen. Sie könnten beispielsweise auf ein Buch klicken, um dessen nachfolgende Kapitel zu sehen zu bekommen und auf ein Kapitel, um dessen Bestandteile in Form von HTML-Dateien zu sehen zu bekommen.

Als ein Ergebnis ihrer Bemühungen steckt Microsoft bedeutende Mittel in die Entwicklung von Verfahren zur derartigen Darstellung von HTML-Datei-Sammlungen; und wenn man Microsofts enorme Mittel betrachtet, wird das unvermeidlich zu neuen Werkzeugen führen, welche die zwischen den Dateien bestehenden Beziehungsverhältnisse ausnutzen. Schließlich ist es für Autoren die Mühe wert, die Beziehungen zwischen den Dokumenten unter Verwendung von LINK REL und REV oder ähnlichen Strukturen auszudrücken.

▶▶ Beachten Sie, daß bei der Bezeichnung für eine Beziehung die Groß-/Kleinschreibung unberücksichtigt bleibt. Werfen Sie weiterhin einen Blick auf das Anker-Element A, das ebenfalls Gebrauch von den Attributen REV und REL macht.
Nach den von HTML 2.0 geschaffenen Tatsachen kann sowohl REL als auch REV eine Reihe von durch Leerzeichen voneinander getrennten Werten für Beziehungsverhältnisse zugewiesen werden. Werte für Beziehungsverhältnisse können in *Profilen* definiert werden. **Siehe dazu Seite 291.**

Bezeichnungsvorschläge für Beziehungsverhältnisse unter LINK
Im folgenden ein paar Bezeichnungsvorschläge für LINK REL:
REL=next **(weiter)**
REL=previous **(zurück)**
REL=contents **(Inhalt)**
REL=index **(Index)**
REL=navigate **(ansteuern)**
REL=collection **(Sammlung)**
REL=navigate **wird verwendet, um ein Dokument anzupeilen, das über eine Navigationshilfe verfügt, wie beispielsweise eine Übersichtskarte über die Web-Site. ▶▶**

▸▸ `REL=collection` wird verwendet, um ein Gebilde anzupeilen, das aus einer Sammlung kleinerer Dokumente besteht, wie beispielsweise ein „Buch" oder ein „Bericht".

Diese ganze Angelegenheit hätte schon lange gelöst sein können, wenn die frühen Browservertreiber die aus jahrhundertealten Erfahrungen mit geschriebenem Material gezogene Lehre anerkannt hätten, daß Autoren große Mühe damit haben, das Material auf eine wirkungsvolle Weise für das fortlaufende Lesen aufzubereiten. Dann hätten sie Autoren die Mittel an die Hand geben können, um verschiedene Web-Dokumente in eine lineare Abfolge zu bringen, auch wenn diese Dokumente zusätzlich auf andere Weisen verknüpft wären. In echten Hypertext-Systemen begegnen Sie oft einer durch ein Text-„Netz" definierten Abfolge, die auch Führung oder Pfad genannt wird. Diese Möglichkeit fehlt im Web, so wie wir es heute kennen. Andere computergestützte Hypertext-Systeme bieten wenigstens eine „Zurück"- und „Weiter"-Schaltfläche für Anwender an, die einem solchen Pfad durch miteinander verknüpfte Informationen folgen.

12.4.4 LINK und Werkzeugleisten für ein Dokument

Bisher haben wir für `LINK REL` und `REV` hinsichtlich der Beziehungsverhältnisse Bezeichnungen, wie „Index", „Inhalt" usw. verwendet. Natürlich können auch andere Bezeichnungen verwendet werden. Naheliegend wären beispielsweise `LINK REL=next` und `LINK REV=previous`. Diese würden dann von Software genutzt werden können, die Schaltflächen folgender Art in einer Werkzeugleiste zu generieren:

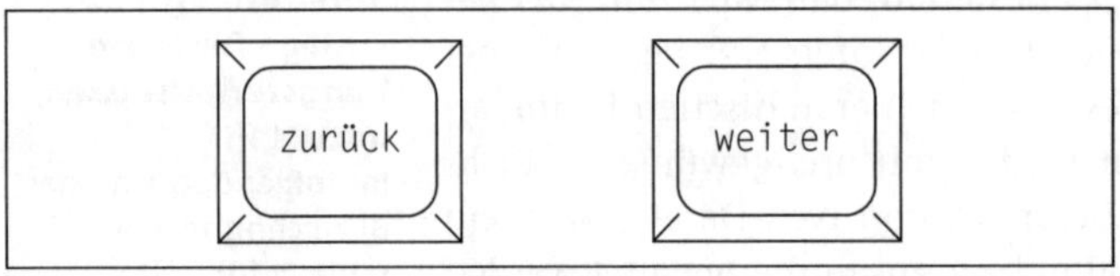

Wenn Sie beispielsweise eine Datei namens „dok32" verwenden, würden Sie die mit „Zurück" und „Weiter" bezeichneten Schaltflächen ständig angezeigt sehen. Das Anklicken dieser Schaltflächen würde Sie nach Bedarf zwischen den Dokumenten hin- und herbewegen. Im Verborgenen würden die Schaltflächen „Zurück" und „Weiter" etwa wie folgt gekennzeichnet sein:

```
<LINK REL=Previous HREF=dok31.html>
<LINK REL=Next     HREF=dok33.html>
```

12.4.5 Die Idee der Profile, um Standardbezeichnungen für die LINK-Attribute REL und REV aufzunehmen

Sie haben sich bislang vielleicht gefragt, wer Einfluß auf die Bezeichnungen für die mit `LINK` geschaffenen Beziehungen hat. Offensichtlich erweisen sich beispielsweise „index", „previous" und „next" als nützlich, aber warum sollen nicht auch „alte-Version", „Copyright-Hinweis" und beliebige andere Bezeichnungen möglich sein? In der Tat kann für `REL` und `REV` potentiell jede gewünschte Bezeichnung angegeben werden. Allerdings ist diese nur dann von Bedeutung, wenn es Software gibt, die diese Bezeichnung auch verarbeitet.

Dokumentenhierarchien
Für hierarchische Anordnungen von Dokumenten werden folgende Bezeichnungen für die `LINK`-Attribute `REL` und `REV` vorgeschlagen:
`REL/REV=child` **(Tochter)**
`REL/REV=parent` **(Vater)**
`REL/REV=top` **(Basis)**
`REL/REV=sibling` **(Geschwister)**

Da es eher unwahrscheinlich erschien, daß HTML 4-Entwickler jemals für eine zentrale Sammelstelle für `REL`- und `REV`-Bezeichnungen sorgen würden, wurde eine neue Idee geboren.

Das Entwicklerteam von HTML 4 stellte sich vor, daß es wahrscheinlich verschiedene Untermengen von `REL`- und `REV`-Bezeichnungen für unterschiedliche Anwendungen und Dokumente geben wird. Wenn nun jede dieser Bezeichnungslisten mit einem eigenen eindeutigen URL versehen werden könnte, könnten Autoren im Dokumentenkopf auf eine Liste ihrer Wahl verweisen. Somit wüßte der Browser, wo er nachzusehen hat, damit er die Bedeutung der vom Autor verwendeten Bezeichnungen für die Beziehungsverhältnisse herausfinden und entsprechend reagieren kann. Ursprünglich mit der Bezeichnung *Lexikon* versehen, werden solche Listen zur Interpretation von `REL`- und `REV`-Bezeichnungen jetzt *Profile* genannt.

12.4.6 Das Attribut PROFILE

Durch diese Vorstellung von Profilen im Hinterkopf ist für das Element `HEAD` unter HTML 4 nun das neue Attribut `PROFILE` entstanden. Dieses verweist auf einen eindeutigen URL, unter dem Definitionen für Bezeichnungen von Beziehungsverhältnissen für Links (unter `LINK` und `A`), für Eigenschaftsbezeichnungen (unter `META`) und Klassenwerte (für das Attribut `CLASS`) zu finden sind. Das Attribut `PROFILE` könnte folgendermaßen besetzt sein:

```
PROFILE="http://www.acme.com/profile/kern">
```

Das Profil könnte als für Menschen lesbare Liste vorliegen oder, weitergehend, maschinenlesbare Definitionen zur Verfügung stellen.

12.4.7 Der Aufbau der Profil-Datei

Dokumenten-abfolgen
Für eine Abfolge von Dokumenten werden folgende Bezeichnungen für die `LINK`-Attribute `REL` und `REV` vorgeschlagen:
`REL/REV=begin` **[oder** `first`**] (Anfang bzw. Erster)**
`REL/REV=end` **[oder** `last`**] (Ende bzw. Letzter)**
`REL/REV=next` **(weiter)**
`REL/REV=previous` **[oder** `prev`**] (zurück)**

Der genaue Aufbau der Profil-Datei liegt noch nicht endgültig fest. Nichtsdestoweniger steht das Attribut `PROFILE` für Entwicklungen bereit, sobald eine Entscheidung gefällt wird.

Ein bereits vorhandenes Beispiel für ein Profil ist der sogenannte Dublin Core. Er befindet sich zur Zeit noch im Stadium eines Prototypen, und die genaue Syntax unterliegt noch einem Wandel. Die Idee dahinter ist die, daß `LINK REL` über eine Anzahl von Werten verfügen kann, die ähnlich wie die Art und Weise ist, in der Bücher in Bibliotheken klassifiziert sind, wie beispielsweise das Dewey-System oder das von der Kongreßbibliothek verwendete Klassifikationssystem.

> Um die Möglichkeit zur Ergänzung des Attributs `PROFILE` zu erhalten, damit es eine Reihe von Profilen unterstützen kann, sollten Browser den Wert als eine Liste von durch Leerzeichen voneinander getrennten URLs ansehen. Bislang ist lediglich das erste Element von Bedeutung.

12.4.8 LINK und Style Sheets

Wie bereits in Kapitel 9 erläutert, kann `LINK` eingesetzt werden, um verknüpfte Style Sheets anzugeben, da es unter HTML 4 die Möglichkeit gibt, alternative Style Sheets sowie eine Kaskade von Verweisen auf andere Style Sheets zu bestimmen. Weiterhin ermöglicht HTML 4 es Ihnen, festzulegen, daß ein Style Sheet nur für bestimmte Medien geeignet ist.

Im nachfolgenden Beispiel werden drei verschiedene Style Sheets eingesetzt. Beachten Sie die Verwendung von `REL=stylesheet` in jeder der Zuweisungen, um einen vorwärtsgerichteten Link anzugeben. Richten Sie Ihr Augenmerk weiterhin auf das Attribut `MEDIA`, das angibt, ob das Style Sheet für einen Einsatz bei der Bildschirmdarstellung oder beim Ausdrukken auf Papier gedacht ist oder nicht.

```
<LINK REL=stylesheet MEDIA=print HREF="firmen-ausdruck.css">
<LINK REL=stylesheet MEDIA=screen
HREF="firmen-bildschirm.css">
<LINK REL=stylesheet HREF="techbericht.css">
<STYLE TYPE="text/css"> p.special {color: red;
font-size 12 pt}
</STYLE>
```

12.4.9 Das Attribut MEDIA

Das Attribut `MEDIA` zeigt an, daß die durch ein `LINK`-Element angegebene Ressource (üblicherweise ein Style Sheet) für ein bestimmtes Medium entworfen wurde. Das Attribut `TYPE` kann verwendet werden, um den Internet-Medientyp und die mit der angesprochenen Ressource verbundenen Parameter festzulegen. Dies ermöglicht es einem Browser, verknüpfte Style Sheets zu ignorieren, deren Notation er nicht verstehen kann, ohne seine Zeit damit zu verplempern, einen Kontakt zum Server aufzubauen.

12.4.10 Die Angabe alternativer Dokumentenversionen für den Ausdruck

Sie können das Element `LINK` auch einsetzen, um alternative Versionen des aktuellen Dokuments anzugeben, die beim Drucken verwendet werden sollen. Zum Beispiel:

```
<LINK REL=alternate MEDIA=print
   HREF="meindok.ps"
   TYPE=application/postscript>
```

12.4.11 Die Angabe von Sprachvarianten des Dokuments

Wenn Sie Übersetzungen des Dokuments in andere Sprachen angefertigt haben, sollten Sie das Element `LINK` verwenden, um auf diese zu verweisen. Damit wird einer Indizierungs-Maschine die Möglichkeit gegeben, Anwendern unabhängig von der Sprache, in der die Anfrage gestellt wurde, Ergebnisse in der von ihnen bevorzugten Sprache anzubieten.

```
<LINK REL=alternate HREF=meindok-fr.html
   LANG=fr TITLE="A la lune">
<LINK REL=alternate HREF=meindok-de.html
   LANG=de TITLE="An den Mond">
```

Auf zugehörige Dokumente verweisen
Für zu einem Dokument gehörige Dokumente werden folgende Bezeichnungen für die `LINK`-Attribute `REL` und `REV` vorgeschlagen:
`REL/REV=citation` **(Zitat)**
`REL/REV=definition` **(Definition)**
`REL/REV=footnote` **(Fußnote)**
`REL/REV=glossary` **(Glossar)**

12.4.12 LINK und Sammlungen von Web-Seiten

Wenn textreiche Dokumente oder Darstellungen automatisch in HTML konvertiert werden, führt das üblicherweise zu einer Sammlung von HTML-Seiten. Für Suchergebnisse ist es hilfreich, wenn zusätzlich zur durch die Suche gefundenen Seite auch auf den Anfang der TextSammlung verwiesen wird. Verwenden Sie dafür das Element `LINK` mit `REL=begin` zusammen mit einem `TITLE`, wie im folgenden Beispiel:

```
<LINK REL=begin HREF=seite1.html TITLE="Allgemeine
Relativitätstheorie">
```

12.5 Das Element META

Das Element META kann verwendet werden, um Name-Wert-Paare einzubeziehen, welche die Eigenschaften eines Dokuments, wie beispielsweise Autor, Verfallsdatum, eine Liste von Schlüsselwörtern usw. beschreiben. Für weniger abstrakt denkende Menschen läßt sich diese Vorstellung am besten anhand eines Beispiels erläutern:

```
<META NAME="author" CONTENT="Dave Raggett">
```

Hierbei gibt das Attribut NAME die Eigenschaftsbezeichnung an, in unserem Fall den Autor (eng. *author)*. Das Attribut CONTENT hingegen weist dem Autor einen Wert, einen Inhalt zu (Dave Raggett). Ein ähnliches Beispiel:

```
<META NAME="audience" CONTENT="all">
```

Hierbei wird der Eigenschaftsbezeichnung *audience* (=Publikum) der Wert *all* (=alle) zugewiesen. Im folgenden Beispiel hat der Autor mehrere META-Anweisungen mit den Zielen einbezogen, das Dokument in Abhängigkeit von Schlüsselwörtern zu indizieren und Informationen zum Copyright, zum Tag der Veröffentlichung und zum Autor zu geben:

```
<META NAME="author" CONTENT="Otto Geiß">
<META NAME="copyright" CONTENT="&copy;
                             1997 Premium Zucht GmbH">
<META NAME="keywords"  CONTENT="Meerschweinchen,Zucht">
<META NAME="date"      CONTENT="23. Jan. 1997 16:05:31 GMT">
```

Die zulässigen Bezeichnungen für META NAME sind – wie schon die Bezeichnungen für REL und REV – unbegrenzt. Bedenken Sie allerdings, daß die Bezeichnungen solange ohne Bedeutung sind, bis ein Programm diese verarbeiten kann und ihnen eine Bedeutung zuordnet, auch wenn Sie natürlich jede gewünschte Bezeichnung für NAME verwenden können.

Obwohl vorgeschlagen wurde, daß ein paar bestimmte Bezeichnungen als Standard vorgegeben sein sollten, werden sich viele wahrscheinlich ihre eigene spezielle Liste zusammen mit Verarbeitungsinformationen zusammenstellen wollen. Solche Informationen können zusammen mit Bezeichnungen für REL und REV als *Profil* gespeichert werden, wie es bereits im vorangegangenen Abschnitt über LINK erläutert wurde. Das Attribut PROFILE sollte im Element HEAD verwendet werden, um den URL des zutreffenden Profils anzugeben.

12.5.1 Das Attribut HTTP-EQUIV für die Erzeugung eines Kopfes in der HTTP-Antwort

Das Attribut `HTTP-EQUIV` kann anstelle von `NAME` verwendet werden und erhält eine besondere Bedeutung, wenn Dokumente per HTTP empfangen werden. Server können die per `HTTP-EQUIV` angegebene Eigenschaftsbezeichnung benutzen, um einen Kopf in der HTTP-Antwort zu erzeugen, die an den Browser zurückgeschickt wird. Zum Beispiel:

```
<META HTTP-EQUIV="Expires" CONTENT="Die, 20. Aug. 1996
14:25:27 GMT">
```

Diese Anweisung führt zu folgendem HTTP-Kopf, der mit der Datei über die Leitung geht:

```
Expires: Die, 20. Aug. 1996 14:25:27 GMT
```

Diese Art von Information kann vom Browser-Cache verwendet werden, um festzulegen, wann ein neues Exemplar des verknüpften Dokuments zu besorgen ist.

```
<META HTTP-EQUIV="Keywords"
CONTENT="Nanotechnologie, Biochemie">
<META HTTP-EQUIV="Reply-to"
CONTENT="dsr@w3.org (Dave Raggett)">
```

würde folgenden Kopf erzeugen:

```
Keywords: Nanotechnologie, Biochemie
Reply-to: dsr@w3.org (Dave Raggett)
```

Wenn das Attribut `HTTP-EQUIV` nicht vorhanden ist, generiert der Server keinen HTTP-Antwortkopf für diese Meta-Information. Zum Beispiel:

```
<META NAME="IndexType" CONTENT="Service">
```

Verwenden Sie das Element `META` nicht für die Definition von Informationen, die mit bestehenden HTML-Elementen verwirklicht werden sollten, wie beispielsweise im folgenden Fall:

```
<META NAME="Title" CONTENT="Die Etymologie von Mannequin">
```

Soll ich `HTTP-EQUIV` benutzen?
Das hängt von der Konfiguration Ihres Servers ab. Sie müssen mit dem Designer/Administrator Ihrer Web-Site sprechen, bevor Sie dieses Element einsetzen. Der Administrator sollte über eine eindeutige Strategie für den Einsatz von `META` in Dokumenten als Mittel zur Versorgung von Suchmaschinen mit Informationen verfügen.

12.5.2 META für die Versorgung von Suchmaschinen mit Daten

Ein weitverbreitetes Einsatzgebiet von `META` ist die Angabe einer Reihe von Schlüsselwörtern, die von Suchmaschinen ausgewertet werden können. Die Bestandteile der Liste werden durch Kommata voneinander getrennt:

```
<META NAME="keywords"
CONTENT="Urlaub,Griechenland,Sonnenschein">
```

Weitere Informationen zu diesem Thema finden Sie in dem Einschub „Wie Indizierungs-Maschinen die META-Informationen auswerten" auf Seite 298.

12.5.3 META, um den Browser anzuweisen, eine Folge von Seiten hintereinander anzuzeigen

Browser unterstützen weitgehend die Verwendung von META zum Auffrischen der aktuellen Seite nach einigen Sekunden; eventuell wird diese dabei durch eine andere Seite ersetzt.

```
<META NAME="refresh" CONTENT="3,http://www.acme.com/
intro.html">
```

Das Attribut CONTENT enthält eine Zahl, welche die Verzögerungszeit in Sekunden angibt, gefolgt vom URL, der nach Ablauf der Zeit geladen werden soll. Dieser Mechanismus findet üblicherweise beim Anzeigen einer flüchtigen Begrüßungsseite Verwendung. Sie können sich das so vorstellen, als ob Siejemand durch eine Tür in einen Raum hineinführt.

12.5.4 META und die Platform for Internet Contents Selection (PICS)

Die Platform for Internet Contents Selection (PICS) ist eine Infrastruktur, die Bezeichnungen (Metadaten) mit Internetinhalten verknüpft. Ursprünglich ist sie entstanden, um Eltern und Lehrern dabei zu helfen, festzulegen, auf welche Inhalte Kindern ein Zugriff im Internet zugestanden wird[1]. Allerdings ermöglicht sie auch andere Verwendungen für Bezeichnungen, wie beispielsweise verschlüsselte Unterschriften oder die Verwaltung von Rechten an geistigem Eigentum. Die folgenden HTML-Zeilen zeigen Ihnen, wie Sie eine PICS-Bezeichnung mittels META realisieren können:

```
<HEAD>
<META http-equiv="PICS-Label"
   CONTENT='(PICS-1.1 "http://www.gcf.org/v2.5"
      labels on "1994.11.05T08:15-0500"
      until "1995.12.31T23:59-0000"
      for "http://w3.org/PICS/Overview.html"
      ratings (suds 0.5 density 0 color/hue 1))'>
  <TITLE>..hier kommt der Titel..</TITLE>
</HEAD>
...hier kommt der Inhalt des Dokuments...
```

12.5.5 Die standardmäßigen Skript- und Style Sheets-Sprachen mit META festlegen

META kann eingesetzt werden, um die standardmäßigen Skript- und Style Sheets-Sprachen festzulegen. Sie können das Element auch einsetzen, um das standardmäßige Format zu bestimmen, falls Sie mittels der Elemente LINK und STYLE eine Reihe von alternativen Formaten unterstützt haben.

1 Die Suche nach „Pics" liefert genau das, was die Kinder nicht sehen sollen.

Der Einsatz des Attributs HTTP-EQUIV ermöglicht es, diese Eigenschaften durch HTTP-Köpfe zu setzen, wodurch es Site-Verwaltern leichter gemacht wird, einen Standardstil aufzudrängen.

12.5.6 Das Attribut LANG zum Festlegen der Sprache in META CONTENT

Das Attribut LANG kann im Zusammenspiel mit META zum Festlegen der Sprache des Wertes im Attribut CONTENT verwendet werden. Zum Beispiel:

```
<META NAME=author LANG=fr CONTENT="Arnaud Le Hors">
```

Damit wird Sprachausgabegeräten geholfen, den Text des Dokuments vernünftig zu betonen, mit dem richtigen Akzent!

12.5.7 Das Attribut SCHEME zum Qualifizieren von NAME

Das Attribut NAME legt eine Eigenschaftsbezeichnung fest, und das Attribut CONTENT weist der Eigenschaft einen Wert zu. Läßt sich mehr dazu sagen, wie dieser Wert interpretiert werden soll? Nach welchem Schema soll er verarbeitet werden? Wenn ein dem Attribut NAME zugeschriebener Wert auf mehr als eine Weise interpretiert werden kann, können Sie das Attribut SCHEME einsetzen. Ein Beispiel hierfür wäre die Verwendung eines Schemenwerts zu NAME=description, um anzuzeigen, daß CONTENT eine Klassifikationsnummer der Kongreßbibliothek, eine Zahl nach dem Dewey Dezimalsystem, die Überschrift eines medizinischen Themas oder eine Etikette des Kunst- und Architektur-Thesaurus enthält.

Als Beispiel folgt hier ein Eintrag nach dem Dewey Dezimalsystem (dds):

```
<META NAME=description SCHEME=dds
  CONTENT="04.251 Systementwurf für Supercomputing">
```

Ein weiteres Beispiel mit der Eigenschaft identifier (Bezeichner) nach dem ISBN-Schema:

```
<META NAME=identifier SCHEME=ISBN CONTENT="3-498-05742-1">
```

Die zulässigen Werte und deren Interpretation werden für jeden Eigenschaftsbezeichner, wie bereits im Abschnitt über LINK erläutert, durch das Profil definiert.

Wie Indizierungs-Maschinen die META-Informationen auswerten

Einige Indizierungs-Maschinen suchen nach `META`-Elementen, die eine Liste von durch Kommata voneinander getrennten Schlüsselwörtern/Ausdrücken enthalten oder die eine kurze Beschreibung angeben. Als allermindestes können diese Wörter bei der Vorstellung der Suchergebnisse verwendet werden, um dem Anwender dabei zu helfen, das vielversprechendste Gegenstück herauszusuchen.

```
<META NAME=keywords
CONTENT="Urlaub,Griechenland,Sonnenschein">
<META NAME=description CONTENT="Idyllischer Europa-
Urlaub">
```

Wie Sie für vernünftig indizierte Web-Seiten sorgen

Manchmal stellen Leute fest, daß ihre Sites von einem Indizierungs-Roboter indiziert wurden oder daß ein Roboter zur Quellen-Erkundung einen Teil einer Site besucht hat, der nicht von Robotern besucht werden sollte. In Anerkennung dieses Problems bieten viele Web-Roboter Administratoren von Web-Sites und Content Providern Möglichkeiten, den Handlungsspielraum der Roboter einzuschränken. Dies wird durch zwei Mechanismen erreicht: eine Datei „robots.txt" und die Verwendung von `META`-Tags auf bestimmten Web-Seiten.

Kurzgesagt, wenn ein Roboter eine Web-Site besucht, beispielsweise „http://www.foobar.com/", sucht er zunächst nach der Datei „http://www.foobar.com/robots.txt". Wenn er diese Datei finden kann, wird er den Inhalt analysieren, um festzustellen, ob das Wiederauffinden des Dokuments erlaubt ist. Sie können die Datei „robots.txt" so anpassen, daß sie zum einen nur für bestimmte Roboter gilt und zum anderen den Zugriff auf bestimmte Verzeichnisse oder Dateien verbietet.

Als Beispiel folgt hier eine Datei „robots.txt", die alle Roboter von der gesamten Site ausschließt:

```
browser:  *    # gilt für alle Robots
Disallow: /    # Indizierung für alle Seiten verbieten
```

Wo die Datei „robots.txt" zu erzeugen ist

Der Roboter wird einfach nach einem „/robots.txt"-URL auf Ihrer Site suchen, wobei eine Site als ein HTTP-Server definiert ist, der auf einem bestimmten Host unter einer bestimmten Port-Nummer läuft. Zum Beispiel:

Site-URL	URL für „robots.txt"
http://www.w3.org/	http://www.w3.org/robots.txt
http://www.w3.org:80/	http://www.w3.org:80/robots.txt
http://www.w3.org:1234/	http://www.w3.org:1234/robots.txt
http://w3.org/	http://w3.org/robots.txt

Es kann nur eine einzige Datei „/robots.txt" für eine Site geben. Insbesondere sollten Sie eine „robots.txt"-Datei nicht in einem Benutzerverzeichnis plazieren, da ein Roboter niemals in einem solchen nachsehen wird. Wenn Sie wollen, daß Ihre Anwender die Möglichkeit haben, eigene „robots.txt"-Dateien zu erzeugen, so müssen Sie diese alle in eine einzige Datei „robots.txt" zusammenfassen. Wenn Sie das nicht tun wollen, könnten Ihre Anwender statt dessen das `META`-Tag des Roboters benutzen.

Ein paar Hinweise:

- Bei URLs wird auf die Groß-/Kleinschreibung geachtet, und die Zeichenkette „/robots.txt" muß in Kleinbuchstaben vorliegen.
- Es sind keine Leerzeilen zulässig.

Es muß genau eine Angabe für den Browser geben. Der Roboter sollte bei der Interpretation dieser Angabe aufgeschlossen sein. Es wird eine Teilzeichenkette des Namens ohne Versionsinformation empfohlen, bei der nicht auf Groß-/Kleinschreibung geachtet wird.

Wenn „*" als Wert verwendet wird, beschreibt der Eintrag die standardmäßige Zugriffsberechtigung für jeden Roboter, der nicht zu einem der anderen Einträge gepaßt hat. Es ist nicht zulässig, mehrere solcher Einträge in der Datei „/robots.txt" aufzuführen.

Die Angabe für Disallow gibt einen teilweisen URL an, der nicht besucht werden darf. Dies kann ein vollständiger oder ein teilweiser Pfad sein. Jeder mit diesem Wert beginnende URL wird nicht aufgesucht.

Der Eintrag

```
Disallow: /help
```

würde beispielsweise sowohl den Zugriff auf /help.html als auch auf /help/index.html verbieten, wohingegen

```
Disallow: /help/
```

den Zugriff auf /help/index.html verbieten, den auf /help.html aber erlauben würde.

Ein leerer Wert für Disallow zeigt an, daß alle URLs aufgesucht werden dürfen. Wenigstens ein Disallow-Eintrag muß in der Datei „robots.txt" vorhanden sein.

Das META-Tag für Roboter

Das META-Tag für Roboter ermöglicht es HTML-Autoren, besuchenden Robotern anzuzeigen, ob ein Dokument indiziert oder zum Sammeln weiterer Links benutzt werden darf. Dafür sind keine Handlungen des Administrators erforderlich. Im folgenden Beispiel soll ein Roboter das Dokument weder indizieren, noch auf weitere Links untersuchen.

```
<META NAME="robots" CONTENT="noindex, nofollow">
```

Die möglichen Einträge für CONTENT sind: ALL, INDEX, NOFOLLOW und NOINDEX. Sowohl beim Attribut NAME als auch bei CONTENT wird nicht auf Groß-/Kleinschreibung geachtet.

Anmerkung: Anfang 1997 haben erst wenige Roboter diesen Mechanismus implementiert, aber es wird erwartet, daß sich dies ändert, sobald sich die Aufmerksamkeit der Öffentlichkeit mehr auf die Kontrolle von Indizierungs-Robotern richtet.

12.6 Das Element BASE

Das Element BASE ermöglicht es Ihnen, in den Dokumentenkopf den URL einzubeziehen, auf den sich alle relativen Verweise beziehen. Unter HTML 2.0 und HTML 3 muß das Element BASE ein Attribut HREF umfassen, dessen Wert der fragliche URL ist.

Das Element BASE wird beispielsweise verwendet, wenn sich das Dokument auf zwei Servern befindet oder über zwei verschiedene Pfade erreicht werden kann.

Angenommen, „http://www.nano.dr.org“ ist der URL, über den Sie auf ein Dokument zugreifen. Wenn jemand mittels eines relativen URLs einen Hyperlink in diesem Dokument unterbringt, wird dieser URL mit Bezug auf die Adresse aufgelöst, von der das Dokument heruntergeladen wurde. Wenn nun „http://www.nano.dr.org“ nicht die ursprüngliche Position für das Dokument ist, wird der relative URL falsch aufgelöst. Durch Verwendung des Elements `BASE` können Sie den richtigen und ursprünglichen URL für das Dokument angeben, und alle relativen URLs werden bezüglich des maßgeblichen URLs aufgelöst. Zum Beispiel:

```
<BASE HREF="http://www.tricks.nano.com">
```

Alle relativen URLs werden jetzt mit Hilfe dieses URLs aufgelöst anstatt einfach den URL zu verwenden, von dem das Dokument geladen wurde.

12.6.1 Das Attribut TARGET

Das Attribut `TARGET` kann verwendet werden, um ein Frame zu benennen oder ein neues Fenster zu benutzen. Sie können mit dem Attribut `TARGET` im Element `BASE` für alle Hyperlinks im Dokument eine Standardvorgabe festlegen.

12.7 Das Element NEXTID

Beim Element `NEXTID` handelt es sich um einen Parameter, der von Textverarbeitungssoftware gelesen und erzeugt werden kann, um eindeutige Identifikatoren zu generieren. Dieses Tag enthält ein einzelnes Attribut in der Form z123, welches der nächste zuweisbare dokumentenweite alphanumerische Identifikator ist.

Wenn ein Dokument verändert wird, sollten bereits vorhandene Anker-Identifkatoren nicht wieder verwendet werden, da andere Dokumente auf diese Identifikatoren verweisen könnten. Menschen, die HTML-Zeilen erzeugen, verwenden üblicherweise mnemotechnische alphabetische Identifikatoren.

Ein Beispiel:

```
<NEXTID N=Z27>
```

Browser können das Element `NEXTID` ignorieren. Die Unterstützung von `NEXTID` hat keinerlei Einwirkung auf Browser.

12.8 Das Element SCRIPT

Das Element `SCRIPT` ermöglicht es Ihnen, Skripte in Sprachen, wie beispielsweise JavaScript oder Visual Basic Script, einzubinden. Skripte gestatten Ihnen das Ändern des vorgegebenen Verhaltens eines HTML-Dokuments und erweisen sich insbesondere beim Ausfüllen von Formularen als nützlich. Sie können sicherstellen, daß Formularfelder angemessenen Einschränkungen unterliegen, und abgeleitete Felder unterstützen (deren Werte sich aus anderen Feldern ergeben). Näheres hierzu ist in Kapitel 16 zu finden.

12.9 Das Element STYLE

Das Element STYLE kann für das Einbinden stilistischer Informationen verwendet werden, wie sie in Kapitel 9 über Style Sheets erläutert sind. Nach Bedarf können ein oder mehrere STYLE-Elemente in den HEAD-Abschnitt des Dokuments aufgenommen werden. Für das Element STYLE werden, wie unten dargestellt, ein Start- und ein End-Tag benötigt.

Der Inhalt von STYLE (der Text innerhalb des Elements STYLE) sollte nicht als solcher im Browser dargestellt werden, sondern lediglich verwendet werden, um anderen Elementen Formate zuzuweisen und die Farbe, den Hintergrund und andere stilistische Layoutaspekte wechseln. Im folgenden ein Beispiel für das Element STYLE:

```
<HEAD>
<TITLE>Titel</TITLE>
<STYLE TYPE="text/css">
   H1 { font: sans serif }
   P  { color: red }
</STYLE>
</HEAD>
```

Das Element STYLE verfügt über eine Reihe von Attributen:

- TYPE Internet-Medientyp für Style Sheets
- TITLE Bezeichnender Titel für dieses SS
- MEDIA Für Papier, Bildschirmausgabe usw.

12.9.1 Das Attribut TYPE

Das Attribut TYPE kann verwendet werden, um den Internet-Medientyp und zugehörige Parameter für ein verknüpftes Style Sheet festzulegen. Damit wird dem Browser die Möglichkeit gegeben, Style Sheets zu ignorieren, die in ihm nicht verständlichen Formen vorliegen.

12.9.2 Das Attribut TITLE

Das Attribut TITLE wird verwendet, um Link- und STYLE-Elemente zu gruppieren, die zusammen ein benanntes Format definieren. Alle Mitglieder desselben Formats müssen genau denselben Wert für TITLE besitzen, aber Elemente ohne das Attribut TITLE werden immer angewandt (sofern sie nicht ungeeignet für das aktuelle Medium sind).

12.9.3 Das Attribut MEDIA

Dieses Attribut wird verwendet, um anzuzeigen, daß die angegebenen stilistischen Informationen für ein bestimmtes Medium entworfen wurden – beispielsweise für die Ausgabe auf Papier anstelle einer Ausgabe auf dem Bildschirm. Die zulässigen Werte entsprechen denen beim Attribut `MEDIA` des Elements `LINK`.

Frames

13

Dieses Kapitel enthält Informationen über:

- ▼ Was sind Frames?
- ▼ Die Erzeugung von einfachen Frames.
- ▼ Der geschickte Einsatz von Frames.

Zusammenfassung

Frames unterteilen ein Browserfenster in zwei oder mehr Dokumentenfenster, von denen jedes ein anderes Dokument oder einen anderen Teil desselben Dokuments darstellt. Frames können in einem HTML- oder SGML-Dokument dazu führen, daß eine Web-Seite als in mehrere Bereiche unterteilt erscheint, für die ein Bildlauf durchführbar ist.

Jedem Frame können Eigenschaften wie Name, Adresse des Quelldokuments, Dimensionierung, Ausrichtung und Gestaltung von Frames, Verhalten beim Durchführen eines Bildlaufs und bei Größenänderungen, Datei- und Themenzuordnungen, Style Sheets usw. zugewiesen werden.

- **Namen** – Sie können in jedem Frame einen Anker plazieren, der auf ein beliebiges adressierbares Objekt verweist, und dieses Objekt dann innerhalb eines beliebigen benannten Frames plazieren.
- **Adresse des Quelldokuments** – Sie können jedes mögliche Adress-Schema verwenden, das von Ihrer Software unterstützt wird, wie z.B. URLs und Dateinamen.
- **Dimensionierung** – Sie können ein starres oder flexibles zweidimensionales Gitter aus rechteckigen Blöcken gestalten.
- **Ausrichtung und Gestaltung von Frames** – Sie können den linken und rechten, den oberen und unteren Randabstand sowie die Ausrichtung des Frames einstellen. Sie können die Kanten eines Frames weiterhin mit jeder gewünschten Farbe versehen oder sie unsichtbar erscheinen lassen.
- **Durchführen von Bildläufen** – Für Frames können Bildlaufleisten entweder manuell eingerichtet werden, oder Sie lassen den Browser Bildlaufleisten hinzuschalten, sobald das Dokument größer als die aktuelle horizontale oder vertikale Größe des Frames ist.
- **Größenänderungen** – Üblicherweise lassen sich Frames im Browser in ihrer Größe einstellen, aber diese Fähigkeit läßt sich auch abschalten, damit die Größe eines Frames nicht verändert werden kann.

- **Datei- und Themenzuordnungen** – Sie können einen Datei- oder Themennavigator in einen Frame plazieren. Der Navigator kann beispielsweise aus einer zusammengestellten Liste der folgenden Dinge bestehen: einem Dateisystem, einer Auflistung von Dokumentenköpfen, kleinen Vorschauskizzen von Dokumentenbildern oder einem Index einer beliebigen Art von Elementen.

Das Entwerfen von Frames ist nicht schwer, aber Sie müssen den Umgang mit ihnen verstanden haben, bevor Sie sich an raffinierteren Werken versuchen. Werfen Sie im voraus einen Blick auf das Ende dieses Kapitels, wenn Sie mögen, aber kehren Sie dann zurück und lesen Sie sich die Grundlagen durch. Ihre Geduld wird belohnt werden.

13.1 Was sind Frames?

Mit Frames läßt sich das Anzeigefenster des Browsers in jede beliebige vernünftige Anzahl von rechteckigen Bereichen unterteilen. Jeder Frame zeigt eine mit ihm verknüpfte HTML-Datei an, so daß Ihnen damit eine brauchbare Möglichkeit zur Verfügung steht, um den Aufbau Ihrer Seiten zu organisieren. Anders als Tabellen, deren Inhalte feststehen, können Frames Texte enthalten, für die zum einen ein Bildlauf durchführbar ist und deren Inhalte weiterhin in Abhängigkeit von Anwendereingaben oder programmierbaren Aktionen aufgefrischt und ersetzt werden können.

Im folgenden ist eine mit mehreren Frames gestaltete kommerzielle Web-Site des Internet-Diensteanbieters Easynet dargestellt:

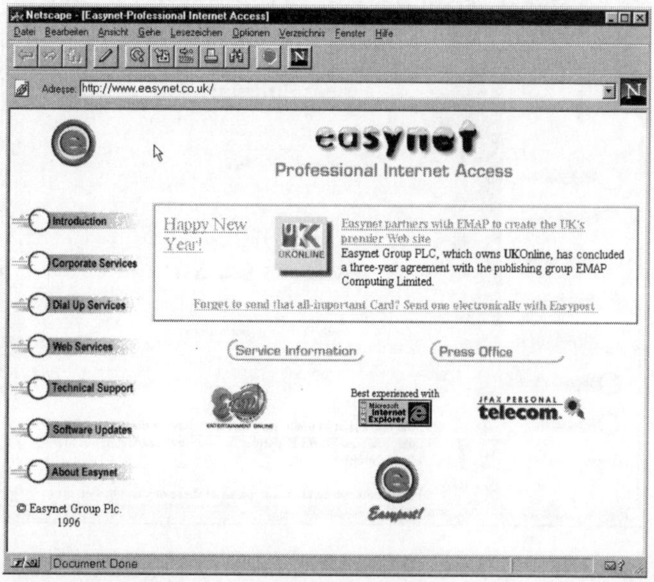

Und hier nun der erfreulich kurze HTML-Abschnitt, der die Easynet-Frames einrichtet:

```
<TITLE> Easynet - Professional Internet Access </TITLE>
<FRAMESET FRAMEBORDER="0" FRAMESPACING="0" BORDER=0
COLS="169,*">
  <FRAME SRC="/easynet/menu-net.html" NAME="menu"
    MARGINWIDTH=0 MARGINHEIGHT=0>
  <FRAMESET FRAMEBORDER="0" FRAMESPACING="0" BORDER=0
          ROWS="*">
    <FRAME SRC="/easynet/main.html" NAME="main"
          MARGINHEIGHT=0>
  </FRAMESET>
  <NOFRAMES>
    <BODY BGCOLOR="#ffffff" TEXT="#000000" LINK="#ff8000"
      VLINK="#07A35F">
    <TABLE> ...hier gab es Material für ältere Browser...
    </TABLE>
    </BODY>
  </NOFRAMES>
</FRAMESET>
```

Den größten Teil des NOFRAMES-Abschnitts haben wir weggelassen, weil er an dieser Stelle nicht relevant ist.

Wenn Sie einen der Indexeinträge anklicken, beispielsweise Software Updates, ändert sich zwar die Anzeige in dem Frame namens „main", aber der Index bleibt wie gehabt:

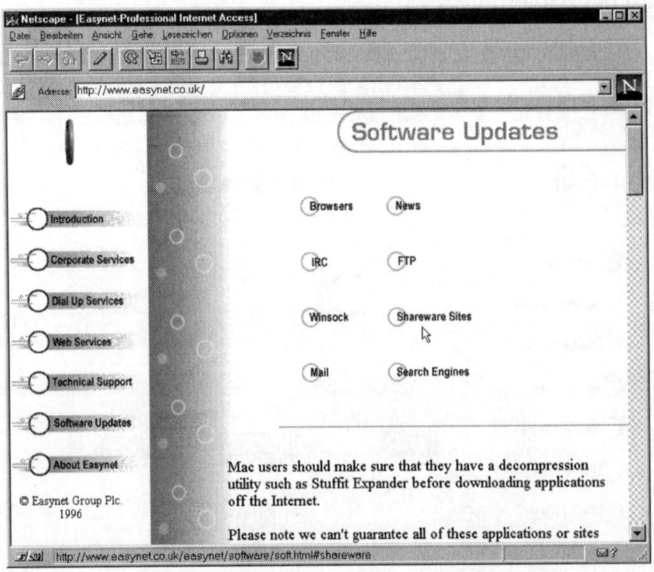

Wie Sie sehen können, setzt sich der Text am unteren Ende des Fensters fort. Um den Rest zu Gesicht zu bekommen, können Sie einfach einen Bildlauf durchführen:

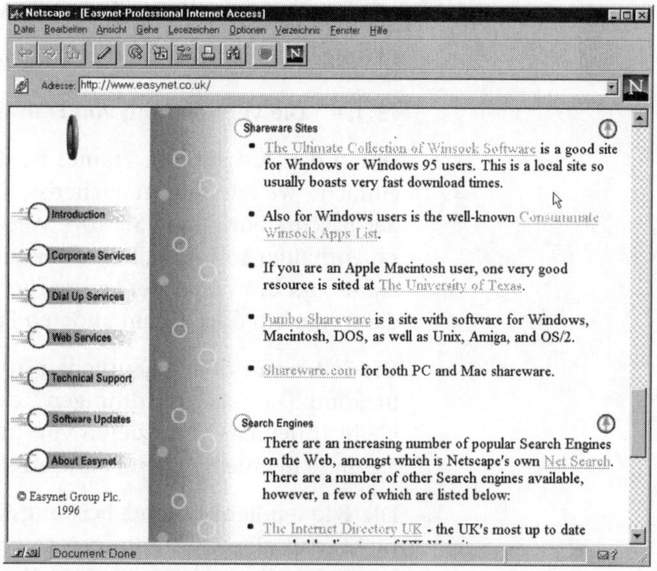

Die inhaltstragenden Elemente innerhalb des Frames, wie beispielsweise Überschriften, Text, Verweise und andere, funktionieren genauso wie auf normalen HTML-Seiten. Im weiteren Verlauf des Kapitels zeigen wir Ihnen, wie Sie Frames erstellen können, die es an Schönheit und Klarheit mit diesen professionellen Beispielen aufnehmen können.

Ein Frame kann eigentlich alles enthalten, was Sie mit HTML darstellen können (genauso, wie ein Fenster in einem Macintosh- oder Windows-Programm). Sie können diejenigen Elemente, die ständig sichtbar sein sollen, in einem statischen, unveränderlichen Frame unterbringen. Dazu können Schaltflächen gehören, die notfalls die gesamte Anzeige erneuern, indem vollkommen neue Frames eingerichtet werden. Andere Schaltflächen können die Inhalte jedes beliebigen einzelnen Frames ersetzen. Der Anwender blättert sich durch unterschiedliche Informationshäppchen, die sich üblicherweise in einem großen Frame befinden, der hauptsächlich Text enthält. Sehr beliebt sind Index-Frames auf der linken Seite: Jeder Indexeintrag stellt einen Hyperlink dar, der ständig zugänglich ist.

Einige Browser können keine Frames darstellen. Dazu gehören ältere Versionen, wie beispielsweise Netscape 1.0, und auf Text beschränkte Modelle, wie beispielsweise Lynx. Diese können Sie unterstützen, indem Sie einen Dokumentenkörper mit Text und grafischen Elementen einsetzen, der lediglich erklärt, daß ein framefähiger Browser benötigt wird, oder indem Sie eine framefreie Fassung Ihrer Seiten anbieten.

Neuere Browser, wie beispielsweise der Microsoft Internet Explorer 3.0 und der Netscape Navigator 3.0 (und neuere Versionen), bieten eine vollständige Unterstützung für HTML-Frames.

13.1.1 Die Verwendung von Frames

Durch den Einsatz von Frames wird der Aufbau Ihrer HTML-Seiten vereinfacht, weil diese Herangehensweise zu einer Trennung führt zwischen der Beschreibung, **wie** Sie Ihre Web-Site anzeigen wollen und dem, **was** sie enthalten soll. Ein „Framedokument" beschreibt die Anordnung von Frames im Browser. Jeder Frame enthält einen Verweis auf ein Dokument, das in diesem oder einem anderen Frame erscheinen soll.

Die Seiten mit dem eigentlichen Inhalt werden von Tabellen befreit, die in komplizierten Anordnungen Texte und Bilder enthalten. Weiterhin bleibt Ihnen das Duplizieren von Indizes und Querverweisen erspart, da Sie diese in einem festen Frame angezeigt lassen können.

Die Bequemlichkeit und Leistungsfähigkeit von Frames bedeutet leider nicht, daß alle Anwendungen sofort verbessert werden, indem die gute Frame-Fee diese mit ihrem magischen Zauberstab beglückt. Weit gefehlt - es gibt einige unerhört schlechte und unnötige Verwendungen, die offensichtlich nur aus dem Grund existieren, sich auf der Höhe der Zeit zu präsentieren. Wir möchten an dieser Stelle keine Namen nennen, aber einige multinationale Konzerne, die es eigentlich besser wissen sollten, liefern gute Beispiele hierfür.

Frames werden zu einem Hindernis, wenn sie lediglich für dekorative Zwecke hinzugefügt werden, für unnötige Komplexität (und mögliche Fehler) sorgen oder die angewandten Verfahren verlangsamen. Sie nützen Ihren Anwendungen dagegen, wenn sie den Besuch Ihrer Site vereinfachen und verständlicher, unkomplizierter und vielleicht unterhaltsamer gestalten. Das kann auf unterschiedliche Weise erreicht werden:

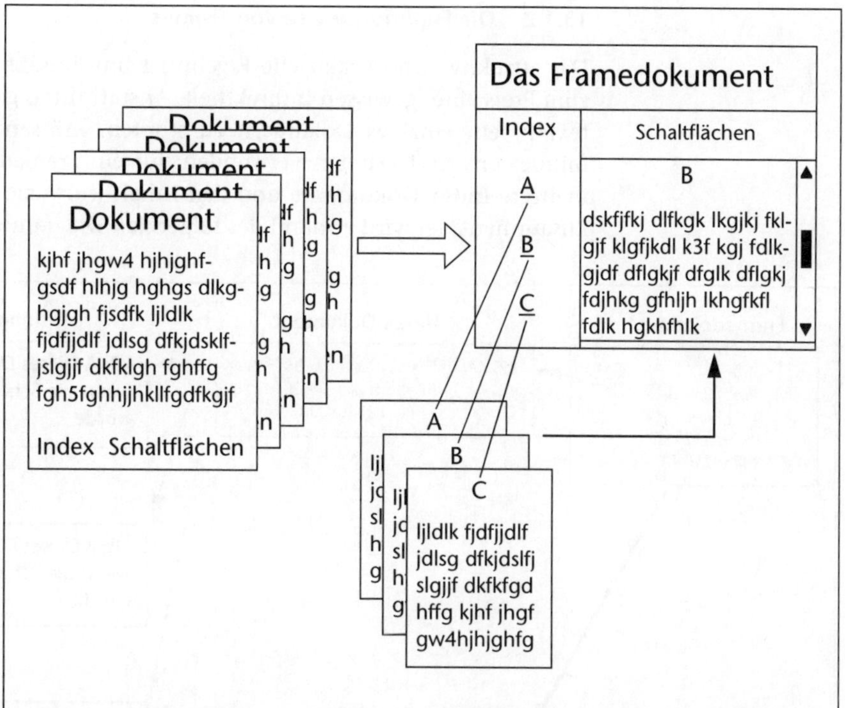

Vorher: Jede Seite besaß ihre eigenen Schaltflächen, Links, Index, Grafiken, Titel, Hintergrund, Daten usw. Eine Überarbeitung bedeutete, Änderungen an ihnen allen durchzuführen.

Nachher: Das Framedokument richtet alles nur einmal ein, und die weiteren Dokumente sind einfach gehalten. Der Index und weitere Schaltflächen laden die Dokumente mit gezielten Verweisen in Frames.

- durch das lediglich einmalige Bereitstellen von Index und Navigationselementen
- durch das Beibehalten einer festen Position für Hilfe, Informationen, Navigation und Index, um das Auffinden zu erleichtern
- durch das Anbieten kontextabhängiger Navigation und Hinweise
- durch den Einsatz vertrauter Layouts, die der Regel „von links nach rechts und von oben nach unten" folgen, um die Reihenfolge der Handlungen anzudeuten
- durch die visuelle Gruppierung zusammengehöriger Elemente.

Möglicherweise fallen Ihnen noch mehr Möglichkeiten für einen effektiven Einsatz von Frames ein.

13.1.2 Die Funktionsweise von Frames

Das attraktive und praktische Ergebnis beim Einsatz von Frames erfolgt zum Preis einer gewissen Indirektheit. Anstatt Ihren ganzen HTML-Quelltext in ein einziges Dokument zu stopfen, müssen Sie normalerweise mindestens **drei** Dateien verwenden: für ein Framedokument, ein oder mehrere Index-Dokumente und den Inhalt (normale HTML-Seiten). Das Zusammenspiel wird anhand des folgenden Diagramms erläutert.

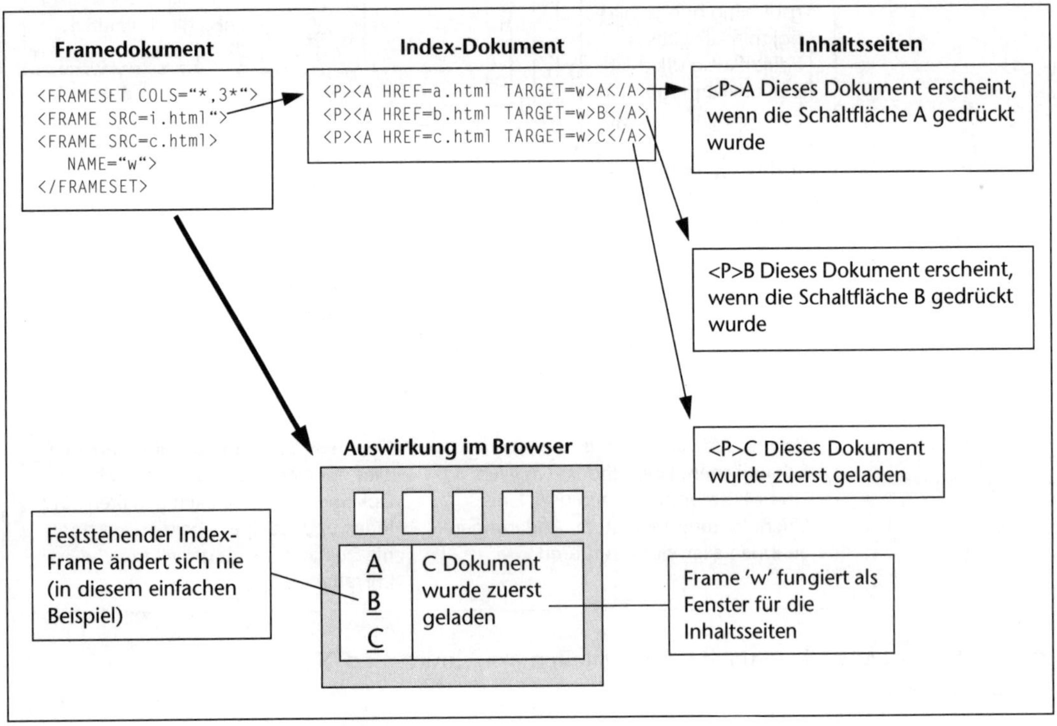

Das Framedokument selbst legt das anfängliche Erscheinungsbild Ihrer Web-Site fest, indem es Verweise auf Startdokumente nutzt. Damit irgend etwas anderes passieren kann, müssen Sie weitere Verweise von den Startseiten zu Ihren übrigen Inhaltsseiten (Text, Grafiken, etc.) erzeugen. Diese Verweise können einfache Text-Anker oder grafische Schaltflächen, Bildbereiche usw. sein. Sie veranlassen den Browser dazu, Ihre Inhaltsseiten in einen Frame Ihrer Wahl zu laden. Im Diagramm wird lediglich ein solcher benutzter Dokumentenframes neben dem Index-Frame dargestellt.

13.1.3 Woher stammt die Idee zu Frames?

HTML-Seiten wurden mit jeder neuen Browser-Generation anspruchsvoller. Um verstehen zu können, worum es bei dem ganzen Geschrei eigentlich geht, denken Sie an die Entwicklung, die Anzeigen und Bildschirme für Computer in den letzten dreißig Jahren durchgemacht haben.

Am Anfang fütterten Sie den Computer mit einem Stapel Lochkarten und erhielten unter Umständen einen Ausdruck. Wenn überhaupt jemand über einen Bildschirm verfügte, dann war es der Operator und er oder sie besaß einen kleinen Monitor mit hellgrüner Schrift, die genauso schnell über den Bildschirm lief, wie das Papier aus dem Drucker quoll. Alte HTML-Elemente, wie <TT> und <PRE>, sind diesem Vorgehen in ihrer Funktionsweise sehr ähnlich. Ihr Text ist so wie früher mit einfacher Schriftart formatiert, beginnt oben auf dem Bildschirm und ergießt sich Zeile für Zeile über die Seite. Der einzige Unterschied besteht darin, daß Sie die Bildlaufleiste benutzen müssen.

Irgendwann bemerkten einige Leute, daß eine Tastatur und ein Bildschirm für den Operator viel praktischer waren, als Lochkarten und grüne Ausdrucke. Der interaktive Computer war geboren. Es gab einen Bildschirm, auf dem ein Bildlauf durchgeführt werden konnte, aber häufig mußte dafür ein Cursor nach oben und unten bewegt werden, und verschiedene Tasten mußten gedrückt werden, um Befehle auszuführen. Eine einfache HTML-Anordnung ist dieser Art von Schnittstelle mit Überschriften, wie <H3>, Text <P> und horizontalen Linien <HR> zusammen mit Ankern <A HREF=...> sehr ähnlich. Die Betonung liegt weiterhin auf durchgängigem Text, allerdings wurden verschiedene Strukturen ergänzt.

Abbildung 13.1: IBM 650 Mainframe Computer

Schließlich entwickelten Forscher von Xerox und dem MIT Media Lab die Idee einer grafischen Benutzerschnittstelle, die es den Leuten ermöglichte, verschiedene Informationshappen in verschiedenen Fenstern auf dem Bildschirm zu erhalten. Diese konnten unabhängig voneinander durchlaufen werden, oder auch nicht, wobei die Fenster dort blieben, wo sie waren. Apple übernahm die Idee, und der Rest ist Geschichte. An dieser Stelle kommen HTML-Frames ins Spiel: Sie sind die „Fenster" zu Ihren Dokumenten und Grafiken.

Beachten Sie, daß diese einfache Idee eine große Auswirkung auf den Entwurf von Seiten mit sich bringt. Bevor es Frames gab, wurde zuerst Seite A angezeigt, der Anwender klickte einen Anker auf Seite A an, und der Browser zeigte an deren Stelle dann Seite B an. Die gesamte Anzeigefläche des Browsers wurde für die Anzeige der neuen Seite verwendet. Beim Einsatz von Frames wird beim Anklicken eines Ankers in der Regel nur ein Frame ersetzt. Natürlich muß es weiterhin möglich sein, alle Frames zu entfernen und von vorne zu beginnen, beispielsweise, wenn der Anwender eine andere Web-Site ansteuert. Aber solange ein Besucher sich in Ihrer Site aufhält, können Sie Ihre Frames an Ort und Stelle stehen lassen.

Dieses Konzept ebnet den Weg zur Darstellung von Werbeflächen, um für Ihre Waren und Dienste zu werben. Es ermöglicht weiterhin die Konstruktion von Index-Schaltflächen und ähnlichem, die sich immer zugriffsbereit an einer Stelle befinden. Übrigens, Frames gestatten es Ihnen, Seiten zu vereinfachen, die nur Text enthalten, weil Sie sich nicht länger mit Überschriften, Indizes und Querverweisen auf jeder Seite abplagen müssen, die sich in ihrem Format ähneln oder sogar identisch sind. Sie plazieren die Überschriften, Indizes und was sonst noch alles ein einziges Mal in deren eigene Frames, in denen sie dann auch bleiben.

Wenn Sie diese Ursachen für die Entstehung von Frames erst einmal verstehen, ist der Rest - das versprechen wir – sehr einfach.

13.2 Einfache Frames

13.2.1 Das Entwerfen Ihres Frame-Layouts

Als Vorbereitung ist es Ihre Aufgabe, Ihre Frames auf einem Blatt Papier zu skizzieren, damit Sie wissen, welches Ergebnis Sie zu erzielen versuchen. Am besten macht man sich Gedanken darüber, welche Frames zuerst „gelesen“ werden sollen und plaziert diese oben oder auf der linken Seite. Ebenfalls festlegen sollten Sie, welche Frames eine feste Größe haben müssen und welche soviel Platz wie möglich einnehmen sollen.

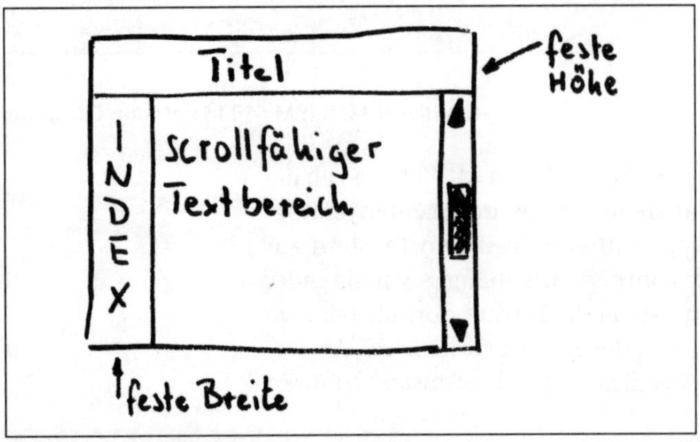

Selbst eine grobe, einfache Skizze, wie die links dargestellte, reicht häufig aus, um Zeit bei einem Entwurf zu sparen, der Ihren Anforderungen nicht genügt - die Zeichnung verschafft Klarheit darüber, ob Sie irgend etwas vergessen haben, oder nicht. Sie können auch bereits die Verweise auf andere Dateien einzeichnen, wie in dem Diagramm im vorhergehenden Abschnitt geschehen.

13.2.2 Die Struktur des Framedokuments

Frames werden durch drei Elemente erzeugt und gesteuert: FRAMESET, FRAME und NOFRAMES.

Eine Frames enthaltende Web-Seite wird durch ein Haupt- oder „Frame-" Dokument erzeugt. Dieses Dokument definiert die Framebereiche im Browser und gibt für jeden Frame dasjenige HTML-Dokument an, welches anfangs angezeigt werden soll. Ein Hypertext-Anker in einem dieser Dokumente kann jeden beliebigen Frame zum Ziel haben, so daß (beispielsweise) das Anklicken eines Bildes in Ihrem Index-Frame die Anzeige eines beliebigen anderen Frames erneuern kann. Die besondere Eigenschaft eines Framedokuments besteht darin, daß es das Element FRAMESET anstelle von BODY enthält. Das Element FRAMESET beschreibt die Frames, aus denen sich die Seite zusammensetzt, und die Elemente FRAME geben die Unterdokumente an, die anfänglich in diesen erscheinen.

Eine Framegruppe (FRAMESET) kann ausschließlich Frames (FRAME), eingebettete Framegruppen (für komplexere Layouts mit untergeordneten Frame) und das Element NOFRAMES enthalten. Das Element NOFRAMES bietet die Möglichkeit einer alternativen Anzeige für Browser, die keine Frames unterstützen. Es entspricht ziemlich genau dem Attribut ALT beim Element IMG, das die Beschreibung eines Bildes für nicht-grafikfähige Browser ermöglicht.

Da der Einsatz von Frames keinen Sinn macht, solange nicht mindestens zwei Frames verwendet werden, besitzt das einfachste Framedokument folgende Struktur:

```
TITLE
FRAMESET
    FRAME
    FRAME
        NOFRAMES
        BODY
```

Wenn Sie jetzt noch einmal das Easynet-Beispiel am Anfang dieses Kapitels betrachten, werden Sie feststellen, daß es genau über diese geradlinige Struktur verfügt.

Um die Framegruppe zu vervollständigen, müssen Sie noch die gewünschte Anzahl von Zeilen und Spalten für die Frames sowie den Inhalt jedes Frames angeben. Diese Aufgabe erfordert den Einsatz der Attribute zu FRAMESET und FRAME, die im folgenden erklärt werden.

13.2.3 Framegruppen

Eine Framegruppe unterteilt das Browserfenster in rechteckige Bereiche. Jeder dieser Bereiche kann ein Frame oder eine untergeordnete Framegruppe sein. Das FRAMESET-Tag legt die tatsächliche Größe und Gestaltung der Frames unter Verwendung der weiter unten beschriebenen Attribute ROWS und COLS fest.

Ein Framedokument enthält kein Element BODY, da es lediglich eine Reihe von Frames enthält, von denen jeder das Element BODY vermutlich in seinem eigenen HTML-Dokument verwendet. Für FRAMESET wird ein End-Tag benötigt. Sie dürfen **keine** normalen, im Dokumentenkörper auftretenden HTML-Elemente (wie H1, P oder IMG) vor dem ersten FRAMESET-Tag einsetzen, da andernfalls alle Frames vom Browser ignoriert werden.

Das Element TITLE ist das einzige, das normalerweise vor dem ersten FRAMESET auftaucht. Dieses Element ist zulässig, weil es Teil des Dokumentenkopfs, nicht des Dokumentenkörpers ist.

13.2.4 Den Platz in Zeilen und Spalten aufteilen

Die Attribute ROWS und COLS von FRAMESET legen fest, wieviele Frames sich in der Gruppe befinden und wie sie den vorhandenen Platz unter sich aufteilen. Beide werden mit derselben Art von Wert versehen, so daß wir sie zusammen beschreiben.

Beiden Attributen wird eine Reihe von Werten (wie beispielsweise Prozentwerte oder tatsächliche Pixel) zugewiesen, die durch Kommata oder Leerzeichen voneinander getrennt sind. Wenn Sie nur das Attribut ROWS angeben, erhalten Sie eine Spalte, die den gesamten verfügbaren Platz einnimmt:

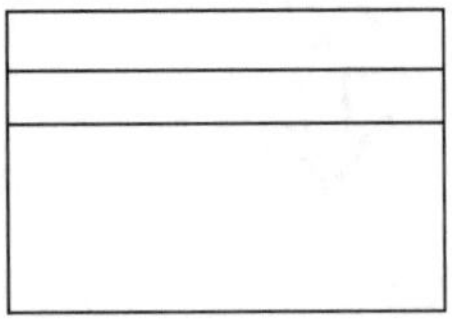

```
<FRAMESET ROWS="20%,30%,50%"> <!-- Prozentwerte -->
   <!-- nur 1 Spalte -->
   ...
</FRAMESET>
```

Entsprechend erhalten Sie eine Zeile, wenn Sie nur das Attribut COLS angeben:

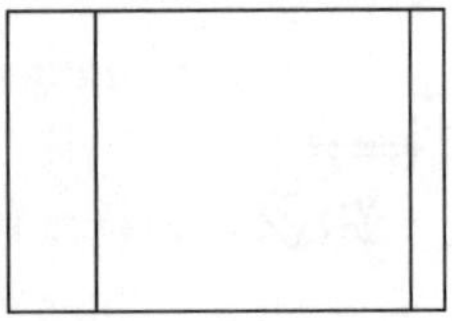

```
<FRAMESET COLS="200,500,100"> <!-- Pixel -->
   <!-- nur 1 Zeile -->
   ...
</FRAMESET>
```

Und schließlich werden für eine vollständige FRAMESET-Spezifikation die beiden Attribute ROWS und COLS angegeben:

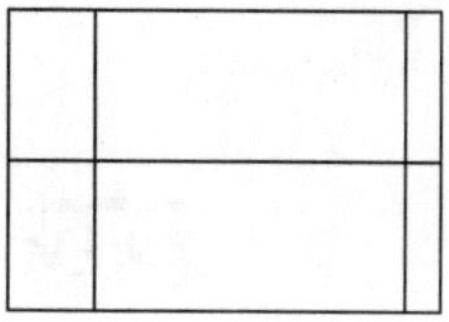

```
<FRAMESET ROWS="50%,50%" COLS="20%,70%,10%">
    <!-- zwei Zeilen, drei Spalten -->
    ...
</FRAMESET>
```

Sie müssen mindestens eines der Attribute ROWS oder COLS angeben. Wie Sie sicherlich bereits erraten haben, gibt jeder Wert die Breite (bei Spalten) und Höhe (bei Zeilen) der umrahmten Bereiche an. Durch die Anzahl der Werte für Breite und Höhe wird festgelegt, wieviele Zeilen und Spalten Sie erhalten. Geben Sie folgendes ein:

```
<TITLE>Frames mit drei Spalten</TITLE>
<FRAMESET COLS="20%,30%,50%">
  <FRAME SRC="feld1.html">
  <FRAME SRC="feld2.html">
  <FRAME SRC="feld3.html">
</FRAMESET>
```

Dadurch wird die Framegruppe durch das Fehlen von Werten für ROWS vertikal in drei spaltenartige Bereiche aufgeteilt. Die erste Spalte hat dabei eine Breite von 20 % der Breite der aktuellen Framegruppe (oder des Browserfensters, wenn wir uns, wie in der Darstellung, auf der obersten Ebene befinden), die Breite des zweiten Bereichs beträgt 30 % und die des dritten Bereichs 50 %.

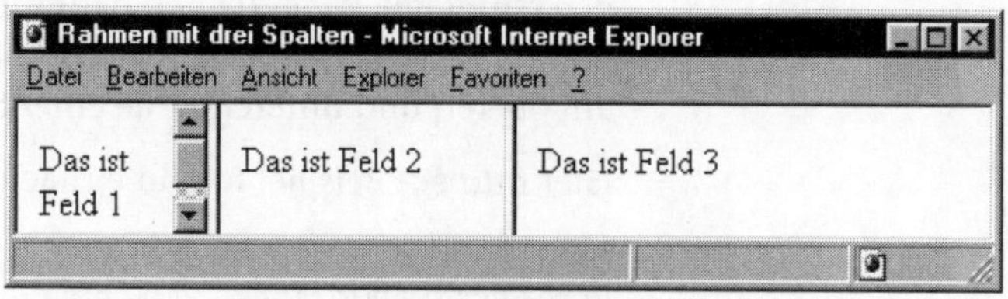

Entsprechend wird die Framegruppe horizontal in drei zeilenartige Bereiche aufgeteilt, wenn zwar Werte für ROWS, aber nicht für COLS angegeben werden.

```
<TITLE>Frames mit drei Zeilen</TITLE>
<FRAMESET ROWS="33%,33%,33%">
  <FRAME SRC="feld1.html">
  <FRAME SRC="feld2.html">
  <FRAME SRC="feld3.html">
</FRAMESET>
```

In Frames erscheinende HTML-Dokumente können ihre eigenen Hintergründe, Farben und Schriften bestimmen. Dies geschieht in der üblichen Form mit dem Element BODY und üblichen Inhalten für den Textkörper (beispielsweise Überschriften und Absätze). Für das vorangegangene Beispiel könnte `feld1.html` seine farbliche Erscheinung folgendermaßen definiert haben:

```
<TITLE>Feld 1</TITLE>
<BODY BGCOLOR=green TEXT=yellow>
  <P>Dies ist Feld 1
</BODY>
```

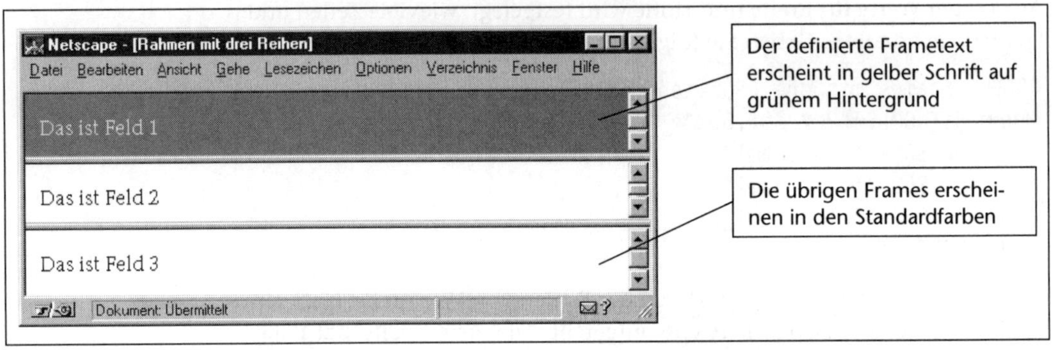

Wenn Sie sowohl für `ROWS` als auch für `COLS` Werte angeben, wird die Framegruppe in ein Gitter aus Zeilen und Spalten aufgeteilt. Dieses einfache Vorgehen ermöglicht es Ihnen, eine große Anzahl von Frames in einem Bereich unterzubringen, vorausgesetzt, Sie werden mit einem regelmäßigen Gitter glücklich. (Durch das Einbetten von Framegruppen können Sie komplizierte Effekte erzielen, wie beispielsweise eine Reihe von Feldern am oberen und unteren Ende einer Seite.)

Hier nun ein Beispiel für ein einfaches Gitter:

```
<TITLE>Framegruppe aus 2 Zeilen x 3 Spalten</TITLE>
<FRAMESET ROWS="50%,50%" COLS="20%,*,30%">
  <!-- zwei Zeilen, drei Spalten -->
  <FRAME SRC=feld1.html>
  <FRAME SRC=feld2.html>
  <FRAME SRC=feld3.html>
  <FRAME SRC=feld4.html>
  <FRAME SRC=feld5.html>
  <FRAME SRC=feld6.html>
</FRAMESET>
```

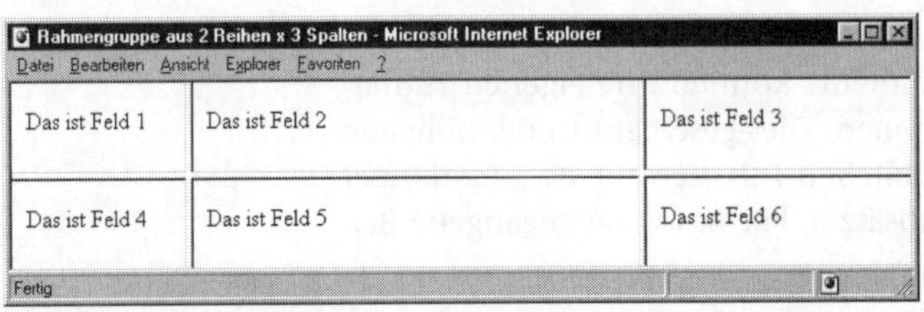

13.2.5 Platzaufteilung unter den Frames

Um die verfügbare Höhe und Breite auf Ihre Frames aufzuteilen, müssen Sie in jeder Framegruppe eine Reihe von Werten für die Attribute `ROWS` und `COLS` angeben. Beide Attribute verwenden eine Auflistung von durch Kommata voneinander getrennten Werten. Diese Werte können sein:

- feste Größen in Pixeln,
- Prozentwerte (zwischen 1 und 100) oder,
- relativ gemessene Werte.

13.2.6 Feste Größe in Pixeln

Ein einfacher numerischer Wert entspricht einer festen Größe in Pixeln. Zum Beispiel:

```
<FRAMESET ROWS="100,500,200">
```

Gemeinsam mit den weiter unten beschriebenen relativen Größenwerten (mit einem „*" versehen) eignen sich feste Größen insbesondere für die Darstellung von Grafiken, wie beispielsweise einem Bildbereich oder einer Schaltfläche, die einen Frame vollständig ausfüllen. Um beispielsweise ein Schaltflächenbild in einen Frame der Höhe 100 einzupassen, können Sie, in Anlehnung an den Wert von `FRAMESET ROWS`, folgendes (in die HTML-Datei, die in den Frame geladen wird) schreiben:

```
<IMG SRC="zurueckknopf.gif" HEIGHT=100>
```

Sie sollten sicherstellen, daß der Frame groß genug ist, um das gesamte Bild darstellen zu können, denn auch die Ränder benötigen Platz. Sofern möglich, sollte wenigstens eine der übrigen Framezeilen mittels „*" als relativer Wert angegeben werden. Dasselbe gilt für Spalten.

Die Gesamthöhe aller Zeilen muß der Höhe des Fensters entsprechen. Zu diesem Zweck kann der Browser die Zeilenhöhen ausgleichen. Wenn Sie also im letzten Beispiel versehentlich

```
<FRAMESET ROWS="10%,10%" COLS="20%,*,30%">
```

statt `ROWS="50%,50%"...` eingegeben hätten, wäre der sichtbare Effekt genau derselbe gewesen, zumindest bei einem gutmütigen Browser. Entsprechendes gilt für Spaltenbreiten. Da Browser angegebene Pixelwerte auf diese Weise übergehen können, belegen Sie den unbekannten überschüssigen Platz am besten, indem Sie mindestens einen relativen Wert (*) einsetzen, um vorhersagbare Ergebnisse zu erzielen.

Ein Problem mit festen Größen in Pixeln besteht darin, daß das, was Anwender zu sehen bekommen, von ihrer Bildschirmauflösung abhängt. Ein Betrachter mit einem 640 × 480-Bildschirm wird garantiert keine HTML-Framedokumente mögen, in denen mit einer Breite von 1000 Pixeln gearbeitet wird: Die Hälfte der Spalten wird nicht auf dem Bildschirm zu sehen sein, einschließlich aller Verweis-Anker, die dort enthalten wären. Im allgemeinen wird es das beste sein, feste Größen nur für Elemente zu verwenden, deren Größe nicht verändert werden kann.

13.2.7 Prozentwerte (%)

Prozentwerte geben Sie als Werte zwischen 1 und 100 mit dem üblichen %-Zeichen an. Zusammengenommen sollten diese Werte natürlich 100 ergeben. Um drei Zeilen zu definieren, von denen die erste und letzte schmaler sein sollen als die mittlere, geben Sie beispielsweise folgendes an:

```
<FRAMESET ROWS="20%,60%,20%">
```

Wenn Sie nicht aufpassen und die Gesamtsumme größer als 100 ist, spielt das in der Regel keine Rolle, da alle betroffenen Prozentwerte herunterskaliert werden.

Wenn die Gesamtsumme kleiner als 100 ist und Frames mit relativer Größe vorhanden sind, wird diesen zusätzlicher Platz eingeräumt. Sind keine Frames mit relativer Größe vorhanden, werden alle Prozentwerte heraufskaliert, damit eine Gesamtsumme von 100 Prozent erreicht wird.

Nehmen wir beispielsweise an, Sie hätten versehentlich folgende Definition vorgenommen:

```
ROWS="50%,50%,50%"
```

Jeder Eintrag beträgt ein Drittel der Summe aller Einträge (150 Prozent), so daß der Browser den Platz gleichmäßig aufteilt, indem er jedem Frame ein Drittel der Höhe zuweist.

13.2.8 Relative Werte (*)

Relative Werte geben Sie mit einem Sternchen „*“ an. Für sich genommen, bedeutet „*“: „Weise dieser Zeile oder Spalte allen noch verfügbaren Platz zu“. Dies erweist sich sowohl bei festen Pixelangaben als auch bei Prozentwerten als nützlich, da es Sie davor bewahrt, sich Gedanken über die Anzeigegröße des Anwenders machen zu müssen. Sie geben einfach nur Breiten und Höhen an, wenn Sie bestimmte Anforderungen haben, und überlassen dem Browser den Rest.

Eine Reihe von verschiedenen relativen Werten teilt dem Browser mit, den restlichen Platz gleichmäßig auf diese aufzuteilen. So erzeugt beispielsweise

```
<FRAMESET ROWS="*,*,*">
```

drei Zeilen von (annähernd) gleicher Höhe.

Befindet sich ein Wert vor einem „*“, wird der Zeile oder Spalte dem Wert entsprechend mehr relativer Platz eingeräumt. Beispielsweise weist "2*,*" dem ersten Frame zwei Drittel und dem zweiten ein Drittel des Platzes zu.

13.2.9 Gleichzeitige Verwendung verschiedener Werttypen

Sie können absolute Pixelangaben auch mit Prozentabgaben und relativen Werten mischen, um die Vergabe von Breiten und Höhen für die Frames freier zu gestalten. Dies ist normalerweise die praktischste Herangehensweise.

Als Beispiel sei hier eine Framegruppe mit vier Spalten gegeben, von denen die rechte eine feste Breite von 100 Pixeln hat und die anderen drei sich den verbleibenden Platz im Verhältnis 1:1:2 untereinander aufteilen:

```
<FRAMESET COLS="*,*,2*,100">
```

Eine Framegruppe mit drei Zeilen, von denen die erste und letzte eine feste Höhe erhalten und die mittlere den verbleibenden Platz einnimmt, läßt sich folgendermaßen definieren:

```
<FRAMESET ROWS="100,*,100">
```

Und zum Abschluß eine Framegruppe mit vier Zeilen, von denen die erste einen festen Prozentwert der Gesamthöhe, die zweite eine feste Höhe in Pixeln erhält und die dritte und vierte eine relative Größenanpassung erfahren:

```
<FRAMESET ROWS="30%,400,*,2*">
   <FRAME ... > <FRAME ... > <FRAME ... > <FRAME ... >
</FRAMESET>
```

Angenommen, das aktuelle Browserfenster ist 1000 Pixel hoch. Die erste Framezeile erhält 30 Prozent der Gesamthöhe, also 300 Pixel; die zweite Zeile erhält 400 Pixel, da eine absolute Menge angegeben wurde. Es bleiben also noch 300 Pixel für die Aufteilung auf die anderen beiden Frames. Die Höhe der vierten Zeile wurde als „2*“ angegeben, also wird sie zweimal so hoch sein, wie die dritte, deren Höhe lediglich „*“(=1*) beträgt. Somit erhält die dritte Zeile 100 und die vierte 200 Pixel.

Wenn der Anwender die Fenstergröße auf eine Höhe von 800 Pixeln verändert, werden die Zeilen 240, 400, 107 und 53 Pixel hoch. Beachten Sie die Veränderung in den Proportionen. Die vierte Zeile belegt beispielsweise nur noch 6,6 statt vormals 20 Prozent der zur Verfügung stehenden Höhe.

Als allgemeine Richtlinie gilt: Große Frames und Verhältnisse sollten relativ angegeben werden, außer bei Grafiken oder andern Elementen, die eine feste Größe benötigen.

13.2.10 Frames

Jedes Element FRAME definiert einen einzelnen Frame in einer Framegruppe. Das FRAME-Tag besitzt keine Inhalte und kein End-Tag. Der korrekte Gebrauch sieht daher wie folgt aus:

```
<FRAMESET ... > <FRAME ... > <FRAME ... > <FRAME ... >
</FRAMESET>
```

13.2.11 Das Verhalten einzelner Frames steuern

Es gibt folgende Attribute zu FRAME:

- SRC gibt das Standarddokument des Frames an
- NAME dient als Identifikator für den Frame als mögliches Verweisziel
- BORDER hebt die Umrandung hervor oder verbirgt sie
- BORDERCOLOR legt die Farben für die Umrandung fest
- FRAMEBORDER unterdrückt das Zeichnen von Umrandungen
- FRAMESPACING gibt zusätzlichen Platz um Frames herum an
- MARGINWIDTH gibt die Breite des linken und rechten Randabstands an
- MARGINHEIGHT gibt die Höhe des oberen und unteren Randabstands an
- NORESIZE verhindert Größenänderungen durch den Anwender
- SCROLLING steuert das Vorhandensein von Bildlaufleisten

Von diesen ist das Attribut SRC das wichtigste, weil es ein Dokument für das erste Zeichnen des Frames festlegt. Anker innerhalb dieses Dokuments oder in anderen Frames können den Inhalt des Frames dann dynamisch anpassen.

Im folgenden werden die Attribute, ihre zulässigen Werte und ihre Verwendung erläutert.

13.2.12 Das Quelldokument des Frames festlegen

Das Attribut SRC eines Frames gibt die Adresse des Dokuments an, das in ihm dargestellt werden soll. Ein Frame ohne eine Angabe von SRC wird als leerer Raum in der Größe dargestellt, die der Frame hätte; er kann durch das Anklicken eines Verweis-Ankers in einem anderen Frame oder durch die Aktivitäten eines Skripts dynamisch gefüllt werden. Hierzu ein paar Beispiele:

```
<FRAME SRC="holzarbeiten.html" SCROLLING=yes>

<FRAME SRC="http://www.zimmereihandwerk.de/">

<FRAME>  <!-- ein leerer Frame; kann später gefüllt werden -->
```

13.2.13 Identifizierung des Frames für die Verwendung als Ziel

Das Attribut NAME versieht den Frame mit einem Namen, so daß er per TARGET von Links in anderen Dokumenten als Ziel verwendet werden kann. Solche Links haben ihren Ursprung üblicherweise in anderen Frames im selben Dokument ab. Das Attribut NAME ist optional; als Vorgabe sind alle Fenster unbenannt. Namen müssen mit einem Buchstaben beginnen (Namen, wie beispielsweise „1erFrame", die mit einer Ziffer beginnen, sind also nicht zugelassen).

Ein Beispiel:

```
<!-- im Framedokument -->
<FRAME NAME="haupttext">

<!-- in einem Dokument für einen anderen Frame -->
<A HREF="text5.html" TARGET="haupttext"> 5 </A>
```

13.2.14 Die Umrandung regulieren

Das Attribut BORDER legt fest, ob eine Umrandung sichtbar ist oder nicht und welche relative Dicke sie besitzt. Falls vorhanden, werden Umrandungen um Frames gezeichnet. Falls nicht vorhanden, gibt es zwar keine Umrandungen, es wird aber standardmäßig Platz für sie vorgesehen, so daß derselbe Frame mit und ohne BORDER die gleiche Breite hat. Ein Beispiel:

```
<FRAME SRC="grenzen.html" BORDER=4>
```

Es gibt zwei mögliche Gründe für die Angabe eines Wertes für BORDER:

Erstens können Sie einige Frames auf Kosten anderer hervorheben. So sieht beispielsweise ein Frame mit einer Umrandung der Dicke 4, der einen Unterframe mit einer Umrandung der Dicke 1 enthält, attraktiver aus, als wenn sich beide Frames dieselbe standardmäßige Umrandungsdicke teilten:

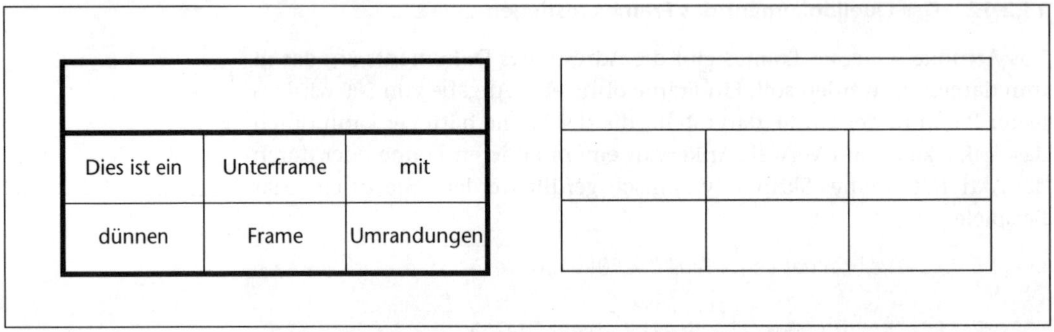

Zweitens können Sie den Platz, der ursprünglich für die Umrandungen zwischen den Feldern reserviert war, zurückfordern, indem Sie `BORDER=0` setzen, wenn Sie ein besonders kompaktes Layout benötigen. Wenn Sie das tun wollen, müssen Sie vermutlich auch `MARGINHEIGHT` und `MARGINWIDTH` mit kleinen Werten versehen.

13.2.15 Die Umrandungsfarbe festlegen

Mit `BORDERCOLOR` wird die Farbe der sichtbaren Umrandungen eines Frames festgelegt. Sie können jede beliebige der in HTML vordefinierten Farbbezeichnungen verwenden oder irgendeine Farbe per hexadezimalem RRGGBB-Triplet bestimmen. Das Attribut `BORDERCOLOR` sollte im Basis-`FRAME`-Element angegeben sein, damit Ihre Umrandungen in vollem Glanz sichtbar sind; aber viele Browser stellen Umrandungen standardmäßig in einer geschmackvollen Grauabstufung dar, so daß Sie ohne eine eigene Farbangabe auskommen können.

Einige Beispiele:

```
<FRAME SRC=psychedelisch.html BORDERCOLOR="fuchsia">
```

```
<FRAME SRC=mathe.html BORDERCOLOR="#FF00AA">
```

Achten Sie darauf, was passiert, wenn Sie verschiedene Farben in einer Framegruppe verwenden. Da Felder sich Umrandungen mit ihren Nachbarn teilen, wird beispielsweise beim Einfärben der Felder zur Linken auch der linke Rand ihrer rechten Nachbarn mitgefärbt. Die meisten Browser gehen in der Reihenfolge von links nach rechts und von oben nach unten vor, wobei sie jedem Rand die erste Farbe zuordnen, die angewendet werden kann.

Beispielsweise können wir `BORDERCOLOR` auf das erste und das dritte Feld einer Zeile anwenden:

BORDERCOLOR= "fuchsia"	← Dieser Rand ist fuchsienfarben Dieser Rand ist pinkfarben →	BORDERCOLOR= "fuchsia"
↑ Dieser Rand ist fuchsienfarben	Die Ränder dieses Felds sind im Netscape Navigator 3.0 fuchsienfarben, fuchsienfarben und pinkfarben, obwohl Sie grau erwartet hätten	

Sie sehen also, daß das Setzen von `BORDERCOLOR` für nur zwei von sechs Feldern die Randfarbe vieler oder aller Felder in irgendeiner Weise beeinflußt. Übrigens, der Microsoft Internet Explorer 3.0 zeigt keine Umrandungsfarben an.

Eine stilistische Anmerkung zur Auswahl von Umrandungsfarben: Viele Browser versuchen sich an einem dreidimensionalen Erscheinungsbild, so daß jede Umrandung auf ihrer linken und oberen Seite hell und auf ihrer rechten und unteren Seite dunkel erscheint. Sie erzielen die besten Ergebnisse, wenn Sie Farben mittlerer Helligkeit, wie beispielsweise fuchsienfarben, pinkfarben und rot, statt solcher Extreme wie anthrazitfarben oder hellgelb benutzen.

13.2.16 Umrandungen unterdrücken

Das Attribut `FRAMEBORDER` steuert die Darstellung der Frameumrandung. Bei Drucklegung dieses Buches ist noch keine Übereinkunft über die Syntax der Werte für Frameumrandungen erzielt worden.

Auf „no“ (Netscape) oder „0“ (Microsoft) gesetzt, werden keine Frameumrandungen gezeichnet.

Auf „yes“ (Netscape) oder „1“ (Microsoft) gesetzt, werden die Umrandungen der Frames gezeichnet (das Standardverhalten). Das Attribut mag sich als praktisch erweisen, wenn Sie Umrandungen vorübergehend unterdrücken wollen, um zu sehen, wie das Dokument ohne sie aussieht.

13.2.17 Platz um einen Frame hinzufügen

Das Attribut `FRAMESPACING` ermöglicht es, um Frames herum zusätzlichen Platz freizuhalten, wodurch ein Erscheinungsbild von eingelassenen Frames erzielt wird. Der Wert sollte den benötigten Abstand in Pixeln um den ganzen Frame herum angeben. Ein Beispiel:

```
<FRAME SRC="breit.html" FRAMESPACING=10>
```

13.2.18 Einstellen der Frameränder

Das Attribut MARGINWIDTH gibt Ihnen einigen Einfluß auf die linken und rechten Randabstände eines bestimmten Frames. Die Wertangabe erfolgt in Pixeln. Randabstände können nicht kleiner als 1 sein; damit wird sichergestellt, daß Frameobjekte keine Framekanten berühren und immer ein wenig Platz für Dokumenteninhalte lassen. Wenn Sie keine Breite für den Randabstand angeben, verwendet der Browser einen Standardwert. Ein Beispiel:

```
<FRAME SRC=raender.html MARGINWIDTH=50>
```

MARGINHEIGHT funktioniert genauso wie MARGINWIDTH, nur daß damit die oberen und unteren Randabstände beeinflußt werden. Ein Beispiel:

```
<FRAME SRC=raender.html MARGINHEIGHT=25>
```

13.2.19 Größenveränderungen unterbinden

NORESIZE erhält keinen Wert. Dieses Attribut ist einfach nur ein Flag, um eine Größenveränderung des Frames durch den Anwender zu unterbinden. Ein Beispiel:

```
<FRAME SRC=feststehend.html NORESIZE>
```

Anwender verändern die Framegröße üblicherweise, indem sie eine Framekante an eine neue Position ziehen. Dabei ist zu beachten, daß eine Kante nicht verschoben werden kann, wenn die Größe irgendeines angrenzenden Frames nicht veränderbar ist, wodurch die Möglichkeit zur Größenveränderung anderer Frames auf verschiedene Weise beeinflußt sein kann. Hierzu folgendes Diagramm:

	← Diese Kante kann nicht verschoben werden
<FRAME SRC=feststehend.html NORESIZE> Dieser Frame besitzt eine feste Höhe und Breite.	... deshalb kann dieser Frame nicht in der Größe verändert werden
↑ diese Kante kann auf Kosten der oberen Zeile verschoben werden	... und dieser besitzt eine feste Breite

Standardmäßig sind alle Frames in der Größe veränderbar.

13.2.20 Einflußnahme auf Bildlaufleisten

Das Attribut SCROLLING zeigt an, ob der Frame über Bildlaufleisten verfügen soll oder nicht.

- „yes“ zeigt im betroffenen Frame immer Bildlaufleisten an
- „no“ zeigt im betroffenen Frame keine Bildlaufleisten an
- „auto“ überläßt dem Browser die Entscheidung, ob Bildlaufleisten benötigt werden und läßt ihn diese notfalls plazieren. Mit anderen Worten, bei der Einstellung „auto“ ist der Frame nur dann mit Bildlaufleisten versehen, wenn das Dokument größer als die aktuelle Framegröße ist.

Das Attribut SCROLLING ist optional, der Standardwert „auto“. Wenn Bildlaufleisten ausgeschaltet sind, bekommen Anwender den Inhalt eines Frames nur dann vollständig zu Gesicht, wenn der Frame groß genug für die Darstellung ist. Dies ist eine praktische Einstellung für Bilder.

13.2.21 Die Benennung und das gezielte Ansprechen von Frames

Mit dem gezielten Ansprechen von Frames wird Ihnen die Entscheidung in die Hand gelegt, in welchem Frame ein Dokument oder Objekt erscheint, sobald ein Anwender einen Anker anklickt oder sonstwie einen Link im Framedokument ausführt. Das gezielte Ansprechen kann an sich zwar auch für ein Dokumentenschema eingesetzt werden, das sich sinnvoll mit mehreren Fenstern auf der Oberfläche anzeigen läßt (beispielsweise ein Fenster für eine Themenauflistung und ein Fenster für das aktuell gewählte Thema), erweist sich aber als erheblich praktischer im Zusammenspiel mit Frames.

Wenn ein Anwender einen Anker angeklickt hat, war es bislang so, daß entweder das eingebundene Dokument in dem Fenster erschien, in das der Anwender geklickt hat, oder es erschien alternativ dazu (und unter der Einflußnahme des Anwenders) in einem völlig neuen Fenster. Das gezielte Ansprechen von Fenstern ermöglicht es Ihnen, bestimmte Fenster mit Namen zu versehen und gewisse Dokumente immer in Fenstern mit dem passenden Namen erscheinen zu lassen.

Fenster können auf drei Arten mit einem Namen versehen werden:

- im Element FRAME

  ```
  <FRAME NAME="Fenster_Name">
  ```

  Der Name wird als Attribut des Frames angegeben.

- in einem Verweis-Anker

  ```
  <A HREF="url.html" TARGET="Fenster_Name">
  ```

Dies ist ein gezielter Verweis, für den in diesem Fall ein einfacher Verweis-Anker verwendet wird; Sie können also auch LINK, BASE, AREA und FORM für verschiedene besondere Zwecke verwenden. Wie auch immer Sie sich entscheiden, HTML weist einem Link das Ziel Fenster_Name zu. Das von diesem Link geladene Dokument verhält sich genauso, als ob in dessen FRAME der Fenster_Name gesetzt wäre.

- in einem HTTP Zielfenster

  `window-target: Fenster_Name`

  Das Dokument wird mit dem optionalen HTTP window-target-Header verschickt. Damit wird das Dokument dazu gezwungen, in das Fenster Fenster_Name geladen zu werden oder, falls ein solches noch nicht besteht, dieses zu erzeugen und anschließend in dieses geladen zu werden. Dieser Mechanismus bewegt sich natürlich außerhalb von HTML.

13.2.22 Die Verwendung von TARGET

Das Attribut TARGET legt den Frame fest, in dem ein Dokument erscheinen soll. Es kann verschiedenen HTML-Anker-Elementen (wie beispielsweise A und LINK) hinzugefügt werden, um für ihre Links bestimmte Frames anzusprechen. TARGET kann nur auf eine Weise verwendet werden:

```
TARGET="Fenster_Name"
```

Standardmäßig lädt ein in einem Frame befindlicher Anker das zugehörige Dokument direkt in diesen.

NAME ist ein Attribut des Elements FRAME. Durch das Benennen eines Frames kann dessen Inhalt verändert werden, indem ein Attribut TARGET verwendet wird, das sich in Ihren Anker-Elementen oder in einem Element BASE eines Dokuments befindet, auf das sich ein Anker bezieht. Durch den Bezug per TARGET auf einen bestimmten Frame regeln Sie, welcher Frame das Dokument anzeigen wird.

13.2.23 Die Regeln für Prioritäten bei TARGET

Die Regeln für das gezielte Ansprechen sind eigentlich nicht kompliziert, aber Sie sollten wissen, daß es verschiedene Möglichkeiten gibt, bestimmte Ergebnisse zu erreichen.

- Der TARGET-Wert eines Ankers überschreibt alle anderen.
- Wenn ein Anker kein TARGET enthält, greift er auf das im Element BASE des Dokuments festgelegte Attribut TARGET zurück.
- Wenn das Element BASE kein TARGET enthält, wird das Dokument in den Frame geladen, in dem sich der Anker befindet.

▼ Wenn der Anker oder das Element BASE ein TARGET enthält, zu dessen Wert es keinen bestehenden Frame mit entsprechendem NAME gibt, erzeugt das Dokument ein neues Fenster des Browsers, und dieses Fenster verhält sich dann wie ein eigens benannter FRAME. Vermeiden Sie eine identische Namensvergabe in verschiedenen Framegruppen. Wenn Sie einen Namen in einer Framegruppe vergeben haben, die nicht mehr angezeigt wird, wird jedes Dokument, das diesen Namen als Ziel verwendet, als Framelos behandelt und in einen neuen Browser umgelenkt – sicherlich nicht das von Ihnen gewünschte Verhalten.

Anmerkung: Ein Klick mit der rechten Maustaste (oder Anklicken und Halten) auf einen Anker läßt im Browser ein Menü erscheinen. Wenn „Öffnen“ ausgewählt wird, werden damit alle Angaben der Attribute TARGET übergangen, und der entsprechende Inhalt wird in denselben Frame geladen.

13.2.24 Verwendung in A oder LINK

Das Anker-Tag gibt normalerweise ein Dokument an, das geladen werden soll, wenn ein Link verfolgt wird. Ein diesen Elementen hinzugefügtes Attribut TARGET erzwingt das gezielte Laden des Dokuments in das angesprochene Fenster. Mit den Anker-Elementen A und LINK kann festgelegt werden, daß ein verbundenes Dokument in einem benannten Frame angezeigt werden soll. Dafür muß jeder Frame, der als Zielort dienen soll, mittels NAME benannt sein und dieser Name im A- bzw. LINK-Anker eingesetzt werden.

Hier ein Beispiel für das gezielte Ansprechen bestimmter Frames unter Verwendung eines Elements A.

```
<FRAMESET ROWS="45%,10%,45%">
  <FRAME NAME="oben">
  <FRAME NAME="mitte" SRC="quellen.html">
  <FRAME NAME="unten">
</FRAMESET>

<!-- In "quellen.html" -->
<UL>
  <LI><A TARGET="oben" HREF="oben.html">Obere Seite</A>
  <LI><A TARGET="unten" HREF="unten.html">Untere Seite</A>
</UL>
```

Das Anklicken des ersten Ankers zeigt das Dokument „oben.html“ im Frame namens „oben“ an, das Anklicken des zweiten zeigt „unten.html“ im Frame „unten“ an.

13.2.25 Verwendung in BASE

Durch die Angabe eines Ziels in BASE sprechen alle ungezielten Links eines Dokuments dasselbe Fenster an. Das Vorhandensein von BASE TARGET etabliert einen standardmäßigen Fensternamen für alle Links innerhalb eines Dokuments. Diese Vorgabe wird durch jedes spezifische TARGET in einzelnen Anker-Elementen übergangen. Zum Beispiel:

```
<BASE TARGET="Haupt_Fenster">
```

```
<A HREF="untergeordneter_text.html" TARGET="kleines_Fenster">
```

13.2.26 Verwendung in AREA

Ebenso, wie Sie einen Frame zum Ziel eines Link-Ankers in Ihrem HTML-Text machen können, können Sie einen Frame zum Ziel eines Elements AREA in einem Bildbereich machen. (Das Element AREA gibt einen beliebig geformten Bereich in einem clientseitigen Bildbereich an.) Nach dieser Vereinbarung wird ein Link angegeben, dem beim Anklicken eines definierten Bereichs des Bilds zu folgen ist. Das zu AREA gehörende Attribut TARGET legt dann fest, daß der Browser das eingebundene Dokument in das angesprochene Fenster laden muß. Zum Beispiel:

```
<AREA SHAPE="Form" COORDS="x,y,..." HREF="url.html"
TARGET="Fenster">
```

13.2.27 Verwendung in FORM

Ein Formular FORM zeigt üblicherweise seine Ergebnisse im selben Fenster an, in dem der Anwender es bearbeitet. Wenn Sie FORM ein Attribut TARGET hinzufügen, werden die Ergebnisse erwartungsgemäß in das gezielt angesprochene Fenster geladen. Zum Beispiel:

```
<FORM ACTION="url" TARGET="Fenster_Name">
```

13.2.28 Eingebautes TARGET-Verhalten

Normale Fensternamen für das Attribut TARGET beginnen mit einem Buchstaben (wie zum Beispiel „F“). Es gibt aber einige besondere Zielfenster, die alle mit einem Unterstrich (_) beginnen und ein ziemlich praktisches Verhalten mit sich bringen. Diese besonderen Ziele werden in folgender Tabelle erläutert.

TARGET	Auswirkung auf das eingebundene Dokument
_blank	Das Dokument wird in einem neuen, unbenannten, leeren Fenster geöffnet.
_self	Das Dokument wird im selben Frame geöffnet, in dem das Anklicken stattgefunden hat (d.h. im selben Frame wie der Anker). Damit kann ein global in BASE zugewiesenes Ziel übergangen werden.
_parent	Das eingebundene Dokument wird in den direkt übergeordneten FRAMESET dieses Dokuments geladen oder wie _self behandelt, wenn es kein übergeordnetes Element zum Dokument gibt.
_top	Die „oberste" Framegruppe des aktuellen Dokuments wird in einem einzigen Frame zusammengefaßt, und das Dokument wird im gesamten Browserfenster dargestellt. Standardmäßig wird dieser Vorgang wie _self behandelt, wenn sich das Dokument bereits auf oberster Ebene befindet. Diese Methode erweist sich bei tief verschachtelten Frames als ausgesprochen nützlich.

13.2.29 Unterstützung von Browsern ohne Framefähigkeiten

Um Browser zu bedienen, die nur Text, Blindenschrift oder Sprache ausgeben und keine Frames kennen, sollten Sie einige per NOFRAMES vermittelte Informationen hinzufügen. Framefähige Browser ignorieren alle Tags und Daten, die sich zwischen dem Start- und End-Tag von NOFRAMES befinden. Sie können also einen herkömmlichen Dokumentenkörper (mit Überschriften, Absätzen etc.) in HTML schreiben, um die Frames zu ersetzen.

Am besten wird das Element NOFRAMES direkt vor dem äußersten End-Tag </FRAMESET> eingefügt und dann ein Element BODY in diesem plaziert. Sie können dann das alternative Dokument sicher innerhalb der BODY-Tags erzeugen.

```
<FRAMESET>
   <FRAME ... >
   <FRAME ... >   <!-- Frames wie gehabt -->
   <FRAME ... >
   <NOFRAMES>
      <BODY>
         <H1>Dieser Browser zeigt keine Frames an</H1>
         <P>Dieses Dokument wurde für den Einsatz mit
           framefähigen Browsern, wie beispielsweise dem
           Netscape Navigator 3.0 oder dem Microsoft Internet
           Explorer 3.0, entworfen. Im folgenden wird eine
           kurze Zusammenfassung der Frameinhalte gegeben...
      </BODY>
   </NOFRAMES>
</FRAMESET>
```

In einem Browser, der nicht mit Frames umgehen kann, wird der Textkörper wie im folgenden gezeigt dargestellt oder sonstwie ausgegeben. Auf einen Framefähigen Browser hat NOFRAMES keinerlei Auswirkung.

Dieser Browser zeigt keine Frames an

Dieses Dokument wurde für den Einsatz mit framefähigen Browsern, wie beispielsweise dem Netscape Navigator 3.0 oder dem Microsoft Internet Explorer 3.0, entworfen. Im folgenden wird eine kurze Zusammenfassung der Frameinhalte gegeben...

Vielleicht wollen Sie Ihr Framelayout innerhalb des NOFRAMES-Bereichs mit HTML-Tabellen simulieren, indem Sie das Attribut ROWSPAN nutzen, damit die Felder sich die Höhe wie gewünscht teilen. Die simulierten Frameinhalte geben Sie dann direkt in die Tabellenfelder ein. Zum Beispiel:

```
<TABLE BORDER>
  <TR><TD ROWSPAN=1>Dies ist Feld 1
      <TD ROWSPAN=2>Dies ist Feld 2
  <TR><TD ROWSPAN=2>Dies ist Feld 3
  <TR><TD ROWSPAN=2>Dies ist Feld 4
  <TR><TD ROWSPAN=2>Dies ist Feld 5
</TABLE>
```

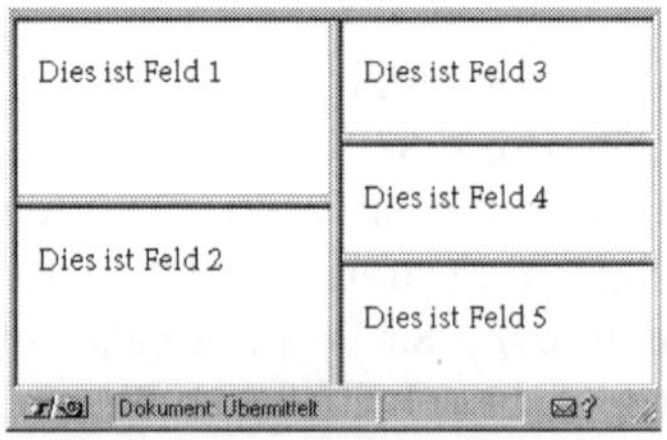

Ein Layout, das Tabellen verwendet, kann sehr kompliziert werden, da nicht immer offensichtlich ist, in welcher Weise Felder Zeilen umspannen und Spalten zusammengestellt werden (beachten Sie die ausgeklügelte Anordnung, in der die Felder in der Tabelle erscheinen). Außerdem wird das gesamte Layout bereits beim Entwerfen festgeschrieben, wenn Sie Ihren Inhalt nicht dynamisch aus einer Datenbank generieren.

13.2.30 Von Textfluß umgebene Frames

Der Microsoft Internet Explorer 3.0 hat von Textfluß umgebene Frame mit dem besonderen Element IFRAME eingeführt. Wie der Name vermuten läßt, verhalten sich diese wie von Textfluß umgebene Bilder (IMG) oder Tabellen (TABLE) mit demselben Attribut ALIGN: Bei einer linken oder rechten Ausrichtung fließt der umgebende Text um den Frame.

Anders als das Element FRAME, das nur innerhalb eines FRAMESETs des Framedokuments zulässig ist, steht IFRAME für sich in einem normalen Dokumentenkörper. Dennoch können alle üblichen Frameattribute ebenfalls auf IFRAME angewendet werden, auch wenn wir diese jetzt nicht noch einmal durchgehen. Hier ein einfaches Beispiel:

```
<IFRAME FRAMEBORDER=3 SCROLLING=no ALIGN=right SRC="banner.html">
</IFRAME>
```

Damit wird der in der folgenden Illustration dargestellte Effekt des „umflossenen" Frames erzielt.

Beachten Sie die eigenartige Syntax, bei der das abschließende Tag unbedingt erforderlich ist. Die Absicht ist offensichtlich: Autoren soll es ermöglicht werden, gewöhnliche Frames innerhalb von IFRAME einzufügen, um eine Alternative für andere Browser anzubieten. Leider ist das leichter gesagt als getan. Wenn Sie Ihre Framebeschreibungen mitten in einem Text unterbringen, werden sie von Browsern ignoriert, während die Beschreibungen am Anfang des Dokuments dafür sorgen, daß der Text ignoriert wird. Sie können Ihren IFRAME mit einer umflossenen Tabelle vereinigen:

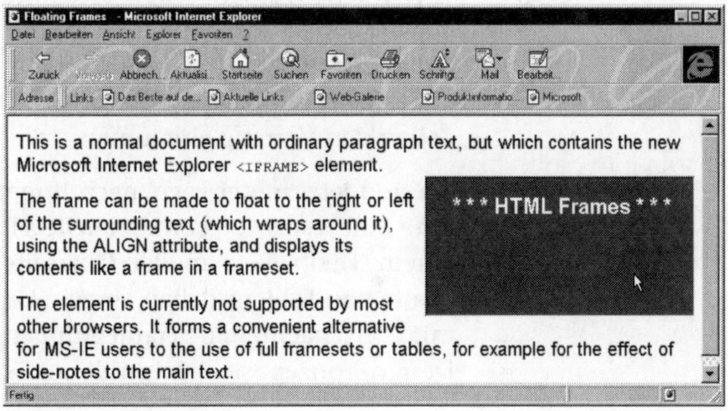


```
<IFRAME FRAMEBORDER=3 SCROLLING=no ALIGN=right
SRC="banner.html">
  <!-- Inhalte für Browser, die IFRAME nicht unterstützen -->
  <TABLE ALIGN=right BORDER=3 BGCOLOR=blue>
    <TR><TD><FONT COLOR=white>
      <H3>* * * HTML Frame * * *</H3>
  </TABLE>
</IFRAME>
```

Wie die folgende Netscape-Darstellung zeigt, kommt dies dem Effekt von umflossenen Frames sehr nahe, aber als Streitpunkt bleibt die Frage nach der Kompatibilität bestehen. Jedenfalls, wenn Sie eine umflossene Tabelle einbauen müssen, warum sollten Sie dann auch IFRAME benutzen?

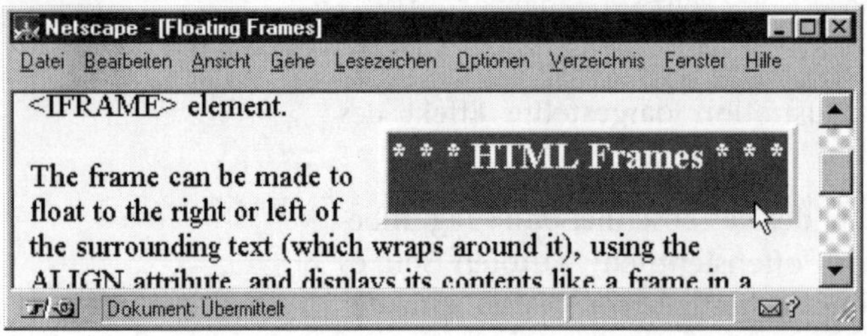

13.3 Frames geschickt einsetzen

13.3.1 Der Entwurf von Framelayouts

Die Aufgabe, komplexere Layouts zu erstellen, läßt sich einfacher und direkter mit Frames als mit Tabellen (siehe Kapitel 11) lösen, da sie dafür entwickelt wurden, sich ordentlich einzupassen, um Bereiche wie gewünscht zu unterteilen. Weiterhin haben Sie die freie Wahl, ob Sie Zeilen gegenüber Spalten den Vorrang einräumen oder umgekehrt (da die äußerste Framegruppe Vorrang erhält), wohingegen Tabellen immer den Zeilen den Vorrang einräumen.

Sie sind jetzt in der Lage, nach Ihrem Belieben Framegruppen zu entwerfen. Eine typische kommerzielle Homepage besteht beispielsweise aus einem Titelbalken an der Oberseite und einer darunter angeordneten Spalte von Feldern neben einem Hauptbereich. Dies läßt sich vollständig mit verschachtelten Framegruppen einrichten. Unser grundlegendes Design-Konzept sieht folgendermaßen aus:

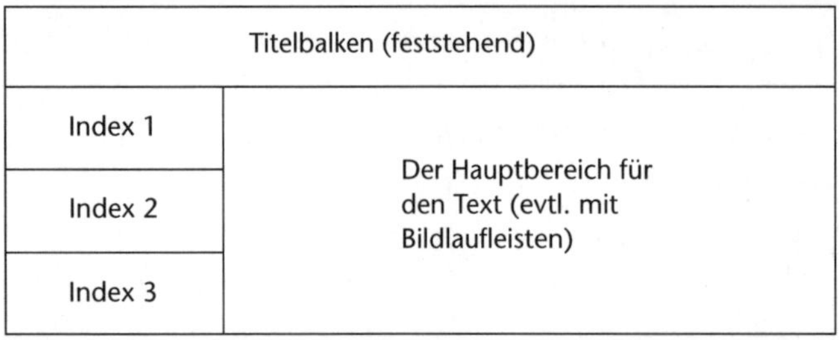

Wir benötigen ein Feld, das die gesamte Breite des Bereichs für den Titelbalken umspannt. Sie kann Text, Grafiken oder eine durch ein Skript angetriebene Animation enthalten. Wir werden einen einfachen, bunten Titelbalken mit Text einsetzen:

```
   <!-- banner.html -->
<TITLE>Sternen-Banner</TITLE>
<BODY BGCOLOR=blue TEXT=white>
<CENTER>
```

```
  <H3>* * * HTML Frame * * *</H3>
</CENTER>
</BODY>
```

Wenn Sie etwas Anspruchsvolleres wünschen, kann die Datei „banner.html" einfach ersetzt werden, ohne daß das Framedesign in irgendeiner Weise davon betroffen ist.

Unter dem Titelbalken wollen wir dann ein Feld einsetzen, das die gesamte Höhe des für den Haupttext noch zur Verfügung stehenden Bereichs umspannt. Diese ist für eine HTML-Datei gedacht, die einige Zeilen dieses Kapitels enthält. Die Index-Schaltflächen müssen sich auf dieses Fenster beziehen (um den darin erscheinenden Text zu ändern), so daß es mit einem Namen versehen werden muß:

```
<FRAME SRC="Frametext.html" NAME="Frametext">
```

Daneben befindet sich eine in die anderen beiden eingesetzte dritte Framegruppe für die Index-Felder. Diese Felder sollen alle sowohl die gleiche Breite besitzen – was bereits dadurch gewährleistet ist, daß sie sich in einer Spalte befinden – als auch über die gleiche Höhe verfügen, was wir dadurch erreichen können, daß wir den Browser die Höhen per `ROWS="*,*,*"` (ein Stern für jedes Feld) ermitteln lassen.

Der Index kann sich beispielsweise nur aus Textankern zusammensetzen. Die Auswahlmöglichkeit „Start" braucht nichts anderes zu tun, als auf die Hauptdatei mit dem Frametext zu verweisen, so daß beim Anklicken im Text wieder auf den Anfang der Datei zurückgesprungen wird. Sie müssen explizit das Fenster angeben, in dem der Text erscheinen soll, da andernfalls der „Start"-Anker selbst ersetzt würde. Damit sieht der HTML-Programmtext folgendermaßen aus:

```
<!-- start.html, Text-Version -->
<A HREF=Frametext.html TARGET=Frametext>Start</A>
```

Heutzutage scheinen die meisten HTML-Sites allerdings Schaltflächen zu besitzen, die anzuklicken sind, also werden wir ein paar GIF-Bilder von Schaltflächen zeichnen und diese als Anker verwenden:

```
<!-- start.html, Grafik-Version -->
<A HREF=Frametext.html TARGET=Frametext>
<IMG SRC=start.gif ALT=Start></A>
```

Die anderen Schaltflächen werden auf genau dieselbe Art und Weise erstellt.

Als weitere Verfeinerung werden nun noch die relativ breiten Randabstände entfernt, die freundlicherweise von Browsern um den jeweiligen Inhalt der Frames herum angebracht werden; diese mögen zwar hervoragend bei Texten sein, sind aber bei Bildern, wie beispielsweise Schaltflächen, eher lästig. Also setzen wir die Werte von `MARGINWIDTH` und

MARGINHEIGHT auf den Mindestwert 1. Weiterhin erweist es sich als clever, die Frames der Schaltflächen auf NORESIZE zu setzen, wenn Sie nicht wollen, daß ein Anwender Ihre Anordnung durcheinanderbringt.

Der HTML-Text enthält demnach drei verschachtelte Framegruppen:

```
<TITLE>Framegruppe mit Banner & Index</TITLE>
<FRAMESET ROWS = "15%,85%">
  <FRAME SRC="banner.html" SCROLLING=no>
  <FRAMESET COLS="100,*">
    <FRAMESET ROWS="*,*,*">
      <FRAME SRC=start.html SCROLLING=no MARGINWIDTH=1
             MARGINHEIGHT=1>
      <FRAME SRC=anfang.html  SCROLLING=no MARGINWIDTH=1
             MARGINHEIGHT=1>
      <FRAME SRC=hilfe.html SCROLLING=no MARGINWIDTH=1
             MARGINHEIGHT=1>
    </FRAMESET>
    <FRAME SRC="Frametext.html" NAME="Frametext">
  </FRAMESET>
</FRAMESET>
```

Folgende Abbildung zeigt, wie das Layout in einem Browser erscheint.

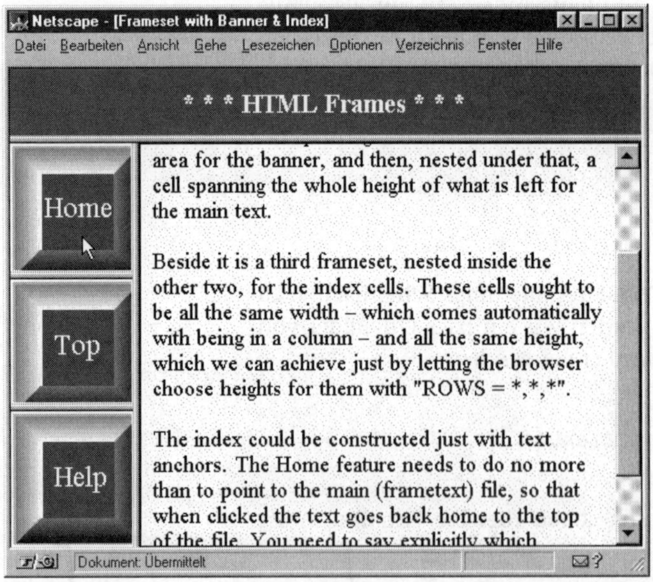

Wir haben nur drei Index-Schaltflächen eingesetzt, aber der zugrundeliegende Frameentwurf läßt sich problemlos erweitern.

13.3.2 Über- und untergeordnete Frames

Damit der Einsatz von Frames Ihren Erfordernissen angemessen ist, müssen Sie Ihre eigene Vorgehensweise entwickeln. Die einfachste Herangehensweise besteht darin, ein einziges „Vaterdokument" zu haben, das Ihre benötigten Frames einrichtet (wie im vorhergehenden Beispiel). Alle Ihre weiteren („Tochter-") Elemente werden dann in einem dieser Frames zum „Leben" erweckt. Solche Elemente können aus Texten, Bildern, Videos, skriptgesteuerten Animationen oder einfach aus Text- oder Bild-Ankern bestehen, die es dem Anwender ermöglichen, aus Ihrem Menü – oder besser der Palette von Möglichkeiten – auszuwählen.

Das Problem bei dieser einfachen Sichtweise auf die Welt der Frames besteht darin, daß Sie möglicherweise den Index und andere „feste" Elemente, die sich neben oder über dem zu durchblätternden Text befinden, in Abhängigkeit vom zentralen durchblätterbaren Element ändern wollen. Möglicherweise wollen Sie weitere Bestandteile des Index in Abhängigkeit vom aktuell angezeigten Inhalt darstellen, als ob Sie sich mit einem Fischaugenobjektiv über den Inhalt bewegten, das die im Zentrum liegenden Objekte vergrößert, alle anderen aber zusammenschrumpfen läßt. Diese Herangehensweise paßt gut zur allgemeinen Hypertext-Idee vom Anlegen von Querverweisen für damit verbundene Elemente. Wenn wir beispielsweise Bilder von Wasservögeln anzeigen, dann sollte sofort auf Seetaucher, Steißfüße und Reiher zugegriffen werden können, wohingegen entferntere Verwandte, wie beispielsweise Wiedehopfe und Spechte, unter einigen wenigen pauschalen Überschriften, wie beispielsweise „Andere Vögel", zusammengefaßt werden können, ohne dem Anwender Unannehmlichkeiten zu bereiten. Wir können die Anzeige wie in folgender Abbildung dargestellt aufbauen.

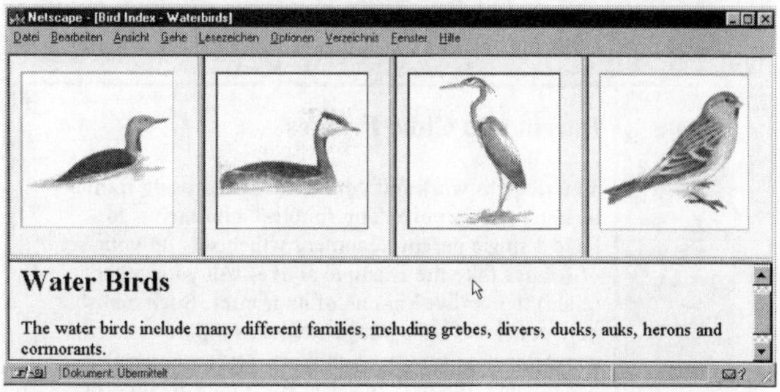

Wenn der Anwender nun auf einen der Wasservögel klickt, füllt sich der Bereich für den Haupttext mit einer Beschreibung der zugehörigen Familie. Klickt der Anwender aber auf das Bild mit dem kleinen Vogel auf der rechten Seite, der stellvertretend für „Andere Vögel" steht, wird die Reihe von Vogelbildern zusammen mit dem Text folgendermaßen ersetzt:

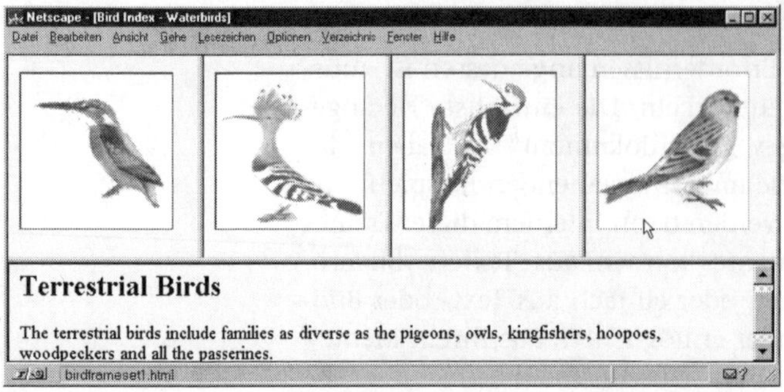

Wenn Sie diesem Gedankengang gefolgt sind, sehen Sie, daß die einfache Herangehensweise nicht ganz das gewünschte Ergebnis liefert. Statt dessen müssen Sie nicht nur das zentrale Element (den aktuell betrachteten Gegenstand) ersetzen, sondern auch einige oder alle anderen Frames, wobei die Formatierung und Erscheinungsweise der gesamten Framegruppe beibehalten bleiben und nur die Inhalte angepaßt werden. Im allgemeinen besteht das sicherste Vorgehen darin, für jedes Tochterelement ein anderes Vaterelement vorzusehen. Das ist gut durchführbar, wenn Sie Ihre HTML-Seiten aus einer Datenbank heraus generieren, erweist sich aber als etwas langwierig, wenn Sie den HTML-Text manuell erfassen.

Nun zurück zu unserem Vorhaben mit der beispielhaften Framegruppe aus dem vorhergehenden Abschnitt. Wir ersetzen den Haupttext und zugleich die erste Index-Schaltfläche, indem wir von „Start“ auf „Zurück“ wechseln:

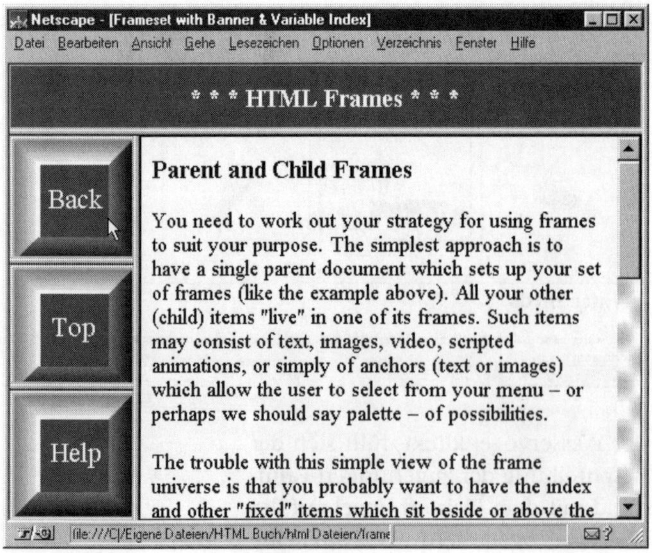

Diese Framegruppe ist natürlich praktisch identisch mit der „Start"-Framegruppe. Lediglich die Quelle für das „Zurück"-Symbol und der Haupttext wurden geändert:

```
<TITLE>Framegruppe mit Banner & variablem Index</TITLE>
<FRAMESET ROWS = "15%,85%">
  <FRAME SRC="banner.html" SCROLLING=no>
  <FRAMESET COLS="20%,80%">
    <FRAMESET ROWS="*,*,*">
      <FRAME SRC=zurueck.html SCROLLING=no MARGINWIDTH=1
            MARGINHEIGHT=1>
      <FRAME SRC=anfang.html  SCROLLING=no MARGINWIDTH=1
            MARGINHEIGHT=1>
      <FRAME SRC=hilfe.html SCROLLING=no MARGINWIDTH=1
            MARGINHEIGHT=1>
    </FRAMESET>
    <FRAME SRC="Frametext2.html" NAME="Frametext">
  </FRAMESET>
</FRAMESET>
```

Aber wie wird diese Framegruppe nun aufgerufen und angezeigt? Wenn wir einfach wie folgt vorgehen:

```
<!-- start.html, falsche Version -->
<A HREF="Framegruppe2.html">                    Falsch!
<IMG SRC=start.gif ALT=Start></A>
```

erhalten wir den gefürchteten Spiegelkabinett-Effekt:

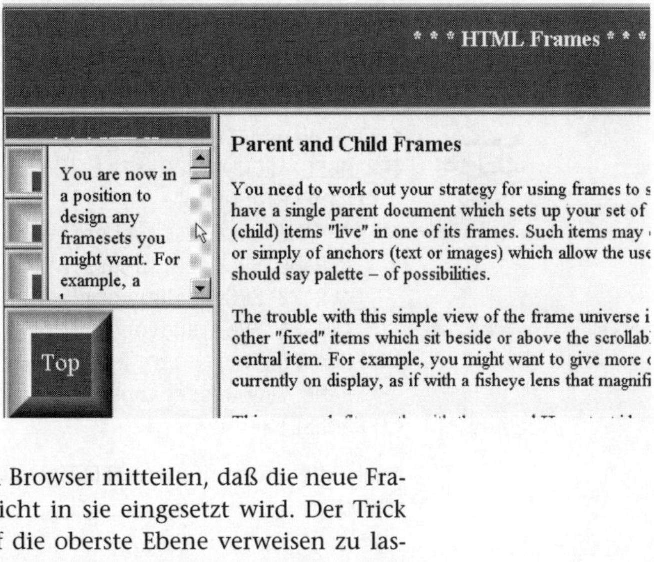

Was wir tatsächlich wollen, ist, dem Browser mitteilen, daß die neue Framegruppe die bestehende *ersetzt*, nicht in sie eingesetzt wird. Der Trick besteht darin, einfach den Link auf die oberste Ebene verweisen zu lassen, damit die Framegruppe im ganzen Browserfenster angezeigt wird und nicht nur in dem kleinen, für das Symbol gedachten Frame. Der Frame der obersten Ebene wird einfach per „_top" angesprochen:

```
  <!-- start.html, korrekte Version -->
<A HREF="Framegruppe2.html" TARGET="_top">
<IMG SRC=start.gif ALT=Start></A>
```

Die Auswirkung besteht darin, daß der Browser seinen ganzen Anzeigebereich neu aufbaut.

Dort, wo das neue gewünschte Layout im großen und ganzen dem alten entspricht und nur ein Frame mit neuem Inhalt versehen wird, können wir diesen lieber direkt ansprechen. Am einfachsten geschieht dies natürlich, indem man einen Anker im Hauptfenster plaziert; wenn dieser angeklickt wird, wird der Frame neu aufgebaut, genauso wie in der „Vor-Frame-Zeit" von HTML beim Anklicken eines Links immer das gesamte Browserfenster neu gezeichnet wurde.

Selbstverständlich haben wir keine andere Wahl, als das Ganze neu zu zeichnen, wenn sich die Anzahl der Frames (beispielsweise für verschiedene Konfigurationen der Index-Schaltflächen) oder deren Gestaltung geändert hat.

Um zur ersten Framegruppe zurückkehren zu können, benötigen wir eine weitere zweizeilige HTML-Datei im selben Stil:

```
  <!-- zurueck.html -->
<A HREF="Framegruppe1.html" TARGET="_top">
<IMG SRC=zurueck.gif ALT=Zurück></A>
```

Das Ornithologie-Beispiel funktioniert auf genau die gleiche Art und Weise, nur daß eine Reihe mit Vogelbildern anstelle einer Spalte mit Schaltflächenbildern gewählt wurde. Die erste Framegruppe gestaltet sich sehr einfach:

bsp.

```
<TITLE>Vogel-Index -- Wasservögel</TITLE>
<FRAMESET ROWS="200,*" >
  <FRAMESET COLS="*,*,*,*">
    <FRAME SRC=seetaucher.html>
    <FRAME SRC=steissfuss.html>
    <FRAME SRC=reiher.html>
    <FRAME SRC=landvoegel.html>
  </FRAMESET>
  <FRAME SRC=wasservogeltext.html NAME="vogeltext">
</FRAMESET>
```

Auch die aufgerufenen HTML-Dateien sind entsprechend klein und schlicht.

Die mit dem „Andere Vögel"-Bild verknüpften Dateien sind beispielsweise folgendermaßen aufgebaut und enthalten das Attribut TARGET="_top", um mit der angegebenen neuen Framegruppe angezeigt zu werden:

```
   <!-- landvoegel.html -->
<A HREF=vogelFramegruppe2.html TARGET="_top">
  <IMG SRC=vogel.gif ALT=Vogel></A>
```

Die mit den Bildern für die einzelnen Wasservögel verknüpften Dateien sind alle in der Art von seetaucher.html aufgebaut und enthalten das Attribut TARGET="Vogeltext", um die Framestruktur in Ruhe zu lassen, aber den Text im Hauptframe ersetzen zu können:

```
   <!-- seetaucher.html -->
<A HREF=seetauchertext.html TARGET="Vogeltext">
  <IMG SRC=seetaucher.gif ALT=Seetaucher></A>
```

Diese erfreulich kompakte Datei weist den Browser an, das Seetaucherbild anzuzeigen, das in der folgenden Abbildung oben links zu sehen ist. Wenn das Bild angeklickt wurde, sorgt der gezielte Link-Anker dafür, daß der Browser den Text aus „seetauchertext.html" im Hauptframe anzeigt, wie im unteren Teil der Abbildung zu sehen ist.

Nicht alle Index-Schaltflächen müssen die Framegruppen ändern. Bei Dingen, wie beispielsweise „Hilfe", kann dies notwendig sein, wenn die Hilfe kontextabhängig sein soll; bei Dingen, wie beispielsweise „Suchen", ist es vermutlich nicht notwendig, allerdings nur solange nicht, wie Sie den Kontext nicht in irgendeiner Weise benötigen, um den Suchvorgang zu leiten.

Ob Sie nun nur eine Framegruppe oder mehrere Framegruppen wählen, wir hoffen, daß wir Sie dazu anregen konnten, mit dem Erstellen schöner, informativer Frameseiten zu beginnen.

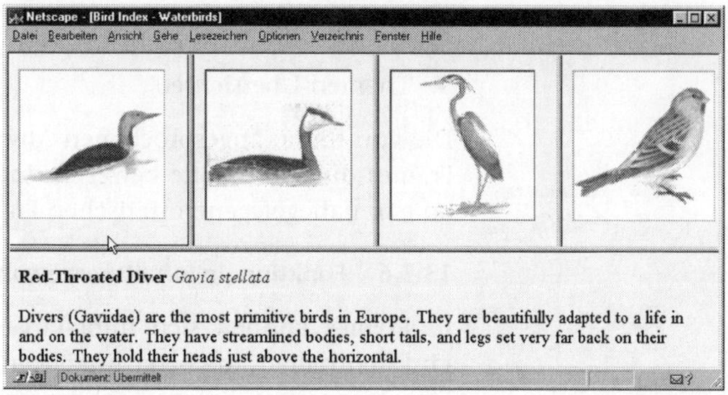

13.3.3 Anwendungen mit Frames

Frames sind dermaßen nützlich, daß Ihnen sicherlich schnell eigene Anwendungsgebiete einfallen werden. Es folgen einige Vorschläge von der Stange, um Ihnen Anregungen zu geben.

13.3.4 Statische Frames für Werkzeuge und Hinweise

Sie können beispielsweise folgende Elemente, die ständig für den Anwender erreichbar sein sollen, in einzelne Frames einsetzen, die an einer Position im Browserfenster feststehen:

- Leisten mit Schaltflächen
- Logos
- Copyright-Hinweise und
- Titelbilder

13.3.5 Lebendige Frames für Unterhaltungs- und Informationszwecke

HTML-Fans nennen Frames „lebendig", wenn sie Elemente enthalten, für die ein Bildlauf durchführbar ist, die sich durch Anklicken oder von selbst bewegen oder in einer mehr oder weniger lebhaften Art und Weise wackeln. Modische Web-Designer haben sich rasch der Möglichkeiten von Frames bemächtigt, um Web-Sites aufzulockern. Sie können lebendige Frames für folgende Zwecke und alles mögliche andere, was auf Benutzereingaben oder programmgesteuerte Aktivitäten reagieren kann, einsetzen:

- Dokumente
- Symbole
- interaktive Formulare
- Videos
- Multimedia
- Themen-Übersichten

Die von Ihnen angesprochenen Anwender können sich mittels lebender Frames durch Ihre Site bewegen, indem sie auf leicht auffindbare Symbole in nahegelegenen statischen Frames klicken.

13.3.6 Funktionale Inhaltsverzeichnisse

In Frames können sich interaktive Inhaltsverzeichnisse befinden, die Links enthalten, die beim Anklicken Ergebnisse in einem angrenzenden Frame anzeigen. Solche Inhaltsverzeichnisse können statisch oder mit folgenden Elementen interaktiv einsetzbar sein:

- zusammenklappbare Listen
- grafische Übersichten über die Dokumentenstruktur (mit der Sichtweise eines Fischaugenobjektivs) oder
- Darstellungen von Datei- und Verweis-Strukturen.

Frames machen eine klare und knappe Informationsdarstellung leichter, als es jemals zuvor war, und ermöglichen es dem Leser oder der Leserin, sich sicher durch große Dokumentensammlungen zu bewegen. Hypertexte, einschließlich des Web, wurden heftig dafür kritisiert, daß der Leser oder die Leserin nach wenigen Klicks im Hyperspace verloren zu gehen drohte. Jetzt ist es jedermann möglich, eine im Schlaf zu bedienende Site aufzubauen, ohne über Programmierkenntnisse verfügen zu müssen.

13.3.7 Einseitige Anzeigen für Anfragen und Antworten

Nebeneinander liegende Frames ermöglichen es, daß Anfragen auf der gleichen Seite gestellt werden können, auf der auch deren Beantwortung erscheint, indem ein statischer Frame das Anfrageformular enthält und die Ergebnisse direkt im anderen Frame angezeigt werden, in dem ein Bildlauf durchgeführt werden kann. In einer von links nach rechts orientierten Sprache, wie beispielsweise Deutsch oder Englisch, entspricht es dem natürlichen Lesefluß, die Anfrage auf der linken und die Ergebnisse auf der rechten Seite zu plazieren.

13.3.8 Zusammenfassung

Frames ermöglichen nahezu jede zweidimensionale Anordnung von statischen und interaktiven Frames, die Sie sich wünschen. Sie können Informationen unabhängig von der Gesamtseite oder von anderen Frames auf der Seite in jedem beliebigen rechteckigen Bereich unterbringen. Diese drastische Vereinfachung (Sie brauchen sich nicht mehr darum kümmern, was in anderen Dokumenten passiert) ermöglicht einen Quantensprung auf dem Weg zur Perfektion. Web-Designer haben sich auf Frames gestürzt, wie die Enten aufs Wasser. Versuchen Sie es selber einmal.

Verweis-sensitive Grafiken

14

Dieses Kapitel enthält Informationen über:

▼ Die Erzeugung von Bildbereichen und Navigation.

▼ Die Erzeugung von serverseitigen Bildbereichen.

▼ Die Erzeugung von clientseitigen Bildbereichen.

Zusammenfassung

HTML 4 unterstützt *clientseitige Bildbereiche*, die es ermöglichen, daß Hyperlinks mit beliebig geformten Bereichen eines Bildes verknüpft werden. Die Behandlungsweise auf der Clientseite erweitert das Ankerelement und sorgt für Abwärtskompatibilität zu allen existierenden Browsern. Dadurch wird die Notwendigkeit beseitigt, Bildbereiche als nicht-textliche Hypertext-Menüs für Browser zu duplizieren, die nicht grafikfähig sind. Serverseitige Bildbereiche mittels ISMAP werden weiterhin unterstützt.

14.1 Einführung

Bildbereiche erfreuen sich im Web seit Vorhandensein des HTML-Elements `IMG`, das verwendet wird, um grafische Elemente in Web-Seiten zu integrieren, großer Beliebtheit. Im wesentlichen handelt es sich bei einem Bildbereich um eine Grafik mit aktiven Bereichen („Hotzones“). Jeder aktive Bereich ist mit einem eigenen Hyperlink verknüpft: Das Anklicken eines aktiven Bereichs führt dazu, daß bestimmte Informationen für die Anzeige durchs Internet geschickt werden, da dieser Link ausgelöst wurde.

Bildbereiche können entweder vom Server oder vom Browser behandelt werden. Diese beiden Möglichkeiten werden als serverseitige bzw. clientseitige Bildbereiche bezeichnet und werden im folgenden erläutert.

14.2 Serverseitige Bildbereiche

Bei der serverseitigen Behandlung wird bei einem Anklicken durch den Anwender die Position des Anklickens als x- und y-Koordinate vom Browser an den Server übermittelt. Sobald der Server Informationen über die Position des Anklickens erhalten hat, verwendet er eine *Map*-Datei, die ihm sagt, für welche (x,y)-Position er welche Information an den Browser über die Leitung zurückschicken soll.

Angenommen, es liegt eine Karte der Europäischen Union vor. Wenn der Anwender diese nun beispielsweise irgendwo im Bereich von „Belgien“ anklickt, wird der Browser genau diese Koordinaten an den Server schikken. Der Server wird dann diese Koordinaten nachschlagen und feststellen, daß er damit reagieren soll, eine Datei namens „belgien.htm“ per Internet zurückzuschicken, damit diese auf dem Bildschirm angezeigt wird.

14.2.1 Die HTML-Befehle zum Festlegen eines serverseitigen Bildbereichs

Im folgenden nun ein Beispiel für HTML-Zeilen, mit denen ein serverseitiger Bildbereich beschrieben wird:

```
<A HREF="http://meinserver.meinplatz.de/~user/logo.map">
<IMG SRC="http://meinserver.meinplatz.de/~user/bilder/
logo.gif" ISMAP></A>
```

Wie Sie sehen können, sind hierbei zwei Dateien einbezogen. Die vom Attribut HREF angegebene Datei ist die Map-Datei, die in unserem Fall „logo.map" heißt. Diese auf dem Server bereitgehaltene Datei weist die Koordinaten von angeklickten Positionen ihren entsprechenden URLs zu, die auf Informationen verweisen, die an den Browser zurückgeschickt werden.

Die zweite Datei enthält die Grafik, die dem Anwender dargeboten werden soll, in unserem Fall die Datei „logo.gif". Das Attribut ISMAP ist dabei die Ergänzung zum Element IMG, die vom Browser verwendet wird, um festzustellen, daß das Bild Teil eines Bildbereichs ist. ISMAP wandelt den vom Anwender angeklickten Bereich in Koordinaten um.

Ein weiteres Beispiel für eine serverseitige Behandlung

Sehen Sie sich folgenden Bildbereich an. Er stammt aus der Homepage von AccessHP (http://www.hp.com):

Die zugehörigen HTML-Zeilen sehen wie folgt aus:

```
<P><A HREF="/cgi-bin/imagemap/ahp/ahpHome-B.map">
<IMG ALT="Navigation Bar" SRC=/ahp/Bottom.gif
  WIDTH=504 HEIGHT=29 ISMAP></A>
```

Dabei handelt es sich um einen Absatz mit einem Hyperlink, der ein IMG-Element enthält. Als kritisches Moment erweist sich das in das Element IMG einbezogene Attribut ISMAP, weil der Browser dadurch veranlaßt wird, die angeklickte Position an den Server zu schicken. Beachten Sie dabei, daß das Klick-Ereignis an denjenigen URL geschickt wird, die durch das Attribut HREF für den einbezogenen Hyperlink und nicht durch das Attribut SRC im Element IMG angegeben wird. Die weiteren Attribute bilden dann noch das Sahnehäubchen auf dem Kuchenstück.

Das Attribut ALT gibt eine Zeichenkette an, die von Browsern, die keine Bilder darstellen können, anstelle des Bildes angezeigt werden kann. Mit anderen Worten, auf einem textbasierten Browser wie beispielsweise Lynx würden Sie einen Hyperlink mit der Bezeichnung „Navigation Bar“ zu sehen bekommen.

Die Attribute WIDTH und HEIGHT beschleunigen die erste Darstellung des Dokuments, da sie dem Browser ermöglichen, mit der Formatierung des weiteren Dokuments fortzufahren, ohne auf das Bild warten zu müssen, um dessen Größe zu bestimmen.

So ein serverseitiger Bildbereich wird wie folgt behandelt:

1. Wenn der Anwender auf das Bild klickt, schickt der Browser eine Anfrage nach dem mit dem angeklickten Bereich verknüpften URL des Dokuments an den Server.
2. Der Server durchsucht dann die Map-Datei des Bildes und schickt den entsprechenden URL zurück.
3. Daraufhin schickt der Browser eine Anfrage nach dem entsprechenden Dokument an den Server.

Wenn der Browser keine grafischen Darstellungen unterstützt, gibt es für den Server keine Möglichkeit, zu erfahren, welche Auswahl getroffen wurde. Daher bieten viele Web-Seiten zusätzlich zum grafischen Menü ein herkömmliches Hypertext-Menü auf Basis von Textbezeichnungen an.

14.2.2 Die Map-Datei

Die Map-Datei ist eine Textdatei, die sich an beliebiger Stelle auf dem Web-Server befinden kann. Üblicherweise endet die Datei auf „.map“, aber die Benennung ist letztlich irrelevant, solange in den HTML-Zeilen ein korrekter Bezug darauf hergestellt wird. Sie setzt sich aus drei Bestandteilen zusammen: der Form des anzuklickenden Bereichs, dem URL, der dem angeklickten Bereich zugeordnet wird und den x- und y-Koordinaten, welche die Form des angeklickten Bereichs beschreiben. Für unser anfängliches Beispiel sähe die Map-Datei folgendermaßen aus:

bsp

```
rect http://meinserver.meinplatz.de/
  ~user/main.html 8,5 81,34
circ http://meinserver.meinplatz.de/
  ~user/neues.html 117,11 154,50
poly http://meinserver.meinplatz.de/
  ~user/info.html 209,45 248,45 282,45 209,45
default http://meinserver.meinplatz.de/~user/zurueck.html
```

In dieser Datei werden drei der üblichsten Formen definiert. Als erstes wird durch „rect" ein Rechteck (engl. rectangle) bestimmt. Die Koordinaten geben die linke, obere und die rechte, untere Ecke an. Als zweite Form wird durch „circ" ein Kreis (engl. circle) innerhalb der linken, oberen und rechten, unteren Koordinate angegeben. Die letzte Form definiert mit „poly" ein Polygon mit den angegebenen Koordinaten für seine Punkte.

Als „default" wird im letzten Eintrag der Map-Datei derjenige URL definiert, der für das übrige Bild gelten soll. Wenn der Anwender einen Bereich anklickt, der nicht mit dem Rechteck, Kreis oder Polygon übereinstimmt, wird die Datei „zurueck.html" an den Browser geliefert. „Default" muß nicht angegeben werden, sollte aber vorhanden sein, damit der Anwender bei seinen Anklickversuchen nicht erbarmungslos mit einem nicht zugeordneten Bereich zurückgelassen wird.

Anfänglich mag das Erzeugen einer solchen Map-Datei kompliziert erscheinen, aber es gibt viele Programme, die einen von der Notwendigkeit erlösen, vor einem Bildbearbeitungsprogramm zu sitzen, um die Koordinaten für die anklickbaren Bereiche zu berechnen. So gibt es beispielsweise für Mac-Anwender das Programm WebMap, und Windows-Anwender werden mit dem Programm Map This auch nicht allein gelassen. UNIX-Gurus schließlich können das Programm Mapedit installieren, um Map-Dateien zu erzeugen.

14.2.3 Der Ablauf auf dem Server

Wie Web-Server mit Bildbereichen umgehen, hängt vom verwendeten Servertyp ab. Anfangs verwendeten Server CGI-Skripte, um Klicks zu interpretieren und URLs zurückzuschicken, und einige tun das nach wie vor. Es wird zunehmend üblich, daß Server durch internen Programmcode in die Lage versetzt werden, Bildbereiche zu interpretieren. Die oben vorgestellten HTML- und Map-Dateien laufen auf einem solchen Server, dem Server httpd Version 1.5 von NSCA. Wenn Ihr Browser nicht mit solchem Programmcode ausgestattet ist, könnte der URL in Ihren HTML-Zeilen folgendermaßen aussehen:

```
<A HREF="http://meinserver.meinplatz.de/cgi-bin/bildbereich/
~user/logo.map">
<IMG SRC="http://meinserver.meinplatz.de/~user/bilder/
logo.gif" ISMAP></A>
```

Hierbei verweist das Attribut `A HREF` auf das Verzeichnis cgi-bin, in dem sich das Skript für die Bildbereiche befindet. Die auf „/cgi-bin/bildbereich/" folgende Information teilt dem abarbeitenden Prozeß mit, wo sich Ihre Map-Datei befindet. Da die meisten Web-Server über irgendeinen Handler für Bildbereiche verfügen, sollte es nicht schwierig sein, herauszufinden, wie Ihr Server Bildbereiche behandelt.

14.3 Clientseitige Bildbereiche

Ein neuer Mitstreiter auf dem Gebiet der Bildbereiche ist der clientseitige Bildbereich. Da sich der Bildbereich einzig und allein auf dem Browser befindet, fällt der Mehraufwand durch die mehrstufige Behandlung von serverseitigen Bildbereichen weg. Der Einsatz clientseitiger Bildbereiche beseitigt auch die Notwendigkeit der Ergänzung von Bildbereichen um entsprechende Textmenüs, da diese Technik abwärtskompatibel ist. Es gibt zwei verschiedene Möglichkeiten für clientseitige Bildbereiche: die Verwendung des Elements `OBJECT` (eine vollständige Beschreibung erfolgt in Kapitel 15) und das Element `MAP`.

14.3.1 Die Verwendung von OBJECT

Wenn das Element `OBJECT` für clientseitige Bildbereiche verwendet wird, umfaßt es bereits alles, was Sie tun müssen, um den Effekt zu vervollständigen. Das folgende HTML-Beispiel:

Kommata sind in der `COORD`**-Aufzählung optional**

```
<OBJECT DATA="menue.gif" SHAPES>
<A HREF="antwort.html" SHAPE="rect"
 COORDS="11,0,80,55">die Antworten-Seite</A> |
<A HREF="link.html" SHAPE="rect"
 COORDS="83,7,217,40">Link-o-Rama</A> |
<A HREF="home.html" SHAPE="rect"
 COORDS="224,27,302,61">Home</A>
</OBJECT>
```

würde auf einem Browser, der clientseitige Bildbereiche unterstützt, folgendermaßen erscheinen:

Abbildung 14.1: Der Bildbereich, grafisch dargestellt

In einem Browser, der die `OBJECT`-Spezifikation oder sogar Bilder nicht unterstützt, würde der Anwender dagegen folgendes zu sehen bekommen:

die Antworten-Seite | Link-o-Rama | Home

Der Schlüssel für den Einsatz von clientseitigen Bildbereichen mit dem Element `OBJECT` ist in dem Attribut `SHAPES` zu finden.

14.3.2 SHAPES in Bildbereichen

Wenn der Browser auf ein OBJECT-Tag mit einem zugehörigen Attribut SHAPES stößt, weiß dieser, daß er darin nach Ankerelementen suchen muß. Die herkömmlichen Ankerelemente (<A HREF=...> und </A>) wurden um die Attribute SHAPE und COORDS erweitert, wodurch eine Verknüpfung von einem Hyperlink zu einem Bereich des Bildes aus dem OBJECT-Element ermöglicht wurde. Ein zusätzlicher Nutzen aus der Verwendung dieser Methode für die Textdarstellung besteht in der Möglichkeit, jede zulässige HTML-Hervorhebung zu verwenden. Wenn Sie also einen Text in der Größe von <H1> darstellen wollen, so liegt das im Bereich des Möglichen.

Die Attribute SHAPE und COORDS des Anker-Tags können folgendermaßen definiert sein:

- `SHAPE="default"`
- `SHAPE="rect" COORDS="x-links, y-oben, x-rechts, y-unten"`
- `SHAPE="circle" COORDS="x-Zentrum, y-Zentrum, Radius"`
- `SHAPE="poly" COORDS="x1, y1, x2, y2, x3, y3,..."`

Hierbei werden die x- und y-Koordinaten von der linken, oberen Ecke des Bildes in Pixeln gemessen. Wenn sie mit einem Prozentzeichen versehen werden, geben die Koordinaten prozentuale Werte der Höhe und Breite des Bildes an. SHAPE="default" bedeutet lediglich, daß der anklickbare Bereich aus dem gesamten Bild besteht.

Insbesondere die Gemeinschaft von Menschen mit beeinträchtigter Sehfähigkeit hat sich für die Angabe der Form im Anker stark gemacht, da Autoren so dazu gezwungen sind, Lesern eine Möglichkeit zu geben, den Links unabhängig vom verwendeten Browser folgen zu können.

14.3.3 Überlappende Bilder

Wenn das Bild, das Sie für einen clientseitigen Bildbereich verwenden wollen, zwei sich überlappende Flächen enthält, müssen Sie besonders darauf achten, welcher Bereich wohin verweist. In Fällen, in denen sich zwei oder mehrere Flächen überschneiden, kommt in der Regel der Grundsatz des „First In, First Out (FIFO)“ zum Zuge – wer zuerst kommt, mahlt zuerst. Das bedeutet nichts weiter, als daß der zuerst für das Bild definierte Bereich gegenüber späteren Bereichsdefinitionen bevorzugt wird.

14.3.4 Good old ISMAP

Sie können weiterhin auch das Attribut ISMAP verwenden, wenn Sie Bildbereiche ermöglichen wollen, die mit dem Server in Kontakt treten. Sie können ISMAP sogar zusammen mit SHAPE und COORDS verwenden, wenn

Sie nicht wollen, daß das Ziel einer angeklickten Fläche dem Anwender bekannt wird. Das kann sich als besonders zweckmäßig für das Entwerfen von Spielen im Web erweisen.

Wenn Sie das Attribut `ISMAP` einsetzen, wird der Browser die Koordinaten der angeklickten Position dem URL als nachgefragte Daten anhängen – sozusagen mit einem Fragezeichen, dem die Koordinaten folgen. Klickt der Anwender in einem Bild, für das der Verweis „http://www.spleen.com/main.html" gilt, beispielsweise auf die Position (6,61), so wird der URL „http://www.spleen.com/main.html?6,61" versendet.

14.3.5 Das Element MAP

Das Element `MAP` wurde von der Firma Spyglass Inc. als weitere Methode für die Implementierung clientseitiger Bildbereiche entworfen. Im wesentlichen imitiert das Element `MAP` serverbasierte Bildbereiche; aber die Map-„Datei" besteht in diesem Fall lediglich als Teil des HTML-Dokuments.

```
<OBJECT DATA="menue.gif" USEMAP="#menuebereich"></OBJECT>
<MAP NAME="menuebereich">
  <AREA HREF="antwort.html" ALT="die Antworten-Seite"
   SHAPE="rect" COORDS="11,0,80,55">
  <AREA HREF="link.html" ALT="Link-o-Rama"
   SHAPE="rect" COORDS="83,7,217,40">
  <AREA HREF="home.html" ALT="home"
   SHAPE="rect" COORDS="224,27,302,61">
</MAP>
```

Wie bereits im `SHAPE`-Beispiel, spielen die Attribute `SHAPE` und `COORDS` eine bedeutende Rolle bei der Übermittlung der Anwenderhandlungen. Beachten Sie auch die Verwendung des Attributs `ALT`. Mit ihm kann zwar für jene Browser, die keine Bilder unterstützen, Text hinzugefügt werden, aber es sind keine HTML-Hervorhebungen möglich. Weiterhin von Bedeutung ist der Umstand, daß das Element `MAP` nicht kompatibel zu HTML 2.0-Browsern ist.

14.4 Zusammenfassung

Bildbereiche bieten eine künstlerische Methode der Navigation. Wenn sie im Zusammenspiel mit dem herkömmlichen System von Hyperlinks eingesetzt werden, können Bildbereiche eine innovative Möglichkeit darstellen, damit Anwender Ihre Informationen annehmen. Egal, ob Sie sich für die client- oder serverseitigen Techniken zur Erzeugung von Bildbereichen entscheiden, Sie werden feststellen, daß Bildbereiche sowohl dem Aussehen als auch der Funktionalität Ihrer Site zugute kommen.

Das Element OBJECT

15

Dieses Kapitel enthält Informationen über:

- Das Einbinden allgemeiner Informationen über die einfache Verwendung des Elements `OBJECT` als Alternative zu `IMG`.
- Die Verwendung von `OBJECT`, um Java-Applets und andere Plug-Ins in Ihr Dokument einzubinden.
- Die Verwendung des Elements `PARAM`.

Zusammenfassung

Das Element OBJECT erweitert HTML um die Unterstützung eines allgemeinen Verfahrens zum Einbinden von Multimedia-Objekten, zu denen Java-Applets, Microsoft Component Object Model (COM)-Objekte (z.B. ActiveX-Steuerelemente) und das ActiveX Document-Embedding genauso zählen wie eine große Anzahl weiterer Medien-Plug-ins. Diese Herangehensweise ermöglicht es, Objekte in einer allgemeinen Weise anzugeben und bietet zudem die Möglichkeit, die vorgegebenen Objektimplementierungen aufzuheben.

15.1 Einführung

In den Anfängen des Web konnte es Informationen nur als Textdarstellung mit eingeschränkter oder gar keiner visuellen Hervorhebung anzeigen. Auch wenn diese eingeschränkte textliche Darstellung hervorragend für Aufsätze über Elvis-Presley-Filme geeignet war, blieb es schwierig, Darstellungen von Kunstwerken anzuzeigen, wie beispielsweise in der Präsentation des Museum of Modern Art (MoMA) in New York. Irgendwann erschien es einer Gruppe von Entwicklern bei NSCA als erstrebenswert, wenn es eine Möglichkeit gäbe, Bilder anzuzeigen. Aus diesen Bemühungen entstand das Element IMG.

Mit der Zeit fügten Entwickler dem Web immer mehr Funktionen hinzu. Mit den Elementen APP und APPLET von Sun Microsystems, dem Attribut DYNSRC von Microsoft und dem Element EMBED von Netscape erschienen HTML-Elemente, die mehr als nur Text darstellen konnten. All das sah das World Wide Web-Consortium (W3C) und entschied sich dafür, ein Element zu erschaffen, um den gesamten Inhalt von nicht-textlichen Elementen von HTML aus zu steuern. Anfangs nannte das W3C dieses neue Element noch INSERT, änderte es dann aber in OBJECT.

Kurz gesagt liegt das Element OBJECT allen denjenigen Bestandteilen zugrunde, die dem Web erst seinen phänomenalen Erfolg ermöglicht haben. Die Darstellung von Bildern, Filmen, Klängen und sogar kleinen Anwendungen findet unter der Herrschaft des Elements OBJECT statt. Gleichzeitig trägt die Funktionalität dieser Bestandteile auch massiv zum Spaß im Web bei. Damit soll nicht gesagt sein, daß eine 300seitige Abhandlung über Allegorie und tiefere Bedeutung in Elvis Presleys *Viva Las Vegas* keine gute Bettlektüre sei, aber ein Bild sagt dennoch mehr als tausend Worte.

Das Element OBJECT verfügt ebenso wie das später in diesem Kapitel behandelte Element PARAM über etliche Attribute.

Das Element OBJECT ersetzt das IMG-Tag und wurde für den Einsatz mit älteren Browsern abwärtskompatibel gehalten. Sie können OBJECT jetzt also in Situationen verwenden, in denen Sie bisher ein IMG-Element eingesetzt hätten. Ein Schlüsselelement der Spezifikation von OBJECT ist dessen Fähigkeit, viele verschiedene Parameter und Eigenschaften für die in das Dokument eingefügten Objekte zu verwenden. Wie weiter unten erklärt wird, berücksichtigt das Element OBJECT weiterhin einige direkte Manipulationen dieser Objekte. Es wurde so entworfen, daß es – abhängig vom Browser und von der Verbindungsgeschwindigkeit – bei einer zu langen Dauer für das Herunterladen des eigentlichen Objekts der Inhalt des OBJECT-Tags herunterladen und anzeigen würde. Dabei würde dem Anwender mitgeteilt werden, daß das angeforderte Objekt in Kürze käme, um ihn zum Bleiben zu bewegen.

15.1.1 Ein einfaches Beispiel

Am einfachsten läßt sich die Funktionsweise des Elements OBJECT in Aktion erklären:

```
<OBJECT DATA="trampolin.mov" TYPE="application/quicktime">
<IMG SRC="ich_springe.jpg" ALT="Ich möchte springen.">
</OBJECT>
```

In diesem Beispiel kann der Browser zwischen zwei Methoden wählen, um zu entscheiden, ob er den angegebenen Film 'trampolin.mov" als Teil des Dokuments anzeigen soll oder nicht. Zum einen stellt das Attribut TYPE eine schnelle Möglichkeit für den Browser dar, um zu bestimmen, ob er den Film abspielen kann, ohne erst die vollständige Datei herunterladen zu müssen. Zum anderen mag der Browser bereits so alt sein, daß er das Element OBJECT noch gar nicht kennt, und würde statt dessen das JPEG-Bild anzeigen. Aber das ist erst die Spitze des OBJECT-Eisbergs.

15.1.2 Das Attribut DATA für den URL

Das Attribut DATA enthält den URL für alle Daten, die das Objekt im Dokument benötigt. Möchten Sie beispielsweise ein Java-Applet als Objekt verwenden, würden Sie Ihren Browser mittels des Attributs DATA auf die kompilierten Java-Dateien auf Ihrem Server verweisen lassen. Der Browser weiß, welche Art von Information im Attribut DATA enthalten ist, weil die Suche nach dem Attribut CLASSID eines der ersten Dinge ist, die der Browser durchführt. Findet der Browser kein Attribut CLASSID, so sucht er nach dem Attribut TYPE. Zum Beispiel:

```
<OBJECT DATA="nietzsche.gif">
<OBJECT DATA="/anwender/~sartre/klaenge/wuergen.au"></OBJECT>
<OBJECT DATA="http://www.eine.org/java/kierkegaard.class">
</OBJECT>
```

15.1.3 Das Attribut CLASSID

Dieses Element enthält einen URL, der auf die Implementierung des Objekts zeigt. Zum Beispiel:

```
<OBJECT CLASSID="java:Notiz"></OBJECT>
  <!-- verwendet das 'java:' URL-Schema -->
<OBJECT CLASSID="/zeug/phosphate.tcl"></OBJECT>
```

Das Attribut CLASSID teilt dem Browser mit, was er von dem Objekt zu erwarten hat. In einigen Objektsystemen agiert CLASSID als Identifikator für den Objekttyp. Da genau dies auf Java zutrifft, dürfen Sie Ihr Programm, anders als bei dem Element APPLET, nicht mit dem vorgegebenen Suffix „.class" enden lassen. In diesem Fall wird das angegebene Java-Objekt seine Methode „main" für die Ausführung verwenden. Wenn das Attribut CLASSID im Element OBJECT weggelassen wird, verwendet der Browser das im folgenden beschriebene Attribut TYPE für den Internet-Medientyp.

15.1.4 Das Attribut TYPE für den Internet-Medientyp

Das Attribut TYPE enthält den Internet-Medientyp, welche letztlich die Information darstellt, mit der dem Browser mitgeteilt wird, wie das darzustellende Objekt interpretiert werden soll. Der Vorgang sieht folgendermaßen aus: Sie bestimmen mit dem Attribut DATA das Objekt. Bevor der Browser irgend etwas anderes herunterlädt, erhält er das Attribut TYPE, damit er so in die Lage versetzt wird, nicht unterstützte Objekte zu ignorieren. Zum Beispiel:

```
<OBJECT DATA="apfel.jpg" TYPE="image/jpg"></OBJECT>
<OBJECT DATA="/filme/comic/keaton.avi" TYPE="application/avi">
</OBJECT>
```

15.1.5 Das Attribut CODEBASE

Das Attribut CODEBASE enthält einen zusätzlichen URL, der die Implementierung des fraglichen Objekts bereithält. Es wird notwendig, wenn das die Implementierung eines Objekts beschreibende Attribut CLASSID einen weiteren URL benötigt. Wird das Attribut CODEBASE nicht angegeben, findet der Basis-URL des Objekts Verwendung. Ein Beispiel:

```
<OBJECT CLASSID="Fahrrad" CODEBASE="/applets/bewegung/">
</OBJECT>
```

Hierbei befindet sich die Implementierung des Applets „Fahrrad" im Unterverzeichnis „/applets/bewegung" des aktuellen Arbeitsverzeichnisses.

Anmerkung zu den Attributen `CLASSID`**,** `TYPE` **und** `CODEBASE`

Falls der Browser diese drei Attribute nicht darstellen kann, wird der eigentliche Inhalt des Elements OBJECT angezeigt. Dies gewährleistet eine Abwärtskompatibilität und ermöglicht es Ihnen weiterhin, OBJECT-Elemente unterschiedlicher Art unterzubringen, um jedermann gerecht zu werden. Das Beispiel vom Anfang des Kapitels sähe erweitert folgendermaßen aus:

```
<OBJECT CLASSID="java:huepfen"
  CODEBASE="http://schule.de/anwender/frosch/">
<OBJECT DATA="trampolin.mov" TYPE="application/quicktime">
<OBJECT DATA="ich_springe.jpg" TYPE="image/jpg">
</OBJECT>
</OBJECT>
</OBJECT>
```

Hierbei versucht der Browser zunächst, das Java-Applet namens „huepfen" auszuführen. Wenn der Browser Java nicht unterstützt, versucht er den QuickTime-Film „trampolin.mov" abzuspielen. Sollte auch der Film nicht ablaufen können, zeigt der Browser das Bild „ich_springe.jpg" an. Ist es nicht schön, jeden glücklich zu machen?

15.1.6 Das Attribut CODETYPE zur Angabe des Internet-Medientyps

Das Attribut CODETYPE gibt den Internet-Medientyp für das Attribut CLASSID des Objekts an. Diese Information wird vor den Inhalten des Attributs CLASSID empfangen. Der Browser kann diese Information dann verwenden, um zu entscheiden, ob das Attribut CODETYPE unterstützt wird und um anschließend das von dieser Entscheidung abhängige Objekt herunterladen. Ein Beispiel:

```
<OBJECT CLASSID="Mendelssohn" CODEBASE="/komponisten/"
  CODETYPE="application/java-vm">
</OBJECT>
```

15.1.7 Das Attribut `ID`

Das Attribut ID wird als ein eindeutiger, dokumentenweit gültiger Identifikator für das Objekt verwendet. Sie können das Attribut ID benutzen, um ein Objekt zu benennen, damit sich andere Objekte auf dieses beziehen können. Es erweist sich ebenfalls als praktisch, wenn Sie das Objekt als Ziel eines Hyperlinks einsetzen wollen. Das Attribut ID kann aus beliebigen Groß- und Kleinbuchstaben bestehen, darf aber weder diakritische

Zeichen, noch Ziffern oder die Zeichen „-“ und „.“ enthalten. Zum Beispiel:

```
<OBJECT ID="Vogel" DATA="/bilder/seeadler.gif"
TYPE="image/gif">
</OBJECT>

<OBJECT ID="erstens" CLASSID="Schritt1.tcl"
CODEBASE="/beispiele">
</OBJECT>
```

15.1.8 Das Attribut DECLARE

Sie können das Attribut DECLARE verwenden, um das Objekt zu deklarieren, aber nicht, um es zu instanzieren. Mit anderen Worten, Sie bestimmen einen Aufenthaltsort für das Objekt, ohne es zum Leben zu erwecken. Das Attribut DECLARE gestattet Ihnen weiterhin, ein Element PARAM für ein Objekt zu verwenden, damit es als eigenständiges Objekt auftreten kann. Das Element PARAM wird später in diesem Kapitel behandelt.

Das Attribut DECLARE erzeugt für das Objekt einen Zustand, der ein spätes Einbinden ermöglicht. Mit anderen Worten, das Objekt wird solange nicht instanziert, bis es aufgerufen wird – entweder von einem anderen Objekt oder, wie im folgenden Beispiel, durch das Anklicken eines Links durch den Anwender:

```
<OBJECT ID="bigfoot" DECLARE CLASSID="MonsterTruck"
   CODEBASE="/seiten/java/">
</OBJECT>
Ich bringe eine Menge Zeit bei <A HREF="#bigfoot">den Rennen
</A> zu.
```

Abhängig vom Typ des Objekts, kann das Attribut DECLARE eine völlig selbständige und unabhängige Kopie des Objekts erzeugen. Wenn der Anwender im obigen Beispiel den Link anwählt, wird das per DECLARE bestimmte OBJECT aktiviert, und die aktuelle Seite wird durch das Objekt, eine Instanz des Applets MonsterTruck, ersetzt.

15.1.9 Das Attribut STANDBY

Das Attribut STANDBY stellt eine Textmeldung für den Anwender bereit, der auf ein herunterzuladendes Objekt wartet. Es kann jedes zulässige HTML-Zeichen enthalten, einschließlich Kodierungszeichen für besondere Buchstaben. Ein Beispiel:

```
<OBJECT CLASSID="TroetendeApp" CODETYPE="application/java-vm"
  STANDBY="Sie sollten sich das nicht entgehen lassen...">
</OBJECT>
```

15.1.10 Das Attribut ALIGN zum Ausrichten des Objekts

Mit dem Attribut ALIGN wird dem Browser mitgeteilt, wo er das Objekt zu positionieren hat. Die Ausrichtung kann entweder in Relation zum Dokumententext oder unabhängig vom Text erfolgen. Es gibt acht verschiedene Werte für das Attribut ALIGN:

- texttop
- middle
- textmiddle
- baseline
- textbottom
- left
- right
- center

Die Zuweisung ALIGN=texttop sorgt dafür, daß das Objekt mit seiner Oberkante an der oberen Kante der Textzeile ausgerichtet wird, in der das Objekt erscheint.

Die Zuweisung ALIGN=middle sorgt dafür, daß das Objekt mit seiner Mitte an der Grundlinie des Textes ausgerichtet wird. Die Grundlinie ist die Linie, auf der aller Text ruht, nicht die Unterkante des Textes. Mit anderen Worten, die Objektmitte wird nicht an den Unterlängen bestimmter Buchstaben ausgerichtet. Achten Sie also auf Ihre „p"s und „q"s.

Die Zuweisung ALIGN=textmiddle sorgt dafür, daß das Objekt mit seiner Mitte in einer Höhe zwischen der Grundlinie des Textes und der x-Höhe in der aktuellen Schriftart ausgerichtet wird. Dabei ist die x-Höhe die Höhe eines kleinen x in einem Latin-1-Alphabet. Wenn nur Großbuchstaben zur Anwendung kommen, ist die x-Höhe die Höhe eines großen X. Für Alphabete, die nicht von links nach rechts als Latin-1-Alphabet gelesen werden, wird textmiddle als die Mitte der Texthöhe angenommen.

Mit ALIGN=baseline wird das Objekt mit seiner Unterkante an der Grundlinie des aktuellen Textes ausgerichtet.

ALIGN=textbottom bringt das Objekt mit seiner Unterkante in eine Linie mit der unteren Kante der Textzeile, nicht mit der Grundlinie.

ALIGN=left läßt das Objekt auf dem linken Dokumentenrand nach unten ausgerichtet erscheinen. Aller auf das Objekt folgende Text erscheint dann auf der rechten Seite des Objekts.

ALIGN=right bewirkt eigentlich fast dasselbe wie ALIGN=left, nur auf der anderen Seite. In diesem Fall erscheint das Objekt auf dem rechten Dokumentenrand nach unten ausgerichtet und nachfolgender Text wird auf der linken Seite umgebrochen.

ALIGN=center plaziert das Objekt unterhalb der aktuellen Textzeile zwischen dem linken und rechten Rand. Nachfolgender Text erscheint dann am Anfang der nächsten Zeile.

15.1.11 Das Attribut NAME läßt ein Objekt zum Teil eines Formulars werden

Das Attribut NAME gestattet es einem Objekt, das in einem Element FORM enthalten ist, zu einem Teil der formularübermittlung zu werden. Wenn es für das Objekt kein zugehöriges Attribut DECLARE gibt, wird der Browser die Inhalte des Attributs NAME zusammen mit allen Daten aus dem Objekt schicken. Wie das Objekt die Daten tatsächlich erhält, hängt vom verwendeten Objektsystem ab. Ein Beispiel:

```
<FORM METHOD="post" ACTION="/cgi-bin/interpret_object.cgi>
<OBJECT NAME="FormularSteuerelement1"
  CLASSID="clsid:1377FFC-26AF-44308034"
  CODETYPE="application/x-oleobject"></OBJECT>
</FORM>
```

Hierbei würde das ActiveX-Steuerelement Daten durch den Anwender erhalten, mit welchen Mitteln auch immer der Programmierer sich das gedacht hat.

15.1.12 In OBJECT verwendete Maßeinheiten

Das Element OBJECT verwendet sogenannte „Standard-Einheiten" für die Attribute, welche die Maße von Objekten betreffen. Der vorgegebene Wert für diese Einheiten ist eine ganze Zahl, welche die Anzahl von Pixeln auf dem Bildschirm angibt.

```
<OBJECT HSPACE=20 VSPACE=40></OBJECT>
```

Eine weitere Methode besteht darin, wie im folgenden Beispiel, eine auf den Bildschirm bezogene Prozentangabe zu verwenden. Für Attribute WIDTH gilt die Prozentangabe bezogen auf den Platz zwischen dem linken und rechten Rand, für HEIGHT bezogen auf die Höhe des aktuellen Fensters.

```
<OBJECT HEIGHT=20% WIDTH=33%></OBJECT>
```

Es können auch feste Maßeinheiten verwendet werden, indem einer Gleitkommazahl die Abkürzung des Einheitentyps folgt. Beispielsweise würde die Zuweisung „0.75cm" eine Länge von drei Viertel Zentimetern angeben. Zulässige Einheitsangaben sind „pt" für Punkt, „pi" für Pica, „in" für Inch (Zoll) und „cm" für Zentimeter.

```
<OBJECT BORDER=14pt></OBJECT>
```

Auch wenn die Verwendung von Punkt und Pica für Maße den Grafikdesignern gefallen wird, müssen wir doch anmerken, daß bisher nur sehr wenige Browser diese Maßeinheiten unterstützen.

15.1.13 Das Attribut WIDTH zur Bestimmung des sichtbaren Bereichs eines Objekts

Das Attribut WIDTH gibt die Breite eines Rahmens um den sichtbaren Bereich eines Objekts herum an. Dafür verwendet es die Standard-Einheiten. Der Browser kann dieses Attribut verwenden, um ein Objekt in der Größe an die vorgegebene Breite anzupassen.

15.1.14 Das Attribut HEIGHT

Das Attribut HEIGHT gibt die Höhe des Kastens einschließlich des sichtbaren Bereichs des Objekts an. Der Browser kann das Attribut HEIGHT verwenden, um ein Objekt in der Größe an das gegebene Maß in Standard-Einheiten anzupassen.

15.1.15 Das Attribut BORDER

Das Attribut BORDER legt die Umrandung eines Objekts fest, sofern dieses zu einem Hyperlink gehört. Das hier eingestellte Maß in einer Standard-Einheit gibt die Breite der Linie an, aus der die Umrandung besteht. Wenn Sie keine Umrandung für das Objekt wünschen, verwenden Sie BORDER=0.

15.1.16 Das Attribut HSPACE

Das Attribut HSPACE teilt dem Browser mit, wie breit der Platz links und rechts von dem das Objekt umgebenden Kastens ist. Das Attribut HSPACE wird verwendet, um ein Objekt von dem vorangehenden und nachfolgenden Text abzugrenzen.

15.1.17 Das Attribut VSPACE

Das Attribut VSPACE gibt an, wie hoch der Platz über und unter dem das Objekt umgebenden Kastens ist.

15.2 Das Element PARAM, mit dem Parameter an das Objekt übergeben werden

Wie bereits erwähnt, gibt es zu dem Element OBJECT das verwandte Element PARAM. Das Element PARAM arbeitet mit OBJECT zusammen, um mehrere Eigenschaftswerte (Parameter) für das Objekt zu unterstützen, wodurch eine größere Funktionalität ermöglicht wird. Ein Element PARAM kann verwendet werden, um ein Objekt zu initialisieren oder um dem Objekt weitere Daten hinzuzufügen.

Ein weiteres Einsatzgebiet für das Element PARAM findet sich bei der Anwendung von OBJECT DECLARE, um Objekte zum späteren Einbinden in Ihrem Dokument bereitzuhalten. Dazu folgendes, fiktive Beispiel:

```
<OBJECT DECLARE ID="otis" TYPE="application/x-enunciator"
  DATA="Otis.vox"></OBJECT>
<OBJECT ID="vplayer" CLASSID="VortragPlayer.prg"
  CODEBASE="http://host.irgendwo.net/glaubenmachen/"
  DATA="schlechtes_gedicht.txt">
<PARAM NAME="Stimme" OBJECT VALUE="#otis"></OBJECT>
```

In diesem Beispiel wird das Programm VortragPlayer ein schlechtes Gedicht mit der Stimme von Otis vorlesen. Das Element PARAM verweist unter Verwendung der üblichen Verankerungsmethode mit dem #-Zeichen auf ein Objekt innerhalb eines anderen Objekts. Es gibt mehrere Attribute, die von dem Element PARAM verwendet werden, um Informationen an seine Objekte weiterzuleiten:

- NAME
- VALUE
- VALUETYPE

15.2.1 Das Attribut NAME

Von allen Attributen zu PARAM ist das Attribut NAME das einzige unbedingt erforderliche. Wie zu vermuten, gibt das Attribut NAME die Bezeichnung der an das Objekt zu übergebenden Eigenschaft an. Die Auswirkung der Verwendung von Groß- und Kleinbuchstaben in der Bezeichnung hängt vom zugrundeliegenden Objektsystem ab.

15.2.2 Das Attribut VALUE

Das Attribut VALUE enthält den Wert des Elements PARAM. Für den Browser ist dieser nichts weiter als eine zulässige Zeichenkette nach den üblichen Regeln für Zeichenarten („<" und „>" für '<' und '>', usw.). Letztendlich hängt die wahre Bedeutung des Attributs VALUE aber vom Objekt und dessen Interpretation der Zeichenkette ab. Das Objekt wird zuerst auf das Attribut NAME stoßen und dann das zugehörige Attribut VALUE für seinen vorgesehenen Zweck einsetzen.

Zusammen sehen die Attribute NAME und VALUE folgendermaßen aus:

```
<OBJECT...>
<PARAM NAME="Regen_Farbe" VALUE="violett">
</OBJECT>
```

15.2.3 Das Attribut VALUETYPE

Das Attribut VALUETYPE teilt dem Objekt mit, von welchem Typ der in VALUE übergebene Wert ist. Es kann sich dabei um einen der folgenden drei eindeutigen Typen handeln:

- REF
- OBJECT
- DATA

15.2.4 Das Attribut REF

Das Attribut REF teilt dem Objekt mit, daß es sich bei dem übergebenen Wert um einen URL handelt. Beispielsweise würde folgende Zeile unter Verwendung des Elements PARAM den URL „/seiten/klaenge/irrer.au“ an die Eigenschaft „Gelaechter“ des Objekts übergeben:

```
<PARAM NAME="Gelaechter" REF VALUE="/seiten/klaenge/irrer.au">
```

15.2.5 Das Attribut OBJECT

Das Attribut OBJECT weist der Eigenschaft ein weiteres Objekt zu. Dieses zugewiesene Objekt muß im selben Dokument enthalten sein, in dem auch das Element PARAM vorkommt. Der VALUETYPE OBJECT wird hauptsächlich verwendet, um auf andere Objekte zu verweisen, die zwar deklariert, aber nicht durch das Attribut DECLARE instanziert wurden.

```
<OBJECT ID="Alptraum" CLASSID="TraumWelt"
  CODEBASE="/seiten/java/" CODETYPE="application/java-vm">
<PARAM NAME="das_boese" OBJECT VALUE="#clown">
</OBJECT>
  <!-- Folgendes wurde durch obiges PARAM übergeben -->
<OBJECT ID="clown" CLASSID="Bobo"
  CODEBASE="/seiten/java/" CODETYPE="application/java-vm">
</OBJECT>
```

15.2.6 Das Attribut DATA

Das Attribut DATA übergibt dem Objekt den Wert als Zeichenkette zur Interpretation. Dies ist das standardmäßige Verhalten für VALUETYPE. Diese Zeichenkette muß in bezug auf Kodierungszeichen den HTML-Regeln gehorchen.

```
<PARAM NAME="Meldung" DATA VALUE="Worauf starrst Du so?">
```

Hierbei wird die Bezeichnung „Meldung“ mit dem brüskierenden Inhalt verbunden, die dann, als Lehrstunde für gutes Benehmen gedacht, an das Objekt übergeben wird.

15.3 Zusammenfassung

Die Spezifikation von `OBJECT` ist eine der umfangreicheren unter den Elementen von HTML 4.0, aber diese Komplexität dient einem höheren Zweck, der Vereinheitlichung zuvor widerstreitender Splittergruppen nicht-textlicher HTML-Elemente. Jetzt gibt es eine Möglichkeit, um mit derselben Auszeichnung alle möglichen Bestandteile in einem Dokument unterzubringen, von peinlichen Fotos Ihrer Lieben bis zum Finanzrechner. Mit einer raschen technischen Weiterentwicklung werden nahezu täglich weitere auf dem Web basierende Objektarten erzeugt. Durch den Einsatz des Elements `OBJECT` können Sie alle die multimedialen Techniken benutzen, die das Web zur hochentwickelten, Informationen liefernden Plattform machen.

Scripting auf Client-Seite

16

Dieses Kapitel enthält Informationen über:

- ▼ Die Verwendung von Scripting auf Client-Seite
- ▼ Den Gebrauch von `SCRIPT`
- ▼ Die Anwendung von event-handling
- ▼ Beispiele für Skriptmakros

Zusammenfassung

HTML 4 erweitert HTML um die Unterstützung von Scripting auf Client-Seite für Dokumente und Objekte, die in HTML-Dokumente eingebettet sind. Skripte können in getrennten Dateien geliefert oder direkt in das HTML-Dokument eingebettet werden, und zwar unabhängig von der Skriptsprache. Skripte erlauben es den HTML-Formularen, Eingaben unmittelbar zu verarbeiten: Um sicherzustellen, daß eingegebene Werte den geforderten Mustern entsprechen, daß Konsistenz zwischen den Feldern besteht und um abgeleitete Felder zu errechnen.

Skripte können auch benutzt werden, um das Verfassen von aktiven Dokumenten zu vereinfachen. Das Verhalten von Objekten, die in HTML-Dokumente eingefügt werden, kann mit Skripten so gestaltet werden, daß es sich auf Ereignisse bezieht, die von eben diesen Objekten erzeugt werden. Dies ermöglicht es den Verfassern, überzeugende und leistungsfähige Webinhalte zu erzeugen.

16.1 Einführung

Zu Beginn des World Wide Web war es dessen Absicht, Menschen die Veröffentlichung und gemeinsame Nutzung von Informationen auf relativ einfache Art zu ermöglichen. Mit der Zeit jedoch ist das Web interaktiver und reich an Medien geworden, wobei Anwender häufig aufgefordert werden, auf die Informationen auf ihrem Monitor zu antworten und sich von diesen unterhalten zu lassen.

Skriptsprachen selbst werden in diesem Buch nicht behandelt. Die HTML 4 Spezifikation für Scripting auf Client-Seite wurde lediglich gestaltet, um die Tags zu vereinheitlichen, die beim Scripting verwendet werden. Vor diesem Hintergrund konzentriert sich dieses Kapitel auf die Verwendung von Tags und die damit zusammenhängenden Spezifikationen, statt die Details irgendeiner besonderen Skriptsprache zu behandeln – ein Thema außerhalb des Blickfelds dieses Kapitels.

Zunächst wurde Multimedia im Web auf der Server-Seite gehandhabt. Server behandelten Formulare – sie antworteten auf Aktionen der Anwender, sie verteilten Inhalte und sie beeinflußten sogar das Aussehen der Dokumente auf dem Monitor. Der Server beanspruchte einen gewissen Teil des Speichers und benötigte eine vernünftige Bandbreite bei der Verbindung zwischen sich und dem Client. Dieses Hin- und Herschicken von Daten zwischen Client und Server bedeutete eine höhere Verzögerung – um die Zeit nämlich, die damit verbracht wurde, darauf zu warten, daß etwas passiert.

Mit dem Scripting auf Client-Seite fällt die Verantwortung für viele Aufgaben eher dem Browser als dem Server zu. Da nun der Browser eine wichtigere Rolle spielt, haben die Web-Gestalter Raum, über die Produktion interessanter und informativer Inhalte nachzudenken, statt sich darüber Sorgen zu machen, ob der Server über genügend RAM verfügt oder nicht. Entweder gemeinsam mit der `OBJEKT`-Spezifikation oder eigenständig benutzt, erlaubt das Scripting auf Client-Seite größere Flexibilität und

Interaktivität auf dem Web als früher. Mit der HTML 4.0-Spezifikation bestehen bessere Voraussetzungen für eine weitere Verbreitung des Scripting auf Client-Seite.

16.2 Das Element SCRIPT

Die Grundlage jedes Scripting auf Client-Seite bildet das Element SCRIPT. Das Element SCRIPT können Sie – wie seinen Partner, </SCRIPT> – überall im HTML-Dokument benutzen, sooft wie erforderlich, obwohl, wie wir später sehen werden, seine Plazierung von Bedeutung für seine Funktion ist. Allgemein ist es üblich, Skripte zwischen den Tags <HEAD> und </HEAD> zu plazieren. So hat der Browser die Möglichkeit, die Skripte zu interpretieren, falls dies erforderlich ist, bevor der Rest des Dokuments geladen wird.

16.3 Das Attribut SRC, mit dem ein URL auf ein extern geladenes Skript verweisen kann

Eines der Attribute des Elements SCRIPT ist SRC, das benutzt werden kann, um einen URL für ein extern geladenes Skript anzugeben, obwohl die Anweisung an den Browser, ein weiteres Dokument vom Server zu holen, dem Zweck des Scripting auf Client-Seite zuwiderzulaufen scheint. Wenn Ihr SCRIPT-Tag das Attribut SRC benutzt, wird jede Information, die das SCRIPT-Tag enthält, mit Rücksicht auf den URL ignoriert.

16.4 LANGUAGE zur Angabe der Skriptsprache

Das Attribut LANGUAGE wurde ursprünglich verwendet, um die benutzte Skriptsprache festzulegen. Hier können Sie Informationen einfügen, die dem Browser helfen, das Skript zu interpretieren, wie z.B. mit den folgenden Angaben:

```
<SCRIPT LANGUAGE="JavaScript"></SCRIPT>
<SCRIPT LANGUAGE="VBScript"></SCRIPT>
```

Dies sollte jedoch vermieden werden; dem anderen Attribut, TYPE, ist der Vorzug zu geben.

16.5 TYPE zur Definition der Skriptsprache als Internet-Medientyp

Das Attribut TYPE leistet in etwa dasselbe wie das Attribut LANGUAGE, aber es tut dies, indem es die Sprache als Internet-Medientyp festgelegt. Der Internet-Medientyp sagt dem Browser, wie er die Informationen interpretieren soll, genauso, wie der Browser weiß, wie er eine Datei mit dem Label „text/html“ oder „image/gif“ interpretieren soll.

```
<SCRIPT TYPE="text/javascript"></SCRIPT>
<SCRIPT TYPE="text/vbscript"></SCRIPT>
```

Voreingestellte Skriptsprachen: Wenn LANGUAGE, TYPE und META keine Rückschlüsse zulassen, ist JavaScript die voreingestellte Skriptsprache. Wenn kein TYPE- oder LANGUAGE-Attribut gesetzt ist, sucht der Browser nach einem META-Tag oder einem HTTP-Header, der die verwendete Skriptsprache für das Dokument definiert. Wenn es keine TYPE-, META- oder LANGUAGE-Elemente gibt, und kein HTTP-Header gesetzt wurde, nimmt HTML 4 an, das Skript wäre in JavaScript geschrieben.

16.5.1 Voreingestellte Skriptsprache: Verwendung von <META> und <SCRIPT>

Wenn im SCRIPT-Tag kein TYPE oder LANGUAGE-Attribut angegeben ist, können Sie ein META-Tag innerhalb des Elements HEAD verwenden, um die verwendete Sprache festzulegen. Hierbei werden wieder Internet-Medientyps für die Skripte verwendet. Zum Beispiel:

```
<META HTTP-EQUIV="Content-Script-Type" Content="text/vbscript">
```

16.5.2 Voreingestellte Skriptsprache: Verwendung von HTTP-Headern mit <SCRIPT>

Wenn es kein META-Tag gibt, kann die Standard-Skriptsprache auch im HTTP-Header angegeben werden, der vom Server erzeugt wird. Dies funktioniert so:

```
Content-Script-Type: text/tcl
```

Diese Lösung funktioniert nur, wenn Sie die Möglichkeit haben, HTTP-Header auf dem Server zu definieren, auf dem Ihre Dokumente gespeichert sind.

In beiden Fällen gibt es mehrere META-Tags oder HTTP-Header, wobei der zuletzt definierte dem Dokument zugeordnet wird. Wenn das Dokument also die Einträge

```
<META HTTP-EQUIV="Content-Script-Type" Content="text/vbscript">
```

und

```
<META HTTP-EQUIV="Content-Script-Type" Content="text/tcl">
```

enthält, setzt der Browser die Skriptsprache auf tcl.

16.5.3 Abwärtskompatibilität und SCRIPT

Es kann passieren, daß ein älterer Browser auf Ihr Dokument zugreift und die Skripte gar nicht interpretieren kann. Sollte dies der Fall sein, müssen Sie sicherstellen, daß das Skript mit solchen Vorfällen umgehen kann und alternative Inhalte mittels NOSCRIPT bereitstellen oder Ihr Skript mit HTML-Kommentarzeichen verstecken.

16.6 Das Element NOSCRIPT

Das Element SCRIPT hat ein Gegenstück namens NOSCRIPT, das für Browser gedacht ist, die kein Skripting auf Client-Seite unterstützen. Wenn dies der Fall ist, wird der gesamte zwischen den NOSCRIPT-Elementen stehende Text dem Anwender als Klartext ausgegeben. Die häufigste Verwendung für NOSCRIPT ist, dem Anwender anzuraten, die neueste Version des Browsers herunterzuladen.

```
<NOSCRIPT>
<P ALIGN=CENTER>
Wenn Sie einen neueren skriptkompatiblen Browser benutzen
würden, sähen Sie hier erstaunliche Dinge.
</NOSCRIPT>
```

Wie Sie sehen, kann NOSCRIPT sämtliche HTML-Auszeichnungen enthalten, die Sie hinzufügen möchten.

16.7 Verwenden von HTML-Kommentaren

Um die eigentlichen Skriptinhalte vor älteren Browsern zu verbergen, verwendet man die HTML-Kommentar-Syntax. Browser ignorieren alles zwischen den Elementen <!-- und -->, also werden die meisten Skript-Autoren ihre Arbeit zwischen diese Tags setzen. Natürlich ist es wichtig, daran zu denken, die Elemente <SCRIPT> und </SCRIPT> außerhalb der Kommentarelemente zu setzen, andernfalls ignoriert der Browser alles, und Sie kratzen sich am Kopf und fragen sich, warum nichts funktioniert.

16.8 Beispiel für ein einfaches <SCRIPT>

Das folgende Beispiel zeigt, wie alle obigen Elemente in einem HTML-Dokument zusammenarbeiten. Es benutzt das obligatorische „Hello World"-Beispiel:

```
<HTML><HEAD><TITLE<Das Dokument</TITLE>
<SCRIPT TYPE="text/javascript">
<!-- Kommentar, um den Skriptinhalt vor älteren Browsern
     zu verbergen
     document.write("<H1>Hello World><\/H1>");
// Ende des Verbergens -->
</SCRIPT>
<NOSCRIPT>
Normalerweise würde ich ja hallo sagen, aber erst, wenn Sie
sich einen besseren Browser besorgen.
</NOSCRIPT>
</HEAD><BODY></BODY></HTML>
```

Einige Dinge sind beim obigen Skript zu beachten. Zunächst illustriert es eine Eigenschaft einiger Skriptsprachen, nämlich das dynamische Aktualisieren eines Dokuments. Das bedeutet, daß das Skript, während das Dokument vom Browser geladen wird, interpretiert und dann auf dem Monitor dargestellt wird. Im obigen Beispiel hat document.write() denselben Effekt wie das Erzeugen eines HTML-Dokuments:

```
<HTML><HEAD><TITLE<Das Dokument</TITLE>
</HEAD><BODY>
<H1>Hello World!</H1>
</BODY></HTML>
```

Der Vorteil von dynamischen Inhalten zeigt sich, wenn Funktionen wie die folgende ausgeführt werden sollen: Die Rückgabe von Inhalten auf der Grundlage des zugreifenden Browsers oder das Einfügen der lokalen Uhrzeit in das Dokument, wie in diesem Beispiel:

```
<HTML><HEAD><TITLE>Eine einfache Uhr</TITLE>
<SCRIPT TYPE="text/javascript">
<!-- Vor älteren Browsern verbergen
function tickTick()
{
  var today = new Date();

  var display = today.getHours() + ":" +
  ((today.getMinutes() < 10 ? "0" : "") +
  today.getMinutes() + ":" +
  ((today.getSeconds() < 10) ? "0" : "") +
  today.getSeconds();

  document.clockform.clock.value = display;
  setTimeout("tickTick()",1000);
  }
// Ende des Verbergens -->
</SCRIPT></HEAD>
<BODY onLoad="tickTick()">
<FORM METHOD=post ACTION="#" NAME="clockform">
<INPUT TYPE=TEXT NAME="clock" SIZE=10>
</FORM>
</BODY></HTML>
```

Abbildung 16.1: Die Zeit verrinnt

16.8.1 Escape-Zeichen-Sequenzen

Beachten Sie auch den Backslash „\“ am End-Tag für die Überschrift im Skript:

```
document.write("<H1>Hello World!<\/H1>");
```

Er stellt ein Escape-Zeichen dar, das es dem Skript-Interpreter erlaubt, das schließende H1-Tag als Teil des Skriptes und nicht als Teil der HTML-Auszeichnungen zu erkennen. Ein „ordentlicher“ HTML-Parser betrachtet das `SCRIPT`-Element als geöffnet und erwartet das zugehörige `</SCRIPT>`

oder ein anschließendes Tag. Wenn Sie z.B. den vorangestellten Backslash nicht benutzen würden, würden Sie folgendes sehen:

```
document.write("<H1>Hello World!</H1>")
```

Ihr Skript könnte einen Fehler verursachen, da der Browser behauptet, Sie hätten ein Element geschlossen, das nicht geöffnet wurde, oder der Browser könnte sogar ein anderes Element schließen, das früher im Dokument geöffnet worden war. Selbst wenn der von Ihnen verwendete Browser keine Verwirrung stiftet, ist es besser, das Escape-Zeichen zu verwenden, um sicherzugehen.

Skriptsprachen verwenden verschiedene Methoden für Escape-Sequenzen. JavaScript und tcl z.B. verwenden den Backslash „\". In VBScript kann man aber auch die Funktion `Chr()` benutzen, um dasselbe Ziel zu erreichen:

```
document.write("<H1>Hello World!<" &Chr(47) + "H1>")
```

16.8.2 Kommentare innerhalb des SCRIPT

Schließlich muß die Verwendung von Kommentaren innerhalb des Skripts beachtet werden. Im obigen JavaScript-Beispiel wurde ein Kommentarzeichen im Stil von C++ benutzt:

```
// Ende des Verbergens -->
```

Dieses wird benutzt, um das HTML-Kommentarzeichen vor dem JavaScript-Interpreter zu verbergen, der die Bearbeitung ansonsten Ihnen überlassen würde, sobald er auf das --> trifft. Andere Spachen haben ihre eigene Kommentarsyntax. VBScript z.B. verwendet ein einfaches Anführungszeichen:

```
' Ende des Verbergens -->
```

und tcl verwendet:

```
# Ende des Verbergens -->
```

16.9 event-handling

Ein wesentlicher Pluspunkt des Scripting auf Client-Seite zeigt sich beim event-handling. Wie der Name schon sagt, handelt es sich um ein durch das Skript behandeltes Ereignis, das vom Anwender ausgelöst wird. In vielen Fällen verwenden diese Ereignisse (eingebaute) Ereignisse, um die Rückmeldung des Skripts auszulösen. Diese event-handler können an spezifische Objekte innerhalb eines HTML-Dokumentes gebunden werden, oder ein Skript, das nur auf bestimmte Elemente zielt, kann das gesamte Dokument behandeln.

Die zugrundeliegende Skript-Engine ist für die Verknüpfung unterschiedlicher Objekte eines HTML-Dokumentes an die damit verbundenen event-handler verantwortlich. Wenn die Skript-Engine viele Sprachen unterstützt, dann ist es möglich, ein Objekt in einer Sprache zu unterstützen, während gleichzeitig das event-handling in einer anderen Sprache stattfindet. Der zugrundeliegende Gedanke ist die Überwindung möglicher Unzulänglichkeiten, die in jeder gegebenen Skriptsprache auftreten können.

16.9.1 Das Verknüpfen von HTML-Objekten an Skripte

Die Hauptmethode zum Verknüpfen von Objekten und Ereignissen stammt aus den Dokument-Auszeichnungen des HTML. ID-Attribute z.B. identifizieren Objekte, die irgendwo in einem HTML-Dokument auftauchen, während das Attribut NAME Objekte identifiziert, die sich innerhalb des Blickwinkels eines umschließenden FORM-Elements befinden. Einige Sprachen könnten sogar Scripting für Objekte unterstützen, die die OBJECT- oder IMG-Tags verwenden. Diese Attribute binden sich an event-handling-Skripte durch die Laufzeit-Implementierung der Skriptsprache. Das Verwenden dieser Attribute erlaubt die Steuerung von Tochter-Dokumenten durch die event-handling-Skripte in einem Vater-Dokument (oder FRAME), oder sogar die Steuerung von Objekten außerhalb des Dokuments, wie z.B. die des Browsers selbst.

```
<HTML><HEAD>
<TITLE>Browser-Test</TITLE>
<SCRIPT TYPE="text/javascript">
<!--
function checkType()
{
  var returnString = "<H2>Wie ich sehe, verwenden Sie ";
  returnString += navigator.appName;
  returnString += ", Version ";
  returnString += navigator.appVersion;
  returnString += ",<\/H2><HR WIDTH=300 ALIGN=left>";
  returnString += "Eine gute Wahl.";

  document.write(returnString);
  document.close();
}
//-->
</SCRIPT>
</HEAD>
<BODY onLoad="checkType()">
<NOSCRIPT>
Skripte? Die können Sie nicht behandeln!
</NOSCRIPT>
</BODY></HTML>
```

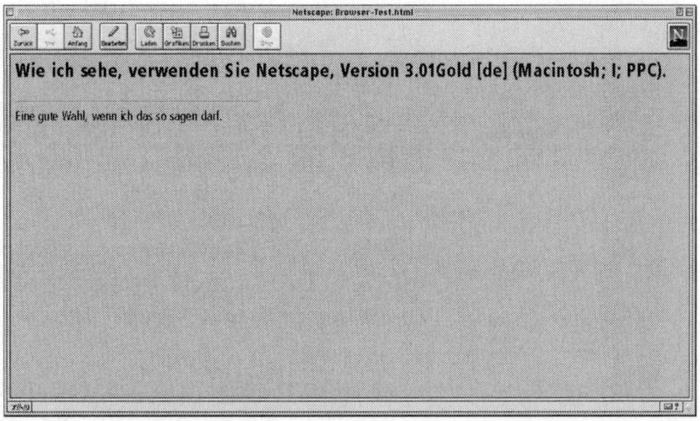

Abbildung 16.2: So stellen Sie alle Ihre Anwender zufrieden

Wie genau sich die Skripte auf die Objekte beziehen, legt die Skriptsprache fest. Bei JavaScript geben spezifische Namen wie z.B. „document.form.element[0].value“ den Wert des ersten Elements eines Formulars zurück, unter der Annahme, daß der Wert nicht Null oder undefiniert ist. Eine andere Methode, sich auf Objekte zu beziehen, hängt vom Umfeld des Skripts ab. Wenn das Skript in einem `FORM` erscheint, dann erhalten Objekte, die das Attribut `NAME` tragen, den Vorrang gegenüber den mit `ID` bezeichneten Objekts.

Die letztere Referenzmethode kann bei einigen Skriptsprachen Probleme verursachen. Bei VBScript z.B. ist der Gültigkeitsbereich für Objektreferenzen auf gegebene Module beschränkt, die Sprache jedoch kann nicht hinreichend bestimmen, wo die Module beginnen und enden. In diesen Sprachen ist es vermutlich besser, den Behandler mit einem spezifischen Namen eng an das Objekt zu binden, auf das er sich bezieht.

16.9.2 event-handling und Skripte

Das möglicherweise beste Beispiel für event-handling ist Formularbehandlung. Wenn Formulare verschickt werden, müssen Sie unter Umständen prüfen, ob ein Wert eingegeben wurde oder ob dieser Wert das korrekte Datenformat besitzt. Dies ist ein idealer Zeitpunkt, um die Formlarelemente einem event-handling zu unterziehen, statt davon abhängig zu sein, daß der Server die Inhalte prüft.

Ein wichtiger Punkt, an den Sie beim Versand von Formularen denken müssen, ist folgender: Wenn Sie möchten, daß `INPUT`-, `TEXTAREA`- oder `SELECT`-Elemente als Teil des abgeschickten Formulars erkannt werden, müssen sie ein `NAME`-Attribut besitzen. Deweiteren müssen sie Bestandteil eines `FORM`-Elementes sein. Wenn eine dieser Bedingungen nicht erfüllt wird, dann wird das Element nicht als Bestandteil des Formulars betrachtet. Das mag sich seltsam anhören, aber es ermöglicht größere Flexibilität beim Aufbau einer Anwenderschnittstelle, indem diese Elemente zusammen mit Skripten benutzt werden, die sich außerhalb des Formulars befinden.

Als Beispiel wird unten ein Skript gezeigt, das es dem Anwender erlaubt, zu betrachten, wie etwas †bertragenes aussieht, bevor er es dann wirklich sendet:

```
<HTML><TITLE>Nachrichtenbrett</TITLE><HEAD>
<SCRIPT TYPE="text/javascript">
function preview( from, img)
{
  var headline = form.elements.HEADLINE.value;
  var message = form.elements.MESSAGE.value;
  var preview = window.open("","preview","scrollbars=1,
          width=500, height=500");
  if ( preview.opener == null )
    preview.opener = self;
  preview.document.open();
  preview.document.write("<HTML><HEAD><TITLE>Vorschau
          </TITLE></HEAD>);
          <BODY BGCOLOR='#ffffff'><IMG SRC=")
  preview.document.write( img );
  preview.document.write(" ALIGN=center>
          <FORM METHOD=post><BR><BR>
          <FONT FACE=arial SIZE=3><B>")
  preview.document.write( headline );
  preview.document.write("</B></FONT><HR>
          <PRE><FONT FACE=arial SIZE=3>")
  preview.document.write( message );
  preview.document.write("</FONT></PRE><CENTER>");
  preview.document.write("<HR ALIGN=center WIDTH=80%>
          <HR ALIGN=center WIDTH=60%>
          <HR ALIGN=center WIDTH=40%>");
  preview.document.write("<P><INPUT TYPE=BUTTON
          VALUE='Vorschau beendet'
          onClick='self.close()'></CENTER><BR>
          </FORM></BODY></HTML>
  preview.document.close();
}
</SCRIPT>
</HEAD><BODY BGCOLOR='#ffffff><FORM ACTION="/Something"
METHOD=post>
<TABLE><TR>
  <TD><IMG SCR="pages.gif"></TD>
```

```
  <TD><H2>Das Nachrichtenbrett</H2></TD>
</TD></TABLE>
<HR><UL>
  <LI>Bitte geben Sie eine Nachricht für das Nachrichtenbrett
      ein.
  <LI>Klicken Sie auf "Vorschau!", um zu sehen, wie sie
      aussehen wird.
  <LI>Sie können beliebige HTML-Auszeichnungen benutzen.
  <LI>Wenn Sie die Vorschau beenden möchten, klicken Sie auf
       "Nachricht abschicken", um Ihre Nachricht einzusenden.
</UL><P><HR>
<P><B>Überschrift</B><BR>
<INPUT TYPE="text" NAME="HEADLINE" SIZE="65" MAXLENGTH="65">
<P><B>Nachricht</B><BR>
<TEXTAREA NAME="MESSAGE" ROWS="17" COLS="67" WRAP=physical>
      </TEXTAREA>
<HR><INPUT TYPE=SUBMIT VALUE="Nachricht abschicken">
</FORM>
<FORM METHOD=post>
<INPUT TYPE=BUTTON VALUE="Vorschau!"
onClick="preview(document.forms[0],'pages.gif' )">
</FORM>
</BODY></HTML>
```

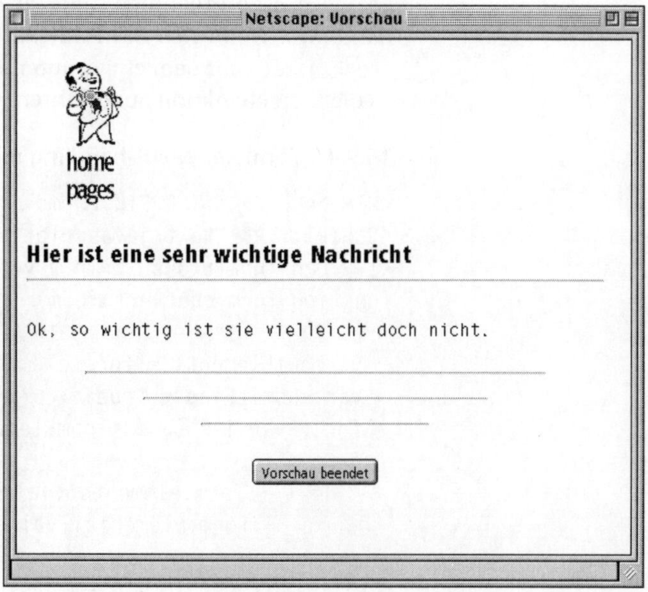

Abbildung 16.3: Das Vorschau-Skript in Aktion

In diesem Skript befindet sich die Schaltfläche „Vorschau" in einem eigenen Formular. Die Schaltfläche ist das einzige Element in diesem Formular, und sie ist nicht Bestandteil der Information, die gesendet wird, wenn der Anwender die Schaltfläche „Nachricht abschicken" anklickt. So können Sie durchdachte Schnittstellen schaffen, die alle Arten von Eingaben behandeln können.

16.9.3 Formular-event-handling mit tcl

```
<INPUT TYPE=TEST NAME="employee_name" SIZE=15>
<SCRIPT TYPE="text/tcl">
proc check_name{}
{
    if {  (employee_name value) == johnbigboote }
          myButton enable 1
    else
          myButton enable 0
}
employee_name onChange check_name
</SCRIPT>
```

Bei diesem TEXT-Element wird myButton aktiviert, wenn der Anwender johnbigboote im Feld employee_name eingibt. Dies ist natürlich kein Ersatz für eigene Web-Server-Sicherheit, da der Anwender den Dokumentenquelltext ganz einfach einsehen kann, um festzustellen, welchen Wert employee_name annehmen sollte, aber es illustriert das Konzept des event-handlings. Wenn sich das Feld employee_name verändert, wird das Skript check_name{} mit dem eingebauten Ereignis onChange benachrichtigt, um so die korrekte Aktion auszuführen.

16.9.4 Formular-event-handling mit JavaScript

```
<HTML><HEAD><TITLE>Ein Formular-Behandler</TITLE>
<SCRIPT TYPE="text/javascript">
<!-- Den Inhalt des Skripts verbergen
function form_checker( form)
{
  var numElements = form.elements.length;
  var submitFlag = true;
  for ( var i = 0; i < numElements; i++ )
  {
    if ( ( form.elementsi.value=="" ) ||
        ( form.elementsi.value == null ) )
    {
        if ( ( form.elementsi.name != "SUBMIT" ) &&
            ( form.elementsi.name != "CLEAR" ) )
            {
```

```
                alert( "Sie haben vergessen, den Wert für " +
                form.elementsi.name + " einzugeben. Bitte
                nochmals versuchen." );
                submitFlag = false;
                break;
            }
        }
    }
    if ( submitFlag )
      form.submit();;
}
//Ende des Verbergens -->
</SCRIPT>
</HEAD><BODY>
<H2>Bitte beantworten Sie alle Fragen.<H2>
<FORM ACTION="/URLHandler" METHOD=post>
Wie heißen Sie?<BR>
<INPUT TYPE=TEXT NAME="FullName" SIZE=30><P>
Wie lautet Ihre Anfrage?<BR>
<INPUT TYPE=TEXT NAME="Quest" SIZE=25><P>
Welches ist Ihre Lieblingsfarbe?<BR>
<INPUT TYPE=TEXT NAME="Color" SIZE=15><P>
<INPUT TYPE=BUTTON NAME=SUBMIT VALUE= "Jetzt abschicken!"
onClick="form_checker( this.form )">
<INPUT TYPE=RESET NAME=CLEAR VALUE= "Formular löschen">
</FORM></BODY></HTML>
```

In diesem Fall wird das gesamte Formular vom Skript behandelt, indem es als Parameter an das Skript `form_checker()` übergeben wird. Das Skript durchläuft in einer Schleife alle Elemente des Formulars und prüft auf leere Felder, läßt dabei jedoch die Elemente `BUTTON` aus, da deren Werte nicht interessieren. Nochmals, all dies findet aufgrund eines eingebauten Ereignisses statt, diesmal das `onClick()`, das an das Objekt `BUTTON` gebunden ist. Das generische Skript sorgt einfach dafür, daß alle Formularfelder ausgefüllt werden. Wenn dem so ist, teilt `submitFlag` dem Formular mit, daß der Versand an die durch den Server festgelegte Stelle stattfindet.

16.10 Weiterführende Ausführungen zu Formularen

Weitere Prüfungen des Datentyps sind möglich, z.B. bei Eingabe einer Zahl anstelle eines Buchstabens. Wenn z.B. das obige Skript die Fluggeschwindigkeit einer Schwalbe kennen muß und der Anwender nicht angegeben hat, ob es sich um eine afrikanische oder eine europäische Schwalbe handeln soll, dann könnte das Skript diese Information verlangen.

Ein Skript kann sogar auf bestimmte, vom Anwender eingegebene Werte reagieren, wie z.B. diese Navigations-Steuerung:

```
<HTML><HEAD><TITLE>URLSelector</TITLE>
<SCRIPT TYPE="text/javascript">
<!-- Skriptinhalt verbergen
var menuWin = null;
function URLSelector()
{
  menuWin = window.open("","URLSelector","toolbar=no,
      location=no,status,directories=no,
      rezisable=no,width=300,height=150");
  if ( menuWin != null )
  {
    if ( menuWin.opener == null )
     menuWin.opener = self;

    menuWin.document.open();
    menuWin.document.write("<HTML><HEAD><TITLE>URLSelector
                           </TITLE>");
    menuWin.document.write("<SCRIPT TYPE=\"test
                           /javascript\">" );
    menuWin.document.write( "function chooseOne(form)}" );
    menuWin.document.write( "var choice = form.SELECTOR;" );
    menuWin.document.write( "var i =
                           choice.options.selectedIndex;" );
    menuWin.document.write( "var choice = form.SELECTOR;" );
    menuWin.document.write( "opener.location.href =
                           choice.optionsi.value;)")
    menuWin.document.write( "</SCRIPT></HEAD><BODY>" );
    menuWin.document.write( "Die Auswahl aus den unteren
                           Optionen führt Sie zur
                           entsprechenden Stelle.
                           <HR><FORM METHOD=post>" );
    menuWin.document.write( "Optionen:
  <SELECT NAME=\"SELECTOR\"
onChange=\"chooseOne(this.form)\">" );
menuWin.document.write( "<OPTION SELECTED
  VALUE=\"http://www.w3.org/\">
  World Wide Web Consortium</OPTION>" );
    menuWin.document.write( "<OPTION SELECTED
  VALUE=\"http://home.netscape.com/\">
  Netscape</OPTION>" );
    menuWin.document.write( "<OPTION SELECTED
  VALUE=\"http://www.microsoft.com/\">
  Microsoft</OPTION>" );
  menuWin.document.write( "</SELECT><P><INPUT TYPE=BUTTON
```

```
    VALUE=\"URLSelector schließen\"
                              onClick = \"self.close()\">" );
  menuWin.document.write( "</FORM></BODY></HTML>" );
  menuWin.document.close();
  }
}
// -->
</SCRIPT></HEAD><BODY>
<H2>Hiermit startet der URLSelector</H2>
<P><HR WIDTH=300 ALIGN=left><P>
<FORM METHOD=post>
INPUT TYPE=BUTTON VALUE="URLSelector starten"
onClick="URLSelector()">
</FORM></BODY></HTML>
```

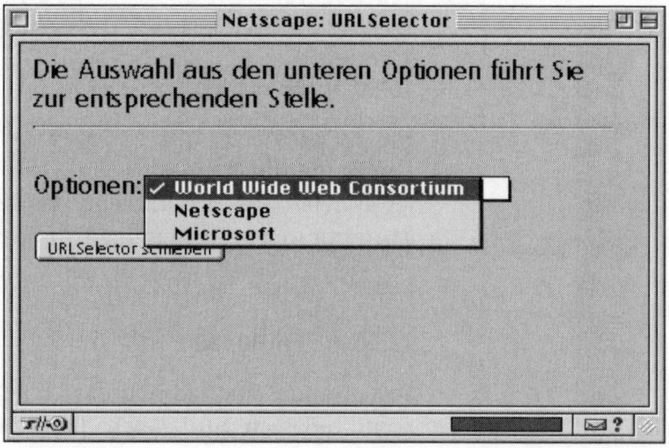

Abbildung 16.4: Das URLSelector-Fenster

16.10.1 Eingebaute Ereignisse

Der Begriff „eingebaute Ereignisse" bezieht sich auf Ereignisse, die in die HTML-Spezifikation eingebaut sind. Es handelt sich hierbei um:

- `onLoad`
- `onFocus`
- `onUnload`
- `onBlur`
- `onClick`
- `onSubmit`
- `onMouseOver`
- `onSelect`

- onMouseOut
- onChange

Bei diesen Ereignissen ist es unerheblich, ob Groß- oder Kleinbuchstaben verwendet werden. Sie behandeln viele der üblichen Ereignisse und Attribute. Die Sprache, mit der eingebaute Ereignisse behandelt werden, hängt von der benutzten Skriptsprache ab.

16.10.2 Eine kleine Vorsichtsmaßnahme

Aufgrund der „eingebetteten" Natur der event-handler von eingebauten Ereignissen sollten die reservierten HTML-Zeichen „&" und „"„ als „&" (oder „&#38") bzw. „"" (oder „&#34") geschrieben werden. Des weiteren sollten Behandler eingebauter Ereignisse in einfache oder doppelte Anführungszeichen gesetzt werden. Z.B.:

```
<INPUT TYPE=TEXT NAME="luka" VALUE="upstairs" onChange= "if
(upstairs(this.value, second floor)) { seenMeBefore() }">
```

16.10.3 onLoad

Das Ereignis `Load` tritt ein, wenn ein Browser ein Dokument oder alle `FRAME`s innerhalb eines `FRAMESET` endgültig geladen hat. Der event-handler aktiviert das Skript, wenn das Ereignis `Load` eintritt. Dieses Ereignis kann nur in den Elementen `BODY` oder `FRAMESET` auftreten.

```
<BODY onLoad="alert( 'Tolles Load!' )">
```

16.10.4 onUnload

So seltsam es auch klingt, das Ereignis `Unload` tritt ein, wenn ein Dokument verlassen wird. Auch dieses Ereignis kann nur in den Elementen `BODY` und `FRAMESET` eintreten. Das ist sehr nützlich, wenn Sie es nicht ausstehen können, auf Wiedersehen zu sagen.

```
<BODY onUnload="alert( 'So Long, Farewell, Auf Wiedersehen,
Goodbye.' )">
```

16.10.5 onClick

Ereignisse vom Typ `Click` treten ein, wenn ein Element `FORM` oder ein Anker mit der Maus angeklickt wird. Schaltflächen, Kontrollkästchen, Optionsschaltflächen, Sende- und Rücksetz-Schaltflächen sind allesamt `FORM`-Elemente, die Klick-Ereignisse erzeugen. `OnClick()` ist in Formularen nützlich, um Daten zu prüfen, bevor das Formular überhaupt versendet wird. Hypertext-Links erzeugen ebenfalls `Click`-Ereignisse, um etwa Tochter-Fenster zu öffnen o.ä., wie im obigen Beispiel des URLSelectors. Dieses Ereignis tritt nur bei `INPUT` und `ANCHOR`-Elementen ein.

```
<INPUT TYPE=RADIO NAME="name" VALUE="sartre"
onClick="existenceOrEssence( this.value )">
```

16.10.6 onMouseOver

Dieses Ereignis wird vom Mauscursor ausgelöst, der sich über einen Anker oder ein Element vom Typ `AREA` bewegt. Es kann nur bei diesen Elementen benutzt werden.

```
<A HREF="super.html" onMouseOver="window.status='Ein
Superlink';
return true;">Hier ist ein Superlink</A>.
```

Abbildung 16.5: Die sich dank `onMouseOver` verändernde Statuszeile eines Fensters

16.10.7 onMouseOut

Dieses Ereignis wird vom Mauscursor ausgelöst, der einen Anker oder ein Element vom Typ `AREA` verläßt. Auch dies kann nur bei solchen Elementen verwendet werden.

```
<A HREF="verycool.html" onMouseOut="window.status='Mann,
da hast Du was versäumt'; return true;">Das hier ist sehr
cool</A>
```

16.10.8 onFocus

Wenn ein Feld den Eingabefokus erhält, und zwar entweder durch die Maus oder die Tabulatortaste, wird das Ereignis Focus ausgelöst. Es kann anstelle von kontextabhängiger Hilfe oder Ballon-Hilfe benutzt werden. Es besteht ein Unterschied zum Markieren eines Eintrags in einem Feld, das ein Select-Ereignis hervorruft. `OnFocus` kann nur in `SELECT`, `INPUT` und `TEXTAREA`-Elementen benutzt werden.

```
<INPUT TYPE=TEXT NAME="Menge" onFocus="alert('Bitte tragen Sie
ein, wieviel Geld Sie mir schicken möchten.')">
```

Obgleich das obige Beispiel eine vernünftige Verwendung des Ereignisses `onFocus` darstellt, können die Autoren nicht dafür garantieren, daß irgendjemand Ihnen bei dessen Verwendung tatsächlich Geld zusendet.

16.10.9 onSelect

Das Ereignis `Select` tritt auf, wenn ein ein- oder mehrzeiliger Bereich eines Textes innerhalb eines Textfeldes markiert wird. Es funktioniert nur bei `INPUT`- oder `TEXTAREA`-Feldern.

```
<TEXTAREA NAME="story" ROWS=10 COLS=10
onSelect="toPumpkin(this.value)">Es war einmal ...</TEXTAREA>
```

16.10.10 onBlur

onBlur
onBlur **war eine humorvolle Idee von Netscape-Programmierern.**

Blur-Ereignisse finden statt, wenn ein Feld den Eingabefokus verliert. Stellen Sie es sich als das Gegenteil von onFocus vor, was es auch ist. Sie können diese Methode benutzen, um individuelle Elemente im Formular zu prüfen, wenn der Anwender sich durch diese bewegt und Informationen eingibt. Blur-Ereignisse funktionieren nur mit Elementen vom Typ SELECT, INPUT und TEXTAREA.

```
<HTML><HEAD>
<TITLE>Mathe leichtgemacht!</TITLE>
<SCRIPT TYPE="text/vbscript">
<!--
Sub Number_onBlur()
  inNumber = document.inForm.number.value
  outNumber = inNumber * inNumber
  message = inNumber & " hoch zwei macht " & outNumber
  MsgBox message, 0, "Leichte Mathe"
End Sub
// -->
</SCRIPT></HEAD>
<BODY>
<H2>Mathe leichtgemacht!</H2><HR>
<P>Die meiste Zeit in der Oberstufe verschlafen?
<BR>Um keinen Preis in der Lage, Potenzen zu bilden?
<BR>Na, dann versuch's mal hiermit:
<P>
<FORM NAME=inForm METHOD=post>
Gib eine Zahl ein, und klicke dann außerhalb der Box, um sie
von Zauberhand zu potenzieren:
<INPUT TYPE=TEXT NAME=Number SIZE=3 MAXLENGTH=3>
</FORM></BODY></HTML>
```

16.10.11 onChange

Das Ereignis Change ruft seinen Behandler auf, wenn ein Formularfeld den Eingabefokus verliert und der Wert sich verändert hat. Dies ist ein weiterer geeigneter Zeitpunkt, um die Stimmigkeit der Daten zu prüfen, bevor das Formular abgeschickt wird. Dieses Ereignis funktioniert nur mit SELECT-, INPUT- und TEXTAREA-Elementen.

```
<INPUT TYPE=TEXT NAME="number" onChange="if
(!checkNumeric(this.value))
( alert/'Bitte geben Sie eine Zahl ein. Andernfalls.'))">
```

16.10.12 onSubmit

Das Ereignis Submit tritt ein, wenn der Anwender ein Formular abschickt. Es kann nur bei einem Element vom Typ FORM benutzt werden, und es steuert – abhängig von der Skriptsprache –, ob der Formularinhalt wirklich zum Server gesendet wird.

```
<FORM METHOD=post ACTION="/DoSomething"
onSubmit="checkAllData(this)">
```

16.10.13 Skriptmakros

Scripting auf Client-Seite kann auch benutzt werden, um Makros einzubinden, die HTML-Attribute setzen. Diese Attribute können von Objekten abhängen, die im Dokument bereits festgelegt wurden. Das Makro kann aus einer oder mehreren Anweisungen in der Standard-Skriptsprache bestehen. Das Makro wird ausgewertet, wenn das Dokument geladen (oder erneut geladen) wird, jedoch nicht, wenn die Fenstergröße verändert oder das Fenster neu aufgebaut wird.

Die Syntax des Makros verlangt, daß das Makro mit einem Kaufmanns-Und („&") beginnt, in Klammern („{}") eingeschlossen wird und mit einem Semikolon („;") endet. Wenn Sie das Semikolon vergessen, wird die abschließende Klammer als Bestandteil des Makro-Bodys verstanden. Schließlich müssen stets Anführungszeichen um das Attribut gesetzt werden, wenn es ein Makro enthält.

Das Makro wird zunächst vom SGML-Parser verarbeitet, der bestimmte Kodierungszeichen, wie z.B. ", sucht. Dann durchläuft die Skript-Engine den Inhalt des Makros, um ihn auszuwerten. Jede Zeichenkette, die sich aus dieser Auswertung ergibt, wird an den Browser weitergereicht.

16.10.14 Einige Beispiele für Skriptmakros

Wenn Sie Ihre Anwender auf Zufallsbasis verwirren wollen, obwohl wir dies nicht empfehlen, sehen Sie sich das Beispiel unten an:

```
<BODY BGCOLOR='&{ randomColor() };' TEXT='&{ randomColor() };'
LINK='&( randomColor() };' >
```

Wenn Sie den Inhalt eines Dokumentes in Abhängigkeit von der Uhrzeit ändern wollen:

```
<IMG SRC='&((Date.getHours > 23)?'boese.jpg':
'lieb.jpg');'>
```

Oder wenn Sie ein Bild auf der Grundlage eines anderen Objektes in Ihrem Dokument formatieren möchten:

```
<IMG SRC="arrow.gif"
HEIGHT="100"WIDTH=&{'document.banner.width/2'};'>
```

16.11 Zusammenfassung

Die Dimensionen von Scripting auf Client-Seite eröffnen sich am besten, wenn man die verschiedenen Sprachen selbst erforscht. Betrachten Sie sie alle, finden Sie diejenige, die Ihnen am besten gefällt, und experimentieren Sie. Nur Ihr eigener Einfallsreichtum setzt dem Scripting eine Grenze. Mancher hat ganze Sites gestaltet, indem er nur Scripting auf Client-Seite verwendete, von Stud-Poker <http://www.rhodes.com/stud> bis hin zu neuronalen Netzwerk-Simulationen <http://www.ozemail.com.au/nfoxs/programs/nn/neural.htm>. Bei den unbegrenzten Möglichkeiten des Scripting ist es an der Zeit, daß Sie es ausprobieren.

Internationalisierung des Web

17

Dieses Kapitel enthält Informationen über:

- ▼ Unicode und dessen Bedeutung bei der Internationalisierung des WWW.
- ▼ Das Festlegen der mit einem gegebenen HTML-Dokument oder einem einzelnen HTML-Element verbundenen Sprache.
- ▼ Das Festlegen der Richtung, in der Text gelesen wird: von links nach rechts oder von rechts nach links.
- ▼ Die HTML-Elemente, welche die Internationalisierung des WWW erleichtern.

Zusammenfassung

Um ein wirklich internationales WWW zu ermöglichen, enthält die HTML 4-Spezifikation einige neue Merkmale und empfiehlt die Anwendung von Unicode als Zeichensatz für das Dokument. Numerische Zeichencodes müssen auf Basis dieses Zeichensatzes interpretiert werden, in dem der Latin-1-Zeichensatz in den ersten 256 Zeichen untergebracht ist. Andere in bezug auf die Internationalisierung zu beachtende Punkte der HTML 4-Spezifikation sind folgende:

- Es wird eine Reihe von benannten Kodierungszeichen angeboten, um bei der Auslegung von Texten behilflich zu sein, die teils von links nach rechts und teils von rechts nach links geschrieben sind.
- Das Attribut `DIR` kann verwendet werden, um die Basisrichtung für die Inhalte eines gegebenen Elements anzuzeigen. Damit wird beeinflußt, wie der Browser den Text auf den Bildschirm bringt.
- Das Element `BDO` kann eingesetzt werden, um die Textrichtung bei Bedarf umzukehren.
- Das Element `Q` stellt sprachenabhängige Anführungszeichen zur Verfügung und erlaubt es Suchmaschinen, in umgebenden Text eingebettete Zitate zu erkennen.
- Das Attribut `LANG` kann mit vielen Elementen eingesetzt werden, um die Auslegung von Inhalten zu beeinflussen.
- In vielen Sprachen kann die Textausrichtung einen anderen Standardwert haben als in westlichen Sprachen. Das Attribut `ALIGN` wurde in Kombination mit einem der möglichen Werte `left`, `right`, `center` oder `justify` für eine Auswahl von Elementen ermöglicht. Dieses kann standardmäßig auf `right` eingestellt sein, wenn das für die fragliche Sprache angemessen ist.
- Die Elemente `LINK` und `META` werden zur Bestimmung der Sprache des aktuellen Elements und zum Informieren des Browsers über die Sprachvarianten herangezogen.

17.1 Einführung

Dieses Kapitel liefert einen kurzen Einblick in ein umfangreiches Thema. Es konzentriert sich auf die in HTML 4 neu hinzugekommenen Tags für die Veröffentlichung von Dokumenten in anderen als den westeuropäischen Sprachen (insbesondere Englisch), von denen das World Wide Web derzeit sicherlich dominiert wird.

Die Computerindustrie unternimmt derzeit enorme Anstrengungen, um dafür zu sorgen, daß das WWW wirklich weltweit genutzt wird. Apple und Microsoft mußten darüber übereinkommen, wie die Betriebssysteme die differenzierten Mechanismen, die für die Darstellung aller möglichen Schriften benötigt werden, unterstützen sollen. Nun ist es am Web, wirklich international und damit seinem Namen gerecht zu werden.

Seien Sie gewarnt, daß sich die Internationalisierung einer Web-Site nicht in der Ersetzung der Latin-Zeichen durch – sagen wir – arabische erschöpft. Selbst wenn Sie das direkt durchführen könnten, würden Sie vermutlich feststellen, daß alle Ihre Formulare falsch wären: Beispielsweise befänden sich die Bezeichnungen auf der falschen Seite der Eingabefelder. Sie würden an allen Stellen eine rechtsseitige Ausrichtung haben wollen, wo in der englischen Version eine linksseitige Ausrichtung erfolgte. Und alle Ihre sorgfältigen Überlegungen zu relativen Breiten von Bildern und Texten würden wahrscheinlich auch falsch sein. Wenn die Probleme bei der Internationalisierung bisher als Neuigkeiten aus fernen Ländern erschienen, sind sie mittlerweile möglicherweise näher gerückt.

17.1.1 Wer betätigt sich auf diesem Gebiet?

Zum Ende des Jahres 1994 begann man in der HTML-Arbeitsgruppe über das Web nachzudenken und darüber, daß mehr Sprachen und Skripte für Veröffentlichungen eingesetzt werden könnten als es bis dahin der Fall war. Besonders aktiv auf diesem Gebiet sind heutzutage Gavin Nichols von Electronic Book Technologies, Glenn Adams von Spyglass und Martin Dürst von der Universität Zürich.

17.1.2 Die Verwendung von Unicode

Eine der wichtigsten Forderungen der Internationalisierungsbefürworter besteht darin, daß Unicode den vorhandenen Latin-1-Zeichensatz für die Codierung der in HTML übers Web geschickten Texte ersetzen sollte; von diesem Zug wird angenommen, daß er die gravierenden Einschränkungen bei der Verwendung von Latin-1 überwinden würde.

Was bedeutet i18n? **In der Literatur zur Internationalisierung des Web ist häufig die Zeichenfolge „i18n" zu sehen. Bei genauer Betrachtung stellen Sie fest, daß sich genau 18 Zeichen zwischen dem „I" und dem „n" des Wortes *Internationalization* (Internationalisierung) befinden.**

Mit dem Wissen, daß die Schriften der Welt zusammengenommen Tausende von Symbolen verwenden – arabische, japanische, chinesische, devanagarische und malaiische, um nur einige zu nennen – in welcher Form sollen diese Schriften bloß über die Leitungen geschickt werden, damit alle Computer am empfangenden Ende diese verstehen? Die Lösung besteht in der Verwendung eines universell verständlichen Systems von Computercodes.

Jedes beliebige Symbol, sei es ein lateinisches „A", ein griechisches Alpha oder ein hebräisches Aleph, liegt innerhalb von Unicode als eigene standardisierte Codierung vor. Eigentlich gibt es sogar mehrere verschiedene „A"s: Unicode bietet üblicherweise einen unterschiedlichen Code für jede

Kombination eines Buchstabens mit einem Akzent oder einer diakritischen Markierung (diese kleinen Schnörkel oder Symbole, die in vielen Sprachen über oder unter Buchstaben erscheinen) an.

Unicode ist bereits dabei, vom Web angenommen zu werden. Er stellt eine anerkannte Methode zur Codierung von internationalen Zeichen dar, die in einem internationalen Standard (ISO 10646) festgeschrieben ist.

Latin-1 ist ein 8-Bit-Zeichensatz. Da die Codes für jedes Zeichen nur aus 8 Bits bestehen, können sie insgesamt nur 2 hoch 8 Zeichen beschreiben. Das ergibt 256 Möglichkeiten, nicht annähernd genug, um die Tausenden von Symbolen der weltweit verwendeten Sprachen abzudecken.

Unicode ist dagegen ein 16-Bit-Zeichensatz. Die Anzahl der damit verfügbaren Codes ist 2 hoch 16, also mehr als 65.000 Möglichkeiten. Das hört sich schon besser an. Bisher sind etwa 40.000 der möglichen 16-Bit-Zahlen für Zeichen und Sprachen aufgebraucht: Beispielsweise für chinesische Schriftzeichen, Thai, Bopomofo, Bengali, Tamil, Tibetisch und viele weitere Schriften. Unicode unterstützt auch eine gewisse Anzahl von anwenderdefinierten Zeichen, für den Fall, daß irgendwelche fehlen sollten.

17.1.3 Der Unterschied zwischen Zeichen und Glyphen

Unicode unterscheidet zwischen Zeichen und Glyphen. Grob gesagt ist ein Glyph die sichtbare Abbildung eines Zeichens; ein Glyph gibt an, wie das Zeichen auf dem Bildschirm oder auf Papier erscheint.

Gemäß der Sichtweise von Unicode enthält eine Schrift Glyphen, keine Zeichen. In der Praxis ist die Unterscheidung zwischen diesen beiden Konzepten häufig schwer aufrecht zu erhalten, zum Teil auch, weil eine solche Unterscheidung in der Vergangenheit nur selten unternommen worden ist. Ein Ergebnis dieser historischen Verwirrung zwischen den beiden Konzepten besteht darin, daß viele bestehende Zeichensätze „Glyphen" codieren und diese „Glyphen" in Unicode nun aus Gründen der Abwärtskompatibilität als „Zeichen" erscheinen. Beispiele für Glyphen, die keine Zeichen sind, sind die römischen Ligaturen „ff" und „fi" – beide setzen sich aus zwei echten Zeichen zusammen.

17.1.4 Verstehen aktuelle Browser Unicode?

Verstehen aktuelle Browser Unicode? Unglücklicherweise nein. Der Tag, an dem alle Browser Unicode vollständig anzeigen können, liegt wohl noch in einiger Entfernung. Letztendlich hoffen wir auf einen universellen Browser, der in der Lage ist, Unicode zu verstehen und die richtige Schrift auszuwählen (sofern diese installiert ist), um die entsprechenden Glyphen darzustellen. Die zweitbeste Wahl wäre ein anpassungsfähiger Browser, der sich im Handumdrehen erweitern ließe, sobald ein Text in einer neuen Schrift auftaucht.

Glyphen-Server

Eine geläufige Notlösung für das Problem findet sich in der Verwendung eines Glyphen-Servers. Die dahinter stehende Idee ist, daß Browseranfragen auf einen dieser Computer umgelenkt werden, wenn eine nicht unterstützte Schrift für die Darstellung eines HTML-Dokuments benötigt wird. Der Glyphen-Server fungiert als Proxy und lädt das Dokument im Auftrag des Clients, wirft, anstatt es transparent zu übertragen, einen Blick auf den HTML-Text und ersetzt dann jedes vom Client nicht darstellbare Zeichen durch ein `IMG`-Element, das auf ein servergeneriertes Bild des richtigen Glyphen zeigt. Anschließend erhält der Client den modifizierten HTML-Text, lädt die vielen Bilder und erzeugt eine annähernd korrekte Anzeige – auf Kosten einer gewaltig gesteigerten Netzwerkbandbreite, der Unmöglichkeit Schriftgröße und Schriftschnitt einzustellen und weitere Textbearbeitung vorzunehmen (wie beispielsweise einfach das Suchen eines Worts). Der ganze Vorgang ist natürlich ziemlich langwierig, aber solche Server gibt es tatsächlich.

17.1.5 Festlegen der Sprache unter HTTP

Derzeit verschickt der Server noch ziemlich wenige Informationen über die Sprache, in der ein Dokument geschrieben ist, obwohl das Protokoll des Web (HTTP) Ihnen bereits die Aufnahme verschiedener Informationen ermöglicht. In der zukünftigen Version von HTTP (1.1) wird der verbindliche Parameter *charset* (Zeichensatz) erwartet, der die Lage ändern soll.

Der Parameter *charset* wird bereits von MIME unterstützt und wird in der content-type-Kopfzeile an den Typ angehängt. Es ist schade, daß dieser Parameter in der Praxis kaum Anwendung findet; einige Browser meinen sogar, einen unerkannten Medientyp darin zu entdecken!

Es gibt weiterhin den Vorschlag, daß das Ankerelement `A` und das Element `LINK` über ein Attribut `CHARSET` verfügen sollten, dessen Wert dem Browser die Zeichencodierung der Quelle anzeigt. Dieser sollte dem Wert für den MIME-Zeichensatz für diese Quelle entsprechen.

17.1.6 Aushandlung des Inhalts

Unter der Aushandlung des Inhalts versteht man den Vorgang, wenn Server und Client in gegenseitiger Übereinstimmung einen Zeichensatz und ein Dokument aushandeln. Das ist etwas, das sicherlich in Zukunft stattfinden sollte. Bedenken Sie auch, was passiert, wenn ein Browser ein Formular an einen Server übermittelt. Jeder gesendete Text sollte in einer für den Server verständlichen Zeichencodierung übermittelt werden und korrekt mit Tags versehen sein, um eine angemessene Interpretation durch den Server sicherzustellen.

17.1.7 Mit der Internationalisierung des WWW verbundene HTML-Tags

Nachdem wir sehr kurz auf einige Vorstellungen und „Sorgen" derjenigen eingegangen sind, die versuchen, das Web stärker zu einem internationalen Ort zu machen, gehen wir nun zu den HTML-Merkmalen über, die das Verfassen von Dokumenten in verschiedenen Sprachen ermöglichen. Dabei handelt es sich um folgende:

- Das Attribut `LANG` zum Angeben der Sprache für den Inhalt von HTML-Elementen, sei es der Inhalt von `BODY`, ein einzelner Absatz, ein Listeneintrag oder ein anderes Element. `LANG` gehört zu den standardmäßigen Attributen von HTML 4.
- Das Attribut `DIR` zum Festlegen der lokalen Textrichtung.
- Das Element `BDO` zum Umkehren der Textrichtung (*BiDirectional Override*).
- Das Element `Q` für Zitate im laufenden Text.
- Die Elemente `LINK` und `META` im Zusammenhang mit dem internationalen Web.

17.2 Das Attribut LANG zur Angabe der Sprache für ein Element

Das Attribut `LANG`
`LANG` **kann mit den meisten Elementen eingesetzt werden, einschließlich leerer Elemente, wie beispielsweise** `LINK`, `META` **und** `IMG`.

Ein HTML-Element besitzt im allgemeinen einen *Inhalt* – den Text, ein Bild oder andere Dinge, die es enthält. Das Attribut `LANG` legt die Sprache des Inhalts fest: Ob er auf deutsch, französisch, japanisch, russisch usw. vorliegt. Das Attribut `LANG` steht für nahezu alle Elemente zur Verfügung und kann verwendet werden, um die Sprache für das gesamte Dokument, einzelne Abschnitte, Listeneinträge, Überschriften usw. festzulegen. Es ist unnötig zu sagen, daß die Inhalte solcher Elemente nicht wirklich in die angegebene Sprache *übersetzt* werden, aber die Darstellungsart auf dem Bildschirm wird beeinflußt.

Hier nun ein Beispiel für `LANG`, wie es Darstellungsart des Dokuments auf dem Bildschirm beeinflußt:

```
<P LANG=fr>
```

Hiermit wird dem Browser mitgeteilt, daß der gesamte Absatz `<P>` in der für französischsprachige Dokumente geeigneten Weise dargestellt werden soll.

Bestimmen der Sprache für das gesamte Dokument

Wie wird die Sprache für das Dokument festgelegt? Es gibt mehrere Möglichkeiten, dies zu erreichen:

- Konfigurierung Ihres Web-Servers, damit er den „Content-Language"-Header mit jedem Dokument verschickt. Für englisch beispielsweise:

  `Content-Language: en`

  Dies ist die derzeit zu empfehlende Methode, auch wenn sie noch sehr umstritten ist.
- Angabe einer ähnlichen Information im Element `META`:

  `<META HTTP-EQUIV=Content-Language CONTENT=en>`

  Zu beachten ist dabei allerdings, daß eine Menge von `META`-Elementen das Erscheinen des Dokuments verzögern.
- Verwendung des Attributs `LANG` im Element `BODY`, so wie es in diesem Abschnitt erläutert wird.

Es gibt im wesentlichen zwei Vorgehensweisen, mit denen das Attribut `LANG` die Textdarstellung auf dem Bildschirm beeinflußt.

Ländercodes
Weitere Informationen zu diesem Thema finden Sie in Anhang F und in Abschnitt 17.2.1.

- Erstens löst es Zweideutigkeiten von Zeichen in Fällen auf, in denen die Zeichencodierung nicht ausreicht, um zu einem bestimmten Glyphen aufgelöst zu werden.
- Zweitens stellt es sicher, daß Anführungszeichen, Silbentrennung, Ligaturen und Wortabstände entsprechend der Sprache korrekt dargestellt werden.

Das Attribut `LANG` unterstützt weiterhin Sprache ausgebende Software dabei, die Inhalte mit der richtigen Betonung auszusprechen.

Das Attribut `LANG` nimmt einen Wert an, der einem Code für natürliche Sprachen gleicht, beispielsweise en-cockney, fr, de, da, el, it usw. Als natürliche Sprache gilt dabei eine Sprache, die gesprochen, geschrieben oder in einer anderen Weise zu Kommunikationszwecken zwischen Menschen ausgedrückt wird. Computersprachen sind von dieser Definition für natürliche Sprachen ausgenommen.

Im folgenden Beispiel hat der Autor angegeben, daß das Dokument behandelt werden soll, als sei es auf französisch geschrieben – wenigstens für den Anfang – aber dann gibt er einen in deutscher Sprache verfaßten Abschnitt an. Alles, was das Attribut `LANG` tut, ist folgendes: Es gibt die

Zeichensetzung und bestimmte Aspekte des Layouts *in einer für die angegebene Sprache erwarteten Weise* wieder. Dazu kann die korrekte Auslegung von Silbentrennung, Ligaturen und Wortabständen gehören.

```
<BODY LANG=fr>
... en français ...
<SPAN LANG=de>...auf deutsch...</SPAN>
... en français ...
</BODY>
```

In diesem Beispiel ist der Einsatz des Elements `SPAN` zu erkennen, das kleinere Textteile anzeigt, die auf deutsch vorliegen. Durch den gleichzeitigen Einsatz des Attributs `LANG` mit dem Element `SPAN` erhalten Sie die Gelegenheit, mitten in einem Absatz eine neue Sprache anzugeben. Das Element `SPAN` erweist sich für diesen Zweck als sehr nützlich.

17.2.1 Das Attribut LANG in den Elementen META und LINK

Mit dem Element `META` bezieht sich die Sprache auf die im Attribut `CONTENT` (siehe Kapitel 12) verwendete Sprache. Beim Element `LINK` bezieht sich die Sprache auf die mit dem Attribut `HREF` angegebene Quelle und auf die durch ein beliebiges `TITEL`-Attribut (siehe Kapitel 12) verwendete Sprache.

Einige Sprachcodes
`de` – **Deutsch**
`it` – **Italienisch**
`nl` – **Niederländisch**
`gr` – **Griechisch**
`es` – **Spanisch**
`pt` – **Portugiesisch**
`ar` – **Arabisch**
`ru` – **Russisch**
`ch` – **Chinesisch**
`ja` – **Japanisch**
`hi` – **Hindi**
`ur` – **Urdu**
`sa` – **Sanskrit**
`en` – **Englisch**

Sprachvarianten ein und desselben Dokuments

Wenn Sie dem Browser mitteilen wollen, daß es verschiedene Dokumentenversionen für verschieden Sprachen gibt, erwartet HTML 4, daß Sie das Element `LINK` einsetzen, um ein kleines Auswahlmenü auf dem Bildschirm zu generieren. Die Menüeinträge sind die Werte für die `TITEL`-Attribute, so daß mit:

```
<LINK REL=alternate HREF=mydoc-fr.html
    LANG=fr TITLE="A la lune (Französische Übersetzung)">
<LINK REL=alternate HREF=mydoc-de.html
    LANG=de TITLE="An den Mond (Deutsches Original)">
<LINK REL=alternate HREF=mydoc-en.html
    LANG=en TITLE="To the moon (Englische Übersetzung)">
```

folgendes kleines Menü erstellt wird:

A la lune
An den Mond
To the moon

17.2.2 Das Attribut DIR zum Festlegen der Sprachrichtung

Viele Sprachen werden von rechts nach links gelesen. Dennoch hat das Web bisher nur die von links nach rechts gelesenen Sprachen versorgt.

Das Attribut DIR (*DIRection*) teilt dem Browser mit, in welcher Richtung Text angezeigt werden soll. Das Attribut DIR nimmt einen der folgenden Werte an:

- ltr (von links nach rechts)
- rtl (von rechts nach links)

Wenn dieses Attribut weggelassen wird, wird die Richtung vom Vaterelement geerbt. Wenn Sie beispielsweise das Attribut LANG auf den Dokumentenkörper (BODY) angewendet haben, um anzuzeigen, daß der Text in einer von rechts nach links geschriebenen Sprache vorliegt, dann werden Absätze, Listen und andere Elemente des Dokuments ebenfalls in dieser Richtung geschrieben. Allerdings kann das Attribut DIR dazu verwendet werden, eine bestimmte Phrase mit einer eigenen Textrichtung zu versehen.

17.2.3 Das Element SPAN in Verbindung mit dem Attribut DIR

Sie können die Richtung einer Phrase mit dem Element SPAN im Zusammenspiel mit dem Attribut DIR ändern. Diese Möglichkeit bietet sich an, um vorzuführen, wie DIR funktioniert.

Das folgende komplexe Beispiel zeigt, daß Richtungswechsel beliebig tief verschachtelt werden können. Sobald Sie erkannt haben, daß jedes <SPAN DIR=...>-Tag solange gültig ist, bis das zugehörige End-Tag </SPAN> erreicht ist, die Richtung jedes Textes innerhalb eines weiteren SPAN-Elements aber durch das zuletzt angegebene SPAN festgelegt wird, dann sollte es Ihnen nicht schwer fallen, die Ergebnisse zu verstehen. Kurz gesagt, SPAN DIR-Konstrukte können ähnlich den Teilen des vorhergehenden Satzes verschachtelt werden.

Und so sieht das ganze dann aus:

```
<SPAN DIR=ltr>
  grün
  <SPAN DIR=rtl>
    blau
    <SPAN DIR=ltr>
      rot
    </SPAN>
    magenta
  </SPAN>
  violett
</SPAN>
```

Dieses ungewöhnliche Beispiel liefert folgendes Ergebnis:

grün atnegam rot ualb violett

Ehrlich! Das Wort „grün“ erscheint natürlich auf der linken Seite, da das erste SPAN-Element die normale Ausrichtung von links nach rechts vorgibt.

Dann folgt die von *rechts nach links* gerichtete Reihe der Wörter „magenta“, „rot“ und „blau“. Dabei ist „rot“ in der Ausrichtung von links nach rechts eingebettet und erscheint damit in gewohnter Weise. Die Wörter „magenta“ und „blau“ erscheinen allerdings umgekehrt.

Zu guter Letzt beendet „violett“ das mit „grün“ begonnene SPAN-Element.

Wenn Sie sich ansehen, wie wir die Verschachtelung der SPANs gedruckt haben, werden Sie sehen, daß ein mit Bedacht erstelltes Layout das UmSPANnen von Textbereichen ziemlich logisch aussehen läßt. Wenn Sie SPAN-Elemente über Ihren Text verstreuen, ist das Ergebnis nur verwirrend.

Das Attribut DIR kann eigentlich mit den meisten Elementen eingesetzt werden, nicht nur mit SPAN. Die einzigen Elemente, mit denen es *nicht* eingesetzt werden kann, sind: BR, HR, NEXTID, META und BASE. Keines dieser Elemente darf das Attribut DIR enthalten; alle anderen HTML 4-Elemente dürfen.

17.2.4 Das Element BDO

BDO-Attribute
BDO verfügt über die Attribute LANG und DIR. Mit letzterem wird die Textrichtung bestimmt, die mit folgenden, bereits bekannten Werten angegeben werden kann: ltr und rtl.

Das Element BDO steht für „bi-directional override“ (etwa: Änderung der [Text-]Richtung) und ist ein besonderes Element für jene Fälle, in denen die Textrichtung nicht zweifelsfrei aus dem Kontext erschlossen werden kann. Angenommen, Sie lesen ein arabischsprachiges Dokument von rechts nach links. Bestimmte Phrasen, insbesondere mit Zahlenanteilen, Formeln und Telefonnummern, müssen von links nach rechts gelesen werden. Das Element BDO legt in solchen Fällen einen Richtungswechsel fest, wobei eigentlich das Attribut DIR angibt, ob dieser Wechsel von links nach rechts oder von rechts nach links stattfindet.

17.2.5 Das Element Q für Zitate im laufenden Text

Das Element Q kann in HTML 4 für eine sprachenabhängige Auslegung von Kurzzitaten sorgen, die von der Sprache und den Fähigkeiten der Plattform abhängt. Das heißt, daß mit Q gekennzeichnete Zitate oder Aussprüche von einem Browser so interpretiert werden sollen, daß diese, wenn das Dokument beispielsweise in deutscher Sprache vorliegt, mit

Anführungszeichen nach deutscher Konvention versehen werden. Daher sollte der Browser also korrekt anzeigen:

„Komm, das Essen ist fertig.“

Die Franzosen haben in bezug auf Anführungszeichen einen eigenen Geschmack:

«Viens voir le lapin.»

Q-Elemente können verschachtelt werden, so daß Sie sogar verschiedene Stile für einfache und doppelte Anführungszeichen angeben können. Im folgenden Beispiel[1] verwenden wir verschiedene Stile für einfache und doppelte Anführungszeichen, um vorzuführen, wie das aussehen kann:

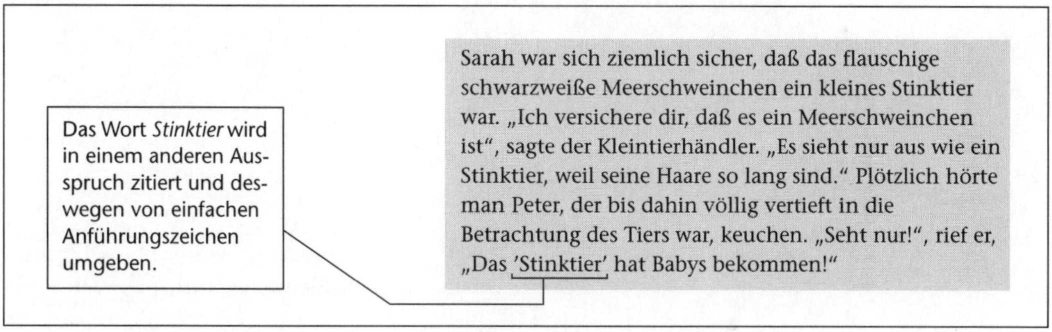

17.2.6 Das Attribut ALIGN im Zusammenhang mit von rechts nach links zu lesenden Schriften

Im Arabischen, Hebräischen und in anderen von rechts nach links gelesenen Sprachen wird Text standardmäßig rechtsbündig auf dem Bildschirm ausgerichtet, was im Gegensatz zur standardmäßigen linksbündigen Textausrichtung in westeuropäischen Sprachen steht. Die Elemente `P`, `HR`, `H1` – `H6`, `OL`, `UL`, `BLOCKQUOTE` und `ADDRESS` müssen in verschiedenen vom Browser zu berücksichtigenden Sprachen unterschiedlich ausgerichtet werden. Das mit diesen Elementen verknüpfte Attribut `ALIGN` muß standardmäßig mit `ALIGN=right` angegeben sein.

1 Die Autoren entschuldigen sich dafür, schon wieder ein Beispiel mit Meerschweinchen zu verwenden; aber mit so vielen von diesen höchst possierlichen Tieren in der Wohnung wird der Geist allzu leicht von entsprechenden Beispielen heimgesucht.

Ihr Web-Projekt entwerfen

18

Dieses Kapitel enthält Informationen über:

- ▼ Die Festlegung der Gestaltung Ihrer Seiten,
- ▼ Die Strukturierung von Hypertext,
- ▼ Maßnahmen, die das Auffinden Ihrer Webseiten sichern,
- ▼ Das Schreiben von HMTL-Code,
- ▼ Die Wahl der richtigen Werkzeuge und Texteditoren sowie Fehlersuche

Zusammenfassung

Webseiten sind Systeme, die aus HTML-Code erzeugt wurden. Webdesigner haben sich ähnlichen Aufgaben zu stellen wie Designer anderer Systeme. Dieses Kapitel stellt Konzepte und Techniken für folgende Aufgaben vor:

- Web-Spezifikation (Niederlegen der Anforderungen),
- Web-Design mittels Durchdenken der benötigten Strukturen,
- das Schreiben des HTML-Codes, möglicherweise mit Werkzeugen oder Exportfiltern,
- Test und Fehlersuche, Aufspüren üblicher Probleme,
- Freigabe und Pflege, damit Ihre Anwender immer zufrieden sind.

Die meisten Autoren benutzen lieber Werkzeuge, als den gesamten HTML-Code von Hand zu schreiben. Ständig erscheinen neue Werkzeuge. Dieses Kapitel stellt einige Beispiele der gängigsten Arten verfügbarer Programmwerkzeuge vor.

Besonderheiten beim Design werden besprochen, z.B. wie Sie das Navigieren in Ihren Seiten vereinfachen und wie Sie es neuen Anwendern erleichtern, Ihre Seiten zu finden.

18.1 Einführung

Jede Reise beginnt mit dem ersten Schritt, sagt das Sprichwort. Wenn Sie sich einige der blendend schönen und komplizierten Dokumente ansehen, die sich heute im Web befinden, glauben Sie vielleicht, vor einer unlösbaren Aufgabe zu stehen – oder Sie möchten im Gegenteil anfangen und sofort Ihre eigene gestalten. Beide Ansätze begrenzen Ihre Möglichkeiten. Die Wahrheit lautet: Sie können wunderschöne HTML-Seiten herstellen, und diese können kompliziert werden. Sie werden Erfolg haben, wenn Sie die Aufgabe in vernünftigen Schritten organisieren.

18.2 Legen Sie fest, was Sie möchten

Die unbedingt erforderliche erste Phase eines jeden Projektes besteht in der Entscheidung, was Sie aufbauen möchten. Dies mag selbstverständlich erscheinen, aber Sie bekommen gar nichts, wenn Sie nicht sagen, was Sie wollen. Viele Systeme jeder Größe sind einfach deshalb gescheitert, weil sie ohne klare Anforderungen gestaltet wurden. Wenn wir von Anforderungen sprechen, sagen unsere Freunde: „Aber das sagt einem doch schon der gesunde Menschenverstand!“. So ist es, aber vielleicht ist gesunder Menschenverstand seltener, als viele sich vorstellen.

Guter Hypertext sollte darauf abgestimmt sein, wie sich seine Anwender ihm nähern. Eine solche Struktur erreichen Sie nur, wenn die Gestaltung in Übereinstimmung mit ihren Anforderungen steht. Dies beinhaltet z.B.:

- Struktur und Inhalt der präsentierten Informationen (die Botschaft),
- die intendierte Leserschaft (welche Menschen, was für Besuche),
- die zurückzuliefernden Informationen (in Formularen oder E-mail),
- automatisch gesammelte Daten (Log-Dateien, Anwendungsstatistiken, Verkaufszahlen),
- Aspekte des Marketing und der Public Relation (welche Eindrücke und Bilder möchten Sie transportieren?),
- Vertraulichkeit und Bezahlung (wer darf worauf Zugriff nehmen, kostenlos oder zu welchen Bedingungen?),
- Sicherheit (Verteidigung gegen unerwünschtes Eindringen).

Die Spezifikation muß nicht viel Aufwand verursachen; kleine HTML-Systeme können auf einem einseitigen Dokument (das vielleicht auf Text- und Grafikquellen verweist) wunderbar spezifiziert werden. Größere kommerzielle Systeme können am besten spezifiziert werden, indem sie ein Anforderungs- oder Design-Werkzeug verwenden, was den Vorteil hat, daß der HTML-Code mit den korrekten Link- und ID-Strukturen automatisch generiert werden kann. Bei Aufbau und Test haben Sie es dann wesentlich leichter.

18.3 Hypertext-Design

Unsere Freunde, die dieses Kapitel als erste gesehen haben, haben uns gesagt: „Aber niemand gestaltet seinen Hypertext“. Nun, deshalb gibt es soviel Unordnung im Web, und deshalb ist es so frustrierend, wenn man etwas finden will. Beim ersten Mal werden Sie Ihr Design nicht so richtig hinbekommen, also nehmen Sie sich vor, eines für den Papierkorb zu produzieren.

18.3.1 Entwurfssprinzipien

Dieser Abschnitt nennt einige grundsätzliche Prinzipien für die Gestaltung von Hypertext (nicht notwendigerweise in HTML-Code).

18.3.2 Zeichnen Sie ein Diagramm der gewünschten Struktur

Da HTML-Code seiner Natur nach ein Netzwerk aus Dokumenten bildet, ist es vernünftig, ein Diagramm (oder ein Paket aus verschachtelten Diagrammen) zu zeichnen, das das gewünschte Verhalten des Netzwerkes illustriert. Brauchen Sie rückbezügliche Verweise? Welche Art von Index oder Inhaltsverzeichnis wünschen Sie? Jetzt müssen Sie sich entscheiden.

18.3.3 Diskutieren Sie den Entwurf

Kleine HTML-Systeme können leicht von Hand gestaltet werden. Es hilft, viel großformatiges weißes Papier zur Hand zu haben. Eine Tafel mit Druckfunktion (ein teures Gerät, eigentlich eine rotierende Leinwand mit eingebautem Fotokopierer) ist eine große Hilfe bei der Gestaltung kommerzieller Systeme: Sie diskutieren die Gestaltung mit Ihren Kollegen, halten das, was Sie wünschen, auf der Tafel fest und drücken auf den Knopf, um Kopien anzufertigen. Reiche Industrielle können denselben Effekt erzielen, indem sie ein Videokonferenz-System benutzen, das es ihnen erlaubt, eine Zeichnung auf den Monitoren gemeinsam zu betrachten, während sie an unterschiedlichen Orten arbeiten.

Wichtige Fragen, die bei der Gestaltung zu stellen sind:

- Ist das Design konsistent?
- Deckt es ab, was Sie wollen?
- Was ist überflüssig?
- Stehen die dargebotenen Themen in der richtigen Reihenfolge und Bedeutung?

18.3.4 Benutzen Sie ein Werkzeug für große Websites

Große HTML-Systeme können mit einem CASE-Tool (Computer-Aided Software Engineering Tool, computerunterstütztes Softwaregestaltungs-Werkzeug) erzeugt werden. CASE-Tools erlauben es Ihnen, eine Diagramm-Familie zusammenzustellen, die automatisch auf innere Konsistenz untersucht wird. Das ist angenehm, wenn Sie viele Seiten mit Dutzenden von Links untereinander haben. Die Diagramme werden am besten im Querformat ausgedruckt, dann können Sie Ihre HTML-Tags aus dem Ausdruck erzeugen, indem Sie die Anker auf dem Ausdruck abhaken, sobald sie im HTML-Code eingetragen wurden. Autoren-Werkzeuge können testen, ob Links korrekt formuliert wurden, aber Ihre Aufgabe ist es, sich zu vergewissern, daß Sie sie überhaupt eingetragen haben!

18.3.5 Hypertext strukturieren

Dieser Abschnitt betrachtet einige Möglichkeiten, Informationen in handhabbare Strukturen zu bringen, die Ihre Leser verstehen können. Die Lösungen werden mit Web-Beispielen illustriert.

18.3.6 Baumstrukturen

Das Basismuster für Hypertext ist die Baumstruktur. Die oberste Seite gibt eine knappe Zusammenfassung und Einführung und enthält Links (`<A HREF =...>`Anker) zu Seiten, die die Hauptpunkte behandeln. Diese wiederum verweisen auf Detailseiten, so daß die Struktur sich wie ein Baum verzweigt. Baumstrukturen bewältigen Komplexität am besten, führen jedoch zu langsamer Navigation zwischen den Zweigen. Daher sind Navigationshilfen wie z.B. Indizes sehr wichtig.

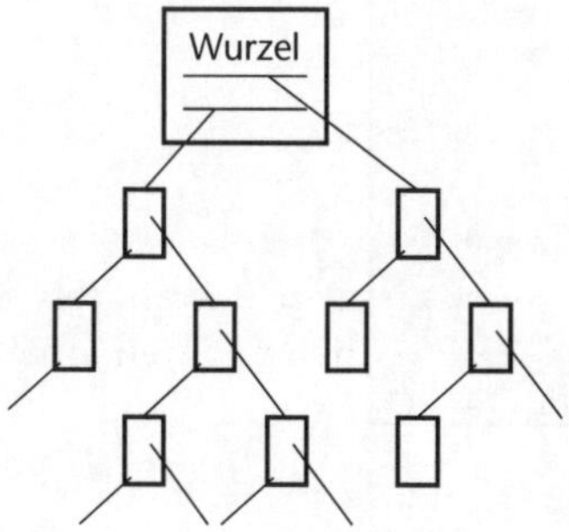

- Gut für Erklärungen und Magazine
- Schneller Überblick, Details auf tieferen Ebenen
- Navigationshilfen sinnvoll (Seitenanfang-, Index-Schaltflächen)
- Erlaubt Do-It-Yourself: Der Leser sucht sich seinen eigenen Weg
- Erlaubt Teach-Yourself: (Lernprogramme mit Antwortverzweigungen)

Abbildung 18.1: Baumstruktur

Wir haben bereits die hervorragenden Seiten des Museums für Paläontologie der University of California in Berkeley erwähnt (*http://ucmp1.berkeley.edu*). Diese Seiten sind ein informativer Genuß, und es würde viele Stunden dauern, sie alle zu studieren. Das Layout der UCMP-Seiten, das Tabellen benutzt, wird in Kapitel 11 besprochen. Hier werden wir uns auf das Hypertext-Design konzentrieren, mit anderen Worten: auf das Verhältnis der Seiten untereinander.

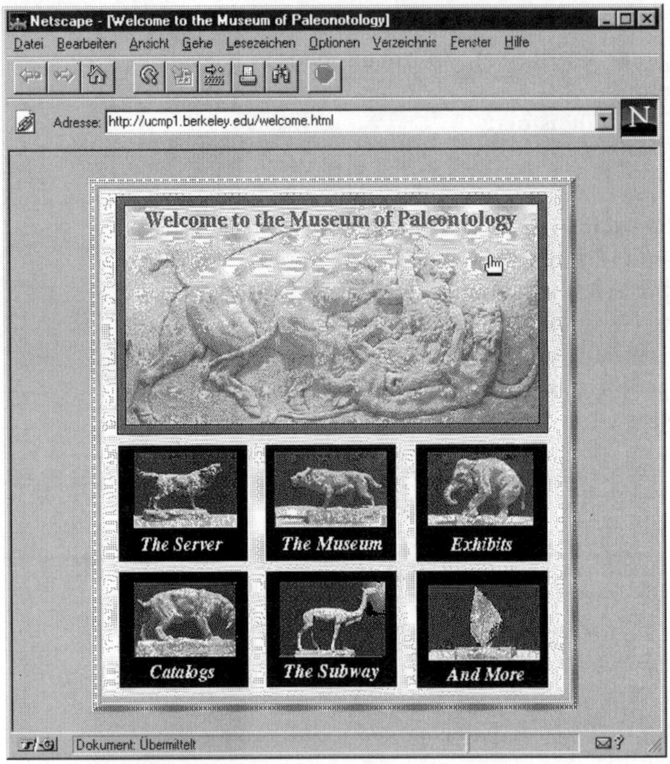

Abbildung 18.2: Die Willkommen-Seite der UCMP

Die Willkommen-Seite verzweigt sich in sieben Hauptthemen, die von den energiegeladenen Skulpturen, die als Symbole benutzt werden, über die Details des Web-Servers, nach einen Abstecker zum Museum selbst (siehe die Illustration in Kapitel 10, „Tabellen") schließlich zu den Ausstellungen (siehe Illustration unten) reichen, die vermutlich eigentlich jeder sehen will. Dieses Prinzip kennen wir gut aus Supermärkten – man stellt die begehrtesten Waren ans Ende, so daß die Besucher viel Zeit haben, die anderen Waren auf dem Weg dorthin zu sehen.

Die Kataloge sind ernsthaftere Navigationswerkzeuge. Dann folgt „Subway" (U-Bahn, siehe unten) und die Abteilung „And More" (Weiteres), eine Art Sammelsurium verschiedener Themen. Jeder dieser Unterbäume – ein halbes Dutzend – verzweigt sich seinerseits in ein weiteres halbes Dutzend Pfade, die der Museumsbesucher erkunden kann: Die Struktur ist die eines reich verzweigten Baumes.

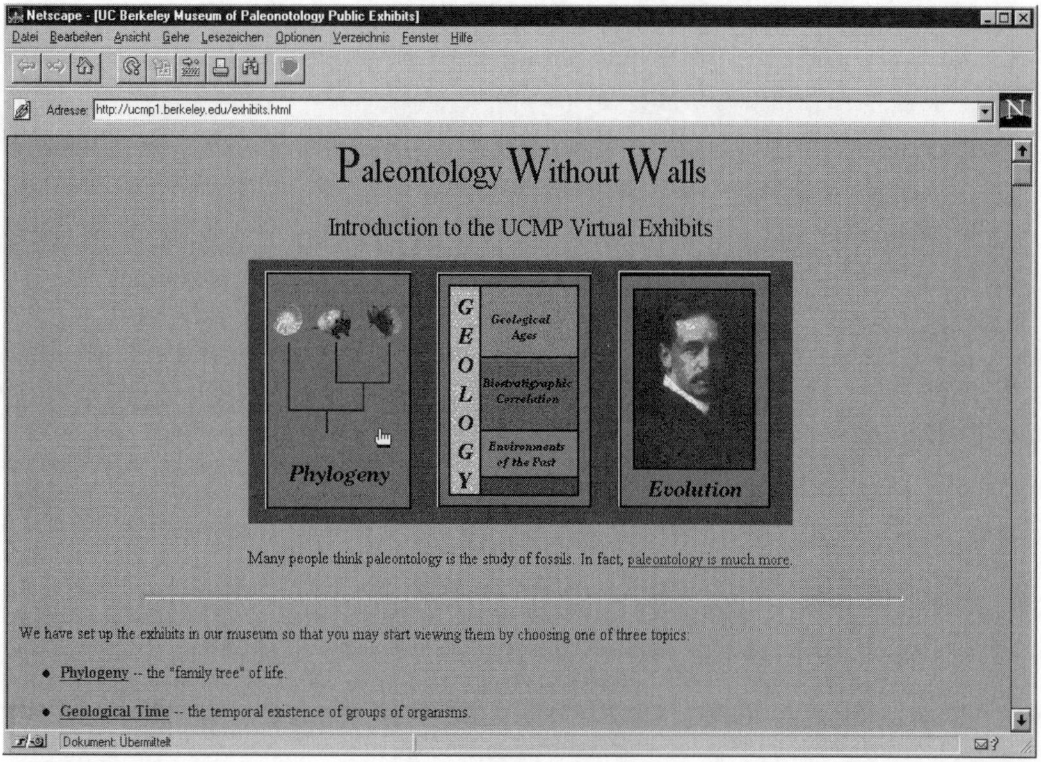

Abbildung 18.3: Die Ausstellungsseite der UCMP

Die Ausstellungsseite führt[1] zur Phylogenie, dem Studium der Herkunft und der Verbindung der Arten, zu einer wundervoll reichen Darstellung der geologischen Zeiten, der „UCMP-Zeitmaschine" (siehe Seite 405) und zu einer interessanten Ausstellung über die Gedankenwelt der Evolution.

Die „Subway" (siehe Abbildung 18.4) besteht aus einer großen Bildtafel, die sich an alte und junge Besucher wendet, in der Form einer paläontologischen U-Bahn-Übersichtskarte. Klicken Sie einfach die „Station" an, zu der Sie fahren möchten, und schon sind Sie dort: Paläontologie ist viel mehr als Dinosaurier-Fossile, lautet die Lektion. Das Museum hat es verstanden, im Design seines Hypertextes sowohl abenteuerlich als auch vorsichtig zu sein: Die U-Bahn wird für Nur-Text-Besucher von einer einfachen Liste von Link-Ankern begleitet (unterstrichener Text unter dem Plan).

1 Beachten Sie, daß Links sowohl grafisch als auch im Text auftreten, obwohl es eine Schande wäre, die UCMP ohne einen grafischen Browser zu besuchen

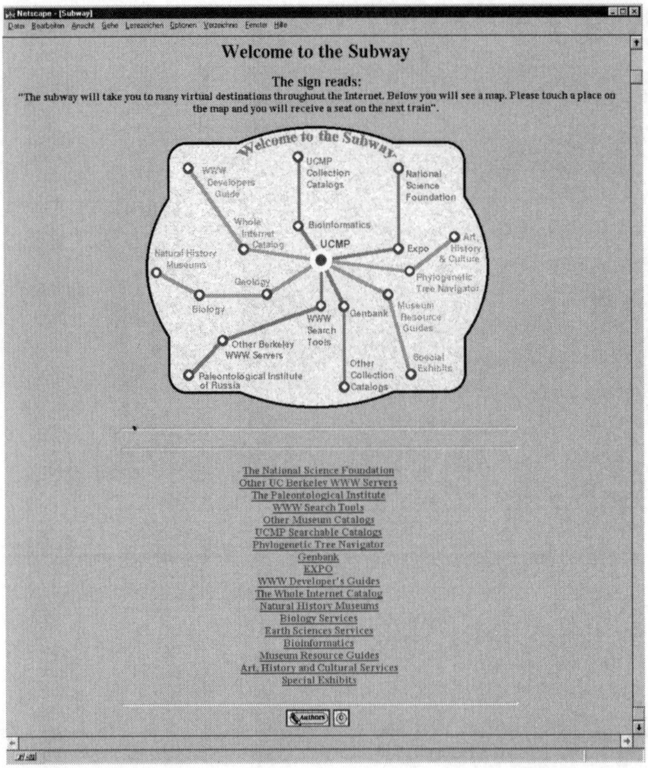

Abbildung 18.4: Die UCMP Subway-Seite

Trotz des attraktiven U-Bahn-Plan-Konzeptes ist der Plan des Hypertextes einfach eine Hierarchie mit recht wenigen Querverweisen. Die Einfachheit des Designs ist nachahmenswert.

Mit der „Geologischen Zeitmaschine“ verwirklicht die UCMP die Darstellung der fossilen Vergangenheit in sehr natürlicher Weise als eine Abfolge von Zeitstufen, bei der der Besucher ein Zeitreisender ist (siehe Illustration). Eine Bildlaufleiste in einem HTML-<FORM> erlaubt dem Besucher, die Zeitregler zu steuern, und die Sende-Schaltfläche, geistreich in „Ride the Web Geological Time Machine“ umbenannt, startet die Zeitreise.

Die Seite gewährt Zugriff auf mehrere Dutzend Themen. Normalerweise würden wir von einer solch großen Auswahl abraten, hier jedoch erscheint sie völlig natürlich. Eine Alternative wäre gewesen, zunächst eine grobe Zeitsteuerung zu setzen (Präkambrium, Paleozän, Mesozoikum, Känozoikum) und diese dann zu verfeinern, aber möglicherweise war man der wohl zutreffenden Ansicht, daß direkter Zugriff aufregender sei. Diese Art von Entscheidungen machen Hypertext-Design aus.

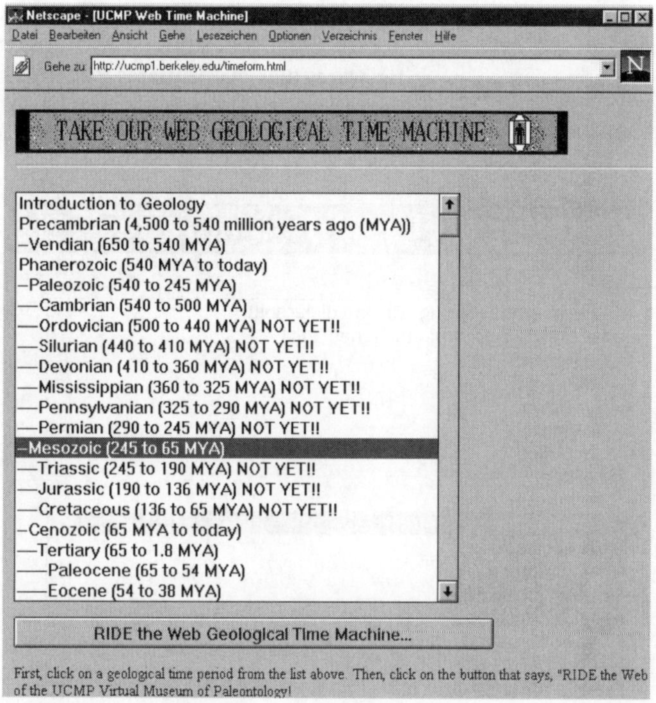

Abbildung 18.5: Die Zeitmaschinen-Seite der UCMP

Am Fuß der Haupt-Ausstellungsseite, die, wie wir gesehen haben, zu umfangreichem Material führt, befindet sich die Navigations-Werkzeugleiste. Diese bietet drei Arten von Indizes, die das Museum „Lifts" nennt (d.h. Zeit- und Raumreise-Aufzüge) und die es dem Besucher ermöglichen, nach jedem Taxon (Klassifizierung), jeder geologischen Periode und jedem in den Seiten des Museums beschriebenen Thema zu suchen.

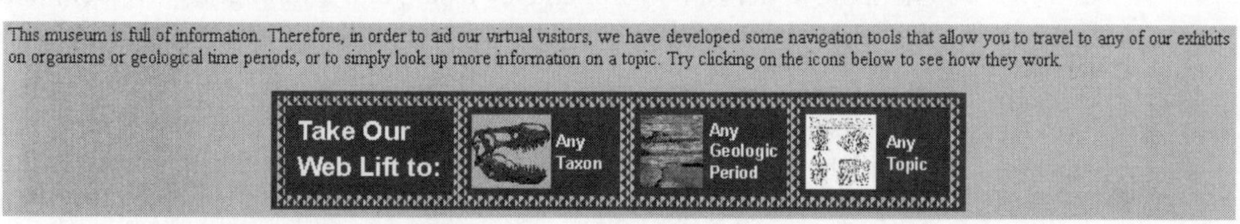

Da diese „Lifts" ähnlich gestaltet sind, werden wir nur einen darstellen.

Der Taxon-Lift ist eine hierarchisch gegliederte Liste, wieder durch ein HTML-<FORM> implementiert, mit einer anders benannten Submit-Schaltfläche. Da der Lift als Abkürzung zur schnellen Navigation angeboten wird, kann einige Kenntnis des Besuchers vernünftigerweise vorausgesetzt werden. Die Benutzung einer lateinischen Hierarchie, in der *Aves*

(*Vögel*) als *Theropoden* bezeichnet werden, die *Vertebraten* sind, die wiederum *Chordaten* sind, ist hier angemessen, während es sehr unvernünftig wäre, dies als primäres Zugangswerkzeug zu diesen Ausstellungen zu benutzen. Die Hierarchie hat natürlich auch als solche einen gewissen didaktischen Wert, nämlich als Führer zur Evolutionsgeschichte.

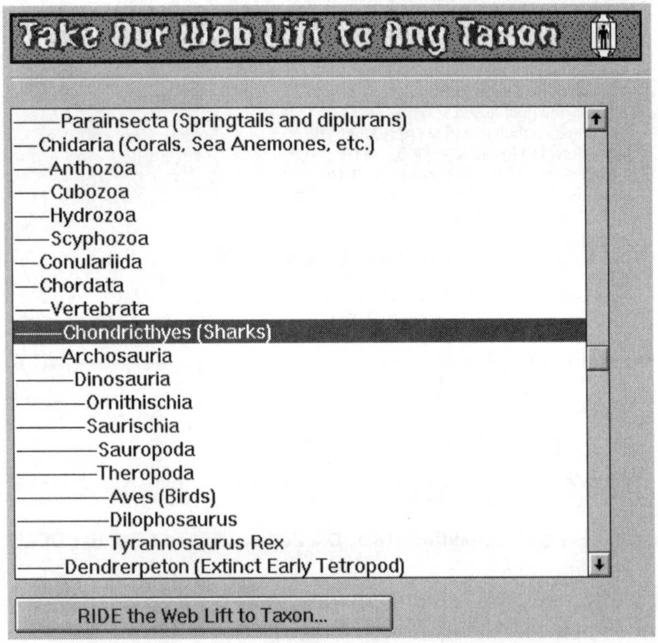

Abbildung 18.6: Der „Web-Lift" der UCMP

Mit diesen Mitteln wird das enorme Material des Museums zugänglich: Es steht nun in der Tat allen Web-Benutzern zur Verfügung, nicht nur solchen, die in der Nähe von Berkeley leben, daher muß gesagt werden, daß die Seiten die Reichweite des Museums erheblich erweitert haben.

Wir können der Versuchung nicht widerstehen, uns der UCMP-Zeitmaschine selbst einen Moment zuzuwenden, einem Paket von Seiten, auf das allein man stolz sein kann, auch ohne den Rest des Hypertextes des Museums zu würdigen. Neben den eigentlichen geologischen Perioden befindet sich hier eine wunderschöne Einführung in die Stratigraphie am „Eingang" zum Museum:

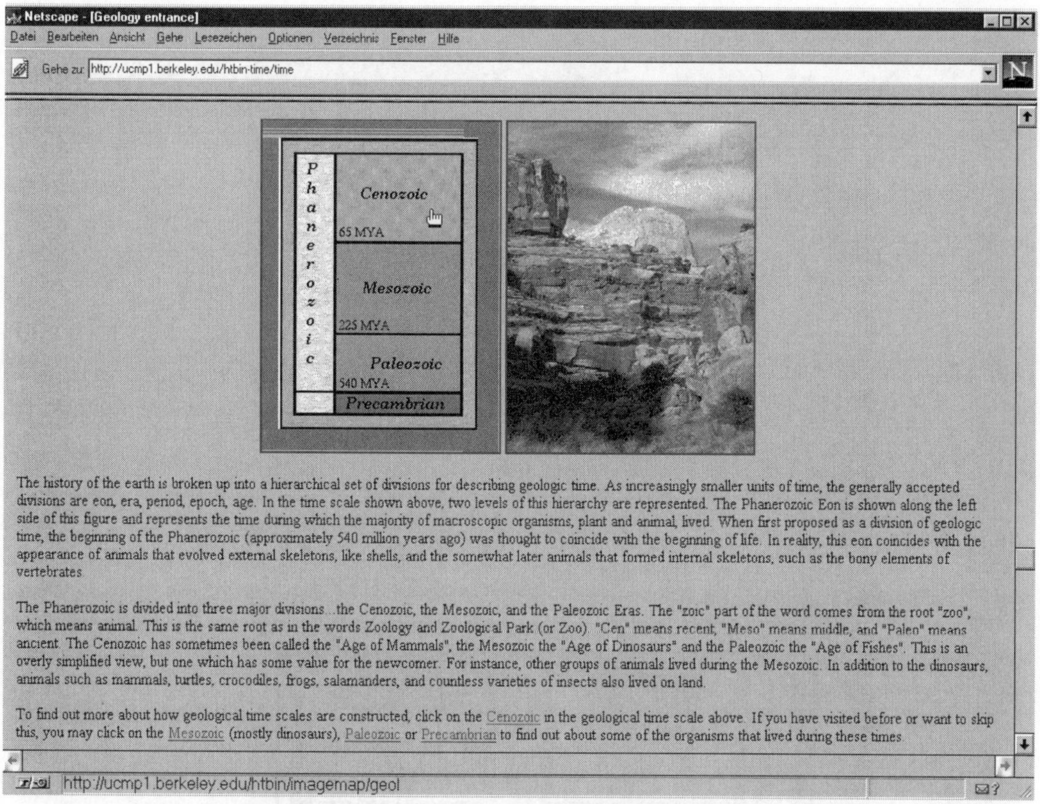

Türen leiten ganz selbstverständlich von hier zu den verschiedenen geologischen Zeitaltern, oder Sie klicken einfach auf das Zeitalter, das Sie interessiert (der Cursor verwandelt sich bei Netscape in eine zeigende Hand ☞, wenn er sich über etwas Anklickbarem befindet). Dinosaurier-Liebhaber z.B. werden sofort ins Mesozoikum reisen.

Die Mesozoikum-Einleitung gewährt über ein Suchfeld Zugriff auf faszinierende Tiere des Mesozoikum, und über Schaltflächen zu detaillierten Ausstellungen zur Stratigraphie, zu Fossilen der Zeit und zu fossilen Fundstätten. Auch hier kann wieder die Zeitmaschine betreten werden.

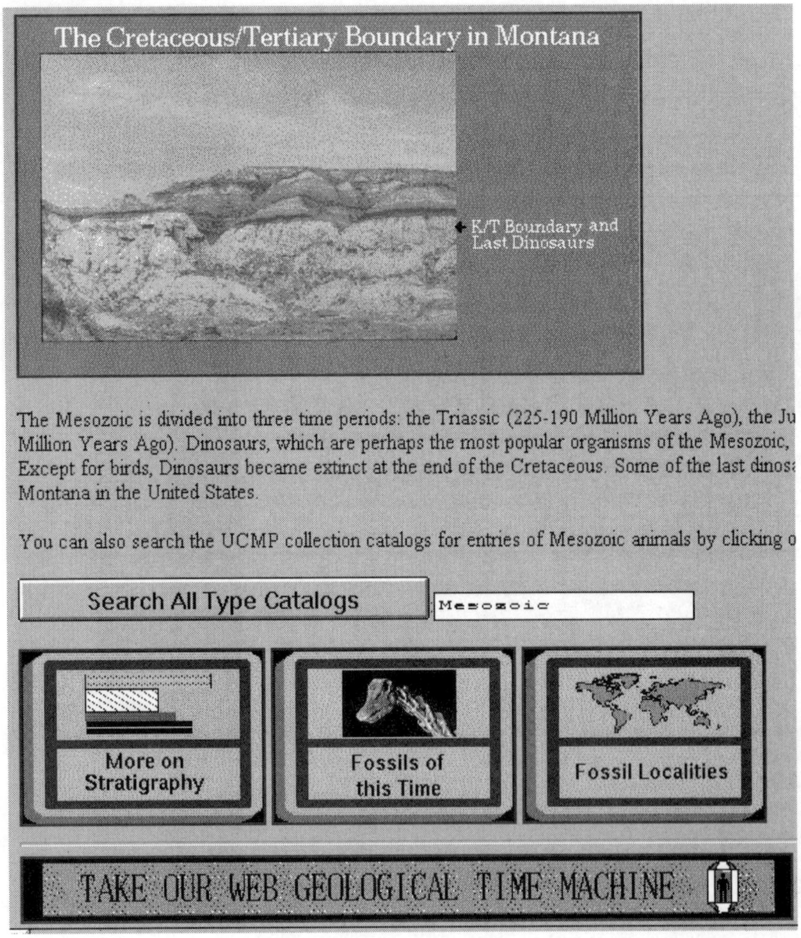

Die UCMP-Seiten belohnen gründliches Studium sowohl wegen des Materials, mit dem sie sich beschäftigen, als auch wegen der eleganten und hochgradig zugänglichen Struktur. Es ist nicht einfach, einen solch sinnvollen und informativen Hypertext zu konstruieren. Das Diagramm unten faßt diese Tour durch die Website der UCMP, *http://zcmp1.berkeley.edu/*, zusammen, indem es seine einfache Baumstruktur zeigt.

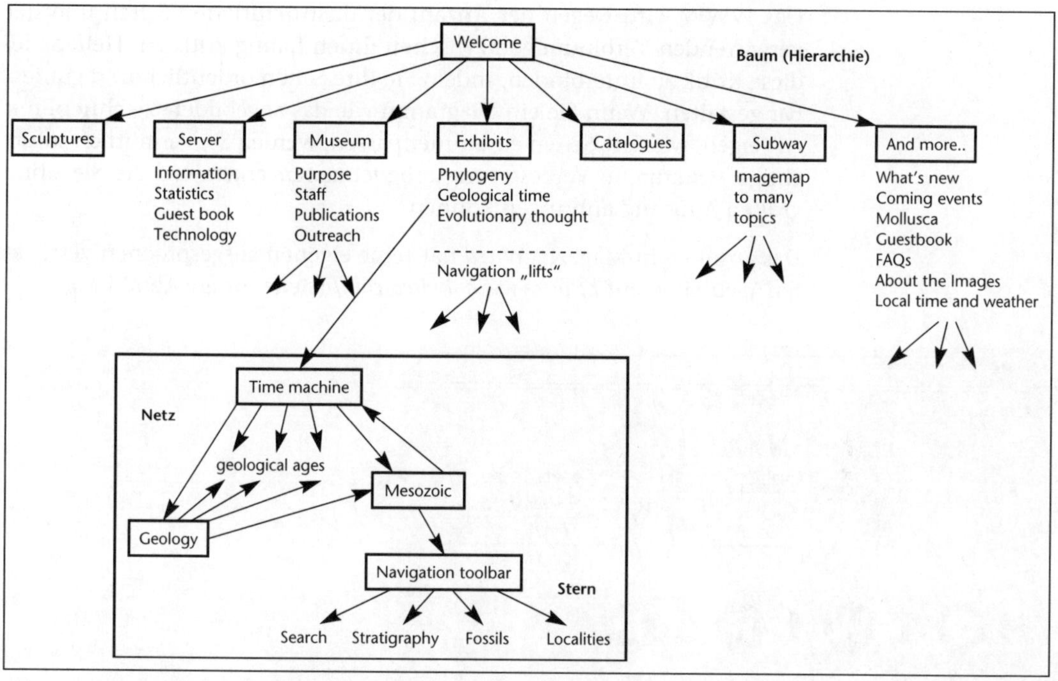

18.3.7 Netze

Komplex aufgebaute innere Verbindungen führen automatisch zu Netzwerken: Es ist also nicht notwendig, dieses Netz gezielt zu planen, wie etwa durch eine Baumstruktur. Netzwerke erlauben unbeschränkte Freiheit, mit der unvermeidlich die Möglichkeit einhergeht, sich zu verlieren oder zu verlaufen. Eine gewisse Hilfe ist es, einen Standard-Pfad durch das Netz in listenähnlicher Form zu liefern, mit Weiter- und Zurück-Schaltflächen; eine andere Lösung ist das Anzeigen einer kleinen Landkarte, die verdeutlicht, wie die aktuelle Seite in das größere Bild paßt.

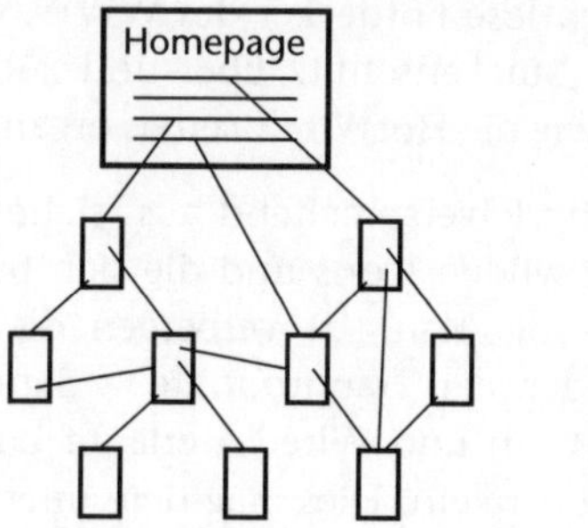

- Gut für Enzyklopädien, Museen, Naturwissenschaften
- Leichter Wechsel zu verwandten Themen
- Navigationshilfen unverzichtbar
- Reichhaltige Querverweise lassen Beziehungen erkennen

Abbildung 18.7: Netzwerk

Das WWW wird wegen der Anzahl der unstrukturierten Seiten und der verwirrenden Verbindungen zwischen ihnen häufig kritisiert. Helfen Sie, diese Kritik zu unterbinden, indem Sie Ihre Seiten ordentlich und gut lesbar gestalten. Wenn Sie ein Diagramm wie das abgebildete zeichnen, um zu zeigen, wie Ihre Seiten zusammenpassen, werden Sie vermutlich sofort einige strukturelle Verbesserungsmöglichkeiten erkennen, die Sie ohne großen Aufwand anbringen können.

Das absolute In-Magazin *Wired* hat seine eigenen ausgesprochen verrückten Webseiten auf *http://www.hotwired.com/* (siehe untere Abbildung).

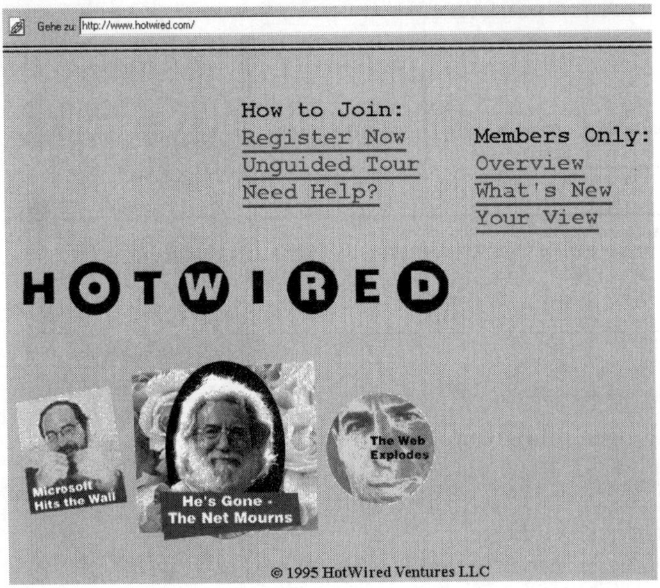

Wenn Sie sich erst einmal von dem Schock der Darstellung erholt haben, werden Sie sehen, daß diese Seite in erster Linie eine Liste von Links zu anderen Seiten ist, so daß die Struktur vermutlich die eines Baumes ist.

Die Autoren, furchtlose Entdecker des WWW, setzten ihren Tropenhelm auf, zogen ihren Mückenschutz über und zückten ihre Macheten, um herauszufinden, wie die HotWired-Seiten organisiert sind.

Der Überblick sah vielversprechend aus (siehe Abbildung auf Seite 411, oben rechts). Die wilden Icons und die sich beißenden Farben (purpur/gelb-Harmonien, rot, blau, ...) verbergen die ziemlich konventionelle Baumstruktur. Jeder der Hauptpunkte – Signal, World's Beat, Piazza, Renaissance 2.0, Coin und Wired – erlaubt Zugriff auf eine bunte Liste von Themen und Artikeln. Dies mag dem unerfahrenen Anwender nicht verständlich sein, aber die Struktur ist so klar und blau wie das Firmenzeichen von Big Blue (IBM).

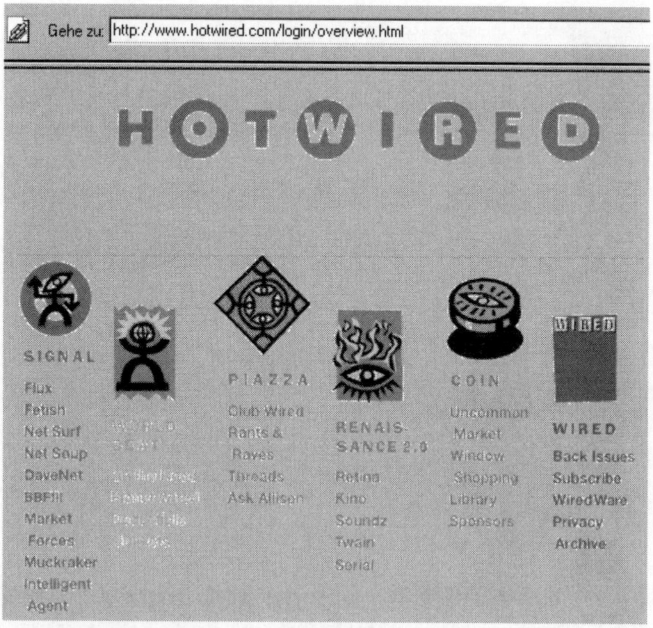

Der zweite Punkt unter Signal heißt Fetisch. Nachdem wir etwas mehr Insektenabwehrmittel versprüht hatten und unsere Macheten gefährlich geschärft hatten, wagten wir uns hinein.

Fetisch schien bei unserem Besuch Kleidungsstücke und andere Waren zu enthalten, nichts jedoch, was Ihre unverheiratete Tante schockieren könnte (nur die Farben...).

Am Fuße der Seite war eine konventionelle Navigations-Werkzeugleiste (ja, Sie können sich ihr Aussehen vorstellen), mit Schaltflächen, die als „Suchen“, „Hilfe“ und „Faden“ (offen für Diskussion seitens der Leser) bezeichnet waren. Diese werden nun auf allen oder den meisten der HotWired-Seiten geliefert. Zusätzlich ermöglichen Links den sofortigen Rücksprung auf die Seiten „Übersicht“, „Was ist neu“ und „Ihre Meinung“, was dies zu einer Netzwerk-Struktur macht.

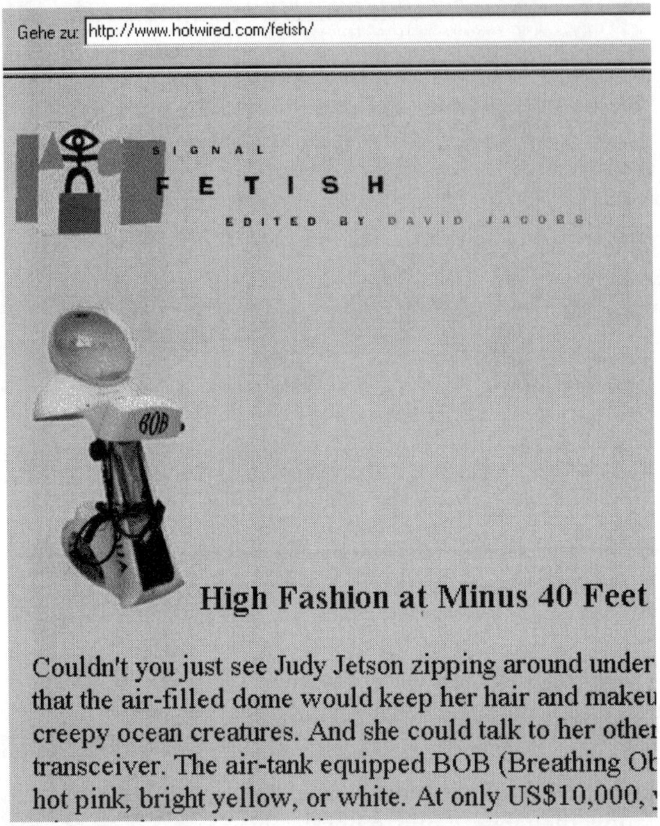

Die „Tour auf eigene Faust“ (von der Homepage aus) bietet eine Beschreibung jeder der regulären Funktionen (Signal usw.), die von HotWired „Kanäle“ genannt werden, analog zum Radio (siehe folgende Abbildung). Jeder dieser Kanäle enthält ein Link zur Seite „Jetzt Anmelden“, also wiederum ein einfaches Netzwerk.

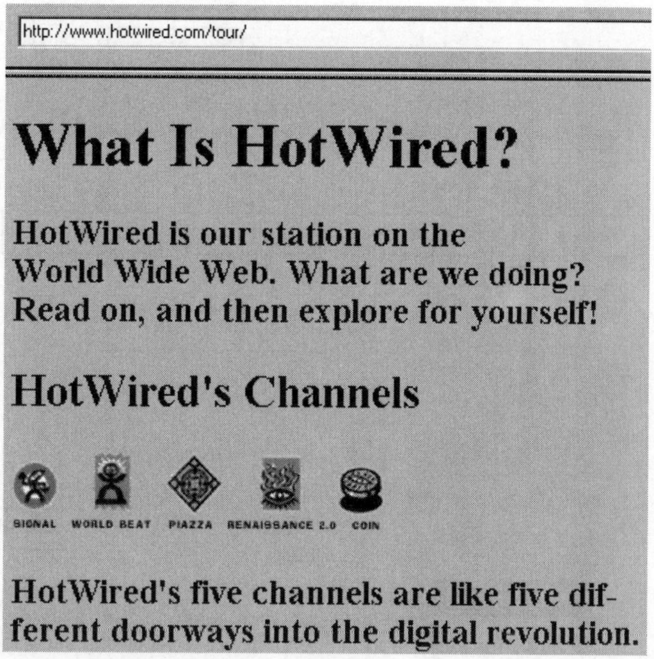

Wenn Sie unkonventionelle und aufregende Seiten erstellen möchten, dann lautet die Lektion von HotWired, seltsames und neues Material auszuwählen, interessante Grafiken zu zeichnen und eine sehr flache Baumstruktur mit Kreuzverweisen zur einfachen Navigation zu benutzen. Ihre Leser mögen durch Ihre Themen verwirrt werden, aber Sie kommen nicht in die Verlegenheit, sich dafür entschuldigen zu müssen, sich im Dschungel des Hypertextes verloren zu haben.

HotWired hat auch beispielhafte Navigations-Werkzeugleisten und zeigt uns, daß selbst diese zu einem interessanten Anblick werden können. Das Vorhandensein einer „Tour auf eigene Faust", von „Hilfe gefällig" und Anweisungsseiten macht deutlich, daß man sich der Notwendigkeit verständlicher Navigation ernsthaft gestellt hat, wie wild und verworren auch das oberflächliche Bild aussehen mag.

Die Struktur des HotWired-Hypertextes wird im Diagramm auf der folgenden Seite zusammengefaßt.

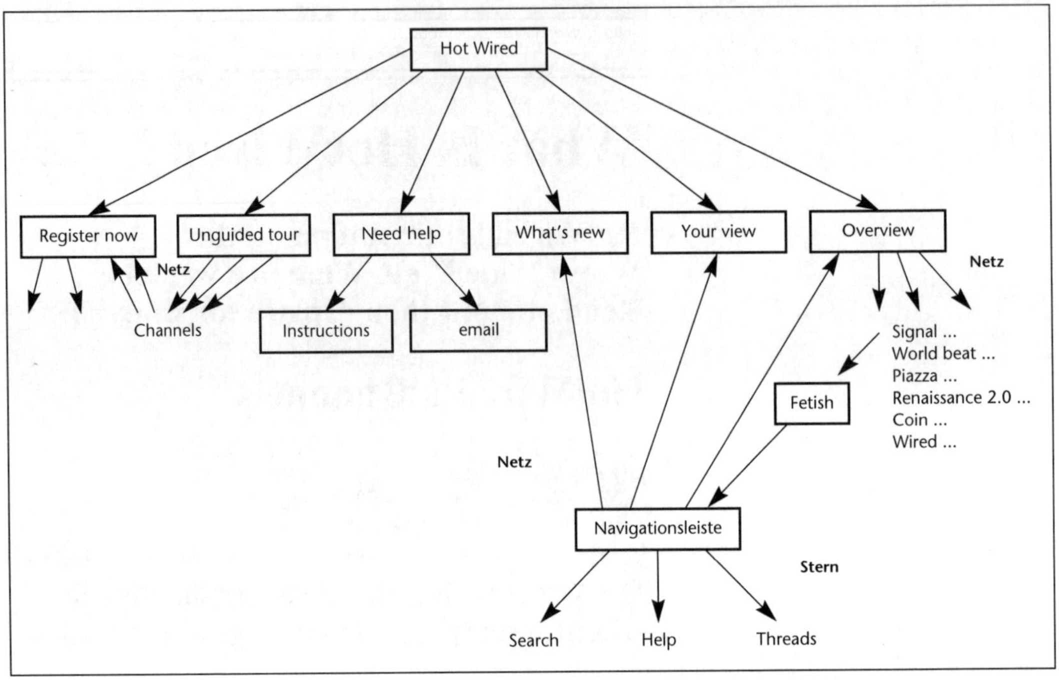

Wie üblich handelt es sich größtenteils um eine/n **Baum**/hierarchie, aber mit **stern**förmigen Navigations-Links und regelmäßig ausgelegten Sprungmöglichkeiten zu anderen interessanten Stellen im Netzwerk.

18.3.8 Sternstrukturen

Ein Stern gewährt direkten Zugriff von einer Seite zu vielen anderen. Jeder Index, jede Navigations-Werkzeugleiste und jedes Inhaltsverzeichnis stellen einen Stern dar.

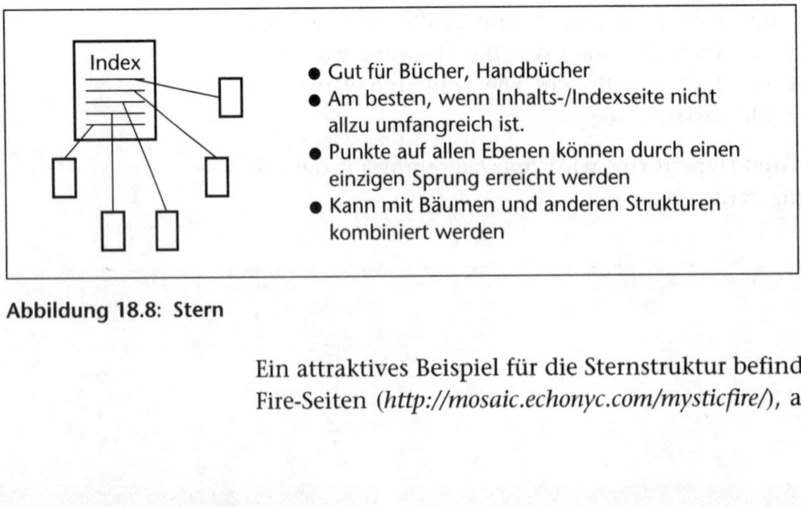

Abbildung 18.8: Stern

Ein attraktives Beispiel für die Sternstruktur befindet sich auf den Mystic-Fire-Seiten (*http://mosaic.echonyc.com/mysticfire/*), auf denen verschiedene

Philosophen mit Fomularen vorgestellt werden, die zur Bestellung von Büchern und Kassetten für weitere Studien bestellt werden können. Alan Watts z.B., ein Philosoph der 60er Jahre, hat seine eigene, unten gezeigte Homepage. Er mochte den Fernen Osten so sehr, daß er zeigen wollte, daß eine Geschichte mittels Ideogrammen erzählt werden konnte, lange bevor jedermann für alles mögliche Symbole benutzte:

Abbildung 18.9: „Diese einfache Geschichte braucht kaum Übersetzung:" aus Alan Watts, Der Lauf des Wassers. Frankfurt 1990 Suhrkamp.

Jede Mystic-Fire-Seite enthält eine kurze Biographie und ein oder zwei Photos und führt zu knappen Informationen über die Arbeit des Philosophen, um die Hauptthemen zu illustrieren. Dieser sternförmige Plan wird ganz grundsätzlich angewendet.

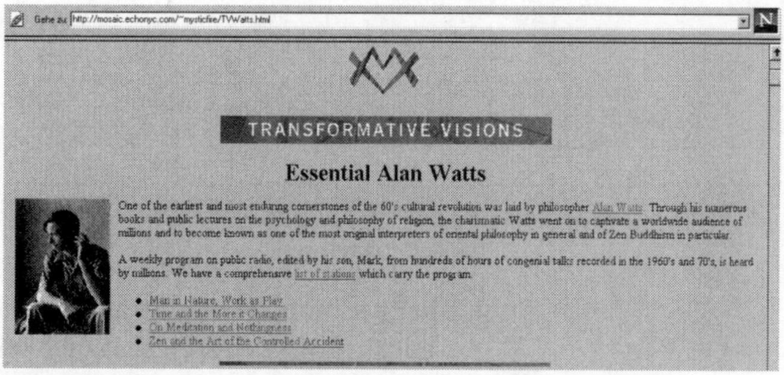

Diese Seite kann als sternförmige Verzweigung in die vier Hauptfelder von Watts' Arbeit betrachtet werden, die im Grunde Abschnitte derselben HTML-Datei sind wie die gezeigte Seite. Der Anker „Alan Watts" verzweigt paradoxerweise zurück in den Mystic-Fire-Hauptindex der Philosophen, der seinerseits eine Sternstruktur darstellt, von der je ein Strahl zur Homepage jeder Person leitet.

Ein drittes (und typisches) Sternmuster erscheint im Navigationswerkzeug am Ende jeder Seite, auch auf der vonWatts:

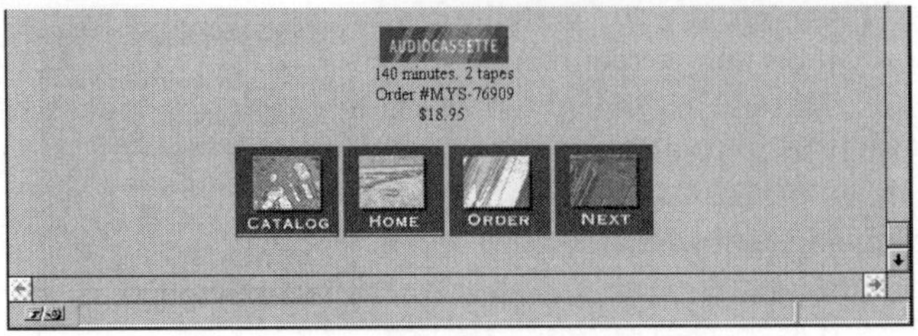

Die Schaltfläche „Next" versucht, die Struktur in eine Liste zu verwandeln (s.u.), indem der nächste Philosoph in der Reihenfolge aufgesucht wird. Hier die Struktur der Watts-Seiten:

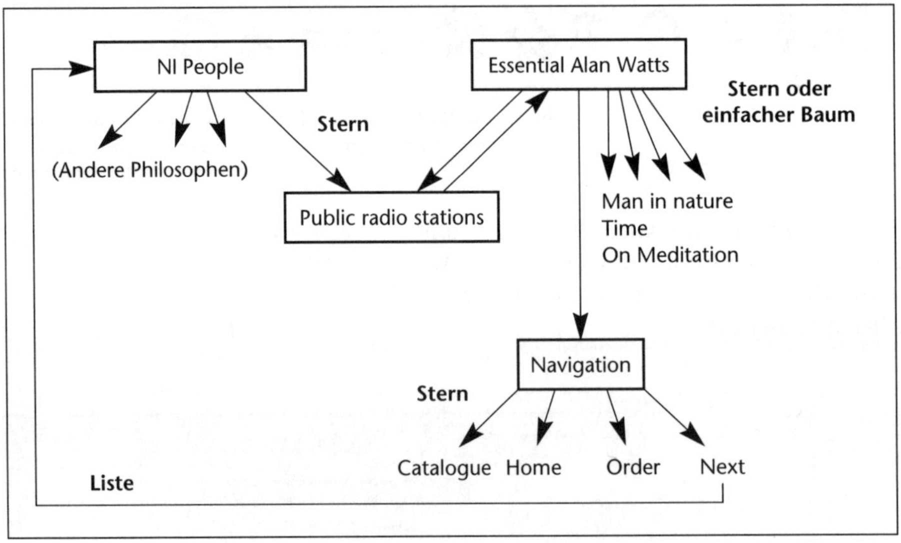

18.3.9 Listen

Schließlich müssen wir die älteste Struktur von allen erwähnen, die Liste. Sie hat ihre Verwendungsmöglichkeiten, wie z.B. bei eingescannten Büchern oder bei geführten Touren durch die Website. Natürlich kann man die Liste ein wenig verzweigen lassen, indem man einige Links oder Bilder einfügt.

Eine Listenstruktur wird bei dem Alan-Watts-Diagramm oben illustriert, wo die Schaltfläche „Next" am Ende der Seite des Philosophen zum nächsten Philosophen führt. Wenn Sie sich natürlich für Tao und Konfuzianismus interessieren, wird Ihnen die Tatsache, daß der nächste Philosoph in alphabethischer Ordnung ein Wiener Positivist ist, nicht viel helfen. Da Bücher weitgehend eine Abfolge von Listen (von Seiten, Kapiteln, ...) sind, ist die Listenstruktur recht vertraut, dieses Beispiel jedoch zeigt die innewohnenden Beschränkungen.

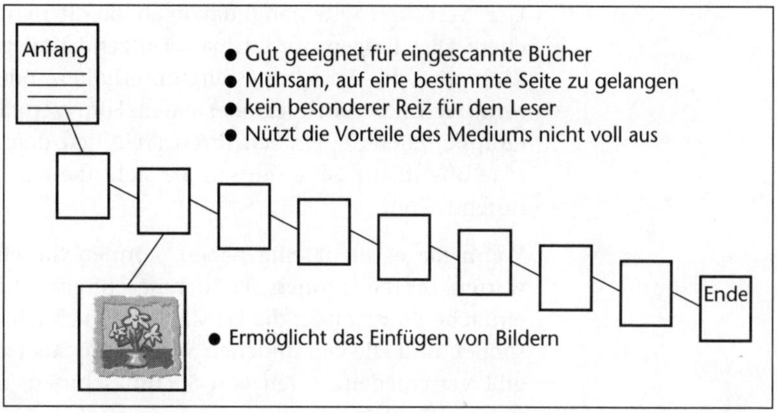

18.3.10 Gestaltung für das Auffinden

Aus der erhabenen visionären Perspektive wie derjenigen des Erfinders von Hypertext, Ted Nelson, ist das gesamte World Wide Web ein einziger riesiger Hypertext! Er hat freundlicherweise die folgenden Zeilen für dieses Buch zur Verfügung gestellt:

„Endlich hat die Welt populistische, anarchische elektronische Veröffentlichungen auf Netzwerken.

Das World Wide Web ist wie Karaoke: jeder kann es tun, ohne Ausbildung, und das ist großartig."

Ted Nelson (Erfinder von Hypertext)

Nelson hat schon lange in seinen Schriften klargestellt, daß das globale, permanente, elektronische Medium, das ihm vorschwebt, alle Formen des Wissens umfassen sollte und zur Gänze mit wiederverwendbaren Komponenten indiziert und referenziert werden kann. Das WWW, einfach strukturiert wie es ist, ist sicherlich weit entfernt von diesen Zielen des universellen Wissensaustausches, somit ist er höflich, wenn er es mit den oben zitierten Worten preist. Wir stimmen überein, wenn er sagt, „jeder kann es", allerdings wissen wir genug, um an dem Satz „ohne Ausbildung" zu zweifeln.

Zumindest wird das Netz allmählich einigermaßen effizient indiziert, wenn auch nicht bis zu dem Grade, der Ted Nelson vorschwebte. Populäre Suchmaschinen, wie z.B. Webcrawler (*http://www.webcrawler.com*), Lycos (*http://www.lycos.com*) und Yahoo (*http://www.yahoo.com*) liefern sowohl Stichwortsuche als auch hierarchische Klassifizierung von URLs. Der Abschnitt über Farben illustiert die Verwendung von Suchmaschinen. Die Indizierung verbessert sich auch, seit kommerzielle Anbieter sie aufwerten, indem sie strukturierte Überblicke auf das WWW für besondere Themenbereiche, Berufe und Aktivitäten anbieten.

Der Wert Ihrer Seite hängt davon ab, ob die richtigen Menschen sie besuchen: Dies mögen nur ein paar Dutzend Kollegen sein, wenn Sie einen Klub oder eine Forschungsseite unterhalten, oder Millionen von Stocherern, wenn Sie ein Bier oder einen Film vermarkten. Bei einer kleinen Gruppe teilen Sie einfach Ihren Freunden den URL Ihrer Seite mit; für eine öffentliche Seite müssen Sie sich überlegen, wie die Leute hiervon hören sollen.

Wenn Sie es nicht eilig haben, können Sie einfach ein paar Wochen warten, bis die Spinnen der Suchmaschinen Sie finden. Die Spinnen sind einfache Programme, die HTML-Seiten aufsuchen, sie nach Links durchsuchen und alle verbundenen Seiten zurückliefern, und zwar indiziert. Es gibt verschiedene Arten von Suchmaschinen, und diese verhalten sich unterschiedlich.

Die Klassifizierungsmaschinen versuchen, oft mit menschlicher Hilfe, Seiten vordefinierten Kategorien zuzuordnen: Dies ist problematisch, wenn Sie feststellen, daß Ihr raffiniertes neues objektorientiertes Designwerkzeug einfach unter „Datenbanken" gezeigt wird, wo niemand es je suchen wird. Nur wenige Seiten lassen Kategorien erahnen.

Die Schlagwortmaschinen senden Spinnen aus, die hauptsächlich den Inhalt von `<TITLE>` durchsuchen, mit einigen Eingaben von `<H1>` und vermutlichen `<A>`-Links. Daher mag es Ihnen möglich sein, den Menschen bei der Suche zu helfen, indem Sie einige Schlüsselworte in Ihre Seitentitel eingeben. Einige verschlagene Marketing-Leute haben diesen Mechanismus benutzt und versucht, den Index zu beeinflussen, indem sie ihre Seiten und Titel mit wiederholten Schlagwörtern überfluten. Die unausbleibliche Darwin'sche Antwort (wenn die Antilopen schneller werden, werden es auch die Leoparden) ist, daß die Suchmaschinen Wiederholungen bestrafen.

Die Indizierungsmaschinen rasen blind durchs WWW (wie Höhlenspinnen vielleicht?) und konstruieren freie Text-Indizes aus allem, was sie finden (obgleich sie offensichtlich alle Bilder ignorieren). Anwender können entweder mit Listen von Schlüsselworten suchen, die sich nur auf derselben Seite befinden müssen, oder nach bestimmten Sätzen. Die Maschinen liefern einen Prozentsatz zurück, der dem Anwender einen sehr groben Eindruck davon liefert, wie gut der Vergleich abgelaufen ist. Sie können solchen Leuten helfen, Sie zu finden, indem Sie ungewöhnliche Schlagwörter oder Sätze verwenden. Worte wie „Computer" oder „Netzwerk" sind nicht sehr hilfreich, da sie in Millionen von Seiten auftauchen, spezifische Phrasen wie „Spatiale Autokorrellation" oder „Kosmische Hintergrund-Mikrowellenstrahlung" werden die Irrtümer radikal minimieren. Seltene Einzelwörter erzielen automatisch eine hohe Trefferquote, wenn Sie also vernünftigerweise Worte wie „Zymurgy" oder „*Zyzzogeton*" in Ihre Seiten aufnehmen können, werden Leute, die an der

Fermentationschemie oder an Südafrikanischen Grashüpfern interessiert sind, sie sofort finden!

Sie können die Effektivität Ihrer Seite erhöhen, indem Sie eine Beschreibung an die wichtigsten Suchmaschinen absenden. Die Organisationen werden aufspringen, um Ihnen hierbei zu helfen! Jemand, der einen solchen Dienst kostenlos anbietet, ist Submit-it unter http://www.submit-it.com; andere verlangen gepfefferte Gebühren. Geschäftsleute mögen trotzdem in Betracht ziehen, hierfür zu zahlen, ebenso wie für Werbung.

Schließlich können Sie die Leute auf Ihre Seite bewegen, indem Sie sie sinnvoll gestalten: sowohl durch die Qualität der gelieferten Informationen als auch durch Links zu verwandten Seiten. Wenn Ihre Links hilfreich genug sind, werden die Leute Ihre Seite mit einem Lesezeichen versehen. Und natürlich können Sie gegenseitige Links mit Ihren Kollegen, Freunden, Kunden und Lieferanten vereinbaren – Sie zeigen auf die, wenn die auf Sie zeigen.

18.3.11 Seitengestaltung

Unternehmen im WWW möchten im allgemeinen ihren eigenen Stil auf ihren Web-Seiten fortsetzen. Sie mögen Grafikkünstler beschäftigen, um Symbole und Logos zu gestalten, Menüzeilen und Diagramme. Professionelle Seitengestalter werden beim Layout der Dokumente beteiligt. Wo der HTML-Code von Leuten mit anderem Hintergrund vorbereitet wird, da produziert die Gestaltungsabteilung normalerweise eine Anleitung mit Richtlinien für Autoren, sagt ihnen, sie sollen nicht zu viele Schriftarten verwenden, und legen Regeln für die Gestaltung von Diagrammen und Bildern fest. Sie sind sich über die Macht der Bilder, die Menschen zu beeinflussen, im klaren und werden vielleicht Farbschemata und die Verwendung des Logos genau festzulegen. Wenn sie klug sind, werden sie auch Beispiele ihrer Schemata online in HTML-Code produzieren, mit einfachen Mustern, die ausgefüllt oder kopiert werden können.

Da es teuer und unflexibel ist, jede Seite professionell gestalten zu lassen, ist es ein vernünftiger Kompromiß, den Willkommensbildschirm und die obersten Seiten gut aussehen zu lassen. Die darunterliegenden Details (geschrieben von den Technikern) können dann einfacher formatiert und vielleicht automatisch aus Dokumenten oder Datenbanken generiert werden.

Die Seite des Magazins *Byte* (*http://www.byte.com*) ist ein gutes Beispiel für eine große Menge an Informationen, die fast ganz automatisch formatiert werden: attraktiv, hilfreich, leicht durchsuchbar. Die Seite hat eine reguläre hierarchische Struktur, die das Geschäftsfeld wiedergibt: ein monatlich erscheinendes Magazin; Produktbeschreibungen und Features in jeder Ausgabe; jeder Artikel enthält Text und Grafik, und jedes Bild erscheint mit einer Überschrift, usw. Der HTML-Code wird so erzeugt, daß aus diesen regelmäßigen Mustern Nutzen gezogen wird. Wenn Sie die Anforderungen Ihrer Seite in dieser Weise verstehen, können Sie Ihre Informationen angemessen strukturieren.

18.4 Den HTML-Code schreiben

Mit klaren Anforderungen im Rücken und einem anständigen Design können Sie sicher voranschreiten und den „Lötkolben" schwingen. Dieser Abschnitt betrachtet die systematische Arbeit sowie die Wahl der Autorenwerkzeuge.

18.4.1 Systematisches Arbeiten

Es hilft, Texte und Grafiken korrekt benannt als kompletten Satz von unformatierten Dateien bereitzuhalten, bevor Sie mit dem HTML-Code beginnen. Andere brauchen das Gefühl, an einer Orgel mit allen Registern zu komponieren und bestehen darauf, die Texte zu schreiben, während sie die Grafiken bearbeiten, während sie die Tags einfügen, während Sie die URLs erzeugen (...während sie Trommel, Tuba und Schalmei auf den Knien spielen). Skripte (Kapitel 16) und Programmierung folgen später.

Wir empfehlen Ihnen die Maxime des Zahnarztes:

„Bleibe bei jedem Werkzeug solange wie möglich".

Es ist wesentlich befriedigender, alle Bilder zu erzeugen, dann alle Tags einzufügen, dann alles zu testen, dann kontinuierlich von einem Werkzeug zum anderen zu wechseln. Wenn Sie alle Bilder gemeinsam herstellen, werden sie vermutlich stilistisch harmonieren, da Sie Ihren Geist auf den visuellen Teil konzentrieren.

Zumindest Ihren eigenen Stil sollten Sie bewußt wählen, Ihre eigene Art von systematischer Arbeit finden. Wir finden eine Liste auf einem Blatt Papier sehr hilfreich. Die Abbildung zeigt eine einfache handgeschriebene Liste für das Theaterbeispiel (siehe den Abschnitt über Farben) von der Art, wie wir es hilfreich finden. Linierte Spalten sind sinnvoll, da sie es offensichtlich erscheinen lassen, wenn etwas vergessen wurde. Wenn Sie damit beginnen, schlicht die Seiten aufzuführen und Kommentare hinzufügen, dann erfordert das Erstellen einer solchen Liste keinen zusätzlichen Aufwand – im Gegenteil, die Liste wird Anstrengungen und Zeit ersparen.

	LAYOUT	LINKS	TEXT	PROBLEME
Theater	ok.	ok.	ok.	
Programm	Prioritäten setzen	ok.		Schriften zu kompliziert
Aktuelles		ok.		
Zukünftiges				Bilder? Vorläufige Termine?
Buchungen		ok.	ok.	Feste Buchungen/Anfragen
Vorbestellungen		ok.		
Preisgestaltung				
Veranstalter		ok.		
Schauspieler				

Abbildung 18.10: Eine handgeschriebene Liste ist hilfreich bei der Erstellung von Hypertext-Seiten

18.4.2 Auswahl der Werkzeuge

Neue Werkzeuge, mit denen es leichter sein soll, Web-Seiten zu gestalten und zu pflegen, als von einer Horde von Gebrauchtwagenhändlern hereingelegt zu werden, erscheinen ununterbrochen. Es ist daher unmöglich, irgendetwas Umfassendes über die angebotenen Werkzeuge zu sagen. Was wir sagen können, ist, welche Arten von Werkzeugen es gibt, hierfür Beispiele benennen und Ihnen einige Hinweise geben, welche für Sie passend sein könnten.

Die hauptsächlichen Arten von Werkzeugen, die zur Zeit angeboten werden, sind:

- Exportfilter aus Datenspeichern wie Tabellenkalkulationen und Datenbanken
- HTML-Texteditoren
- WYSIWYG-HTML Seiteneditoren (What you see is what you get, Was Du siehst, ist was Du bekommst)
- HTML Tag-Editoren

Möglicherweise möchten Sie auch grafische Werkzeuge benutzen (siehe Kapitel 9), um passende Bilder zu erzeugen.

18.4.3 Export-Filter

Eine immer populärere Methode, HTML-Code zu erzeugen, ist ihn überhaupt nicht zu schreiben – jedenfalls nicht direkt. Statt dessen benutzen Sie Ihre normalen Werkzeuge und exportieren HTML-Code, wenn Sie Daten ins Internet oder Intranet geben möchten.

Viele Tabellenkalkulationen, Datenbanken und andere speziellere Softwarewerkzeuge können HTML-Code exportieren. Üblicherweise enthalten sie irgendwo zwischen ihren Menüoptionen einen Filter, mit dem ihre eigenen Datenstrukturen an eine oder verschiedene HTML-Seiten exportiert werden können. HTML ist ein grundsätzlicher Weg, Informationen darzubieten, daher gibt es keinen „richtigen" Weg, diese aus z.B. einer Datenbank in eine Sequenz von WWW-Seiten zu übersetzen.

Der ideale Exportfilter würde effizient eine Mischung aus Überschriften, Text und Graphik in ein übersichtlich miteinander verbundenes Paket von Seiten mit HTML-Überschriften, Absätzen (oder Tabellen) und GIF- oder JPEG-Bildern übersetzen, die die Originaldaten ersetzen. Unglücklicherweise sind Werkzeuge selten so optimal ausgelegt. Es ist natürlich bequem, etwas auf Knopfdruck zu erhalten, aber die Ergebnisse sind besser, wenn man diesen Job selbst erledigt.

Microsoft z.B. liefert Filter, die „Internet-Assistent für Word-Dokumente und PowerPoint-Präsentationen" genannt werden, und zwar als kostenlose Add-On-Makros. Die neueste Version kann von ftp.microsoft.com geladen werden. Der Filter für PowerPoint-Slideshows z.B. nimmt den Text und die Grafiken jeder Seite und verwandelt sie alle in riesige GIF-Bilder, die Ihren WWW-Seiten-Speicherplatz und die Bandbreite Ihrer Anwender aufsaugen. Die Bilder sitzen in einem langweiligen Hintergrund mit Standard-, Vor- und Zurück-Schaltflächen. Der Word-Filter exportiert keine Bilder, was einem das Leben schwer macht.

Wenn Ihr Lieblingswerkzeug nicht bereits HTML-Code in der von Ihnen gewünschten Form exportiert, kann es sinnvoll sein, ein Makro oder Skript zu schreiben, um HTML-Code-Dateien aus den Daten des Werkzeuges zu erstellen. Wenn Sie z.B. ein besonderes Layout aus einer Datenbank, die in Microsoft Access geschrieben wurde, haben wollen, könnten Sie ein Programm in Visual Basic schreiben, um Einträge aus Ihren Tabellen zu liefern und HTML-Tabellen gemäß Ihren Wünschen zu strukturieren. Der HTML-Code entspricht dann vielleicht nicht den Originaltabellen als solchen, aber solchen Datenbank-Verbünden oder Sichten, die für Ihre Anwender leichter zu interpretieren sind. Wenn Sie später Ihren Hypertext aktualisieren müssen – wöchentlich oder monatlich – brauchen Sie nur die Makros laufen zu lassen, und die Arbeit ist getan. Natürlich müssen Sie immer noch die Daten in die Datenbank eintragen und sie prüfen. Abschließend können Sie noch weiter Hand anlegen, wenn Sie möchten.

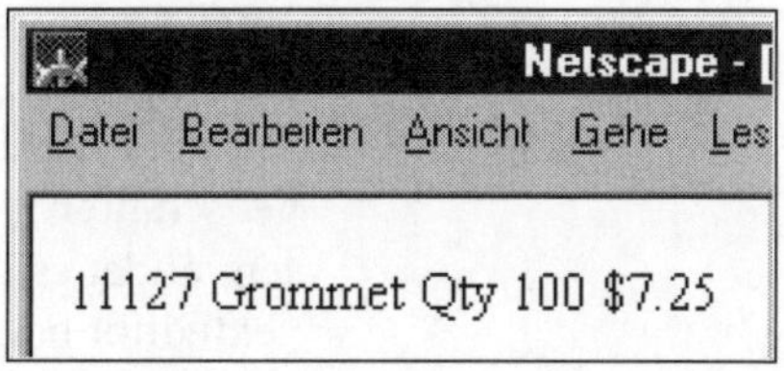

Abbildung 18.11: Aus Quellen wie z.B. Datenbanken kann Hypertext automatisch generiert werden

18.4.4 HTML-Texteditoren

Die einfachste Lösung (für den Hersteller des Werkzeuges) ist es, Ihnen etwas anzubieten, was HTML-Code für Sie als guten altmodischen Text schreibt, wobei Sie eine Schaltfläche anklicken können, um zu sehen, wie dies in einem Browser aussieht. Ein typischer Editor dieser Art ist WebEdit, der so aussieht:

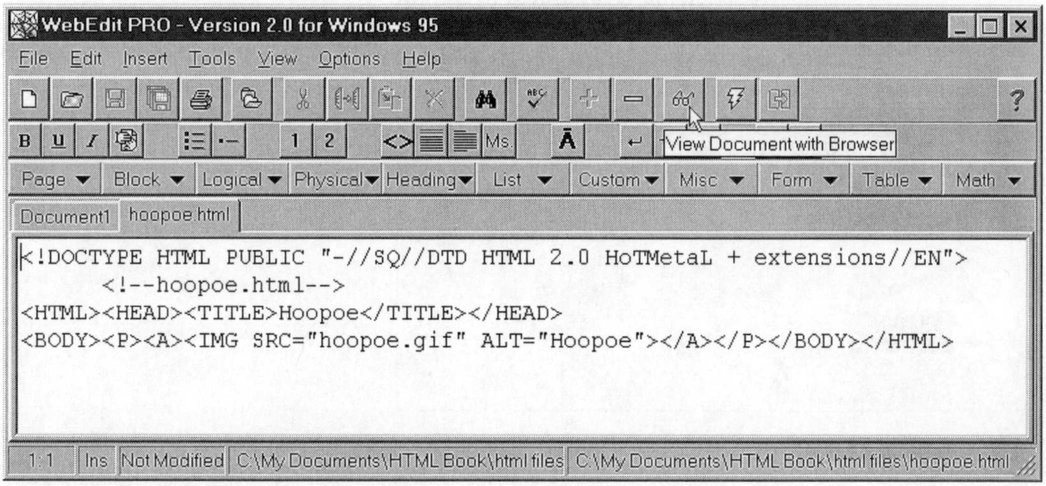

Wie Sie sehen können, haben Sie ein Feld von Schaltflächen, das an eine chinesische Schreibmaschine erinnert, sowie Drop-Down-Menüs für alles mögliche von Seitenbefehlen bis hin zu den für HTML 3.2 für Formelsatz vorgeschlagenen. Wenn Sie bereit sind, die Früchte Ihrer Arbeit mit Ihrem Lieblingsbrowser zu betrachten, klicken Sie auf die Brillen-Schaltfläche und der Browser öffnet sich mit Ihrer neuen Seite.

Diese Lösung erlaubt es sicherlich schneller, HTML-Code zu konstruieren und reduziert die Fehlermöglichkeit ganz erheblich. Es hilft Ihnen aber nicht sehr beim Layout: Ihre Vorstellung vom gewünschten Seitendesign muß so klar sein wie bei der Verwendung eines simplen Texteditors und eines Browsers bei der Entwicklung. Das Modell vom Knöpfchendrücken scheitert auch, wenn es eine solche Schaltfläche für ein neuentwickeltes Tag oder Attribut nicht gibt. Die abgebildete Version z.B. läßt Rahmeneigenschaften vermissen. Wenn Werkzeuge nicht das tun, was Sie möchten, endet es oft damit, daß Sie aus schierer Enttäuschung einen simplen Texteditor benutzen.

18.4.5 WYSIWYG-Seiteneditoren

Die meisten angebotenen Werkzeuge bieten in irgendeiner Weise WYSIWYG-Verarbeitung an. Ein Beispiel für ein solches Werkzeug ist WebExpress. Wie in einer Textverarbeitung klicken Sie auf Schaltflächen oder wählen Menüpunkte aus, um verschiedene Werkzeuge zu benutzen, die übliche Arbeiten wie das Einfügen von Bildern oder Erstellen von Tabellen erledigen. Sie müssen auch, wieder wie bei der Textverarbeitung, nicht wissen, welche dunklen Tricks das Werkzeug im Hintergrund anwendet (was, denken Sie, tut Word, wenn Sie z.B. ein Bild einfügen?). Hier sehen Sie WebExpress in Aktion:

Dies sieht schon viel einfacher aus, außerdem recht vertraut für die Anwender von Word für Windows. Vorgänge wie das Anwenden eines Stils oder das Kursivsetzen eines Satzes sehen ähnlich aus wie in Word und sind es auch, daher empfinden Sie vielleicht diese Klasse von Werkzeugen intuitiv als vertraut.

18.4.6 Tag-Editoren

Der Editor HoTMetaL von SoftQuad ist unter den von uns getesteten Editoren einzig in seiner Art, da er versucht, die Auszeichnungen vernünftig in HTML abzubilden, auch ohne exaktes WYSIWYG. Der Blickwinkel ist der eines Autors, der sich für Tags interessiert und mit ihnen vertraut ist, ebenso wie ein Programmierer an Konstruktionen in Programmiersprachen gewöhnt ist (und diese auch sehen will), wie z.B. IF und WHILE. Man klickt einfach eine Schaltfläche an oder wählt einen Menüpunkt aus, und HoTMetaL tut den Rest, ermöglicht es Ihnen so, HTML-Code zu erzeugen, ohne daß Sie alle Tags selbst eingeben müssen. Eine Kostprobe sehen Sie in der folgenden Abbildung.

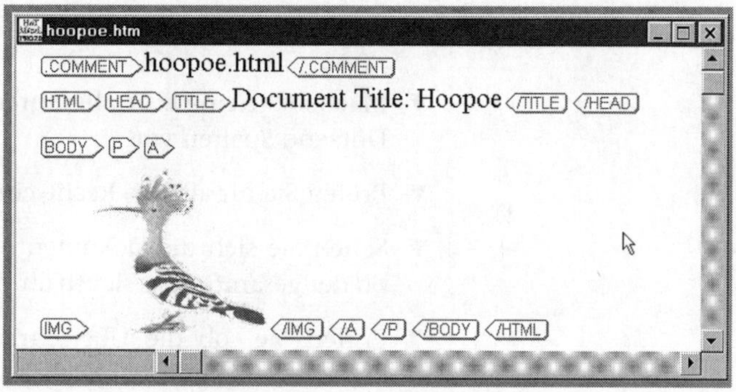

Wie Sie sehen können, erscheint das Bild von selbst (wenn Sie dies auswählen). HoTMetaL erscheint vernünftigerweise mit einer getrennten Regeldatei, so daß Aktualisierungen einfach durch das Ersetzen der Einfügeregeln ausgeführt werden können.

Weitere Beispiele von HoTMetaL bei der Arbeit finden Sie im Abschnitt über Farben.

18.5 Test und Fehlersuche

Nachdem unser *Chef d'oeuvre* nun komplett erklärt ist, **müssen** Sie es um jeden Preis überprüfen.

„Das Leben ist ein verflixtes Ding nach dem anderen."

US-Präsident Calvin Coolidge

Die ***einzige*** Methode, um sicherzugehen, daß Ihr HTML-Code korrekt ist, besteht darin, ihn ganz duchzugehen und zu überprüfen, ob alles so funktioniert wie gewünscht. Auch wenn Sie ihn bereits überprüft haben.

– Oh, Mutti, das haben wir doch gestern schon gemacht! –

– Gewöhn' Dich dran, Wilbur. –

Sie müssen ganz vorne beginnen, ohne vorgefaßte Ansicht darüber, was schon getan wurde und was noch nicht: Die Definition für Vergessenes lautet, daß Sie nicht wissen können, was Sie vergessen haben! Bei großen Systemen ist diese Herangehensweise so schwer, daß man gemeinhin klugerweise ein unabhängiges Team mit den Tests beauftragt. Sie werden Ihren eigenen HTML-Code ausreichend testen, wenn Sie ein gewisses unbeteiligtes Interesse mitbringen, so wie ein klassischer Krankenhausarzt bei der Visite: „Oh, das ist ein interessantes Problem..."

18.5.1 Testlösungen

Jeder Versuch, der alles testet, ist in Ordnung. Vielleicht möchten Sie einige der folgenden Dinge tun:

- Machen Sie eine Liste aller Ihrer HTML-Dokumente. Sehen Sie ein Dutzend Spalten vor.
- Prüfen Sie für alle die Rechtschreibung. Haken Sie sie dabei ab.
- Sehen Sie sich die Dokumente in Ihrem Browser an. Prüfen Sie, ob der gesamte Text sichtbar und in Absätze gegliedert ist.
- Prüfen Sie, ob die Überschriften- und Zeichenformatierungen angemessen sind.
- Prüfen Sie, ob Zahlen, Formulare, Tabellen und Anker korrekt formatiert sind und in ihren Kontext passen. Zusätzliche Leerzeichen, Zeilenumbrüche oder, im Gegenteil, sorgfältigerer Textfluß, können einen großen Unterschied darstellen.
- Füllen Sie alle Formularfelder aus, und schicken Sie sie ab. Prüfen Sie, ob die richtigen Nachrichten versandt werden.
- Folgen Sie jedem Link. Prüfen Sie, ob alle dorthin führen, wohin sie führen sollen.
- Prüfen Sie jeden aktiven Bereich in verweis-sensitiven Bildern. Prüfen Sie, ob die Links so arbeiten, wie sie es sollen.
- Sehen Sie sich das System noch einmal von Anfang an an, und zwar wie ein Leser. Brauchen Sie mehr Links, um das System benutzbar oder verständlich zu machen? Brauchen Sie Navigationshilfen?
- Schließlich sehen Sie sich jedes Dokument des Systems wie ein Designer an. Sieht es so aus, daß Ihre Anstrengungen sich gelohnt haben? Könnte das grafische Design oder das Seitenlayout etwas mehr Sorgfalt vertragen?
- Betrachten Sie Ihren Hypertext mit einem anderen Browser. Manchmal sehen Seiten, die in einem Browser gut wirken, in einem anderen furchtbar aus.

Wenn Sie Ihren HTML-Code durch diesen Prozeß hindurchgeführt haben, ist er vielleicht noch nicht perfekt, aber sicher und benutzbar.

18.5.2 Einige übliche Fehler

HTML ist nicht eine so gewundene und schwierige Sprache wie C oder APL („x/+^%=") und knurrt Ihnen auch keine solch unverständlichen Botschaften zu wie ein C-Compiler:

```
syntax error at line 658: unknown identifier
```

Doch dieses freundliche Wesen von HTML kann Ihnen ein Problem bescheren: Der Browser dreht still und leise durch, ohne Ihnen eindeutige Hinweise anzubieten, was denn nun falsch war. Vielleicht ist der lauthals wetternde C-Compiler schließlich vorzuziehen. Es gibt heute einige Werkzeuge (schauen Sie bei Yahoo (*http//:www.yahoo.com*) oder W3 (*http://www.w3.org*) nach neuesten Details), die Ihren HTML-Code in derselben Weise überprüfen können wie ein Compiler ein Computerprogramm. HAL bietet einen HTML-Validierungsdienst an, der dasselbe tut. Dabei werden sich zweifellos einige Fehler finden, die Sie nicht gefunden haben. Hierzu mögen gehören:

- unsichtbarer Text
- Probleme mit der Unterscheidung von Groß- und Kleinschreibung
- nicht geschlossene Tags
- verdrehte Dateinamen
- fehlende Anführungszeichen
- fehlerhaft umgebrochener Text
- PC/UNIX-Inkompatibilitäten.

Hier sind einige Hinweise, die Ihnen helfen, diese Art von Problemen aufzufinden.

18.5.3 Unsichtbarer Text

Der berühmte unsichtbare Text ist leicht erzeugt: Setzen Sie ihn einfach in ein Tag. Z.B.

```
<H3 Das hier sollte mein Titel sein></H3> <!- nicht gut ->
```

Tatsächlich sollte die Zeile so aussehen:

```
<H3> Das hier sollte mein Titel sein></H3>
```

18.5.4 Groß- und Kleinschreibung

Text in URLs ist oft abhängig von der Groß- bzw. Kleinschreibung, so daß

```
<A HREF="fred.html#f1"> <!- nicht gut ->
```

ganz und gar nicht dasselbe ist wie

```
<A HREF="fred.html#F1">
```

und in der Tat werden die Links nicht funktionieren, wenn die Labels nicht richtig (groß oder klein) geschrieben sind. Ihr Browser hat sehr wahrscheinlich einige Tricks im Ärmel. Empfindlichkeit gegenüber Groß- und Kleinschreibung, Leerzeichen (vorhanden oder nicht), mutmaßlich optionalen Tags oder gegenüber neuesten Fähigkeiten von HTML sind wahrscheinliche Kandidaten für kleinere Fehler. Merken Sie sich, daß UNIX abhängig von der Groß- und Kleinschreibung ist.

18.5.5 Nicht geschlossene Tags

Was stimmt nicht mit

```
<H2>Ein neuer Abschnitt<H2> <!- nicht gut ->
```

Haben Sie es sofort gesehen? Sie brauchen ein schließendes `</H2>`-Tag mit einem „/“. Ganz leicht landet man (nach ein wenig manuellem Bearbeiten und Umarrangieren) bei

```
<H2>Ein neuer Abschnitt auf Ebene 2</H3> <!- auch nicht gut ->
```

was vermutlich auch nicht funktionieren wird: Die meisten Browser nehmen nicht an, daß ein schließendes Tag auf der falschen Ebene eine Überschrift schließen sollte. Sehen Sie Ihren Text mit einem Browser (oder besser noch, mit zwei verschiedenen Browsern) nach verdächtigen Zeichen durch, wie z.B. ganze Abschnitte in Fettdruck.

Manchmal vergessen die Leute auch das gesamte schließende Tag. Wenn z.B. fast das ganze Dokument in *Kursivschrift steht, müssen Sie irgendwo in der Nähe der Stelle, wo die Kursivschrift beginnt, ein `</EM>` oder `</I>` setzen!*

18.5.6 Verdrehte Dateinamen

Jeder hat schon mal geschrieben

```
<LINK HREF="topform.html"> <!- nicht gut ->
```

wenn er meinte

```
<LINK HREF="formtop.html">
```

und sich dann gewundert, was falsch lief. Wenn Sie eine **gedruckte Liste** Ihrer Dateien führen, wird dies nicht oft passieren.

18.5.7 Verlorene absolute Adressierungen

Ein ähnliches Chaos bricht aus, wenn Sie Dateien in neue Verzeichnisse oder Server stellen, es sei denn, Sie sind so vorsichtig, daß Sie nur relative Adressen und eine feste Struktur verwenden. Vielleicht befand sich Ihre Homepage beispielsweise in „system/web/homepage/“, aber Sie haben Sie nach „public/website/“ verlegt, und plötzlich sind alle Ihre Links zerstört. Das liegt daran, daß Ihre Links absolute Adressen enthalten haben, wie z.B.

```
<A HREF="http://acme.com/systems/web/homepage/index.html">
```

Das funktioniert natürlich nicht, wenn sich die Datei nicht mehr in diesem Verzeichnis befindet. Der sichere Weg, sich auf eine Datei in demselben Verzeichnis zu beziehen, in dem sich die aktuelle Seite befindet, besteht darin, sie einfach wie folgt zu benennen:

```
<A HREF="index.html">
```

Diese Adresse ist ***relativ*** zum aktuellen Verzeichnis.

Um in der Verzeichnisstruktur aufwärts zu wandern, benutzen Sie „../“. Sie können z.B. schreiben:

```
<A HRF="../index.html">
```

für die Indexdatei, die sich im übergeordneten Verzeichnis des gegenwärtigen Verzeichnisses befindet. Noch einmal, die Adresse ist sinnvoll, weil sie relativ zum derzeitigen Ort ist. Denken Sie daran, daß HTML den normalen Schrägstrich (/) benutzt, um ein Verzeichnis zu bezeichnen (wie in UNIX), anders als der Backslash (\) beim PC.

Um in ein Unterverzeichnis herabzusteigen, benennen Sie es einfach mit Schrägstrich nach dem Verzeichnisnamen. Z.B.

```
<A HREF="products/index.html">
```

führt zur Indexdatei im Unterverzeichnis "Products" des gegenwärtigen Verzeichnisses.

Schließlich, um in ein Schwesterverzeichnis zu gelangen, müssen Sie aufwärts ins Vaterverzeichnis und wieder zurück gehen, wie in

```
<A HREF="../images/image3.jpg">
```

Einige HTML-Editoren besitzen eine scheinbar angenehme Eigenschaft, um Ihre Seiten zu veröffentlichen: Sie konvertieren Verweise auf Ihre lokalen Verzeichnisse in absolute Verweise auf Verzeichnisse Ihrer Website. Wir halten dies für eine furchtbare Idee! Mit relativer Adressierung können Sie Ihren HTML-Code unverändert lassen, wenn Sie ihn veröffentlichen. Dies bringt einen großen Vorteil mit sich: Wenn Leser mehrere Ihrer Seiten herunterladen und Ihre Verzeichnisstruktur (oder Teile davon) kopieren, werden die Links zwischen den Dateien funktionieren: Leser können Ihre Seiten auf angenehme und preiswerte Art offline studieren.

Übrigens, wenn Sie an einem PC arbeiten, können Sie trotzdem die relativen Adressierungen einschließlich der Querstriche im UNIX-Stil benutzen: Alle Browser verstehen diese. Benutzen Sie also relative Adressierungen.

18.5.8 Fehlende Anführungszeichen

Verschiedene Browser reagieren unterschiedlich auf fehlende Anführungszeichen.

```
<A HREF=myfile.htm>
```

oder

```
<A HREF="myfile.htm>
```

können funktionieren oder auch nicht. Browser werden immer strenger gegenüber solchen Fehlern. Anführungszeichen sind notwendig bei Variablen, die aus mehreren Wörtern bestehen, Sie können also nicht erwarten, daß Ihr Browser hiermit fertig wird:

```
<H3 ID="multi-word identifier >MWI</H3> <!- nicht gut ->
```

18.5.9 Fehlerhaft umgebrochener Text

Es ist nun wirklich ein leichtes, ein paar <P> oder
-Tags zu vergessen. Ihr Browser ignoriert solche „ungeschriebenen Formatierungen" in Form von Zeilenumbrüchen in Ihren Dokumenten! Z.B.

```
<P>
Dies sollte meine erste Zeile werden. <!- nicht gut ->
Und dies meine zweite.
Und das hier, hoffte ich, die dritte.
```

Das wird auf dem Monitor unglücklicherweise so erscheinen:

Dies sollte meine erste Zeile werden. Und dies meine zweite. Und das hier, hoffte ich, die dritte.

18.5.10 Auf meinem PC hat es aber geklappt

PCs, die mit DOS/Windows laufen, unterscheiden Groß- und Kleinschreibung nicht, erlauben Unterstriche in Dateinamen und verwenden in der Regel immer noch Dateinamenserweiterungen von drei Zeichen. Daher ist

```
<A HREF="DOS-file.htm">Ein Dos-Text</A> <!- nicht gut ->
```

auf einem PC völlig in Ordnung, und wenn Sie Ihren HTML-Code testen, wird Ihr DOS/Windows-Browser die richtige Datei finden. Wenn Sie ihn aber auf einem UNIX-Server installieren, kann der Verweis aus unterschiedlichen Gründen scheitern. Schreiben Sie also

```
<A HREF="portable.html">Ein portabler Text</A>
```

Dateinamen in URLs sollten Sie:

- in Kleinbuchstaben,
- ohne Unterstriche und
- mit Dateinamenserweiterung von vier Zeichen, 'html' (abhängig von Ihrem Server)

schreiben.

Einige PC-Browser sind auch hinsichtlich Verweisen auf Verzeichnisse zu locker. Wenn Sie relative Adressierungen verwenden, sollten Sie keinen Querstrich (/) vor den Namen eines Unterverzeichnisses des aktuellen Verzeichnisses setzen. Also ist

```
<A HREF="/unterverzeichnis/index.html"> <!- nicht gut ->
```

falsch; Sie müssen statt dessen sagen:

```
<A HREF="unterverzeichnis/index.html">
```

18.5.11 In UNIX hat es aber geklappt

UNIX erlaubt den Gebrauch langer Dateinamen, wie auch andere Betriebssysteme, z.B. das von Apple und die neuen Versionen von Windows. Solange weitgehend noch DOS/Windows-Browser benutzt werden, ist es am besten, kurze Dateinamen (bis zu acht Zeichen) zu benutzen, um nicht das Risiko der Zweideutigkeit einzugehen. Z. B. erscheinen

```
<A HREF="diesedateiistabersehrlang.html">
```

und

```
<A HREF="diesedateiistkurz.html">
```

für DOS/Windows-Browser beide als

```
<A HREF="diesedat.htm">
```

Da nicht viele Leute an einer UNIX-Workstation entwickeln und dann auf einem PC veröffentlichen, ist dies in der Regel kein ernstes Problem, aber für Leute, die offline durch Ihren Hypertext navigieren, ist es ärgerlich, wenn sie ihren PC benutzen.

18.6 Freigabe und Pflege

Mit der Freigabe beginnt die Pflege, die Freigabe ist nicht das Ende Ihrer Bemühungen. Sie werden Stil und Inhalt immer wieder aktualisieren müssen. Wenn Sie aufmerksam getestet haben, werden Sie am Mechanismus nicht viel verändern müssen.

Es ist sinnvoll, ein Formular für die Speicherung von Fehlern und Vorschlägen beizufügen, oder jedenfalls doch einen „mailto:"-URL mit Ihrer Adresse:

```
<A HREF="mailto:autor@feedback.akustik.com">Senden Sie
Rückmeldungen an den Autor</A>
```

Dieser Eintrag ruft über einen normal aussehenden Hypertext-Verweis-Anker ein Mail-Programm auf, wobei die Konfiguration benutzt wird, die im Browser definiert wurde:

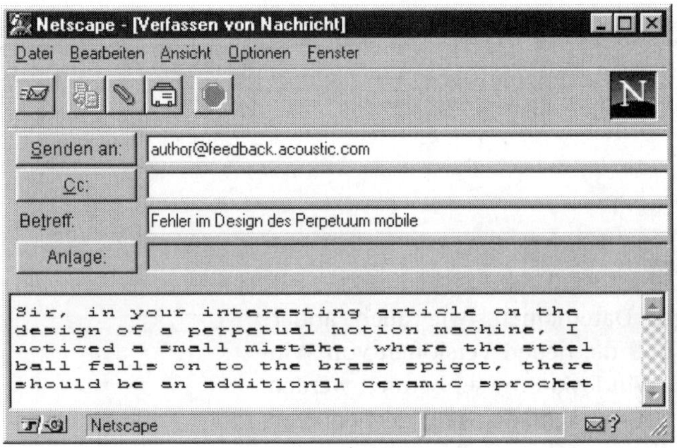

Dies ermöglicht es Ihren Lesern, Ihnen Rückmeldung zu geben. Dies ist der wichtigste Teil des gesamten Prozesses! Behandeln Sie Kommentare nicht als Belästigung; auf Kommentare mit Weiterentwicklung zu antworten, ist der einzige Weg, auf dem Sie hoffen können, Ihren Lesern das zu geben, was sie möchten. Wenn Sie viele Kommentare bekommen, dann bedeutet dies, daß viele Leute Ihren Hypertext lesen!

Übrigens, die Verwendung eines E-mail-Alias, wie „Autor" im Beispiel oder der weit gebräuchliche „Webmaster" empfiehlt sich, da diese Namen konstant bleiben können, wohingegen Menschen ihren Job wechseln. Ein Alias erleichtert es auch, Ihre E-mail zu filtern: Sie können z.B. WWW-E-mails von persönlichen E-mails unterscheiden.

Postscriptum

Die Geschichte des World-Wide-Web mit einer Entschuldigung an Alan Watts.

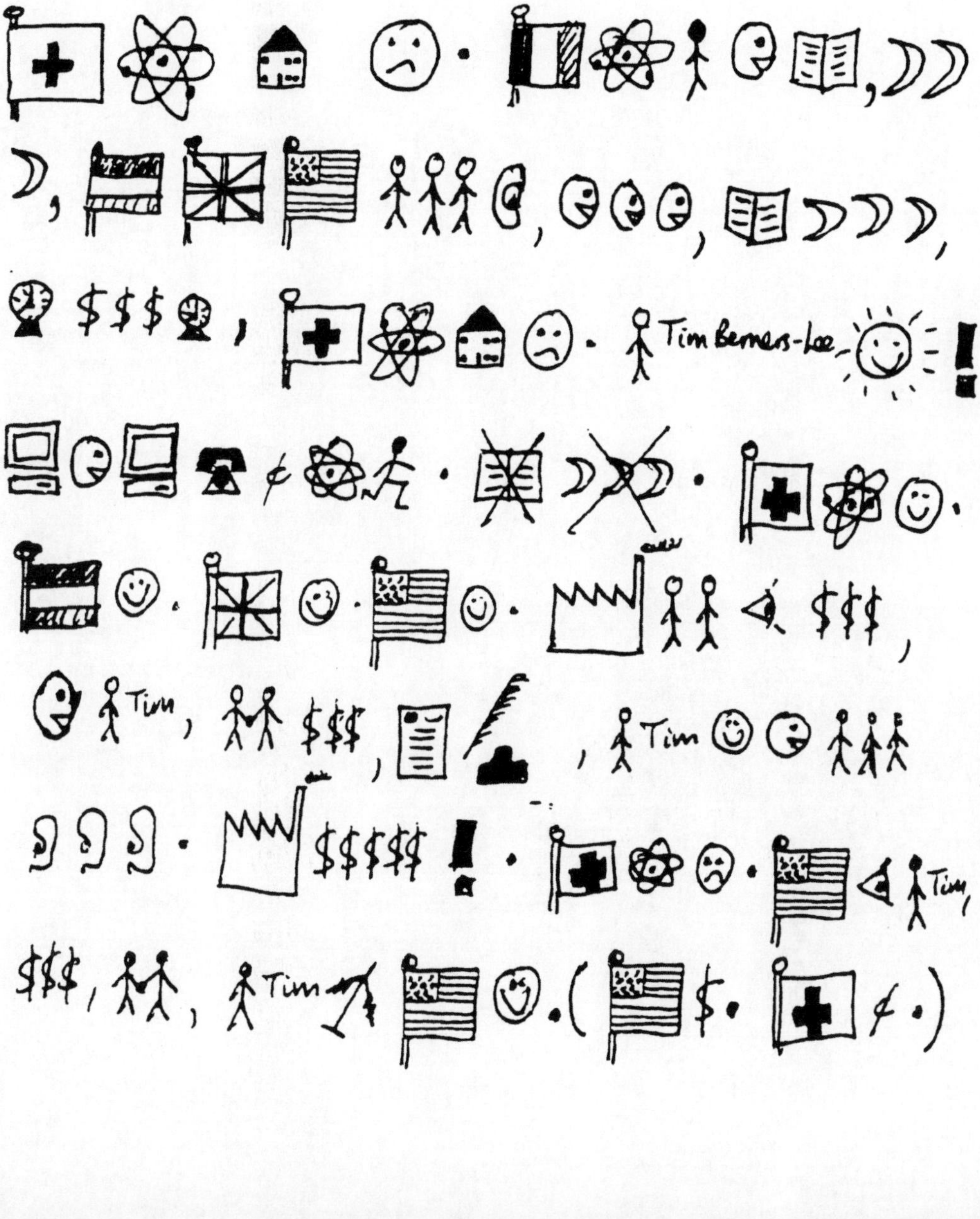

Tag-Beispiele

A

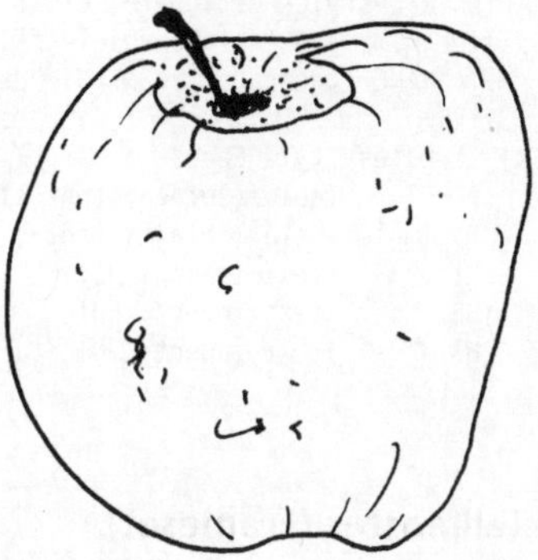

Dieser Anhang ist lediglich eine Übersicht verschiedener Beispiele. Er soll dem Leser die Syntax bestimmter Tags in Erinnerung rufen, an deren grundlegende Idee er sich zwar erinnert, aber für die er etwas Hilfe in Detailfragen benötigt. Die Beispiele ergeben insgesamt nichts Sinnvolles, dennoch hoffen wir, daß sie – jedes für sich – korrekt erstellt sind und sich als nützliche Gedankenstütze erweisen.

Sofern Sie die Beispiele in einem Browser ausprobieren möchten, sollten Sie einen Zeilenumbruch oder einen Absatz (`<BR>` oder `<P>`) davor einfügen. Derartige Abgrenzungen wurden aus Gründen der Übersichtlichkeit an dieser Stelle weggelassen. Es hat sich herausgestellt, daß dieser Anhang einen interessanten Prüfstein für Browser darstellt, die angeblich HTML 4 unterstützen. Dieser Anhang darf gerne zu diesem Zweck unter Angabe der Autoren und des Herausgebers kopiert werden.

Wie dem auch sei, eine Beispielübersicht kann nicht allumfassend sein, dennoch haben wir versucht, möglichst alle vorkommenden HTML-Elemente einzuschließen, sowie zahlreiche nützliche Kombinationen der verschiedenen Attribute, unter Anwendung einer Vielzahl von HTML-Begriffen. Die überflüssigen Elemente `<MENU>` und `<DIR>` entfallen mit voller Absicht. Anhang B bietet eine vollständige Auflistung der HTML 4.0-Tags und Attribute.

HTML-Dokument

```
<HTML>
<!--enthält formal das gesamte Dokument-->
```

Kommentare

```
<!--Anmerkungen wie diese werden vom HTML 4-Parser überlesen-->
```

Kopf

```
<HEAD>                                          <!--entfällt häufig-->
<BASE HREF="http://my.dir/docs/thisdoc.html">   <!--Der Url des Dokuments selbst ist verbindlich-->
<ISINDEX PROMPT="Schlüsselwörter durch Komma getrennt eingeben">
                                                <!--Dokument hat schon einen durchsuchbaren Index-->
<LINK REL=ToC href="inhalt.html">               <!--Inhaltsverzeichnis-->
<LINK REL=stylesheet href="meinstil.dsssl">     <!--zugehöriges Style Sheet-->
<TITLE>HTML 4.0 Tags Beispiele</TITLE>          <!--das einzig notwendige Element von HTML 4.0-->
<META NAME="generator" CONTENT="Jans HTML Formattierer">
<STYLE>
<!--lokales Style Sheet-->
   P        {color: green; font-style: italic; text-indent: 200}
   P.simple {color: black; font-style: bold}
   H1       {text-indent: 30}
   H2       {text-indent: 60}
   H3       {text-indent: 90}
</STYLE>
</HEAD>
```

Teilfenster (Frameset)

```
<!--Aufteilung der Anzeige in zwei rechteckige Bereiche-->
<!--muß direkt nach head erfolgen-->
<FRAMESET ROWS="10%, 80%, 10%">             <!--dem ersten Frame 10% der verfügbaren Höhe zuweisen-->
   <FRAME SRC="ourlogo.html" SCROLLING="no">
   <FRAME SRC="maintext.html" NAME="main">
   <FRAMESET COLS="100, *">                 <!--verschachteltes frameset-->
      <FRAME SRC="top.html" NORESIZE>       <!--genau 100 Pixel breit, Größe kann nicht variabel-->
      <FRAME SRC="menubar.html">            <!--relative Größe, nimmt Rest der Breite ein-->
   </FRAMESET>
<NOFRAMES>Am besten läßt sich dieses Web-Angebot mit einem Browser darstellen, der über Frames verfügt.
</NOFRAMES>
</FRAMESET>
```

Body

```
<!--Der Hauptteil eines HTML-Dokumentes-->
<!--siehe Anhang D bzgl. Farben-->
<body id="wasp" bgcolor="#FCFCB0" text=navy>    <!--dunkelblauer Text, blaß-gelber Hintergrund-->
```

Gliederung des Dokuments (Divisions)

```
<DIV CLASS=abstract align=center>Dieser Anhang ist eine Gedankenstütze für HTML 4.</div>
```

Überschriften

```
<H1>Überschrift 1. Ebene</H1>                <!--viele Browser verwenden große Schriften-->
<H2>Überschrift 2. Ebene</H2>                <!--um die Überschriftenebenen zu differenzieren-->
<H3>Überschrift 3. Ebene</H3>
<H4>Überschrift 4. Ebene</H4>
<H5>Überschrift 5. Ebene</H5>                <!--manche Browser erlauben noch mehr Ebenen, aber die-->
<H6 class="hsix">Überschrift 6. Ebene</H6>   <!--6. Ebene ist die niedrigste der Standardfestlegung.-->
```

Absatz

```
<P ALIGN=center>Dieser Absatz ist zentriert.
<P CLASS=einfach>Dieser Absatz ist mit dem Klassennamen 'einfach' versehen.
<CENTER>zentrierter<BR>Text</CENTER>
```

Zeilenumbruch

```
Zeile 1<BR>                                  <!--fügt im Gegensatz zu <P> keinen Leerraum ein-->
Zeile 2<BR clear=left>                       <!--runtergehen, bis am linken Rand keine mitfließenden-->
                                             <!--Abbildungen mehr stehen.-->
```

Hypertext-Verknüpfungen

▼ Auf einen Dokumentindex im Web:

```
<A HREF="http://www.w3.org/"> Heimstätte der Wortkürzel </A>
```

▼ Auf einen Zielbereich im selben Dokument mittels einer grafischen Schaltfläche:

```
<A HREF="#hauptstadt">
   <IMG SRC="berlin.gif">
   Verweis auf den Abschnitt zu Berlin
</A>
```

▼ Zielbereich innerhalb des Dokuments (für eben genannte Verweisart):

```
<A NAME="hauptstadt">
<DIV CLASS=section ID="hauptstadt">...</DIV>
```

▼ Auf einen Zielbereich in einem zugehörigen Dokument:

```
<A HREF="hardware.html#anf36">Anforderung 36: Fehlerfreie Datensicherung</A>
```

▼ Zielbereich in "hardware.html" für obigen Verweis:

```
<H3 ID="anf36">Fehlerfreie Datensicherung</H3>
<P>Das System <B>sollte</B> im Fehlerfall alle Daten retten.</P>
```

▼ Verweis auf eine Bitmap-Datei:

```
<!--höflicherweise sollte man den Anwender vor langen Dateien warnen-->
<A HREF="blumen.gif"> Blumenkorb <I>(184 kBytes)</I> </A>
```

▼ Verweis auf eine Bitmap-Datei unter Verwendung einer entsprechenden Icon-Grafik als Schaltfläche:

```
<A HREF="su.gif">                            <!--Hauptbild-->
   <IMG SRC="su_icon.gif">                   <!--Icon als verkleinertes Hauptbild-->
   Sonnenuntergang an der Nordsee
   <I>(171 kBytes)</I>
</A>
```

▼ Auf Dateien, die durch Anklicken eines Bildbereichs einer verweis-sensitiven Bilddatei erreicht werden:

```
<MAP NAME="hotspots">
   <IMG SRC="diagramm/navigation.gif" usemap="#hotspots" alt="Navigationsleiste">
      <AREA SHAPE=rect COORDS="344 31 524  71" href=index.htm title="Index">
      <AREA SHAPE=rect COORDS=" 96 84 276 124" href=karte.htm title="Hilfe">
      <AREA SHAPE=rect COORDS="608 80 788 120" href=nachrich.htm title="Nachrichten">
</MAP>
<NEXTID>                                                  <!--Nächster Punkt im vorgegebenen Pfad-->
```

Logische Auszeichnung

```
<ABBR TITLE="WC">De</ABBR> (kurz für Deutschland)         <!--Abkürzung-->
<ACRONYM TITLE="Europäische Union">EU</ACRONYM>           <!--Akronym (Anfangsbuchstaben anderer Worte)-->
<EM>Betonte Worte</EM>                                    <!--idR. kursiv-->
<CITE>Hamlet, Akt 3, Szene 1, Zeile 12</CITE>             <!--idR. ebenfalls kursiv-->
<CITE>Sophie, außergewöhnlich tapfer stieg unbewaffnet in    <!--keine formale Struktur-->
ein Multiuser-Dungeon herab, um ihren Sohn zu retten.</CITE>
<STRONG>hervorgehobener Text</STRONG>                     <!--idR. fett gestellt-->
<CODE>while not valid(input) do<BR>                       <!--idR. unproportional,-->
   getuser(input) </CODE>                                 <!--bedeutet aber nicht dasselbe wie PRE or TT-->
<VAR>starship_velocity</VAR>                              <!--Variable eines Computerprogramms-->
<KBD>MYFILE.GIF EINGABE</KBD>                             <!--Benutzereingabe nötig-->
<INS>Text gerade hinzugefügt</INS>
<DEL>Text gelöscht</DEL>                                  <!--sinnvoll in juristischen Dokumenten-->
<DFN>checken</DFN>, ein Konzept mental aufnehmen          <!--definiert die Instanz eines Terms-->
<Q>Dann sagte er:                                         <!--Sprachabhängige Anführungszeichen-->
   <Q>Ich mache es, ja ich mache es.</Q>                  <!--abwechselnd, wenn nötig,
und verschwand.</Q>                                           z.B. "...`xxx´..." im Englischen-->
<SAMP CLASS="rohtext">#############</samp>                <!--Literalfolge von Zeichen-->
<SPAN STYLE=einfach>Dieser Satz ist mit dem Stil 'einfach' versehen.</SPAN> Dieser hingegen nicht.
```

Dartstellungsauszeichnung

```
<B>Fette Schrift</B>
<I>Kursiv</I>
<STRIKE>Durchgestrichen</STRIKE>
<U>Unterstrichen</U>
<TT>unproportionale Schrift</TT>
<BIG>große Schrift</BIG>
<SMALL>kleine Schrift</SMALL>
<SUB>tiefgestellt</SUB> im Vergleich zum umgebenden Text
<SUP>hochgestellt</SUP>im Vergleich zum umgebenden Text
<BDO DIR=rtl></BDO>                                       <!--Standardrichtung des Textes übergehen-->
<FONT SIZE=2 COLOR="navy">dunkelblaue Schrift der Größe 2</FONT>
<BASEFONT SIZE=4>Schriftgrößenbasis auf 4 eingestellt; 2 Grad kleiner als der Standard
<FONT SIZE=-1 face="Arial">ein Grad kleiner als momentane Schriftgrößenbasis,
   z.B. Größe 3, Schrift Arial sofern verfügbar</FONT>
```

Inline-Bild (Image)

```
<!--siehe auch Hypertext-Verweise für weitere Beispiele-->
<IMG SRC="wal.gif" height=100 alt="Wal" ismap>
<IMG SRC="banane.gif" align=right width=200 border=3 vspace=10 hspace=10>
```

Unsortierte Aufzählung (Unordered list)

```
<UL TITLE="Was noch zu erledigen ist">
   <LI>Hund ausführen
   <LI>Milch kaufen
   <LI>Knopf annähen
</UL>
<UL TYPE=square>                        <!--auch =disc, =circle-->
   <LI>Konservativer
   <LI>Traditionsbewußter
   <LI TYPE=disc>Hippie
</UL>
```

Sortierte Aufzählung (Ordered list)

```
<OL><B>Wie man einen guten Rotwein genießt</B>
   <LI>Korken ziehen
   <LI>eine Stunde atmen lassen
   <LI>vorsichtig einschenken
</OL>
<OL TYPE=i START=5>                     <!--römische Ziffern-->
   <LI>Zenturio                         <!--TYPE=A für Großbuchstaben, =a für Kleinbuchstaben-->
   <LI>Legat                            <!--TYPE=i für kleine römische Ziffern, =I für große-->
   <LI>Gladiator
   <LI>Legionär
   <LI TYPE=I VALUE=10>Prokurator
</OL>
```

Definitionsliste (Definition list)

```
<DL STYLE="Dialog"><B>Was für eine Frage</B>
   <DT>Die Gottheit Parvati
      <DD>Einführung in die Kenntnis des Guru.
   <DT>Der Gott Shiva
      <DD>Der Guru unterscheidet sich nicht vom bewußten Selbst.
</DL>
```

Tabellen

```
<TABLE BORDER=1 ID=scores WIDTH=25%>          <!--Tabellenbreite variiert mit der Fenstergröße-->
   <TR><TH>Verein         <TH>Tore <TH>Punkte
   <TR><TD>FC Turmstadt   <TD>17   <TD>5      <!--Datenzellen-->
   <TR><TD>TuS Höllenbach <TD>12   <TD>3
   <TR><TD>SC Nachtburg   <TD>3    <TD>0
</TABLE>

<TABLE BORDER=5 CELLSPACING=5 CELLPADDING=25>  <!--dicker Rahmen, Raum zwischen den Zellen-->
   <TR>                                        <!--Angabe auch für Spalten und Spaltengruppen möglich-->
      <TD><IMG SRC="toni.gif">
      <TD><IMG SRC="willi.gif">
      <TD><IMG SRC="alfred.gif">
   <TR>
      <TD BGCOLOR=red>Toni                     <!--Tabellenzellen mit eigenem Hintergrund-->
      <TD BGCOLOR=orange>Willi
      <TD BGCOLOR=blue>Alfred
   <TFOOT>
      <TR><TD COLSPAN=3 ALIGN=right
              NOWRAP>rechtstreu, anständig, ehrlich und vertrauenswürdig
</TABLE>
```

Horizontale Trennlinien

```
<HR>                        <!--Standardeinstellung: eine durchgezogene Linie über die ganze Seite-->
<HR CLASS=section>          <!--Style Sheet definiert die Linienbehandlung-->
<HR SIZE=3>                 <!--Linienstärke-->
<HR WIDTH=300>              <!--Breite über die Seite in Pixeln, auch % ist möglich-->
<HR ALIGN=center>           <!--auch =left, =right-->
<HR NOSHADE>                <!--Schattierung unterbinden-->
```

Vorformatierter Text

```
<pre id="Madagaskar" style="Songsheet">
   Wir lagen vor Madagaskar
   und hatten die Pest an Bord.
   In den Kesseln, da faulte das Wasser,
   und täglich da ging einer über Bord.
   (Refrain) Ahoi, Kameraden, ahoi, ahoi.
</PRE>
```

Zitate (Blockquote)

```
<BLOCKQUOTE ID="Panegyric" style="Prose">
Some of the evil of my tale may have been inherent in our circumstances.
For years we lived anyhow with one another in the naked desert, under the
indifferent heaven. By day the hot sun fermented us; and we were dizzied by
the beating wind. At night we were stained by dew, and shamed into pettiness
by the innumerable silences of stars. We were a self-centred army without
parade or gesture, devoted to freedom, the second of man's creeds, a purpose
so ravenous that it devoured all our strength, a hope so transcendent that
our earlier ambitions faded in its glare.<BR>
   <CITE TITLE=Lawrence><I>Introduction "Foundations of Revolt",<BR>
   from: The Seven Pillars of Wisdom, T.E.Lawrence, 1926</I>
   </CITE>
</BLOCKQUOTE>
```

Adressen

```
<ADDRESS ID="Bundeskanzler">
   Helmut Kohl<BR>
   Bundeskanzleramt<BR>
   Bonn<BR>
   Deutschland<BR>
</ADDRESS>
```

Formular

```
<!--Benutzereingaben entgegennehmen-->
<FORM METHOD=post ACTION="http://www.hospital.gov/patienten">
<P>Patienten Nummer:                                  <!--Textfeld-->
  <INPUT NAME="pid" size=20>                          <!--sichtbare Größe des Feldes-->
<FIELDSET TITLE="Details">                            <!--Kasten um zugehörige Felder zeichnen-->
  <CAPTION>Patienten-Details</CAPTION>                <!--Überschrift für Textfeldergruppe-->
  <P>Blutgruppe:                                      <!--Optionsschaltflächen (Radiobuttons)-->
    <INPUT NAME="bgp" TYPE=radio checked>A            <!--Vorgabe-->
    <INPUT NAME="bgp" TYPE=radio>B
    <INPUT NAME="bgp" TYPE=radio>AB
    <INPUT NAME="bgp" TYPE=radio>O
  <P>Allergien:                                       <!--Kontrollkästchen-->
    <INPUT TYPE=checkbox NAME="alg">Pollen
    <INPUT TYPE=checkbox NAME="alg">Hausstaub
    <INPUT TYPE=checkbox NAME="alg">Tartrazin
  <P>Ernährung:                                       <!--Menü-->
    <SELECT NAME="foo">
      <OPTION selected>keine Einschränkungen          <!--Vorgabe-->
      <OPTION>vegetarisch
      <OPTION>koscher
      <OPTION>Veganer
      <OPTION>salzarm
    </select>
</FIELDSET>
<P><TEXTAREA NAME="Hinweise" ROWS=6 COLS=64>          <!--Textfeld mit mehreren Zeilen-->
  Bitte mit besonderen Bemerkungen überschreiben.     <!--Vorgabetext im Eingabefeld-->
</TEXTAREA>                                           <!--Abschluß-Tag erforderlich-->
<P>Vorhandene Patientenakte (wahlweise):              <!--Dateianlage-->
<INPUT NAME=rec TYPE=file ACCEPT="rec/*">             <!--nur Aktendateien annehmen-->
<LABEL ACCESSKEY="U">Anwendername für Zugriffsfreigabe
  <INPUT NAME="username">
</LABEL>
<INPUT NAME=hhh TYPE=hidden> transaction prec 2       <!--verborgenes Feld für Statusinformationen-->
<INPUT VALUE="Submit Patient Record" TYPE=submit>     <!--Submit-Schaltfläche-->
<INPUT TYPE=reset>                                    <!--Reset-Schaltfläche-->
</FORM>
```

Applet

```
<!--eine kleine Java-Anwendung, die mit der Web-Seite geladen wird-->
<APPLET CODEBASE="java/applets/" CODE="jigglytext" HEIGHT=200 WIDTH=300>
  <PARAM NAME="direction" VALUE="diagonal">          <!--Parameter sind beliebige Name/Wert-Paare-->
  <PARAM NAME="speed" VALUE="3">
  <P>Ihr Browser stellt das <B>Java</B>-Applet auf dieser Seite nicht dar!          <!--Text ohne Java-->
</applet>
```

Objekt

```
<!--Multimedia-Objekte - Bilder, Klänge, Animationen-->
<OBJECT DATA="objects/sounds/Kronos_Quartet.wav" ALT="Der magische Sound von Kronos">
  <PARAM NAME="tone" VALUE="normal">
  <P>Kronos zeigt eindrucksvoll, daß moderne Musik Spaß macht und Rockmusik ernsthaft sein kann.
  Haben Sie jemals <I>Purple Haze</I> von Jimi Hendrix intoniert durch ein Streichquartett gehört?
</OBJECT>
```

Skript

```
<HEAD><SCRIPT LANGUAGE="javascript">                    <!--Skripte gibt es in verschieden Sprachen-->
function runner() {                                     <!--Funktionen werden im Dokumentkopf deklariert-->
   var run=new Array();
   run[0]="running0.jpg";      // Array mit Animationsdaten füllen
   run[1]="running1.jpg";
   run[2]="running2.jpg";
   run[3]="running3.jpg";
   run[4]="running4.jpg";
   run[5]="running5.jpg";
   for (j=0; j<25; j++)        // Animation ausführen
      for (i=0; i < 6; i++) {
         document.images[0].src=run[i];
         for (k=0; k<500; k++) l=1;
      }
}
<NOSCRIPT><P>Ihr Browser kann das Javaskript auf dieser Seite nicht anzeigen.</NOSCRIPT>
</SCRIPT></HEAD>
<IMG SRC=running5.jpg>                                  <!--Ressourcen, wie z.B. Bilder, müssen geladen  -->
                                                        <!--werden, denn das Skript kann sie nicht laden.-->
<FORM>
   <TD><INPUT TYPE=button VALUE="Run" onClick="runner()">  <!--Durch eine Schaltfläche kann ein Skript  -->
                                                           <!--auf einfache Weise gestartet werden.     -->
</FORM>
<SCRIPT LANGUAGE="VBScript">                               <!--Funktioniert nur auf Microsoft-basierten -->
                                                           <!--Systemen                                 -->
   <!--
   Today=inputbox("Geben Sie das aktuelle Datum ein!")
   Today=cdate(Today)
   Tomorrow=Today+1
   document.write(Tomorrow)
   //-->
</SCRIPT>
```

Dokumentabschluß

```
</BODY></HTML>                                             <!--formales Ende eines HTML-Dokuments-->
```

Alphabetische Liste der HTML 4-Tags

B

Dies ist eine Liste der Elemente von HTML 4 mit den jeweiligen Attributen. Sie ist kurz gefaßt, so daß sie schnell durchzulesen ist. Querverweise zu anderen Einträgen des Glossars sind **fett** gedruckt. Verweise in <...> spitzen Klammern sind HTML-Tags.

Anhang A enthält Beispiele für die Tags in dieser Liste. Jeder Eintrag gibt an:

Was das Element bewirkt – seine Funktion im Dokument

Die Attribute des Elements. Im allgemeinen geben wir einen Hinweis auf mögliche Attributwerte. Zum Beispiel bedeutet `SRC=URL`, daß das Attribut **SRC** als Wert einen URL annimmt. Alternative Attributwerte sind mit einem senkrechten Balken aufgelistet, z.B. `left|right`. Die Standardattribute von HTML 4 sind `ID`, `CLASS`, `STYLE`, `LANG`, **und** `DIR`.

Was es enthalten kann:

- ▼ **Enthält Text** – Das Element hat ein Start- und ein End-Tag. Dazwischen können Sie eine beliebige Zeichenkette oder textartige Elemente wie `<B>dies ist fett</B>` schreiben.
- ▼ **Enthält Blöcke** – Sie können einen beliebigen Text einfügen, der mit beliebigen Elementen in Blöcke unterteilt ist: `<P>`, `<PRE>`, `<DIV>`, `<CENTER>`, `<BLOCKQUOTE>`, `<HR>`, Listen, Formulare, Feldfolgen (Fieldsets) und Tabellen.
- ▼ **Enthält Body-Text** – Sie können Text, Blöcke und Überschriften wie `<H2>` und `<ADDRESS>` einfügen.
- ▼ **Leer** – Das Element hat kein End-Tag und kann kein weiteres Markup in Form von HTML-Elementen enthalten. Es erscheint als ein Start-Tag, das auch Attribute haben kann, z.B. `<HR WIDTH=75%>`.
- ▼ **Spezialfälle** werden ausdrücklich aufgelistet. `<FRAMESET>` kann beispielsweise `<NOFRAMES>` enthalten.

<!-- -->

Kommentar, z.B. <!-- ein HTML-Kommentar -->. Kommentare können im HTML-Quellcode betrachtet werden, den sich ein Benutzer ansehen kann, wenn er es wünscht. Sie sind bei der normalen Anzeige durch Browser aber nicht sichtbar. Leer. Keine Attribute.

<A>

Hypertext-Verweisanker: Am Ausgangspunkt steht HREF=URL, am Ziel von Namensverweisen kann NAME=ID stehen. Enthält Text. Attribute sind: NAME=ANCHORNAME, HREF=URL, REL und REV (für vorwärts- und rückwärtsgerichtete Verweise), TITLE (für eine informative Zeichenkette), ACCESSKEY (ein Tastenkürzel), SHAPE, COORDS (zum Gebrauch mit Formen von OBJECT), TABINDEX (Position in der Tabulator-Reihenfolge), NOTAB (Ausschluß aus der Tabulator-Reihenfolge), onClick, onMouseOver, onMouseOut (alle für Skripting). Außerdem alle Standardattribute von HTML 4.

<ADDRESS>

Autorenschaft und Einzelheiten für eine Kontaktaufnahme bezüglich des aktuellen Dokuments. Enthält Text- oder Absatzelemente (<P>). Hat die Standardattribute von HTML 4 und <TITLE>.

<ACRONYM>

Abkürzung, Wort aus den Anfangsbuchstaben anderer Wörter. Hat die Standardattribute von HTML 4 und <TITLE>.

<APPLET>

Dieses Tag wird von allen Java-fähigen Browsern unterstützt. Applet-Ressourcen (inklusive deren Klassen) werden normalerweise relativ zu dem URL des Dokuments oder dessen Element <BASE> geladen, sofern dieses definiert ist. Das Attribut CODEBASE wird dazu eingesetzt, dieses Standardverfahren abzuändern. Mit diesem Attribut wird eine abweichende Adresse angegeben, an der Applet-Ressourcen zu finden sind. Der Wert des Attributs kann ein absoluter oder relativer URL sein. Der absolute URL wird wie er ist, ohne Anpassung, verwendet und von dem Element <BASE> des Dokuments nicht beeinflußt. Wenn das Attribut CODEBASE relativ ist, so ist es relativ zu dem URL des Dokuments oder des Elements <BASE>. <TEXTFLOW> vermeidet SGML-Probleme bei vermischten Inhalten (mixed content). Es kann immer unterdrückt werden, *ausgenommen*, das APPLET-Element hat keinen Inhalt. Nicht als Inhalt in diesem Sinne gelten Leerraum, Kommentare und PARAM-Elemente. <TEXTFLOW> ist die in DTD eingeführt worden, um SGML-Parsern zu genügen, wird jedoch von den gegenwärtigen Web-Browsern ignoriert.

Die Attribute umfassen die Standardattribute von HTML 4 und TITLE sowie: CODEBASE=URL (die Code-Basis), CODE=CLASS_FILE (erforderlich),

NAME=APPLET_NAME (Name des Applets), ALT=TEXT_ALTERNATIVE (für Anzeige anstelle des Applets), ALIGN (vertikale oder horizontale Ausrichtung), HEIGHT=PIXEL, WIDTH=PIXEL (Vorschlag für die Höhe bzw. Breite in Pixeln), HSPACE=PIXEL, VSPACE=PIXEL (vertikalen und horizontalen Zwischenraum), DOWNLOAD=IMAGE_SEQ_NUMBER (Reihenfolge für das Herunterladen).

<AREA>

Geformte Bereiche in Bildern (<MAP>), die als Hypertext-Verweise fungieren. Attribute sind SHAPE (die Form der Fläche), <COORD> (immer erforderlich, wenn nicht SHAPE=DEFAULT), HREF (Bereich fungiert als Hypertext-Verweis), NOHREF (eine Fläche, die mit keiner weiteren Funktion verbunden ist), TITLE (eine informative Zeichenkette für Online-Hilfe), ALT (Beschreibung für Browser, die nur textfähig sind), TABINDEX (Position in Tabelle), NOTAB (Ausschluß von Tabellenordnung), onClick, onMouseOver, onMouseOut. Außerdem alle Standardattribute von HTML 4 und TITLE.

<B>

Fettdruck (bold), enthält Text. Alle Standardattribute von HTML 4 und TITLE.

<BASE>

Eine Basis für relative URLs, steht im Kopf des HTML-Dokuments selbst. Leer. Hat das Attribut HREF, welches obligatorisch ist.

<BASEFONT> (Es wird inzwischen empfohlen, das Tag nicht zu benutzen)

Setzt die Referenzgröße der Schrift für normalen Text fest. Abweichende Größen können mit <FONT> festgelegt werden. Leer. Erfordert das Attribut SIZE=BASEFONTSIZE.

<BDO>

Bidirektionale Aufhebung (override) mit links-rechts- und rechts-links-Marke. Enthält Text. Attribute: LANG=LANG_NAME und DIR=LTR|RTL.

<BIG>

Größere Schrift als üblich. Enthält Text. HTML 4-Standardattribute und TITLE.

<BODY>

Der gesamte Körper eines HTML-Dokuments, also alles, ausgenommen des Kopfes (<HEAD>). Kann Attribute für (gekacheltes) Hintergrundbild (BACKGROUND) bekommen: BGCOLOR genau so wie LINK, VLINK, ALINK und TEXT-Farben, wie z.B. TEXT=NAVY. Enthält BODY-Text (Überschriften, Text, Blöcke und <ADDRESS>). Hat die Standardattribute von HTML 4, aber nicht TITLE.

Weitere Attribute sind onLoad und onUnload, die zum Skripting gehören.

<BLOCKQUOTE>

Blockzitat für längere Passagen zitierten Textes. Hat die Standardattribute von HTML 4 und TITLE.

Erzwungener Zeilenumbruch innerhalb eines Absatzes (*siehe auch* <P>). Kann Textfluß mit CLEAR=LEFT, RIGHT, ALL beeinflussen. Hat die Standardattribute von HTML 4, aber nicht TITLE.

<CENTER> (Dieses Tag wird inzwischen abgelehnt)

Zentriert alles zwischen rechtem und linkem Rand. Kurzform von DIV ALIGN=CENTER>. Enthält BODY-Text.

<CITE>

Zitat in Form eines Verweises auf eine wissenschaftliche Arbeit. Enthält Text. Hat die Standardattribute von HTML 4 und TITLE.

<CODE>

Muster für den Code eines Computerprogramms (*siehe auch* <VAR>). Hat die Standardattribute von HTML 4 und TITLE.

<COL>

Spaltenangabe, nur zum Gebrauch bei Tabellenelementen (<TABLE>). Leer. Attribute: läßt sich ausrichten wie <TD>; WIDTH=PIXELS oder WIDTH=0.5* (usw.) für die relative Breite der Spalten; SPAN=SPALTENZAHL.

<COLGROUP>

Spaltengruppe, nur zum Gebrauch bei Tabellenelementen (<TABLE>). Enthält Elemente des Typs <COL>. Attribute wie für <COL>.

<DD>

Definition eines Elementes <DT> innerhalb einer Liste <DL>. Enthält Text oder Blöcke. Hat die Standardattribute von HTML 4, aber nicht TITLE.

<DEL>

Gelöschte Zeichen, üblicherweise mit einer waagerechten Linie durchgestrichen. Enthält Text. Hat die Standardattribute von HTML 4 und TITLE.

<DFN>

Definition. Enthält Text. Hat die Standardattribute von HTML 4 und TITLE.

<DIR> (Dieses Tag ist inzwischen veraltet)

Verzeichnisliste. Aus historischen Gründen im Standard enthalten, aber nicht in weitverbreitetem Gebrauch.

<DIV>

HTML-Unterteilung, um die Struktur eines Dokuments zu zeigen. Beachten Sie, daß Überschriften wie <H3> nicht automatisch Unterteilungen erzeugen. Enthält BODY-Text. Kann Inhalte ausrichten, z.B. ALIGN=CENTER. Hat die Standardattribute von HTML 4 und TITLE.

<DL>

Definitionsliste. Enthält <DT>-Ausdrücke und <DD>-Definitionen, bei denen paarweises Auftreten üblich ist. Die Attribute umfassen <COMPACT> und die Standardattribute von HTML 4, aber nicht TITLE.

<DT>

Mit einem <DD>-Punkt in einer <DL>-Liste zu definierender Ausdruck. Enthält Text. Hat die Standardattribute von HTML 4 und TITLE.

<EM>

Betont Zeichen (emphasis), meist durch kursive Darstellung. Enthält Text. Hat die Standardattribute von HTML 4 und TITLE.

<FIELDSET>

Enthält mehrere Formularfelder (<FORM>), die durch ihre Bedeutung zusammenhängen (und zieht eine Grenzlinie um diese), optional mit einer Überschrift (<CAPTION>). Attribute sind die Standardattribute von HTML 4 und TITLE=NAME_DES_FIELDSET.

<FONT> (Dieses Tag wird inzwischen abgelehnt)

Schriftgröße, entweder absolut oder relativ zu <BASEFONT>. Die bevorzugte Art der Angabe von Schriftarten verwendet Klassenattribute und Formatvorlagen. Enthält Text. Attribute sind SIZE=+ZAHL|-ZAHL, COLOR=FARBNAME|#RRGGBB.

<FORM>

Vom Benutzer auszufüllendes Formular. Verschiedene Eingabe-Felder werden mit den Elementen INPUT, TEXTAREA, SELECT und OPTION definiert. Enthält BODY-Text (Formularfelder, die mit Beschriftungen umgeben sind, häufig mit Elementen wie TABLE oder LIST strukturiert). Erfordert das Attribut ACTION=URL. Weitere Attribute sind: METHOD (get|post) *siehe* HTTP-Spezifikation; ENCTYPE (Inhaltstyp) 'application/x-www-form-urlencoded', onSubmit (im Zusammenhang mit Skripting), TARGET (wohin das Ergebnis geleitet werden soll), ACCEPT-CHARSET (Liste der unterstützten Zeichensätze). Außerdem die Standardattribute von HTML 4 und TITLE.

<FRAME>

Rahmen, der einen rechteckigen Teil des Browser-Fensters belegt, seine Größe dynamisch anpaßt und in einem URL angegebene Dokumente enthält. Die Verwendung des Attributs NAME ermöglicht es Dokumenten in anderen Rahmen, das Zieldokument eines Links in einem benannten Rahmen erscheinen zu lassen. Leer. Attribute umfassen: NAME (Name des Rahmens/FRAME, auf den verwiesen wird), SRC (Quelle des Rahmeninhalts), FRAMEBORDER (erzeugt Rahmentrenner), MARGINWIDTH (Rahmenbreite in Pixeln), MARGINHEIGHT (Rahmenhöhe in Pixeln) und NORESIZE (ermöglicht Benutzern, die Rahmengröße zu verändern).

<FRAMESET>

HTML-Struktur, die unmittelbar nach dem Dokument-Kopf an der Stelle des Dokument-Körpers (<BODY>) erscheint und ein oder mehrere Rahmenelemente (<FRAME>) enthält. Dadurch wird anstelle eines einzigen Feldes eine Zeile rechteckiger Felder angezeigt. Framesets können verschachtelt werden und auch Elemente des Typs <NOFRAMES> enthalten. Die Attribute geben an, wie der zur Verfügung stehende Platz in Zeilen und/oder Spalten aufzuteilen ist; z.B. ROWS="10%, 80%, 10%, COLS="3*, 2*". Außerdem die Attribute onLoad und onUnload (im Zusammenhang mit Skripting).

<HEAD>

Bestandteile des Kopfes eines HTML-Dokuments. Muß <TITLE> enthalten, kann darüber hinaus <ISINDEX>, <BASE>, <SCRIPT>, <STYLE>, <META> und <LINK> enthalten. Hat einzig das Attribut PROFILE, mit dem ein URL angegeben ist, der auf eine Liste der Interpretationen von LINK- und META-Namen zeigt.

<H1>...<H6>

HTML-Überschriften. Die Niveaus 1 bis 6 sind definiert (z.B. <H6>); einige Browser erlauben auch niedrigere Niveaus (7, 8, 9 usw.). Enthält Text. Hat die Standardattribute von HTML 4 und TITLE.

<HR>

Waagerechte Linie. Leer. Hat die folgenden Attribute: ALIGN (left|right|center), NOSHADE, SIZE (die Dicke der Linie in Pixeln), WIDTH (um die Breite der Linie auf der Seite anzugeben) sowie CLASS und STYLE.

<HTML>

Nimmt die für ein Dokument erwartete HTML-Version auf. Enthält formal das gesamte Dokument aus <HEAD> und <BODY>. Start- und End-Tags sind optional.

<I>

Kursivschrift (Italics). Enthält Text. Hat die Standardattribute von HTML 4 und TITLE.

<IMG>

Bild (image), mit „SRC=...“ muß die Datei angegeben werden (GIF, JPEG, usw.), die das anzuzeigende Bild enthält. Leer. Attribute sind SRC=URL (erforderlich), ALT=TEXT_ALTERNATIVE, ALIGN=TOP|MIDDLE|BOTTOM|LEFT|RIGHT (left und right verursachen eine Verschiebung zum Rand und Umfließen mit Text), HEIGHT=PIXEL, WIDTH=PIXEL, BORDER=PIXEL, HSPACE=PIXEL, VSPACE=PIXEL, USEMAP (verwende <MAP>), ISMAP (verwende Map auf dem Server) und TITLE. Außerdem die Standardattribute ID, CLASS und LANG.

<INPUT>

Feld wie bei Texteingabe, Schaltfläche (radio button) oder Kontrollkästchen für die Verwendung in Formularen (<FORM>). Dadurch wird ein Name/Wert-Paar, z.B. 'HEIGHT=TALL', zurückgegeben. Leer. Attribute sind die Standardattribute von HTML 4 sowie: TITLE, TYPE=TEXT|PASSWORD|CHECKBOX|RADIO|SUBMIT|RESET|FILE|HIDDEN|IMAGE|BUTTON (Typ des Feldes), NAME=MIT_WERT_ZURÜCKZUGEBENDER_NAME, TITLE=FELDNAME, CHECKED (Vorauswahl für Schaltfläche oder Kontrollkästchen), SIZE=FELDGRÖSSE, MAXLENGTH=ZAHL, SRC=URL (für Hintergrundbild), ALIGEN=TOP|MIDDLE|BOTTOM|LEFT|RIGHT (Bildausrichtung), TABINDEX=ZAHL, NOTAB (Tabellenordnung), onClick, onFocus, onBlur, onSelect, onChange (im Zusammenhang mit Skripting).

<INS>

Kürzlich oder provisorisch eingefügte Wörter (*siehe auch* <DEL>). Enthält Text. Hat die Standardattribute von HTML 4 sowie TITLE.

<ISINDEX>

Steht im Dokumentkopf. Zeigt an, daß bereits ein Suchindex zur HTML-Seite oder dazugehörigem Material auf dem Server besteht. Dazu wird ein Eingabefeld sowie eine Startschaltfläche angeboten, mit der eine Suche auf dem Server gestartet werden kann. Ein solcher Index wird nicht mit diesem Tag erstellt. Netscape erlaubt einen angepaßten Prompt für das Feld. Leer.

<KBD>

Tastatureingabe: Bezeichnet vom Benutzer einzugebenden Text. Häufig in einer Schreibmaschinenschrift wie Courier. Enthält Text. Hat die Standardattribute von HTML 4 sowie TITLE.

<LABEL>

Anklickbarer Textteil in einem Formular (<FORM>), zum Beispiel eine Optionsschaltfläche. Enthält Text. Enthält die Attribute FORM=ID_REFERENCE (entspricht der ID eines Feldes), ACCESSKEY=CHAR, TITLE, onClick, onFocus, onBlur, DISABLED (Eine Steuerung ist in diesem Zusammenhang nicht möglich). Außerdem die Standardattribute von HTML 4 sowie TITLE.

<LEGEND>

Textüberschrift für ein <FIELDSET>. Enthält Text.

<LI>

Listeneinträge in einer <OL>- oder <UL>-Liste. Enthält Text oder Blöcke. Attribute sind: TYPE (Art der Markierung), VALUE (Anfangswert der Nummerierung bei <OL>). Hat die Standardattribute von HTML 4 sowie TITLE.

<LINK>

LINK gehört schon seit frühester Zeit zu HTML, obwohl bisher die wenigsten Browser Nutzen daraus ziehen. Die Werte von Beziehungen können prinzipiell wie folgt genutzt werden:

- Für dokumentspezifische Werkzeugleisten/Menüs, wenn sie mit dem LINK-Element im Dokumentkopf verwendet werden
- Um mit einer eigenständigen Formatvorlage zu verbinden (REL=STYLESHEET)
- Um mit einem Script zu verbinden (REL=SCRIPT)
- Durch Formatvorlagen, um festzulegen wie HTML-Anweisungen in gedruckten Dokumenten wiedergegeben werden
- Um eine Verbindung mit einer druckbaren Version des Dokuments herzustellen, z.B. mit einer PostScript- oder PDF-Version.

Hat die Standardattribute von HTML 4 und TITLE sowie HREF, REL (für vorwärtsgerichtete Verweise), REV (für rückwärtsgerichtete Verweise), TYPE (zusätzlicher Internet-Inhaltstyp), MEDIA (für Wiedergabe auf diesen Medien), TARGET (Zielfenster, in dem die verknüpfte Ressource dargestellt werden soll).

<MAP>

Verweis-sensitive Grafiken beim Client. Enthält Elemente des Typs <AREA>. Hat einzig das Attribut NAME.

<MENU>

In HTML 4 aus historischen Gründen enthalten. Wird wenig genutzt. Menüliste, enthält Text. Zu den Attributen gehört COMPACT.

<META>

Im Dokumentkopf. Hält Name/Wert-Paare für beliebige Zwecke bereit. Leer. Attribute sind LANG und DIR für den Gebrauch mit Inhalts-Zeichenketten, HTTP-EQUIV (Kopf-Name einer HTTP-Antwort), NAME (Meta-Informationsname), CONTENT (benötigt zusätzliche Information) und SCHEME.

<NEXTID>

Bezeichner des nächsten Elementes auf einem vorgeplanten Pfad durch ein Dokument. Leer.

<NOFRAMES>

Innerhalb eines <FRAMESET> der Text für Browser, die nicht Frame-fähig sind. Enthält Text.

<NOSCRIPT>

Innerhalb eines <SCRIPT> der Text für Browser, die nicht Skript-fähig sind. Enthält Text.

<OBJECT>

Multimedia-Objekt der unterschiedlichsten Art, zum Beispiel ein statisches Bild, ein Geräusch oder ein Filmausschnitt. Enthält BODY-Text, kann das Element PARAM enthalten. Attribute sind die folgenden:

Die Standardattribute von HTML 4 und TITLE sowie:

- DECLARE – Deklaration, aber keine Instanzierung
- CLASSID – identifiziert eine Implementierung
- CODEBASE=URL – einige Systeme benötigen einen zusätzlichen URL
- DATA=URL – Verweis auf Objektdaten
- TYPE – Internet-Inhaltstyp der Daten
- CODETYPE – Internet-Inhaltstyp des Codes
- STANDBY – während des Ladevorgangs anzuzeigende Nachricht
- ALIGN – Positionierung innerhalb des Dokuments
- HEIGHT – Vorschlag für die Höhe
- WIDTH – Vorschlag für die Breite
- BORDER – Vorschlag für die Breite des Rahmens um ein Link
- HSPACE – Vorschlag für den waagerechten Zwischenraum
- VSPACE – Vorschlag für den senkrechten Zwischenraum
- USEMAP – Verweis auf image-map

- SHAPES – Objekt hat geformte Hypertext-Verbindungen
- NAME – als Teil eines Formulars übergeben
- ALT – Alternativtext
- TABINDEX – Tabulator-Reihenfolge

<OL>

Geordnete Liste; eine in beliebiger Form durchnumerierte Liste, vorzugsweise mit arabischen Zahlen (*siehe auch* <UL>). Enthält Listeneinträge des Typs <LI>. Zu den Attributen gehören TYPE=DISC|SQUARE|CIRCLE, START=ZAHL, COMPACT. Hat außerdem die Standardattribute von HTML 4 und TITLE.

<OPTION>

Menüeintrag innerhalb einer Liste des Typs <SELECT> in einem Formular (<FORM>). Enthält eine Zeichenkette. Attribute sind SELECTED, DISABLED (Eine Steuerung ist in diesem Zusammenhang nicht möglich) und VALUE. Hat außerdem die Standardattribute von HTML 4 und TITLE.

<P>

Absatz. Enthält Text. End-Tag wird üblicherweise weggelassen. Attribute sind ALIGN sowie die Standardattribute von HTML 4 und TITLE.

<PARAM>

Benannte Eigenschaft mit einem Wert zur Verwendung in Applets (*siehe auch* OBJEKT). Leer. Attribute sind die folgenden: NAME (erforderlich: Name der Eigenschaft), VALUE (Wert der Eigenschaft), VALUETYPE (DATA|REF|OBJECT) (wie der Wert zu interpretieren ist), TYPE (Internet-Medientyp).

<PRE>

Vorformatierter Text; weist Browser an, alle Leerzeichen und Zeilenumbrüche als solche zu akzeptieren, um das bestehende Layout so weit wie möglich zu übernehmen. Das Ergebnis ist normalerweise eine Schreibmaschinen-Schriftart. Enthält reinen, vorformatierten Text ohne Bilder oder Veränderungen der Schriftgröße. Hat die Standardattribute von HTML 4 und TITLE.

<Q>

Inline-Zitat. Die verwendeten Anführungszeichen sind sprachenabhängig. Enthält Text. Attribute sind HREF (der URL für die Quelle des Zitats), die Standardattribute von HTML 4 und TITLE.

<SAMP>

Symbole werden als solche angezeigt und nicht interpretiert. Enthält reinen Text. Umfaßt die Standardattribute von HTML 4 und TITLE.

<SCRIPT>

Skript-Anweisungen in Dokument-Köpfen, üblicherweise ein kleines Anwendungsprogramm in Java. Dieses Programm ist auf jedem passenden Browser – unabhängig von der Plattform – lauffähig. Attribute sind: TYPE (Internet Inhaltstyp für Skriptsprachen), LANGUAGE (vordefinierter Skriptsprachenname), SRC (URL für ein externes Skript).

<SELECT>

Menü in einem Formular mit Auswahlmöglichkeiten aus einer vordefinierten Liste von Optionen. Enthält eine beliebige Anzahl von Elementen des Typs <OPTION>. Zu den Attributen gehören NAME (erforderlich), SIZE=NUMBER, MULTIPLE, TITLE, TABINDEX, DISABLED, onFocus, onBlur, onChange.

<SMALL>

Kleinere Schrift als üblich. Enthält Text. Hat die Standardattribute von HTML 4 und TITLE.

<SPAN>

Wird zum Erreichen spezieller stilistischer oder sprachlicher Effekte in einem Absatz oder blockartigen Element eingesetzt. Enthält Text. Hat die Standardattribute von HTML 4 und TITLE.

<STRIKE> oder <S> (Dieses Tag wird inzwischen abgelehnt)

Streicht Text durch. Enthält Text. Hat die Standardattribute von HTML 4 und TITLE.

<STRONG>

Stark betont (meist durch Fettdruck). Enthält Text. Hat die Standardattribute von HTML 4 und TITLE.

<STYLE>

Im Kopf oder BODY-Text; eine Beschreibung der auf die Dokumentteile anzuwendenden Formatierungen. Attribute sind LANG und DIR – anzuwenden auf den Titel, TYPE (Internet-Inhaltstyp für die Style-Sheet-Sprache), MEDIA (zum Gebrauch mit diesen Medien entworfen) und TITLE (hinweisende Bezeichnung für diesen Stil).

<SUB>

Tiefgestellter Text. Enthält Text. Hat die Standardattribute von HTML 4 und TITLE.

<SUP>

Hochgestellter Text. Enthält Text. Hat die Standardattribute von HTML 4 und TITLE.

<TABLE>

Tabelle, Inhalt in rechteckigen Zellen strukturiert. Tabellen enthalten optional einen Titel (<CAPTION>), <TR> Tabellenzeilen (rows), die der Reihe nach Überschriftenzellen <TH> und/oder Datenzellen <TD> enthalten. Grenzlinien können gezogen werden, Zellen können mit den Attributen CELLPADDING oder CELLSPACING getrennt werden. Zeilen können mit <THEAD>, <TBODY> oder <TFOOT> angeordnet werden. Spalten können mit <COL> angegeben und mit <COLGROUP> angeordnet werden. Der Bildaufbau kann durch vorausgeschickte Hinweise über die Tabelle an den Browser beschleunigt werden. Dafür werden Tabellenbreite und Spaltenzahl in Form von Attributen angegeben.

- TITLE – Tabellentitel
- ALIGN=LEFT|CENTER|RIGHT – Tabellenposition, bezogen auf das Fenster
- BGCOLOR – Hintergrundfarbe der Zellen
- WIDTH – Tabellenbreite, bezogen auf das Fenster
- COLS – für unmittelbaren Anzeigemodus anzuwenden
- BORDER – Regelt die Breite des Rahmens um die Tabelle
- FRAME=VOID|ABOVE|BELOW|HSIDES|LHS|RHS|VSIDES|BOX|BORDER – welche Teile der Tabelle vom Rahmen zu umfassen sind
- RULES – Linien zwischen Zeilen und Spalten
- CELLSPACING – Zellenzwischenraum in Pixeln
- CELLPADDING – Zwischenräume innerhalb von Zellen in Pixeln

<TBODY>

Gruppiert optional einige Tabellenzeilen in ein oder mehrere Tabellenkörper. Enthält Elemente des Typs <TR>. End-Tag wird üblicherweise weggelassen.

<TD>

Einfache Datenzelle einer Tabelle (<TABLE>). Enthält BODY-Text. End-Tag wird üblicherweise weggelassen. Attribute sind die folgenden: AXIS (Vorgabe ist der Zelleninhalt), AXES (Liste der Namen für AXIS), NOWRAP (unterdrückt Zeilenumbruch, BGCOLOR (Hintergrundfarbe der Zelle), ROWSPAN (Anzahl der von der Zelle überspannten Zeilen), COLSPAN (Anzahl der von der Zelle überspannten Spalten), HALIGN (horizontale Ausrichtung in den Zellen), VALIGN (vertikale Ausrichtung in den Zellen). Eine mögliche Ausrichtung ist: HALIGN=LEFT|CENTER|RIGHT|JUSTIFY|CHAR und/oder VALIGN=TOP|MIDDLE|BOTTOM|BASELINE. Hat die Standardattribute von HTML 4 und TITLE.

<TEXTAREA>

Mehrzeiliges Textfeld für die Verwendung in Formularen (<FORM>). Enthält Zeichenketten.

Erforderliche Attribute sind NAME=NAME_DES_TEXTFELDES, ROWS=ZEILENZAHL, COLS=SPALTENZAHL. Weitere Attribute sind TABINDEX, NOTAB, onFocus, onBlur, onSelect, onChange, DISABLED und READONLY. Hat die Standardattribute von HTML 4 und TITLE.

<TFOOT>

Gruppiert mehrere Tabellenzeilen zu einem einzigen, optionalen Tabellenfuß. Hat die Standardattribute von HTML 4 und TITLE. Außerdem HALIGN (horizontale Ausrichtung in den Zellen) und VALIGN (vertikale Ausrichtung in den Zellen).

<THEAD>

Gruppiert mehrere Tabellenzeilen zu einem einzigen, optionalen Tabellenkopf. Enthält Elemente des Typs <TR>. End-Tag wird üblicherweise weggelassen. Attribute wie für <TFOOT>.

<TH>

Kopfzelle für Tabelle. Enthält BODY-Text. End-Tag wird üblicherweise weggelassen. Inhalt kann ausgerichtet werden; Attribute wie für <TD>.

<TITLE>

Im Dokumentkopf. Enthält den Namen des Dokuments, wie er in der Titelzeile oder Seitenüberschrift angezeigt werden soll. Häufig als Quelle für Schlüsselwörter bei der Indexerstellung für HTML-Seiten verwendet. Enthält eine Zeichenkette (die nicht Teil des Fließtextes des Dokuments ist). Obligatorisch.

<TR>

Zeile innerhalb einer Tabelle (<TABLE>). Enthält Elemente des Typs <TH> oder <TD>. Die Inhalte aller Zellen der Zeile können ausgerichtet werden; die Attribute sind dieselben wie für <TD>. End-Tag wird üblicherweise weggelassen.

<TT>

(Teletype: Fernschreiber) Häufig eine Schreibmaschinenschrift wie Courier. Enthält Text. Hat die Standardattribute von HTML 4 und TITLE.

<U>

Unterstrichen (Wenn das Anzeigegerät dies ermöglicht). Hat die Standardattribute von HTML 4 und TITLE.

<UL>

Ungeordnete Liste; eine Liste, in der die Punkte in einer beliebigen Weise aufgeführt sind (*siehe auch* <OL>). Enthält Elemente des Typs <LI>. Hat die Standardattribute von HTML 4 und TITLE, COMPACT sowie TYPE, um die Art des Aufzählungspunktes zu bestimmen (DISC|SQUARE|CIRCLE für Scheibe, Quadrat und Kreis).

<VAR>

Programmvariable (Platzhalter) in Fragmenten von Computerprogrammen. Enthält Text. Hat die Standardattribute von HTML 4 und TITLE.

Zeichenübersicht

C

HTML erlaubt Ihnen die Verwendung aller Zeichen von Latin-1 anhand ihrer hier aufgeführten Nummern, die von den Symbolen `&` `;` umschlossen werden. Sie können zum Beispiel das Cent-Zeichen ¢ mit der Zeichenkette `&162;` in Ihren Text einfügen.

Die Zeichen der *Added Latin-1 Entities* (ISO 8879: 1986) haben *auch* mnemonische HTML-Namen, die Sie möglicherweise einfacher finden als die numerischen. Zum Beispiel

- `Ä` für `Ä` anstelle von `&196;` und
- `ä` für `ä` anstelle von `&228;`

Beachten Sie (wie auch dieses Beispiel zeigt), daß bei den HTML-Namen Groß- und Kleinschreibung unterschieden wird. Die meisten Zeichen zwischen 32 und 126 können direkt eingegeben werden. Es kann allerdings bei vielen Browsern passieren, daß Leerzeichen, Tabulatoren und Zeilenumbrüche ignoriert werden. Besondere Sorgfalt ist bei spitzen Klammern <> geboten (die Codes sind `<` `>`), da sie bei direkter Eingabe als Tag-Grenzen interpretiert werden können.

Zeichen	Deutsche Bezeichnung	Englische Bezeichnung	Latin-1	HTML
			Die Zeichen 0-8 werden nicht benutzt	
	Waagerechter Tabulator	Horizontal Tab	9	(normalerweise mit <TAB> gesetzt)
	Zeilenvorschub	Line feed	10	(normal mit <P> oder gesetzt)
			Die Zeichen 11-31 werden nicht benutzt	
	Leerzeichen	Space	32	
!	Ausrufezeichen	Exclamation mark	33	
"	Anführungszeichen	Quotation mark	34	`"`
#	Doppelkreuz	Number sign	35	
$	Dollarzeichen	Dollar sign	36	
%	Prozentzeichen	Per cent sign	37	
&	Kaufmanns-Und	Ampersand	38	`&`
'	Apostroph	Apostrophe	39	
(	Linke runde Klammer	Left parenthesis	40	
)	Rechte runde Klammer	Right parenthesis	41	
*	Stern	Asterisk	42	
+	Pluszeichen	Plus sign	43	
,	Komma	Comma	44	
-	Bindestrich	Hyphen	45	
.	Punkt	Period	46	
/	Schrägstrich	Solidus (slash)	47	
0	*Ziffern*	*Digits*	48	
1			49	
2			50	
3			51	
4			52	
5			53	
6			54	
7			55	
8			56	
9			57	
:	Doppelpunkt	Colon	58	
;	Semikolon	Semicolon	59	
<	Kleiner als	Less than	60	`<` bei Erklärung von HTML nützlich
=	Gleichheitszeichen	Equals sign	61	
>	Größer als	Greater than	62	`>` bei Erklärung von HTML nützlich
?	Fragezeichen	Question mark	63	
@	Klammeraffe	Commercial at	64	

Zeichen	Deutsche Bezeichnung	Englische Bezeichnung	Latin-1	HTML
A	*Großbuchstaben*	*Upper case letters*	65	
B			66	
C			67	
D			68	
E			69	
F			70	
G			71	
H			72	
I			73	
J			74	
K			75	
L			76	
M			77	
N			78	
O			79	
P			80	
Q			81	
R			82	
S			83	
T			84	
U			85	
V			86	
W			87	
X			88	
Y			89	
Z			90	
[	Eckige Klammer links	Left square bracket	91	
\	Backslash	Reverse solidus	92	
]	Eckige Klammer rechts	Right square bracket	93	
^	Zirkumflex	Circumflex	94	
_	Unterstrich	Horizontal bar	95	
`	Accent Grave	Grave accent	96	
a	*Kleinbuchstaben*	*Lower case letters*	97	
b			98	
c			99	
d			100	
e			101	

Zeichen	Deutsche Bezeichnung	Englische Bezeichnung	Latin-1	HTML
f			102	
g			103	
h			104	
i			105	
j			106	
k			107	
l			108	
m			109	
n			110	
o			111	
p			112	
q			113	
r			114	
s			115	
t			116	
u			117	
v			118	
w			119	
x			120	
y			121	
z			122	
{	Geschweifte Klammer links	Left curly brace	123	
|	senkrechter Strich	Vertical bar	124	
}	Geschweifte Klammer rechts	Right curly brace	125	
~	Tilde	Tilde	126	
			Die Zeichen 127-160 werden nicht benutzt	
¡	Umgekehrtes Ausrufezeichen	Inverted exclamation	161	
¢	Cent-Zeichen	Cent	162	
£	Pfund-Zeichen	Pound	163	
¤	Währung	Currency	164	
¥	Yen-Zeichen	Yen	165	
¦	Durchbrochener senkrechter Strich	Broken vertical	166	
§	Paragraphzeichen	Section sign	167	
¨	Umlaut	Diaeresis	168	
©	Urheberrechtzeichen	Copyright	169	©
ª	Feminin	Feminine	170	

Zeichen	Deutsche Bezeichnung	Englische Bezeichnung	Latin-1	HTML
«	Linkes spitzes Anführungszeichen	Left angle quote	171	
¬	Nicht-Zeichen	Not sign	172	
-	Bindestrich	Hyphen	173	(Kennzeichnet einen bedingten Trennstrich)
®	Eingetragenes Warenzeichen	Reg. trade mark	174	
¯	Längestrich	Macron	175	
°	Grad	Degrees	176	
±	Plus/Minus	Plus/Minus	177	
²	Hochgestellte 2	Superscript 2	178	
³	Hochgestellte 3	Superscript 3	179	
´	Accent Aigu	Acute accent	180	
µ	Mikron	Micron	181	
¶	Absatzzeichen	Paragraph sign	182	
·	Mittelhoher Punkt	Middle dot	183	
¸	Cedille	Cedilla	184	
¹	Hochgestellte 1	Superscript 1	185	
º	Maskulin	Masculine	186	
»	Rechtes spitzes Anführungszeichen	Right angle quote	187	
¼	Ein Viertel	One quarter	188	
½	Ein Halb	One half	189	
¾	Drei Viertel	Three quarters 190		
¿	Umgekehrtes Fragezeichen	Inverted question mark	191	
Á	A mit Accent Aigu	A Acute	192	Á
À	A mit Accent Grave	A Grave	193	À
Â	A mit Accent Circonflex	A Circumflex	194	Â
Ã	A mit Tilde	A Tilde	195	Ã
Ä	A-Umlaut	A Diaeresis	196	Ä
Å	A mit Ring	A Ring	197	Å
Æ	AE-Ligatur	AE Diphthong	198	Æ
Ç	C-Cedille	C Cedilla	199	Ç
É	E mit Accent Aigu	E Acute	200	É
È	E mit Accent Grave	E Grave	201	È
Ê	E mit Accent Circonflex	E Circumflex	202	Ê
Ë	E mit Diärese	E Diaeresis	203	Ë

Zeichen	Deutsche Bezeichnung	Englische Bezeichnung	Latin-1	HTML
Í	I mit Accent Aigu	I Acute	204	Í
Ì	I mit Accent Grave	I Grave	205	Ì
Î	I mit Accent Circonflex	I Circumflex	206	Î
Ï	I mit Diärese	I Diaeresis	207	Ï
Ð	Isländisches Eth	Icelandic eth	208	Ð
Ñ	N mit Tilde	N Tilde	209	Ñ
Ó	O mit Accent Aigu	O Acute	210	Ó
Ò	O mit Accent Grave	O Grave	211	Ò
Ô	O mit Accent Circonflex	O Circumflex	212	Ô
Õ	O mit Tilde	O Tilde	213	Õ
Ö	O-Umlaut	O Diaeresis	214	Ö
×	Multiplikation	Multiplication	215	
Ø	Dän. O-Umlaut	O Slash	216	Ø
Ú	U mit Accent Aigu	U Acute	217	&Ucute;
Ù	U mit Accent Grave	U Grave	218	&Ugrav;
Û	U mit Accent Circonflex	U Circumflex	219	Û
Ü	U-Umlaut	U Diaeresis	220	Ü
Ý	Y mit Accent Aigu	Y Acute	221	&Yute;
Þ	Isländisches Thorn	Icelandic Thorn	222	Þ
ß	Eszett	Small sharp S	223	ß (sz-Ligatur)
á	a mit Accent Aigu	a Acute	224	á
à	a mit Accent Grave	a Grave	225	à
â	a mit Accent Circonflex	a Circumflex	226	â
ã	a mit Tilde	a Tilde	227	ã
ä	a-Umlaut	a Diaeresis	228	ä
å	a mit Ring	a Ring	229	å
æ	ae-Ligatur	ae Diphthong	230	æ
ç	c-Cedille	c Cedilla	231	ç
é	e mit Accent Aigu	e Acute	232	é
è	e mit Accent Grave	e Grave	233	è
ê	e mit Accent Circonflex	e Circumflex	234	ê
ë	e mit Diärese	e Diaeresis	235	ë
í	i mit Accent Aigu	i Acute	236	í
ì	i mit Accent Grave	i Grave	237	ì
î	i mit Accent Circonflex	i Circumflex	238	î
ï	i mit Diärese	i Diaeresis	239	ï

Zeichen	Deutsche Bezeichnung	Englische Bezeichnung	Latin-1	HTML
ð	isländisches eth	Icelandic eth	240	ð
ñ	n mit Tilde	n Tilde	241	ñ
ò	o mit Accent Grave	o Grave	242	ò
ó	o mit Accent Aigu	o Acute	243	ó
ô	o mit Accent Circonflex	o Circumflex	244	ô
õ	o mit Tilde	o Tilde	245	õ
ö	o-Umlaut	o Diaeresis	246	ö
÷	Division	Division	247	
ø	dän. o-Umlaut	o Slash	248	ø
ú	u mit Accent Aigu	u Acute	249	ú
ù	u mit Accent Grave	u Grave	250	ù
û	u mit Accent Circonflex	u Circumflex	251	û
ü	u-Umlaut	u Diaeresis	252	ü
ý	y mit Accent Aigu	y Acute	253	ý
þ	isländisches thorn	Icelandic thorn	254	ð
ÿ	y mit Diärese	y Diaeresis	255	ÿ

Darstellung spezieller Symbole (für HTML/EN zu Latin-1 hinzugefügt)

Deutsche Bezeichnung	Englische Bezeichnung	HTML
Em-Zwischenraum	Em space	
En-Zwischenraum	En space	
Em-Bindestrich	Em dash	—
En-Bindestrich	En dash	–
Leerzeichen ohne Umbruch	Non-braking space	
Bedingter Trennstrich	Soft hyphen	
Urheberrechtzeichen	Copyright sign	©
Eingetragenes Warenzeichen	Trade mark sign	™
Geschütztes Warenzeichen	Registered sign	®

Spezielle HTML 4 Ergänzungen

Deutsche Bezeichnung	Englische Bezeichnung	HTML
Schmales Leerzeichen (1/6 em)	Thin space (1/6 em)	` `
Nullweiten-Zwischenraum	Zero-width non-joiner	`‌` Lücke erzwingen, wenn Verbindung erwartet
Nullweiten-Verbindung	Zero-width joiner	`‍` Verbindung erzwingen, wenn Lücke erwartet
Links-rechts-Marke	Left-to-right mark	`&ltr;`
Rechts-links-Marke	Right-to-left-mark	`&rtl;`

Benennung von Farben

D

In HTML werden Farben auf zwei sehr unterschiedliche Arten benannt. Ein paar bekannte Farben haben englische Namen, alle anderen sind in einer sehr technisch anmutenden Weise beschrieben. Dieses Verfahren ist aber sehr leicht verständlich und mit wenig Übung einzusetzen.

Dieses Beschreibungsverfahren basiert auf der Organisation der Farben mittels des Anteils der drei Grundfarben des Lichts an der jeweiligen Farbe (rot, grün und blau, wie sie in einer Fernsehröhre verwendet werden). Diese drei Grundfarben werden zur Darstellung der Farbe gemischt. Dieses geschieht in einem Rot-Grün-Blau-Farbraum, der die Kurzbezeichnung sRGB (s für *space*: Raum) trägt. Das Verfahren unterscheidet sich von konkurrierenden (und genau so nützlichen) Verfahren, die auf der vielleicht weniger bekannten Kombination von Farbe, Sättigung und Helligkeit zur Bestimmung der Farben beruhen.

Im Farbraum sRGB werden die Farben mit hexadezimalen Zahlen oder den weiter unten aufgeführten Namen angegeben. Es handelt sich dabei um die Originalfarben aus der VGA-Palette von Windows. Jedes Farbpaar – wie *Green* und *Lime* – besteht aus einer hellen und einer dunklen Version der gleichen Farbmischung. Dieses wird bei einem Vergleich der RGB-Werte deutlich.

Die sRGB-Farben werden mit einem „#" und jeweils einer zweistelligen hexadezimalen Zahl für jede Grundfarbe rot, grün und blau beschrieben. Die hexadezimalen Ziffern sind:

`0, 1, 2, 3, 4, 5, 6, 7, 8, 9, A, B, C, D, E, F.`

(Es ist ganau so, wie mit den dezimalen Zahlen, nur daß man 16 Finger zum Abzählen bräuchte!) Damit ist `00` der kleinste Wert für eine Farbkomponente und `FF` der größte. Wenn Sie mit dem Mischen von Farben vertraut sind, werden die Kombinationen Ihren gefühlsmäßigen Vorstellungen widersprechen, wie es wohl auch beim Mischen von Licht ist. So ergibt ein Maximum an Rot das **hellste** Rot, nicht das dunkelste. In ähnlicher Weise ergibt das Maximum aller drei Komponenten (`FFFFFF`) die hellste aller möglicher Mischfarben, nämlich Weiß. Wenn Sie damit vertraut sind, können Sie Ihre gewünschte Farbe in sRGB zusammenstellen. Es ist allerdings einfacher, die Palette eines Graphikeditors wie JASCs PaintShop Pro® zum Mischen der Farbe einzusetzen und dann die Werte für die Komponenten zu kopieren.

D.1 Vordefinierte Farbnamen mit den zugehörigen sRGB-Werten

Black	="#000000"	(Schwarz)	Green	="#008000"	(Grün)
Silver	="#C0C0C0"	(Silber)	Lime	="#00FF00"	(Neongrün)
Gray	="#808080"	(Grau)	Olive	="#808000"	(Oliv)
White	="#FFFFFF"	(Weiß)	Yellow	="#FFFF00"	(Gelb)
Maroon	="#800000"	(Kastanie)	Navy	="#000080"	(Marineblau)
Red	="#FF0000"	(Rot)	Blue	="#0000FF"	(Blau)
Purple	="#800080"	(Violett)	Teal	="#008080"	(Graugrün)
Fuchsia	="#FF00FF"	(Fuchsie)	Aqua	="#00FFFF"	(Türkis)

Versuchen Sie, in der Umgebung dieser festen Punkte zu experimentieren, und betrachten Sie die Ergebnisse. Beachten Sie beispielsweise, daß Marineblau dunkler ist als Blau, da die Werte näher an 000000 liegen. Wenn Sie ein noch dunkleres Schwarzblau wünschen, können Sie #000040 verwenden (auf halbem Weg zwischen Marineblau und Schwarz). Am anderen Ende der Skala kann mit #DDDDFF ein helles Himmelblau (zwischen Blau und Weiß) erreicht werden.

D.2 Farbfähige HTML-Elemente

Farben können mit den folgenden Attributen des Elements BODY angegeben werden:

BGCOLOR	Hintergrundfarbe des Dokuments
TEXT	Textfarbe
LINK	Farbe noch nicht besuchter Hypertext-Verweise
VLINK	Farbe bereits besuchter Hypertext-Verweise
ALINK	Farbe von Hypertext-Verweisen in dem Moment, da sie angeklickt werden.

Zum Beispiel:

```
<BODY  BGCOLOR  =white
       TEXT     =black
       LINK     =red
       VLINK    =maroon
       ALINK    =fuchsia>
```

Einem Text können die Farben mit den Farbattributen (color) der Elemente BASEFONT und FONT zugewiesen werden:

```
<BASEFONT   COLOR=fuchsia       SIZE=4>
<BASEFONT   COLOR="#CC0000"     SIZE=5>
<FONT       COLOR=green       >
<FONT       COLOR="#C0FFC0"   >
```

Farben können auch in einigen anderen Zusammenhängen festgelegt werden, beispielsweise in Tabellenzellen:

```
<TD BGCOLOR=RED>    <!-- Hintergrundfarbe einer Zelle -->
```

Schließlich können Farben auch in Style Sheets festgelegt werden:

```
<STYLE>             <!-- eingebettete Style Sheets -->
  DD   {COLOR       : green;
        FONT-STYLE : italic}
</STYLE>
```

URL-Suffixe

E

Wer steht hinter diesem URL? Dieser Anhang führt die im allgemeinen verwendeten dreibuchstabigen Suffix-Codes auf. Bei den übrigen URLs können wir Ihnen leider nicht helfen. Die meisten Firmen und Organisationen sind aber nur allzu froh, sich selbst darstellen zu können. Es sollte also nicht zu schwer für Sie sein, zu überlegen, wessen Web-Seiten beispielsweise unter www.microsoft.com stehen. Wie Sie aus der Liste ersehen können, werden mit den Codes hauptsächlich amerikanische Institutionen bestimmt.

.com US-amerikanisches oder internationales kommerzielles Unternehmen (viele nicht-US-amerikanische Unternehmen verwenden „.co.xx", wobei xx deren Ländercode ist

.edu Amerikanische Lehrinstitution (im Gegensatz dazu verwenden nicht-US-amerikanische meistens „.ac.xx")

.gov US-amerikanische Regierungsstelle

.int International

.mil US-amerikanisches Militär (zum Beispiel US-Navy)

.net Gesellschaft der Netzwerkeinrichtung

.org Gemeinnützige Organisation (meist US-amerikanisch)

Das International Ad Hoc Committee (IAHC)[1], welches das Internet Domain Name System unterhält (das DNS wird von Ihrem Browser nach den echten Internet-Adressen der URLs gefragt), hat angekündigt (Anfang 1997), folgende Suffixe hinzuzufügen:

1 Am 1.Mai 1997 allerdings aufgelöst (*www.iahc.org*)

.arts	Web-Site mit Inhalten aus Kunst, Kultur und Unterhaltung
.firm	Firma beliebiger Art (*offenbar in Rivalität zu „.com"*)
.info	Informationsdienst
.nom	Persönliche Web-Site (nominal)
.rec	Unterhaltungsorganisation
.store	Geschäft, das Waren für den Verkauf über das Web anbietet
.web	Gruppe für Web-Aktivitäten

Ländercodes

F

Adressen in URLs, die keinen Organisations-Code verwenden, enden normalerweise auf einen zweibuchstabigen Ländercode. Die Firma `easynet.co.uk` ist beispielsweise als in Großbritannien ansässig anzusehen. Die allgemein verwendeten Ländercodes sind hier aufgelistet. Ländercodes können auch in Sprachencodes verwendet werden; zum Beispiel `en.uk`, wie in Anhang G beschrieben.

am	Armenien
ar	Argentinien
at	Österreich
au	Australien
be	Belgien
bm	Bermudas
br	Brasilien
ca	Kanada
ch	Schweiz
cl	Chile
cn	China
co	Kolumbien
cr	Costa Rica
cz	Tschechische Republik
de	Deutschland
dk	Dänemark
ec	Ecuador
ee	Estland
eg	Ägypten
en	England
es	Spanien
fi	Finnland
fr	Frankreich
gb	Großbritannien (die meisten Briten verwenden „uk")
gr	Griechenland
hk	Hongkong
hr	Kroatien (Hrvatska)
hu	Ungarn
id	Indonesien
ie	Irland
il	Israel
in	Indien
is	Island
it	Italien
jm	Jamaika
jp	Japan
kr	Korea
kw	Kuwait
lt	Litauen
lv	Lettland

mx	Mexiko	si	Slowenien
my	Malaysia	sk	Slowakei
nl	Niederlande	su	Sowjetunion (ja, wir wissen)
no	Norwegen	th	Thailand
nz	Neuseeland	tr	Türkei
pe	Peru	tw	Taiwan
ph	Philippinen	uk	Vereinigtes Königreich
pl	Polen	us	Vereinigte Staaten von Amerika
pt	Portugal	uy	Uruguay
ru	Rußland	ve	Venezuela
se	Schweden	za	Südafrika
sg	Singapur		

Sprachencodes

G

Die Codes zur Identifizierung von Sprachen sind im Internet-RFC 1766 beschrieben. Dieses RFC ist unter `ftp://ds.internic.net/rfc/rfc1766.txt` nachzulesen. Die Liste unten ist ein Auszug daraus. Eine Sprach-Kennzeichnung besteht aus einer primären Sprach-Kennzeichnung und, bei Bedarf, aus mehreren Unter-Zeichen wie bei „`en.uk`". Groß- und Kleinschreibung spielen keine Rolle.

Im ersten Unter-Zeichen

- Alle zweibuchstabigen Codes werden als Ländercode nach ISO 3166 (siehe Anhang F) interpretiert. Damit wird die Gegend angegeben, in dem die Sprache gebraucht wird.
- Codes mit 3-8 Buchstaben kann jeder, der dies nötig findet, bei IANA registrieren lassen.
- In dem Unter-Tag können Informationen enthalten sein wie:
- Landesidentifizierung wie `en-us` (diese Verwendung ist in ISO 639 beschrieben)
- Dialekt oder Variante wie `no-nynorsk` oder `en-cockney`
- In ISO 639 nicht aufgeführte Sprachen, die nicht Varianten der aufgelisteten Sprachen sind. Diese können mit dem Präfix i- registriert werden wie `i.cherokee`
- Schriftvarianten wie `az-arabic` und `az-cyrilic`

Im zweiten Unter-Zeichen

- Alles kann registriert werden.

Zusätzliche Sprachcodes (die letzte Registrierung erfolgte 1989)

ug	Uigurisch
iu	Inuktitut, *auch* Eskimo *genannt*
za	Juang
he	Hebräisch, *ersetzt* iw
yi	Jiddisch, *ersetzt* ji
id	Indonesisch, *ersetzt* in

Nichtregistrierte Beispiele zu Illustrationszwecken

Die beiden offiziellen Versionen des Norwegischen:	no-nynorsk, no-bokmaal

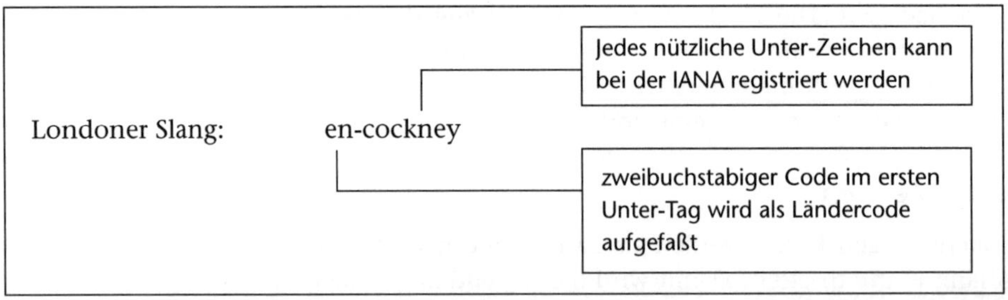

Nordsämisch („Lappländisch"):	i-samo-no

Tags, die es nicht in den HTML 4-Standard geschafft haben

H

`<TRANS LANG=RFC1766_language>...</TRANS>`

Anweisung an den Browser, dynamisch aus der HTML-Quelle (im allgemeinen in Englisch) in die angegebene Sprache zu übersetzen. Das kann beispielsweise ins Japanische sein. Die Spezifikation ist in RFC 1766 enthalten.

`<MARCH PRESENT>...</MARCH>`

Der eingefaßte Text oder die eingefaßte Graphik wird nach links, nach rechts, nach oben und nach unten bewegt, um dann langsam nach links aus dem Bildschirm zu marschieren. Der optionale Parameter `PRESENT` läßt das Objekt die Arme heben und den Kopf und die Augen munter nach links drehen, wenn es den Bildschirm verläßt.

`<ACC DELAY=sekunden>...</ACC>`

Wenn der Mauszeiger länger als die im Attribut `DELAY` angegebene Zeit über dem eingefaßten Text steht, wird die Anzeige des Browsers in passender Weise begleitet. Ein Beispiel für diese Begleitung ist spannende Filmmusik aus B-Movies.

`<REC>...</REC>`

Veranlaßt das Dokument, rekursiv als Formatvorlage für sich selbst zu agieren. Dabei dienen Beispiele als Definitionen. Wenn der erste Absatz innerhalb von `<FONT SIZE=6><B>...</B></FONT>` steht, werden alle Absätze des Dokuments in fetten Schriftzeichen der Größe 6 gesetzt. Bekannte Fehlerquellen: Wenn es in dem Dokument ein `<FRAMESET>` gibt, werden alle Inhalte des Dokuments in Form eines verschachtelten Framesets in den linken oberen Rahmen gesetzt. Diese Funktion wird von einer Arbeitsgruppe bearbeitet, die 1999 mit einem vorläufigen Entwurf mögliche Abhilfen beschreiben will.

`<WARP SHAPE=%form>...</WARP>`

Verformt graphikfähige Browser entsprechend der im Attribut `SHAPE` angegebenen Form (`rect|circle|polygon`). Mit `SHAPE=circle` wird die Anzeige zum Beispiel wie mit einem Fischauge zu einem Kreis verzerrt.

Die Vorgabe ist browserabhängig, sollte aber das einfachste Polygon sein: ein gleichseitiges Dreieck. Dadurch werden die ersten Zeilen des Textes etwas schmal. Nun ja, sehr sehr schmal.

```
<A HREF=url NOCLICK>
```

Das Attribut `NoClick` signalisiert dem Browser, ein Klicken auf den markierten Verweisanker nicht zu akzeptieren. Wenn ein Benutzer trotzdem auf ein solches Tag klickt, erfolgt eine browserabhängige Reaktion; üblicherweise wird ein 20 Megabyte großer UNIX-Coredump heruntergeladen wobei der Stand gesichert wird. Dadurch wird das Herunterladen beim nächsten Einloggen des Benutzers fortgeführt, wenn er einen Neustart vor Abschluß des Ladevorgangs versucht.

```
<SHADOW TIME=stunden>...</SHADOW>
```

Veranlaßt den eingefaßten Text, einen Schatten zu werfen, als wäre er von der Sonne mit dem Stand der angegebenen Stunde beschienen. Wenn das Attribut `TIME` weggelassen wird, wird auf die aktuelle Zeit zurückgegriffen. Wenn solcher Text nachts angezeigt wird, sollten die Browser den Schatten blaß und zitterig darstellen und gelegentlich eine Eule oder Fledermaus über die beschatteten Bereiche flattern lassen. Unter Windows 95 sollte der Schatten vom Datum und Breitengrad abhängig sein. Die Schatten sollten dann im Winter länger sein als im Sommer und in Äquatornähe kürzer als im Norden sein.

```
<FRAME TEXTURE=%textur>...</FRAME>
```

Das Attribut `TEXTURE` bedingt die Darstellung des Frames mit der angegebenen Struktur (`Schildpatt|Mamor|Elfenbein|Edelstahl|Speckstein`). Wenn benachbarte Zellen verschiedene Strukturen haben, wird die teurere Rahmenstruktur an deren gemeinsamen Rand verwendet.

```
<DOOM LEVEL=zahl>...</DOOM>
```

Belebt eine Homepage durch Reaktion auf das Anklicken mit dem Abschußknopf eines Joysticks. Von den Tags eingefaßte Graphiken werden in schwarz und gelb hervorgehoben. Wenn innerhalb 1/10 Sekunde gedrückt wird, explodieren die eingefaßten Graphiken laut in einem Schauer von roten und gelben Funken. Wenn nicht innerhalb von 2 Sekunden gedrückt wird, verwandelt sich der gesamte Schirm in kochende Lava, und die Nachricht „Game Over – You Lost" wird angezeigt. Die optionale Einstellung eines Levels stellt das Timing zwischen einfach und unmöglich ein.

```
<MARQUEE>...</MARQUEE>
```

Läßt den eingefaßten Text in einer scheußlichen Weise durchrollen... Ähem. Sorry. Dieses Tag ist bereits aufgenommen.

Farbe im WWW

Für diesen Beitrag danken wir John Weise, Digital Media Solutions, Office of Instructional Technology, University of Michigan, http://www.oit.itd.umich.edu/projects/DMS/answers/colorguide/index.html.

- „Clock in Window" wurde 1996 in Mikulov/Nikolsburg, Tschechische Republik aufgenommen.
- „Horse Barn" wurde 1995 in Barothy Lodge, Walhalla, Michigan aufgenommen.

Das Problem

Viele, wenn nicht die meisten der Nutzer des Web haben Computer, die lediglich 256 Farben auf einmal anzeigen können. Einige PCs sind sogar auf 16 Farben beschränkt. Andererseits ist es heute sehr einfach, digitale Bilder mit 16,7 Millionen Farben zu erzeugen. Wie gut ein Bild im Internet aussieht, hängt vollkommen von den Möglichkeiten der Hard- und Software des jeweiligen Benutzers ab. Von Netscape Navigator, NCSA Mosaic und dem Internet Explorer von Microsoft werden zur Zeit nur diejenigen 216 Farben verwendet, die sowohl von Macintosh- als auch Windows-Betriebssystemen zur Anzeige von Bildern genutzt werden. Diese Palette von 216 Farben hat von Lynda Weinman die Bezeichnung Browser Safe Palette (Browser-unabhängige Farbpalette) erhalten.

Wenn ein Web-Browser auf einem System mit 256 Farben ein Bild anzeigt, wird das Bild mit einer Farbpalette nach Wahl des Browsers gezeichnet (in den allermeisten Fällen die Browser Safe Palette). Die Ergebnisse können schlechter aussehen als gewünscht, aber das variiert von Browser zu Browser und von Plattform zu Plattform. Am stärksten betroffen von solchen Effekten sind Bilder, die große Flächen einer einzigen Farbe haben. Fotos und Echtfarbbilder neigen dazu, besser auszusehen.

Die Lösung

Es gibt keine universelle Lösung, obwohl die Erzeugung der Bilder unter Benutzung der Browser Safe Palette einen großen Schritt zum Erreichen vorhersagbarer Ergebnisse bedeutet. Im allgemeinen kann gesagt werden, daß mit der Browser Safe Palette für das Web vorbereitete Bilder zumindest auf Macintosh und Windows-Geräten gut aussehen. Unglücklicherweise ist es aber nicht ganz so einfach, die Verwendung der Browser Safe Palette ist nicht immer angebracht.

Die Browser Safe Palette (Browser-unabhängige Farbpalette)

Die Browser Safe Palette umfaßt die 216 Farben, die sowohl in der Systempalette des Macintosh-Betriebssystems als auch in der von Windows enthalten sind. Sie wird von Netscape Navigator, NCSA Mosaic, und dem Internet Explorer von Microsoft verwendet.

Sie können die Browser Safe Palette für Mac oder Windows herunterladen. Die Palette kann in ein Bildbearbeitungsprogramm geladen werden, so daß die Farben bei der Erzeugung eines Bildes benutzt werden.

Die traurige Wahrheit

In Wahrheit nutzen zur Zeit nur sehr wenige Bilder alle 16,7 Millionen Farben, und eine anständige Anzeige kann mit 256 oder weniger Farben erreicht werden.

Wann die Browser Safe Palette mit 216 Farben einzusetzen ist

- Verwenden Sie die Browser Safe Palette, wenn Sie Logos oder Illustrationen erstellen, die große Flächen einer kräftigen Farbe haben. Laden Sie die Browser Safe Palette in Ihr Graphikprogramm, und wählen Sie beim Erstellen des Kunstwerks nur Farben von den 216. Wenn Sie im RGB-Modus arbeiten, dürfen Sie die Farben beim Umschalten zu indizierten Farben nicht rastern lassen. Verwenden Sie das Dateiformat GIF.
- Verwenden Sie die Browser Safe Palette, wenn Sie bei einem vorhandenen Logo oder einer bestehenden Illustration mit großen Flächen kräftiger Farbe die Farben für die Verwendung reduzieren. Sie sollten die Farben meist nicht rastern lassen. Verwenden Sie das Dateiformat GIF.
- Fotografien und Echtfarbbilder sollten im allgemeinen auf einer adaptiven Farbpalette basieren. Allerdings sehen Echtfarbbilder bei Betrachtung auf einem Windows Display mit 256 Farben mit der Browser Safe Palette besser aus. Achten Sie in jedem Fall darauf, das Bild zu rastern und das Dateiformat GIF zu verwenden. Mehr

Informationen dazu finden Sie in dem Abschnitt über adaptive Farbpaletten.

Beispiel

Die folgenden Bilder sind ursprünglich ohne die Browser Safe Palette erstellt worden. Anschließend wurden die Bildfarben reduziert. Die ersten beiden Bilder nähern die Hintergrundfarbe am besten an, sind aber bei einer Anzeige mit 256 Farben gerastert. Das dritte Bild ist nicht gerastert, aber die Farbe ist nicht sehr sauber. Auf einem Display, das Tausende oder Millionen Farben anzeigen kann, sieht das erste Bild wie das Original aus (saubere Farben, keine Rasterung) und die letzten beiden so, wie sie auf einem Display mit 256 Farben aussähen.

Adaptive Farbpalette mit 256 Farben, ohne Diffusion

Browser Safe Palette mit Diffusion

Browser Safe Palette ohne Diffusion

Um es zu wiederholen: Der Schlüssel für diesen Bildtyp ist die Verwendung der Browser Safe Palette von Anfang an. Dadurch werden Überraschungen vermieden, wenn das Bild ins Web gebracht wird.

Wann eine adaptive Palette einzusetzen ist

- Verwenden Sie eine adaptive Palette bei Echtfarbbildern wie Fotos. Einige Bilder dieser Art sehen mit der Browser Safe Palette auf einem Windowsdisplay mit 256 Farben besser aus (zum Beispiel das erste der Bilder unten). Ein Bild, das auf einer adaptiven Farbpalette basiert, wird auf einem Macintosh mit 256 Farben zumindest genau so gut aussehen wie mit der Browser Safe Palette. Sie sollten die Farben rastern lassen und das Dateiformat GIF verwenden.
- Bei der Reduzierung eines Bildes auf 256 oder weniger Farben kann das Bild auf eine adaptive Farbpalette umgestellt werden, die die 256 am

stärksten im Bild vertretenen Farben enthält. Wenn das Bild auf einem System mit 256 Farben durch einen Web-Browser angezeigt wird, wird es mit der Standardpalette des Browsers (meist die Browser Safe Palette) neu aufgebaut. Es erscheint logisch, daß bei einem Neuaufbau des Bildes bessere Ergebnisse erreicht werden, wenn die Farbpalette mit den 216 Farben eingesetzt und eine adaptive Farbpalette gar nicht erst verwendet wird. Dies ist allerdings in der Regel nicht der Fall.

Der größte Vorteil bei der Verwendung einer adaptiven Farbpalette kommt Benutzern zugute, deren Computer Tausende oder Millionen Farben anzeigen kann. Auf deren Bildschirmen werden die Bilder weitaus besser aussehen, als wenn eine Palette mit 216 Farben verwendet worden wäre.

Es ist häufig möglich, ein Bild auf eine noch kleinere Anzahl Farben zu reduzieren. Bilder mit 128 oder 64 Farben können mit einer adaptiven Farbpalette noch immer großartig aussehen. Das hat den Vorteil, daß die Bilddatei kleiner ist.

Beispiel

Auf einem Bildschirm mit 256 Farben werden die folgenden Bilder alle eine ähnliche Farbqualität haben. Auf Computern, die Tausende oder Millionen Farben anzeigen können, wird das jeweils erste und dritte Bild weitaus besser aussehen. Diese Bilder verwenden eine adaptive Farbpalette. Wenn Sie an einer geringen Größe der Bilddateien interessiert sind, sollten Sie das dritte Bild der Reihen beachten, welches nur 64 adaptive Farben enthält. Bilder einer adaptiven Farbpalette sehen auf einem Macintosh wahrscheinlich besser aus als auf einem Computer unter Windows. Das gilt besonders für die erste Bildreihe. Denken Sie daran, wenn Sie auf einem Macintosh Bilder bearbeiten – 64 Farben können nicht das gleiche bewirken wie eine Anzeige mit 256 Farben unter Windows.

Adaptive Farbpalette mit 256 Farben und Diffusion (24K).

Browser Safe Palette mit Diffusion (16K).

Adaptive Farbpalette mit 64 Farben und Diffusion (16K).

Beispiel

Adaptive Farbpalette mit 256 Farben und Diffusion (32K)

Browser Safe Palette mit Diffusion (18K)

Adaptive Farbpalette mit 64 Farben und Diffusion (22K)

Für den Fall, daß Sie sich fragen, wie Echtfarbbilder ohne Diffusion aussehen, ist hier das erste Foto, bearbeitet mit der Browser Safe Palette und ohne Diffusion.

Wann Tausende oder Millionen Farben einzusetzen sind

Verwenden Sie Tausende oder Millionen Farben, wenn die Genauigkeit der Farben entscheidend ist. Kunsthistorische Bilder haben häufig eine außergewöhnliche Qualität und benötigen 24-Bit-Farbtiefe. Dies setzt voraus, daß die meisten Benutzer, oder zumindest die meisten wichtigen Benutzer, Displays haben, die Millionen Farben anzeigen können. Displays mit 256 Farben können die Bilder noch anzeigen, aber sie werden wie Bilder adaptiver Farbpaletten gerastert sein. Verwenden Sie JPEG-Komprimierung (Dateiformat JFIF).

Wann die Basispalette mit 16 Farben von Windows einzusetzen ist

Verwenden Sie die Basispalette mit 16 Farben von Windows, wenn Sie den kleinsten gemeinsamen Nenner bedienen müssen und wissen, daß die Mehrheit Ihrer Benutzer Computer haben, die nur 16 Farben anzeigen können. Wenn Sie die Farbpalette mit 16 Farben verwenden, ist es unabdingbar, diese Palette von Anfang an einzusetzen.

Gamma für das Web – warum die Dinge auf verschiedenen Maschinen heller oder dunkler erscheinen

Gamma klingt einschüchternd, aber in Wirklichkeit ist es nur eine Helligkeitsregelung. Wie hell oder dunkel ein Bild auf einem Computerbildschirm erscheint, hängt von mehreren Faktoren ab. Dazu gehören die Gamma-Einstellung der Computersoftware, die physikalische Helligkeitseinstellung des Monitors und die Beleuchtung (das Licht im Raum oder am Strand – falls Sie zu diesen nicht-existenten Virtual-Office-on-the-beach-Leuten gehören, die es nur im Fernsehen gibt). Gamma für das Web ist also eine ziemlich knifflige Angelegenheit, da Sie nicht die Betrachtungsumgebung für alle Leute einstellen können.

Es ist allgemein bekannt, daß auf einem Macintosh bearbeitete Bilder auf einem PC zu dunkel aussehen und mit einem PC bearbeitete Bilder auf einem Macintosh zu hell sind. Eine Möglichkeit besteht darin, einen Kompromiß bei den Gamma-Werten einzugeben, und eine Helligkeit zu verwenden, die gerade in der Mitte liegt. Auf diese Weise werden Bilder auf einem PC nur ein bißchen zu dunkel und auf einem Macintosh nur ein bißchen zu hell erscheinen. Die gewöhnliche Gamma-Einstellung ist 1,8 auf einem Macintosh und 2,5 auf einem PC. Ein geeigneter Kompromiß ist also 2,2. Vor der Bearbeitung von Bildern für das Web kann der Gamma-Wert des Monitors auf 2,2 gesetzt werden. Photoshop 3.0 erlaubt eine Einstellung des globalen Gammas. Wählen Sie im Menü Ablage|Grundeinstellungen den Punkt Monitor..., und setzen Sie Gamma auf 2,2. Vergessen Sie nicht, die Einstellung auf den alten Wert zurückzusetzen, wenn Sie fertig sind, und Bilder bearbeiten wollen, die nichts mit dem Web zu tun haben. Mit dem Gamma-Wert 2,2 stellen Sie die Bilder so ein, daß sie gut aussehen und speichern sie dann ab.

Photoshop für Macintosh enthält eine Gamma-Systemerweiterung, mit der Sie auf Systemebene den Gamma-Wert für alle Anwendungen einstellen können. Die Installation und der Gebrauch des Kontrollfelds lohnt sich auf alle Fälle, da damit die Einstellung des Gamma-Wertes für die physikalische Arbeitsumgebung sichtbar verändert werden kann. Bilder können auch nach der eigentlichen Bearbeitung noch umgestellt werden, aber das ist etwas komplizierter.

„Making Good-looking WWW GIFs or JPEGs for Multi-platforms with Photoshop“¸ angeboten von der Computer Graphics Development Corporation (CGSD) geht alle Schritte der nachträglichen Einstellung des Gamma-Wertes von für das Web gedachten Bildern mit Photoshop durch.

Andere farbenfrohe Web-Ressourcen

- *Lynda's Homegurrl Page and the Browser Safe Palette.*
- *I am Curious Yellow* von John MacDemott, Spezialist für neue Medien an der University of Pennsylvania.
- *No Dither Netscape Color Palette* von Victor Engel.
- *The 256, Oops, 216 Colors of Netscape (Which do not Dither)* von Bob Cunningham.

Applet

J

Wenn das Element OBJECT für Ihre Zwecke zu komplex erscheint – Sie brauchen nicht zahlreiche Daten unter den Beschränkungen verschiedener Objektsysteme zu bearbeiten – Sie haben einfach ein codiertes Java-Applet heruntergeladen und möchten es in Ihre Web-Site einfügen, dann ist das Element APPLET richtig für Sie.

APPLET ist eines der Tags, die ursprünglich von Sun Microsystems für die Angabe eines Java-Applets zum Gebrauch in einer Web-Site vorgesehen waren. Das Tag und seine Syntax sind anschließend in die HTML-Spezifikation eingefügt worden. Die meisten Web-Browser können dieses Element interpretieren.

Bedenken Sie, daß das Element APPLET nur für Objekte funktioniert, die in der Programmiersprache Java erstellt sind. Wenn Sie die Applet-Syntax mit einem anderen Objekttyp verwenden, könnten Sie enttäuscht werden, und das möchte niemand.

Das Element APPLET hat die folgenden Attribute:

- CODE
- OBJECT
- WIDTH
- HEIGHT
- CODEBASE
- ARCHIVE
- ALT
- NAME
- ALIGN
- VSPACE
- HSPACE

Das Element APPLET nutzt zur Angabe von Parametern des Applets auch ein beigeordnetes Tag PARAM. Das Element APPLET erfordert lediglich die Verwendung der Bezeichner für CODE (oder OBJECT), HEIGHT und WIDTH. Die anderen Attribute sind bei diesem Element optional.

Ein grundlegendes Beispiel für den Gebrauch des Elements APPLET :

```
<APPLET CODE="Klavierspieler.class" WIDTH=250 HEIGHT=100>
</APPLET>
```

CODE

In diesem Beispiel liegt die mit CODE angegebene Datei mit den Java-Klassen in demselben Verzeichnis wie die HTML-Datei. Dieses Attribut ist für die Ausführung des Applets notwendig, da der Browser sonst keine Informationen über das Vorhandensein des Applets hat. Es gibt eine kompliziertere Alternative zu CODE, und das ist ...

OBJECT

Dieses Attribut ist nicht mit dem OBJECT, wie es in Kapitel 15 erläutert ist, zu verwechseln. Die Verwendung des Elements APPLET mit dem Attribut OBJECT erlaubt Ihnen den Einsatz eines serialisierten Applets. Das bedeutet, daß nicht das kompilierte Applet angezeigt wird, sondern ein Verweis auf einen Bytestream existiert, der in erster Linie eine Kopie des Applets enthält. Beim Einsatz dieses Attributs wird nicht die `init()`-Methode des Applets aufgerufen; es wird statt dessen die `run`-Methode verwendet. Wenn das Applet gestartet ist, verhält es sich zu allen anderen Attribute in der üblichen Weise.

Serialisierung kann leicht zu handhaben sein, wenn Sie Java-Applets über mehrere Maschinen hinweg von Ferne wiederherstellen, oder persistente Objekte erzeugen wollen. Die Dokumentation von Sun für die Verwendung von `OBJECT` mit serialisierten Applets empfiehlt dringend eine Einflußmöglichkeit beim Einsatz der Attribute. Wir raten daher, bei `CODE` zu bleiben.

WIDTH und HEIGHT (Breite und Höhe)

Die Höhe und Breite des Applets sind in dem Beispiel oben angegeben. Der Browser hat also die nötigen Informationen, um für die Breite des Applets 250 Pixel und für die Höhe des Applets 100 Pixel zu reservieren. Diese Abmessungen betreffen nur die anfängliche Ausdehnung des Applets. Wenn das Applet ein neues Fenster erzeugt, so ist dieses nicht an die Begrenzung gebunden. Beide, `WIDTH` und `HEIGHT`, sind in Pixeln angegeben.

CODEBASE

Das Attribut `CODEBASE` ist dafür gedacht, auf Java-Code Bezug zu nehmen, der an anderer Stelle als dem Basis-URL des HTML-Dokuments liegt. Das kann ein anderes Verzeichnis derselben Maschine oder ein ganz anderer Computer sein. Zum Beispiel:

```
<APPLET CODEBASE="/code/java" CODE=ZornigerMob.class WIDTH=150
  HEIGHT=150>
</APPLET>
<APPLET  CODEBASE="http://world.server.net/~chauncey"
         CODE="rasenmaeher.class" WIDTH=300 HEIGHT=280>
</APPLET>
```

Das erste Beispiel bezieht sich auf `ZornigerMob.class`, was sich auf auf dem gleichen Server in dem Unterverzeichnis `code` des Verzeichnisses `java` des Hauptinhaltsverzeichnisses befindet. Darin liegen alle HTML- und damit verbundenen Dateien. Das zweite Beispiel bezieht sich auf einen anderen Server, `world.server.net`, um auf `rasenmaeher.class` im Verzeichnis eines Benutzers namens `chauncey` zuzugreifen.

Der Verweis auf andere Server, wie im zweiten Beispiel gezeigt, ist vollkommen legal, hat aber für den Endbenutzer den unangenehmen Nebeneffekt eines langsameren Netzwerkzugriffs.

ARCHIVE

ARCHIVE dient dem Zugriff auf eine Archivdatei, die Javaklassen und möglicherweise noch andere Dateien enthält, die von einem Applet benötigt werden. Diese werden durch den integrierten AppletClassLoader für Javaklassen im Vorfeld in Ihren Javacode geladen. Sie können mehrere Archive angeben, indem Sie die Dateinamen durch Kommata trennen.

```
<APPLET  CODE=Plattenladen.class WIDTH=100 HEIGHT=150
         Archive="gitarren.jar,drums.jar,keyboards.jar">
<PARAM NAME=bild VALUE=stratocaster.jpg>
</APPLET>
```

In diesem Fall nutzt Plattenladen.class drei verschiedene Archive: gitarren.jar, drums.jar und keyboards.jar. Das Applet verwendet auch ein Tag PARAM, das eine Datei mit dem Namen stratocaster.jpg heranzieht. Diese JPG-Datei könnte Teil des Archives gitarren.jar sein und das Bild für einen schnelleren Zugriff im voraus geladen werden.

ALT

Durch das Attribut ALT wird ein Text als Alternative zu dem Applet angezeigt. Dieses geschieht für den Fall, daß der Browser die Syntax des Applet-Tags versteht, aber keinen Javacode ausführen kann. Ein solcher Fall liegt vor, wenn der Benutzer den Java-Interpreter des Browsers deaktiviert.

```
<APPLET CODE=BellenderHund.class WIDTH=80 HEIGHT=80
    ALT="Mein Hund sagt 'wau'.">
</APPLET>
```

Für den Fall, daß ein Browser das Element APPLET überhaupt nicht kennt – wie ältere, Text-basierte Browser – können Sie die Ausgabe von Text durch Einfügen „normalen“ Textes ins APPLET erreichen.

```
<APPLET CODE=MuhendeKuh.class WIDTH=80 HEIGHT=80>
<I>Ich bin kein Steak.</I>
</APPLET>
```

Mit einem Browser, der Applets nicht unterstützt, wird der Benutzer die kurze Mitteilung zwischen den Kursiv-Tags (<I>) zu sehen bekommen.

NAME

Das Attribut NAME wird verwendet, damit bei Bedarf andere Applets oder clientseitige Skripte sich auf die Applet-Instanz namentlich beziehen können. Dadurch wird eine Kommunikation zwischen Applets und Skripten, und somit eine umfassendere Steuerung ermöglicht.

```
<APPLET CODE=mannequin.class NAME=dummy WIDTH=100 HEIGHT=500>
</APPLET>
```

Hier kann sich ein anderes Applet oder Skript auf das `mannequin`-Applet anhand seines Namens `dummy` beziehen und möglicherweise verändern.

ALIGN

`ALIGN` erlaubt Ihnen die Ausrichtung des Applets auf der Seite. Für das Ausrichten eines Applets gelten dieselben Richtlinien wie für das Ausrichten eines Bildes. Das Applet kann mit `left`, `right`, `top`, `texttop`, `middle`, `absmiddle`, `baseline`, `bottom` oder `absbottom` ausgerichtet werden.

```
<APPLET CODE=socken.class WIDTH=60 HEIGHT=80 ALIGN=baseline>
</APPLET>Wir haben einen attraktiven Vorrat an
  Fußbekleidungen.
```

In diesem Fall wird sich die Unterkante von `socken.class` an der Grundlinie des Textes ausrichten.

VSPACE und HSPACE

Das Attribut `VSPACE` bestimmt, wieviele Pixel oberhalb und unterhalb des Applets frei bleiben. Mit `HSPACE` wird die Anzahl der freien Pixel links und rechts des Applets festgelegt. Wie auch das Attribut `ALIGN` für Applets, funktionieren diese beiden genauso wie bei Bildern.

```
<APPLET CODE=schachbrett.class WIDTH=80 HEIGHT=80 VSPACE=20
HSPACE=30>
</APPLET>
```

Das Tag PARAM

`APPLET` hat ein begleitendes Tag `PARAM`. `PARAM` legt zusätzliche Parameter für das Applet fest. Den Wert `VALUE` des Parameters erreicht das Applet mit dem Verfahren `getParameter()` über den Namen `NAME`. Der Vorteil der Verwendung von `PARAM` an Stelle von Java-Code liegt in der Wiederverwendbarkeit des Applets für unterschiedliche Zwecke.

Nehmen wir an, daß Sie ein Java-Applet namens `TextAnzeige` verwenden, welches eine Textdatei für die Anzeige in einem bestimmten Stil formatiert. Das Applet verwendet `getParameter()`, um die Überschrift und den Text sowie die Schriftart und -größe zu bestimmen. Sie können das Applet für die Darstellung einer Zeitungsstory verwenden:

```
<APPLET CODE=TextAnzeige.class WIDTH=80 HEIGHT=150>
<PARAM NAME=headline VALUE="Mann beißt Hund">
<PARAM NAME=text VALUE=hundenews.txt>
<PARAM NAME=fontsize VALUE=12>
<PARAM NAME=fontstyle VALUE=Times>
</APPLET>
```

oder für die Formatierung Ihres jüngsten poetischen Werkes:

```
<APPLET CODE=TextAnzeige.class WIDTH=50 HEIGHT=50>
<PARAM NAME=headline VALUE="Rosen sind rot">
<PARAM NAME=text VALUE=rosen.txt>
<PARAM NAME=fontsize VALUE=14>
<PARAM NAME=fontstyle VALUE=Helvetica>
</APPLET>
```

Das Cyberia Café

K

Die Whitfield Street liegt abseits der Tottenham Court Road. Sie hat gepflasterte georgianische Terrassen, und man hört ein entferntes Verkehrsrauschen, während die Sonne auf dem Turm der British Telecom glitzert.

Ich sitze auf einer bunt angestrichenen Bank in der Nähe eines Spielplatzes, um ein paar Notizen zu machen und die Atmosphäre in mich aufzunehmen. Connor aus Dublin sitzt mit einer Banane und ein paar Dosen Carlsberg auf einem ausgebreitetem Schlafsack. Er verläßt mich 10 Sekunden, bevor er mich in ein Gespräch verwickelt.

„Ich spielte dauernd mit Computern, bevor ich vor acht Jahren nach London kam", sagt er.

„Ich habe damit aufgehört seit ich in London bin... wenn ich jetzt vor einem Computer stehe, sind die Geräte so viel weiter entwickelt; verglichen mit den ersten Maschinen sind sie mir vollkommen fremd, ich kann mit denen nicht umgehen... Ich weiß nicht, mit ein paar von den einfacheren kann ich spielen, aber bei denen, die mehr up-to-date sind, bin ich der totale Verlierer. Ich war gewöhnt in Billardhallen zu leben, solche Dinger, die rund um die Uhr geöffnet waren. Das hat sich alles geändert – die meisten Geräte sind jetzt so viel weiter entwikkelt..."

Connor verliert sich in Wiederholungen, er ist froh, auf das Band zu sprechen.

„Ich habe geheiratet, es kam ein Kind, ich wurde geschieden – es sind einige Dinge passiert. Wo wir spielten, gab es eine Menge Drogen. Die Drogen haben deine Fähigkeiten an dem Gerät verbessert... wenn deine Finger vom Drücken der Knöpfe müde wurden... du verpaßt einen Zug, verlierst und machst eine Pause, spielst etwas Snooker, um dich zu beruhigen, aber dann gehst du wieder ans Gerät. Einige von meinen Freunden waren ständig an den Dingern – das war wie eine Droge."

Connor gab für seine „Gewohnheit", einen Cocktail aus Pool-Billard, Snooker, Computerspielen und „echten" Drogen, bis zu 500 Pfund aus. Die Spiele erreichten dabei einen Wert von ungefähr 250 Pfund. Seine Vorliebe? „*Space Invaders*. Wie ich schon sagte, das war vor zehn Jahren." Was wollte er?

„Sie schlagen! Meine Kumpels darin übertreffen! Das war in der Zeit bevor du einen Heimcomputer kaufen konntest, einen Befehl eingibst und loslegst. Wenn Du erst einmal angebissen hast, steckst du mittendrin." Eine Polizeisirene heult im Hintergrund.

Ich frage mich, ob die Cyberia-Jungs das gleiche tun.

„Yeah, es dringt in deinen Kopf ein, das ist ein Suchtmittel wie jedes andere auch. Du wirst so spacig durch die Maschine, als wenn du Drogen nimmst. Du kannst an der Maschine so in einen Rausch geraten und willst sie schlagen... du kannst gar nicht loslassen und mußt einfach dableiben, du mußt sie schlagen, und du mußt der Beste sein, und du weißt, daß du gar nicht darauf vorbereitet bist, daß die Maschine dich schlägt."

Ich nehme an, die Jungs heute spielen gar keine Spiele, die können wohl in die Maschinen anderer Leute eindringen.

„Ich bin sicher, daß die Heimcomputer und gute Software haben; die können machen, was sie wollen. Alles, was mit so einer Maschine möglich ist; aber eigentlich spielen sie bloß ein Spiel: Sie wollen das System schlagen [so wie ich]", spekuliert Connor.

Ich lasse Connor auf seiner Bank und gehe die Straße zum Cyberia Café hinunter, um zu sehen, was sie dort wirklich tun. Parkplätze und neue Betongebäude haben einige Terrassen ersetzt. Die Bauherren sind aber offensichtlich von den Stadtplanern kontrolliert worden, da die Gebäude genau so hoch sind wie die alten Häuser von Fitzrovia, dieser Gegend zwischen Oxford Street, Fitzroy Street und Marylebone Road im unteren Westend von London. Es gibt kleine Pubs wie das Carpenter's Arms mit Blumen an der Tür. Die Londoner Platanen stehen mit frischem Grün in der Sonne. Es gibt einen Parkplatz für Motorräder, auf dem man sehen kann, wieviel Geld in der Gegend versammelt ist: Eine Honda Revere, eine Polaris CX500, eine Kawasaki Twin-Cam 16-valve und andere. Einige wohlhabend aussehende Geschäftsleute sitzen in ihren schicken Granadas und Sierras und rauchen; es ist eine improvisierte Konferenz. Unten in einem Kellergeschoß ist ein Obdachlosenasyl, voll mit heruntergekommenen Männern, die Kaffee in ihren Pappbechern haben. Im nächsten Eingang ist ein Fischimbiß und dort gibt es „Kebap mit Reis und Joghurt", Dolmadakia und Ratatouille. Das Hope Public House hat Reklame für Murphy's Stout: „Bei 6 Bieren eines umsonst dazu, wie die Murphys haben Sie keinen Grund, bitter zu sein."

Gegenüber ist Pollock's Spielzeugmuseum, außen bunt angemalt wie viktorianische Spielsachen und innen Spiele mit Puppen, farbigen Dominosteinen, magnetischen Wägelchen und Röhren mit Mikado-Stäben (erinnern Sie sich?). Masken und Verkleidungen. Und dann, quer über die Straße auf der Ecke Scala Street, W1, liegt das Cyberia.

The Cyberia Café, Internet Access steht im Fenster.

Ich setze mich hinten hin. Ein halbes Dutzend Workstations entlang des vorderen Fensters, noch einmal so viele innen. Windows Workstations, alle mit großen Bildschirmen, komfortabel und mit diskreten Farben sowie Stereolautsprechern. Zu meiner Überraschung sind auch ein paar Frauen hier. An einer Maschine sprechen drei Frauen miteinander (unter ihnen entdecke ich Ewa Pascoe), sie sind gar nicht damit beschäftigt, auf Knöpfen herumzudrücken. Außerdem zwei ziemlich junge Männer allein an Geräten, zwei ältere Männer mit karierten Hemden und Lederjacken über dem Stuhl und ganz allein ein Geschäftsmann im schwarzen Anzug. Er deutet mit seinem rechten Zeigefinger sehr aufmerksam auf etwas namens Easynet.

An einem Tisch des Cafés sitzen drei Männer, zwei in weißen Hemden mit offenem Kragen, einer in blauer Jeansjacke. Sie trinken Kaffee, haben auf dem Tisch Handys, Papierstapel und Pen-Computer und gestikulieren. Ich schnappe das Wort „distributing" auf, es wird intensiv irgendein Berechnungsverfahren für Computer diskutiert.

Den Frauen wird etwas erklärt, sie machen wenig am Computer, aber er steht offensichtlich im Zentrum ihrer Aufmerksamkeit. Es sieht da drüben nach Mosaic aus...

Der Rest des Cafés ist eher spärlich. Da ist ein interessant gemusterter, unlackierter Fußboden und eine kleine, in einem tristen grau-grün gestrichene Bar. Ein paar Kaffeetassen, ein paar Flaschen Limonade, Tee und ein paar Brötchen, Speisen scheinen hier nicht von besonderem Interesse zu sein.

Einer Kunstgalerie-Notiz zufolge ist das aktuelle Kunstwerk im Café von Alex Berka, eine Reproduktion von *The Colour Desk* auf einem Mac. „The first quarrel" ist ein 36×38-inch-Ausdruck eines Farbtintenstrahldruckers. Eine Jungfrau mit einem Gorillakopf in einem Blumenkleid vor einem französischen Bett aus dem achtzehnten Jahrhundert mit schweren, goldsamtenen Vorhängen, einem Himmel mit Gold und Stuck sowie Tapisserien. Auf dem Kopf trägt die Jungfrau eine goldene Krone, von der Sonnenstrahlen ausgehen, mit einer Christus- sowie mehreren Heiligenfiguren zwischen den Strahlen. Der Sonnenstrahl scheint ein Symbol für das Cyberia Café zu sein. Die T-Shirts der Angestellten haben alle eine Windrose mit dem Wort Cyberia an allen vier Seiten. Dazwischen sind Blitze zu sehen.

Einige Regenwaldpflanzen und zu meiner Überraschung auch ein paar Iris, Tigerlilien und gelbe Gänseblümchen hellen die Atmosphäre auf. Die erste Ausgabe des *Internet Magazine* ist für £1,50 zu kaufen. Die Preise hier sind für Londoner Verhältnisse niedrig: ein Espresso für 80p, ein Capuccino £1. Das Dekor ist nüchtern, mit metallischen Grautönen; ein wenig kybernetisch, aber nicht zu sehr. Leichte Musikberieselung kommt aus den nicht zu großen Lautsprechern. Runde Glastische, Stahlstühle mit schwarzen Lehnen, Alufolie in den Bürofenstern, weiße Jalousien, runde, weiße Leuchten und blasse, sandfarbene Wände vervollständigen die Ausstattung. Es ist ein eher ruhiges, harmonisches Café.

Einige Leute gehen an den Tresen und fragen nach einem Gerät; sie machen eine Buchung für eine Zeit von ungefähr einer Stunde. Ich geselle mich zu ihnen, um einen Kaffee zu probieren. Es ist ein ziemlich starker aus der Espresso-Maschine, einem tragbaren Haushaltsgerät. „Bis wir eines eingebaut bekommen", sagt **Donna** hinter dem Tresen. Sie trägt ein schwarzes T-Shirt mit dem Cyberia-Strahl und erklärt, daß in einer perfekten Welt der Kaffee für Journalisten umsonst wäre, aber: „Wir hatten eine Menge Presserummel hier und wären Pleite gegangen, wenn... „– Sie geht mit einem Kopfschütteln weg, um die aufgedrehte Horde, die die Bar in den letzten Wochen belagert hatte, aus ihrem Kopf zu verscheuchen.

Phil kommt auch hinter den Tresen. Er spricht über Preise und ist erstaunt, daß Connor auf der Bank draußen für seine Space Invaders £250 auszugeben pflegte.

„Wie hat er das geschafft? Alles, was Sie hier an einem ganzen Tag ausgeben können, sind £50, und wenn Sie so interessiert sind, würden Sie ein Abonnement für zwei Monate zu £57,34 nehmen, das die Mehrwertsteuer einschließt. Sie können aber (besser) auch für ein ganzes Jahr £168,97 bezahlen. So können Sie praktisch alles herunterladen und damit spielen." Phil gibt mir die Adresse des Cafés. Sie lautet http:\\www.easynet.co.uk, die Homepage ist home.htm – was konnte einfacher sein als das. Ich habe gerade noch Zeit meinen Kaffee zu trinken, als

Ewa Pascoe, schlank, hübsch und selbstbewußt kommt, um mich herumzuführen. Sie war die Frau, die in der Gruppe an der Workstation gesprochen hat: „Ich habe an diesem Morgen viel trainiert", sagt sie. Man kann leicht glauben, daß sie gerade wie eine junge erfolgreiche Frau von der Wall Street ein paar Stunden in Sportschuhen mit Gewichten und Laufrunden zugebracht hat. Aber nein:

„Ich habe ein paar Besucher im Internet herumgeführt", lacht sie. Sie trägt einen schwarzen Minirock und ein Leopardenhemd unter einem violetten Top.

„Das ist meine normale Arbeitskleidung", sagt sie sofort. Sie hat einen leichten mitteleuropäischen Akzent, ist blond und, vermute ich, Polin. Sie deutet ruhig auf die rubinroten Lippen auf der Bitmap-Grafik:

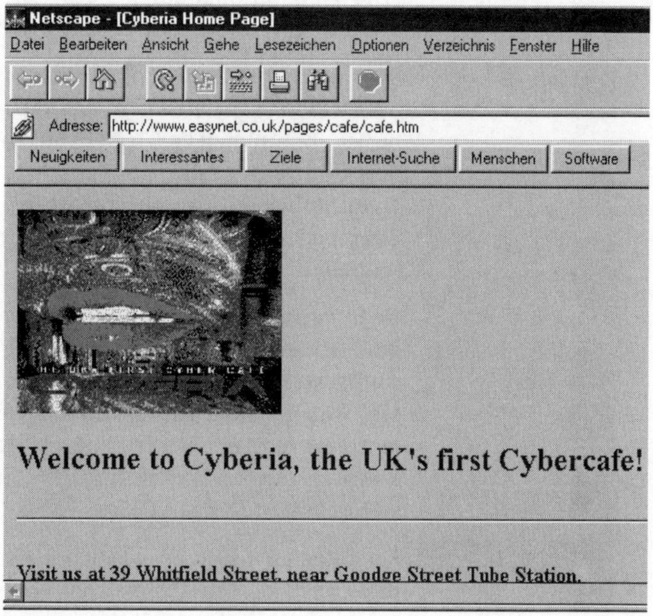

„Das sollen meine Lippen sein", und tatsächlich gibt es eine gewisse Ähnlichkeit. Sie scheint ein bißchen das Maskottchen des Cafés zu sein, „weil mein Spitzname Europa ist". Sie ist Spezialistin für Mensch-Maschine-Interaktion an der City University, wo sie mit der Imperial Cancer Research arbeitet. Sie behauptet, wenig Zeit in dem Café zu verbringen, aber alle Zeitungsausschnitte zeigen sie: das warmherzige fotogene Gesicht des Cafés mit dem kühl klingenden Namen Cyberia.

Sie erzählt mir von der Band, die am Freitag hier gespielt hat; ein vierminütiges Radioprogramm ist für alle diejenigen im Internet erhältlich, die die Möglichkeit (oder Geduld) haben, eine 5-Megabyte-Datei für 3 Minuten und 51 Sekunden Musik und Gerede herunterzuladen.

„OK, wir nutzen die Homepages, um über aktuelle Veranstaltungen zu informieren. Am Freitag hatten wir die Live-Sendung mit einer Band, den *Charles Dexter Ward Experience*, und wir wollten zur gleichen Zeit Informationen über die Band anbieten. Die Leute, die die Sendung in Texas, Finnland oder Skandinavien empfingen, konnten ein Menü mit den Stücken, die die Band spielte, und einer kurzen Beschreibung der Musik sehen. Die Sendung war ein bißchen mehr als die Übertragung von Bildern (per CUCM, dem Videokonferenzsystem des Internet), da wir den Leuten auch noch Erklärungen über den Zusammenhang gegeben haben, in dem die Veranstaltung stand. Die Kamera hier, die Band da..." Ewa plappert munter weiter, vertraut mit ihrer sehr menschlichen Ecke des Cyberspace.

„Die Netzwerk-Bandbreite des Cafés ist ein Geschäftsgeheimnis", sagt Ewa mit einem Lächeln. Sie ist einfach sehr groß, denn es gibt eine riesige Datei mit der gesendeten Musik.

„Wir wollten sicherstellen, daß die ganze Musik des kompletten Albums da ist. Kommerzielle Firmen bieten nur ein Sample von 30 Sekunden oder so. Das ist sehr ärgerlich." Die Angestellten von Cyberia (und ihre Freunde) wissen, wo sie hin wollen und auch, wie sie dahin kommen. „Das bedeutet im Grunde, die Plattenfirmen von dem Geschäft auszuschließen", grinst sie heimtückisch.

„Wir versuchen das Internet dazu zu nutzen, zu sehen, wie sich die geschickten kleinen Geschäfte der Leute ändern lassen, und um sie sosehr wie möglich zu ärgern. Wir nutzen die Technologie, um auszuloten, was machbar ist. Ich glaube nicht, daß es die Leute stört, zu bezahlen. Was ich festgestellt habe ist, daß die Leute sagen, in Ordnung, wir könnten der Band eine hübsche Summe zugestehen. Nur sind das bei weitem nicht £11 pro CD."

Sie nutzen die Homepage auch für Kampagnen. „Alle aktuellen Dinge wie das Green Screen Festival, ein Umweltfestival das wir mitfinanzieren; wenn jemand also etwas Interessantes, nicht Profitorientiertes hat, bringen wir das am Fuß der Seiten."

Es gibt Titel wie *No More Hiroshimas, The Internet Now* (das Radioprogramm);"On a lighter note you wouldn't believe what you can find on the Web „, *Guide to the UK* („hier ist ein sensitiver Führer zu den Ansichten und Klängen Britanniens"). Wir werfen einen Blick darauf. Ewa erklärt: „Da etliche der Besucher des Cafés Touristen sind und die Franzosen für lokale Informationen Minitel gewöhnt sind, müssen wir ihnen sagen: oh-oohh, da gibt es keine!"

Darum hat das Café Menschen in ganz Britannien damit beauftragt, Hypertexte ihrer örtlichen Geschichte und Geographie mit Pubs, Restaurants und Hotels zu erstellen: Das Domesday Book, wie die BBC es nicht gemacht hat. Ewa hat sich auch dazu eine Meinung gebildet:

„Diese Rolle sollte das Tourismusbüro spielen", sagt Ewa säuerlich. Ich kritisiere ihren Zynismus. Daraufhin schnaubt sie: „Nun ja, ich bin Akademikerin, also bin ich zynisch per definitionem!"

Ich klicke auf Winchester; ein Kilobyte HTML später sind wir in der Stadt von König Arthur und König Alfred und haben eine attraktive farbige Bitmap-Grafik der Kathedrale (87 kBytes) vor Augen. Es gibt eine lange Liste mit Pubs: Ich ziehe die Royal Oak Passage hinunter, ein hübscher, geheimer Platz, den ich als Junge häufig besuchte – die enge Allee draußen verminderte das Risiko, von der Schulbehörde oder der Polizei entdeckt zu werden. Ewa wirft schnell ein: „Nicht alles ist vorhanden, einige Landesteile sind nicht so gut abgedeckt."

„Es ist ein virtueller Trip, man braucht gar nicht mehr wirklich nach Winchester zu fahren", scherzt sie; sie weiß zumindest, daß sie scherzt. Wir sehen nach dem St. Cross Kloster, wo man als Durchreisender noch immer ein Glas Bier als Willkommensgruß angeboten bekommen kann. „Sie bekommen hier ein virtuelles Bier", lacht Ewa. Sie lenkt mich zum CyberCafé Guide, die Homepage, auf die das Café sehr stolz ist.

„Es gibt noch Plätze auf der Welt, an denen die Leute ihre Freunde treffen, Zeitungen lesen, die großen Ereignisse des Tages diskutieren und ihre Post beantworten können", kündigt die Homepage an. Diejenigen, die noch mit einem Füller Tinte aufs Papier aus Zellulose bringen, sind nostalgische Oldies, die noch gerne in der Methalle den Geschichten zuhören, die der Barde vorträgt, bevor es Zeit fürs Bett ist. Für die mehr auf der Höhe der Zeit Befindlichen gibt es eine E-mail-Adresse: *easynet.co.uk*.

Es gibt einige Dutzend Cybercafés in der Welt, die online verzeichnet sind. „Obwohl keines so gut wie das unsere ist, denn wir haben den besten Anschluß und vollen Internetzugang, inklusive Mosaic", tönt Ewa. „Die Workstations bekommen einen 64-Kilobit-Anschluß, während andere Cafés nur ein kleines Terminal mit Schwarzen Brettern und Tabellen haben."

Keith Teare (ein Direktor) und David Roe haben die Easynet Company gegründet, Schwestergesellschaft von Cyberia. Diese Firma hat ihre Räume über dem Café, wie Ewa erklärt.

„Wir wollten etwas machen, das sehr leicht sein sollte, sogar für Kinder. Die Idee war, ein mächtiges und einheitliches System zu erstellen, das leicht erlernbar und zuverlässig sein sollte, aber die Menschen nicht entmutigte. Technophobes welcome!" Bei Ewa klingt die Designerin menschengerechter Schnittstellen mit offensichtlichem Enthusiasmus durch.

„E-mail, FTP und all die anderen Pakete in unserem System sind einander sehr ähnlich. Wenn man eines erlernt hat, kann man mit den anderen auch umgehen. Da ist nicht zu viel zu übertragen... Wir haben rein Windows-basierte Schnittstellen und versuchen ständig, sie noch weiter zu vereinheitlichen. Das betrifft die Art und Weise, wie man damit umgeht, und die Graphiken, die man sieht... Einer der schlimmsten Alpträume im Internet ist das Arbeiten mit FTP... im Grunde kommt das nie vor. Darum benutzen wir Archie."

Wir gehen zu archie.dot.ic.ac.uk, Imperial College, London. Die Datei, die wir wollen, kommt in ein einzelnes, temporäres Verzeichnis auf dem Cyberia-Server, aber Ewa ist nicht beeindruckt: „Sie sehen hier, daß es noch immer fünf Schritte mehr sind, als es sein sollten". Ewa bemüht sich um perfekte Einfachheit am Bildschirm. Ich merke nur, daß es alles einfacher und schneller erscheint als üblich; eine große Bitmap kommt innerhalb einer Minute an. Ewa fängt sofort an, sie in kräftigen Farben zu bemalen. Dann eilt sie zu jemand anderem davon.

Andrew Blackburn arbeitet im hinteren Büro für Easynet. Er könnte sich nicht mehr von Ewa unterscheiden: schmächtig, schüchtern, unscheinbar, britisch und vorsichtig. Ruhig gibt er zu, das Internet-Radioprogramm selbst erstellt zu haben. Er hat einen Teil der Musik vom Mischpult aus auf Band aufgenommen, einen Teil direkt auf Festplatte und das ganze dann mit einem ziemlich einfachen Werkzeug von Windows bearbeitet. „Es war etwas schwierig, aber das Werkzeug ist gratis und es funktioniert." Das Endergebnis: Ein HTML-Dokument im World Wide Web, das voll Musik ist.

Auf Nachfrage sagt er, daß sich das Publikum von überwiegend Journalisten zu einem allgemeineren verändert hat. Es gibt einige regelmäßige Besucher. Er raunt: „Für £168 pro Jahr ist es billig, sagen einige". Andrew scheint die Begeisterungsstürme der Presse und des Publikums etwas übertrieben zu finden. Das Telefon klingelt, und er entschuldigt sich. Er blickt mit Besitzerstolz auf die Firma: „Wir sind wie jeder andere Internet-Provider, aber wir bilden uns ein, einfacher als einige andere zu sein."

Alexa Thomas ist eine Schauspielerin von der Florida State University, die seit sechs Monaten in England ist. Sie ist mit dem Programm Study Abroad hier, das „seinen Studenten keine E-mail anbietet. Das ist ein allgemein verbreitetes Problem, und eine Menge ausländischer Studenten kommen hierher, um ihre E-mail abzurufen und mit ihren Freunden zu sprechen; das mache ich." Sie arbeitet gleich am unteren Ende der Straße in der London University.

„Ich bin überhaupt kein Technik-Mensch, dies ist meine erste Erfahrung mit Computern jenseits der Textverarbeitung", sagt sie mit ihrem nasalen Florida-Akzent. „Diese Erfahrung hier öffnet mir die Augen, was Computer betrifft. Ich fürchte, ich bin süchtig geworden. Wenn ich zurück Zuhause bin, brauche ich auch E-mail." Wie lange hat es bis zur Sucht gedauert?

„Ach Gott, ein paar Wochen, bis ich es merkte. Aber es ist großartig; sogar von der Ostküste braucht ein Brief ein paar Wochen, um herzukommen, und E-mail ist viel schneller." Sie hat auch mit Mosaic experimentiert, aber E-mail an Freunde in fast jeder Universität ist der Grund, aus dem sie in dieses Café kommt.

„Ich verbringe eine Menge Zeit hier. Fast eine halbe Stunde täglich, sonntags etwas mehr." Sie meint, daß es genau so viel Zeit ist, wie sie mit dem Schreiben an ihre Freunde verbringen würde, wenn es nicht das Café hier gäbe. Sie hat einen speziellen Tarif für ihren E-mail-Service und kommt nur außerhalb der Spitzenzeiten hierher.

„Es ist wundervoll gewesen, mit allen meinen Freunden zu Hause reden zu können, ich war ängstlich... Anrufe sind so furchtbar teuer, und die Post ist so langsam." Für Alexa sind die kurzen Äußerungen und schnellen Antworten per E-mail mehr Reden denn Schreiben.

„Man trifft hier eine Menge amerikanische Studenten, einige Geschäftsleute, die Mittagspause haben... ein paar arbeiten hier richtig, aber häufig spielen sie nur herum. Hier sind wirklich die verschiedensten Leute, nicht nur Computer-Junkies. Bevor ich hierher kam, sagte ich immer, ach, das ist so streberhaft und schwierig; ich weiß nicht, ob ich das kann. Aber als ich hierher kam und herausfand, wie einfach das ist, bin ich richtig eingestiegen. Das Internet ist eine wunderbare Idee. Letzte Woche hatten wir die Aufführung einer Rockgruppe... es ist verrückt, wenn man daran denkt, daß die hier spielen und in der gesamten Welt gesehen werden können. Drüben in den Staaten war ein Internet Dance Concert, bei dem ein Tänzer in der einen Stadt war und ein anderer Tänzer in einer ganz anderen Stadt; die haben zusammen getanzt." Ich frage, ob sie gerne im Netz Theater spielen würde.

„Das kann schon sein! Ich glaube nicht, daß das Internet oder Virtual Reality die echten Sachen überflüssig machen. Es ist eine tolle Ergänzung zu dem, was wir bereits haben. Ein sehr interessantes Medium mit vielen Möglichkeiten. Das Besondere daran ist, daß nichts anderes in der Welt es so vielen Leuten über so große Entfernungen erlaubt, miteinander zu reden. Die Möglichkeit, Dinge zur gleichen Zeit zu sehen und zu hören. Ich bin bei der Vorstellung der Band dabei gewesen, ich habe mit einem jungen Mann gesprochen, den ich in Kalifornien sehen konnte. Da ist eine Menge Spaß dabei, aber es bildet auch. Über das Internet kann man auf eine großartige Weise alles mögliche ausprobieren. Es paßt so gut zu der ganzen entspannten Atmosphäre des Cafés, eine wirklich angenehme und erfreuliche Erfahrung." Das Cyberia ist für das Internet vielleicht das, was die Wiener Caféhäuser des fin de siècle für Schach waren.

Alan Newton ist ein freiberuflicher Physiker mittleren Alters, der eine Beratungstätigkeit ausübt. Er ist gut gekleidet, ganz professionell, und hat einen englischen Akzent der Gegend um London. Er arbeitet Zuhause, braucht Zugriff auf bestimmte Daten und fragt sich, ob ihm das Internet dabei nützen kann. „Ich habe davon in der Literatur gelesen und glaube, wenn ich mich einfach so da einklinke, ohne Hilfe, wird das nur zu einem schwarzen Loch, in das ich mein Geld schaufle. Ich habe einen Artikel über diesen Ort hier gelesen und dachte, eine halbe Stunde hier wird mir bei der Entscheidung helfen, wohin ich mich wenden soll und mir ein paar weitere Hinweise geben. Ich habe einmal CompuServe genutzt, was ganz gut für Unterhaltungsdinge ist, aber ich habe den Eindruck, daß das Internet weitaus mehr technische Informationen bietet. Das wird mir hoffentlich jemand in der nächsten halben Stunde bestätigen." Wir verwenden Mosaic, um mit ein paar Tastendrücken zum CERN zu kommen, dem europäischen Kernforschungszentrum. Alan schreibt sich den URL vom CERN auf (http://info.cern.ch) und geht weiter zu The Particle Data Group am Lawrence Berkeley, Experimente in Helsinki, allgemeine Physik über Info.desy.de und so weiter. Der supraleitende Super-Collider, „die größte Ruine aller Zeiten" beklagt eine Überschrift. Alan ist verwirrt, daß wir mit ein paar Klicks von Deutschland in die USA gesprungen sind... Ich verlasse ihn, als er einige Dutzend Buchkataloge überfliegt. Einer davon tönt: „Danke, daß Sie unsere Ausfahrt vom internationalen Datenhighway genommen haben."

Nico Macdonald bestellt die Graphiken für Easynet, er verhandelt mit den Designern und arbeitet an den Symbolen auf den Web-Seiten. Er sieht gerade eine CD-ROM an einer der Workstations durch, da sie auf seinem eigenen Macintosh nicht läuft. Für Notizen, Adressen und Vereinbarungen ist ein Apple Newton auf dem Tisch. Er ist einer von den jungen Männern mit weißem T-Shirt, die ich schon früher bemerkte. Er spricht enthusiastisch über das Netz, Graphiken und Geschäftsaussichten, wird aber von Ivan Pope mit einer dringenden Frage unterbrochen.

Ivan Pope publiziert im Internet ein Magazin, 3W. „Seit September 1993, das erste Internet-Magazin der Welt. Es erscheint alle zwei Monate und ist international erhältlich. Keine große Verbreitung, irgendwie alternativ." Internetseiten? „www.3w.com/3w/, E-mail an 3w@3w.com." „Die kürzeste E-mail-Adresse der Welt", bemerke ich, und er murmelt liebevoll: „Kurz und süß."

Geoff Turko aus New Jersey ruft gerade beim Herumsurfen im Internet ein paar Sachen aus dem Skateboarding News Net ab. Er ist klein, jung, fit und wortkarg. Die Zeit ist kurz bemessen, wenn die Uhr tickt. „Ich finde vielleicht etwas von meinen Freunden Zuhause oder so; ich will wissen, was neu ist und die Mitteilungen lesen." Warum?

„Du kannst hier in London zu den wichtigen Plätzen gehen, aber nicht mitbekommen, was Zuhause oder sonstwo in der Welt los ist." Geoff ist für zwei Jahre hier bei der Architektenvereinigung... Er bricht ab, um seine Aufmerksamkeit einer Mitteilung zuzuwenden. Heute hat er welche aus Dänemark. Ich danke ihm für die Zeit, die er mir geschenkt hat. Eine andere Welt.

Trystan Julliard steht hinter dem Tresen, klein, schmächtig, blond, aber vertrauensvoll und energisch. Sie kommt natürlich aus dem Silicon Valley und ist schon ein paar Jahre in Großbritannien. Sie hat einen Engländer geheiratet und ist von Anfang an beim Cyberia dabei.

„Ich mag Computer und wollte etwas machen, das mir Spaß bringt; dies hier ist ein guter Ort zum Hineinwachsen." Ihr Hintergrund? „Silicon Valley, Zahnmedizin, Reisen, Schreiben. Zur Universität war ich nicht." Wachstum? „Das ganze Geschäft wird wachsen, ich hoffe, ins Management hinauf zu kommen."

Trystan hat die Wendungen und die weiche Sprechweise einer englischen Frau übernommen, aber man spürt trotzdem die Aufregung über und Leidenschaft für die Technik, die unbegrenzten Möglichkeiten. Sie arbeitet hinter dem Tresen und hilft bei der Organisation des Cafés.

„Keiner von uns, weder mein Mann noch ich, hat das Bedürfnis, nach Kalifornien zurückzukehren. England bietet viele Wachstumsmöglichkeiten und ein Temperament, das ich mag. Hier ist es freundlicher. Die Cafés in der Gegend von San Francisco tendieren dazu, UNIX-basiert zu sein, Text-basierte Oberflächen. Da muß man aus der Gegend sein, einen Anorak tragen, um damit umzugehen ." Hier sind keine Anoraks in Sicht.

„Nein, genau das ist es; wir versuchen die normalen Leute hier herein zu bekommen, Alltagsmenschen. Solche, die von dem Rausch gehört haben und herausfinden möchten, was es damit auf sich hat. Hier können sie das tun, ohne selbst einen Computer zu haben." Leichte, anmutige Klaviermusik säuselt im Hintergrund, während sie über die Realität eines Cyberspace Cafés räsoniert.

„Der Rausch fängt an, abzuebben, aber es wird noch eine Weile weitergehen. Wenn nicht, dann wird es einen großen Rückschlag geben. Das Internet kann nicht das bringen, was der Rausch verspricht. Es gibt Filme, in denen du nur etwas eintippst, und die gesuchte Information ist da, so ist es aber einfach nicht." Was kann das Netz wirklich bringen?

„Eine Menge Spaß und eine Menge Informationen, wenn man weiß, wie man danach suchen muß: Das ist der Schlüssel, Wissen, wie man sucht... Es ist zur Hälfte reine Logik und zur anderen Hälfte Intuition; wissen, wie man etwas abruft, wie jemand anderes es nennt. Ich versuche es häufig mit dem Adreßbuch von jemand anders. Steht es unter dem Vornamen? Nachnamen? Spitznamen? Da muß man raten. Die Suchmaschinen werden immer raffinierter, sie sind schon jetzt ziemlich clever. Das ist es, wohin der erste Orden gehen wird."

„Ich bin selten hinter dem Tresen, meistens bin ich als technischer Support unterwegs und führe die Leute herum." Wie hat sie das gelernt?

„Man spielt. Schon immer seit meinem 16. Lebensjahr. Computer, das Internet, die ganze Kultur und Geisteshaltung. Ich bin mit Computern aufgewachsen, sie waren allgegenwärtig. Der ganze Jargon drumherum... es ist nicht soviel anders als in einer Surfergegend aufzuwachsen. Es ist einfach ein Teil des allgemeinen Wissens, wie die Sachen funktionieren." Eine Schattenseite?

„Ich weiß nicht. Wir werden es herausfinden, wenn wir weiter vorwärtskommen. Wenn Sie zum Beispiel den Film betrachten: die Daguerrotypie... Die hatten die Anfänge dieser Technologie und dann kam die Filmindustrie. Die wußten überhaupt nicht, wo das hinführen würde. Wir wissen es auch nicht. Können Sie sich vorstellen, daß sich das Militär (das Pentagon) das hier ausmalte, als sie das ARPAnet gestartet hatten? Ich bin nicht vorausschauend genug, um mir zu denken, wo all das hier hinführen wird."

„Wir haben hier alles, von kleinen Kindern bis hin zu Großmüttern. Wir hatten hier eine Mutter, die überhaupt keine Vorstellung hatte, aber ihrem Sohn eine E-mail in die Universität schicken wollte. Der arme Kerl wird ganz schön geschockt sein, wenn er E-mail von seiner Mutter bekommt!"

I.F.A.

Glossar

Dieses Glossar enthält einen großen Teil der Begriffe, auf die der Leser im Zusammenhang mit dem World Wide Web stoßen kann. Die meisten Einträge sind ernsthafte Definitionen und Erläuterungen. Wir haben aber auch ein paar weniger ernstzunehmende Einträge, die jedoch einen ernsthaften Hintergrund haben.

Anchor, Anker
Eine Struktur in HTML, die den Ursprung (oder das Ziel – *siehe* Beschreibung des Tags A) eines Hypertext-Sprungs festlegt. Für Anker verwendet man im allgemeinen das Element A mit dem Attribut HREF, zum Beispiel:

```
<A HREF="target.html"> <IMG SRC="target.gif">
Target</A>.
```

Symbole in Form von (kleinen) IMG-Bildern können in dem Ankertext enthalten sein. Außerdem können die Elemente LINK, REL und REV eingesetzt werden, um das Verhältnis zwischen verschiedenen HTML-Seiten zu beschreiben. Eine Alternative dazu ist die Verwendung einer **image map** (verweis-sensitive Grafik).

Anklickbar
siehe **Clickable**

ANSI
American National Standards Institute, US-amerikanische Standardisierungsinstitution.

ASCII
(American Standard Code for Information Interchange): Die am weitesten verbreitete Codierung von Zeichen, die 7 Bit verwendet (womit sich 128 Zeichen darstellen lassen). Damit werden die Buchstaben des Alphabets in Groß- und Kleinschreibung, die Ziffern, ein paar Steuerungszeichen und ein begrenzter Vorrat an Symbolen wie % und $ dargestellt. ASCII-Code wird von den meisten Computern intern verwendet (ausgenommen IBM-Mainframes) und ist grundsätzlich universell lesbar. Dieser Code bildet den kleinsten gemeinsamen Nenner für Datenaustausch wie zum Beispiel **E-mail**. HTML bietet eine reichere Syntax, ist aber selbst in ASCII geschrieben. Trotzdem kann HTML Binärdateien wie GIF- oder JPEG-Bilder referenzieren.

ATM
Asynchronous Transfer Mode, eine neue und schnellere Technologie der asynchronen Datenübertragung in einem Netzwerk. ATM kann sich durchsetzen, aber auch von einer noch neueren und noch schnelleren Technologie verdrängt werden.

Attribute
Untergeordneter Baustein, der zur näheren Beschreibung der **Elemente** in **HTML** wie zur Veränderung der Eigenschaften verwendet wird. Es können beispielsweise

zu vielen Elementen Bezeichner hinzugefügt werden wie `ID` bei `<P>` bei `<P ID"=Beispiel für Attributzuweisung">`.

Author
Schreiben oder Verfassen von HTML. Ein besseres Wort ist „Design", da Hypertext eine Struktur ist, die Text und anderes (wie Graphiken und Tabellen) enthält; die meisten HTML-Seiten auf den Web-Sites von Firmen werden automatisch mit verschiedenen Tools durch Export aus Datenbanken erstellt.

Begrenzer
siehe **Delimiter**

Block
Ein Block aus HTML, der von einem **Element** geformt wird, welches bei den meisten Browsern eine neue Zeile beginnt; Beispiele sind `<P>`, `<H3>` und `<UL>`.

Blockelement
Ein Element, das den vorangehenden Absatz abschließt. Zu diesen Elementen gehören `H1...H6`, `HR`, `P`, `TABLE`, `FORM`, `ADDRESS`, `DIV`, `PRE`, `BQ`, `NOTE`, `BR`, `FN`, `UL`, `DL`, `OL`, `CAPTION`, `FIG` und `MATH`.

BoF
„Birds-of-Feather"-Treffen der **IETF**.

Breiteneinheiten
Die Größe der meisten Bestandteile von **Tabellen** kann entweder automatisch oder über eine Angabe zum Attribut `WIDTH` bestimmt werden. Es gibt Breiten in einer großen Auswahl von Einheiten: pi – Pica; pt – Punkt; in – Zoll (Inch); em – em-Einheiten; cm – Zentimeter; mm – Millimeter; px – Pixel (der unangenehme Standard). In einigen Fällen ist auch eine Angabe in Prozent möglich; die Breite einer Tabelle kann zum Beispiel in Prozent des Fensters oder Bildschirms angegeben werden. Schließlich kann den Spalten eine relative Breite gegeben werden, indem man dem Wert von einen Stern (*) folgen läßt. Zwischen dem Wert für die Breite und der Einheit ist niemals ein Leerzeichen zulässig („3em" ist korrekt, „3 em" nicht).

Browser
Ein **Client**-Programm für das **Web**. Browser sollten den **HTML**-Standards oder zumindest einer Version davon entsprechen. Es gibt Browser für Personalcomputer, Macintosh, UNIX-Geräte und andere Computer. Die meisten Browser können Graphiken genauso wie Text anzeigen, aber ein paar wenige wie Lynx sind absichtlich nur für Text gedacht, üblicherweise auf Monitore mit 80 × 24 Zeichen abgestimmt. Es gibt auch noch andere wie EMACSpeak, die Text in Sprache oder Braille (Blindenschrift) übertragen.

CALS
„Continuous Acquisition and Life-Cycle Support", zuvor „Computer-aided Acquisition and Logistics Support", zuvor... ein Verfahren der US-Navy/des Verteidigungsministeriums zur Handhabung von Daten, welches großen Einfluß auf das **Tabellen**modell von HTML hat.

CD-ROM
Compact Disc – Read-Only Memory. Eine CD wie für Musik, nur daß sie bis zu 600 Megabyte Daten enthält. Eine preiswerte Form der Speicherung von nicht ständig

benötigten Daten, die nur selten eine Aktualisierung (durch Anfertigung neuer CD-ROMs) erfordern. Derart gespeicherte Daten sind einfach zu transportieren.

CERN
Centre Européen de Recherche Nucléaire, europäisches Zentrum der Elementarteilchenphysik in Genf und Mutter des World Wide Web. Sie hat ihre Kinder inzwischen in die dunklen Wälder von Massachusetts geschickt, wie im Nachwort dieses Buches erzählt ist. *Siehe auch* **MIT**.

Clickable
(Verweis-sensitive Grafik) Textteil oder Bild, in dem Sinn aktiv, daß durch Darüberbewegen des Maus-Cursors oder anklicken mit der Maus oder einem anderen Zeigegerät etwas ausgelöst wird. Dies ist meistens ein **Hypertext**-Sprung.

Client
Ein Programm, das auf irgendeinem Computern im Netzwerk laufen kann und Zugang zu den Daten auf einem **Server** (Computer oder Programm) ermöglicht. Das Client-Server-Modell verteilt die Arbeit effektiv im Netzwerk und minimiert dadurch die Auslastung aller Maschinen. Hierdurch ist dieses Verfahren für Netzwerkoperationen unter den meisten Systemen dominierend geworden. **Browser** sind Clients im **Web**.

Content model
auch „Inhaltsmodell". Die logische Struktur, die festlegt, welche Elemente in einem gegebenen Element innerhalb eines Dokuments enthalten sein können. Ein Formular kann zum Beispiel „body.content" enthalten, was bedeutet, daß alles, was in dem Körper einer HTML-Seite auftreten kann – Überschriften, Text, Blöcke (*siehe* **Blockelement**) und so weiter – auch ohne weitere Erklärungen in dem Formular erlaubt ist.

CSS
Cascading Style Sheets: Der dazu gewählte Mechanismus, HTML-Elemente in dem **Stil** wiederzugeben, wie es vom Autoren der Seite gedacht ist (statt in den Browsern Standardeinstellungen vorzunehmen). Die Kaskadierung bezieht sich auf die Hierarchie, die ziemlich kompliziert ist: Grundsätzlich werden die Formatierungen einer Seite von der Formatvorlage für die gesamte Web-Site festgelegt, was aber von einer Formatvorlage innerhalb einer einzelnen Seite (in deren Kopf) abgeändert werden kann. Diese wiederum kann durch die Formatierung, die für ein einzelnes Tag festgelegt wird, ausgesetzt werden (an beliebiger Stelle des Dokumentkörpers). Dieser Mechanismus erlaubt es dem Autoren auf elegante und wirksame Weise, das Aussehen der Struktur jeder Seite (entsprechend den Möglichkeiten des Browsers) zu steuern. Browser, die zum Beispiel nur die Fähigkeit zum Schreibmaschinenstil oder von Sprache haben, ignorieren notwendigerweise die meisten Formatierungsanweisungen.

Datenhighway
siehe **Infobahn**

Delimiter
Symbol mit einer bestimmten Bedeutung für HTML-Browser. Die Symbolfolge </ markiert zum Beispiel den Anfang eines abschließenden Tags und > zeigt das Ende eines solchen Tags an.

DNS
Domain Name Server im Internet. Ein Computer, der Ihrem Rechner die zum Namen einer Internet-Domain gehörende Internet-Adresse bekannt gibt.

Download
Siehe **Herunterladen.**

DSSSL
Documents Style & Semantics Specification Language. Eine weitere potentielle Variante für HTML-Style-Sheets. Die Aussprache lautet „Dissel". Unglücklicherweise ist sie furchtbar kompliziert.

DTD
Document Type Definition, so etwas wie die formale Beschreibung von **HTML**, geschrieben in **SGML**.

DTP
DeskTop Publishing, das Geschäftsfeld der kompletten Anfertigung attraktiver Dokumente nur mit einem Computer und Laserdrucker in einem kleinen Büro oder Zuhause.

Einbetten
siehe **Embedding**

Element
Syntaktischer Baustein von **HTML,** der für sich allein stehen kann. Im Gegensatz dazu stehen **Attribute**, die die meisten Elemente ergänzen können. Ein typisches Element besteht aus einem Start-Tag wie `<H1>` oder `<FORM>`, etwas Textinhalt und einem passenden End-Tag wie `</H1>` oder `</FORM>`. Einige Elemente wie `<HR>` haben keinen Inhalt und erfordern somit auch kein End-Tag. Viele Elemente wie `<P>` erfordern kein End-Tag, obwohl sie Inhalt haben; sie werden durch den Start des nächsten, ähnlichen Elementes implizit beendet.

E-mail
Electronic Mail (elektronische Post). Sie können häufig Reaktionen auf oder Kommentare zu HTML-Dokumenten in Form von E-mail an den Autoren schicken. E-mail ist ein viel älterer Dienst als HTTP und hat so seine Kniffe. Sie ist aber im allgemeinen schnell und zuverlässig. Es gibt keine weltweit gültige Vereinbarung darüber, wie Binärdaten oder Hervorhebungen in E-mails zu codieren sind. Es ist daher angeraten, Transaktionen mit reinem **ASCII** zu starten. Die unterschiedlichen Codierungen umfassen BIN-HEX, UUENCODE, RTF und **MIME**; der Erfolg der Übertragung solcher Daten hängt davon ab, ob ihr Empfänger die passende Software für die Decodierung hat.

Embedding
Einbetten von Objekten (wie Bilder, Texte, Tabellen und Daten), die zu einem Anwendungsprogramm gehören (wie Bild- und Texteditoren, Tabellenkalkulationsprogrammen und Datenbanken) in ein HTML-Dokument, als wären sie ein Teil davon. Einbettung gibt den Benutzern eine zusammengesetzte Ansicht des Systems mit einem Zugriff per Point-and-Click auf ein beliebiges der Tools, die eine Ansicht ermöglichen. Dieses Konzept ist

auf PCs bereits weit verbreitet und wird wahrscheinlich im Web sehr wichtig werden.

Emoticons Kleine Symbole für Emotionen wie `:-]` für „mürrisch“ und `:-o` für „erstaunt“. Sie drehen ihren Kopf nach links oder (Einstein läßt Grüßen) das Blatt nach rechts, und es lassen sich ziemlich schlichte Zeichnungen aus ASCII-Zeichen erkennen, die emotional bewegte Gesichter zeigen. Diese sollen einer ziemlich kalten Kommunikationsform eine gewisse Gefühlstiefe verleihen. Ihren Ursprung und angestammten Platz haben diese in den Multi-User Dungeons (MUDs) des Internet, wo die Knappheit des Ausdrucks ein Sport ist.

End-Tag Das Tag, welches ein HTML-**Element** abschließt. Dem Namen des Elements ist eine spitze, linke Klammer und ein Schrägstrich vorangestellt; es folgt dem Namen nur noch eine spitze, rechte Klammer. Ein Beispiel: `</TITLE>`. *Siehe auch* **Start-Tag**.

En-Einheiten Ursprünglich die Breite des Buchstabens N in der jeweiligen Schriftart, mittlerweile aber als die halbe Breite des breitesten Buchstabens, meist M, definiert. Wenn Sie für einen Textteil 20 en zulassen, können Sie sicher sein, Platz für mindestens 10 Zeichen, in gemischtem Text ungefähr für 15, zu haben.

Entity auch „Kodierungszeichen“ Ein Symbol, daß speziell für HTML-Dokumente entworfen ist. Es steht zum Beispiel `&` für das Und-Zeichen (ampersand). Die Entities von HTML sind in einem Anhang aufgelistet.

Erlaubter Kontext Stellen in einem Dokument, an denen Sie ein Element einsetzen können. Die Überschriftenzelle `TH` für Tabellen ist nur in Tabellenzeilen `TR` erlaubt.

ETP Egg Transfer Protocol, ein gebräuchliches Beispiel für die Erläuterung von HTTP, FTP und so weiter. Für jede Art Daten gibt es ein passendes Protokoll für den sicheren Transfer über das Internet.

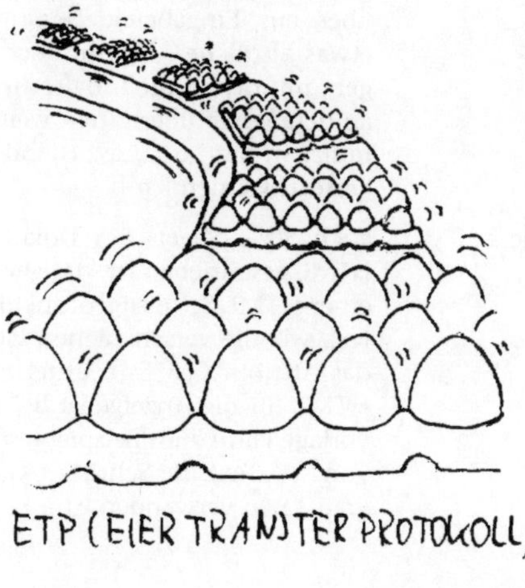

ETP (EIER TRANSFER PROTOKOLL)

FAQ (Liste von) Frequently Asked Questions, häufig gestellter Fragen. Der leicht abstoßende Ausdruck für ein Dokument, das ähnlich einem wissenschaftlichen Überblick das Feld für Neulinge abdeckt, um alle anderen vor albernen Fragen zu schützen. Wenige FAQs sind so gut strukturiert wie Übersichten.

Flame Aggressiv mißbrauchen, im allgemeinen Mißbrauch von **E-mail**. Die Praxis ist gefährlicher als es erscheint, da auch flüchtige Nachrichten dauerhaft gespeichert werden können.

Floating (auch gleitend) Für Bilder. Das Bild kann zum rechten oder linken Rand verschoben werden, wobei der Text drumherum fließt. Das ist anders, als wenn Leerräume neben dem Bild wären.

Form Eine HTML-Dokumentstruktur, die in einem Browser ein Formular zum Ausfüllen erzeugt. Es erscheint genau so, wie die geradezu endlos von Bürokraten produzierten Formulare; im weiteren Sinne auch eine formularartige Struktur in einem Browser. HTML-Formulare bestehen überwiegend aus benannten Feldern, die jeweils aus einem kurzen Text und einem Mechanismus für die Eingabe durch den Benutzer bestehen. Diese Eingabe erfolgt über ein Eingabefeld, eine Optionsschaltfläche oder etwas ähnliches. Es gibt auch vorformatierte Steuerungen, mit denen die Inhalte eines ausgefüllten Formulars an den Server übermittelt werden können, oder das Formular in den Anfangszustand (leer oder Standardwerte) versetzt werden kann.

Formatvorlage auch Style Sheet. Ein Dokument, das selbst nicht in **HTML** geschrieben ist, das aber (durch eine Deklaration) einer HTML-Seite zugeordnet ist. Die Formatvorlage legt fest, wie die verschiedenen Elemente und Klassen (über das Attribut `CLASS` in unterschiedlichen Elementen) in HTML für die Anzeige zu behandeln sind. Eine Formatvorlage kann zum Beispiel festlegen, daß für die Anzeige von `<P>`-Text die Schriftart Garamond mit dem Schriftgrad 11 zu verwenden ist.

Frame Eine HTML-Dokumentstruktur, die einen Satz Fenster erzeugt. Jedes dieser Fenster enthält ein Bild oder eine Web-Seite. Ein typische Gebrauchsform für Rahmen ist die Anlage eines Inhaltsverzeichnisses (Index) in einem mehr oder weniger statischen Rahmen. Die übrigen Dokumente kommen in einen Rahmen mit Bildlaufleiste, der aktualisiert wird, wenn der Benutzer auf einen Indexeintrag klickt. Frames erlauben eine einfache Gestaltung der Dokumente, da die Frame-Struktur Aufgaben wie Navigation und Präsentation übernimmt.

FTP File Transfer Protocol. Ein Verfahren für die Übertragung oder den Empfang beliebiger Dateien über das Internet, welches schnell, angenehm und zuverlässig ist. Auf FTP-Sites kann vom Web aus direkt, oder mit einem speziellen FTP-Client von einem ans Internet angeschlossenen PC zugegriffen werden. FTP funktioniert auf jeder Art Computer gut; FTP-Clients werden üblicherweise bei UNIX-Paketen kostenlos mitgeliefert. Programme, die per FTP oder einem anderem Protokoll heruntergeladen werden, können **Viren** enthalten und sollten vor ihrem Einsatz überprüft werden. *Siehe auch* **MTP**.

FYI For Your Information. Ein verhältnismäßig formloses Dokument, das einen Internet-Standard beschreibt.

Generic Attribute auch Standard-Attribut. Eigenschaft, die vielen verschiedenen HTML-Elementen gegeben werden kann. Die Attribute `ID`, `LANG` und `CLASS` können bei Absätzen (`<P>`), Überschriften (`<H1>` bis `<H6>`) Tabellen (`<TABLE>`) und noch anderen Elementen eingesetzt werden.

GIF Graphics Interchange Format. Ein Dateiformat und ein Algorithmus zur verlustlosen Komprimierung von Dateien. Es stammt von CompuServe und wird mittlerweile weitverbreitet im Internet für die Übertragung und Speicherung von Graphiken verwendet. Besonders effektiv ist es bei der Komprimierung von Diagrammen und Bildern, die mit Computern erstellt worden sind. *Siehe auch* **JPEG**.

Gopher (von „go for it", ein Wortspiel mit den die Erde durchwühlenden Erdhörnchen) – ein simples Verfahren, das über eine Unmenge von Menüs Zugriff auf ASCII-Dokumente ermöglicht. Gopherspace war ein Vorläufer des Web, der heute alles andere als veraltet ist. Durch das Web können die Gophermenüs ganz einfach aufeinander verweisen, so daß sich ein Benutzer ganz schnell mit ein paar Mausklicks zwischen den Gopher-Sites hin- und herbewegen kann. Die Suche unter Gopher ist textbasiert und erscheint im Vergleich zum **Surfen** im Web ziemlich träge. Da Menüsprünge mit Hypertext-Referenzen einfach zu simulieren sind, können Sie Gopherspace mit Ihrem Browser besuchen.

Herunterladen Das Holen von Dateien wie HTML-Dokumenten von einem Server über ein Netzwerk wie das Internet. *Siehe auch* **Viren**.

Home-Page(s) ① HTML-Dokumente, die zu einer Person oder Organisation gehören, und deren Präsenz im Web darstellt. ② HTML-Dokument der obersten Ebene (Index) für die Dokumente, die unter ① beschrieben sind.

HoTMetaL Ein Programm der SoftQuad Inc. für das Editieren von **HTML** mit Paaren symbolischer Tags. HoTMetaL kennt die Regeln von HTML und kann Ihnen helfen, viele typische Fehler zu vermeiden.

HTML HyperText Markup Language, Gegenstand dieses Buches. *Siehe auch* **SGML**.

HTTP HyperText Transfer Protocol, E-mail- und **MIME**-basierter Mechanismus für den Transfer von **HTML**-Stücken über das Internet. *Siehe auch* **Secure HTTP**, **ETP**.

HTTP -ng Eine für die allernächste Zukunft angekündigte neue Generation von HTTP:, die nicht auf dem schlichten alten E-mail basieren wird.

Hypertext In maschinenlesbarer Form dargestellter Text (aber auch Graphiken, Tabellen, Diagramme, Sound-Clips und andere audiovisuelle Medien), so daß der menschliche Benutzer sich durch die Auswahl vordefinierter Symbole mit einem Zeigegerät von Seite zu Seite bewegen kann. Im **World Wide Web** ist der Hypertext in **HTML** (Gegenstand dieses Buches) geschrieben, und Sprünge zwischen Seiten werden typischerweise durch die Bedeutung unterstrichener Texte und Icons oder Symbole, die Anker bilden, ermöglicht. Manchmal werden auch ähnliche Begriffe wie Hypermedia und Hypergraphics benutzt.

IAB Internet Architecture Board

Icon Ein kleines Bild, das oftmals als Schaltfläche eingerichtet wird, die man anklicken kann (das bedeutet bei HTML, daß es in einem Hypertext**anker** (anchor) steht. Symbole sollten sofort erkennbar sein, aber ihre allgemeine Unverständlichkeit ist ein Witz.

IEEE Institute of Electronic and Electrical Engineering, eine Institution, die für die Festlegung und Bekanntgabe von technischen Standards verantwortlich ist.

IESG Internet Engineering Steering Group

IETF Internet Engineering Task Force

Image-Map auch Verweis-sensitive Grafik. HTML-Struktur, die es einem Bild ermöglicht, sich wie eine Gruppe von Hypertext**ankern** (anchor) zu verhalten. Sie verbindet bestimmte Bereiche des Bildes (z. B. Rechtecke) mit Hypertext-Referenzen. Ein Klick auf einen aktiven Bereich bedeutet genau das Gleiche wie ein Klick auf einen normalen Hypertext-Anker, der den Benutzer zu der Datei bringt, auf die der Anker verweist. Es gibt zwei Arten von Image-Map: ① Serverseitige, bei denen die Position des Klicks an den Server übermittelt wird, der ein Skript benutzen kann (typischerweise CGI), aufgrund dessen er bestimmt, welche Datei für den Benutzer zu holen ist; ② Clientseitige, bei denen der Browser bestimmt, was für den Benutzer zu holen ist, und dies (wenn erforderlich) vom Server anfordert. Dieses Verfahren ist häufig schneller, da der Verweis auf eine andere Stelle der aktuellen Datei zeigen und die komplette Aufgabe lokal ausgeführt werden kann (ohne Mitteilungen über das Internet zu senden). Clientseitige Image-Maps sind sehr gut für Intranets geeignet, da keine Skripte benötigt werden.

Infobahn

Nein, wir wissen eigentlich auch nicht, was das eigentlich ist. Es scheint aber eines oder mehreres des folgenden zu sein: ① was das Internet werden wird, wenn jeder, der reich ist, es benutzt; ② etwas, wovon die Telekommunikations- und Kabelfernsehgesellschaften gerne hätten, daß wir es benutzen, nämlich Anschlüsse mit einer riesigen Bandbreite in unseren Wohnzimmern, für die wir in dem Moment bezahlen, da unsere Kinder mal wieder einen Actionreißer bestellen und ansehen; ③ der Rettungsring für die Technik der westlichen Zivilisation, wie wir sie kennen, der elektronisches Wissen und Weisheiten zwischen den Polen ausbreitet und gottlose Wilde zu guten Christen und Freunden des weißen Mannes bekehrt; ④ das Ende von Familienleben und Kultur, die Zeit der Atomfamilie mit hausgemachter Apfeltorte, wo jeder mit Quadrataugen vor seinem Monitor sitzt und auf Cyber-Wellen surft, morgens, mittags und abends. Wir bedauern, aber darüber können wir Ihnen nicht mehr erzählen.

Information Super-Highway

siehe **Infobahn**

Internet

① Das weltweite Netzwerk aus Computern, dessen Grundlage das in den 1960ern gegründete Advanced Research Projects Agency Network (ARPAnet) bildet, und jetzt exponentiell wächst. ② Die physische Heimat von Cyberspace und **Infobahn**. ③ Nützliches Wort für Schlagzeilen in Zeitungen, wenn man irgendeine blödsinnige Forschungsarbeit bekannt machen möchte, zum Beispiel: *Wissenschaftler sagen: Internet kann durch Gehirn-Implantat für Telepathie ersetzt werden.*

Intranet

In Analogie zum Internet benanntes internes Netzwerk, in dem Dateien über Hypertext-Verweise erreicht werden können, als wären sie lokal. Da viele Firmen heute bereits lokale (manchmal globale) Netzwerke haben, in denen die Benutzer Browser einsetzen können, bildet dieses Verfahren eine schnelle und preiswerte Lösung für die Organisation und Verteilung von Informationen

IP — Internet Protocol, als Teil von **TCP/IP** bekannt.

ISDN — Rein digitaler Anschluß an das **Internet**, der eine schnellere Verbindung bietet als ein normaler Telefonanschluß(64 kbits pro Sekunde; kann auf 128 kbits pro Sekunde verdoppelt werden). ISDN bietet, anders als beim langwierigem Einwählen über herkömmliche Telefonleitungen, sehr kurze Zeiten für einen Verbindungsaufbau. ISDN wird wahrscheinlich von digitalen Modems verdrängt werden, sobald für diese ein Standard vereinbart ist. *Siehe auch* **Modem**.

ISO — International Standards Organization

ISOC — Internetgesellschaft und deren Vertrauensrat

Java — ① Hauptinsel der Republik Indonesien, berühmt für den dort wachsenden Kaffee, insbesondere für den von den vulkanischen Hochebenen wie Dieng und Ijen. Der meiste als „Java" verkaufte Kaffee, das gilt insbesondere für die USA, kommt von anderen Inseln Indonesiens, wie zum Beispiel Sumatra (auch ein Anbaugebiet sehr feinen Kaffees) oder aus ganz anderen Ländern. ② Eine interpretierte Programmiersprache, die von Sun Microsystems, Inc. entwickelt worden ist. Die Programme werden in einen komplett portierbaren Code übersetzt (kompiliert), der eine angenehme kurze Form für eine Übertragung im Web hat. Ein Java-Client (wahrscheinlich gratis) ist ein kleines, für die verschiedensten Computer erhältliches Programm, das den Code Zeile für Zeile interpretiert und ausführt. Seit Java-Programme in HTML-Dokumente eingefügt werden können, eröffnet Java die Tür zu einigen Diensten, die mit Standard-HTML nicht möglich wären. Seine Verwendung in den Browsern von Netscape und Microsoft und die leichte Portierbarkeit haben ihm zu der großen Akzeptanz verholfen.

JavaScript — Eine interpretierte Programmiersprache, die für die Erstellung kurzer Skripte entworfen wurde, die direkt in HTML-Seiten eingebaut werden können. JavaScript ist die Standard-Skriptsprache und wird von vielen Browsern, inklusive denen von Netscape *und* Microsoft unterstützt. Außer der guten Eignung für das Web hat die Sprache mit **Java** nichts gemeinsam. *Siehe auch* **VBScript**.

JPEG — Ein international vereinbarter Standard der verlustbehafteten Komprimierung von Bildern, speziell Fotografien. Etwas Qualität geht verloren (die Bilder werden leicht verschwommen und die Kanten undeutlich), aber die Komprimierungsrate ist hoch. Übliche Bilder können sicher mit 15:1 oder stärker komprimiert werden, wobei nur kaum merkliche Veränderungen auftreten. JPEG ist zur Zeit das wichtigste Format für Fotografien im Web. *Siehe auch* **GIF** und **MPEG**.

Jump — *siehe* **Sprung**

Komprimierung Reduzierung der erforderlichen Transport- und Speicherkapazität für Daten, insbesondere Bilder (der Bedarf kann sehr groß sein: ein Urlaubsfoto von 9 × 13 cm kann unkomprimiert sehr leicht 2 Megabyte beanspruchen, wenn noch Fotoqualität erreicht werden soll). Komprimierung kann verlustbehaftet sein (wie bei **JPEG**) oder verlustfrei sein (wie bei **GIF**). Verlustbehaftete Komprimierung erlaubt eine sehr starke Reduzierung des Datenumfangs um den Preis eines Qualitätsverlusts. Verlustfreie Komprimierung ermöglicht eine qualitätsunabhängige Reduzierung. Die Komprimierungstechniken entwickeln sich rapide. Fraktale Komprimierung kann beispielsweise Fotografien mit wenig Verlust auf 1% oder weniger (Komprimierung 100 : 1) der ursprünglichen Größe reduzieren. Für die Codierung ist allerdings eine sehr große Rechenleistung erforderlich, wogegen die Decodierung weitaus einfacher ist.

Kontext *siehe* **Erlaubter Kontext**

LAN Local Area Network. Wenn Sie einer Organisation angehören, die Sie über ein LAN mit dem Internet verbindet, so ist der Anschluß für Sie umsonst. Sie zahlen aber den Preis höherer Verzögerungen als üblich, wenn im LAN viel Datenverkehr herrscht (oder wenn sich 1000 Ingenieure einen 64kbyte-Anschluß ans Internet teilen).

Latin-1 Ein weitverbreiteter Zeichensatz, der die in den meisten europäischen Sprachen (ausgenommen Griechisch und Sprachen mit kyrillischem Alphabet) verwendeten Zeichen umfaßt: Einfache Buchstaben und solche mit Akzenten u. ä., Ziffern und auch eine Auswahl an Symbolen.

LaTEX Eine raffinierte aber nicht einfach zu nutzende Sprache für den Satz, die viel auf UNIX-Maschinen eingesetzt wird und als eine mögliche Grundlage für HTML betrachtet werden kann. Es gibt für LaTEX Filter, die Web-Seiten in eine druckbare Fassung umformatieren. Nebenbei bemerkt steht das „X" für den griechischen Buchstaben Chi (χ), und sollte dementsprechend ausgesprochen werden.

Link *siehe* **Verweis**

Markierung, Markup auch Auszeichnung. In Analogie zu den Korrekturzeichen im amerikanischen Verlagswesen die Symbole, die zur Angabe dessen verwendet werden, wie ein Dokument auf einem beliebigen Anzeigegerät oder Drucker zu behandeln ist. *Siehe auch* **HTML**, **SGML**.

MIME Multipurpose Internet Mail Extensions, Mehrzweck-Erweiterungen für Internet-Mail (Internet RFC 1590); ein System, welches die Übersendung komplexerer E-mail, inklusive Binärdateien regelt. Eine echte Erweiterung gegenüber reinem Text wie beim ursprünglichem E-mail.

MIT

Massachusetts Institute of Technology – ein Institut mit nicht nur männlichen Mitarbeitern, dennoch Stiefvater des World Wide Web. *Siehe auch* **CERN**.

Modem

MOdulator/DEModulator; ein Signalgeber, der in beiden Richtungen zwischen digitalen Signalen, wie sie aus der seriellen Schnittstelle eines Computers kommen, und analogen (modulierte Töne), wie sie über eine normale Telefonleitung kommen, konvertiert. Die meisten privaten Nutzer des **Web** sind mit einem Modem über die Telefonleitung an das **Internet** angeschlossen. Wenn Sie für diesen Zweck ein neues Modem kaufen, ist es sinnvoll, mindestens eine Geschwindigkeit von 14.4 kbps zu nehmen, 28.8 kbps ist aber besser. Der begrenzende Faktor ist das Rauschen, insbesondere auf älteren oder längeren Leitungen zu den Vermittlungsstellen. Aus diesem Grunde haben analoge Modems ihre Grenzen erreicht; digitale Modems, die zwischen lokalen Signalformen und solchen für Langstrecken konvertieren, haben dieses Problem nicht. Digitale Modems werden wahrscheinlich innerhalb der nächsten Jahre die analogen ersetzen. *Siehe auch* **ISDN**.

mosaic

siehe **NCSA**

MPEG

Das Pendant zu JPEG für Video. Die Internetanschlüsse der meisten Leute (und große Teile des Internets selbst) haben eine zu geringe Bandbreite, um mehr als ein Minimum an Videodaten zufriedenstellend zu übertragen. Diese strenge Beschränkung wird unzweifelhaft im nächsten Jahrzehnt angegangen (zum Beispiel mit digitalen Modems) und der Erfolg wird darüber entscheiden, ob das Internet oder ein anderes Netzwerk weltweite Dominanz erlangt.

MTP

Milk Transfer Protocol; Erläuterungen *siehe* **ETP**.

NCSA

National Center for Supercomputing Applications, die amerikanische Herkunftsstätte des ersten erfolgreichen graphischen **Browsers**, Mosaic, diejenige Anwendung, die das Internet und das World Wide Web zu allgemein bekannten Bezeichnungen machten.

Nerd Eine Person, die tief in technischen Dingen steckt und kein Sozialleben mehr hat. Er trägt angeblich einen Anorak, aber sein abscheuliches modernes Kleidungsstück hat nichts mit den ledernen, schön verzierten Oberteilen, *anoraaq*, der Inuit von Grönland gemeinsam. Das Web wird sehr schnell einfacher zu nutzen und weniger kryptisch und nerdy.

Netscape Navigator Der für verschiedene Computertypen erhältliche Browser der Netscape Corporation. Seine Konzeption leitet sich eng von der des **NCSA** Mosaic ab, von dem er eigentlich eine raffiniertere Neuausführung ist. Er kann zur Zeit frei heruntergeladen werden und hat 70–75% Marktanteil bei den Browsern.

Object Ein Ausdruck, der im Computerbereich viele Bedeutungen hat. Bei HTML ist es eine Struktur, die audiovisuelle Komponenten aus einem sehr großem Bereich und zusätzliche Informationen wie Überschriften enthalten kann.

Online (momentan) aktiv mit dem Web verbunden.

Page auch Seite. Lockerer Ausdruck für ein HTML-Dokument im Web. Dokumente können viel größer als das Äquivalent auf einer gedruckten Seite sein, aber dieser Ausdruck ist ziemlich fest etabliert, wie auch der damit in Zusammenhang stehende Ausdruck **Homepage**.

Parse Englischer Ausdruck für das grammatikalische Analysieren einer Satzkonstruktion in einer anderen Sprache, um es angemessen zu übersetzen oder darzustellen. Jedes HTML-Dokument muß von einem Browser geparsed werden, um auf einem Computerbildschirm angezeigt zu werden.

Patch Eine Sofortlösung (*ad hoc*), mit der versucht werden soll, einen Softwarefehler zu beheben.

PC Personal Computer (früher von IBM hergestellt) der auf einem 80x86 Mikroprozessorchip von Intel basiert, und traditionell unter DOS/Windows-Betriebssystemen arbeitet. Heutzutage wird aber durch Multichipsätze, Netzwerke, Chips anderer Hersteller und auch andere Betriebssysteme die Grenze zwischen PCs und allgemein Computern zunehmend ungenauer.

POTS Plain Old Telephone System, das einfache, alte Telefonsystem, welches Kupferdrähte für den lokalen Anschluß verwendet, die für die verschiedensten Dienste eingesetzt werden (analog oder digital) und ursprünglich nur für Sprachübertragung vorgesehen waren, jetzt aber auch für Fax und Internet-Zugang genutzt werden. *Siehe auch* **Modem**.

Publizieren Etwas im Web zugänglich machen, meist in Form von HTML-Dokumenten, aber auch als herunterladbare oder ausführbare Programme. Das Web hat bereits das Konzept von Publikationen revolutioniert (Papier und Tinte sind nicht mehr unbedingt erforderlich, Text muß nicht mehr sequentiell sein usw.). Neuerscheinungen wie Einbettung und Java machen das Konzept noch nebulöser, da Dokumente erst dann existent werden, wenn sie jemand ansieht, und das, was anzusehen ist, wahrscheinlich jedesmal anders erscheint. Das Web scheint sich vom „Broadcast Publishing" (Jeder, der eine Web-Site besucht, sieht einige der Dokumente dort) zum „Narrowcast" (narrow: eng) oder sogar „Individual Publishing" (man sieht, was man sehen will) zu entwickeln.

Pull Das Holen von Informationen auf Verlangen, gesteuert vom Verbraucher (wie bei einer traditionellen Bücherei). Pull ist sehr spezifisch und war bisher kostenlos, wenn man von Gebühren für Telefon und **Service Provider** absieht. *Siehe auch* **Push**, **Publish**.

Push Weitergabe von Informationen an andere, unabhängig davon, ob sie diese erbeten haben oder nicht. Wie zum Beispiel beim Radio vom Anbieter gesteuert. Anbieter, die mit dem Web Geld verdienen wollen, befürworten Push als eine Art, das zeitverschwenderische Surfen zu vermeiden. Push-Dienste können typischerweise vom Nutzer konfiguriert werden, so daß er täglich Nachrichten aus dem Bereich Sport oder Finanzen oder ... empfangen kann. *Siehe auch* **Pull**, **Publizieren**.

RFC Request for Comments („Bitte um Stellungnahme"). Das klingt recht hübsch und vage, ist aber ein quasi-bindendes Dokument, das den Vorschlag für einen Internet-Standard enthält.

Router Ein Computer, der Daten im Internet weiterleitet.

RTF Rich Text Format, ein von Microsoft erstelltes Format für den Austausch von Dokumenten der Textverarbeitung. Es hat eine berüchtigte Komplexität und eine zuverlässige Analyse ist sehr schwer.

RTFM Read The Flaming Manual (Lies das verdammte Handbuch). Es ist manchmal der letzte Ausweg.

Script — *siehe* **Skript**

Secure HTTP — Eine aktualisierte Version von **HTTP**, in der die Verschlüsselung zum Schutz sensibler Daten wie Nummern von Kreditkarten bei der Übertragung im Internet enthalten ist; eines der vielen im Wettbewerb stehenden Protokolle für den potentiell lukrativen Markt des Zahlungsverkehrs im Web.

Server — Ein Programm (oder Computer auf dem ein solches läuft), der einen (Daten-) Dienst irgendeiner Art für seine **Clients** anbietet. Ein Web-Server verwendet **HTTP**, um Benutzern seine eigenen **HTML**-Dokumente anzubieten. Eine Firma kann zum Beispiel ihre Produkte oder Dienstleistungen im Web anbieten, indem sie entsprechende Web-Seiten auf dem eigenen Server zugänglich macht; jedermann kann diese Informationen über einen beliebigen Internet-Anschluß in der Welt herunterladen.

Service provider — Eine Organisation, die Benutzern den Zugang zum Internet anbietet. Ein typisches Angebot umfaßt eine oder mehrere E-mail-Adressen, unbegrenzten Zugang zum Web, **FTP** und anderen Diensten sowie Speicherplatz für eine persönliche Web-Site.

SGML — Standard Generalized Markup Language, ein internationaler Standard (ISO 8879: 1986, Information Processing Text and Office Systems) der eine Beschreibungsmethode für die Struktur eines Dokuments beliebigen Typs festlegt. Die normale Nutzung besteht darin, in SGML eine formale Beschreibung (eine **DTD**) dessen anzufertigen, wie eine bestimmte Art Dokument strukturiert ist. SGML kann auch direkt für Auszeichnungen verwendet werden.

Shareware — ① Frei erhältliche Software, die frei verteilt und kopiert werden darf, sofern auch die Bedingungen mitgeliefert werden. Normalerweise wird am Ende eines Probezeitraumes eine Bezahlung gefordert. Ein Teil Shareware wird kommerziell ausgegeben, andere Programme sind von Einzelpersonen oder Bildungsstätten geschrieben. ② Nicht gerade stabil konfigurierte Software, die kostenlos erhältlich ist (wenn man sowohl seine moralische Zahlungsverpflichtung als auch den jährlichen Beitrag zu den Gewinnen der Telefongesellschaften beim Versuch des **Herunterladens** ignoriert).

Skript — Ein kurzes Computerprogramm, ähnlich den in HTML-Seiten eingebetteten Programmen. Skripte können viele Aufgaben wahrnehmen; Beispiele dafür sind die Kontrolle, ob Felder in Formularen ausgefüllt sind oder das Geben von Hilfestellung beim Bewegen in Frame-Dokumenten.

Smilies — *siehe* **Emoticons**

Sneakernet — *siehe* **Turnschuhnetz**

Sprung

Etwas nachlässige Art „einen Hypertext-Verweis benutzen“ zu sagen. Ein lokaler Sprung wird komplett innerhalb einer HTML-Seite ausgeführt. Andere Sprünge führen auf andere Seiten desselben oder eines entfernten Servers. *Siehe* **Verweis**.

Start-Tag

Das Tag, mit dem ein HTML-**Element** anfängt. Vor dem Namen des Elements steht nur eine linke, spitze Klammer. Dahinter können ein oder mehrere **Attribute** stehen, wobei im allgemeinen jedem ein Wert zugewiesen ist. Ein Beispiel: `<H2 ID=einführung>`. *Siehe auch* **End-Tag**.

Style Sheet

siehe **Formatvorlage**

Anmerkung: „Sheet“ bedeutet u.a. auch soviel wie Laken...

Surfing, Surfen

Die Zeit damit zu verbringen, sich mit dem Browser im Web oder Internet herumzubewegen („browsen“), im allgemeinem zum Spaß. Die Praxis verzeichnet eine Geringschätzung durch Firmen, die wollen, daß Ihr technisches Personal produktiv ist.

Tabelle, Table

Eine Anordnung von Textteilen oder anderen Daten in einem Rechteck, möglicherweise durch senkrechte und/ oder waagerechte Linien in ein Gitter unterteilt. Außerdem kann es um die Tabelle Rahmenlinien geben. Tabellen können Titel (caption) haben, Zeilen- und Spaltenköpfe, einen **Tabellenkopf**, sowie einen oder mehrere **Tabellenkörper**.

Tabellenkörper Table body — Eine Gruppe von Tabellenzeilen (Daten), die wie eine Einheit behandelt werden. So zum Beispiel bei der Ausrichtung oder Begrenzung. Tabellen können beliebig viele derartige Gruppen enthalten.

Tabellenkopf, Table header — Eine einzige, optionale Gruppe von Tabellenzeilen, die dem Benutzer immer zur Verfügung stehen sollen, wenn Tabellendaten angezeigt werden. Der Tabellenkopf kann beispielsweise auf dem Bildschirm fixiert werden, während die Tabellenzeilen mit Daten durch das Bild laufen.

Tag — Die Struktur zum Auszeichnen bei HTML, die mit HTML-Elementen anfängt (**Start-Tag**) und aufhört (**End-Tag**). Ein Tag besteht aus einem Paar spitzer Klammern und allem, was dazwischen steht. Ein Tag muß zumindest den Namen des Elements enthalten, wie zum Beispiel `<P>`, `<MATH>` oder `</MATH>`. Start-Tags können auch Attribute und deren Werte enthalten, wie beispielsweise `<P ALIGN=right>`. *Siehe auch* **Element, Attribut.**

Tao and the art of Server Maintenance (Tao und die Kunst der Server-Wartung), etc.. — Der Weg mühelosen Seins, für Erklärungen *siehe* **Zen**

TCP/IP — Transfer Control Protocol/Internet Protocol. Zur Zeit weiß niemand so recht Bescheid, oder kümmert sich darum, wie sich diese Abkürzung ausbreitet. Mittlerweile ist es, wie Radar schon seit langem, ein eigener Begriff geworden. TCP/IP ist das zuverlässige Verfahren, mit dem Nachrichten im Netz übertragen werden.

Telnet — Ein primitives Verfahren, sich an einem entfernten Rechner anzumelden (zum Beispiel im **Internet**), als wäre der eigene Computer ein direkt an diesen Rechner angeschlossenes Terminal. In den früheren Jahren des Internet wurde mit nichts raffinierterem als billigen Heimcomputern, langsamen **Modems** und Telnet kommuniziert.

Turnschuhnetz — (mit einer Diskette in der Hand auf Turnschuhen quer durch ein Gebäude) Ein schnelles und zuverlässiges Übertragungsprotokoll das 1,4 Megabyte in einer oder zwei Minuten bewältigen kann. Funktioniert wesentlich besser, als das abgenutzte Ethernet.

Unproportional — Schriftart, bei der alle Zeichen, wie bei einer Schreibmaschine, die gleiche Breite haben. Bekannte Beispiele dafür sind Courier und Elite.

URL — Uniform Resource Locator, die von **HTTP** verwendete Form von Namen um Server und Ressourcen zu lokalisieren.

VBScript — Einfach zu nutzende Skriptsprache, die Visual Basic ähnlich ist. Von Microsoft als Konkurrenz zu **JavaScript** herausgebracht und eingeführt. VBScript enthält viele angenehme und leistungsfähige Funktionen, insbesondere die Fähigkeit, die interaktiven OCX-Steuerungen aufzurufen. Allerdings wird VBScript nicht von anderen Browsern oder Plattformen, die nicht von Microsoft sind, unterstützt. Im Gegensatz zu JavaScript oder Java ist die Portabilität ein Problem.

Verweis

Hypertext-Verweis, der mit den Tags `<A>` oder `<LINK>` angelegt wird, um ein Web-Dokument mit einem anderem oder einem Bild zu verbinden.

Veronica

Vermutlich „Very Easy Rodent-Oriented Netwide Index to Computerized Archives", also ein sehr leichtes, nagerorientiertes, netzweites Verzeichnis für computerisierte Archive. Dafür gab es den Preis *The Really Stretching It Award* des Magazins *Byte* für die schlimmste Abkürzung. Mit der weltweiten Machtübernahme des Web entschwindet Veronica, eine ziemlich nützliche Gefährtin im **Gopher**-space, ins friedliche Vergessen.

Virus

Ein Programm, das dazu entwickelt ist, sich an andere (unschuldige) Dateien und Programme anzuhängen, und sich selbst bei der Ausführung dieses Programms zu reproduzieren. Einige Viren bringen widerliche Nachrichten auf den Schirm, andere sind dazu entwickelt, Daten sofort oder zu einer bestimmten Zeit zu zerstören. Viren können sehr leicht über das **Internet** übertragen werden, am häufigsten wenn Spiele oder andere kostenlose Programme per **FTP** von inoffiziellen Sites **heruntergeladen** werden. Das sicherste Vorgehen ist die Beschaffung von Software ausschließlich über zuverlässige Quellen, wie Haupt-Spiegelserver und die Überprüfung aller hereinkommender Dateien mit einem aktuellen Virenprüfprogramm vor deren Einsatz.

VRML

Virtual Reality Markup Language, eine Ergänzung zu HTML für Übertragung und Darstellung bewegter Bilder, scheinbar räumlicher Objekte auf Bildschirmen von Clients bei geringen Bandbreiten (also schnell). Zum Beispiel werden Sie eines Tages die Möglichkeit haben, mit Ihrem Browser durch ein Geschäft zu steuern, und buchstäblich durch die dort käuflichen Bücher, Schallplatten oder Kleidungsstücke hindurchzugehen. Wir zweifeln aber, daß Sie es schaffen werden, die unterschiedlichen Kaffeesorten zu riechen.

WAIS

(Wide Area Information Server, ausgesprochen wie „ways") indizierte Datenbanken im Internet. WAIS-Datenbanken können sehr effizient durchsucht werden. Tausende Datenbanken, die wissenschaftliche, technische und regierungsamtliche Daten enthalten, sind von vielen Ländern aus frei zugänglich. Es gibt nur wenige öffentliche Gateways zu WAIS vom Web. Ein angenehmerer und weniger verstopfter Zugang ist möglich, wenn Ihre Organisation WAIS-Clients und einen WAIS-Server oder -Gateway anbietet.

Web *siehe* **World Wide Web**Wir haben bewußt mehrere gebräuchliche Ausdrücke als Synonyme für das Web verwendet: Dort draußen werden alle von ihnen benutzt; sich auf nur einen zu beschränken ist sowohl eintönig als auch künstlich.

Web page, Web site *siehe* **Page, Home Pages**

World, The Der Teil der Weltbevölkerung, der reich genug ist, sich einen Computer mit **Internet**-Anschluß zu leisten oder zumindest Zugang dazu zu haben.

World Wide Web Die Gesamtheit aller in **HTML** geschriebenen, mit **HTTP** übertragenen und auf Internet-Computern befindlichen Hypertext-Dokumente. Der abstrakte Raum, in dem Leser sich auf der Suche nach Wissen durch derartige Dokumente bewegen. Das Web wird wegen seines Mangels an Struktur kritisiert, aber es gibt einige Suchmaschinen, die vielen bekannt sind und stark genutzt werden. Sie ermöglichen sogar unerfahrenen Benutzern, nahezu alles in wenigen Minuten zu finden.

WYSIWYG ① What You See Is What You Get, „Was du siehst ist was du kriegst". Dies ist unzweifelhaft wahr, wenn man sich seinen Ehepartner auswählt, sich einen Gebrauchtwagen verkaufen läßt oder unklugerweise auf einem Straßenmarkt leicht gequetschte Pfirsiche kauft. Ein Computerbildschirm wird aber niemals genau das anzeigen, was Sie bekommen, wenn Sie ein Dokument ausdrukken; es gibt dabei zu viele Unwägbarkeiten. ② What You See Is What You Get: Angebliche Leistung diverser Textverarbeitungsprogramme und an- derer Software bei der Darstellung druckbaren Outputs

Xanadu Das lange laufende Pionierprojekt von Ted Nelson, das dessen 1960er Vision eines wirklich globalen Hypertextes mit der gesamten Weltliteratur usw. reflektierte. Das Web ist ein bescheidener, aber praktisch nutzbarer Nachfolger von Nelsons Vision. Wir sind über den Mangel an Anerkennung, der den Errungenschaften dieses großen Mannes zuteil wird, beschämt. Noch mehr schämen wir uns über die offenen Beschimpfungen, mit denen *Wired* ihn bedacht hat.

Yelnet
(to yell: schreien) Schnelles und effizientes Protokoll für den Informationstransfer von laut ausgesprochenen Daten von Mund zu Ohr. Häufig viel einfacher als **Telnet**; auch schneller.

Zeichenelement
Ein Element, daß Fließtext ohne Umbruch in Absätze erlaubt. Zu den Buchstabenartigen Elementen gehören Zeichen-Tags wie `<I>`, `<SUB>`, `<STRONG>`, Verweisanker `<A>` und Inline-Bilder `<IMG>`. Diese können allesamt als Teil des „Textes" aufgefaßt werden. Spezielle Zeichen wie Em-Zwischenräume ` `, akzentuierte Buchstaben `è` und Umlaute `ü` gehören auch dazu.

Zen and the art of ... (Zen und die Kunst ...)
Zen heißt soviel wie alles sein, was ist (beziehungsweise ein Teil von allem zu sein, was ist). Es ist das Gegenteil davon, die Realität in Abteilungen zu zergliedern, und sich nur mit den abstraktesten davon elektronisch zu befassen. Das Web kann dabei helfen, die Leute der ganzen Welt zusammenzubringen, oder die Trennung zwischen Besitzenden und Besitzlosen verstärken. *Siehe auch* **Tao...**

Stichwortverzeichnis

T

THE SIGN OF EXCELLENCE

dpi design publishing imaging

Der Computer hat sich zum zentralen Werkzeug für die digitale Gestaltung und Medienproduktion entwickelt. Die Buchreihe **dpi** zielt auf alle Themen rund um das digitale Design: Grafik, Bildbearbeitung, Desktop Publishing und 3D-Visualisierung.

Web Graphics
Tools und Techniken für die Web-Gestaltung
Peter Kentie
352 S., 1997, vierfarbig, geb., 79,90 DM
ISBN 3-8273-1249-3

Photoshop 4
Perfekte Bildbearbeitung für MacOS und Windows
Helmut Kraus
240 S., vierfarbig, geb., 69,90 DM, mit CD
ISBN 3-8273-1293-0

Illustrator 7
Kreativ gestalten mit Mac und PC
Michael Baumgardt
220 S., vierfarbig, geb., 79,90 DM, mit CD
ISBN 3-8273-1265-5

FreeHand 7
Gestaltung, Datenaustausch und Ausgabe
Claudia Runk
336 S., vierfarbig, geb., 89,90 DM, mit CD
ISBN 3-8273-1284-1

Photoshop Wow!
The Photoshop 4 Wow! Book
Linnea Dayton, Jack Davis
350 S., vierfarbig, geb., 99,90 DM, mit CD
ISBN 3-8273-1218-3

ADDISON-WESLEY

Rainer Klute
JDBC
in der Praxis
Datenbankanwendungen
im Intranet und Internet
ADDISON-WESLEY

THE SIGN OF EXCELLENCE

Internet-Datenbanken

Entwicklung, Aufbau, Verwaltung

Rolf Assfalg, Udo Goebels, Heinrich Welter

Neben theoretisch-konzeptionellen Grundlagen vermittelt dieses Buch dem Anwendungsentwickler, Internet/Intranet-Verwalter und anderen Interessierten anhand vieler Beispiele, wie bei der Entwicklung von Internet/Intranet-Datenbanken sinnvollerweise vorzugehen ist. Dabei werden alle wichtigen Teilbereiche wie z.B. Datenbankdesign, Client/Server-Aufteilung, Sicherheit und Electronic Commerce umfassend betrachtet, und es werden die dafür nötigen Standards wie HTML, Java™, JavaScript, VRML, Perl, Corba usw. behandelt.

Die CD enthält alle Beispiele des Buchs sowie eine Fülle von PublicDomain- und Trial-Software aus dem Internet- und dem Datenbankbereich.

Internet-Reihe
450 Seiten, geb., 79,90 DM, mit CD
ISBN 3-8273-1230-2

ADDISON-WESLEY